U0058000

英文視窗版 SPSS 與

行為科學研究

第 三 版

王保進　著

作 者 簡 介

王保進

學　　歷：國立政治大學教育研究所博士

經　　歷：高中教師

國立嘉義師範學院副教授兼電算中心主任

現　　職：台北市立教育大學教育行政與評鑑所教授

財團法人高等教育評鑑中心基金會評鑑規劃處處長

主要著作：套裝程式 SPSS 與行為科學研究

大學教育指標系統

大學教育學程評鑑模式

多變量分析：套裝程式與資料分析

三 版 序

　　在物質發展的十倍數時代，科技確實提供了人類更便利與友善的工作環境，但這似乎也意味著學習者注定要被科技牽著鼻子走。統計套裝程式也不例外地循著這條路徑不停前進，SPSS在這十年之間即從 6.0 版發展更新為 13.0 版，這樣的轉變常造成使用者之困擾：「我是否應該再花錢升級新版的軟體？」事實上，在SPSS改版過程中，主要都是操作功能上之改變，變得更加便利與友善；至於在統計分析功能上，則無太多改變，所增加的可能是絕大多數使用者一生中也用不到之功能。因此，只要掌握住SPSS使用之基本原理（這部分可參考本書第一、二章），則不論使用哪一個版本，都應該可以滿足統計分析上之需求。

　　本書第一版在 1999 年出版，2002 年因應 10.0 版成為市場主流之趨勢，進行第一次改版，四年又過去了，12.0 版已經逐漸成為市場之主流，因此決定進行第二次改版，配合SPSS版本的更新，對內容上做了必要之變動。其次，為滿足讀者之需求，同時出版中文視窗版與英文視窗版之使用手冊，其中中文視窗版是以 12.0 版進行撰寫；英文視窗版則是以 13.0 版進行撰寫。二個版本除了操作介面與結果輸出所使用之文字不同外，幾乎可說完全相同。因此使用者可根據個人需求，選擇適合本身需要之版本。

　　筆者進入大學服務已經十餘年，一路走來要特別感謝授業恩師政治大學教育研究所馬信行博士之啟迪與教誨。*Educational Administration Quarterly* 在 2000 年的教育行政學術研究人力資源之專刊中，登載一篇 "The Write Stuff: A Study of Productive Scholars in Educational Administration" 的論文，論文中明確地指出，「明師」對學術研究與知識生產之重要性。如果

筆者在教育行政與研究方法論的領域中有絲毫的成就，那麼都要感謝馬教授之啓迪，並扮演 mentoring 的角色，一路的支持與鼓勵！

最後，筆者才疏學淺，不揣淺陋，雖校對再三，疏漏之處，尚祈各方先進不吝指正。

目　　錄

（本書之原始資料檔可至心理出版社網站下載，網址為 http://www.psy.com.tw）

第 1 章

SPSS 之系統簡介

本章旨在對 SPSS 視窗 13.0 版的產品作一簡單之介紹，並將操作指令予以說明。讀完本章後，使用者應該學會：

(一)熟悉視窗 13.0 版之基本功能及相關的資料分析模組。

(二)熟悉 SPSS 執行統計分析之基本原理。

(三)熟悉視窗 13.0 版之基本架構，並能實際進行操作。

第一節　SPSS 之簡介

SPSS 最早於 1965 年發展完成，目前已因應不同作業系統或機器之差異，開發出適用於各類電腦主機的版本。如在九〇年之前主機（mainframe）版相當受重視，其間 PC 版也一度成為使用主流，但在九五年以後，為配合視窗（WINDOWS）作業系統的普及，乃開發出視窗 6.0 版，增加了許多 PC 版中所欠缺的統計分析功能。在多次增修後，目前已更新至 13.0 版。上述三種版本的主要差異在於系統操作方式，功能則大同小異。使用主機與 PC 版時，使用者必須熟知指令語法，藉助鍵盤輸入來完成工作；而視窗版則讓使用者不必再熟記各項指令，主要藉助滑鼠完成工作，至於三種版本的重要報表輸出結果，除視窗版改以表格式呈現外，內容則幾乎相同。

視窗版的出現，讓使用者不必再自行撰寫SPSS程式檔，只要透過視窗版所提供之輔助視窗，利用滑鼠即可依不同統計分析程式及相關選項，進行各種資料分析工作。國內為因應廣大中文市場人口之需求，現已完成12.0中文版的開發。可惜的是，在英文版更新為中文版的過程中，不知是否缺乏本地統計學者之參與，一些統計學之英文專有名詞翻譯為中文的譯法，與國內統計學界慣用之譯法有所差異，有時反而會造成使用者不便。本書雖以13.0版進行撰寫，但對於指令操作會在英文指令名稱後以括弧顯示中文版指令名稱，至於報表解釋，會盡量同時呈現統計學中英文慣用之術語進行說明。至於習慣使用中文版之讀者，可選擇本書另以12.0中文版進行撰寫之版本。

　　SPSS最大的優點在於其指令相當簡單與友善，且提供了一套最簡便的資料轉換（data transformation）系統，是其它套裝軟體所無法相提並論的，但其缺失在於各版本間之功能不盡相同，且程式的撰寫上也有些許差異，造成在使用上的一些不便。本書以視窗13.0版來說明SPSS之使用及操作，書中所提出之操作方式，除了少數幾個12.0版新增之功能外，一樣可以適用於先前的版本。

　　視窗版係由幾個可獨立或同時使用的模組所組成，其中除了SPSS/BASE為必要的模組外，其它的模組可因應使用者的需要選購。對行為科學研究而言，最必須具備的包括 BASE、REGRESSION 及 ADVANCED 等三個模組。以下對13.0版之各類模組說明如下：

(一)SPSS/BASE：為 SPSS 最基本且必要的模組，其主要功能為資料管理與基本之統計分析資料處理，如描述統計、平均數差異檢定（t考驗及各種變異數分析模式）、線性迴歸分析、無母數檢定、區別分析、集群分析、因素分析及信度考驗等統計分析方法，並具備報表列印及常用統計分析功能。

(二)SPSS/REGRESSION：此一模組主要為提供各種特殊之迴歸分析模式，包括Logistic迴歸分析、Probit迴歸分析、各種非線性迴歸分析、加權最小平方迴歸及二階段最小平方迴歸等多種統計分析方法。

(三)SPSS/ADVANCED：此一模組主要為高級統計分析的功能，包括各類特殊之實驗設計處理模式、變異成分分析（variation component analysis）、對數線性模式（loglinear model）、Cox迴歸分析及倖存分析（survival analysis）等統計分析方法。

(四)SPSS/TABLES：此一模組主要功能在因應個別研究的需要，製作一些較為複雜之統計表格，同時處理多重反應（複選題）之資料。

(五)SPSS/CATEGORIES：此一模組的主要功能在提供解決探討類別變項間關係的各種統計分析方法，如對應分析（correspondence analysis）等市場行銷、產品定位之統計分析模組。

(六)SPSS/TRENDS：此一模組的主要功能在提供解決經濟計量預測模式與時間系列分析的問題。

(七)SPSS/CONJOINT：主要提供類連結分析（conjoint analysis）方法，

可以產生模擬產品組合、設計模擬產品格式，以及根據消費者意見
反應模擬產品更新等功能。

㈧SPSS/EXACT TESTS：主要提供各種小樣本之無母數統計方法。

㈨SPSS/MISSING VALUE ANALYSIS：主要提供有關缺失值之資料處
理方法，特別適用於以問卷為研究工具之社會、教育、行銷……等
調查研究。

㈩SPSS/MAP：主要在提供各種統計圖形，將地理分布資料轉換成高
品質地圖，始可同時呈現數據及發生地點。

第二節　應用 SPSS 之基本原理

當使用SPSS進行必要之統計分析的過程中，使用者首先必須將測量所
得到之原始資料（raw data）建立成一個SPSS可以辨識之資料檔。其次，利
用 SPSS 視窗版之應用視窗所提供之各項功能，撰寫成一個程式檔（在 PC
版中使用者需熟記各項指令，利用鍵盤輸入之方式編輯程式；在視窗版使
用者不需再熟記各項指令，利用滑鼠點選為主，鍵盤輸入為輔。當然，若
使用者相當熟悉PC版之指令語法，也可利用視窗版之語法視窗直接撰寫程
式檔），在程式檔中界定原始資料檔之位置（磁碟機與路徑）與名稱，同
時界定資料檔中所包含變項之規定內容格式，然後進行必要之資料轉換，
以及所要進行之統計分析。最後，使用者即可執行此程式檔，若程式檔之
語法完全合乎SPSS之語法規則，即可順利執行程式，而 SPSS 會將統計分
析結果自動輸出到結果視窗中；反之，若程式檔語法出現錯誤，則SPSS會
自動偵測錯誤，並說明可能錯誤之原因，這些偵錯之結果也會輸出到結果
視窗中供使用者除錯之參考。

根據上述可知，使用SPSS進行統計分析時，使用者必須同時用到原始
資料檔、程式檔及結果檔等三種型態之檔案。其中原始資料檔由使用者依
據其所測量的原始資料之性質，自行建立檔案〔可利用一般文書編輯軟體
進行或利用 WINDOWS 中之記事本（Wordpad）或 WORD 軟體建立原始資

料檔，並儲存為 ASCII 碼之純文字檔〕；而程式檔的建立，使用者不必再熟記各項指令，只要利用滑鼠點選為主，鍵盤輸入為輔，即可順利完成程式檔之撰寫；至於結果檔則由 SPSS 根據使用者所撰寫之程式檔加以執行後，自動開啟與輸出。這三種檔案間之關係可以圖 1-1 示之。

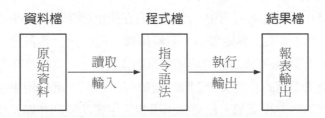

圖 1-1　利用 SPSS 進行統計分析之流程圖

第三節　視窗版 SPSS 之基本架構與操作

　　SPSS 視窗 13.0 版透過圖形介面，提供強大之統計分析與資料管理功能，使用者只要利用滑鼠，即可藉由 SPSS 所提供之功能表、工具列及對話方塊，快速地完成所要之資料分析工作。視窗版與過去 PC 版之功能相較之下，視窗版將 PC 版靜態之統計分析與圖表繪製工作，改成動態、互動式之操作，提供更為友善之操作介面。其次，視窗版在資料管理、線上輔助說明及結果輸出等方面之操作，也提供更便利與快速之操作，特別是結果輸出部分，採新式之「分層式報表（類似樹狀結構）」輸出模式，可讓使用者快速地找到所要閱讀之統計分析結果。

　　視窗 13.0 版之基本架構包括應用視窗（application windows）、資料編輯視窗（data editor windows）、語法視窗（syntax windows）、結果輸出視窗（output viewer）及腳本視窗（script windows）等五個重要視窗。SPSS 的每一個視窗都有自己的功能表，這些功能表有些是互通的，例如 Analyze （分析）及 Graphs(統計圖) 功能表，每一個視窗都有，且功能完全相同。幾

乎所有利用SPSS執行之工作，都是從功能表選擇開始。要選擇功能表時，使用者只要用滑鼠左鍵，在功能表上點選一下，即可開啓該功能表之下拉式視窗。每一個功能表中，都包括好幾個SPSS之指令，這些指令都以對話方塊呈現，可提供使用者必要之資料管理與轉換、統計分析、統計圖及線上輔助等各種功能。

視窗 13.0 版的五個視窗中，應用視窗在提供視窗版 SPSS 之各種功能指令，包括開啓檔案、界定變項、資料轉換、統計分析等各種功能。資料編輯視窗的功能主要在做爲建立與顯示原始資料之用，其操作類似Microsoft Excel。而語法視窗的功能與 PC 版的編輯視窗相似，可以用來做爲編輯或修改視窗版SPSS之程式檔。結果輸出視窗的主要功能則在顯示程式檔執行後之結果輸出。至於脚本視窗則在提供一個程式語言編輯環境，讓使用者可以利用BASIC語言，編輯一個適合自己獨特需要之檔案或格式，對一般使用者言，這個視窗用的機會並不多。以下分別說明視窗版SPSS之基本操作：

一、啓動與退出視窗版 SPSS

當使用者之電腦已經正確安裝了視窗版SPSS軟體後，即可建立一個視窗版 SPSS 之程式集或是視窗版 SPSS 之圖示（Icon）捷徑。使用者要啓動視窗版SPSS時，只要利用滑鼠左鍵在圖示捷徑上快點二下，即可正確啓動如圖 1-2 之畫面。

至於使用者要要退出視窗版SPSS時，可以選擇暫時退出或永久退出二種方式。若是暫時離開，則只要利用滑鼠左鍵點選主畫面右上角「暫時關閉」之控制方塊，即可暫時離開 SPSS；至於永久離開 SPSS，則可利用滑鼠左鍵點選主畫面右上角「離開」之控制方塊，或是開啓左上角控制方塊之下拉式視窗選擇「離開」，即可永久離開SPSS。當使用者選擇永久離開視窗版 SPSS 時，若是還有開啓中的 SPSS 視窗檔案尚未進行存檔，SPSS在離開前會出現一個詢問是否需要存檔之訊息，使用者可視需要決定是否存檔再離開。

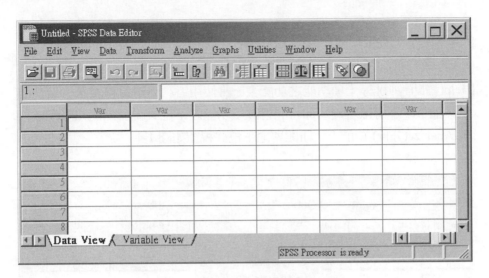

圖 1-2　視窗 13.0 版之開啟畫面

二、視窗版 SPSS 之基本架構

當使用者啟動視窗版 SPSS 時，圖 1-2 中包括了應用視窗與資料編輯視窗，至於語法視窗、結果輸出視窗與腳本視窗，雖然未出現在畫面上，但使用者可以利用應用視窗之 File(檔案) 功能表中之 New(開新檔案) 或 Open (開啟舊檔) 指令開啟。以下分別說明這幾個主要之視窗：

(一)應用視窗

圖 1-2 的上半部即為應用視窗，如圖 1-3。

圖 1-3　視窗 13.0 版之應用視窗

　　應用視窗包括了下列二部分，一為功能表，應用視窗中之功能表包括 File(檔案)、Edit(編輯)、View(檢視)、Data(資料)、Transform(轉換)、Analyze(分析)、Graphs(統計圖)、Utilities(公用程式)、Window(視窗) 及 Help(輔助說明) 等十項功能之功能表。當使用者利用滑鼠移至某一項功能上，並按一下滑鼠左鍵，即可開啟該項功能之下拉式視窗。例如將滑鼠移至 Analyze(分析) 功能上，所開啟之下拉式視窗如圖 1-4。

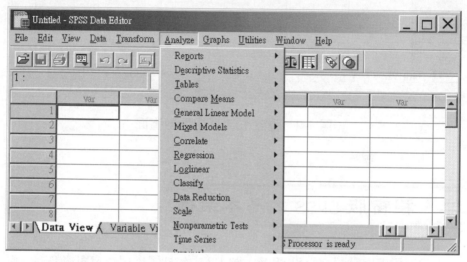

圖 1-4　利用滑鼠點選應用視窗之 Analyze(分析) 功能表

　　至於應用視窗的十項主功能表所能提供之功能，茲分別說明如下：

1. File(檔案)功能表：主要在做為新編或開啟不同之 SPSS 資料檔、程式檔或結果輸出檔，同時可讀取由其它軟體所產生之速算表或資料庫檔案。

2. Edit(編輯) 功能表：主要在做為修改或編輯語法視窗和結果輸出視窗中之內容。包括剪下、複製、貼上、清除……等功能。

3. View(檢視)功能表：主要在提供狀態列、工具列、字型、格線等工具之開啟或關閉之界定。

4. Data(資料)功能表：主要在做為原始資料檔中變項之界定、資料檔管理，以及根據界定條件搜尋適當觀察值等功能。

5. Transform(轉換) 功能表：主要在做為資料轉換之用，包括產生新變項、變項編碼值轉換、計算次數及觀察值等級排序等。

6. Analyze(分析) 功能表：主要在做為界定各種不同統計程序之用。

7. Graphs(統計圖) 功能表：主要在做為繪製各種不同統計圖形之用，如長條圖、交叉散佈圖……等。

8. Utilities(公用程式) 功能表：主要在做為設定各種視窗版 SPSS 之執行環境之用。

9. Window(視窗) 功能表：主要在做為各種不同 SPSS 視窗選擇之用。

10. Help(輔助說明) 功能表：主要在做為提供各種不同線上求助之輔助說明視窗。

除了上述十個功能表外，SPSS 並將一些操作與管理之常用指令製成快速工具列，以方便使用者之操作，使用者只要將滑鼠的指標放在工具列上，SPSS 便會出現有關該工具列功能之簡要說明。應用視窗中快速工具列之功能如下：

開啟檔案　儲存檔案　列印檔案　恢復對話盒　復原　繪圖視窗　尋找觀察值　顯示變項　尋找　插入觀察值　插入變項值　分割資料檔　觀察加值權　選擇觀察值　編碼值標籤　使用設定

(二)資料編輯視窗

圖 1-2 去掉應用視窗的下半部即為資料編輯視窗。資料編輯視窗之主要功能在提供使用者建立原始資料檔之用。視窗最上面空白行之左半空格，其功能在顯示目前游標所在之位置，例如 5：var3 表示目前游標所在位置為第 5 橫列之變項var3 之儲存格；而空白行之右半空格，其功能在讓使用者輸入某一儲存格之編碼值。圖中之空白格就是原始資料之儲存格，橫列以阿拉伯數字表示，通常代表測量觀察值；縱行以英文字母表示，通常代表樣本觀察值在某一變項上之測量值。

最後，資料編輯視窗之最下面一列稱爲「狀態列」，它的主要功能在告訴使用者 SPSS 目前執行工作之狀態。當每次進入視窗主畫面時，SPSS 會先檢查授權碼是否正確，若不正確，狀態列會出現「SPSS Processor is unavailable」之訊息，此時表示使用者在安裝 SPSS 時，若非授權碼輸入錯誤，便是安裝過程有問題。若非授權碼輸入錯誤問題，可聯絡台灣之經銷商尋求協助。當然，若授權碼正確，狀態列會出現「SPSS Processor is ready」之訊息，表示使用者可以進一步進行必要之統計分析作業。其次，若使用者正式執行某一程式或指令，則狀態列上會顯示執行的進度，當執行結束，狀態列就會恢復「SPSS Processor is ready」之訊息。

(三)語法視窗

語法視窗之主要功能在提供使用者編輯或修改視窗 13.0 版之程式檔。功能與 PC 版之編輯視窗相近，惟語法視窗提供了多個下拉式功能表及其對話方塊，方便使用者撰寫程式檔，並且減輕記憶指令的困擾。

使用者要開啓語法視窗時，若所開啓是一個新檔案，只要將滑鼠移至應用視窗之 File(檔案) 功能表，按一下滑鼠左鍵開啓其下拉式視窗，再把滑鼠移至視窗中之指令 New(開新檔案) 上，此時即可開啓其之下層功能，最後，再用滑鼠左鍵點選其中的 Syntax(語法) 指令，即可順利開啓語法視窗，如圖 1-5。在圖 1-5 中可以看出，語法視窗提供了包括 File(檔案)、 Edit (編輯)、 View(檢視)、 Data(資料)、 Transform(轉換)、 Analyze(分析)、 Graphs(統計圖)、 Utilities(公用程式)、 Run(執行)、 Window(視窗) 及 Help (輔助說明) 等十一項功能，其中檔案、編輯、檢視、資料、轉換、分析、統計圖、公用程式、視窗及輔助說明等十項功能，與應用視窗中之功能相同。至於 Run(執行) 功能則提供對語法視窗中程式執行方式之選擇，包括 All(全部)、 Selection(選擇)、 Current(目前) 及 To End(到結束) 等四種。其中 All(全部) 是所有程式都執行； Selection(選擇) 是執行標示反白部分程式； Current(目前) 是執行游標所在列之程式； To End(到結束) 是執行從游標所在列起到結束之程式。

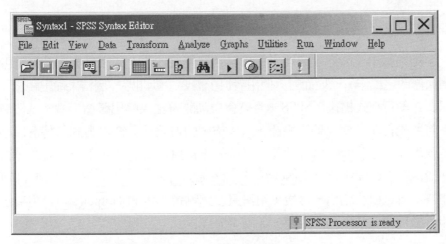

圖 1-5　利用指令 New(開新檔案) 所開啟之語法視窗

　　其次，若使用者所要開啟的是一個舊的語法檔，則將滑鼠移至應用視窗或語法視窗之 File(檔案) 功能表，按一下滑鼠左鍵開啟其下拉式視窗，再把滑鼠移至視窗中之指令 Open(開啟舊檔) 上，此時即可啟動 Open(開啟舊檔) 指令之對話方塊，如圖 1-6。接著再用滑鼠點選其中的檔案所在資料夾、檔案類型及名稱後，即可順利開啟此一舊的語法檔。

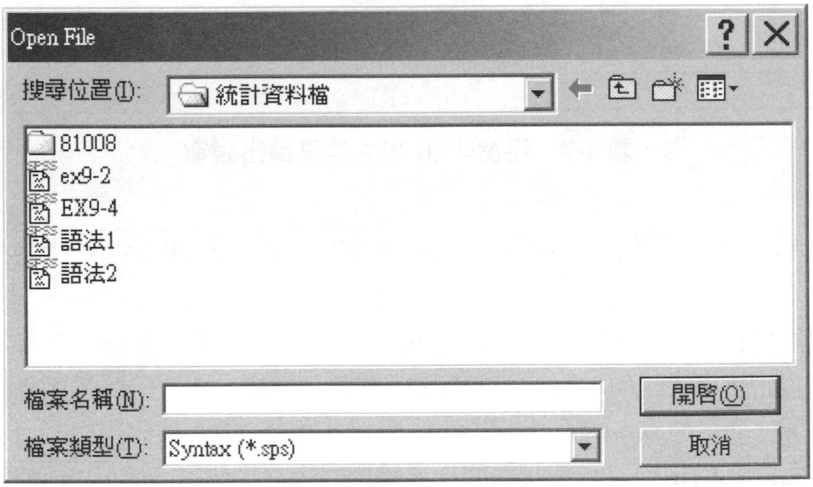

圖 1-6　開啟舊語法檔之 Open(開啟舊檔) 對話方塊圖示

㈣結果輸出視窗

結果輸出視窗之主要功能在儲存執行程式檔後之報表結果，並進行編輯與修改之工作。一般而言，使用者很少需要主動開啓一個結果輸出視窗，只要在執行程式檔後，SPSS本身就會自動開啓結果輸出視窗。當然，使用者若要先行開啓結果輸出視窗，只要仿照開啓語法視窗之方式，將滑鼠移至應用視窗之 [File(檔案)] 功能表，按一下滑鼠左鍵開啓其下拉式視窗，再把滑鼠移至視窗中之指令[New(開新檔案)]或[Open(開啓舊檔)]上，此時即可開啓下層之樹狀結構。最後，用滑鼠左鍵點選其中的 [Output(輸出)] 指令，即可順利開啓結果輸出視窗，如圖 1-7。

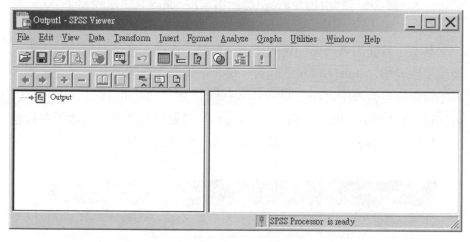

圖 1-7　視窗 13.0 版之結果輸出視窗

圖 1-7 的結果輸出視窗提供了包括[File(檔案)]、[Edit(編輯)]、[View(檢視)]、[Data(資料)]、[Transform(轉換)]、[Insert(插入)]、[Format(格式)]、[Analyze(分析)]、[Graphs(統計圖)]、[Utilities(公用程式)]、[Window(視窗)]及[Help(輔助說明)] 等十二項功能，其中檔案、編輯、檢視、資料、轉換、分析、統計圖、公用程式、視窗及輔助說明等十項功能，與應用視窗中之功能相同。而[Insert(插入)]功能在提供對結果輸出內容之編修指令，[Format(格式)]功能則在提供結果輸出之置放方式，包括靠左、置中及靠右三種選擇。

其次,在功能列下方的空白部分,分成二部分。其中右半部就是執行統計分析結果後之報表輸出內容;而左半部則是有關右半部內容之樹狀結構,類似 WORD 中之「線上模式」,可以提供使用者快速尋找所要之報表輸出內容。

上述視窗 13.0 版的幾個重要視窗中,每一個視窗都提供數個功能表。而每一個功能表中,都包括好幾個 SPSS 之指令,這些指令即可提供使用者必要之資料管理與轉換、統計分析、統計圖及線上輔助等各種功能。使用者只要在各指令上點選一下,即可開啟該指令之對話方塊。

圖 1-8 就是應用視窗中 Analyze(分析) 功能表之 Descriptive Statistics(描述統計) 下之 Frequencies(次數分配表) 指令的對話方塊。

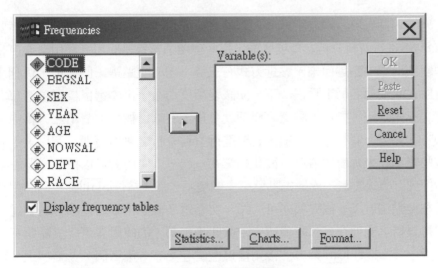

圖 1-8 Frequencies(次數分配表) 指令之對話方塊

各視窗功能表中其它指令之對話方塊,都與圖 1-8 大同小異,特別是 Analyze(分析) 與 Graphs(統計圖) 二個功能表中指令之對話方塊,都具有下列四個基本結構:

一、來源變項清單

　　對話方塊最左端通常都是來源變項清單。當使用者開啓某一指令之對話方塊時，SPSS就會將資料編輯視窗中之資料檔，所包含之所有變項名稱，顯示在來源變項清單中，以供使用者進一步資料分析之選擇。

二、目標變項清單

　　即對話方塊右端之正方形大方格部分。目標變項清單在顯示使用者要求SPSS進行資料分析之變項名稱，這些變項通常都是使用者利用滑鼠自來源變項清單中點選而來。點選方式有三種：㈠一次點選一個變項，係利用滑鼠在該變項名稱上點選一下，使該變項反白後，再點選目標變項清單右方之三角形鈕，如此被點選之變項就會移至右端目標變項清單之方格中；㈡一次點選多個相鄰之變項，若要進行資料分析之變項超過一個以上，且這些變項在來源變項清單中彼此相鄰在一起，則使用者可以按住滑鼠左鍵採拖曳之方式點選，或是先點選第一個變項，然後按住 Shift 鍵，同時用滑鼠左鍵點選最後一個變項亦可；㈢一次點選多個不相鄰之變項，若要進行資料分析之變項在來源變項清單中彼此不相鄰，則使用者可以先點選第一個變項後，按住 Ctrl 鍵，然後用滑鼠左鍵在第二、第三個……變項上分別點選即可。

三、次對話方塊（次指令）

　　由於SPSS提供每一個指令相當彈性之功能，因此單一個對話方塊常無法顯示所有可能之功能選擇，因此在每一個指令之對話方塊下，常會有次對話方塊（或稱次指令）之設計。次對話方塊通常置於對話方塊之下方或

右端，以長方形之鈕顯示，如圖 1-8 之對話方塊中，就包括了 Statistics(統計量)、 Charts(圖表) 及 Format(格式) 三個次指令之對話方塊。使用者只要用滑鼠左鍵在長方形鈕上點選一下，即可開啟該次對話方塊，例如， Statistics(統計量)次指令之對話方塊，如圖 1-9。

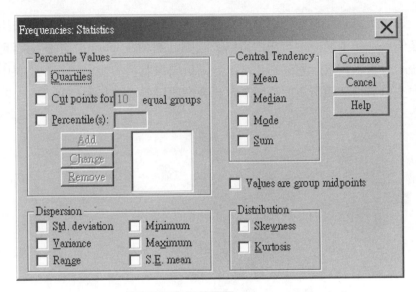

圖 1-9　 Statistics(統計量)次指令之對話方塊

四、設定鈕

大部分對話方塊之右端，都具有五個設定鈕，分別爲：

(一) OK(確定) ：使用者完成對話方塊及次對話方塊之界定後，點選一下 OK(確定) 鈕，即可執行該指令，而 SPSS 也會自動開啟結果輸出視窗，將執行結果輸出到視窗中。

(二) Paste(貼上語法) ：使用者完成對話方塊及次對話方塊之界定後，點選一下 貼上語法(P) 鈕，SPSS 會自動開啟語法視窗，將對話方塊及次對話方塊之程式界定輸出到視窗中。

㈢ Reset(重設)：將對話方塊及次對話方塊之界定，還原成 SPSS 內設之格式。

㈣ Cancel(取消)：取消對話方塊之界定，並關閉該對話方塊。

㈤ Help(輔助說明)：開啟對話方塊之線上輔助說明。

　　除了上述四種基本結構外，一些對話方塊或是次對話方塊中，會出現很多像圖 1-9 中前面帶有空白方格或圓圈的選項（options），使用者可根據統計分析之需求，選擇必要之統計分析結果選項，輸出到報表結果中。其中空白方格選項可多重選擇，而圓圈選項只能選擇其中一個。

第

2

章

資料檔之建立與管理

　　本章旨在說明如何將測量所得到的原始資料，建立適用於視窗 13.0 版之資料檔，以能進一步進行程式編輯與進行統計分析之基本操作。讀完本章後，使用者應該學會：

　　㈠熟知建立資料檔之編碼原則。

　　㈡了解適用於視窗 13.0 版統計分析之資料檔的建檔方式。

　　㈢利用視窗 13.0 版直接進行原始資料登錄之建檔。

　　㈣讀取利用 EXCEL 軟體建立之資料檔。

　　㈤讀取利用文書編輯軟體所建立之資料檔。

　　㈥進行資料檔之合併與轉置。

　　在量化（quantitative）的行為科學研究中，「測量」（measurement）是研究者所應謹慎設計的重要課題之一。當研究者根據研究問題或假設，以及變項之操作型定義（operational definition）後，就應選擇適當之資料蒐集方法與工具，並同時考慮變項之測量尺度（scale），開始進行測量（即資料蒐集）。問卷（questionnaire）就是行為科學中，經常被拿來做為蒐集資料之工具。透過測量蒐集得來的資料，稱為原始資料（raw data），針對這些雜亂無章的原始資料，研究者必須先進行編碼（coding），然後建立一個資料檔，俾利進一步的統計分析工作。

　　視窗 13.0 版在進行統計分析工作前，就必須先建立資料檔，然後再根據資料檔內容，利用應用視窗所提供之各種對話方塊，撰寫適當之程式檔，以進行必要之統計分析。視窗 13.0 版在建立適用之資料檔時，係利用應用視窗與資料編輯視窗進行此項工作。建立資料檔的方式有三種，一種是直接在 SPSS 資料編輯視窗建立資料檔或是利用 Open(開啟舊檔) 指令讀取其它資料庫軟體（如 EXCEL、LOTUS、DBASE 及 SAS）之資料檔；另一種則是利用應用視窗之 File(檔案) 功能表的 Read Text Data(讀取文字資料) 指令，讀取使用文書編輯軟體（如 Word）所建立之資料檔。最後，也可由 SPSS 系統外部，利用語法視窗將使用文書編輯軟體所建立之資料檔讀進資料編輯視窗中。以下分別說明之。

第一節　資料編輯視窗建立資料檔之操作

利用資料編輯視窗建立資料檔的工作，就是利用視窗 13.0 版主畫面中的資料編輯視窗進行。資料編輯視窗下半部的橫列通常代表樣本觀察值，縱行則代表某一變項。由圖 2-1 可知，建立一個新的資料檔時，SPSS 將變項的性質做了一些預先的設定，名稱全部都是var，且都是數值變項，各占 8 個欄位，其中小數點占 2 個欄位，變項並無缺失值。但對行為科學研究而言，SPSS 這種預設值指令並不適合，因此，利用資料編輯視窗直接建立資料檔時，首先要界定變項的性質，然後再將觀察值在變項之測量值一一登錄。

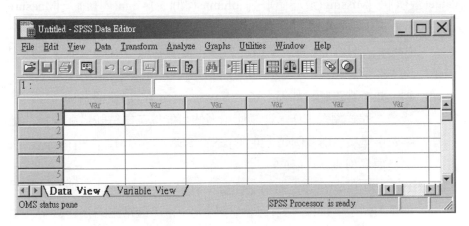

圖 2-1　視窗 13.0 版主畫面中之資料編輯視窗

界定變項性質的方式，是利用滑鼠點選圖 2-1 左下方之 Variable View (變數檢視)，以打開 Variable View(變數檢視)的視窗，如圖 2-2。

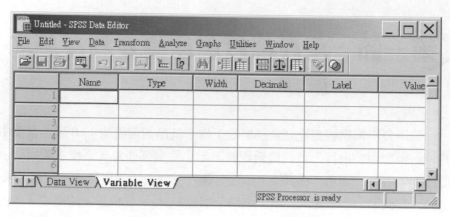

圖 2-2　視窗 13.0 版之 Variable View(變數檢視) 視窗

　　圖 2-2 的 Variable View(變數檢視) 視窗中，SPSS 共提供了包括 Name
(名稱) 、 Type(類型) 、 Width(寬度) 、 Decimals(小數) 、 Label(標記) 、
Value(數值) 、 Missing(遺漏值) 、 Columns(欄) 、 Align(對齊) 及 Measure
(測量) 等十項有關變項性質之界定細格。這十個細格之功能為：

　(一) Name(名稱) ：在界定變項之名稱。變項名稱中英文不限（名稱中
　　　間不能留空白），長度最多可以到 64 個位元（中文為 32 個字），
　　　但一些特殊符號（如%、＆、＄……）不能做為變項名稱。為便利
　　　後續之程式編輯工作，建議使用者儘可能以英文符號搭配阿拉伯數
　　　字做為變項名稱。例如「性別」、「SEX」、「a12」……都是合法
　　　之變項名稱。

　(二) Type(類型) ：在界定變項之性質。SPSS 共提供包括「數字」等八
　　　種變項類型供選擇，對行為科學研究而言，最常用的為「數字」變
　　　項與「字串」變項二種，其中「數字」變項是 SPSS 內設之格式，
　　　可以用來做為四則運算之用；而「字串」變項是使用者所輸入之變
　　　項編碼值中包括非阿拉伯數字之符號屬之，只能做為指標用。

　(三) Width(寬度) ：在界定變項編碼值之欄位數，內設是 8 個欄位。

　(四) Decimals(小數) ：在界定變項編碼值小數點所占之欄位數，內設是
　　　2 個欄位。例如，若不改變內設格式，當使用者輸入 95 時，細格中
　　　會出現 95.00。

(五) Label(標記)：在界定變項之標籤。例如，當使用者以 MA 做為數學成績之名稱時，可以在 Label(標記) 細格中輸入「數學成績」做為 MA 之標籤，則在結果輸出檔中，SPSS 會以「數學成績」取代 MA 輸出統計分析，以提高報表之可讀性。

(六) Value(數值)：在界定變項編碼值之標籤。例如，在建立資料檔時，若使用者以 1 及 2 分別代表「男性」及「女性」，同樣地，為提高統計報表之可讀性，可利用 Value(數值) 之對話方塊，對 1 及 2 二個編碼值分別界定標籤為「男性」及「女性」，則 SPSS 在統計分析報表中會改以標籤來取代編碼值。

(七) Missing(遺漏值)：在界定變項之缺失值。例如，在以問卷為工具之研究中，常會出現某些問題未填答或答錯之情形，則必須利用 Missing(遺漏值) 之對話方塊對這些未填答或答錯之資料進行缺失值界定。

(八) Columns(欄)：在界定變項在資料編輯視窗中之寬度，內設是 8 個欄位。

(九) Align(對齊)：在界定變項編碼值之對齊方式，內設是靠右對齊。

(十) Measure(測量)：在界定變項之測量尺度，內設是尺度變項（即等距尺度以上）。

　　進行變項界定時，使用者首先只要輸入變項名稱，並用滑鼠在 Name (名稱) 以外細格點選一下，或是按上下左右移動鍵，該變項其它內設格式就會全部出現。其次，使用者就可根據該變項之性質，界定變項其它細格之性質。這些工作完成後，使用者再用滑鼠左鍵點選圖 2-2 左下方之 Data View(資料檢視)，就可完成變項界定工作，回到資料編輯視窗中。

　　在所要輸入之變項都界定清楚後，使用者就可利用圖 2-2 資料編輯視窗最上面之空白行的右半部，根據每一筆樣本觀察值在該變項上之數值或字串進行登錄之工作，直到所有樣本觀察值都登錄完成，建立資料檔的工作就告完成。例如有一筆資料包括六個樣本觀察值及四個變項，如表 2-1 所示。

表 2-1　假設之觀察值資料

變項 觀察值	SCH	LOCAL	STU	TEA
A	大同	1	2536	289
B	仁愛	2		156
C	中山	2	1480	148
D	中正	3	521	32
E	信義	1	2415	254
F	和平	3	430	29

註：空白代表缺失值

　　要建立上表之資料檔，首先用滑鼠點選圖 2-2 左下方之 Variable View (變數檢視)，以打開 Variable View(變數檢視) 的視窗，首先在名稱細格中界定四個變項 SCH、LOCAL、STU 及 TEA 之名稱，如圖 2-3。

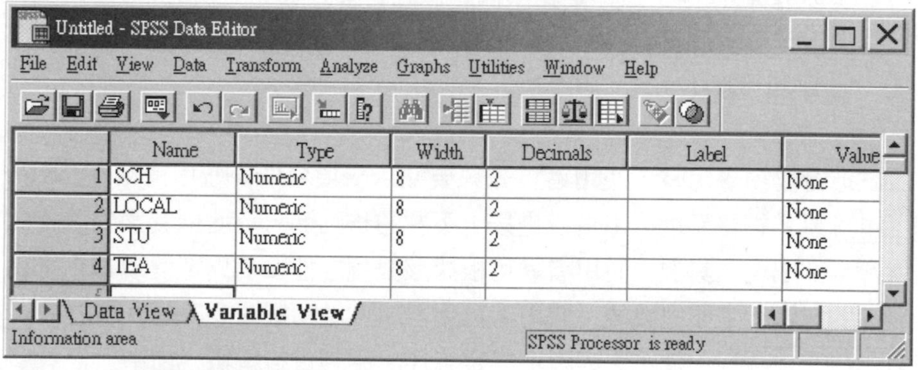

圖 2-3　界定表 2-1 四個變項名稱後之畫面

　　圖 2-3 中顯示四個變項在其它細格上之內設格式，在本例中 SCH 為字串變項，因此在 SCH 之 Type(類型) 細格中，應將變項型態改為字串，做這項改變，只要用滑鼠在 Type(類型) 細格中點選一下，待細格右方出現一個方形鈕後，再用滑鼠點選一下，就可開啟圖 2-4 之對話方塊，並用滑鼠在

String 前的圓圈中點選一下，再點選 OK 後，即可完成變項類型之界定。

其次，表 2-1 中觀察值 B 在變項 STU 上之編碼值為缺失值，此時用滑鼠在 Missing(遺漏值) 細格中點選一下，待細格右方出現一個方形鈕後，再用滑鼠點選一下，就可開啟對話方塊，由於 STU 編碼值最多是四位數，因此可以 9999 為缺失值代碼（**註：缺失值代碼建議盡量用二極端之數字，例如二位數可用 0 或 99，一位數用 0 或 9 為代碼**），此時只要先用滑鼠點選 Discrete missing values(離散遺漏值) 選項，並在後方空白格中輸入 9999 即可，如圖 2-5。

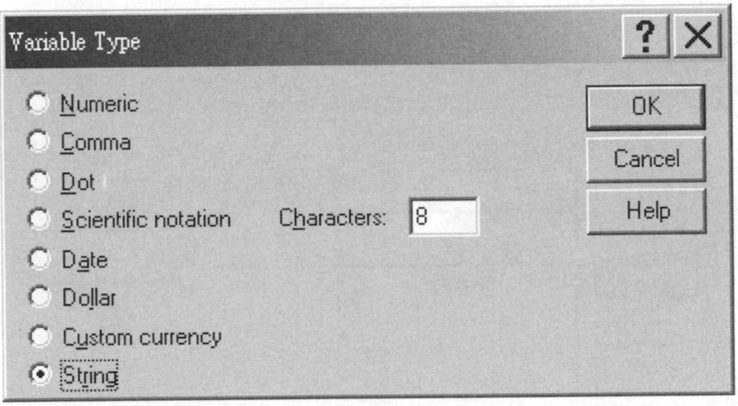

圖 2-4　界定變項 SCH 之類型為字串（String）變項之畫面

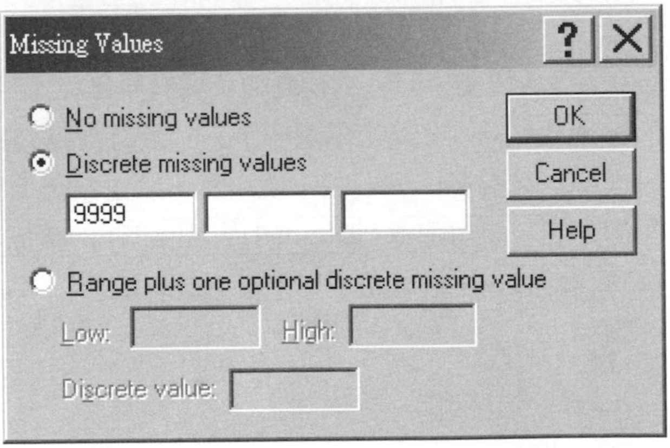

圖 2-5　界定變項 STU 之缺失值為 9999 之畫面

　　當完成圖 2-5 之界定後，用滑鼠點選 OK 鈕，即可回到圖 2-3 之畫面。再者，若變項 LOCAL 代表學校位置，其編碼值 1 代表都會區、2 代表鄉鎮、3 代表偏遠地區。使用者想對變項與編碼值界定標籤，則可以在變項 LOCAL 之 Label(標記) 細格上用滑鼠點選一下，然後輸入「學校位置」，並且在 Value(數值) 細格中點選一下，待細格右方出現一個方形鈕後，再用滑鼠點選一下，就可開啟對話方塊，然後在 Value(數值) 後之方格中輸入 1，Value Label(數值標記) 方格中輸入「都會區」，並在 Add(新增) 點選一下，就完成編碼值 1 之標籤界定，如圖 2-6。依此步驟，可依序完成編碼值 2 及 3 之標籤「鄉鎮」及「偏遠地區」之標籤界定。

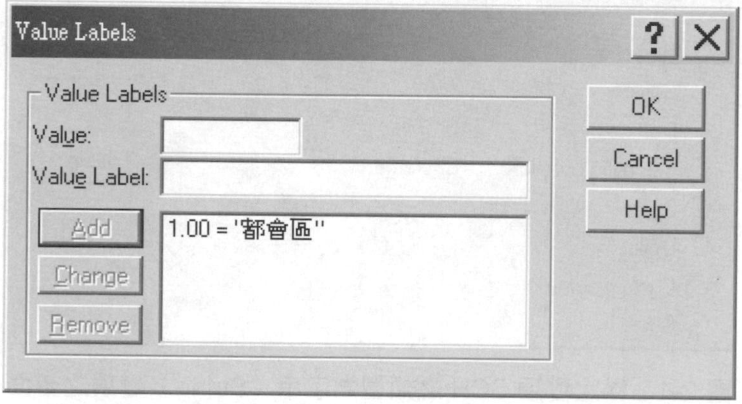

圖 2-6　完成編碼值 1 之標籤「都會區」之 Value(數值) 界定結果

　　最後，若使用者希望變項 TEA 的編碼值不要有小數點出現，則可以在變項 TEA 之 Decimals(小數) 細格上點選一下，然後將內設的數字 2 改為 0 即可。完成上述工作後之結果如圖 2-7，使用者可以比較圖 2-3 及圖 2-7 之異同。就可以發現在 Type(類型)、Decimals(小數)、Label(標記)、Values (數值) 及 Missing(遺漏值) 中已經做了界定後之改變。

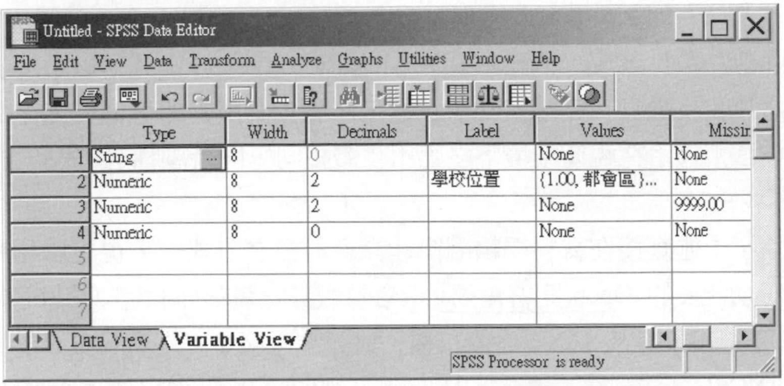

圖 2-7　完成表 2-1 資料之 Variable View(變數檢視) 界定後之結果

　　完成圖 2-7 之變項界定後，用滑鼠左鍵點選圖 2-7 左下方之 Data View (資料檢視)，即完成變項界定工作，回到資料編輯視窗中。此時可以開始輸入每一樣本觀察值在四個變項上之測量值。輸入觀察值時，當每輸入一個變項之編碼值後，使用者按下鍵盤上之換行鍵，資料就會進入儲存格中，且游標自動往下一行跳。若是要讓游標往右跳，則輸入資料後應按鍵盤上之 TAB 鍵或 右移 鍵。當依序完成六個樣本觀察值在四個變項上之測量值之登錄後，即可得到如圖 2-8 之結果。當游標是停在第六個觀察值的變項 TEA 上時，資料編輯視窗最上面空白行之左半空格就會出現 6：TEA 之訊息，而右半空格則出現其缺失值編碼 29。

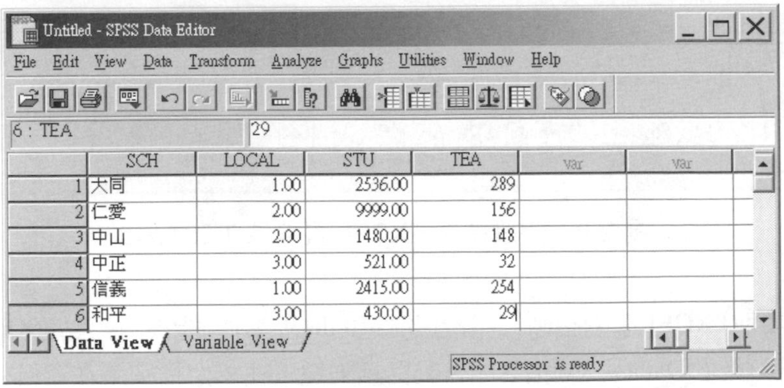

圖 2-8　輸入表 2-1 資料後之畫面

其次，在圖 2-8 中可以發現，變項 TEA 因已經界定小數點欄位爲 0，因此並無小數點出現，但變項 LOCAL 及 STU 因未界定，所以編碼值都有內設之二位小數點。完成資料檔建檔工作後，使用者即可進行儲存檔案工作，作法與適用在視窗環境下之應用軟體相同，同時副檔名 SPSS 自動設定爲 sav。

除了上述直接在資料編輯視窗建立資料檔之方式外，也可以利用 File (檔案) 功能表的 Open(開啓舊檔) 指令讀取其它資料庫軟體（如 EXCEL、LOTUS、DBASE 及 SAS）之資料檔。假設在電腦 C 碟之資料夾 tmp 中存有一個 EXCEL 之資料檔，檔名爲 TEST.xls，如圖 2-9。共有五筆觀察值在五個變項（分別爲 name、sex、math、chin 及 eng）上之資料，其中第一橫列爲變項名稱。

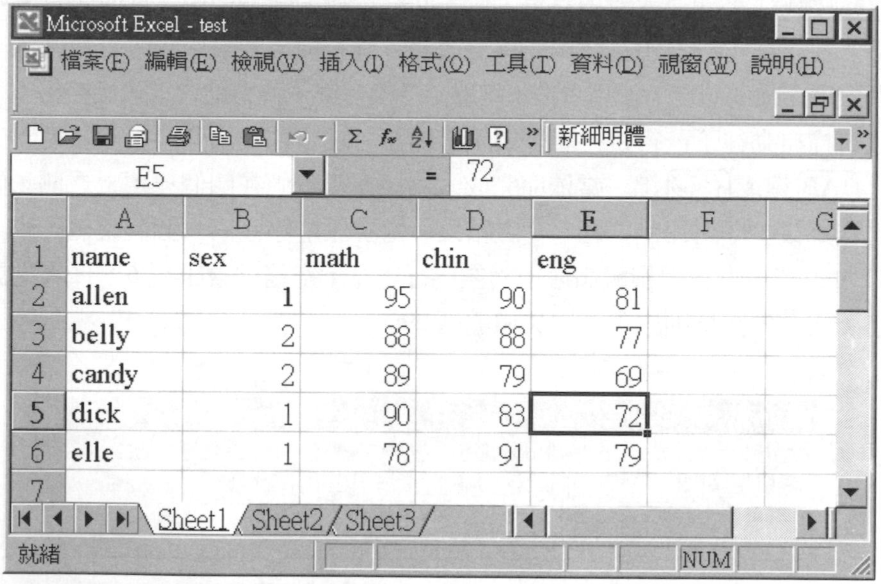

圖 2-9　假設性之 EXCEL 資料檔 TEST.xls

讀取 EXCEL 資料檔時，用滑鼠點選 File(檔案) 功能表，再點選 Open(開啓舊檔) 後之 Data(資料) 指令開啓其對話方塊，在確定檔案所在資料夾及類型（副檔名爲 xls）後，再點選 開啓(O) 鈕，即可打開圖 2-10 之對話方塊。

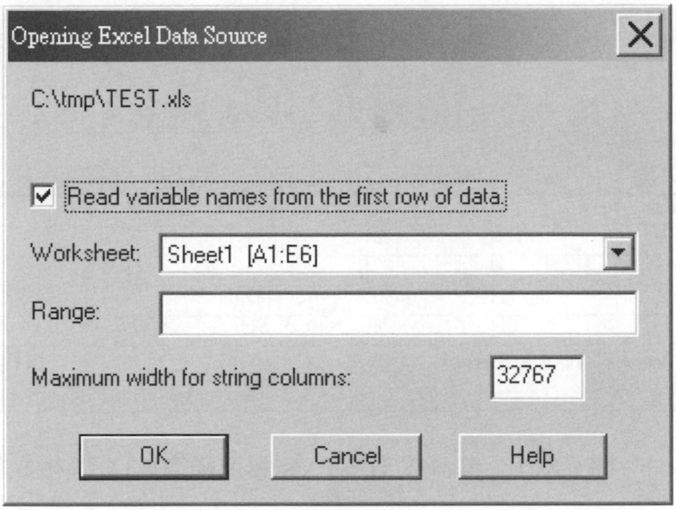

圖 2-10 讀取資料庫軟體資料檔之對話方塊

在圖 2-10 中，使用者必須界定三項讀取資料檔之條件，首先是 EXCEL 檔的第一橫列是否為資料檔變項名稱，若是，則用滑鼠點選 Read variable names from the first row of data(從資料第一列開始讀取變數名稱)選項（SPSS 內設值已經點選）；否則就將選項前方格中之打勾取消。第二，必須決定 EXCEL 之工作單，這部分 SPSS 內設讀取一張，且整個 EXCEL 檔之內容全部讀取（如本例讀取 Sheet1[A1: E6]範圍之資料），因此使用者通常不必做任何改變。最後，如果使用者只要讀取 EXCEL 檔中之部分資料，則利用 Range(範圍)的方格，界定讀取範圍即可（界定方式同上）。這三項工作完成後，點選 OK 鈕，原來在 EXCEL 的資料檔即順利讀進 SPSS 資料編輯視窗中，如圖 2-11。

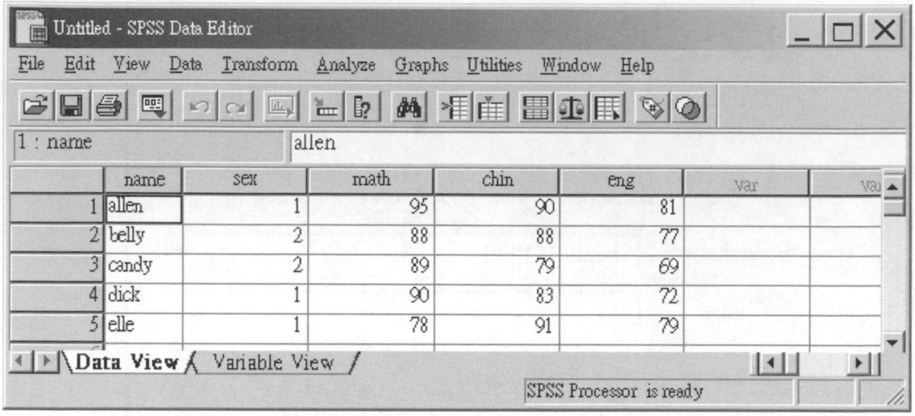

圖 2-11　將 EXCEL 資料檔 TEST.xls 讀進視窗 13.0 版後之結果

第二節　利用 Read Text Data 指令讀取資料檔之操作

　　上述在資料編輯視窗直接建立原始資料的方法，是在視窗版SPSS系統內部直接輸入原始資料。由其過程可知，每一個樣本觀察值在每一變項之測量值都有一個儲存格，因此在建立資料檔時，首先必須將變項一個一個分別界定，然後將每一觀察值在每一變項之編碼值分別輸入儲存格中。如此在建立資料檔的過程中，相對地將會耗費許多的時間；其次，就算用EX-CEL先建好資料檔再讀進系統，也相當麻煩。因此，除非樣本觀察值之個數不多，否則不建議使用者採用在視窗版系統內部直接建立資料檔的方式。

　　視窗 13.0 版第二種讀取資料檔的方式，就是利用應用視窗中 File(檔案) 功能表之 Read Text Data(讀取文字資料) 指令，將原先利用一般文書編輯系統所建立之 ASCII 純文字檔之資料檔，讀進資料編輯視窗中，以因應進一步統計分析之需要。在介紹此一指令前，必須先說明如何利用一般文書編輯軟體建立資料檔。以下以利用 WORD 進行建立資料檔為例說明之。

　　資料檔係由一些變項之代表編碼（code）所組成之原始資料（raw

data）檔案。變項之編碼可以是數字（如收入），也可以是符號（如性別），但爲簡化程式編輯之工作，若非必要，將以數字表示變項之不同數值或符號較爲簡便。

在資料檔中，每一橫列稱爲卡（record），通常代表一筆觀察值（樣本），此一觀察值可以是人、事或物。每一直行通常代表某些樣本觀察值在某一變項上之數值，而一變項之數值可以由一個欄位（column）組成（如性別分爲二類，只需一個欄位），也可由多個欄位組成（如智商通常需要三個欄位）。以下提出一些建立適用於視窗版 SPSS 之資料檔的原則：

㈠事先應決定各變項需多少欄位。如性別分男女二類（男性以 1 代表；女性以 2 代表），則只需一欄位即可表示；而數學月考成績，可能由 0 至 100 分，則至少需三個欄位，甚且有小數點，則所需欄位將更多。

㈡每一筆資料最好給予一個編號，以便資料檢查之工作。

㈢每一卡資料盡量不標超過 80 個欄位。一筆觀察值可以有多卡的變項資料，只要在資料檔中每一筆觀察值的卡數全部一樣即可。

㈣輸入資料時，必須注意觀察值在每一個變項測量值的位數之對齊，個位數對齊個位數。

㈤輸入資料時，若變項帶有小數，除非變項很少，不要將小數點符號輸入，各變項間亦不必留空白欄位，但應注意欄位對齊。

㈥應注意缺失值（missing values）之編碼。

㈦字串變項（string variables）之值亦盡可能以數字表示。

㈧在資料檔中不可任意留空白橫列或欄位。

㈨存檔時應存爲 ASCII 格式，即一般文字檔。當使用 WORD 或記事本（Wordpad）進行存檔時，必須注意此點（建立原始資料檔必須儲存爲純文字檔，副檔名爲 txt）。

在行爲科學的研究領域中，問卷（questionnaire）經常被拿來做爲蒐集資料之工具。透過問卷所蒐集得來的原始資料（raw data），研究者必須先進行編碼（coding），然後建立一個原始資料檔，以供進一步的資料分析工作。一般而言，問卷通常包括基本資料（如性別、學歷、職業、收入……等）及問卷題目（通常爲 Likert 五點量表）等二部分。本節以一個假設性

之某一企業員工「工作價值觀調查」資料為例，說明如何建立一個可供 SPSS 進行統計分析的資料檔。同時，在後面的幾章，也儘可能以這個資料檔（共 474 名樣本）為例，說明如何進行各種統計分析的程式撰寫及報表解釋。

一、問卷內容

在「工作價值觀調查」中共有二部分題目。第一部分是基本資料，共包括員工識別碼、起薪、性別、任職年資、年齡、目前薪資、任職部門、種族、工作職務及服務選擇等十項。第二部分是問題，包括有一題有關評鑑人員之複選題、一題創意評估測驗分數，以及工作價值觀量表 35 個 Likert 型五點量表題目。完整的問卷如下：

ＸＸ企業員工工作價值觀調查

　　本研究目的在了解工作對一個人有什麼樣的功能？是提供寬裕的金錢？發揮自己的理想？可以過悠閒的生活？為民喉舌……，還是其它呢？您的意見對未來公司人力資源管理與規劃有重要參考價值。請依照您個人實際意見與感受，表達個人意見。您的意見只提供研究使用，絕對保障個人意見之機密，敬請放心填答。

人事部門　敬啟

壹、基本資料

一、員工識別碼：＿＿＿＿＿＿＿＿＿

二、起薪：＿＿＿＿＿＿＿＿＿元

三、性別：□男　□女

四、任職年資：＿＿年

五、年齡：□30 歲以下　□31-40 歲　□41-50 歲　□50 歲以上

六、目前薪資：＿＿＿＿＿＿＿元

七、任職部門：□文書　□採購　□公關　□人事

（接下頁）

（承上頁）

八、種族：□非白人　□白人
　　　　□生產　□秘書　□資訊

九、工作職務：□科長　□課長　□組長　□組員

十、您為何選擇本公司服務？（請就下列原因重要性排序，最重要填 1，第二重要理由填 2，第三重要理由填 3，……依此類推）
　　____A 交通方便
　　____B 重要同儕建議
　　____C 公司聲望
　　____D 升遷進修
　　____E 待遇

貳、問題

　下列問題請您依照個人感受表示意見，或在適當之方格中打勾。

一、公司若進行年終考評，下列何者是適當之評鑑人員？（可複選）
　　□ 執行長　□ 專案經理　□ 人事主管　□ 科長　□ 課長
　　□ 組長　　□ 其它人員（請註明_____）

二、去年公司創意評估測驗分數：_____分

三、我覺得在公司從事……

	很不重要	不重要	普通	重要	很重要
1. 一份能讓我有出人頭地感覺的工作是 ……………………………………	□	□	□	□	□
2. 一份能參與救濟貧苦的工作是 ………………………………………………	□	□	□	□	□
3. 一份要不斷面對心智挑戰的工作是 ………………………………………	□	□	□	□	□
4. 一份能使家人生活有保障的工作是 ………………………………………	□	□	□	□	□
5. 一份能使自己覺得光彩的工作是 …………………………………………	□	□	□	□	□
6. 一份可以交到很多朋友的工作是 …………………………………………	□	□	□	□	□
7. 一份有妥善福利制度的工作是 ……………………………………………	□	□	□	□	□
8. 一份可以盡力於慈善事業的工作是 ………………………………………	□	□	□	□	□
9. 一份不能實現自己理想的工作是 …………………………………………	□	□	□	□	□
10. 一份能照顧到社會中弱勢團體的工作是 ………………………………	□	□	□	□	□
11. 一份能增進自信心的工作是 ………………………………………………	□	□	□	□	□
12. 一份能常與同事有交往機會的工作是 …………………………………	□	□	□	□	□
13. 一份有穩定收入的工作是 …………………………………………………	□	□	□	□	□

（接下頁）

（承上頁）

14. 一份能減輕別人苦難的工作是 ……………………………… □ □ □ □ □

15. 一份能有所表現的工作是 ………………………………… □ □ □ □ □

16. 一份能受人尊敬的工作是 ………………………………… □ □ □ □ □

17. 一份比起其它相同條件的人，有更高收入的工作是 ………… □ □ □ □ □

18. 一份與人有較多接觸的工作是 …………………………… □ □ □ □ □

19. 一份對身體健康有助益的工作是 ………………………… □ □ □ □ □

20. 一份建立自己社會名望的工作是 ………………………… □ □ □ □ □

21. 一份創造出一些新東西的工作是 ………………………… □ □ □ □ □

22. 一份自己負責品質與數量的工作是 ……………………… □ □ □ □ □

23. 一份能與同事建立深厚友誼的工作是 …………………… □ □ □ □ □

24. 一份不能看到自己努力成果的工作是 …………………… □ □ □ □ □

25. 一份收入能使家人生活得很舒適的工作是 ……………… □ □ □ □ □

26. 一份能增進他人福利的工作是 …………………………… □ □ □ □ □

27. 一份努力成果能得到他人肯定的工作是 ………………… □ □ □ □ □

28. 一份能滿足我生活上物質需求的工作是 ………………… □ □ □ □ □

29. 一份同事間能互相照顧的工作是 ………………………… □ □ □ □ □

30. 一份能受監督的工作是 …………………………………… □ □ □ □ □

31. 一份能對自己有更深刻了解的工作是 …………………… □ □ □ □ □

32. 一份能不斷吸收新知的工作是 …………………………… □ □ □ □ □

33. 一份有很高薪水的工作是 ………………………………… □ □ □ □ □

34. 一份能學習到如何與別人相處的工作是 ………………… □ □ □ □ □

35. 一份能發揮自己能力的工作是 …………………………… □ □ □ □ □

二、問卷編碼

　　建立原始資料檔時，應事先決定各變項需多少欄位。在「工作價值觀調查」中的題目，首先提出下列說明，供使用者實際編製問卷或建立資料檔之參考：

　　㈠基本資料的設計，填答方式盡量使用「性別」、「年齡」、「任職部門」的勾選方式，這種設計方式之優點是填答容易，但缺點是所得到資料屬於名義（nominal）或次序（ordinal）尺度，測量較不精確。至於「起薪」、「任職年資」、「目前薪資」之設計方式，缺

點是增加填答難度，但優點則是可以得到等距（interval）尺度以上之精確測量結果。

㈡基本資料第十題的設計，屬於排序方式。這種設計方式的填答，理論上受試者必須將選項兩兩配對比較相對重要性或差異，若有 K 個選項，則必須進行 K（K－1）／2 次之比較。以第十題爲例，共有 5 個選項，兩兩配對共必須進行 10 次比較後，才能精確排序。因此，對於這種排序題之設計，建議選項盡可能不要超過 5 個，以提高測量之精確性。

㈢Likert 型量表之設計，一般選項以四至六個量尺最爲普遍。至於量尺應該選擇偶數點或奇數點量尺？根據吳毓瑩（1997）之研究顯示，雖說奇數點與偶數點並無一致的好與壞，但在態度測量上，偶數點量表受到方法變異之干擾較少；至於在情緒測量上，則是奇數點量表受到之干擾較少。

㈣建立原始資料檔時，原則上每一個題目都是一個變項，例如員工識別碼、起薪、性別、……及 Likert 型量表等都是。但像基本資料第十題之排序設計，或是問題第一題有關評鑑人員之複選題設計，則是每一個選項都需視爲一個變項。因此「工作價值觀調查」中基本資料 10 個題目必須建立 14 個變項，問題第一題複選題共有 7 個選項，因此應該建立 7 個變項，第二題「創意評估測驗分數」需要建立 1 個變項，而 Likert 型量表 35 個題目需建立 35 個變項，全部 47 個題目共需建立 57 個變項。

㈤對於「起薪」、「任職年資」、「目前薪資」及「創意評估測驗分數」填答方式之題目，建立資料檔時應先檢視所有回收問卷，確定是否出現小數點，並需要幾個欄位。至於「性別」、「年齡」、「任職部門」填答方式之題目，只要選項在 9 個以下，則只要 1 個欄位。但若是選項在 10 個以上，則包括可能出現缺失值，必須有 2 個欄位。至於 Likert 型量表題目原則上都只要 1 個欄位即可。

㈥對於複選題的每一個選項，都只需要 1 個欄位，建立原始資料檔時有勾選則以 1 表示，未勾選則以 0 表示。

㈦Likert 型量表編製時常有「負向敘述題」之設計，例如第九及第廿四

題即是。對於「負向敘述題」建立原始資料檔之方式可與其它 Likert 型量表相同，待資料讀進 SPSS 資料編輯視窗後，再利用 [Transform] [(轉換)] 功能表下 [Recode(重新編碼)] 指令進行轉換即可，作法參見第三章第一節。

　　實際進行編碼工作時，特別是 SPSS 初學者，建議利用表 2-2 之原始資料編碼表，以協助建立原始資料檔工作。建立原始資料編碼表時，每一個題目或選項，在編碼時都應視為一個變項。因此「工作價值觀調查」中，基本資料部分共包括 14 個變項，問題第一題複選題共有 7 個變項，問題第二題「創意評估測驗分數」有 1 個變項，Likert 型量表共有 35 個變項，全部共需建立 57 個變項。每一個變項在編碼時應完成下列工作：㈠變項所在之卡（record）數；㈡變項之起始欄位及結束欄位；㈢變項名稱；㈣變項之編碼值等四項。表 2-2 就是根據「工作價值觀調查」所建立的一個編碼表。

三、建立原始資料檔

　　在完成問卷資料編碼工作後，使用者即可開始利用 WORD 進行建立原始資料檔的工作。圖 2-12 就是原始資料檔中的前 10 筆資料。每筆觀察值各有二列的資料（**注意：每筆觀察值的第一列與第二列資料分別都等長** ），因此圖 2-12 中共有二十個橫列（卡）的資料。以第一筆觀察值的第一及第二橫列為例，其第一橫列之編碼為 235498010411230012313254011110073732，所代表之意義為員工識別碼為 235，起薪為 4980 元，性別為 1（男性），任職年資為 4 年，年齡為 1（30 歲以下），目前薪資為 12300 元，任職部門為 1（文書），種族為 2（白人），工作職務為 3（組長），選擇服務五個選項重要性依序為 1、3、2、5、4，複選題七個選項之勾選結果為 0、1、1、1、1、0、0（勾選專案經理、人事主管、科長、課長四項），創意評估測驗分數為 7.32 分。而第二橫列之 35 個編碼值，則代表他對 35 個有關工作價值觀問題敘述之意見，其中 1 代表「很不重要」、2 代表「不重要」、3 代表「普通」、4 代表「重要」及 5 代表「很重要」。

表 2-2 「工作價值觀調查」原始資料編碼表

變　　項	變項名稱	卡數	所在欄位	小數點欄位數	變項編碼值與標籤
員工識別碼	CODE	1	1-3	0	自 235 起
起薪	BEGSAL	1	4-7	0	
性別	SEX	1	8	0	1：男性　2：女性
任職年資	YEAR	1	9-10	0	
年齡	AGE	1	11	0	1：30 歲以下　2：31-40 歲 3：41-50 歲 4：50 歲以上
目前薪資	NOWSAL	1	12-16	0	
任職部門	DEPT	1	17	0	1：文書　2：採購 3：公關　4：人事 5：生產　6：秘書 7：資訊
種族	RACE	1	18	0	1：非白人　2：白人
工作職務	JOB	1	19	0	1：科長　2：課長 3：組長　4：組員
服務選擇	K1, K2, K3, K4, K5	1	20-24	0	
適當評鑑人員複選題	C1, C2, C3, ……, C7	1	25-31	0	1：有勾選 0：未勾選
創意評估測驗分數	CREATIVE	1	32-34	2	
工作價值觀量表	V1, V2, V3, ……, V35	2	1-35	0	1：很不重要　2：不重要 3：普通　　　4：重要 5：很重要

　　在這裡要特別提醒使用者的是，在原始資料檔建好後，很多使用者常會在檔案最後留下很多空白橫列，以致在進行資料分析時，常會發現資料

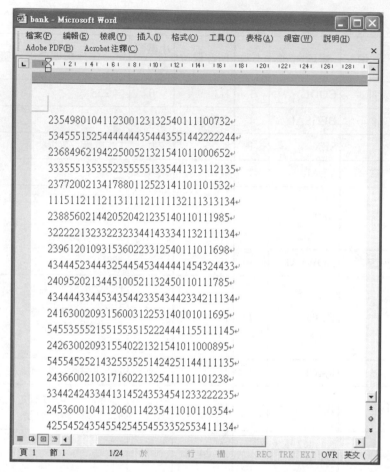

圖 2-12　利用 WORD 建立 SPSS（1997）假設性例子之畫面

出現很多缺失值的警告訊息，甚至會影響資料統計分析的正確性。因此，使用者在存檔前，務必先確定檔案中沒有留下任意的空白列。其次，在存檔的時候，「檔案類型」一定要選擇「純文字」（即副檔名為txt），如此才能儲存為 SPSS 所能讀取之 ASCII 碼。

　　完成圖 2-12 之資料檔建檔工作後，就可利用視窗 13.0 版的應用視窗之 File(檔案) 功能表讀取資料檔。首先將滑鼠移至 File(檔案) 功能表上，並點選一下 Read Text Data(讀取文字資料) 指令，會出現其下層視窗，其畫面如圖 2-13。

圖 2-13 Read Text Data(讀取文字資料)指令之對話方塊

　　圖 2-13 中使用者只要確定資料檔所在資料夾以及資料檔類型及檔名（本例中資料檔儲存在 tmp 之資料夾中，檔名為 bank.txt）後，點選開啟(O)鈕，就會出現圖 2-14 之對話方塊精靈。

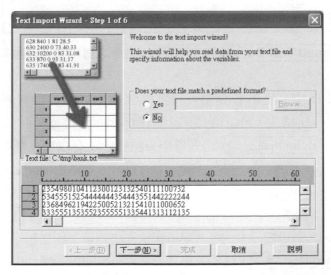

圖 2-14 Read Text Data(讀取文字資料)指令之對話方塊精靈第一層畫面

利用 Read Text Data(讀取文字資料) 指令讀取資料檔之方式，視窗 13.0 版提供了一套相當方便之精靈指引方式。首先在圖 2-14 中，SPSS 會將指定之資料檔內容顯示在下方的空格中，其次要求使用者界定文字檔（即資料檔）格式是否符合 SPSS 內設格式。一般而言，研究者所建立資料檔通常不會符合既定格式，因此直接點選 下一步(N) 鈕，就會出現圖 2-15 之對話方塊精靈。

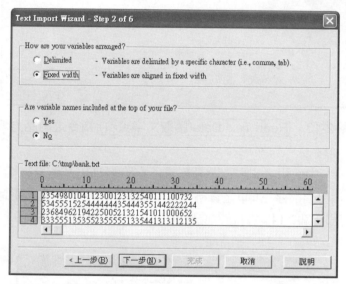

圖 2-15 Read Text Data(讀取文字資料) 指令之對話方塊精靈第二層畫面

在圖 2-15 中，使用者必須再界定二個條件。其一為資料檔格式是 Delimited(分隔) 格式（自由格式）或 Fixed width(固定寬度) 格式（固定格式），所謂 Delimited(分隔) 格式是指資料檔中所有變項之間都用逗號隔開，或是都至少保留了一個空白欄位；只要有任二個變項間未符合規定，就是 Fixed width(固定寬度) 格式。一般而言，除非變項與觀察值數目都不多，否則進行研究時，通常都是以 Fixed width(固定寬度) 格式建立資料檔。由圖 2-15 中可知，本例所有變項構成一串連續不斷之數字，因此應該是 Fixed width(固定寬度) 格式；其二，在資料檔的第一橫列中是否已輸入變項名稱（內設格式是沒有輸入）。也就是說，若使用者建立資料檔時，

把變項名稱輸入在第一橫列中，就點選圖 2-15 中間的 Yes(是) 選項，否則就點選 No(否)。由圖 2-15 空白格中可知，第一列並未出現變項名稱，因此應該點選 No(否)。完成前述二條件界定後，再點選 下一步(N) 鈕，就會出現圖 2-16 之對話方塊精靈。

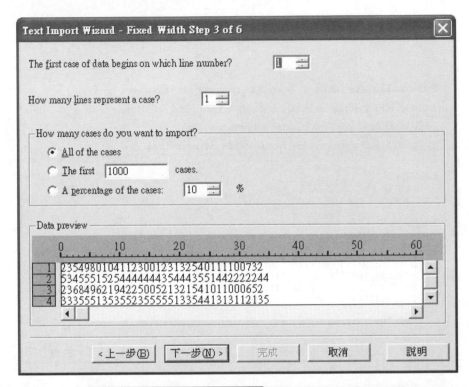

圖 2-16　Read Text Data(讀取文字資料) 指令之對話方塊精靈第三層畫面

　　在圖 2-16 中，使用者必須再界定三個條件。其一為資料第一個觀察值從第幾橫列讀起，內設值是第一橫列，除非使用者有特殊考量（例如事先輸入變項名稱），否則觀察值資料通常從第一橫列讀起。第二項條件是多少橫列代表一個觀察值，本例中每筆觀察值有二個橫列資料，因此應該改為 2。第三項條件是匯入（讀取）多少個觀察值資料，SPSS 提供三種選擇，第一是 All of the cases(全部觀察值)，界定讀取全部觀察值；第二種是 The first 1000 cases(前 1000 個觀察值)，界定讀取某一數目之觀察值，內設值

是 1000，方格中數字可依需要更改；第三種是 A percentage of the cases(觀察值的百分比)，界定讀取某一比例之觀察值，內設是讀取 10 ％，方格中數字可依需要更改。本例中假設全部讀取。完成前述三條件界定後，再點選 下一步(N) 鈕，就會出現圖 2-17 之對話方塊精靈。

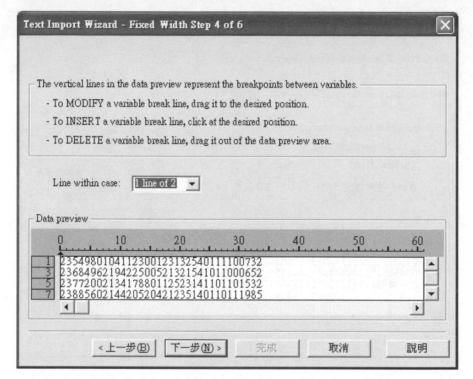

圖 2-17　Read Text Data(讀取文字資料) 指令之對話方塊精靈第四層畫面

　　由於圖 2-15 及圖 2-16 中界定本例之資料檔 bank.txt 是固定寬度格式，且每筆觀察值有二個橫列之資料，因此在圖 2-17 中，使用者必須分割變項之欄位。分割變項欄位時，表 2-2 就變得相當重要，使用者只要根據表 2-2 中對每一個變項起始與結束欄位之界定，就可以正確地進行分割變項欄位之工作。首先，在圖 2-17 中顯示目前所分割的是每一筆觀察值第一橫列（ Line within case: 1 line of 2 ）之變項，分割時只要確定變項之欄位，利用滑鼠左鍵在空白方格中正確位置點選一下即可，以表 2-2 第一個

變項 CODE 為例，因 CODE 占第一至第三欄位，因此使用者只要在第一筆
觀察值 235 的後面點選一下即會出現一條朝上之箭號，如此依序就可分別
將表 2-2 中第一橫列之變項CODE、BEGSAL、SEX、YEAR、AGE、NOW-
SAL、DEPT、RACE、JOB、K1、K2、K3、K4、K5、C1、C2、C3、C4、
C5、C6、C7 及 CREATIVE 等 22 個變項分別分割其所占欄位，如圖 2-18。
至於使用者在分割過程中，若不小心點錯位置，要取消箭號，只要在黑色
三角形之箭頭上點選一下，該箭號就會消失。

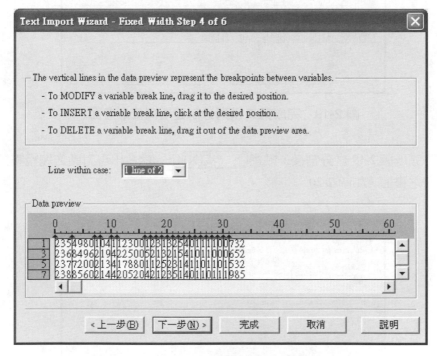

圖 2-18　完成第一橫列分割變項欄位之畫面

　　由於本例每一筆觀察值有二個橫列之資料，在完成圖 2-18 第一橫列分
割變項欄位之工作，接著必須進行第二橫列之分割變項欄位工作。首先，
點選 Line within case: 1 line of 2 後面空格中之 2 line of 2，SPSS 即會自動
呈現每一筆觀察值第二橫列之資料。在本例中，第二橫列共 35 個變項，每
一變項各占 1 個欄位，因此分割欄位後之結果如圖 2-19。

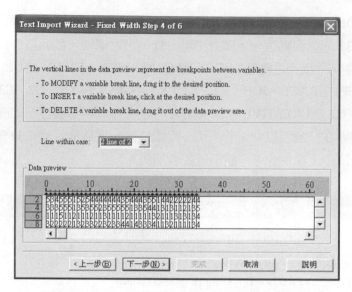

圖 2-19　完成第二橫列分割變項欄位之畫面

完成圖 2-19 之分割後，點選 下一步(N) 鈕，就會出現對話方塊精靈第五層之畫面，如圖 2-20。

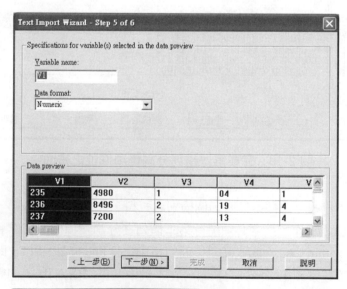

圖 2-20　 Read Text Data(讀取文字資料) 指令之對話方塊精靈第五層畫面

　　由於本例並未事先輸入變項名稱，因此 SPSS 自動將變項依序以 V1、V2、V3……分別標示，且內設所有變項都是數值（numeric）變項，也沒有缺失值。此時，使用者可以根據變項實際情況，進行必要之修改。修改時，先用滑鼠在變項名稱上點選一下，該變項名稱與性質會分別出現在對話方塊左上角之空白格中，以本例的第一個變項 CODE 為例，先將 Variable name(變數名稱) 方格中之 V1 改成 CODE 後，用滑鼠在 Data preview(資料預覽) 中之變項名稱上點一下，就完成變項 CODE 名稱修改工作。根據這個步驟，就可完成全部變項名稱修改作業。完成修改後，點選 下一步(N) 鈕，就會出現對話方塊精靈第六層之畫面，如圖 2-21。

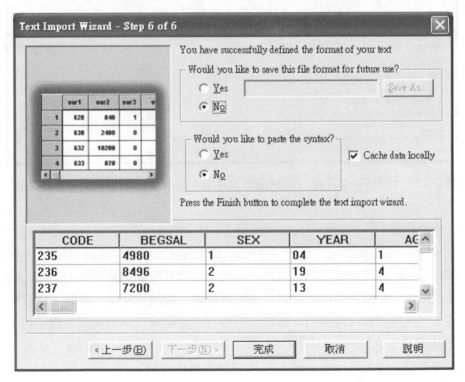

圖 2-21　Read Text Data(讀取文字資料) 指令之對話方塊精靈第六層畫面

　　在圖 2-21 中，使用者必須再界定二個條件。其一，使用者需決定是否將資料檔之檔案格式（ file format ）存檔，以做為日後使用。內設值是不

存檔，若要存檔，只要點選 Yes(是) 選項，並輸入檔名，SPSS 自動存為副檔名 tpf 之格式檔。其二，使用者需決定是否將程式檔語法輸出至語法視窗中（ paste the syntax? ），若要輸出，只要點選 Yes(是) 選項，並點選 完成鈕，SPSS 會自動開啟語法視窗，並將讀取資料檔程式語法輸出，如圖 2-22。在圖 2-22 中，使用者只要點選 File(檔案) 功能表中之 Save as(另存新檔) ，並輸入檔名，SPSS 自動存為副檔名 sps 之語法檔。一般而言，各資料檔變項內容各不相同，存為格式檔或語法檔後應用性不高。

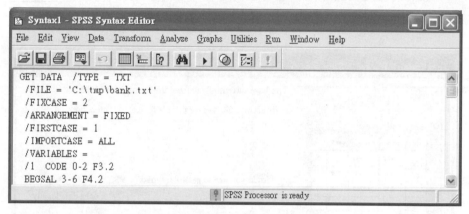

圖 2-22　利用 Read Text Data(讀取文字資料) 指令讀取資料檔之程式語法

　　因此圖 2-21 的二個條件如果使用者都選擇 No(否) ，則在點選 完成 鈕，SPSS 會自動開始讀取資料，並將讀取結果輸出到資料編輯視窗中，如圖 2-23。在圖 2-23 中之結果，就與第一種利用資料編輯視窗建立資料檔之結果相一致，此時，使用者就可以根據各變項之類型、寬度、小數、變項標籤、編碼值標籤、遺漏值、欄寬、對齊方式及測量尺度等有關性質，利用 SPSS 所提供之 Variable View(變數檢視) 視窗，參考圖 2-3 至圖 2-6 之步驟，進行必要之修改（注意：圖 2-21 中只修改變項名稱）。

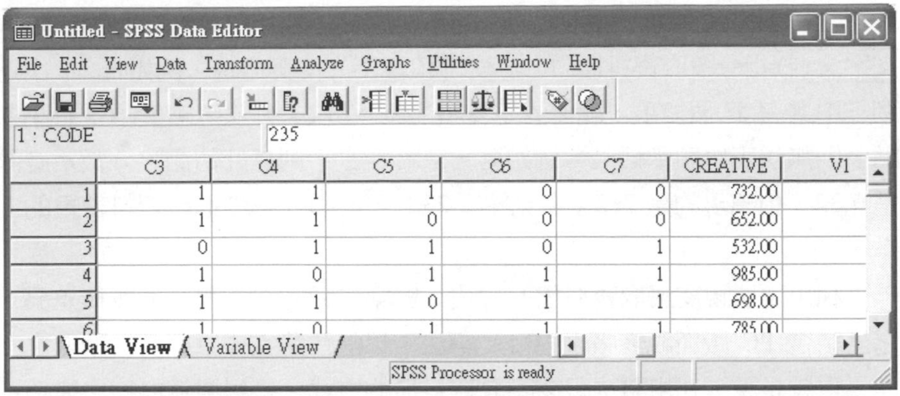

圖 2-23　利用 Read Text Data(讀取文字資料) 指令讀取資料檔之結果

這種利用 Read Text Data(讀取文字資料) 指令讀取資料檔之方式，與第一種在視窗版資料編輯視窗直接輸入原始資料之方式相較可以發現，二種方法的共同點都必須將資料檔中所包括的變項，一一利用其所提供之對話方塊進行界定。而二者的差異點則是第一種方法事先界定變項有關的各種訊息後，再利用視窗 13.0 版所提供類似 Microsoft Excel 之儲存格，一筆一筆將觀察值在各變項上之測量值輸入；而由利用 Read Text Data(讀取文字資料) 指令讀取資料檔之方式，則是先利用一般文書處理軟體建立資料檔，並儲存為純文字之 ASCII 碼檔；然後再根據各變項在資料檔之位置，依循視窗 13.0 版之對話方塊精靈，輸入必要條件與界定後，將資料讀進 SPSS 之系統中。二種方法相較下，筆者建議可採第二種方法較為簡便。

第三節　語法視窗讀取資料檔之操作

上述利用應用視窗之 File(檔案) 功能表中之 Read Text Data(讀取文字資料) 指令讀取資料檔的方法，是利用一般性文書編輯軟體，先將原始資料儲存為純文字之 ASCII 碼檔，然後利用視窗 13.0 版之對話方塊精靈，將資料讀進 SPSS 之系統中。由其過程可知，對話方塊精靈之操作總共有六個步

驟，且變項修改又是一件相當麻煩的事。因此，利用 Read Text Data(讀取 文字資料)指令讀取資料檔的方法變得相當不方便與費時。例如表 2-2 中之 例子中共有 57 個變項，就需界定變項名稱 57 次；其次，若變項帶有小數 點，則無法正確顯示結果，例如第一筆資料之「創意評估測驗分數」應該 是 7.32，但出現的是 732（參見圖 2-23），必須進一步進行資料轉換的工 作。

利用語法視窗讀取資料檔的方式，與第二種方法在實質上並無差異， 它是結合 PC 版與視窗版之指令及語法，以能快速完成原始資料讀取之工 作。也就是說，利用語法視窗讀取資料檔的方式，是根據資料檔之變項性 質，利用應用視窗中 File(檔案)功能表之 New(開新檔案)下之 Syntax(語法) 指令視窗，然後將視窗版讀取資料檔之程式語法撰寫完成後（使用者也可 利用一般性文書編輯軟體先將程式寫好，並以 sps 爲副檔名存檔），再點選 Run(執行)功能列中之 All(全部)選項，只要使用者界定之語法，符合 SPSS 之格式，即可將原始資料正確地讀進資料編輯視窗中。

茲再以表 2-2 之資料爲例，說明如何利用語法視窗讀取資料檔。利用 語法視窗讀取資料，是利用 SPSS 的指令 DATA LIST 進行，DATA LIST 指 令之基本語法爲：

```
DATA LIST FILE= '資料檔位置與檔名' RECORDS=n
    /1 變項界定
    /2 變項界定
    .
    .
    .
    /n 變項界定.
EXECUTE.
```

由上述格式可知，利用語法視窗讀取資料，乃是利用 DATA LIST 指令 完成資料檔之檔案界定（file definition）與變項界定（variable definition） 二項工作。檔案界定在宣告有關原始資料檔所在位置與名稱之訊息；至於 變項界定則在定義原始資料檔中所有變項之名稱、類型、格式及所在欄位 等訊息。以下分別說明其重要編輯指令與語法：

一、檔案界定

　　檔案界定主要係以一個指令DATA LIST及其次指令FILE、FREE、FIXED
及 RECORDS 等所組成。幾個次指令之功能為：

　　㈠FILE：界定由 SPSS 系統外部讀入的資料檔所在之位置及名稱。

　　㈡FREE 或 FIXED：界定資料檔中所有變項之格式，其中FREE 就是前
　　　述之分隔格式；FIXED 就是固定寬度格式。其中FIXED 為內設格式。

　　㈢RECORDS：界定資料檔中每一筆觀察值應有幾個橫列之資料。

　　例如：

DATA LIST FILE= 'A:\THESIS\RAW.TXT' RECORDS=1

　　表示資料檔儲存在 A 磁碟機之資料夾THESIS 下，檔名為RAW.TXT，
變項格式為固定寬度格式（內設格式可以不宣告）。而在資料檔中，每一
筆觀察值有一橫列的資料。因此，第二節中之例子BANK.TXT資料檔，因
是儲存在 C 磁碟機之資料夾 tmp 中，且每一筆觀察值之變項資料占二個橫
列，故語法為：

DATA LIST FILE= 'C:\TMP\BANK.TXT' RECORDS=2

二、變項界定

　　變項界定係根據檔案界定時所宣告之檔案格式為分隔格式（FREE）或
固定寬度格式（FIXED），而適當地界定資料檔中所有變項之性質。一般
而言，變項界定部分的主要內容包括：㈠界定每一筆觀察值之卡數，以及
㈡變項之名稱、類型、起始與結束欄位、小數點所占欄數。以下依檔案格
式分別說明之：

㈠固定寬度格式

　　當使用者在程式檔中未指明資料檔格式（採內設格式）或是使用FIXED

這個次指令，就表示資料檔格式為固定寬度格式。在固定寬度格式時，使用者必須界定每一筆觀察值之卡數及變項名稱、類型、起始與結束欄位、小數點所占欄數等訊息，以做為 SPSS 讀取資料之依據。例如：

DATA LIST FILE= 'A:\THESIS\RAW.TXT' RECORDS=2
  /1 apple 1-12(A) rating 14 origin 15 price 16-18(1) sweet 19-20
  /2 coffee 1-10(A) rank 13 m1 TO m7 15-28.
EXECUTE.

茲將上例說明如下：

1. 界定每筆觀察值所占橫列數係以正斜線符號「/」表示。一個正斜線代表一個橫列，在本例中因已界定RECORDS=2，表示每筆觀察值有二個橫列之變項資料。/1 代表第一橫列，/2 代表第二橫列。

2. 在固定格式下，有關變項之界定方式，茲分別說明如下：

   (1)變項名稱：最多八個字元（character），中間不能留空白，一些特殊字元＆、？、！不能使用，名稱應以英文字母為開頭。其次SPSS系統有一些保留字（reserved keyword）不能做為變項名稱，這些保留字包括：

   ALL AND BY EQ GE GT LE LT NE NOT OR TO WITH

   (2)變項欄位：變項欄位包括起始欄位及結束欄位，欄位之界定應根據變項在資料檔的正確位置加以宣告，以本例來說，apple 這個變項起始欄位在第 1 欄，結束欄位在第 12 欄，共占十二個欄位。若起始與結束欄位相同（即該變項只占一欄），則只要界定一個就可以，如 rating、origin 及 rank 等三個變項均是正確界定方式。最後，在資料檔中出現多個連續的變項，其所占欄位都相同的情形下，為簡化界定工作，可以採用簡縮形式，如 m1 TO m7 15-28 表示資料檔中共有 m1、m2、m3、m4、m5、m6、m7 等七個變項，從第 15 到第 28 欄共占十四個欄位，一個變項占兩個欄位。

   (3)變項類型：SPSS 中所處理的變項主要有二種類型，一為數值變項（numeric variable），另一為字串變項（string variable）。數值變

項是由阿拉伯數字組成，是可以進行四則運算之變項；而字串變項則可以是由一些字串（符號）或數字所組成，只能做爲指標（indicator）用，不能進行任何運算。其中數值變項是內設格式，不必特別宣告，若爲字串變項，則須在結束欄位後以(A)宣告。如apple 及 coffee 二變項即爲字串變項。

(4)變項小數點之宣告：在固定格式下，若資料檔中的變項帶有小數點，應在該變項結束欄位後以(n)加以宣告，n代表小數點的欄數。在本例中，變項price，共占三個欄位，從第 16 到第 18 欄，其中小數點占一欄，即第 18 欄爲小數。又如 v1 TO v5 5-14(1)表示共有v1、v2、v3、v4、v5 等五個變項，每一變項占兩欄，有一欄爲小數。

3.SPSS指令的完成，是以句點「.」表示，因此在上例中，從DATA LIST開始，一直到/2 該列最後的數字 28 後面，才出現一個句點，這代表一個完整的 DATA LIST 指令結束。少了這個句點，SPSS 執行後就會出現錯誤訊息；當然，隨便加上句點，也一樣會出現錯誤訊息。

4.在上例中，最後一列出現另外一個指令 EXECUTE，這個指令要求SPSS 將執行後結果輸出。少了這個指令，SPSS 可以執行前面的指令，但不會將結果輸出到資料編輯視窗中。當然，EXECUTE指令最後，也必須加上一個句點。

根據上述之說明，利用語法視窗讀取第二節中資料檔bank.txt之步驟，首先在應用視窗下，點選 File(檔案) 功能表之 New(開新檔案) 指令開啓一個新的語法視窗後，即可根據表 2-2 原始資料編碼表之界定與上述說明，在語法視窗中撰寫程式，撰寫完成之語法程式如圖 2-24。圖 2-24 中使用者也可以注意一下，句點出現之位置。其次，撰寫程式檔的時候，SPSS 並不會區分大小寫，二者都可以被 SPSS 接受。最後，針對變項界定（/1 及/2 後之界定）之順序，事實上就是表 2-2 中每一個變項之「變項名稱」、「所在欄位」及「小數點欄位數」，因此使用者若能先建立表 2-2 之原始資料編碼表，則利用語法視窗讀取原始資料檔之方式將會更爲簡易。

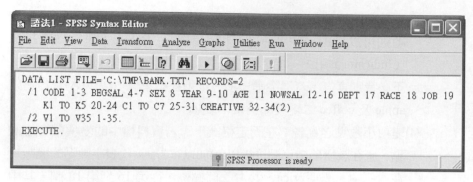

圖 2-24　利用語法視窗讀取資料檔 bank.txt 之程式

　　完成圖 2-24 之程式撰寫後，只要點選語法視窗中之 Run(執行) 功能表中之 All(全部) 指令，SPSS 就會開始讀取資料檔，並將讀取結果輸出到資料編輯視窗中。此一方法所讀取的結果如圖 2-25（**注意：創意評估測驗分數第一筆資料顯示是** 7.32）。

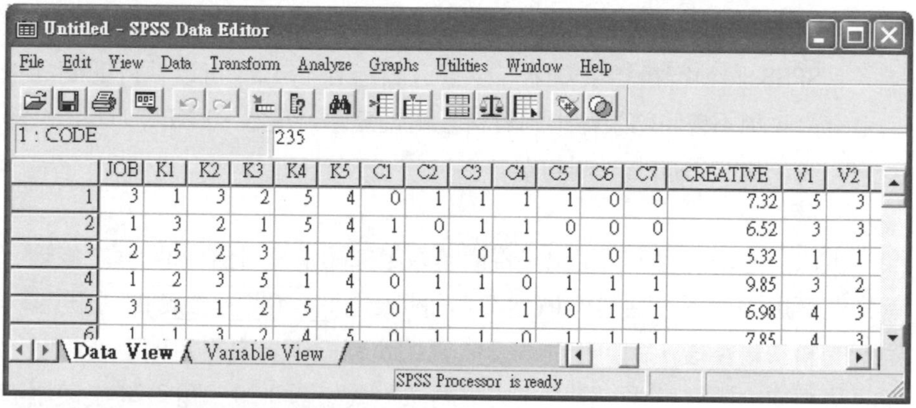

圖 2-25　利用語法視窗讀取資料檔 bank.txt 之結果

㈡自由格式

　　當使用者在程式檔中利用次指令 FREE 指明資料檔格式，就表示資料檔格式為自由格式。自由格式與固定格式最大差異，在於使用者無須界定

變項之起始與結束欄位，並且也沒有對齊之問題，但輸入資料時，變項間至少須保留一個空白字元以為識別。其次，若變項帶有小數點，在固定格式時不能將小數點符號輸入，只須在變項界定時宣告即可，但在自由格式時，則必須連小數點符號一併輸入，才不致發生錯誤。

當資料檔為自由格式時，與固定格式在撰寫程式唯一的差異是不必界定變項之起始與結束欄位，只要根據資料檔中變項所在橫列與先後位置，即可順利完成撰寫程式工作。由此可知，自由格式在程式編輯上相對地較固定格式簡便。但當變項較多，則因變項間至少要保留一個空白字元，在建立原始資料檔時，輸入速度相對較慢，因此除非資料檔所包含之變項不多，否則以固定格式界定變項將較有效率。

以上是三種視窗 13.0 版讀取原始資料的方式，其中第一種方式最為麻煩與費時，但對初學 SPSS 的使用者而言，不失為一可行之作法，畢竟用滑鼠點選、且利用類似 EXCEL 的資料編輯視窗輸入原始資料之方式，確實可以讓錯誤減至最低。但對以問卷為主要研究工具之行為科學研究而言，除非是小樣本，本書建議採用第三種「語法視窗讀取原始資料」之方式，最能有效率的讀取資料，特別是在變項數極多的情形下，更能顯示出第三種方法之效用。

最後，不論是用上述哪一種資料檔建立方式，SPSS 資料編輯視窗的資料，使用者都可利用 File(檔案) 功能表中之 Save(儲存檔案) 或 Save As(另存新檔) 指令，將資料檔存入所欲的磁碟機與路徑（資料夾）中，唯應注意的是，此時存檔之副檔名必須是 SPSS 內設之 sav，否則這個檔案在下次重新開啟 SPSS 時，將無法被視為有效之資料檔，而讀進 SPSS 之資料編輯視窗中。

第四節　視窗版 SPSS 資料檔之合併

在實際統計資料分析時，因為事實的需要，研究者常必須將二個以上的資料檔（以 sav 為副檔名）合併。例如，在前後測的研究設計中，受試者

同時接受前測與後測，除非研究者等到整個實驗完再登錄資料，一般都是前測與後測各建立一個資料檔，此時，研究者若想比較前後測的差異，就必須將前後測兩個資料檔加以合併以進行比較分析。

　　SPSS 提供二種合併二個以上資料檔的方法（**注意：以 ASCII 格式儲存之資料檔不能直接合併，需先利用資料編輯視窗讀取原始資料，並轉存為以 sav 為副檔名之檔案方可進行合併**）。一種是合併相同觀察值但不同變項的資料檔（如圖 2-26a）；另一種是合併不同觀察值但相同變項的資料檔（如圖 2-26b）。視窗 13.0 版資料檔之合併係以應用視窗中 Data(資料) 功能表下之 Merge Files(合併檔案) 指令進行。以下分別說明這二種檔案合併之方式：

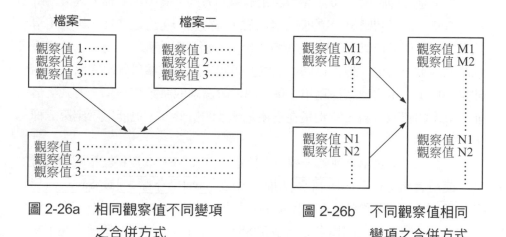

圖 2-26a　相同觀察值不同變項　　　圖 2-26b　不同觀察值相同
　　　　　之合併方式　　　　　　　　　　　　　變項之合併方式

一、相同觀察值不同變項之合併

　　在行為科學研究中，常必須使用到前後測之方式，例如測驗工具重測信度之檢定就是。在這種情形下，研究者常把前測的資料登錄在一個資料檔中；而把後測資料登錄在另一個資料檔中，當要進行資料統計分析時，就必須把這二個先後建立之資料檔加以合併，才能進行必要之分析工作。

這種資料檔合併，就是「相同觀察值不同變項之合併」。這種相同觀察值不同變項之合併方式，合併的資料檔至少必須有一個共同之變項，以做為合併之指標，同時在進行合併前，資料檔必須先根據這個共同之指標變項進行由小到大遞增（ascending）之排序（此可利用 Data(資料) 功能表中之 Sort Cases(觀察值排序) 指令進行，請讀者自行參閱第三章之說明），然後才可以進行合併工作，這點使用者應該特別注意。而相同觀察值不同變項之合併方式，又可進一步分成下列二種合併方式：

㈠對應匹配合併

對應匹配合併係指二個進行合併之資料檔，其觀察值個數相同，且觀察值在共同之指標變項上之編碼值也全部相同之合併方式，如圖 2-27。

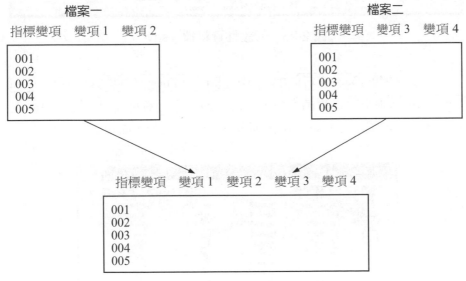

圖 2-27　對應匹配之合併方式圖

假設有下列二個資料檔，這二個資料檔經讀進 SPSS 資料編輯視窗後，分別命名為 x.sav 及 y.sav，若要將這二個檔案進行合併，則共同之指標變項為 id，且五名觀察值在 id 上之編碼值在二個檔案是相同的，因此應該進行對應匹配合併。

進行對應匹配合併前，必須先利用資料編輯視窗中 File(檔案) 功能表中之 Open(開啓舊檔) 指令，先將其中一個資料檔（假設是 x.sav）讀進資料編輯視窗中，如圖 2-28。

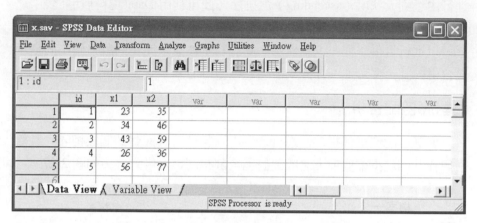

圖 2-28　假設性資料檔 x.sav

其次，開啓 Data(資料) 功能表中之 Merge Files(合併檔案) 指令下 Add Variables(新增變數) 之對話方塊，並在 y.sav 所在之資料夾中，找到 y.sav 之檔名，加以點選，使 y.sav 出現在檔案名稱之方格中，如圖 2-29。

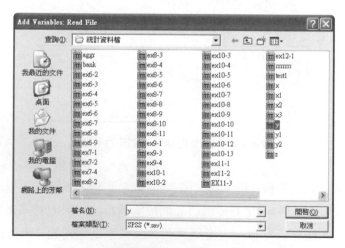

圖 2-29　界定待合併檔案 y.sav 之畫面

　　完成上述工作後，點選 開啟(O) 之鈕，則會出現 Add Variables(新增變數) 指令之第二層對話方塊，如圖 2-30。

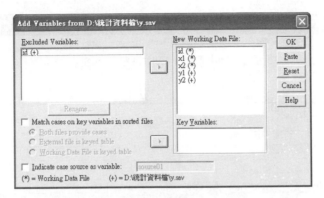

圖 2-30　　Add Variables(新增變數) 指令之第二層對話方塊

　　在圖 2-30 Excluded Variables 方格中，SPSS 會自動顯示出二個資料檔共同之變項，而在 New Working Data File 方格中，則將二個資料檔所有之變項列在其中，變項名稱後有星號的代表屬於先被讀進資料編輯視窗中之檔案（本例是 x.sav），而名稱後有加號的屬於待合併之資料檔（本例是 y. sav）。合併時，首先必須點選 Match cases on key variables in sorted files 選項，其次，點選共同之指標變項 id，並移至 Key Variables 方格中，如圖 2-31。

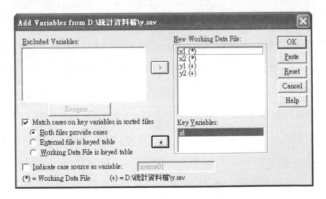

圖 2-31　　進行對應匹配合併之界定

　　完成上述界定工作後，使用者可以點選 〔OK〕鈕，則 SPSS 會自動進行資料檔合併工作，結果如圖 2-32。

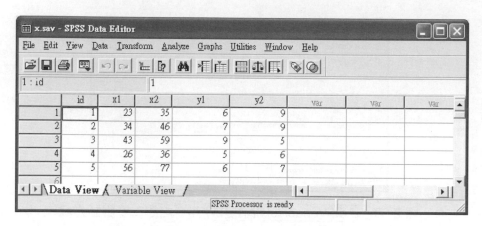

圖 2-32　進行對應匹配合併之結果

□非對應匹配合併

　　非對應匹配合併係指二個進行合併之資料檔，其觀察值個數相同或不同均可，且觀察值在共同之指標變項上之編碼值並不相同之合併方式，如圖 2-33。

　　由圖 2-33 可知，第一個資料檔中有五筆觀察值，第二個資料檔中有七筆觀察值，且在指標變項上之編碼值有所不同，因此合併時是屬於非對應匹配合併。

　　假設有下列二個資料檔，這二個資料檔經讀進 SPSS 資料編輯視窗後，一個為 x1.sav，包括四筆觀察值及 id、x1、x2 三個變項；另一個為 y1.sav，包括五筆觀察值及 id、y1、y2 三個變項。若要將這二個檔案進行合併，則共同之指標變項為 id，若二個檔案在變項 id 編碼值相同的有 1、2 及 4 號三筆資料，不同的是 x1.sav 的 3 及 y1.sav 的 5 及 6 號三筆，因此合併後會有六筆觀察值，其中 1、2 及 4 號三筆資料在四個變項上都是有效值，而 3 號在 y1 及 y2 上是缺失值，5 及 6 號在 x1 及 x2 上為缺失值。

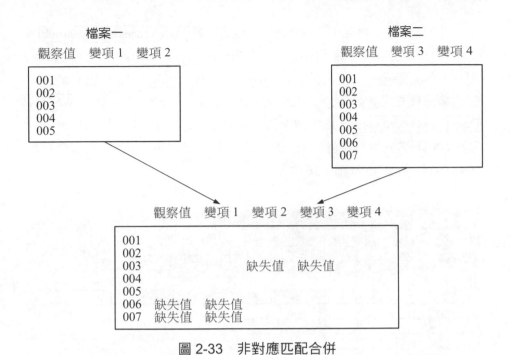

圖 2-33 非對應匹配合併

　　進行一般非對應匹配合併之步驟,與對應匹配合併完全相同。本例若按照圖 2-28 到圖 2-31 之步驟進行界定,完成後點選 OK 鈕,則合併後之結果如圖 2-34。

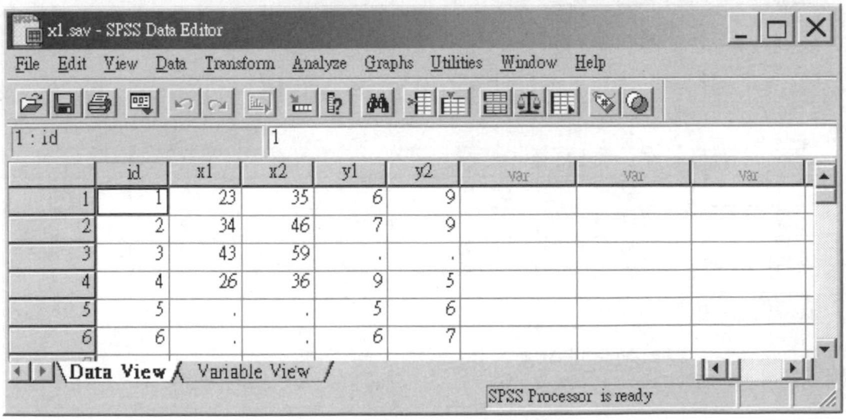

圖 2-34 非對應匹配合併之結果

非對應匹配合併除了上述之合併方式外，在Match cases on key variables in sorted files選項中，除了內設之Both files provide cases外（內設格式），還有另外二個選擇，第一個是External file is keyed table（本例是 y1.sav），若選擇這種方式進行合併，上例合併之結果如圖 2-35；第二個是 Working Data file is keyed table（即先讀進資料編輯視窗之檔案，本例是 x1.sav），若選擇這種方式進行合併，上例合併之結果如圖 2-36。使用者可以自行比較圖 2-34、圖 2-35 及圖 2-36 之差異。

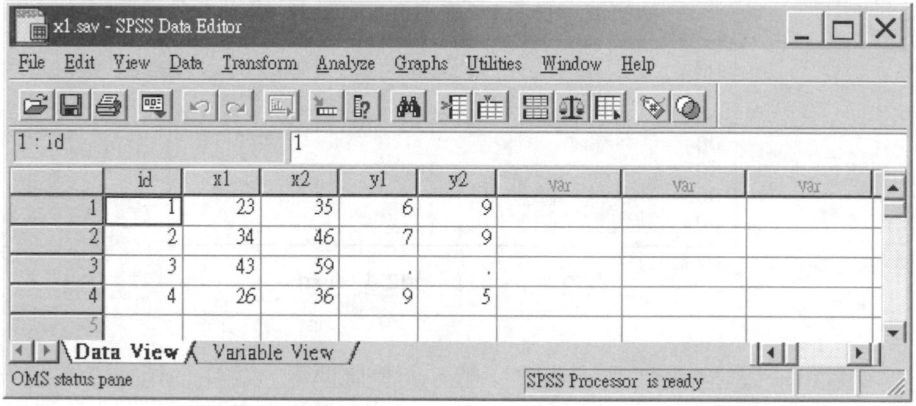

	id	x1	x2	y1	y2	var	var	var
1	1	23	35	6	9			
2	2	34	46	7	9			
3	3	43	59	.	.			
4	4	26	36	9	5			
5								

圖 2-35　以External file is keyed table之非對應匹配合併結果

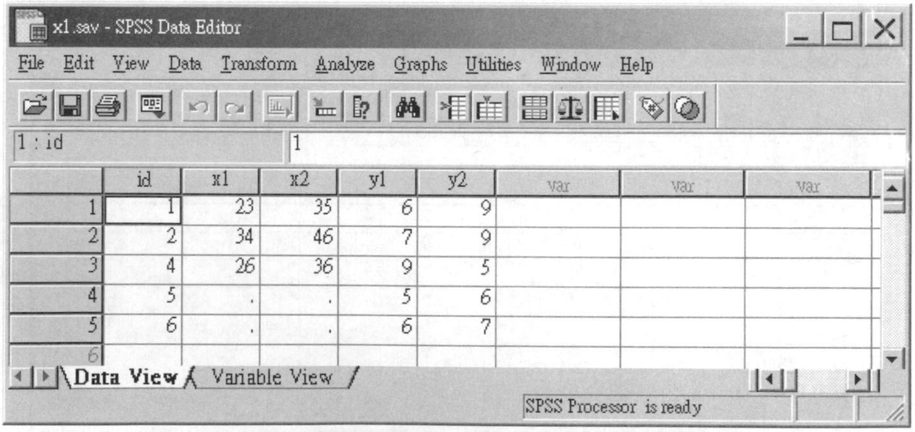

	id	x1	x2	y1	y2	var	var	var
1	1	23	35	6	9			
2	2	34	46	7	9			
3	4	26	36	9	5			
4	5	.	.	5	6			
5	6	.	.	6	7			
6								

圖 2-36　以Working Data file is keyed table之非對應匹配合併結果

二、不同觀察值相同變項之合併

不同觀察值相同變項之合併是把二個包含不一樣數目觀察值，但是所有觀察值都有相同變項之資料檔進行合併之方式，如圖 2-26b。在圖 2-26b中，設第一個資料檔有 M 個觀察值，第二個資料檔有 N 個觀察值，則合併後之新檔案包含了 M + N 個觀察值。

假設有下列二個資料檔，這二個資料檔經讀進 SPSS 資料編輯視窗後，分別命名為 x2.sav（包括四筆觀察值）及 y2.sav（包括三筆觀察值），若要將這二個檔案進行合併，則合併後會有七筆觀察值。

進行不同觀察值相同變項之合併前，必須先利用資料編輯視窗中 File (檔案)功能表中之 Open(開啓舊檔)指令，先將其中一個資料檔（假設是 x2. sav）讀進資料編輯視窗中，如圖 2-37。

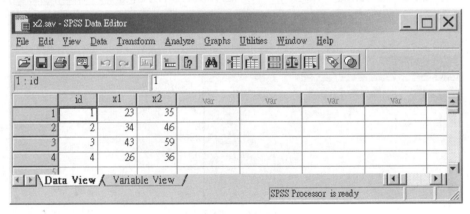

圖 2-37　假設性資料檔 x2.sav

其次，開啓 Data(資料) 功能表中之 Merge Files(合併檔案) 指令下 Add Cases(新增觀察值) 之對話方塊，並在 y2.sav 所在之資料夾中，找到 y2.sav 之檔名，加以點選，使 y2.sav 出現在檔案名稱之方格中，如圖 2-38。

圖 2-38　界定待合併檔案 y2.sav 之畫面

完成上述工作後，點選 開啟(O) 之鈕，則會出現 Add Cases(新增觀察值) 指令之第二層對話方塊，如圖 2-39。

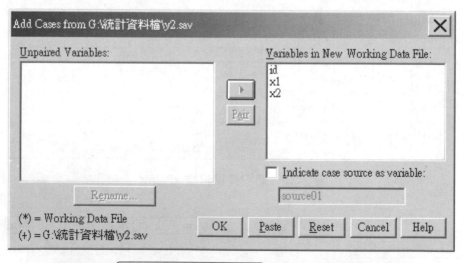

圖 2-39　Add Cases(新增觀察值) 指令之第二層對話方塊

在圖 2-39 中，SPSS 會將二個檔案共同都有的變項列在 Variables in New Working Data File 方格中，如本例之 id、x1 及 x2，會將某一檔案有而另一檔案沒有之變項，列在 Unpaired Variables 方格中，本例因沒有這種變項，所以方格中空白。其次，在對話方塊下方，有一個 Indicate case source as variable 選項，使用者若加以點選，則 SPSS 在合併檔案時，會自動新創一個變項「source01」，在該變項中標示某筆觀察值究竟來自哪一個資料檔，來自工作資料檔（即先讀進 SPSS 之資料檔，本例為x2.sav）觀察值之編碼值為 0，而來自待合併資料檔（本例為y2.sav）觀察值之編碼值為 1。以本例為例，當點選 Indicate case source as variable 選項後，點選 OK 鈕，則 SPSS 進行合併後之結果如圖 2-40。

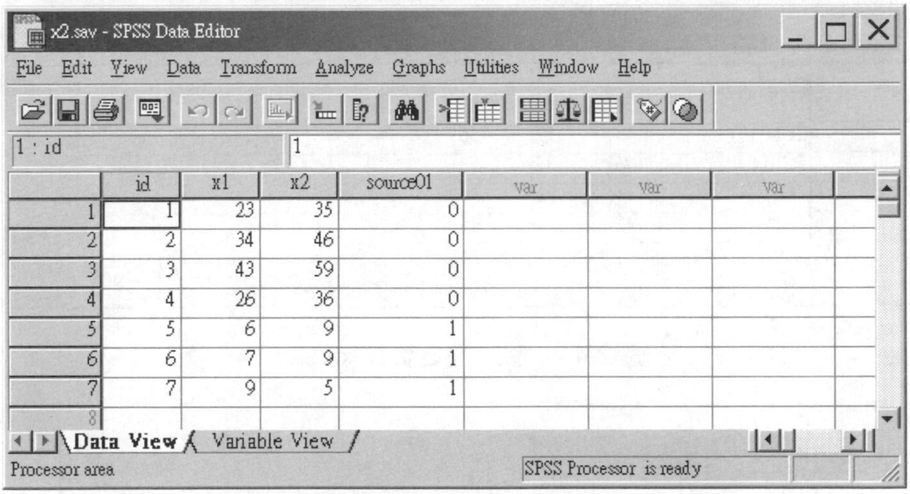

圖 2-40　不同觀察值相同變項合併之結果

第五節　視窗版 SPSS 資料檔之轉置

在第二節資料檔的建立中曾提及，SPSS 的資料檔通常以橫列代表觀察值，而以縱行代表變項。但有時因為資料分析的需要，必須改以橫列代表

變項,縱行代表觀察值,因此若重新建立資料檔,將是一件極為耗費時間與人力的工作。有鑑於此,視窗 13.0 版在 Data(資料) 功能表下提供一個 Transpose(轉置) 指令,可以將資料檔的橫列與縱行互換,使原屬於橫列的觀察值變成縱行,而縱行的變項變成橫列。

假設有如圖 2-41 之資料檔 x3.sav,包括六筆觀察值,每一個觀察值包括 name、x1、x2 及 x3 四個變項。進行資料檔轉置時,首先開啟應用視窗之 Data(資料) 功能表中的 Transpose(轉置) 指令之對話方塊,如圖 2-42。

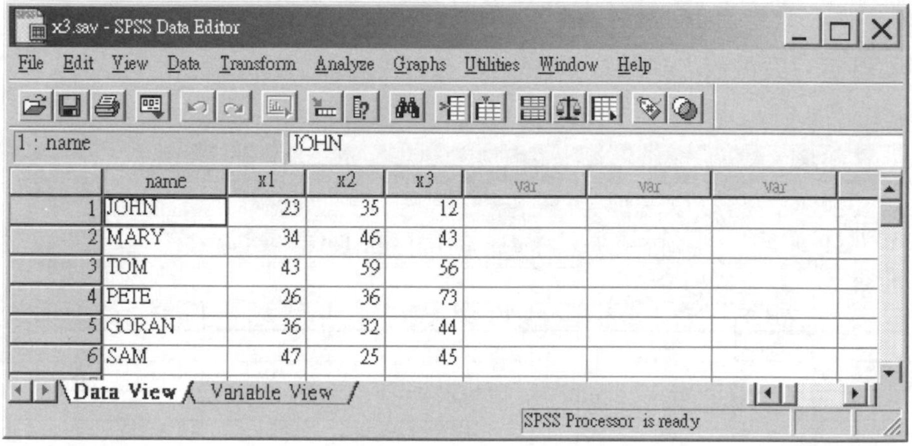

	name	x1	x2	x3	var	var	var
1	JOHN	23	35	12			
2	MARY	34	46	43			
3	TOM	43	59	56			
4	PETE	26	36	73			
5	GORAN	36	32	44			
6	SAM	47	25	45			

圖 2-41　假設性之資料 x3.sav

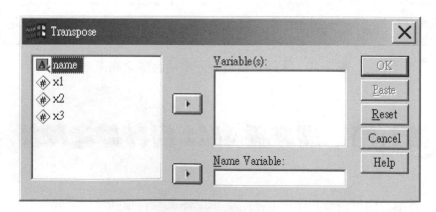

圖 2-42　Transpose(轉置)指令之對話方塊

在圖 2-42 中，使用者首先必須將要進行轉置之變項自來源變項清單中，加以點選後並移至 Variable(s) 方格中，其次，在 Name Variable 方格中，允許使用者自來源變項清單中，選擇一個變項（通常是字串變項），使該變項各觀察值之編碼值，成爲轉置後之變項名稱。以圖 2-42 爲例，若將來源變項清單中的四個變項，全部移至 Variable(s) 方格中，則點選 OK 鈕進行轉置後之結果如圖 2-43；若將 x1、x2 及 x3 等三個變項，移至 Variable (s) 方格中，而將字串變項 name 移至 Name Variable 方格中，則點選 OK 鈕進行轉置後之結果如圖 2-44。

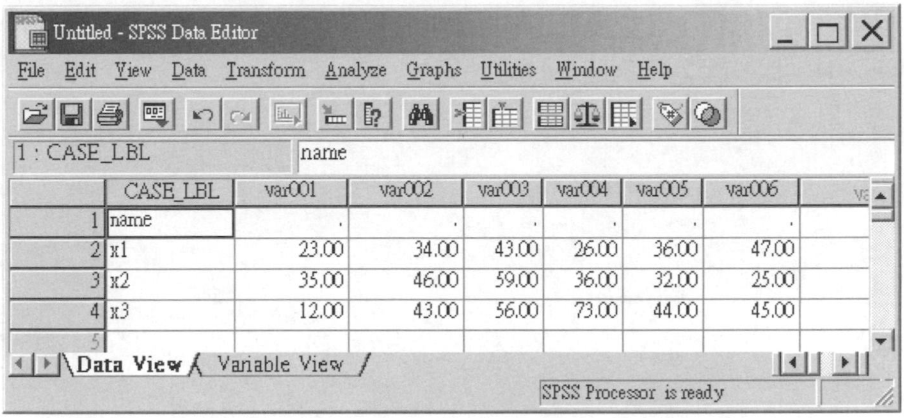

	CASE_LBL	var001	var002	var003	var004	var005	var006
1	name	.	.	.	.	.	.
2	x1	23.00	34.00	43.00	26.00	36.00	47.00
3	x2	35.00	46.00	59.00	36.00	32.00	25.00
4	x3	12.00	43.00	56.00	73.00	44.00	45.00
5							

圖 2-43　未界定 Name Variable 之轉置結果

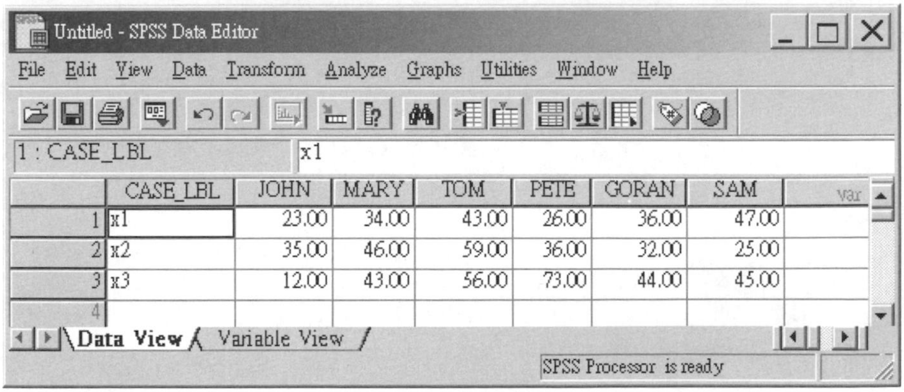

	CASE_LBL	JOHN	MARY	TOM	PETE	GORAN	SAM
1	x1	23.00	34.00	43.00	26.00	36.00	47.00
2	x2	35.00	46.00	59.00	36.00	32.00	25.00
3	x3	12.00	43.00	56.00	73.00	44.00	45.00
4							

圖 2-44　界定 Name Variable 之轉置結果

　　由圖 2-43 可知，因為沒有界定 Name Variable ，因此圖 2-43 轉置後之結果，得到一個包括四筆觀察值七個變項之新檔案，其中變項名稱除CASE_LBL 為 SPSS 自動新創，以儲存原來資料檔之變項名稱外，包括 var001 到 var006，則用來儲存原來之六筆觀察值。由於var001 到var006 等新創變項，SPSS 會自動設定為數值變項，但原資料檔中變項 name 為字串變項，各觀察值之編碼值為字串，經轉置後不符合 SPSS 對 var001 到 var006 之規定，因此全部都是缺失值。至於圖 2-44，因為界定原資料檔中之字串變項 name 為 Name Variable ，因此轉置後，SPSS除一樣自創新變項CASE_LBL，以儲存原來資料檔之變項名稱外，會以六筆觀察值在變項name之編碼值為新資料檔之變項名稱，且包括了三筆全部是有效值之觀察值。讀者可自行對照圖 2-41，比較圖 2-43 與圖 2-44 之差異。

第

3

章

視窗版資料之轉換
與統計分析

　　本章旨在說明如何在原始資料檔讀進資料編輯視窗後，根據使用者之需求，進行必要之資料轉換；同時，能夠根據研究問題，選擇適當之統計分析指令對話方塊。讀完本章後，使用者應該學會：

(一)熟知視窗 13.0 版重要之資料轉換功能。

(二)能根據需求，開啟適當之指令對話方塊，進行全體與部分樣本之資料轉換。

(三)能根據需求，開啟適當之指令對話方塊，進行觀察值轉換。

(四)利用適當之指令對話方塊，選擇正確統計方法進行資料分析。

(五)熟知如何利用結果輸出視窗，讀取統計分析結果。

第一節　視窗版 SPSS 之資料轉換

　　在完成資料檔的建立工作，並將原始資料利用資料編輯視窗讀進系統後，在資料分析過程中，常因實際需要，必須根據現有原始資料進行一些資料轉換工作，以因應統計分析之需求。例如在原始資料中，身高是以等距尺度（interval scale）建立，而在分析時想把這個變項轉換成高、中及低三組（次序尺度），此時使用者就必須進行資料轉換的工作；又如在以問卷為工具之調查研究中，常必須計算分量表（subscale test）之總分，也必須進行資料轉換之工作。視窗版 SPSS 即提供了一套極為簡便的資料轉換指令，這些指令係放在應用視窗的 Transform(轉換) 功能表中，藉由開啟 Transform(轉換) 功能表中的資料轉換指令對話方塊，使用者即可進行必要之資料轉換工作。惟應注意的是，在進行資料轉換之前，使用者必須先開啟資料編輯視窗，將資料檔讀進系統中，方可進行資料轉換工作。以下以第二章所建立之資料檔 bank.sav 為例，分別對這些資料轉換指令加以說明。

一、創造新變項（計算）

在資料分析過程中，使用者常必須根據資料檔中既有之變項，經過適當之轉換後，創造出新的變項。例如，計算觀察值在某幾個變項上分數之總分或平均數；或是利用 SPSS 所提供的函數（如常態分配函數）創造新的變項……等，都可以利用應用視窗的 Transform(轉換) 功能表中之 Compute (計算) 指令完成資料轉換的工作。

計算新變項前首先開啟 Compute(計算) 指令之對話方塊，如圖 3-1。在圖 3-1 中，使用者首先必須在 Target Variable(目標變項) 方格中，輸入新變項之名稱（甚至利用方格下之 Type & Label 界定其類型與標籤）。其次，在 Numeric Expression 方格中，利用鍵盤或滑鼠點選的方式，輸入新變項之條件敘述。

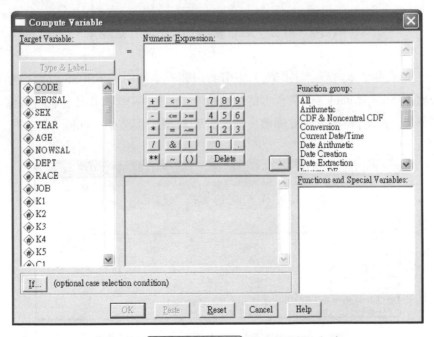

圖 3-1　Compute(計算) 指令之對話方塊

　　例如，使用者想計算每一筆觀察值在V1、V2、V3、V4及V5等五個變項分數之總和，並將總和分數命名為FAC1。此時在開啓指令 Compute(計算) 之對話方塊後，首先在 Target Variable(目標變項) 方格中，輸入新變項之名稱FAC1；其次，在 Numeric Expression 方格中，利用鍵盤直接輸入V1+V2+V3+V4+V5之條件敘述，或是利用來源變項清單所提供之變項名稱，以及類似計算機之按鍵，用滑鼠點選的方式完成條件敘述，如圖 3-2。

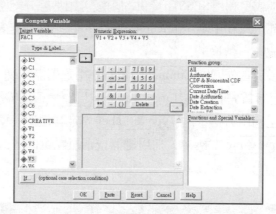

圖 3-2　計算一個新變項 FAC1 之界定結果

　　完成圖 3-2 之界定工作後，使用者只要點選 OK 鈕，SPSS 就會自動在資料編輯視窗 bank.sav 資料檔的最後面，新創一個變項 fac1，並將各樣本觀察值在新創變項上之編碼值，輸出到資料編輯視窗中，如圖 3-3。

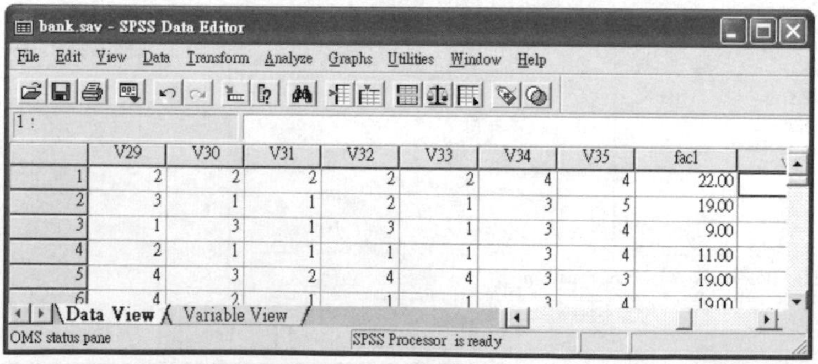

圖 3-3　觀察值在新變項 fac1 上之編碼值

　　上述之計算新變項，是資料檔中所有觀察值都進行相同的轉換。但在某些時候，使用者可能想根據觀察值在某幾個變項上編碼值的不同，進行不同的資料轉換，此時圖 3-2 對話方塊之下方有一個次指令 If... ，可以提供有條件之資料轉換方式。例如，使用者對圖 3-1 之資料，想再計算一個新變項 BONUS，其中變項 SEX 之編碼值為 1（即男性）者，其 BONUS 之編碼值為 NOWSAL 乘以 0.75 倍加上 BEGSAL；而編碼值為 2（即女性）者，其 BONUS 之編碼值為 NOWSAL 乘以 0.85 倍加上 BEGSAL。要完成這項資料轉換工作，首先一樣開啟圖 3-2 之對話方塊，然後點選其中之 If... 次指令，以開啟其對話方塊，如圖 3-4。

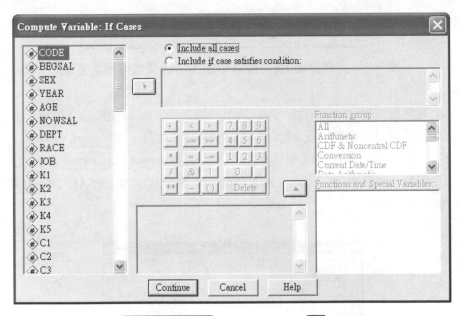

圖 3-4　Compute(計算) 指令之次指令 If... 之對話方塊

　　在圖 3-4 中，SPSS 內設方式是 Include all cases ，改成 Include if case satisfies condition ，只要利用滑鼠在前面的圓圈中點一下，即可完成改變。其次，根據來源變項清單中所列之變項，利用滑鼠點選所要進行條件限制之變項（在本例中是 SEX），再點一下右邊之三角形鈕，變項 SEX 就會輸出到空白方格中，接著點選等號之鈕，並利用鍵盤輸入男性之編碼值 1（若

條件變項是字串變項,則編碼值前後需加上引號),如圖 3-5,即完成男性
樣本之選擇。

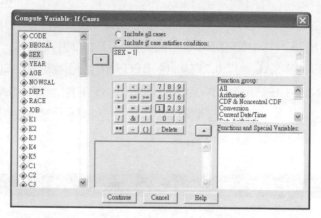

圖 3-5　完成變項 SEX 編碼值為 1 之觀察值選擇之畫面

　　完成後點選 Continue 鈕,以回到上一層對話方塊,由圖 3-6 可以看出,
在次指令 If... 後已經出現 SEX=1 之條件限制。此時,在 Target Variable 方
格中,輸入新變項之名稱 BONUS,其次,在 Numeric Expression 方格中,
利用鍵盤或滑鼠點選的方式,輸入新變項之條件敘述 NOWSAL*.75+BEG-
SAL,如圖 3-6。

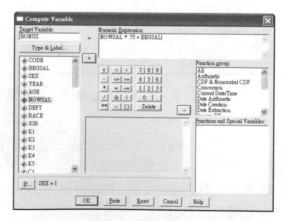

圖 3-6　完成變項 SEX 編碼值為 1 之觀察值的資料轉換條件界定畫面

　　然後點選 OK 鈕，SPSS即會執行轉換指令，並將結果輸出至資料編輯視窗中，如圖 3-7。

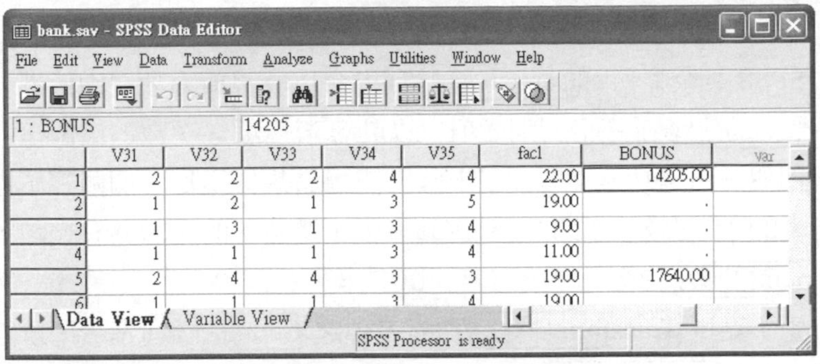

圖 3-7　執行變項 SEX 為 1 之觀察值的資料轉換結果

　　由圖 3-7 可以看出，SPSS 又新創一個變項 BONUS，其中 SEX 編碼值為 1 之觀察值，在BONUS 上都是有效值，但編碼值為 2 者，則成為缺失值。接著就可進行編碼值為 2（即女性觀察值）者之轉換，首先再次開啟指令 Compute(計算) 之對話方塊，用滑鼠點選一下 Reset 鈕，再點選 If... 次指令，開啟其對話方塊，重複前述對編碼值為 1 之界定步驟（只是在條件上改成 NOWSAL*.85 + BEGSAL）後，點選 OK 鈕，所得到之結果如圖 3-8。由圖 3-8 可知，觀察值在BONUS 上之編碼值就會因變項SEX 編碼值之不同，而進行不同之條件轉換。

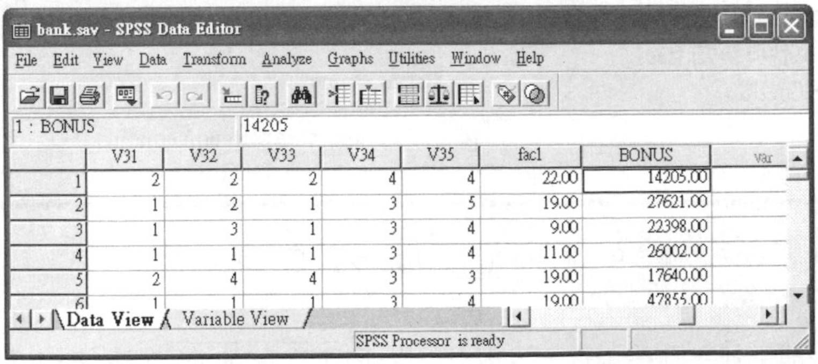

圖 3-8　執行變項 SEX 為 2 觀察值條件轉換的結果

二、創造新變項（計數）

在SPSS中除了利用 Compute(計算) 指令以計算新變項之數值外，也可以利用 Count(計數) 指令新創變項，以計算新變項之次數，二個指令之語法幾乎相似，只是功能不同罷了！假設使用者想知道每一個觀察值在工作價值量表的 35 個題目（即 V1 到 V35）中，選答 5 的題數共有幾題，即可利用 Count(計數) 指令，完成這項計算工作。

首先，點選 Transform(轉換) 功能表中之 Count(計數) 指令，以開啓其對話方塊。在 Target Variable 方格中，輸入新變項之名稱（假設為FREQ），同時若有必要，可在 Target Label 方格中輸入 FREQ 之標籤；其次，將來源變項清單 V1 到 V35 等 35 個變項，用滑鼠點選或拖曳的方式，移至 Numeric Variables 方格中，如圖 3-9。

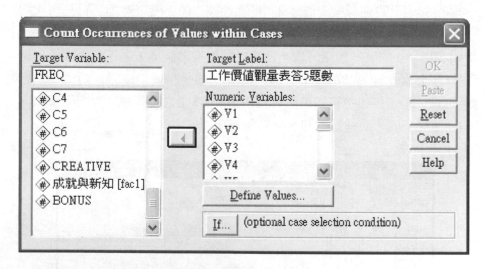

圖 3-9　Count(計數) 指令對話方塊之界定

完成上述工作後，進一步用滑鼠點選 Define Values 次指令，以開啓其對話方塊如圖 3-10。

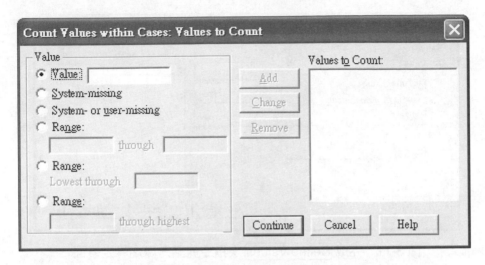

圖 3-10 (Count(計數)) 指令之 (Define Values) 次指令的對話方塊

在圖 3-10 中，SPSS 提供了六種計數之選擇，分別為：

㈠ (Value)：功能在界定計算某一數值之次數。

㈡ (System-missing)：功能在界定系統缺失值之次數。

㈢ (System-or user-missing)：功能在界定系統或使用者定義缺失值之次數。

㈣ (Range：   through   )：功能在界定介於任二個數值之間之次數。

㈤ (Range：Lowest through   )：功能在界定小於等於某一數值之次數。

㈥ (Range：   through highest)：功能在界定大於等於某一數值之次數。

由於本例是在計算填答 5 之次數，因此應該選擇 (Value)，使用者只要在選項 (Value) 方格中輸入 5，然後用滑鼠點選 (Add)，SPSS 就會將 5 輸出到 (Values to Count) 的方格中，如圖 3-11。使用者只要再點選 (Continue) 鈕，就完成界定工作，回到 (Count(計數)) 指令之對話方塊。

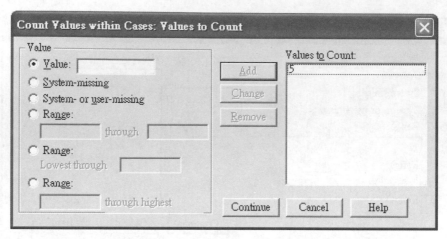

圖 3-11　完成 Define Values 次指令對話方塊之界定畫面

回到 Count(計數) 指令之對話方塊後，使用者即可點選 OK 鈕，以執行轉換結果，如圖 3-12。至於圖 3-9 中還有一個 If... 次指令，其功能與 Compute(計算) 指令中之 If... 相同，此處不再贅述。

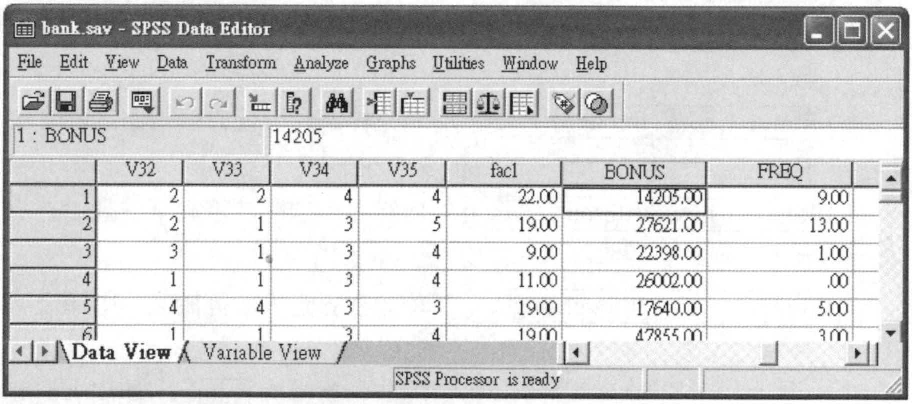

	V32	V33	V34	V35	fac1	BONUS	FREQ
1	2	2	4	4	22.00	14205.00	9.00
2	2	1	3	5	19.00	27621.00	13.00
3	3	1	3	4	9.00	22398.00	1.00
4	1	1	3	4	11.00	26002.00	.00
5	4	4	3	3	19.00	17640.00	5.00
6	1	1	3	4	19.00	47855.00	3.00

圖 3-12　完成新變項 FREQ 計算次數之轉換結果畫面

三、編碼值重新編碼

在資料分析過程中，使用者常必須將原始資料檔中既有變項之編碼值，經過適當之轉換，以因應資料分析之需要。例如在原始資料檔中，身高是以等距尺度（interval scale）建立，而在分析時想把這個變項轉換成高、中及低三組（次序尺度），此時就必須進行編碼值轉碼的工作；又如在以問卷為工具之調查研究中，常有所謂「反向計分題」之出現，則計分時也必須進行重新編碼之工作。為針對此需要，SPSS提供一個 Recode(重新編碼) 的轉碼指令，可根據使用者之需求，提供當前所有套裝程式中最簡便之轉碼操作。

例如，工作價值量表中 V1 到 V35 等 35 個變項，恰為一般常見之 Likert 五點量表，假設其中第九題（V9）及第廿四題（V24）為負向敘述題，因此在實際計分時，必須將原始資料檔中觀察值在這二題上編碼值為 1（舊編碼）者轉換為 5（新編碼）、2 轉換為 4、3 不改變、4 轉換為 2，以及 5 轉換為 1，此一手續即為反向計分。此即可以利用 Recode(重新編碼) 指令完成此項轉碼工作。

首先，點選 Transform(轉換) 功能表中之 Recode(重新編碼) 指令，此時，畫面會出現將轉換結果存為 Into Same Variables(成同一變數) 或存為 Into Different Variables(成不同變數) 二種選擇，如圖 3-13。

將轉換結果存為「成同一變數」是指將編碼值轉換後之結果，直接在資料編輯視窗上之原來變項上對觀察值編碼值進行修改；而存為「成不同變數」的方式，則是在資料編輯視窗中另外新創一個變項，以儲存轉碼後之結果，而不改變原來變項儲存格上之編碼值。也就是說，這二種方式只是影響資料編輯視窗儲存轉碼結果之方式，而不會影響轉碼之結果，使用者可根據實際需要，選擇一個適當的儲存方式。

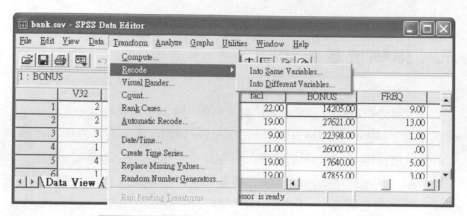

圖 3-13　點選 Transform(轉換) 功能表中之 Recode(重新編碼) 指令之畫面

在決定了資料儲存方式後，就可開啟 Recode(重新編碼) 之對話方塊，分別如圖 3-14 及圖 3-15。

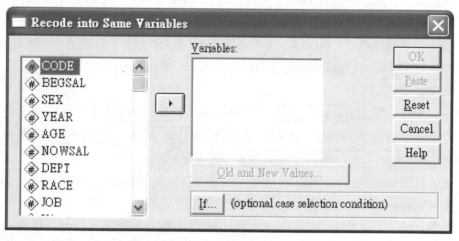

圖 3-14　轉碼結果存入原來變項之對話方塊

圖 3-14 及圖 3-15 之操作方式幾乎相同，唯一的差異在於圖 3-15 中必須進一步界定轉碼結果所要存入之新變項名稱。以下以圖 3-15 說明編碼值之轉碼。

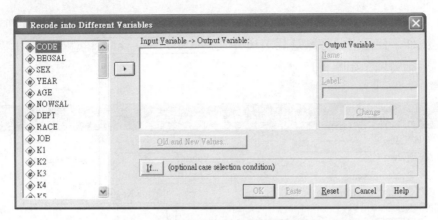

圖 3-15 轉碼結果存入不同變項之對話方塊

首先，從對話方塊中的來源變項清單中，點選所要進行轉碼之變項（在本例中是 V9 及 V24，二個變項重新編碼條件相同，因此可以一次完成），並利用對話方塊中之三角形鈕，將所點選變項移至 Input Variable→Output Variable 方格中。其次，當游標停留在方格中之某一變項上時（反白之變項），使用者即可在對話方塊最右邊的輸出之新變數 Name 方格中，輸入做為存入轉碼結果之新變項（在本例中設為 W9 及 W24）名稱（且可在 Label 中輸入新變項之標籤），然後點選 Change。循此步驟，即可完成所要進行轉碼之變項及轉碼後儲存結果之新變項的界定，如圖 3-16。

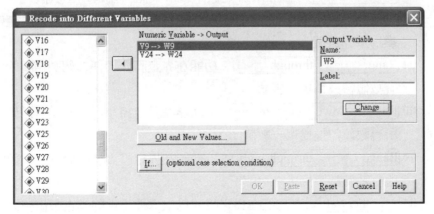

圖 3-16 轉碼結果存入不同變項之界定畫面

　　完成圖 3-16 之變項界定工作，進一步就需完成編碼值之轉換條件的界定工作。使用者此時點選圖 3-16 中之 Old and New Values 次指令，以開啟其對話方塊，如圖 3-17。

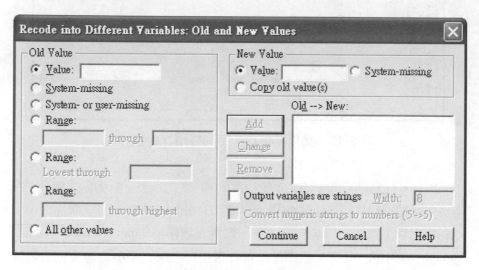

圖 3-17　Old and New Values 次指令之對話方塊

在圖 3-17 中，SPSS 提供了七種舊編碼值轉碼方式之選擇，分別是：

(一) Value：功能在界定將某一數值轉換為另一數值。

(二) System-missing：功能在界定將系統缺失值轉換為單一數值。

(三) System-or user-missing：功能在界定將系統或使用者定義缺失值轉換為單一數值。

(四) Range：　　through　　：功能在界定將介於任二個數值間的所有數值轉換為單一數值。

(五) Range：Lowest through　　：功能在界定將小於等於某一數值的所有數值轉換為單一數值。

(六) Range：　　through highest：功能在界定將大於等於某一數值的所有數值轉換為單一數值。

(七) All other values：功能在界定將非以上六種條件的其它數值轉換為單一數值。

由於本例是進行反向計分題轉碼，屬於將某一數值轉換為另一數值，因此首先在 Old Value 下之 Value 方格中輸入 1，然後在 New Value 下之 Value 方格中輸入 5，再用滑鼠點選 Add 鈕，SPSS 就會將 1→5 輸出到 Old→New 的方格中，如圖 3-18。

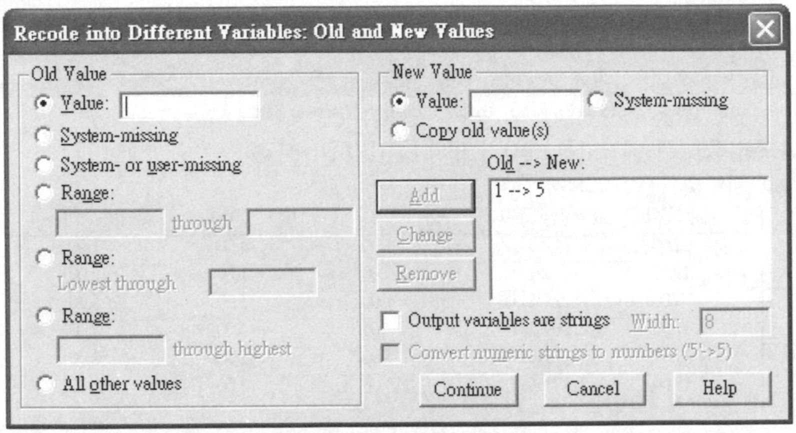

圖 3-18　完成舊編碼值 1 轉換為 5 之畫面

使用者只要循上述步驟，即可分別完成 2 轉碼為 4、3 不改變、4 轉為 2，以及 5 轉換為 1 之轉碼界定，如圖 3-19。

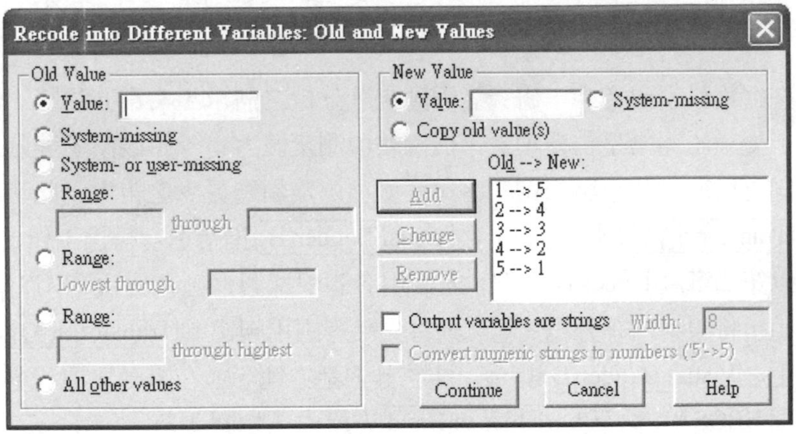

圖 3-19　完成舊編碼值與新編碼值轉換條件界定之畫面

最後，再點選 Continue 鈕，就完成界定工作，回到 Recode(重新編碼) 指令之對話方塊。使用者即可點選 OK 鈕，以執行重新編碼結果，如圖 3-20。由圖 3-20 可知，觀察值原來在 V9 及 V24 上之編碼值都已經反向計分，並分別存入 W9 及 W24 二個新變項中。至於圖 3-16 中還有一個 If... 次指令，其功能與 Compute(計算) 指令中之 If... 相同，此處不再贅述。

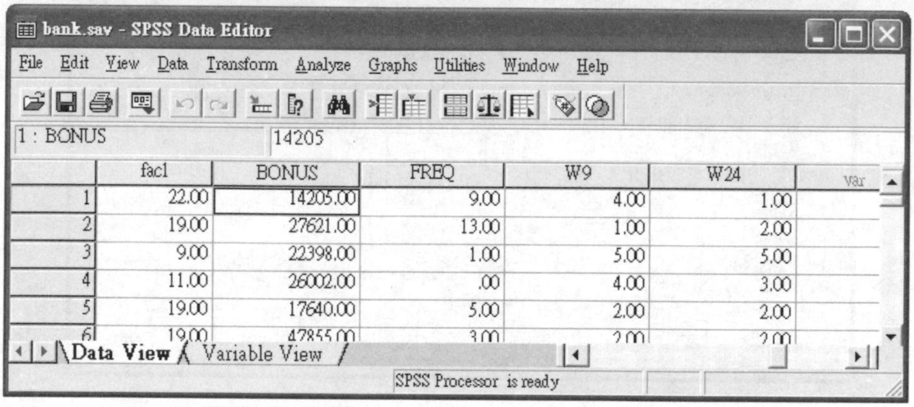

圖 3-20　完成變項 V9 及 V24 編碼值轉碼結果畫面

四、製作帶狀變數（Visual Bander）

在行為科學研究中，研究者因應統計分析之需求，常常必須將一個等距以上變項（通常是自變項），根據變項測量值大小，將觀察值等分為幾個不同之組別；或是將一個次序尺度變項，歸類為更少之組數，此時就可利用 Transform(轉換) 功能表下之 Visual Bander(B) 指令進行轉換工作。

以第二章之 bank.sav 為例，若使用者想根據觀察值在變項 BEGSAL 之測量值，將觀察值等分為 3 組，則首先點選應用視窗的 Transform(轉換) 功能表中之 Visual Bander(B) 指令，開啟其對話方塊，並在來源變項清單中，將變項 BEGSAL 移至 Variables to Band 方格中，如圖 3-21。

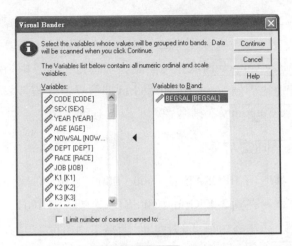

圖 3-21　Visual Bander(B) 指令之對話方塊

　　完成圖 3-21 之界定後，可進一步點選 Continue 鈕，則會進入 Visual Bander(B) 指令對話方塊第二層畫面。使用者即可點選變項 BEGSAL，SPSS 就會自動將 BEGSAL 移至 Current Variable 方格中；其次，使用者必須在 Banded Variable 方格中輸入分組後之新變項名稱（假設是 GROUP），結果如圖 3-22。SPSS 會自動給新變項一個註解標記「BEGSAL [Banded]」，使用者可以決定是否修改名稱。

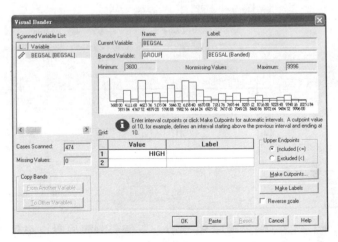

圖 3-22　完成變項界定之 Visual Bander(B) 指令之第二層對話方塊

　　完成圖 3-22 工作後，使用者必須進一步決定分組的臨界點。決定分組臨界點的方式有二：一為在圖 3-22 之 Grid 中分別輸入每一組之臨界點；另一為利用 Make Cutpoints 次指令對話方塊進行。若各組組距不同（使用者必須事先知道臨界值），則可利用 Grid 進行界定；若各組組距相同，則可以利用 Make Cutpoints 次指令進行。以下分別說明之：

㈠各組組距不同之界定

　　假設要根據變項 BEGSAL 依 6000、9000 及 14500 為分割臨界點，將觀察值分為四組。在圖 3-22 Grid 中 SPSS 已經內設「HIGH」（即 14500 以上組）的一組，使用者可在 2 的 Value 細格上用滑鼠點選一下，然後輸入 6000，並在 Label 細格上點選一下；然後依序在 3 的 Value 細格中輸入 9000、4 的 Value 細格中輸入 14500 並在 Label 細格上點選一下，SPSS 會自動調整成圖 3-23 之結果。

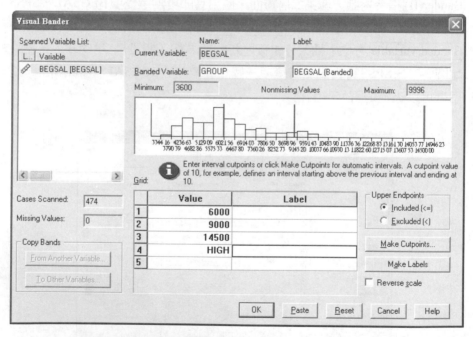

圖 3-23　輸入變項 BEGSAL 三個分割臨界點之結果

　　其次，使用者必須進一步利用圖 3-23 Upper Endpoints 選項決定三個分割臨界點歸屬於哪一組。SPSS 內設是 Included(<=) （即分爲 6000 以下、6001 到 9000、9001 到 14500，以及 14501 以上）；若使用者要分爲 5999 以下、6000 到 8999、9000 到 14499，以及 14500 以上，則必須改點選 Excluded (<)。本例假設選擇 Included(<=)。

　　此外，SPSS 內設是根據編碼值由小到大依序分爲 1、2、3、4 四組，即 6000 以下組爲 1、6001 到 9000 組爲 2、9001 到 14500 組爲 3，以及 14501 以上組爲 4。若要改爲 6000 以下組爲 4、6001 到 9000 組爲 3、9001 到 14500 組爲 2，以及 14501 以上組爲 1，則可以在 Reverse scale 選項前方格點選一下。本例假設不選擇。

　　完成上述二個選擇後，使用者即可點選圖 3-23 中之 Make Labels 次指令，結果如圖 3-24。

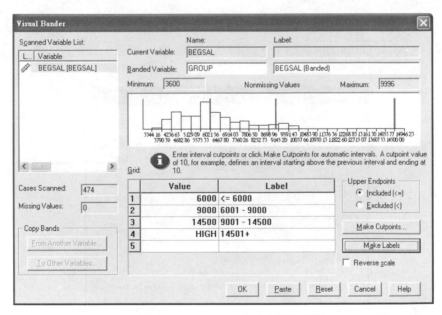

圖 3-24　變項 BEGSAL 分組點選 Make Labels 次指令之結果

　　完成圖 3-24 之界定後，使用者即可點選 OK 鈕，SPSS 即將轉換之結果存在新變項 GROUP 中，如圖 3-25。

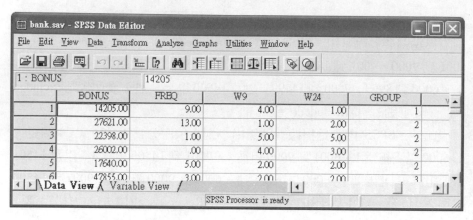

圖 3-25　變項 BEGSAL 各組組距不同之分組結果

㈡各組組距相同之界定

假設要將變項BEGSAL依大小將全部觀察值等分為 4 組。則應點選圖 3-23 之 Make Cutpoints 次指令，開啟其對話方塊，如圖 3-26。

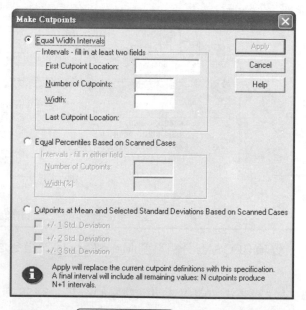

圖 3-26　 Make Cutpoints 次指令之對話方塊

圖 3-26 中 SPSS 提供三種等分觀察值的方法，分別為：

1. Equal Width Intervals：若使用者事先已經知道分割臨界值，則可以在 First Cutpoint Location 後之方格中輸入最小之分割臨界值，同時在 Number of Cutpoints 後之方格輸入分割臨界點個數。

2. Equal Percentiles Based on Scanned Cases：若使用者事先不知分割臨界值，則可以在 Number of Cutpoints 後之方格中輸入分割臨界點個數，則 SPSS 會自動在 Width(%) 後之方格中顯示各組所占之比例。

3. Cutpoints at Mean and Selected Standard Deviations Based on Scanned Cases：若使用者是希望根據變項平均數與標準差分割，則可以點選此選項，並進一步點選以 1、2 或 3 個標準差為分割點。

　　由於本例要將變項 BEGSAL 依大小將全部觀察值等分為 4 組。使用者事前並不知道各分割點之臨界值，因此應該點選 Equal Percentiles Based on Scanned Cases，並在 Number of Cutpoints 後之方格中輸入分割臨界點個數 3（分為 4 組因此有 3 個分割臨界點），SPSS 會自動在 Width(%) 後之方格中出現 25.00，如圖 3-27。

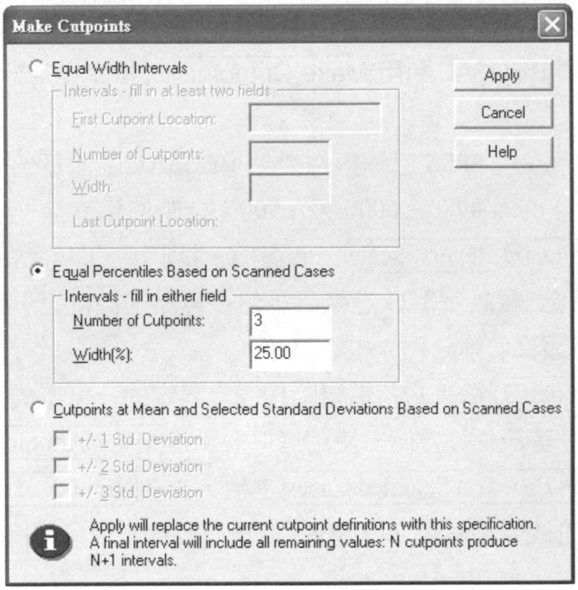

圖 3-27　變項 BEGSAL 等分為 4 組之界定結果

完成圖 3-27 之界定後，點選 Apply 鈕，SPSS 會自動回到上一層視窗，結果如圖 3-28。

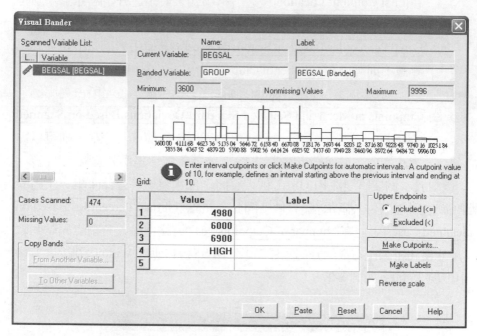

圖 3-28　變項 BEGSAL 利用 Make Cutpoints 次指令界定分割點之結果

由圖 3-28 可知，SPSS 已經根據變項 BEGSAL 的測量值分別計算出三個分割臨界值分別爲 4980、6000 及 6900。此時使用者進一步決定是否改變 Upper Endpoints 及 Reverse scale 二個選項之設定後，即可點選 Make Labels 次指令，就會得到類似圖 3-24 之結果，然後再點選 OK 鈕，就完成根據變項 BEGSAL 將觀察值等分爲 4 組之結果。

Visual Bander(B) 指令的各組組距相同之界定的分組方式，對將變項測量值轉換爲百分等級相等方便。使用者只要點選 Make Cutpoints 次指令中之 Equal Percentiles Based on Scanned Cases 選項，並在 Number of Cutpoints 後之方格中輸入分割臨界點個數 99，SPSS 就會自動輸出變項轉換後之結果。

五、觀察值分數轉換

　　SPSS 在 Transform(轉換) 功能表中提供一個 Rank Cases(等級觀察值) 指令，可以將觀察值在變項上之分數轉換為一般之等級或常態化 Z 分數。以第二章之 bank.sav 為例，若要將企業員工目前薪資（NOWSAL）轉換成等級以及常態化 Z 分數，進行時首先點選應用視窗的 Transform(轉換) 功能表中之 Rank Cases(等級觀察值) 指令，開啟其對話方塊，並在來源變項清單中，將變項 NOWSAL 移至 Variable(s) 之空格中，如圖 3-29。

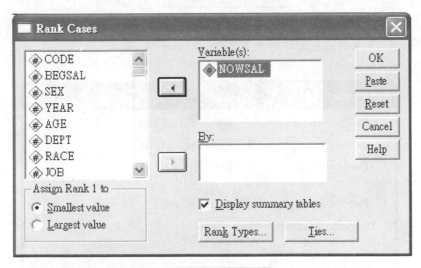

圖 3-29　Rank Cases(等級觀察值) 指令之對話方塊

　　在圖 3-29 中，除了先將所要轉換等級之變項移到 Variables(s) 方格中外，若使用者想根據某名義變項各類別之不同（例如分別進行男、女二類樣本之轉換），分別對各類別觀察值在目標變項清單中之變項進行分數轉換，則可以從來源變項清單中，利用滑鼠點選該變項使之反白後，再點選右方之三角形鈕，將這些變項移到 By 方格中。此時 SPSS 就會根據分類變項之不同，分別計算觀察值之等級分數。其次，對話方塊下方有一個

Assign Rank 1 to之選項，可以界定將等級 1 給變項編碼值Smallest value(最小值)或Largest value(最大值)，使用者可根據需要自行點選。本例假設要將等級 1 給目前薪資（NOWSAL）最高者，因此應改在Largest value前圓圈中點選一下。

在對話方塊中，Rank Cases(等級觀察值)指令包括Rank Types(等級類型)及Ties(等值結)二個次指令。前者在界定所要進行之轉換分數；後者在界定對變項測量值相等之處理方式。以下分別說明其功能與用法：

(一)Rank Types(等級類型)次指令

Rank Types(等級類型)次指令之功能在界定所要轉換之分數種類。使用者只要用滑鼠左鍵在Rank Types(等級類型)鈕上點選一下，即可開啟其對話方塊，如圖 3-30。使用者希望輸出哪幾種轉換結果，只要在其前面之空白方格中以滑鼠左鍵點選一下即可。

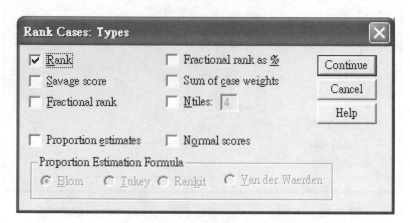

圖 3-30　Rank Types(等級類型)次指令之對話方塊

圖 3-30 中所提供之等級種類包括下列八項：

1. Rank：界定根據變項編碼值高低依序給予等級排列。內設之方式。
2. Savage score：界定根據變項編碼值高低轉換為 Savage 等級分數（Lehmann, 1975）。
3. Fractional rank：界定根據變項編碼值轉換後之等級除以有效樣本

數之分數。

4. Fractional rank as %：界定 Fractional rank 改以百分比表示。

5. Sum of case weights：界定計算有效觀察值之累積個數。

6. Ntiles：界定根據變項編碼值將觀察值平均分為N個等級（類別）。

7. Proportion estimates：界定將轉換後等級計算常態化累積百分比。

8. Normal scores：界定將變項分數轉換為比例估計公式之累積百分比轉為 Z 分數。

在圖 3-30 中對 Proportion estimates 計算常態化累積百分比之處理方式，提供了包括 Blom 法、 Tukey 法、 Rankit 法及 Van der Waerden 法四種選擇。有關這四種方法之定義可參閱SPSS（2002）。本例因為要轉換為一般等級並計算常態化 Z 分數，因此可以在圖 3-30 中 Normal scores 前之方格點選一下（ Rank 已是內設方式不用再點選）。

(二) Ties(等值結) 次指令

Ties(等值結) 次指令之功能在界定當變項測量值相等時，轉換為等級之處理方式。使用者只要用滑鼠左鍵在 Ties(等值結) 鈕上點選一下，即可開啟其對話方塊，如圖 3-31。本例假設不改變內設方式。

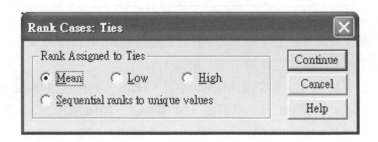

圖 3-31　 Ties(等值結) 次指令之對話方塊

Ties(等值結) 次指令提供四種同分時之等級處理方式，包括 Mean （即以平均等級為等級）、 Low （即以最小等級為等級）、 High （即以最大等級為等級），以及 Sequential ranks to unique values （即連續等級）處理。

茲以表 3-1 之資料說明四種處理方式之結果。其中前 5 個觀察值在變項 A 之編碼值都是 5，因為占 1 到 5 等五個等級，因此平均等級是 3，最小等級是 1，最大等級是 5，而依序給唯一值（即連續等級）是 1。其次，二個編碼值為 11 的觀察值，因為排在第 6 及第 7 二個等級，因此平均等級是 6.5，最小等級是 6，最大等級是 7，而連續等級是 2，依此類推。

表 3-1　Ties(等值結)次指令四種同分時處理方式之結果

變項 A 編碼值	平均等級法	最小等級法	最大等級法	連續等級法
5	3	1	5	1
5	3	1	5	1
5	3	1	5	1
5	3	1	5	1
5	3	1	5	1
11	6.5	6	7	2
11	6.5	6	7	2
19	8	8	8	3

在完成上述界定工作後，使用者只要點選圖 3-29 中之 OK 鈕，SPSS 即會執行使用者所界定之轉換工作，如圖 3-32。

由圖 3-32 可知，SPSS 新增兩個變項，SPSS 會自動在原變項名稱加上一個 N，即 NNOWSAL 為目前薪資（NOWSAL）轉換後之常態化 Z 分數；加上一個字母 R 後之 RNOWSAL 為轉換後之等級。以第一個觀察值為例，其目前薪資為 12300（畫面上看不到），轉換後之標準常態化 Z 分數為 1.1267，在全部 474 個觀察值中排在第 413 位。

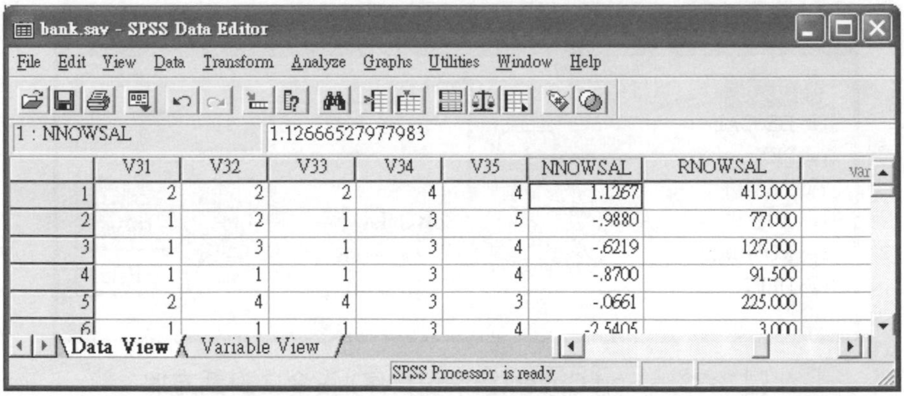

圖 3-32　變項目前薪資（NOWSAL）進行等級與常態化 Z 分數轉換之結果

第二節　*視窗版 SPSS 之資料排序與選擇*

　　除了第一節 Transform(轉換) 功能表中之資料轉換指令外，SPSS 在 Data (資料) 功能表中也有幾個重要之檔案轉換指令與資料轉換結果息息相關。包括資料之排序、選擇及加權等，以下再以第二章所建立之資料檔 bank.sav 為例，分別對這些資料轉換指令加以說明：

一、觀察值排序

　　在統計分析時，有時使用者必須根據觀察值在某些變項之編碼值的大小，進行排序工作，如第二章之資料檔合併就是一例。事實上，SPSS 也提供一個對觀察值排序之指令。進行排序工作，首先點選應用視窗之 Data(資料) 功能表中的 Sort Cases(觀察值排序) 指令，以開啟其對話方塊，如圖 3-33。

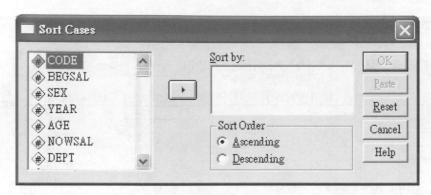

圖 3-33　Sort Cases(觀察值排序)指令之對話方塊

　　進行排序時，排序依據之變項可以超過一個以上，使用者首先在來源變項清單中點選第一個排序依據變項，並將它移至 Sort by 方格中，再點選對話方塊右下方之 Sort Order 選項，排序順序有二種，一為 Ascending ，由小至大排序，為內設方式；另一為 Descending ，由大至小排序，如此就完成第一個排序依據變項之界定。至於在第一個排序依據變項上編碼值相同的觀察值在原始資料檔中之先後順序如何決定呢？使用者如果未再界定第二個排序依據變項，則SPSS會根據觀察值在原始資料檔之原來順序排列；反之，使用者可以循前述方式，界定第二個、第三個、第四個……排序依據變項。這裡要特別強調的是，在圖 3-33 Sort by 方格中，變項出現之先後順序就是排序依據之優先順序，這與SPSS其它對話方塊之類似方格，變項出現先後順序並不影響分析結果，是大相逕庭的，使用者宜特別留意。

　　假設使用者要將bank.sav資料檔中，先根據變項任職部門（DEPT）進行遞增排序，DEPT 編碼值相同者再根據目前薪資（NOWSAL）進行遞減排序，則開啟 Sort Cases(觀察值排序) 指令對話方塊，界定排序條件完成後之畫面如圖 3-34。

Sort Cases
CODE
BEGSAL
SEX
YEAR
AGE
RACE
JOB
Sort by:
DEPT -- Ascending
NOWSAL -- Descendin
Sort Order
Ascending
Descending
OK
Paste
Reset
Cancel
Help

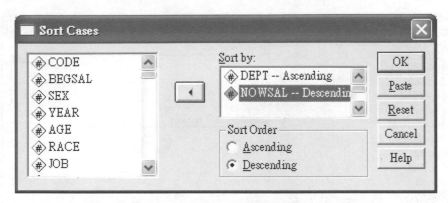

圖 3-34　根據變項 DEPT 及 NOWSAL 對觀察值進行排序之界定

完成圖 3-34 之界定後，使用者可以點選 OK 鈕，SPSS 執行排序之結果如圖 3-35，使用者可以對照圖 3-35 與圖 2-25，比較觀察值在原始資料檔中之順序發生何種變化。

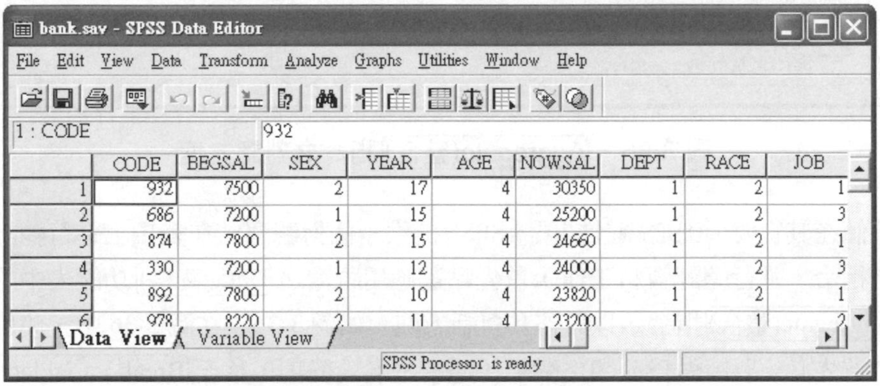

bank.sav - SPSS Data Editor
File Edit View Data Transform Analyze Graphs Utilities Window Help
1 : CODE
932
Data View
Variable View
SPSS Processor is ready

	CODE	BEGSAL	SEX	YEAR	AGE	NOWSAL	DEPT	RACE	JOB
1	932	7500	2	17	4	30350	1	2	1
2	686	7200	1	15	4	25200	1	2	3
3	874	7800	2	15	4	24660	1	2	1
4	330	7200	1	12	4	24000	1	2	3
5	892	7800	2	10	4	23820	1	2	1
6	978	8220	2	11	4	23200	1	1	2

圖 3-35　根據變項 DEPT 及 NOWSAL 對觀察值進行排序之結果

二、總計（aggregate）資料

在進行統計分析時，有時使用者可能會想了解一個或多個類別變項觀

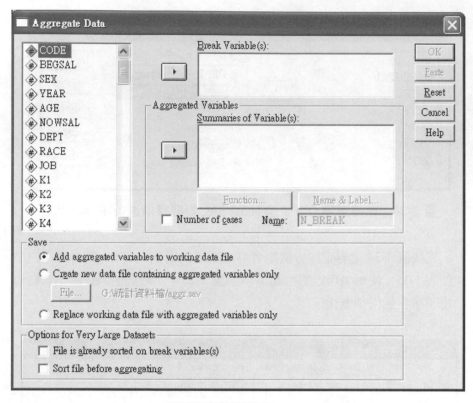

圖 3-36　Aggregate(整合) 指令之對話方塊

察值在其它變項上之總計結果。SPSS 提供一個對觀察值在變項上進行總計之指令。進行總計資料工作，首先點選應用視窗之 Data(資料) 功能表中的 Aggregate(整合) 指令，以開啟其對話方塊，如圖 3-36。在圖 3-36 中，使用者首先必須要將做為分類之變項（通常是名義變項）移至 Break Variable(s) 方格中，其次將所要進行總計之變項移至 Summaries of Variable(s) 方格中。

　　進行總計之變項移至 Summaries of Variable(s) 之方格後，使用者必須進一步決定所要之總計統計量。此可點選圖 3-36 中 Function 次指令之對話方塊決定。Function 次指令共提供包括平均數等 14 種統計量，如圖 3-37。

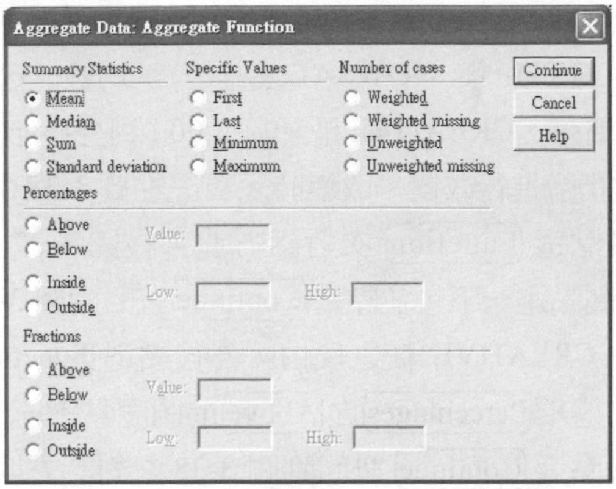

圖 3-37　Function 次指令之對話方塊

以第二章之 bank.sav 為例，若要將不同性別（SEX）與任職部門（DEPT）之觀察值，分別計算起薪（BEGSAL）與目前薪資（NOESAL）之平均數、任職年資（YEAR）之標準差及創意評估測驗分數（CRE-ATIVE）在 5.00 以上百分比。則首先點選應用視窗之 Data(資料) 功能表中的 Aggregate(整合) 指令，以開啓其對話方塊，從來源變項清單中依序將 SEX 與 DEPT 二個變項移至 Break Variable(s) 方格中，其次將所要進行總計之變項 BEGSAL、NOWSAL、YEAR 及 CREATIVE 移至 Summaries of Variable(s) 方格中，如圖 3-38。

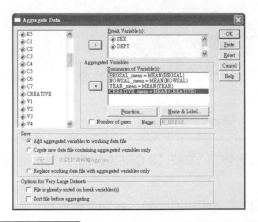

圖 3-38　Aggregate(整合) 對話方塊界定分類變項與總計變項之結果

　　由圖 3-38 可知，每一個總計變項 SPSS 內設方式都是計算 Mean(平均數)。本例中 BEGSAL 與 NOWSAL 是計算平均數，因此不用改變；而 YEAR 是計算標準差，CREATIVE 是計算 5.00 以上百分比，二個變項必須利用 Function 次指令進行改變。改變時，首先在圖 3-38 中點選變項 YEAR 使之反白，然後點選 Function 次對話方塊，在圖 3-37 中選項 Standard deviation 前之圓圈點選一下，並點選 Continue 鈕回到圖 3-38 之對話方塊。其次，點選變項 CREATIVE 使之反白，然後點選 Function 次指令對話方塊，在圖 3-37 中選項 Percentages 之 Above 前圓圈點選一下，並在 Value 方格中填入 5.00 後點選 Continue 鈕回到圖 3-38 之對話方塊。改變後之結果如圖 3-39，使用者可以比較圖 3-38 與圖 3-39 之差異。

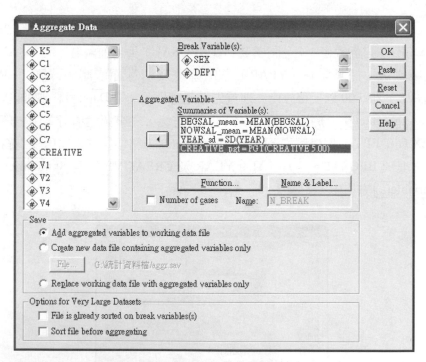

圖 3-39　改變變項 YEAR 與 CREATIVE 之總計統計量後之結果

　　此外，如果使用者想知道分類後各類之觀察值個數，則可以在圖 3-39 之選項 Number of cases 前之方格點選一下，並在後面方格中輸入變項名稱

（內設名稱是 N_BREAK）。本例加以點選，並將名稱改為 freq。最後，使用者可以決定轉換後之資料檔名稱，SPSS 提供二種選擇，第一種是 Create new data file containing aggregated variables only，內設名稱是 aggr.sav，使用者若想改變檔名，可點選開啟 File... 次指令對話方塊後改變名稱；第二種則是 Replace working data file with aggregated variables only。建議使用者用第一種方法，本例選擇第一種方法且不改變檔名。

完成上述工作後，使用者可利用 File(檔案) 功能表中之 Open(開啟舊檔) 指令，依圖 3-39 之路徑找到資料檔後開啟，結果如圖 3-40。

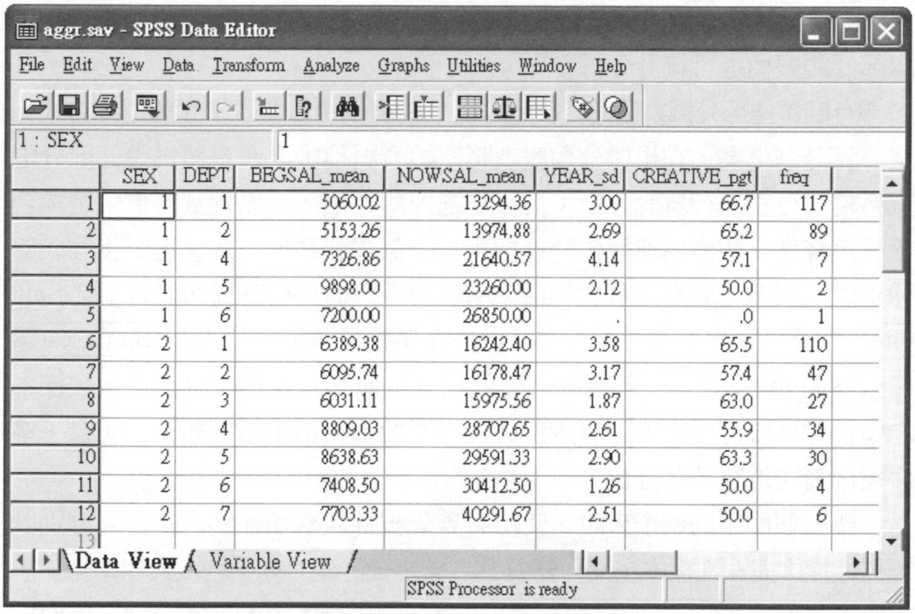

	SEX	DEPT	BEGSAL_mean	NOWSAL_mean	YEAR_sd	CREATIVE_pgt	freq
1	1	1	5060.02	13294.36	3.00	66.7	117
2	1	2	5153.26	13974.88	2.69	65.2	89
3	1	4	7326.86	21640.57	4.14	57.1	7
4	1	5	9898.00	23260.00	2.12	50.0	2
5	1	6	7200.00	26850.00	.	.0	1
6	2	1	6389.38	16242.40	3.58	65.5	110
7	2	2	6095.74	16178.47	3.17	57.4	47
8	2	3	6031.11	15975.56	1.87	63.0	27
9	2	4	8809.03	28707.65	2.61	55.9	34
10	2	5	8638.63	29591.33	2.90	63.3	30
11	2	6	7408.50	30412.50	1.26	50.0	4
12	2	7	7703.33	40291.67	2.51	50.0	6

圖 3-40　利用 Aggregate(整合) 指令對話方塊進行總計變項後之結果

由圖 3-40 可知，SPSS 建立一個包括七個變項的資料檔，以第一筆觀察值資料為例，性別為 1（男性）、任職部門為 1（文書部門）的觀察值共有 117 個（變項 freq），這 117 個人在 BEGSAL 與 NOWSAL 之平均數分別為 5060.02 和 13294.36、變項 YEAR 之標準差為 3.00、變項 CREATIVE 在 5.00 分以上的人數占 66.7 ％。

三、選擇觀察值進行統計分析

在進行實際統計分析過程中，使用者除了利用 Compute(計算)、 Count (計數) 及 Recode(重新編碼) 等三個資料轉換指令中所提供的 If... 次指令，選擇合乎條件之部分觀察值進行資料轉換外；有時，使用者也想選擇部分觀察值進行統計分析（注意：**這裡是要選擇觀察值進行統計分析，而非資料轉換**）。例如，將原始資料檔中所有觀察值，依照其在性別上之不同，分別計算男性觀察值與女性觀察值之描述統計量，此種情況就是所謂的「選擇部分觀察值進行統計分析」。

有關選擇部分觀察值進行統計分析，視窗 13.0 版提供二類的選擇方式。其一為分割檔案，在根據分類變項將原始資料檔中之觀察值為幾個部分之資料檔，分別進行統計分析；另一為選擇觀察值，自原始資料檔中選擇合乎設定條件之觀察值進行統計分析。其中選擇觀察值方式又進一步分成四種不同之選擇。分割檔案是利用應用視窗中之 Data(資料) 功能表中之 Split File(分割檔案) 指令進行；而選擇合乎條件觀察值則是利用 Select Cases(選擇觀察值) 指令進行。前者的功能就在分割原始資料檔（分割後各類樣本均進行相同統計分析）；而後者係在自原始資料檔中選擇觀察值（合乎條件選擇者才進行統計分析）。

舉一個簡單的例子來說，使用者若想根據觀察值性別之差異，分別計算男性樣本與女性樣本在某一變項上之描述統計量（如平均數與標準差），此時若以 Select Cases(選擇觀察值) 指令來選擇樣本，則必須分別選擇原始資料檔中之男性樣本與女性樣本，進行二次統計分析；但若以 Split File(分割檔案) 指令進行原始資料檔分割，則 SPSS 會將觀察值依性別之不同，分類成二個部分資料檔（sub-dataset），然後進行統計分析，使用者只要進行一次統計分析即可。由此可知，若使用者只是想選擇符合某一條件之樣本進行統計分析，則應使用 Select Cases(選擇觀察值) 指令；反之，若使用者想將觀察值依某一變項上性質之差異，分別進行統計分析，則應選擇 Split File(分割檔案) 指令進行工作。以下分別說明這二個指令之用法：

(一)選擇部分觀察值

　　以第二章之 bank.sav 為例，說明選擇部分觀察值進行統計分析之過程。若要選擇種族（RACE）為白人（編碼值為 2）之觀察值，計算起薪（BEG-SAL）與目前薪資（NOWSAL）之描述統計，首先開啟 Data(資料) 功能表中之 Select Cases(選擇觀察值) 指令之對話方塊，如圖 3-41。

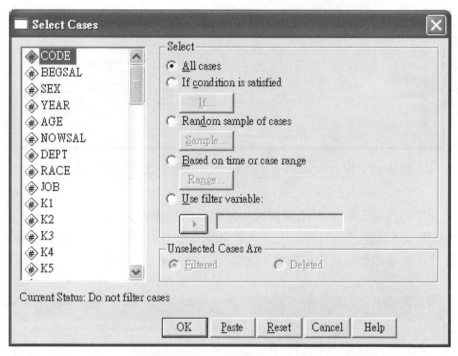

圖 3-41　　Select Cases(選擇觀察值) 指令之對話方塊

　　圖 3-41 中提供五種選擇觀察值之方法，第一種是 All cases ，界定讀取全部觀察值；第二種 If condition is satisfied ，界定讀取符合設定條件之觀察值；第三種是 Random sample of cases ，界定隨機讀取一定比例或個數之觀察值；第四種是 Based on time or case range ，界定讀取某一範圍之觀察值；以及第五種是 Use filter variable ，界定讀取在某個二分邊項（編碼值必須是 0 及 1）上編碼值為 1 之觀察值。假設要從 bank.sav 資料檔中，

選擇變項 RACE 之編碼值為 2 之觀察值，計算其在變項 NOWSAL 上之描述統計量，則應該點選第二種 If condition is satisfied 的方法，然後再在其 If... 次指令上點選一下，以開啓其對話方塊，如圖 3-42。

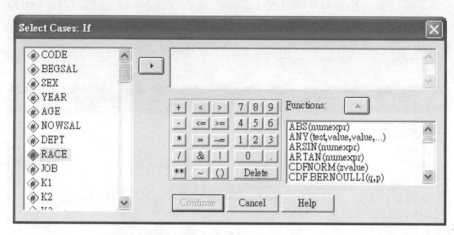

圖 3-42　If condition is satisfied 次指令下之 If... 的對話方塊

在開啓圖 3-42 之對話方塊後，使用者應在來源變項清單中點選變項 RACE，並點選三角形之鈕，以移至右邊的長方形方格中，然後輸入設定條件（若條件變項是字串變項，則編碼值前後需加上引號），如圖 3-43。

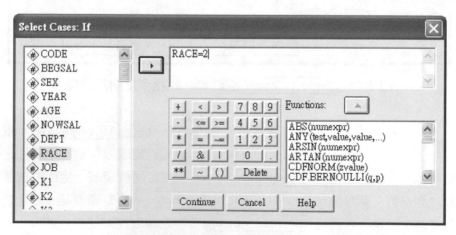

圖 3-43　完成選擇在變項 RACE 上編碼值為 2 之觀察值的界定畫面

完成圖 3-43 之條件設定後，只要再點選 Continue 鈕，就會回到 Select Cases(選擇觀察值)指令之對話方塊，如圖 3-44。使用者此時可發現在 If... 次指令後多了 RACE=2 之設定條件。

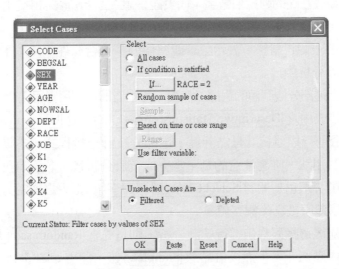

圖 3-44　完成選擇在變項 RACE 編碼值為 2 之觀察值的界定畫面

接著使用者可點選 OK 鈕以執行觀察值之選擇，其結果如圖 3-45。

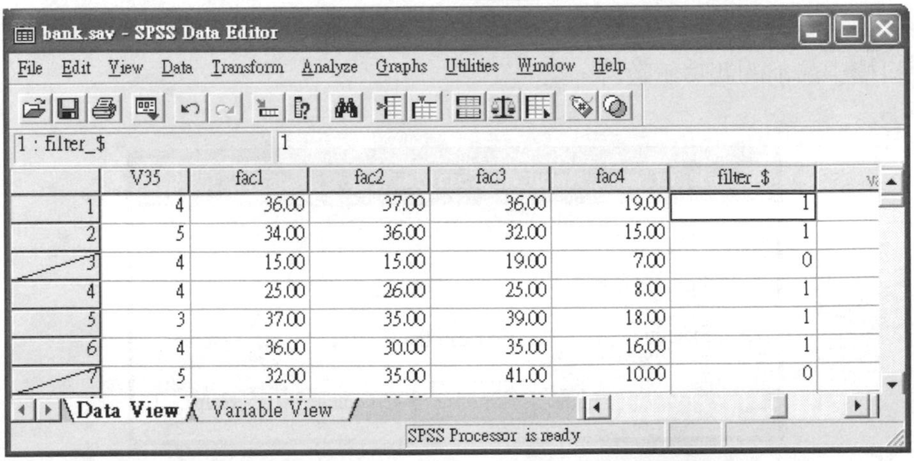

圖 3-45　完成選擇在變項 RACE 上編碼值為 2 之觀察值的結果

　　由圖 3-45 使用者可以發現，SPSS 新創了一個過濾變項 filter_$，其中變項 RACE 之編碼值爲 2 者，filter_$ 之編碼值爲 1（合乎設定條件），變項 RACE 之編碼值爲 1 者，filter_$ 之編碼值爲 0（不合乎設定條件）。其次，使用者由圖最左端的阿拉伯數字（代表觀察值在原始資料檔中之位置順序）可以發現，第 3 及第 7 筆觀察值因其變項 RACE 之編碼值不是 2，因此在數字上劃了一個正斜線，表示該筆觀察值因不符合條件，所以不會納入下一步之統計分析中。

　　完成上述部分觀察值的選擇工作後，使用者即可利用應用視窗的 [Analyze] [(分析)] 功能表中之 [Descriptive Statistics(描述統計)] 下之 [Descriptives(描述統計量)] 指令進行描述統計量之計算。這部分統計分析程式，本書將在下一節中說明其用法。唯應注意的是，當完成統計分析後，若沒有再做其它統計分析，則必須重新開啓 [Select Cases(選擇觀察值)] 指令之對話方塊，點選 [All cases] 以還原被剔除觀察值。

　　至於隨機選擇觀察值進行統計分析，則是先在 [Random sample of cases] 前之圓圈中點選一下，然後再點選 [Sample...] 鈕，開啓如圖 3-46 之對話方塊。圖 3-46 中 SPSS 提供二種隨機選擇方法，第一種方法是 [Approximately...]，使用者只要在 [Approximately...] 後之方格中，塡入所要選擇觀察值之百分比，SPSS 就會隨機從原始資料檔中抽取使用者所訂百分比之觀察值數目進行統計分析；第二種方法是 [Exactly...]，使用者只要在後面第一個方格中，輸入所要選擇之觀察值數目，同時在第二個方格中，輸入待選擇的原始資料檔中最前的觀察值數目。

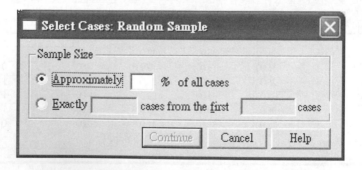

圖 3-46　[Random sample of cases] 之對話方塊

　　第三種選擇部分觀察值的方法是選擇某一範圍之觀察值進行統計分析，則是先在 Based on time or case range 前之圓圈中點選一下，然後再點選 Range... 鈕，開啟如圖 3-47 之對話方塊。在圖 3-47 中使用者只要分別輸入所要選擇之第一筆觀察值及最後一筆觀察值在原始資料檔中之位置順序，SPSS 就會根據所訂之範圍，選擇範圍內所有觀察值進行統計分析。例如，使用者在對話方塊之二個方格中分別輸入 3 及 50，則 SPSS 會選擇原始資料檔中第 3 筆到第 50 筆，共 48 筆觀察值資料進行統計分析。

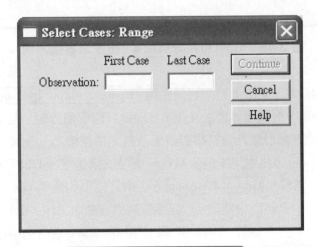

圖 3-47　 Based on time or case range 之對話方塊

(二)分割檔案

　　而將觀察值依某一變項類別之差異，分別進行統計分析，則應選擇 Split File(分割檔案) 指令進行工作。假設使用者想根據觀察值在變項 DEPT 編碼值之不同進行分組（分割），以分別對各類觀察值進行相同之統計分析。首先開啟 Data(資料) 功能表中之 Split File(分割檔案) 指令之對話方塊，如圖 3-48。

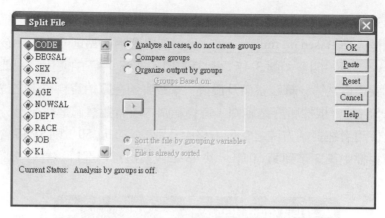

圖 3-48　Split File(分割檔案) 指令之對話方塊

　　在圖 3-48 中，使用者首先必須點選 Organize output by groups 選項，
以界定要求 SPSS 根據所界定之條件，分別進行觀察值分組。其次，從來源
變項清單中點選進行原始資料檔觀察值分割之依據變項，並將此變項移至
Groups Based on 方格中。本例分割資料檔之依據是變項 DEPT，使用者點
選 DEPT 並將它移至 Groups Based on 方格中之結果如圖 3-49。使用者可再
點選 OK 鈕，則 SPSS 就會開始進行原始資料檔分割之工作。由於變項 DEPT
之編碼值包括 1 到 7 七類，因此 SPSS 會將 bank.sav 資料檔中之 474 筆觀
察值，分割成七個資料檔，俾便進行下一步驟所界定之統計分析。

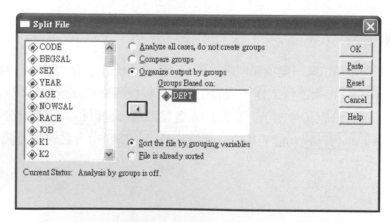

圖 3-49　根據變項 DEPT 進行分割原始資料檔之界定

要補充說明的是，進行分割原始資料檔時，原始資料檔必須先根據分組依據變項（如上例之DEPT）進行排序，如此才能正確地分割原始資料檔。圖 3-49 中，SPSS 提供二種選擇，其一是 Sort the file by grouping variables，另一種是 File is already sorted。SPSS 內設是第一種方式；至於第二種排序方式，使用者可以利用前述之 Sort Cases(觀察值排序) 指令對話方塊，完成必要之排序作業。最後，與 Select Cases(選擇觀察值) 指令一樣，完成資料分析後必須再開啓 Split File(分割檔案) 對話方塊，點選 Reset 鈕後再點選 OK 鈕，以還原資料檔，否則後續統計分析都會根據分割後之資料檔分別進行資料分析。

四、觀察值數目加權

在量化科學研究中，一般研究者都是獨立進行資料蒐集，並建立如 bank.sav 之原始資料檔，但研究者有時會以他人的資料進行次級分析（secondary analysis），此時研究者通常很難取得第一手之原始資料，而是利用原來作者在論文中所提供之資料進行統計分析，例如表 3-2 就是一種次級資料。表 3-2 中實際有 1100 筆觀察值資料，但因已經是整理過的二向度列聯表，二變項各有三個類別，因此交叉構成 9 個細格。

假設研究者想根據表 3-2 之資料進行卡方獨立性考驗。針對這種列聯表資料，首先必須先建立原始資料檔。建立資料檔時，只要根據二個變項

表 3-2　大學生在家庭生活狀況與參與宗教活動頻率二變項之二向度列聯表

		參與宗教活動頻率		
		常參加	偶而參加	很少參加
	很快樂	273	153	30
家庭生活狀況	無意見	195	170	24
	不快樂	86	78	91

類別數建立資料檔，並將細格次數建爲另一個變項，再利用 Data(資料) 功能表中之 Weight cases(觀察值加權) 指令進行加權，即可還原出 1100 筆觀察值之資料。圖 3-50 就是根據表 3-2 所建立之 SPSS 資料檔。其中 family 代表家庭生活狀況、religion 代表參與宗教活動頻率、freq 代表細格次數。共有 9 筆資料，其中第一筆觀察值資料，就是二個變項第一個類別（因此編碼值都是 1）之次數 273，依此類推……。

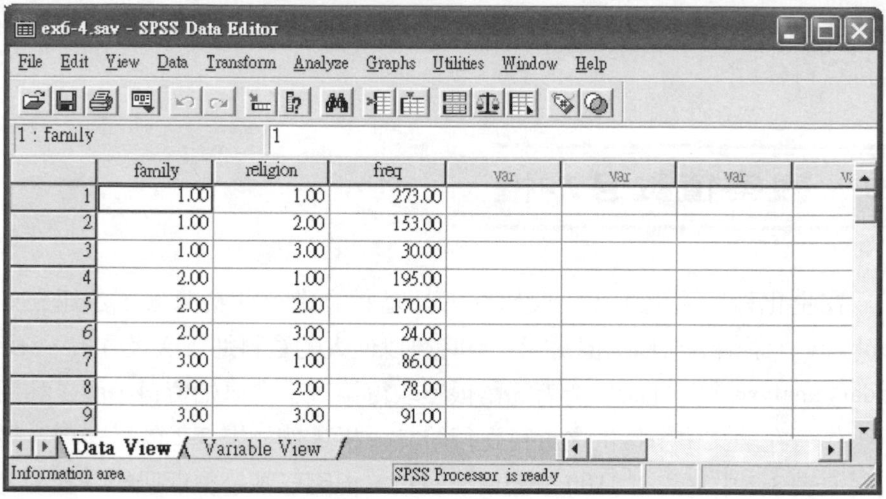

	family	religion	freq	var	var	var
1	1.00	1.00	273.00			
2	1.00	2.00	153.00			
3	1.00	3.00	30.00			
4	2.00	1.00	195.00			
5	2.00	2.00	170.00			
6	2.00	3.00	24.00			
7	3.00	1.00	86.00			
8	3.00	2.00	78.00			
9	3.00	3.00	91.00			

圖 3-50　根據表 3-2 所建立之次級分析資料檔

針對圖 3-50 之資料進行觀察值數目加權時，首先應開啓應用視窗中 Data(資料) 功能表下 Weight cases(觀察值加權) 指令之對話方塊，先點選 Weight cases by 選項，並在來源變項清單中，點選變項細格次數（freq），移至 Frequency Variable 方格中，如圖 3-51。然後點選圖 3-51 之 OK 鈕，SPSS 即會執行觀察值加權工作（此時資料編輯視窗中看不到任何動作或結果）。

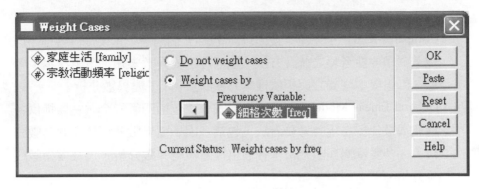

圖 3-51 Weight cases(觀察值加權) 指令對話方塊之界定

完成觀察值加權後，應開啟應用視窗中 Analyze(分析) 功能表之 Descriptive Statistics(描述統計) 下 Crosstabs(交叉表) 指令之對話方塊，進行卡方獨立性考驗。有關卡方獨立性考驗作法，本書會在第七章中詳細說明。

第三節 視窗版 SPSS 之統計分析程式

完成前一節之資料轉換後，使用者通常會根據需求（研究問題與目的），進行統計分析。視窗版之統計分析程式，幾乎全部都在應用視窗中之 Analyze(分析) 功能表中，使用者只要利用滑鼠點選之方式，加上部分自訂之條件敘述，即可完成統計分析程式撰寫之工作。因此，使用者只要了解執行某一統計分析之指令所在位置，即可利用滑鼠點選之方式，完成程式之撰寫，並進行所要之統計分析。

SPSS所提供之統計分析指令共分為十四大類，每一類下又可細分為幾個不同之分析指令。以下分別說明這十四類統計分析指令之主要功能：

一、Reports（報表）：包括四個統計分析指令，主要提供製作各種統計表格。例如要製作一個公司不同部門間員工素質之描述統計表。

二、Descriptive Statistics（描述統計）：包括五個統計分析指令，主要提供次數分配表、描述統計、變項資料檢查、卡方考驗，以及計算二個變

項比值之相關統計等各項統計分析。

三、Compare Means（比較平均數法）：包括五個指令，主要提供各種平均數差異顯著性考驗之統計方法，包括母群變異數未知之單組樣本 t 考驗、二組樣本之獨立與相依樣本 t 考驗、單因子變異數分析。

四、General Linear Model（一般線性模式）：包括四個指令，主要提供各種變異數分析之統計考驗方法，包括多因子變異數分析（含共變數分析）、多變量變異數分析、各種重複量數變異數分析，以及變異數成分分析。

五、Mixed Models（混合模式）：包括一個指令，主要提供重複量數共變數分析模式之統計分析。

六、Correlate（相關）：包括三個指令，主要提供簡單相關係數、淨相關係數，以及類似性距離值等統計方法。

七、Regression（迴歸方法）：包括九個指令，主要提供各種迴歸分析之統計方法，包括一般簡單與多元迴歸分析、非線性迴歸分析、Logistic 迴歸分析、Probit 迴歸分析、加權最小平方估計，以及二階段最小平方估計等方法。

八、LogLinear（對數線性）：包括三個指令，主要提供有關類別變項之線性模式統計分析，包括對數線性模式與 Logit 對數線性模式。

九、Classify（分類）：包括四個指令，主要提供觀察值分類之統計分析方法，包括階層與非階層集群分析與區別分析。

十、Data Reduction（資料減縮）：包括一個指令，主要提供因素分析。

十一、Scale（尺度）：包括二個指令，主要提供信度分析和多向度多元尺度等統計方法。

十二、Nonparametric Tests（無母數檢定）：包括八個指令，主要提供各種常用之無母數統計方法。

十三、Survival（存活分析）：包括四個指令，主要提供倖存分析相關之統計方法。

十四、Multiple Response（複選題分析）：包括三個指令，主要提供界定多項反應資料集，並提供相關之統計分析，包括次數分配與卡方考驗等。

　　有關各個指令之操作方法，通常都是先開啟該統計分析指令之對話方塊，其次再點選所要進行統計分析之變項，接著進行所要輸出各種統計量之界定，以及其它有關資料分析或輸出格式之界定後，點選 OK 鈕，SPSS 就會根據使用者所界定之語法程式，進行統計分析，並將統計分析結果輸出到結果輸出視窗中。本書會在從第四章起的實例分析中分別說明相關統計分析指令之界定。

　　當使用者利用滑鼠左鍵在 SPSS 各功能表所提供之指令上點選一下，即可開啟該指令之對話方塊。圖 3-52 就是應用視窗中 Analyze(分析) 功能表之 Descriptive Statistics(描述統計) 下之 Frequencies(次數分配表) 指令之對話方塊。

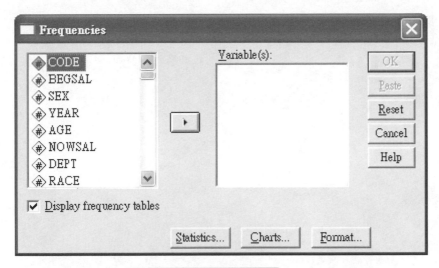

圖 3-52　　Frequencies(次數分配表) 指令之對話方塊

　　其他各指令之對話方塊與圖 3-52 大同小異，特別是 Analyze(分析) 與 Graphs(統計圖) 二個功能表中指令之對話方塊，都具有包括來源變項清單、目標變項清單、次對話方塊（次指令），以及設定鈕等四種操作方式選擇，這四種操作方式之選擇，請參閱第一章第三節中之說明。

第 **4** 章

SPSS 與次數分配
及資料檢查

　　本章旨在說明如何利用視窗 13.0 版製作次數方配表與繪製各種統計圖，並進行初步的資料檢查工作。讀完本章後，使用者應該學會：

　　㈠熟知次數分配及資料檢查的基本原理。

　　㈡能使用 SPSS 製作次數分配表與繪製統計圖，並解釋報表輸出結果。

　　㈢能使用 SPSS 進行資料檢查，偵測極端值，並解釋報表輸出結果。

第一節　基本原理

　　描述統計是用來描述（describe）或摘要（summarize）研究者所蒐集到的資料性質之統計方法。這些研究者所蒐集到的資料稱爲原始資料（raw data），原始資料通常是一批未經過研究者分析或處理過的資料，因此常是雜亂無章、沒有任何規則的數據，無法提供研究者任何有意義的訊息。研究者只有將這批雜亂無章的原始資料加以整理後，才能摘要或描述它們的形狀、特徵或意涵，而常被用來做爲原始資料整理的方法，就是次數分配表（frequency distribution table）或圖示法（graphic representation）。

　　次數分配表的製作方法，是將原始資料先進行初步的分類，然後加以劃記（tally），以製作成次數分配表，然後根據次數分配表，研究者即可計算出每一類別的次數、累積次數、百分比，以及累積的百分比等相關訊息，進而解釋或描述資料的性質。一般而言，次數分配表具有下列功能：㈠檢測與描述資料集中的趨勢；㈡檢測與描述資料分散（變異）的趨勢；㈢檢查資料是否符合常態分配；以及㈣檢查資料是否出現極端值（outlier）。至於其製作的步驟，若原始資料是屬於間斷變項（類別或次序尺度），則直接進行分類及劃記即可；若原始資料是屬於連續變項，則需先計算全距（range），再根據全距決定組數及組距（interval），並確定各組之上下限後，將個別觀察值之測量值進行劃記工作。

　　除了次數分配表外，在描述或摘要原始資料特性時，也常使用圖示法。行爲科學研究中常用的圖示法包括多邊圖（polygon）、直方圖（histogram）及圓形圖（pie chart），這些圖的功能均相似，只是對資料的圖示方

式有所不同。使用圖示法時有一個缺點，就是將資料以線條加以表示，會使資料無法呈現出原始資料所具有的數值訊息。

　　在資料分析時，除了以次數分配表及圖示法來描述或解釋原始資料的基本特性外，研究者也常在正式開始資料分析工作之前，檢查所蒐集資料之正確性。之所以要進行資料檢查工作，主要目的包括：㈠預防並偵測資料登錄（coding）過程中出現的錯誤；㈡探測資料的特性；以及㈢進行初步假設考驗工作，以防止資料違反統計分析的基本假設（如變異數同質性），甚且進行資料轉換（data transformation）的工作。最常用來進行資料檢查的方法包括：

一、莖葉圖（stem-and-leaf plot）

　　莖葉圖最早由統計學者Tukey（1977）所提出，是一種描述連續變項次數分配的極佳方法，特別是該變項是二位數時，效果將會更佳。在探索性研究的資料分析過程中，它扮演著一個相當重要的角色。製作莖葉圖時，常以 10 為組距（因應資料特性可加以改變），主要包括下列步驟：

㈠將數字 0 至 9 寫成一縱行（視需要增減），代表變項的十位數（或十位數以上），此一縱行稱為莖（stem），完成後並在莖的右方畫一條垂直線。

㈡根據觀察值在變項測量值的個位數，記錄在垂直線右方，記錄時須對應該觀察值十位數所在的橫列，此部分稱為葉（leaf）。

㈢將每一橫列的數值（即觀察值的個位數），依序由小到大排列。

　　製作完成的莖葉圖類似次數分配表，可以計算出各類（組）別的次數，若將莖葉圖逆時鐘轉動 90 度，則莖葉圖就類似圖示法的直方圖，可以將資料的次數分配型態呈現出來，但又不像直方圖無法看出數值資料原有的訊息。因此，莖葉圖可以說是次數分配表及圖示法的綜合體，具有二種方法的功能與優點，又可克服二種方法的缺失。

二、盒狀圖（box plot）

　　盒狀圖也是 Tukey（1977）所提出一種探索性資料分析的重要方法，它可用來顯示出資料的四分位數、中位數、分配的範圍與型態，以及檢查資料是否出現極端值，其功能與次數分配表相近，但所顯示的訊息更加明確。盒狀圖的作法是將資料中間 50％（即第一四分位數 Q_1 至第三四分位數 Q_3）的觀察值，以盒狀的長方形表示出來，製作的步驟包括：

(一)計算出第一四分位數 Q_1、第三四分位數 Q_3，以及中位數，並據此畫成盒狀長方形。長方形的二縱軸即為 Q_1 及 Q_3，稱為盒鏈（hinge），並在長方形中將中位數以垂直線畫出（也有使用星號＊）。

(二)計算盒狀圖的下限測量值及上限測量值，此二測量值代表觀察值不是極端值的上限及下限。計算時先將觀察值之測量值由大到小排序，並根據下列公式計算上下限所對應的樣本：

$d(H) = 〔d(Mdn) + 1〕 / 2$

例如，若樣本數共有 22 人，則中位數是第 11 個人（小數點不算），因此：

$d(H) = (11 + 1) / 2 = 6$

則資料由最大的觀察值之測量值往下數的第六個觀察值之測量值即為上限分數；同理，資料由最小的觀察值之測量值往上數的第六個觀察值之測量值即為下限分數。上下限分數與盒鏈的距離稱為盒鬚（whisker）。

(三)計算資料的分散變異值，此變異值約等於 $Q_3 - Q_1$，稱為四分位數間全距（interquartile range，寫成 H-spread）。

(四)根據 H-spread 計算出盒狀圖的上限內部邊界（upper inner fence）、下限內部邊界（lower inner fence）、上限外部邊界（upper outer fence）及下限外部邊界（lower outer fence），這四個邊界值的計算公式分別為：

upper inner fence $= Q_3 + 1.5$（H-spread）

lower inner fence $= Q_1 - 1.5$（H-spread）

upper outer fence $= Q_3 + 3.0$（H-spread）

lower outer fence $= Q_1 - 3.0$（H-spread）

當觀察值之測量值落在盒鬚與上下限內部邊界之間，則稱之為鄰近值（adjacent value）；落在上下限內部與外部邊界間的觀察值，稱之為界外值（outlier）；若落在上下限外部邊界之外，則稱為極值（extreme value）。

根據上述四個步驟即可畫出盒狀圖，以下以一個盒狀圖說明各部位之名稱：

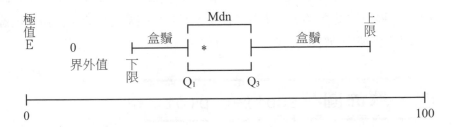

利用盒狀圖檢查變項的分配型態時，若組中點不在長方形的中間，而是較偏左方的Q_1，且下限的盒鬚較上限為短，表示資料呈現正偏態（分數大部分在低分一邊）；反之，若組中點較偏右方的Q_3，且上限的盒鬚較下限為短，表示資料呈現負偏態（分數大部分在高分一邊）。

三、常態機率分布圖（normal probability plot）

在統計分析中，常態性（normality）是使用推論統計方法時，相當重要的一個假設，雖然說根據中央極限定理（central limit theorem），只要每次取樣的人數夠大時，資料通常可以合乎常態性的基本假設，但在進行正式資料分析前，對常態性的假設考驗，也常為研究者所重視。常態機率分布圖就是一個以圖示法做為檢定資料是否合乎常態性的一個重要工具。

常態機率分布圖的製作方法，是將觀察值之測量值由小到大排序後，計算實際的累積機率分配與理論的常態分配之累積機率分配間相配適（fit）的程度。當資料呈現完全常態分配時，則常態機率分布圖中的理論累積機率分配線，會呈現一條右上到左下的四十五度線。若實際資料也吻合常態分配時，則其累積機率分配線會與這條四十五度線完全重疊；反之，若所有觀察值在某一變項之測量值愈偏離常態分配時，則實際的累積機率分配線會偏離四十五度線愈遠。常態機率分布圖雖說可以讓使用者清楚地看出觀察值之測量值偏離常態分配之情形，但至於是否真正違反常態性之假設，則無法直接由分布圖做一決策。此時可利用柯—史單樣本考驗（Kolmogorov-Smirnov test）或薛—魏常態性檢定（Shapiro-Wilk normality test）二種方法進行考驗，其中前者較適用於大樣本之檢定；而後者則適用於觀察值個數少於 50 之條件。

四、散佈圖（scatter plot）

前述三種圖示法，都是利用對變項分配型態之分析，對單一變項之資料進行檢查。但當涉及雙變量資料（bivariate data）時，這些方法就不再適用。面對雙變量資料之檢查，散佈圖是最常用的方法。散佈圖之繪製，是將觀察值在二個變項之測量值，標示在平面座標圖上，如此即可檢測出整體觀察值資料，在二個變項上分配之型態。經由散佈圖之繪製，研究者可以達到下列四個功能：

㈠檢視相關的方向：由觀察值分布方向可以知道二變項相關的方向。當觀察值呈右上到左下之分布，表示二變項為正相關；當觀察值呈左上到右下之分布，表示二變項為負相關；當觀察值呈隨機散佈（約成圓形），表示二變項間接近零相關。

㈡檢視相關的強弱：由觀察值分布的形狀可以知道二變項相關的強弱。觀察值的分布，除了零相關外，約略呈橢圓形分布，當橢圓形愈扁，形狀愈接近一直線時，相關愈強（相關係數接近 1）；若分布愈接近圓形，表示相關愈弱（相關係數接近 0）。

㈢檢視資料中是否出現極端值：當資料出現極端值時，若未加檢查，會嚴重影響結果的正確性，甚至做出錯誤的結論。透過散佈圖，正可以檢視資料中是否出現極端值。

㈣檢視二變項間之相關是否為線性（linearity）：有關本章所提到計算二變項間相關的方法，基本上都是在計算二變項間之線性關係。當我們說二變項間無關或相關不顯著時，只是說二變項間沒有線性之關係，並不必然保證二變項間沒有其它關係存在，例如非線性之二次曲線相關。因此，透過散佈圖之繪製，可以讓使用者清楚地看出二變項間可能之關係，而做出正確之統計分析。

第二節　視窗 13.0 版之操作

在視窗 13.0 版中，專門用來進行次數分配及資料檢查之指令，主要有 Analyze(分析) 功能表中之 Descriptive Statistics(描述統計) 下之 Frequencies (次數分配表) 與 Explore(預檢資料) 指令，以及 Graphs(統計圖) 功能表中之 Scatter(散佈圖) 指令等三個。其中 Frequencies(次數分配表) 指令的主要功能在製作次數分配表及繪製直方圖，並且可用來計算各種描述統計量。而 Explore(預檢資料) 指令的主要功能，在進行資料檢查的工作，可用來繪製莖葉圖、盒狀圖及常態機率分布圖，同時也可以用來製作次數分配表與計算描述統計量。至於 Scatter(散佈圖) 指令則可用來繪製各種散佈圖。本節即在說明這三個指令的語法，以下分別說明之：

一、 Frequencies（次數分配表） 指令

要進行次數分配表製作時，首先必須先將原始資料讀進資料編輯視窗中，然後開啟應用視窗中 Analyze(分析) 功能表之 Descriptive Statistics(描述統計) 下之 Frequencies(次數分配表) 指令之對話方塊，如圖 4-1。

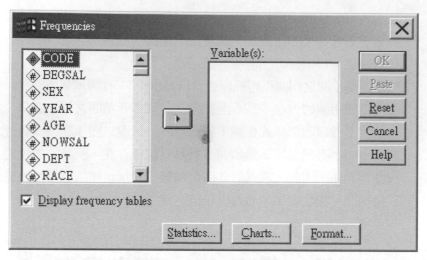

圖 4-1 　Frequencies(次數分配表) 指令之對話方塊

在圖 4-1 中，使用者首先必須界定所要進行次數分配之變項名稱，此可在來源變項清單中，利用滑鼠點選該變項使之反白後，再點選右方之三角形鈕，如此要進行次數分配之變項就會移到右邊的 Variable(s) 方格中。若要進行次數分配的變項超過一個，則使用者可以採一次點選一個變項之方式，也可以一次點選多個的方式為之。一次點選多個變項時，若變項清單中，這些變項是相鄰在一起，則可以按住滑鼠左鍵採拖曳方式點選；若變項並不相鄰，則可以在點選第一個變項後，按住 Ctrl 鍵，然後用滑鼠左鍵一一點選。

變項點選完成後，接下來在變項清單下有一個 Display frequency tables 選項，內設格式是輸出（方格中打勾）次數分配表，使用者若不輸出，用滑鼠在方格中點選一下取消打勾即可。

在對話方塊中，Frequencies(次數分配表) 指令包括 Statistics 、 Charts 及 Format 三個次指令，以下分別說明其功能與用法：

(一) Statistics 次指令

Statistics 次指令之功能在界定所要輸出之描述統計量，使用者只要用滑鼠左鍵在鈕上點選一下，即可開啟其對話方塊，如圖 4-2。

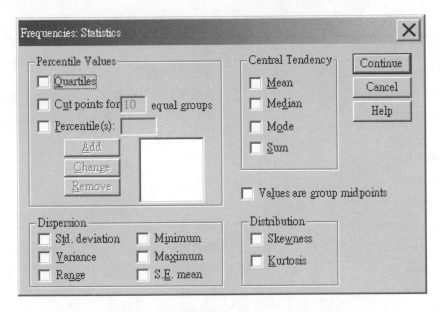

圖 4-2 　Statistics 次指令之對話方塊

在圖 4-2 中，Statistics 次指令共提供四大類之描述統計量，如表 4-1。使用者希望輸出哪幾個統計量，只要在其前面之空白方格中以滑鼠左鍵點選一下即可。例如，使用者希望輸出觀察值分數所對應之百分等級（即百分位數），則只要點選 Cut points... 選項，並在方格中輸入 100 即可。

(二) Charts 次指令

Charts 次指令之功能在界定所要輸出之統計圖，使用者只要用滑鼠左鍵在鈕上點選一下，即可開啟其對話方塊，如圖 4-3。由圖 4-3 可知，SPSS共提供 Bar charts、Pie charts 及 Histograms 三種選項，可分別輸出長條圖、圓形圖及直方圖，其中直方圖還可進一步界定輸出常態分配曲線。而各圖形之呈現方式，可以選擇以 Frequencies（次數）或 Percentages（百分比）二種方式之一。

表 4-1　　Statistics 次指令所提供的關鍵字及其對應之功能

關 鍵 字	功 　 能
Quartiles	四分位數
Cut points...	使用者自訂等級數
Percentile (s)	某一等級之百分位數
Mean	平均數
Median	中位數
Mode	眾數
Sum	總和
Std. deviation	標準差
Variance	變異數
Range	全距
Minimum	最小值
Maximum	最大值
S.E. mean	平均數估計標準誤
Skewness	偏態
Kurtosis	峰度

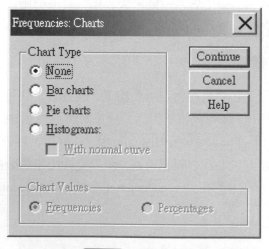

圖 4-3　　Charts 次指令之對話方塊

(三) Format 次指令

Format 次指令之功能則在界定輸出報表之格式（只影響輸出之格式，不影響統計分析結果）。使用者只要用滑鼠左鍵在鈕上點選一下，即可開啟其對話方塊，如圖 4-4。

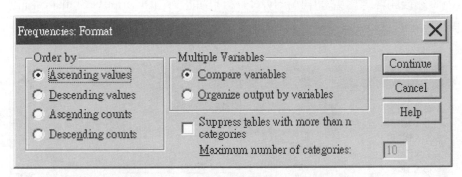

圖 4-4　Format 次指令之對話方塊

圖 4-4 中提供三種輸出格式的選擇。首先是次數分配表之呈現方式，包括 Ascending values，界定依觀察值遞增排序；Descending values，界定依觀察值遞減排序；Ascending counts，界定依個數遞增排序，以及 Descending counts，界定依個數遞減排序四種。其次是一次處理多個變項之方式，一種是 Compare variables，界定多個同一報表並列比較，另一種是 Organize output by variables，界定各變項分別處理報表輸出。最後是多個類別之處理，使用者可以點選 Suppress tables with more than n categories 選項前方格，並界定（在 Maximum number of categories 空格中輸入類別數，內設值是10）某變項超過幾個類別就不輸出次數分配表。

在完成上述三個次指令之界定工作後，使用者只要點選圖 4-1 中之 OK 鈕，SPSS 即會執行使用者所界定之統計分析，並自動開啟結果輸出視窗，將分析結果輸出。若使用者點選 Paste(貼上語法) 鈕，則 SPSS 會將界定之程式輸出至語法視窗中。

二、 Explore（預檢資料） 指令

要進行變項之資料檢查時，首先必須先將原始資料讀進資料編輯視窗中，然後開啟應用視窗中 Analyze(分析) 功能表之 Descriptive Statistics(描述統計) 下之 Explore(預檢資料) 指令之對話方塊，如圖 4-5。

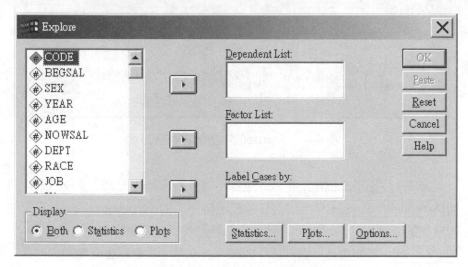

圖 4-5　Explore(預檢資料)指令之對話方塊

在圖 4-5 中，使用者首先必須界定所要進行資料檢查之變項（通常是等距以上之變項）名稱，此可從來源變項清單中，利用滑鼠點選該變項使之反白後，再點選右方之三角形鈕，如此要進行資料檢查之變項就會移到右邊 Dependent List 方格中。方格中可以同時移入多個變項進行資料檢查工作。

若使用者想根據某類別變項（如年級、性別……等）各類別之不同，分別對 Dependent List 方格中所列之變項進行資料檢查，則可以點選該類別變項後，將它移至 Factor List 方格中。接下來在對話方塊下有一個 Display 選項，內設格式是統計量與繪圖兩者同時輸出，使用者可單獨選擇輸出統

計量或圖形。

在對話方塊中，Explore(預檢資料) 指令包括 Statistics 、 Plots 及 Options 三個次指令，以下分別說明其功能與用法：

(一) Statistics 次指令

Statistics 次指令之功能在界定所要輸出之描述統計量，使用者只要用滑鼠左鍵在鈕上點選一下，即可開啟其對話方塊，如圖 4-6。Statistics 次指令提供包括 Descriptives （描述性統計量與信賴區間估計值）、Hampel 的 M-estimators 、 Outliers （極端值）及 Percentiles （百分位數）等各種統計量。使用者希望輸出哪幾個統計量，只要在其前面之空白方格中以滑鼠左鍵點選一下即可。

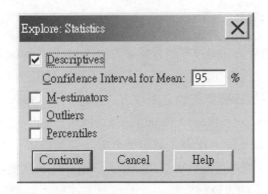

圖 4-6　　Statistics 次指令之對話方塊

(二) Plots 次指令

Plots 次指令之功能在界定所要輸出之統計圖，使用者只要用滑鼠左鍵在鈕上點選一下，即可開啟其對話方塊，如圖 4-7。Plots 次指令提供之統計圖形包括 Boxplots （盒狀圖）、 Stem-and-leaf （莖葉圖）、 Histogram （直方圖）及 Normality plots with tests （常態機率分布圖）等。使用者希望輸出哪幾個統計圖，只要在其前面之空白方格中以滑鼠左鍵點選一下即可。

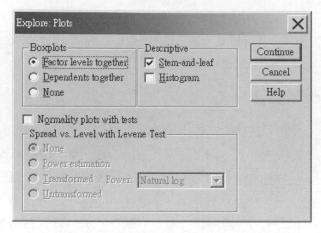

圖 4-7　Plots 次指令之對話方塊

㈢ Options 次指令

　　Options 次指令之功能在界定有關缺失值（missing value）之處理方式，使用者只要用滑鼠左鍵在鈕上點選一下，即可開啟其對話方塊，如圖 4-8。Options 次指令提供三種缺失值之處理方式，包括 Exclude cases listwise 、Exclude cases pairwise 及 Report values 三種選擇，分別界定採完全排除遺漏值、配對方式排除及輸出報表。其中完全排除遺漏值係指在圖 4-5 之 Dependent List 方格中要進行資料檢查之變項，只要在任一個變項上是缺失值，則該筆觀察值就不納入資料分析中；而成對方式排除則是只有在進行資料檢查之變項上是缺失值者，才不納入分析中，不考慮在其它變項上是否缺失值。因此採第一種方式排除後之有效觀察值數目通常小於第二種之結果。

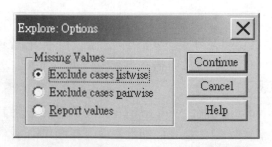

圖 4-8　Options 次指令之對話方塊

　　在完成上述三個次指令之界定工作後，使用者只要點選圖 4-5 中之OK鈕，SPSS即會執行使用者所界定之統計分析，並自動開啟結果輸出視窗，將分析結果輸出。若使用者點選Paste(貼上語法)鈕，則 SPSS 會將界定之程式輸出至語法視窗中。

三、 Scatter(散佈圖) 指令

　　視窗 13.0 版除提供了功能更強大之統計分析指令外，也提供了相當多的統計繪圖指令，俾便使用者繪製統計圖形之用。這些繪製統計圖形之指令，都是歸在應用視窗之Graphs(統計圖)功能表中。其中Scatter(散佈圖)指令之功能就在繪製二變項間之交叉散佈圖（scatter plot）。Graphs(統計圖)功能表下之Scatter(散佈圖)指令之對話方塊，如圖 4-9。

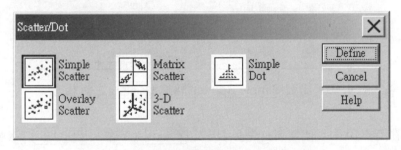

圖 4-9　Scatter(散佈圖)指令之對話方塊

　　在圖 4-9 中，SPSS 提供五種散佈圖之選擇，包括Simple Scatter(簡單散佈圖)、Overlay Scatter(重疊散佈圖)、Matrix Scatter(矩陣散佈圖)、3-D Scatter(3-D 散佈圖)及Simple Dot(點狀圖)等五種。使用者可以利用滑鼠在所要散佈圖之圖示上點選一下，然後點選Define鈕，以開啟該散佈圖之對話方塊。以Simple Scatter為例，其對話方塊如圖 4-10。

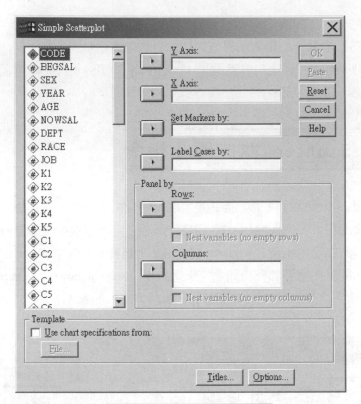

圖 4-10　繪製 Simple Scatter(簡單散佈圖) 之對話方塊

　　在圖 4-10 中，使用者首先必須界定 Y Axis（Y 軸）及 X Axis（X 軸）之變項（通常是等距以上變項），從來源變項清單中利用滑鼠點選該變項使之反白後，再點選右方之三角形鈕，如此要進行繪製散佈圖之變項就會分別移到右邊之 Y Axis 及 X Axis 方格中。其次，在 Set Markers by 方格中，使用者通常可以界定一個類別變項，則 SPSS 在繪製散佈圖時，會分別以不同顏色標示各類別觀察值在散佈圖上之位置，如此使用者在解釋報表時，將可以清楚地看出不同類別之樣本在二個變項間之散佈圖是否一致。最後，在 Panel by 選項中，使用者還可進一步界定 Rows 之類別變項和 Columns 之類別變項，如此可進一步繪製不同類別觀察值在 Y Axis 及 X Axis 所界定之二個變項的散佈圖。

　　在圖 4-10 之對話方塊中，還包括 Titles 及 Options 二個次指令，其中

Titles 次指令之功能在界定散佈圖之名稱（標題）與註解；而 Options 次指令則在界定缺失值之處理方式。

在完成上述指令之界定工作後，使用者只要點選圖 4-10 中之 OK 鈕，SPSS 即會執行使用者所界定之統計繪圖語法，並自動開啟結果輸出視窗，將散佈圖輸出到繪圖視窗中。若使用者點選 Paste(貼上語法) 鈕，則 SPSS 會將界定之程式輸出至語法視窗中。

☾第三節　*次數分配表與圖示法*

本節旨在說明如何利用視窗 13.0 版進行次數分配表的製作與繪製直方圖。以下以第二章之假設性研究為例 4-1，說明如何利用 Frequencies(次數分配表) 指令及其次指令製作次數分配表及繪製直方圖。

例 4-1　（資料檔為 bank.sav）

有一研究者想了解 XX 企業之 474 名企業員工在任職年資這個變項上的次數分配情形，並計算四分位數，以及百分等級 27 及 73 所對應之百分位數，同時繪製任職年資的直方圖。試問：如何利用 SPSS 解決此問題？

一、操作程序

根據例 4-1，首先在原始資料讀進資料編輯視窗後，開啟應用視窗中 Analyze(分析) 功能表之 Descriptive Statistics(描述統計) 下之 Frequencies(次數分配表) 指令之對話方塊，並在來源變項清單中，點選變項任職年資（YEAR），並移至 Variable(s) 之方格中。如圖 4-11。

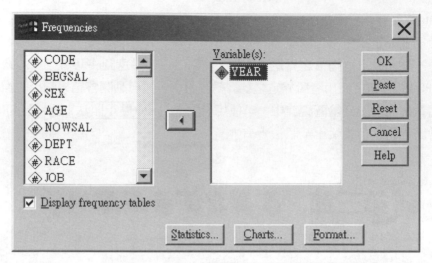

圖 4-11　界定次數分配與統計圖之 Frequencies(次數分配表) 指令對話方塊

　　其次，再點選圖 4-11 之 Statistics 次指令之鈕，開啓其對話方塊，先點選 Quartiles 選項，並點選 Percentile 選項且在方格中分別輸入 27 及 73，並點 Add 鈕，再按 Continue 鈕回到圖 4-11 之對話方塊。

　　接著再開啓 Charts 次指令之對話方塊，點選其中之 Histogram 選項，再按 Continue 鈕回到圖 4-11 之對話方塊。

　　完成上述界定工作後，使用者可以點選 Frequencies(次數分配表) 指令中之 Paste(貼上語法) 鈕，則 SPSS 會自動開啓語法視窗，將次數分配之語法輸出到視窗中。當使用者點選 Paste(貼上語法) 鈕，將語法輸出到語法視窗時，Frequencies(次數分配表) 指令之對話方塊將會消失在螢幕上，使用者可以採二種方式叫回 Frequencies(次數分配表) 指令之對話方塊，其一，點選應用視窗工具列中之叫回對話鈕，再點選其清單中之 Frequencies，即可叫回對話方塊；其二，重新點選 Analyze(分析) 功能表之 Descriptive Statistics(描述統計) 下之 Frequencies(次數分配表) 指令之對話方塊。在叫回對話方塊後，使用者只要點選 OK 鈕，SPSS 即會執行次數分配之統計分析，並自動開啓結果輸出視窗，將統計分析結果輸出到視窗中。

　　綜合上述操作程序，可將利用 Frequencies(次數分配表) 指令進行次數分配之程序摘要如下：

Analyze

  Descriptive Statistics

    Frequencies……點選進行次數分配之變項至目標變項清單中

    Statistics……點選所要輸出之描述統計量

    Charts……點選所要輸出之統計圖

    OK……執行統計分析

二、報表解釋

當使用者點選 OK 執行統計分析，SPSS 會自動開啟結果輸出視窗，將統計分析結果輸出。例 4-1 執行之結果與報表解釋如下：

Statistics

YEAR

N	Valid	474
	Missing	0
Percentiles	25	5.00
	27	5.00
	50	8.00
	73	11.75
	75	12.00

SPSS 所輸出之統計分析結果。表中是 474 名有效樣本（缺失值之統計結果為 0）在變項任職年資（YEAR）的幾個百分等級所對應的百分位數。由表可知，百分等級 25（Q1）所對應的百分位數為 5 年，百分等級 27 所對應的百分位數為 5 年，百分等級 50（中位數或 Q2）所對應的百分位數為 8 年，百分等級 73 所對應的百分位數為 11.75 年，百分等級 75（Q3）所對應的百分位數為 12 年。

　　這裡要特別說明的是百分等級 27 及 73 所對應百分位數之計算，在心理測驗編製中，進行項目分析時根據總分區分為高、中、低三組，以進行難度與鑑別度之計算（Kelly, 1939）是相當重要的。此外，在進行變異數分析時，自變項必須是類別變項，但在實際研究時自變項有時會是等距以上變項，則進行變異數分析前，也必須先計算出自變項百分等級 27 及 73 所對應之百分位數，然後再利用 Transform(轉換) 功能表下之 Recode(重新編碼) 指令，將等距以上之自變項轉換為三組。

YEAR

		Frequency	Percent	Valid Percent	Cumulative Percent
Valid	2	18	3.8	3.8	3.8
	3	34	7.2	7.2	11.0
	4	41	8.6	8.6	19.6
	5	37	7.8	7.8	27.4
	6	35	7.4	7.4	34.8
	7	27	5.7	5.7	40.5
	8	66	13.9	13.9	54.4
	9	61	12.9	12.9	67.3
	10	16	3.4	3.4	70.7
	11	11	2.3	2.3	73.7
	12	26	5.5	5.5	78.5
	13	21	4.4	4.4	82.9
	14	7	1.5	1.5	84.4
	15	24	5.1	5.1	89.5
	16	11	2.3	2.3	91.8
	17	11	2.3	2.3	94.1
	18	12	2.5	2.5	96.6
	19	16	3.4	3.4	100.0
	Total	474	100.0	100.0	

SPSS 所輸出 474 名有效樣本在變項任職年資（YEAR）的次數分配表。表中第一縱行是樣本在變項 YEAR 上的編碼值（即實際任職年資），第二縱行是該編碼值出現的次數（Frequency），第三縱行是該編碼值次數所占之百分比（Percent），第四縱行是扣除缺失值後該一編碼值次數所占之百分比，第五縱行是累積百分比。以第一橫列為例，表示有 18 名樣本在變項 YEAR 上的編碼值為 2 年，占總樣本 474 的 3.8 %（18/474），有效百分比也是 3.8 %（本例無缺失值），累積百分比為 3.8 %。

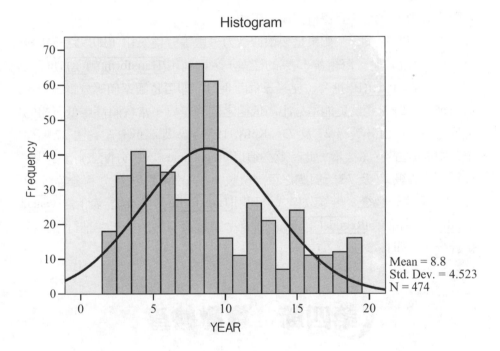

SPSS 所輸出 474 名樣本在變項任職年資（YEAR）的直方圖。水平軸代表任職年資；垂直軸代表實際次數。圖中之曲線即為理論之常態分配曲線，若變項之實際次數與該曲線愈吻合，就表示該變項之機率分配愈趨近常態分配。由常態機率線可知，任職年資之實際次數分配約略呈現正偏態，低年資的比例略顯較多，且是一個低闊峰的分布。最後，SPSS 輸出變項 YEAR 之標準差（Std. Dev.）為 4.523，平均數（Mean）為 8.8，有效觀察值數（N）為 474。

Frequencies(次數分配表)指令除了可製作次數分配表及繪製直方圖外，還有其它功能。在行為科學的研究中，研究者常想利用變異數分析來探討二個連續變項間的因果關係，例如探討「不同智力水準學生在學業成就上的差異」的問題即是。由於進行變異數分析時，依變項是等距以上連續變項，而自變項則是間斷的類別變項，因此，在探討二個連續變項間的因果關係時，就必須將做為自變項的連續變項轉換為類別變項。例如探討上述「不同智力水準學生在學業成就上的差異」的問題時，研究者常必須根據樣本智力分數，將樣本分為高、中、低三組，此時研究者必須知道三組間的臨界分數，才能進行資料轉換的工作。

進行資料轉換時，如果是要根據智力分數等分為三組（即以百分等級 33 及 67 為臨界點，每組各 33％的樣本），則利用Transform(轉換)功能表中之Visual Bander(B)指令（見第三章圖 3-21）即可將觀察值等分為三組。但有時候，研究者為更能區分出高低組之間的差異，常會將高中低三組的臨界點設定在百分等級 27 及 73（Kelly, 1939），即高低分組各占 27％樣本，中間組占 46％樣本，此時就必須以Frequencies(次數分配表)指令界定計算百分等級 27 及 73 所對應之百分位數。在先執行程式獲知百分等級 27 及 73 的對應分數後，再修改程式，利用Transform(轉換)功能表下之Visual Bander(B) 指令或 Recode(重新編碼) 指令進行資料轉換後，並進行所要的統計分析（即必須執行二次程式）。

第四節　資料檢查

本節旨在說明如何利用視窗 13.0 版繪製各種圖形，以對研究資料做初步的檢查工作。以下以第二章之假設性研究為例4-2，說明如何利用Explore(預檢資料)指令進行變項之資料檢查工作。

例 4-2　（資料檔為 bank.sav）

　　有一研究者想了解 XX 企業之男性企業員工在起薪這個變項上的分配情形，是否符合常態性的假設，同時檢查資料中是否出現極端值。試問如何利用 SPSS 解決此問題？

一、操作程序

　　根據例 4-2，由於僅界定分析男性企業員工，因此必須將性別為「男性」之觀察值自原始資料檔中篩選出來。首先，在原始資料讀進資料編輯視窗後，開啟應用視窗中 Data(資料) 功能表中之 Select Cases(選擇觀察值) 指令之對話方塊，先點選其中之 If condition is satisfied 選項，然後再點選 If... 鈕，開啟其對話方塊，界定變項 SEX 之編碼值為 1（男性）之觀察值，完成如圖 4-12 之界定，再按 Continue 鈕回到 Select Cases(選擇觀察值) 指令之對話方塊，並點選 OK 鈕，執行觀察值篩選之工作。

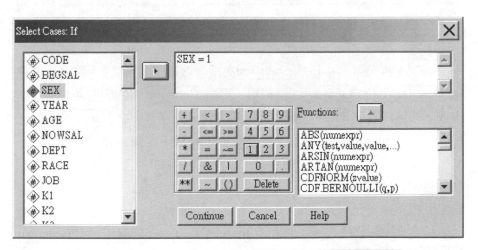

圖 4-12　界定變項 SEX 編碼值為 1 之 Select Cases(選擇觀察值) 指令之對話方塊

　　完成男性觀察值之篩選工作後，其次，應開啟 Analyze(分析) 功能表之 Descriptive Statistics(描述統計) 下之 Explore(預檢資料) 指令之對話方塊，並在來源變項清單中，點選變項起薪（BEGSAL），並移至 Dependent List 清單中，同時將變項 CODE（員工識別碼，做為報表輸出時辨認極端值在資料檔中之編號用）移至 Label Cases by 方格中，以做為辨識之用，如圖 4-13。

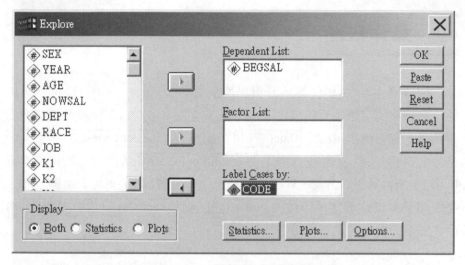

圖 4-13　界定資料檢查之 Explore(預檢資料) 指令對話方塊

　　其次，再點選圖 4-13 中 Statistics 次指令之鈕，開啟其對話方塊，並點選 Descriptives 及 Outliers 二個選項，再按 Continue 鈕回到圖 4-13 之對話方塊。接者再開啟 Plots 次指令之對話方塊，點選其中之 Stem-and-leaf 及 Normality plots with tests 選項，再按 Continue 鈕回到圖 4-13 之對話方塊。

　　完成上述界定工作後，使用者可以點選圖 4-13 中之 OK 鈕，SPSS 即會執行資料檢查之統計分析，並自動開啟結果輸出視窗，將統計分析結果輸出到視窗中。

　　綜合上述操作程序，可將利用 Select Cases(選擇觀察值) 與 Explore(預檢資料) 指令進行篩選部分觀察值進行資料檢查之程序摘要如下：

```
Data
  Select Cases
    If condition is satisfied
       If……界定所要選擇觀察值之條件
    OK……執行選擇觀察值
Analyze
  Descriptive Statistics
      Explore……點選進行資料檢查之變項至目標變項清單中
      Statistics……點選所要輸出之描述統計量
      Plots……點選所要輸出之資料檢查統計圖
      OK……執行統計分析
```

二、報表解釋

當使用者點選 OK 執行統計分析，則 SPSS 會自動開啓結果輸出視窗，將統計分析結果輸出。例 4-2 執行之結果與報表解釋如下：

Case Processing Summary

	Cases					
	Valid		Missing		Total	
	N	Percent	N	Percent	N	Percent
BEGSAL	216	100.0 %	0	.0 %	216	100.0 %

SPSS 所輸出執行資料檢查統計分析時，原始資料檔中觀察值之統計資料。SPSS 共讀取 216 筆資料（本例只挑選男性企業員工），以進行資料檢查。其中缺失值爲 0 人，216 名男性觀察值都是有效值。此一訊息常被使用者忽略，事實上使用者從這個資訊中可以做初步資料檢查之工作，由於使用者在建立原始資料檔時，都已經知道觀察值之個數，因此經由這個訊

息，使用者可以比較SPSS所讀取的觀察值個數是否正確，若二者不相同，表示使用者在建立原始資料過程中，一定發生某種錯誤，此時應仔細檢查原始資料檔，找出問題所在；其次，由缺失值之多寡，亦可以看出資料之正確性，特別對以問卷為研究工具之行為科學而言，若缺失值所占比率過高，則在解釋統計分析結果前應該特別謹慎。

Descriptives

			Statistic	Std. Error
BEGSAL	Mean		5226.60	76.462
	95% Confidence Interval for Mean	Lower Bound	5075.89	
		Upper Bound	5377.31	
	5% Trimmed Mean		5139.83	
	Median		4950.00	
	Variance		1262836.3	
	Std. Deviation		1123.760	
	Minimum		3600	
	Maximum		9996	
	Range		6396	
	Interquartile Range		1248	
	Skewness		1.334	.166
	Kurtosis		2.039	.330

SPSS所輸出 216 名男性企業員工在變項起薪（BEGSAL）上之描述統計量。由表可知，所輸出之描述統計量依序為平均數為 5226.60、平均數估計標準誤為 76.462、平均數 95 ％信賴區間為 5075.89 到 5377.31 間、修正平均數（Trimmed Mean）為 5139.83、中位數為 4950、變異數為 1262836.3、標準差為 1123.760、最小值為 3600、最大值為 9996、全距為 6396、四分位全距為 1248、偏態值為 1.334（正偏態），以及峰度值為 2.039（高狹峰）。

Extreme Values

			Case Number	CODE	Value
BEGSAL	Highest	1	251	758	9996
		2	348	866	9800
		3	50	319	7992
		4	230	737	7992
		5	29	285	7800[a]
	Lowest	1	400	921	3600
		2	91	459	3600
		3	10	245	3600
		4	470	995	3900
		5	422	945	3900[b]

a. Only a partial list of cases with the value 7800 are shown in the table of upper extremes.

b. Only a partial list of cases with the value 3900 are shown in the table of lower extremes.

　　SPSS 所輸出 10 個可能之極端值（outlier）統計結果。由表可知，可能之極端值的編碼值最大者，是原始資料檔中之第 251 筆資料，其員工識別碼（CODE）是 758，起薪編碼值是 9996，其次依序是 CODE 為 866、319、737 及 285 之觀察值。而可能之極端值的編碼值最小者，是原始資料檔中之第 400 筆資料，其員工識別碼（CODE）是 921，起薪編碼值是 3600，其次依序是 CODE 為 459、245、995 及 945 之觀察值。根據這項可能極端值之統計結果，研究者即可進一步檢查資料，以確定造成觀察值在「起薪」這個變項上，可能是為極端值之原因。

　　最後，在表之下方有二個註解，其中註解 a 說明編碼值為 7800 之觀察值只列出部分；同樣地，註解 b 說明編碼值為 3900 之觀察值只列出部分。

Tests of Normality

	Kolmogorov-Smirnov[a]			Shapiro-Wilk		
	Statistic	df	Sig.	Statistic	df	Sig.
BEGSAL	.142	216	.000	.886	216	.000

a. Lilliefors Significance Correction

　　SPSS 所輸出有關變項 BEGSAL 之機率分配是否呈常態分配之檢查結果。透過下面的常態機率分布圖雖可以檢定常態性的問題，但根據圖形判斷資料是否符合常態性，有時難免會摻雜主觀的認知，甚且有時並不容易判斷，因此有必要進一步藉助統計方法進行檢定。最常用來檢定資料是否符合常態性的統計量爲Kolmogorov-Smirnov單組樣本差異檢定（參見第十章第三節）而來，當檢定結果達顯著水準時，即可拒絕虛無假設，表示資料確實違反常態性的假設。由表可知，本例的 K-S 統計量值爲.142，在自由度爲216時，已達.05 顯著水準，因此應拒絕虛無假設，表示男性樣本在變項 BEGSAL（起薪）的機率分配確實違反常態性的假設。

　　此外 SPSS 另提供適用於樣本數小於 50 的 Shapiro-Wilk 檢定法。若研究的樣本資料爲小樣本時，改採此法進行常態性檢定較不易產生偏誤。

BEGSAL Stem-and-Leaf Plot

Frequency	Stem	&	Leaf
9.00	3.		6999
46.00	4.		0000000000022333333344
58.00	4.		5555555555555666888888888999
39.00	5.		11111122244444444444&
19.00	5.		55577777&
12.00	6.		00133
12.00	6.		66699&
8.00	7.		2222
4.00	7.		55
9.00 Extremes (>=7800)			

Stem width:　1000
Each leaf:　2 case (s)

& denotes fractional leaves.

　　SPSS 所輸出男性觀察值在變項 BEGSAL 的莖葉圖。由於本例男性觀

察值共 216 名，變項 BEGSAL 之編碼值最低為 3600，最高為 12000，因此製作莖葉圖時，莖的部分組距為 1 代表 1000（表中有一行說明 Stem width 1000）。葉子的部分每一個數字代表 2 筆觀察值，同時葉子部分中出現&之符號，代表只呈現部分之觀察值。其次，BEGSAL 編碼值大於 7800 之觀察值共有 9 名，經與其它觀察值相較後，都被歸為極值（extremes）。最後，表中最左方數字為各組編碼值之次數（Frequency），例如，變項 BEG-SAL 編碼值介於 4000 到 4499 之觀察值個數共 46 名。

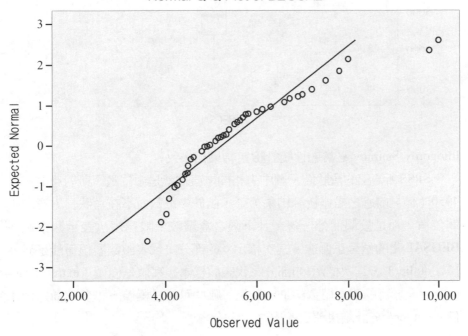

SPSS 所輸出的常態機率分布圖。利用常態機率分布圖檢查資料之常態性時，讀者可先將分布圖表的右上角及左下角二點的對角線畫出，此一 45 度的對角線就是理論的常態累積機率分配線，再與由圓圈所構成的實際累積機率分配線相比較。由圖可知，男性觀察值在變項 BEGSAL 上的編碼值之實際累積機率分配線偏離 45 度對角線甚多，且約略成一弧線，表示男性觀察值在變項 BEGSAL 上的分數違反常態性的假設。此結果與上述 Ko-

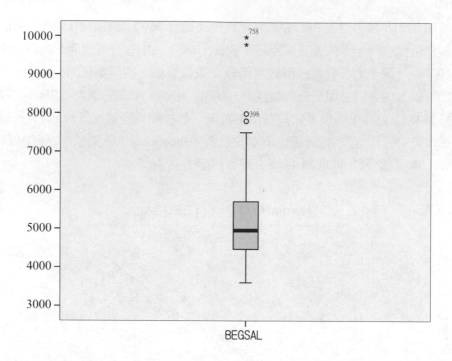

lmogorov-Smirnov 之常態性統計檢定結果相一致。

　　SPSS 所輸出的盒狀圖。圖中方格內之直線就是中位數，所對應的值是 4950（參見前述之描述統計結果）分，由於中位數並不在盒狀長方形的中間位置，而是較偏低分一邊，且下限之盒鬚較上限為短，表示觀察值在 BEGSAL 上的值呈正偏態。其次標示 o 的部分，代表該觀察值可能是界外值（outlier），其次標示*的部分，代表該樣本觀察值是極值（extreme value），至於哪些觀察值資料是極端值，哪些可能是極值，可參照前述極端值（outlier）統計結果報表輸出之說明。

第五節　散佈圖的繪製

　　繪製散佈圖在統計分析之資料檢查或描述中扮演一個相當重要的角色。它除了可以顯示出二變項間相關之強弱、方向與性質外，更重要地是它具

有資料檢查之功能。很多研究者在蒐集到所需的研究資料後，均忽略了做資料檢查的工作，便直接進行資料的統計分析工作。事實上，研究者所蒐集到的資料中，常會出現一些與絕大部分觀察值在性質上有極大差異的觀察值；其次，在登錄資料的過程中，也會因為筆誤，造成「錯把馬涼當馮京」的錯誤；再者，在利用電腦建立原始資料檔時，也會因輸入時按錯鍵盤，而造成一些錯誤；最後，在撰寫 SPSS 程式檔時，也可能因忘記宣告缺失值（missing values），而造成錯誤。上述的四種情形，常會致使資料中出現所謂的「極端值」（outlier），當資料中出現極端值，研究者未經檢查即進行統計分析工作，就會出現錯誤的結果。

　　筆者曾指導一位研究生做論文時，他在探討學習策略與學業成績的相關，就因在程式檔中忘記宣告缺失值，而造成二變項間的關係變成負相關，與文獻的正相關研究結果大相逕庭，但等他將缺失值界定後（界定後只有一名缺失值），結果就變為顯著正相關。試想，這位研究生若非發現錯誤（就是利用散佈圖發現），而重新進行分析，就下結論說二變項間是負相關，然後再拼命找理由自圓其說，豈非荒謬！近年來有不少學術界的人對量的研究大肆批評，認為套裝程式是一個黑箱，資料分析簡直是「垃圾進，垃圾出（garbage in and garbage out）」，此種批評與研究者從不檢查資料即進行統計分析有很大的關聯。

　　下面以第二章之假設性資料為例 4-3，說明如何利用視窗 13.0 版繪製二變項之交叉散佈圖。

例 4-3　（資料檔為 bank.sav）

　　有一研究者想了解 XX 企業 474 名不同性別企業員工在起薪（BEGSAL）、目前薪資（NOWSAL），以及工作價值觀量表總分間之關係。試繪製下列三種散佈圖，並解釋結果。㈠起薪與目前薪資之交叉散佈圖；㈡起薪與目前薪資對工作價值觀量表總分之重疊交叉散佈圖；以及㈢不同性別企業員工之起薪與目前薪資交叉散佈圖。

一、操作程序

　　根據例4-3，由於旨在進行474名不同性別企業員工在起薪、目前薪資，以及工作價值觀量表總分間之三種交叉散佈圖。此三個散佈圖必須分三次分別進行，在原始資料讀進資料編輯視窗後，首先應計算 474 名觀察值在工作價值觀量表之總分，此只要利用 Transform(轉換) 功能表中之 Compute (計算) 指令，參照第三章圖 3-1 到 3-3 的步驟即可完成，此處不再贅述。完成 474 名觀察值在工作價值觀量表總分之計算工作後，其次，先繪製第一個散佈圖——「目前薪資與起薪之交叉散佈圖」。繪製時先開啟 Graphs(統計圖) 功能表下之 Scatter(散佈圖) 指令之對話方塊，並點選其中 Simple Scatter 圖示，然後點選 Define 鈕，以開啟 Simple Scatter 對話方塊。然後，自來源變項清單中，點選變項目前薪資（NOWSAL）並移至 Y Axis 方格中、點選變項起薪（BEGSAL）並移至 X Axis 方格中，如圖 4-14。

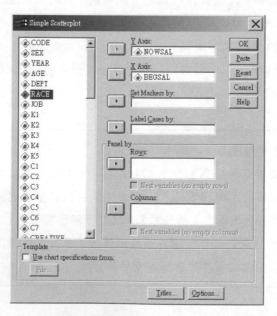

圖 4-14　繪製目前薪資對起薪之交叉散佈圖界定畫面

其次，點選 Titles 次指令，以開啓其對話方塊，界定散佈圖之標題爲「目前薪資對起薪之交叉散佈圖」，同時界定 Subtitle （次標題）及 Footnote （註解），如圖 4-15（這部分工作可省略），再按 Continue 鈕回到圖 4-14 之對話方塊。

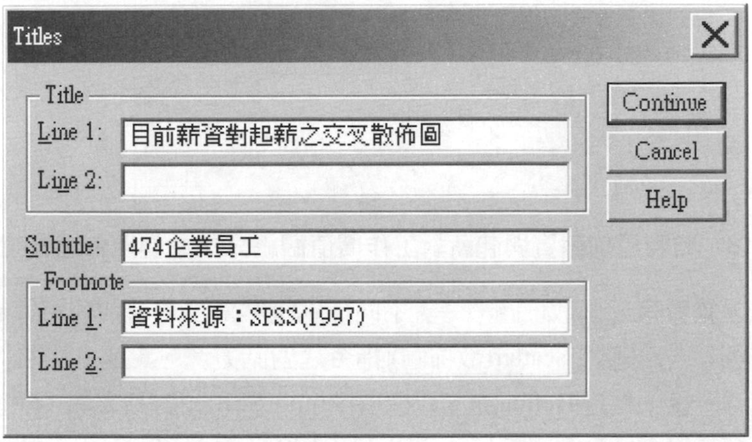

圖 4-15　Titles 次指令之對話方塊

完成上述界定工作後，使用者可以點選圖 4-14 中之 OK 鈕，SPSS 即會執行統計圖語法，並自動開啓結果輸出視窗，將散佈圖輸出到視窗中。

接著繪製第二個散佈圖──「目前薪資與起薪對工作價值觀總分之重疊散佈圖」。再開啓 Scatter(散佈圖) 指令之對話方塊，點選其中之 Overlay Scatter 圖示後，點選 Define 鈕，以開啓 Overlay Scatter 對話方塊。先在來源變項清單中同時點選（按住 CTRL 鍵）BEGSAL 及 TOT 二個變項，並移至 Y-X Y-X Pairs 之方格中；其次，再同時點選 NOWSAL 及 TOT 二個變項，移至 Y-X Y-X Pairs 之方格中，如圖 4-16。

然後點選 Titles 次指令，以開啓其對話方塊，界定散佈圖之標題爲「目前薪資與起薪對工作價值觀總分之重疊散佈圖」，同時界定 Subtitle 及 Footnote，再按 Continue 鈕回到圖 4-16 之對話方塊。完成上述界定工作後，使用者可以點選圖 4-16 中之 OK 鈕，SPSS 即會執行繪圖語法，並自動開啓結果輸出視窗，將散佈圖輸出到視窗中。

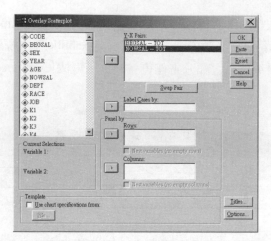

圖 4-16　繪製目前薪資與起薪對工作價值觀總分之重疊散佈圖界定畫面

　　接著繪製第三個散佈圖──「不同性別企業員工之目前薪資與起薪交
叉散佈圖」。再開啓 Scatter(散佈圖) 指令之對話方塊，點選其中之 Simple
Scatter 圖示後，點選 Define 鈕，以開啓 Simple Scatter 對話方塊。然後，自
來源變項清單中，點選變項目前薪資（NOWSAL）並移至 Y Axis 方格中、
點選變項起薪（BEGSAL）並移至 X Axis 方格中、點選變項性別（SEX）
至 Set Markers by 方格中，如圖 4-17。

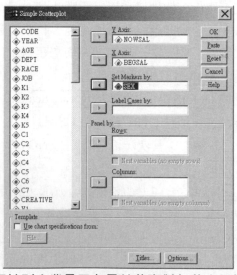

圖 4-17　繪製不同性別企業員工在目前薪資對起薪交叉散佈圖之界定畫面

　　然後點選 Titles 次指令，以開啓其對話方塊，界定散佈圖之標題爲「不同性別企業員工在目前薪資對起薪交叉散佈圖」，同時界定 Subtitle 及 Footnote，再按 Continue 鈕回到圖 4-17 之對話方塊。完成上述界定工作後，使用者可以點選圖 4-17 中之 OK 鈕，SPSS 即會執行繪圖語法，並自動開啓結果輸出視窗，將散佈圖輸出到視窗中。

　　綜合上述操作程序，可將利用 Scatter(散佈圖) 指令繪製三個不同性質交叉散佈圖之程序摘要如下：

```
Compute……計算工作價值觀量表之總分
Graphs
  Scatter……點選 Simple Scatter 圖示
   Simple Scatter……點選繪製交叉散佈圖之二個變項至目標清單中
     Titles……界定圖標題、子標題及註腳
     OK……執行統計分析
Graphs
  Scatter……點選 Overlay Scatter 圖示
   Overlay Scatter……點選繪製重疊散佈圖之變項至目標清單中
     Titles……界定圖標題、子標題及註腳
     OK……執行統計分析
Graphs
  Scatter……點選 Simple Scatter 圖示
   Simple Scatter……點選繪製交叉散佈圖之變項至目標清單中
     Titles……界定圖標題、子標題及註腳
     OK……執行統計分析
```

二、報表解釋

　　當使用者點選 OK 執行統計分析，則 SPSS 會自動開啓結果輸出視窗將統計分析結果輸出到視窗中。例 4-3 執行之結果與報表解釋如下：

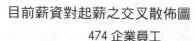

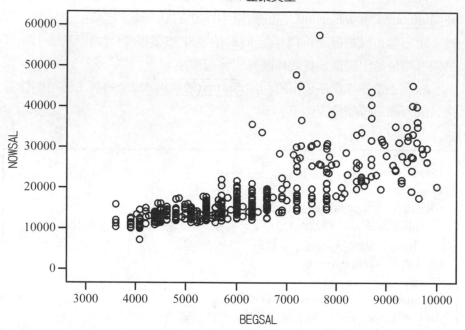

目前薪資對起薪之交叉散佈圖

474 企業員工

資料來源：SPSS（1997）

　　SPSS所輸出二變項之交叉散佈圖。在本例中界定繪製目前薪資（NOW-
SAL）對起薪（BEGSAL）的散佈圖，其中以目前薪資為縱座標，起薪為
橫座標。圖中的圓圈即代表在該位置上共有幾名觀察值。由於 474 名企業
員工在目前薪資對起薪之交叉散佈圖，約呈現從右上到左下的橢圓形分布，
同時分布點頗為集中，且沒有出現與眾不同的極端值，可知目前薪資與起
薪二變項間應該是正相關的關係，且相關強度不弱。

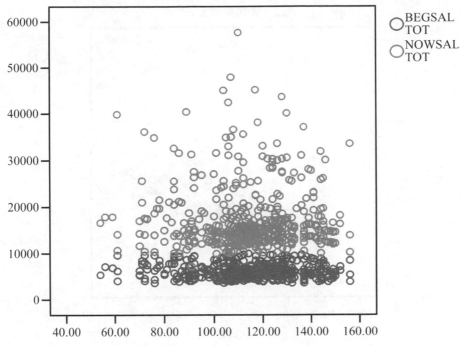

目前薪資與起薪對工作價值觀總分之重疊散佈圖

資料來源：SPSS（1997）

　　SPSS所輸出之重疊散佈圖。圖中標示綠色的圓點表示目前薪資與工作
價值觀總分（NOWSAL TOT）的散佈圖；標示藍色之圓點，表示起薪與工
作價值觀總分（BEGSAL TOT）的散佈圖，二種顏色圓點重疊的表示有多
個觀察值目前薪資與工作價值觀總分、起薪與工作價值觀總分的分布位置
相同。根據重疊散佈圖可知，目前薪資與工作價值觀總分、起薪與工作價
值觀總分間觀察值分數的分布都較為分散，表示相關均不高，但在散佈圖
上，在同一工作價值觀分數下，目前薪資與起薪的分布趨勢頗為一致，表
示目前薪資與起薪間相關係數值不低。

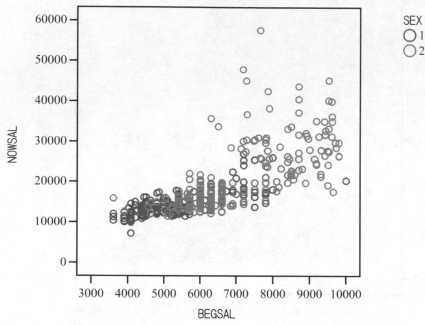

不同性別企業員工在目前薪資對起薪交叉散佈圖

474 企業員工

資料來源：SPSS（1997）

　　SPSS 所輸出包括控制變項（controlled variable）的交叉散佈圖。在本例中起薪置於橫座標，目前薪資置於縱座標，而觀察值在散佈圖上的位置則以性別（SEX）為區別，分別顯示。這個散佈圖實際上與第一個散佈圖完全相同，唯一的差別是標示位置分男性與女性為區分，其中男性（編碼值 1）是藍色圓點，女性（編碼值 2）是綠色圓點。

第 章

SPSS 與描述統計

　　本章旨在說明如何利用視窗 13.0 版計算各種描述統計量數，並進行變項測量值的相對地位量數轉換。讀完本章後，使用者應該學會：

　　㈠理解描述統計的基本原理及方法。

　　㈡利用 SPSS 計算變項之集中量數及變異量數。

　　㈢利用 SPSS 計算變項之相對地位量數。

第一節　基本原理

　　在行為科學的統計分析中，使用者常需將由樣本所蒐集到的資料加以分析，以了解團體或個別觀察值在各項變項資料的分數集中或分散情形。用來描述觀察值在變項上分數集中情形的統計量即為集中量數（measure of central location），常用的包括平均數、中位數及眾數；而用來描述觀察值在變項上分數分散情形的統計量是為變異量數（measure of variation），常用的包括全距、四分差、變異數和標準差。除此之外，使用者有時也會想知道資料的偏態（skewness）及峰度（kurtosis），以了解分數偏離常態分配的情形。最後，為了解個別觀察值在某一變項的分數在團體中所占的位置，常必須將觀察值的分數轉換為各種相對地位量數，例如百分等級或標準分數。以下分別說明之：

一、集中量數

　　對測量水準為等距尺度以上的變項，最常拿來描述或解釋該變項性質的描述統計量為集中量數。集中量數是用來描述觀察值在某一個變項上分數集中情形的統計量，在行為科學的研究領域中，常用的集中量數包括平均數、中位數及眾數。在推論統計學中，這些統計量都是用來描述母群體參數（parameter）集中情形之不偏的（unbiased）、一致的（consistent）估計值，但以平均數的相對有效性（relative efficiency）最高。這是為什麼在

實際應用時，常以平均數做為對母群體參數的估計值，以進行統計推論的原因。

至於這三個常用的集中情形統計量相較下，平均數之優點在其有效性最高，但缺點則是易受極端值影響。中位數之有效性雖不若平均數，但在應用時卻不受極端值之影響。至於眾數是計算次數出現最多之測量值，因此相對較為簡便，但卻可能出現多個眾數的問題。

對任一個變項而言，在常態分配下，這三個集中量數的結果會一樣。但若變項呈現正偏態（以測驗而言，表示試題偏難），則會以平均數最高，而眾數最低；反之，若變項呈現負偏態（以測驗而言，表示試題偏易），則會以眾數最大，而平均數最小。

二、變異量數

只有集中量數並無法精確描述變項之性質。例如，若 X 及 Y 二個變項之平均數都為 5，從集中量數看，二個變項之性質是相同的，但實際上二個變項的測量值分布可能並不相同，而呈現完全不同之樣貌。因此，變異量數是用來描述觀察值在某一個變項上分數分散情形的統計量。在行為科學的研究領域中，常用的變異量數包括全距、平均差、變異數、標準差及四分差等，其中在推論統計時，以變異數或標準差的有效性最高。

至於變異數的計算，是將觀察值分數偏離平均數之平方距離加總後之平均值，即：

$$S^2 = \frac{\Sigma (X - \overline{X})^2}{N} \cdots\cdots < 公式 1 >$$

在 < 公式 1 > 中分子的值稱為離均差平方和（Sum of Square of Deviation from Mean，簡稱 SS）。SS 本身也是一個變異量數，它在變異數分析中扮演著相當重要的角色。其次，由變異數之定義可知，它代表每一個觀察值分數偏離平均數之平均平方距離，用平方單位（即面積之概念）來表示分數分散情形較不適切，因此常取其平方根，稱為標準差，用來表示分數分散情形。最後，在推論統計時，真正目的並不在描述樣本本身之分散情形，

而是以樣本之統計量（稱為估計值）來推論母群體之參數，由數學的推理證明要以樣本變異數來做為母群體變異數估計值時，分母必須改除以 N−1，才不會造成低估的偏誤，以能符合不偏性之假設。

而變異數與標準差在應用時，有二個很重要性質必須注意。首先，當觀察值的分數都加或減一個常數 C 後，平均數等於原平均數加或減 C，此時，由於所有觀察值與平均數間之相對位置並無改變，因此變異數與標準差也不會改變。至於當觀察值分數乘上一個常數 C 後，平均數會變成原來平均數之 C 倍，而變異數會變成原來之 C^2 倍，標準差也會變成原來標準差之 C 倍。此一性質可以表 5-1 表示。

表 5-1　變異數與標準差之性質

變項	平均數	變異數	標準差
X	$\overline{X}$	S_x^2	S_x
X±C	$\overline{X}±C$	S_x^2	S_x
CX	$C\overline{X}$	$C^2S_x^2$	CS_x

三、相對地位量數及標準分數

上述的集中量數及變異量數都是用來描述一群觀察值在某一個變項上的性質之統計量，因此，它們無法提供有關個別觀察值在團體中性質的訊息。在實際應用上，我們常會想進一步了解個別觀察值在團體中所在的相對地位；亦即與某一個參照點相較起來，某個觀察值在變項上的分數在團體中所在的地位（位置）如何。此一描述個別觀察值在團體中所在相對位置的統計量，稱為相對地位量數。常用的相對地位量數包括：㈠百分等級與百分位數，以及㈡標準分數。以下分別說明之：

㈠百分等級與百分位數

百分等級常以 PR 表示，係指觀察值在某一個變項上的分數在團體中所

在的等級，或是說在一百個人中，該分數可以排在第幾個等級。例如PR ＝ 85 代表某一個分數在團體中可以勝過 85 ％的人。百分位數以 P_p 表示，係指在團體中站在某一個等級的觀察值之分數是幾分，也就是某人想在一百個人的團體中贏過多少個人，則他的分數必須得到多少分。由以上定義可知，百分等級是將分數化為等級，而百分位數則是由某一等級來推算分數，二者是可以互相轉換使用的。例如某個人在魏氏智力測驗上的得分是 115 分，在團體一百個人中贏過 84 個人，那麼他的百分等級就是 PR ＝ 84；也就是說，如果他想在團體中站在 PR ＝ 84 這個位置上，則他在魏氏智力測驗上的得分必須為 115 分才可以。

(二)標準分數

上述的百分等級在使用上有一限制，因百分等級是屬於次序尺度，因此在使用上對微量的改變很不敏感（sensitivity），無法顯示觀察值分數之微小差異。為解決百分等級在使用上之限制，在行為科學研究領域中，我們也常用標準分數來做為相對地位量數的統計量。以教育與心理學為例，最常用的標準分數有 Z 分數、t 分數……等。

Z 分數是最常見的標準分數。它的定義可以表示如下：

$$Z = \frac{X - \overline{X}}{S_x} \cdots \cdots <公式 2>$$

由＜公式 2＞可知，Z 分數是指某一個原始分數 X 減去其平均數，再除以標準差後所得到的分數。因為標準差一定大於 0，因此由公式可知，當 Z 分數小於零時，表示某一個分數落在平均數以下；反之，當 Z 分數大於零時，表示該分數落在平均數以上；若某一分數恰等於平均數，則 Z 分數等於 0。轉換後的標準 Z 分數，其平均數為 0，標準差為 1。經由上述公式，可以將觀察值在所有變項上（可能為不同測量單位）的分數，全部轉換成以標準差為單位的標準分數。也就是說，轉換後的 Z 分數係表示，若以標準差為一個測量單位，則某一分數與平均數的差，是落在平均數以上或以下幾個標準差單位的地方。此時，由於所有變項的測量單位都是以標準差來表示，因此即可進行觀察值在不同變項上之相對地位的比較。

一般來說，在標準化常態分配下，觀察值在某一個變項上的分數，會

有 68.26 %的分數落在平均數加減一個標準差的區間內；而有 95.44 %的觀察值落在平均數加減兩個標準差的區間內。在一般的統計學教科書中，通常都附有此標準化的常態分配機率表，經由查表的方式，可以將百分等級及標準 Z 分數間進行轉換，例如 PR ＝ 84 的分數若轉換成 Z 分數，則約在 Z 分數為一個標準差的位置。在常態分配下，PR 及 Z 值間的轉換方式如下：

1. 若 PR ＝ 50，則 Z 分數等於 0。

2. 若 PR ＜ 50，則先計算Δ＝（50 － PR）／ 100 後的值，此Δ值就是 PR 轉換後的 Z 值所對應的機率，只要查常態分配表，該機率值所對應的 Z 值，再將 Z 值加上負號（PR ＜ 50 表示 Z 分數為負值）就是 PR 轉換的 Z 值。

3. 若 PR ＞ 50，則先計算Δ＝（PR － 50）／ 100 後的值，此Δ值就是 PR 轉換後的 Z 值所對應的機率，只要查常態分配表，該機率值所對應的 Z 值，就是 PR 轉換的 Z 值。

由於在常態分配下，約有 99 %的 Z 值會落在±3 個標準差的區間內，因此 Z 值對微量的改變非常敏感，加上 Z 值有負號，實際使用與解釋上較為不便，因此在行為科學研究中，常將 Z 分數進行線性轉換。教育與心理上常用之轉換標準分數包括：

1. t 分數：t 分數平均數為 50，標準差為 10，即：

   t ＝ 50 ＋ 10 × Z

2. WAIS（魏氏智力測驗）分數：WAIS分數平均數為100，標準差為 15，即：

   WAIS ＝ 100 ＋ 15 × Z

3. BSS（比西智力量表）分數：BSS分數平均數為100，標準差為 16，即：

   BSS ＝ 100 ＋ 16 × Z

4. AGCT（普通能力分類測驗）分數：AGCT分數平均數為100，標準差為 20，即：

   AGCT ＝ 100 ＋ 20 × Z

第二節　視窗 13.0 版之操作

在視窗 13.0 版中，幾乎每一個統計分析指令都具有描述統計之功能，而專門用來進行資料之描述統計量數計算的程式指令有 Descriptives(描述統計量) 及 Means(平均數)。其中 Descriptives(描述統計量) 指令的主要功能在計算各項描述統計量；而 Means(平均數) 指令可計算自變項各不同類別觀察值在依變項上之各種描述統計量，甚且可用來進行單因子變異數分析與檢定自變項與依變項間之線性關係。本節即在說明這二個指令的操作方式，以下分別說明之：

一、 Descriptives (描述統計量) 指令

要計算變項之各種描述統計量時，首先必須將原始資料讀進資料編輯視窗中，再開啟應用視窗中 Analyze(分析) 功能表之 Descriptive Statistics (描述統計) 下之 Descriptives(描述統計量) 指令之對話方塊，如圖 5-1。

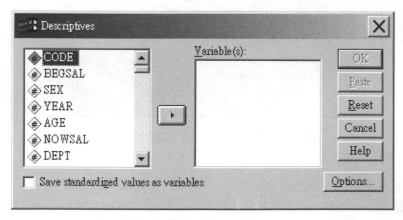

圖 5-1　Descriptives(描述統計量)指令之對話方塊

在圖 5-1 中，使用者首先必須界定所要進行描述統計之變項名稱，此可在來源變項清單中，利用滑鼠點選該變項使之反白後，再點選右方之三角形鈕，如此要進行描述統計之變項就會移到 Variable(s) 方格中。

變項點選完成後，接下來在來源變項清單下有一個 Save standardized values as variables 選項，內設格式是不輸出，使用者若加以點選（在前面方格中打勾），則SPSS會對 Variable(s) 方格所列之變項，計算其Z分數，且將結果另創新變項名稱（通常在原變項名稱前加上Z），並輸出到資料編輯視窗中（**注意：不是輸出到結果視窗中**）。

在對話方塊中，Descriptives(描述統計量) 指令包括 Options 一個次指令，Options 次指令之功能在界定所要輸出之描述統計量，使用者只要用滑鼠左鍵在其鈕上點選一下，即可開啟其對話方塊，如圖 5-2。

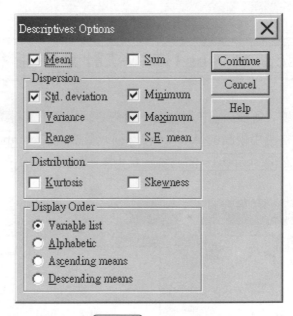

圖 5-2　　Options 次指令之對話方塊

在圖 5-2 中，Options 次指令所輸出之描述統計量如表 5-2。使用者若要輸出某一統計量，只要在其前面之空白方格中以滑鼠左鍵點選一下即可。最後，在圖 5-2 中，SPSS還提供一項有關輸出次序（Display Order）格式

表 5-2　[Options] 次指令所提供的關鍵字及其對應之功能

關　鍵　字	功　　　能
Mean	平均數
Sum	總和
Std. Deviation	標準差
Variance	變異數
Range	全距
Minimum	最小值
Maximum	最大值
S.E. mean	平均數估計標準誤
Kurtosis	峰度
Skewness	偏態

之選擇，內設是依變項出現順序（[Variable list]）呈現，使用者可改依字母（[Alphabetic]）順序、依平均數值遞升（[Ascending means]），或依平均數值遞減（[Descending means]）等三種方式之一呈現結果。

　　在完成上述界定工作後，使用者只要點選圖 5-1 中之 [OK] 鈕，SPSS 即會執行使用者所界定之統計分析，並自動開啟結果輸出視窗，將分析結果輸出。

二、 [Means（平均數）] 指令

　　要計算自變項各不同類別觀察值在依變項上之各種描述統計量（二向度描述統計表），首先必須先將原始資料讀進資料編輯視窗中，然後開啟應用視窗中 [Analyze(分析)] 功能表之 [Compare Means(比較平均數法)] 下之 [Means(平均數)] 指令之對話方塊，如圖 5-3。

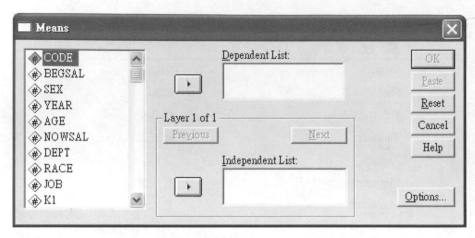

圖 5-3　Means(平均數)指令之對話方塊

在圖 5-3 中使用者首先必須界定所要進行描述統計之依變項名稱，此可在來源變項清單中，利用滑鼠點選該變項使之反白後，再點選右方之三角形鈕，將這些變項移到 Dependent List 方格中。其次，使用者必須點選做為分類之自變項（通常是類別或次序變項），這也是從來源變項清單中，利用滑鼠點選自變項使之反白後，再點選右方之三角形鈕，將自變項移到 Independent List 方格中。此時 Independent List 方格上方之 Next 鈕會亮起，使用者可以自來源變項清單中點選第二個分類自變項。

在對話方塊中，Means(平均數) 指令包括 Options 一個次指令，而 Options 次指令之功能在界定所要輸出之描述統計量，使用者只要用滑鼠左鍵在其鈕上點選一下，即可開啟其對話方塊，如圖 5-4。

在圖 5-4 中，Options 次指令對話方塊所提供之描述統計量如表 5-3。使用者若要輸出某一統計量，只要在其選項上點選一下，再點選右方之三角形按鈕，將這些選項移到 Cell Statistics 方格中即可。其次，在對話方塊之下半部，SPSS 還提供二項統計顯著性檢定之選擇，一為變異數分析摘要表及 Eta 統計量；另一為線性關係檢定值（Test for linearity）。使用者可視需要選擇（有關這二項功能，建議使用者改以變異數分析及卡方考驗之專門指令處理較為詳盡）。

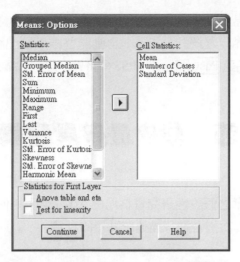

圖 5-4　Options 次指令之對話方塊

表 5-3　Options 次指令所提供的關鍵字及其對應之功能

關　鍵　字	功　　能
Mean	平均數
Number of Cases	觀察值個數
Standard Deviation	標準差
Median	中位數
Std. Error of mean	平均數估計標準誤
Sum	總和
Minimum	最小值
Maximum	最大值
Range	全距
First	第一筆觀察值之編碼值
Last	最後一筆觀察值之編碼值
Variance	變異數
Kurtosis	峰度
Std. Error of Kurtosis	峰度值估計標準誤
Skewness	偏態
Std. Error of Skewness	偏態值估計標準誤
Harmonic Mean	調和平均數
Geometric Mean	幾何平均數

在完成上述界定工作後，使用者只要點選圖 5-3 中之 OK 鈕，SPSS 即會執行使用者所界定之統計分析，並自動開啟結果輸出視窗，將分析結果輸出。若使用者點選 Paste 鈕，則 SPSS 會將界定之程式輸出至語法視窗中。

第三節　集中量數與變異量數

以下以第二章之假設性研究資料為例 5-1，說明如何利用 Descriptives (描述統計量) 及其次指令進行描述統計量的計算。

例 5-1　（資料檔為 bank.sav）

　　有一研究者想了解 XX 企業 474 名企業員工在工作價值觀四個分量表上的描述統計情形。請問 474 名企業員工在工作價值觀四個分量表上的描述統計情形為何？

一、操作程序

　　根據例 5-1，由於旨在進行 474 名企業員工在工作價值觀四個分量表上的描述統計情形，因此必須先計算 474 名觀察值在四個分量表上之得分（其中第 9 及第 24 題是負向題，需先進行反向計分，參見第三章第一節之 Recode(重新編碼) 指令，圖 3-14）。假設這四個分量表之名稱分別為 fac1（成就與新知）、fac2（利他與人際關係）、fac3（報酬與安全感），以及 fac4（社會聲望）。在原始資料讀進資料編輯視窗後，開啟應用視窗中 Transform(轉換) 功能表中之 Compute(計算) 指令之對話方塊，首先完成第一個分量表 fac1 之界定畫面如圖 5-5，然後再點選 OK 鈕，SPSS 即會執行各觀察值在 fac1 得分之計算工作，並自動將計算結果輸出到資料編輯視窗

中，如圖 5-6。

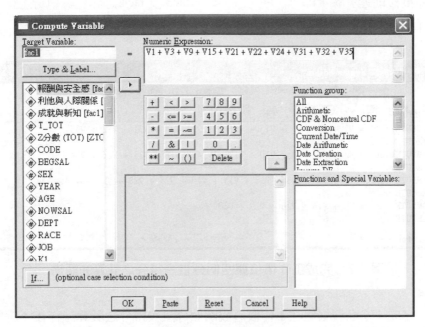

圖 5-5　完成工作價值觀第一個分量表 fac1 之界定畫面

	V29	V30	V31	V32	V33	V34	V35	fac1
1	2	2	2	2	2	4	4	36.00
2	3	1	1	2	1	3	5	34.00
3	1	3	1	3	1	3	4	15.00
4	2	1	1	1	1	3	4	25.00
5	4	3	2	4	4	3	3	37.00
6	4	2	1	1	1	3	4	36.00
7	5	1	1	1	1	4	5	32.00
8	4	1	1	1	1	3	5	32.00
9	3	2	2	2	2	3	5	33.00

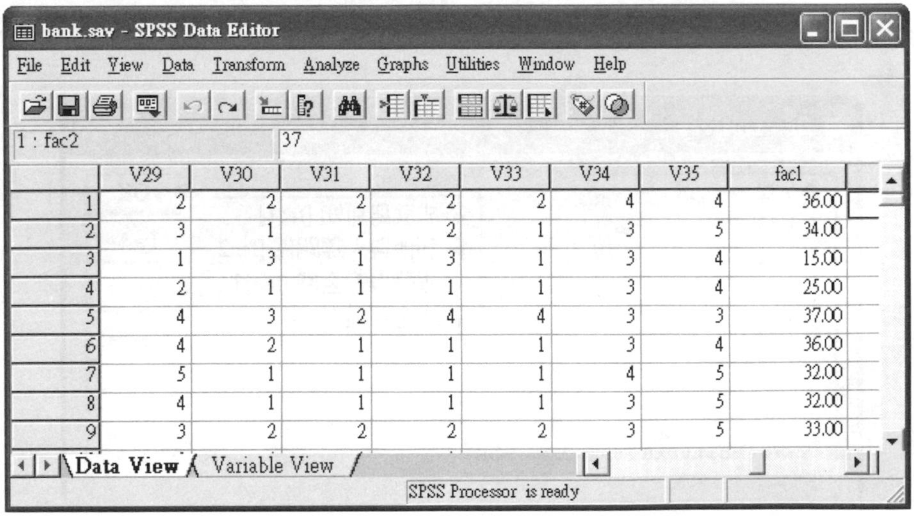

圖 5-6　執行工作價值觀第一個分量表 fac1 得分之計算結果

完成工作價值觀第一個分量表 fac1 之語法界定，並執行計算結果後，只要重複前述步驟，即可依序完成 fac2、fac3 及 fac4 之界定與執行工作，其界定之語法如圖 5-7。

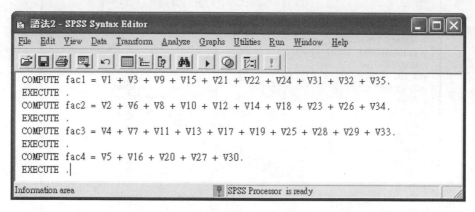

圖 5-7　完成工作價值觀四個分量表得分之計算的語法

完成 474 名觀察值在工作價值觀四個分量表得分之計算工作後，應開啓 Analyze(分析) 功能表之 Descriptive Statistics(描述統計) 下之 Descriptives (描述統計量) 指令之對話方塊，並在來源變項清單中，點選變項 fac1、fac2、fac3 及 fac4，並移至 Variable(s) 方格中，如圖 5-8。

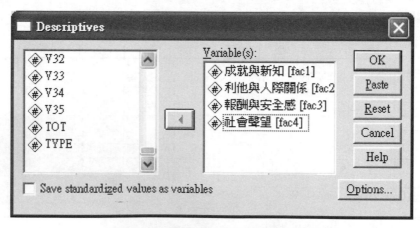

圖 5-8　界定描述統計之 Descriptives(描述統計量) 指令對話方塊

　　其次，再點選圖 5-8 中 Options 次指令之鈕，開啓其對話方塊，並點選其中之平均數（Mean）、標準差（Std. deviation）、最小值（Minimum）、最大值（Maximum），以及平均數估計標準誤（S.E. mean）等五個選項後，再按 Continue 鈕回到圖 5-8 之對話方塊。

　　完成上述界定工作後，使用者可以點選圖 5-8 中之 OK 鈕，SPSS 即會執行描述統計之統計分析，並自動開啓結果輸出視窗，將統計分析結果輸出到視窗中。

　　綜合上述操作程序，可將利用 Compute(計算) 與 Descriptives(描述統計量) 指令對觀察值在四個分量表得分之進行描述統計之程序摘要如下：

```
Transform
    Compute……界定 fac1 之計算
    Compute……界定 fac2 之計算
    Compute……界定 fac3 之計算
    Compute……界定 fac4 之計算
Analyze
    Descriptive Statistics
        Descriptives……點選進行描述統計之變項至目標變項清單中
        Options……點選所要輸出之描述統計量
        OK……執行統計分析
```

二、報表解釋

　　當使用者點選 OK 鈕執行統計分析，則 SPSS 會自動開啓結果輸出視窗將統計分析結果輸出到視窗中。例 5-1 執行之結果與報表解釋如下：

Descriptive Statistics

	N	Minimum	Maximum	Mean		Std.
	Statistic	Statistic	Statistic	Statistic	Std. Error	Statistic
成就與新知	474	15.00	47.00	33.2996	.25422	5.53472
利他與人際關係	474	15.00	49.00	32.9684	.28953	6.30355
報酬與安全感	474	14.00	47.00	33.3819	.28010	6.09819
社會聲望	474	5.00	22.00	14.9156	.15523	3.37965
Valid N (listwise)	474					

　　SPSS 所輸出之描述統計結果。由於已利用 Variable Review 視窗對變項界定標記，因此報表輸出改以標籤為變項名稱。由表可知，在第一個分量表 fac1（成就與新知）上，有效觀察值共 474 名，其分數最小值為 15.00，最大值為 47.00，平均數為 33.2996，平均數估計標準誤為.25422，標準差為 5.53472。其次，分量表 fac2、fac3 及 fac4 之描述統計量分別如表所列，不再贅述。最後，表中輸出在四個分量表上都是有效值之觀察值個數共 474 名，也就是說在全部 474 名企業員工在 35 個題目上之填答都未出現缺失值。事實上在行為科學研究中，以 Likert 型題目進行調查所得到之資料，常會因受試者個人因素出現拒答或答錯之情形，使得在某些題目上出現缺失值。此一有效樣本數之報表，恰可以提供研究者檢視資料之效度，若缺失值過多（表示樣本至少在一個分量表上之某題目得分是缺失值），則在解釋資料時應特別謹慎！

　　以上的描述統計量中，平均數的估計標準誤係根據中央極限定理（central limit theorem）而來，當從一平均數為 μ 的母群體中，每次隨機抽取 N 個樣本並計算其平均數，此一步驟重複無限多次，則這些樣本平均數的平均數恰等於母群體的平均數 μ，而其標準差恰等於母群體的標準差除以樣本數開根號，即：

$$\sigma_X = \frac{\sigma}{\sqrt{N}}$$

此一樣本平均數的標準差，稱之為估計標準誤（standard error），表示樣本之估計值與母群體真正母數的變異情形。在本例中，fac1 平均數估計標準誤 .25422 ＝ 5.53472／$\sqrt{474}$。

以下再以 XX 企業的研究資料為例 5-2，說明如何利用 Means(平均數) 指令及其次指令計算自變項各類別觀察值在依變項上之描述統計量。

例 5-2　（資料檔為 bank.sav）

　　有一研究者想了解 XX 企業 474 名不同性別與種族之企業員工在工作價值觀四個分量表上的描述統計情形。請問 474 名不同性別與種族企業員工在工作價值觀四個分量表上的描述統計情形為何？

一、操作程序

　　根據例 5-2，由於旨在進行 474 名不同性別與種族企業員工在工作價值觀四個分量表上的描述統計情形，因此必須先計算 474 名觀察值在四個分量表上之得分，此只要參照例 5-1 的步驟即可完成，此處不再贅述。完成 474 名觀察值在工作價值觀四個分量表得分之計算工作後，其次，應開啟 Analyze(分析) 功能表之 Compare Means(比較平均數法) 下之 Means(平均數) 指令之對話方塊，並在來源變項清單中，點選變項 fac1、fac2、fac3 及 fac4，並移至 Dependent List 方格中，同時將變項性別（SEX）移至 Independent List 方格中，如圖 5-9。

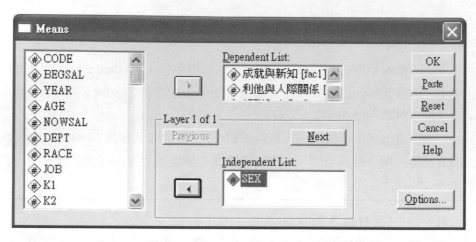

圖 5-9　界定不同類別樣本的描述統計之 Means(平均數) 指令對話方塊

　　由於例 5-2 是要計算不同性別與種族之企業員工在工作價值觀四個分量表上的描述統計情形，而圖 5-9 只完成性別（SEX）之界定，對於種族（RACE）則尚未界定，因此，必須再用滑鼠點選 Next 鈕，則 Independent List 方格會成為空白，再從來源變項清單中點選 RACE，並移至 Independent List 方格中，如圖 5-10。

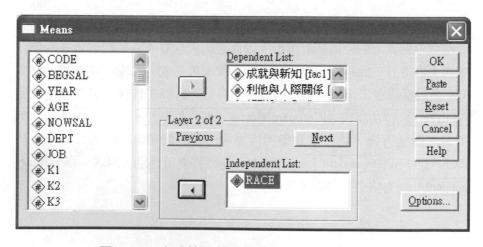

圖 5-10　完成第二個自變項 RACE 之界定畫面

使用者可以比較圖 5-9 及圖 5-10 之差異，圖 5-10 中 Previous 鈕已經亮起，且出現 Layer 2 of 2 之說明，此與圖 5-9 並不相同。其次，再點選圖 5-10 中 Options 次指令之鈕，開啟其對話方塊，並自 Statistics 方格中點選 Mean 、 Number of Cases 及 Standard Deviation 等三個選項（這部分可視需要選擇）後，移至 Cell Statistics 方格中，再按 Continue 鈕回到圖 5-10 之對話方塊。完成上述界定工作後，使用者可以點選圖 5-10 中之 OK 鈕，SPSS 即會執行描述統計之統計分析，並自動開啟結果輸出視窗，將統計分析結果輸出到視窗中。

綜合上述操作程序，可將對利用 Means(平均數) 指令對不同性別與種族之觀察值在四個分量表得分進行描述統計之程序摘要如下：

```
Transform
   Compute……界定 fac1 之計算
   Compute……界定 fac2 之計算
   Compute……界定 fac3 之計算
   Compute……界定 fac4 之計算
Analyze
   Compare Means
      Means……點選進行描述統計之依變項與自變項至目標變項清單中
         Options……點選所要輸出之描述統計量
         OK……執行統計分析
```

二、報表解釋

當使用者點選 OK 鈕執行統計分析，則 SPSS 會自動開啟結果輸出視窗將統計分析結果輸出到視窗中。例 5-2 執行之結果與報表解釋如下：

Case Processing Summary

	Cases					
	Included		Excluded		Total	
	N	Percent	N	Percent	N	Percent
成就與新知*SEX*RACE	474	100.0%	0	.0%	474	100.0%
利他與人際關係*SEX*RACE	474	100.0%	0	.0%	474	100.0%
報酬與安全感*SEX*RACE	474	100.0%	0	.0%	474	100.0%
社會聲望*SEX*RACE	474	100.0%	0	.0%	474	100.0%

　　SPSS所輸出有關 474 名不同性別與種族企業員工在工作價值觀四個分量表上之有效（納入描述統計計算）觀察值個數及無效（未納入描述統計計算）觀察值個數之統計結果。由表可知，所有觀察值均爲有效值。

Report

SEX	RACE		成就與新知	利他與人際關係	報酬與安全感	社會聲望
男性	非白人	Mean	33.0250	32.9750	33.6500	14.9250
		N	40	40	40	40
		Std. Deviation	5.05096	5.64545	5.35676	3.06667
	白人	Mean	32.8693	32.5625	33.2841	14.8239
		N	176	176	176	176
		Std. Deviation	5.46050	6.59494	6.13365	3.33427
	Total	Mean	32.8981	32.6389	33.3519	14.8426
		N	216	216	216	216
		Std. Deviation	5.37598	6.41939	5.98730	3.27971
女性	非白人	Mean	33.9063	34.2188	34.6719	15.3906
		N	64	64	64	64

（接下頁）

（承上頁）

		Std. Deviation	5.62793	5.87021	5.27364	3.20028
	白人	Mean	33.5464	32.9227	32.9897	14.8402
		N	194	194	194	194
		Std. Deviation	5.67244	6.29163	6.43580	3.54691
	Total	Mean	33.6357	33.2442	33.4070	14.9767
		N	258	258	258	258
		Std. Deviation	5.65264	6.20393	6.20100	3.46627
Total	非白人	Mean	33.5673	33.7404	34.2788	15.2115
		N	104	104	104	104
		Std. Deviation	5.40543	5.78917	5.30334	3.14279
	白人	Mean	33.2243	32.7514	33.1297	14.8324
		N	370	370	370	370
		Std. Deviation	5.57540	6.43144	6.28712	3.44276
	Total	Mean	33.2996	32.9684	33.3819	14.9156
		N	474	474	474	474
		Std. Deviation	5.53472	6.30355	6.09819	3.37965

　　SPSS 所輸出之描述統計結果。分析時根據 474 名觀察值在自變項性別（SEX）及種族（RACE）上的不同類別（本例因在資料編輯視窗中已對這二個變項之編碼值做了標籤界定，所以表中輸出中文標籤），分別計算四類樣本（男性非白人、男性白人、女性非白人及女性白人）在四個依變項 fac1、fac2、fac3 及 fac4 之平均數、個數及標準差等三個描述統計量。其次，SPSS 也同時輸出不同性別企業員工在四個依變項上之描述統計量（男性或女性類別細格中之總和部分），不同種族企業員工在四個依變項上之描述統計量（表最下方細格中之非白人與白人部分），以及全部 474 名企業員工在四個依變項上之描述統計量（表最下方細格中之總和部分），這部分結果與例 5-1 之報表輸出結果相同，讀者可自行對照。

　　以女性白人企業員工在 fac3 為例，其平均數為 32.9897、有效觀察值個數為 194、標準差為 6.43580；再以非白人企業員工在變項 fac4 為例，其平

均數爲 15.2115、有效觀察值個數爲 104、標準差爲 3.14279。

第四節　相對地位量數

　　在統計資料分析時，研究者常需要了解在某一變項上，個別樣本在團體中的相對位置，或是樣本來自不同之團體（如班級），因此在變項上的性質不能直接比較。此時唯有將樣本在變項上的分數轉換成百分等級量數或標準分數，才能做進一步的比較或統計分析。以下分別說明如何利用視窗 13.0 版來進行相對地位量數之計算。

　　以下以第二章之假設性資料爲例 5-3，說明如何利用 Frequencies(次數分配表) 指令計算百分等級量數。

例 5-3　（資料檔爲 bank.sav）

　　有一研究者想了解 XX 企業 474 名企業員工在起薪（BEGSAL）及目前薪資（NOWSAL）二個變項上各百分等級所對應之分數。請問 474 名企業員工在起薪及目前薪資二個變項上的百分等級量數爲何？

一、操作程序

　　根據例 5-3，由於旨在進行 474 名企業員工在起薪（BEGSAL）及目前薪資（NOWSAL）二個變項上各百分等級所對應之分數的相對地位量數，因此在原始資料讀進資料編輯視窗後，應開啓 Analyze(分析) 功能表之 Descriptive Statistics(描述統計) 下之 Frequencies(次數分配表) 指令之對話方塊，在來源變項清單中點選變項 BEGSAL 及 NOWSAL，並移至 Variable(s) 方格中。其次，將 Display frequency tables 之輸出取消，如圖 5-11。

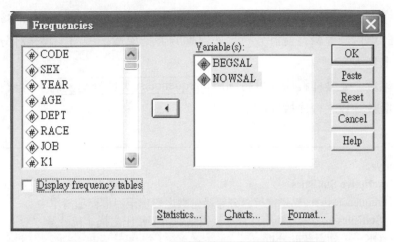

圖 5-11 界定相對地位量數之 Frequencies(次數分配表) 指令對話方塊

其次,再點選圖 5-11 中 Statistics 次指令之鈕,開啓其對話方塊,並點選其中之 Cut points for... 選項,並在其方格中輸入 100(即界定要求將變項之編碼值均分為 100 等分,亦即百分等級)、平均數(Mean)、標準差(Std. deviation)、最小值(Minimum)及最大值(Maximum)等四個選項,如圖 5-12,再按 Continue 鈕回到圖 5-11 之對話方塊。

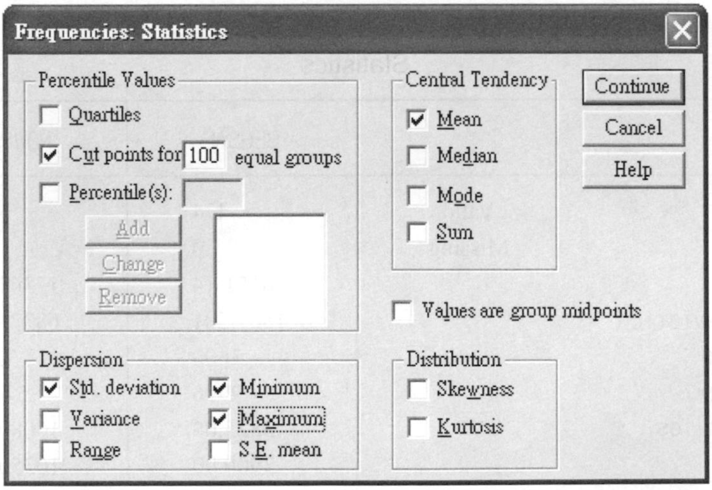

圖 5-12 Statistics(統計量) 次指令之對話方塊

完成上述界定工作後，使用者可以點選圖 5-11 中之 OK 鈕，SPSS 即會執行計算百分等級之統計分析，並自動開啓結果輸出視窗，將統計分析結果輸出到視窗中。

綜合上述操作程序，可將利用 Frequencies(次數分配表) 指令進行百分等級量數計算之程序摘要如下：

Analyze
  Descriptive Statistics
    Frequencies……點選進行百分等級量數之變項至目標變項清單中
     Statistics……界定輸出百分等級與點選所要輸出之描述統計量
     OK……執行統計分析

二、報表解釋

當使用者點選 OK 鈕執行統計分析，則 SPSS 會自動開啓結果輸出視窗將統計分析結果輸出到視窗中。例 5-3 執行之結果與報表解釋如下：

Statistics

		BEGSAL	NOWSAL
N	Valid	474	474
	Missing	0	0
Mean		6151.14	17362.13
Std. Deviation		1501.501	6837.628
Minimum		3600	7200
Maximum		9996	57600
Percentiles	1	3825.00	10080.00
	2	3900.00	10350.00

（接下頁）

（承上頁）

3	4080.00	10455.00
4	4080.00	10860.00
5	4080.00	11280.00
6	4080.00	11460.00
7	4110.00	11595.00
8	4260.00	11760.00
9	4380.00	11940.00
10	4380.00	12000.00
11	4380.00	12120.00
12	4490.00	12180.00
13	4500.00	12300.00
14	4500.00	12360.00
15	4500.00	12420.00
16	4500.00	12540.00
17	4500.00	12540.00
18	4620.00	12600.00
19	4620.00	12675.00
20	4800.00	12780.00
21	4800.00	12840.00
22	4800.00	12960.00
23	4800.00	13080.00
24	4920.00	13200.00
25	4980.00	13200.00
26	5100.00	13260.00
27	5100.00	13335.00
28	5100.00	13380.00
29	5220.00	13440.00
30	5280.00	13530.00
31	5400.00	13635.00
32	5400.00	13680.00
33	5400.00	13800.00
34	5400.00	13920.00
35	5400.00	13995.00
36	5400.00	14100.00

（接下頁）

（承上頁）

37	5490.00	14145.00
38	5580.00	14220.00
39	5640.00	14280.00
40	5700.00	14280.00
41	5700.00	14400.00
42	5700.00	14520.00
43	5700.00	14580.00
44	5760.00	14640.00
45	6000.00	14700.00
46	6000.00	14760.00
47	6000.00	14820.00
48	6000.00	14940.00
49	6000.00	15000.00
50	6000.00	15150.00
51	6000.00	15240.00
52	6000.00	15336.00
53	6000.00	15360.00
54	6000.00	15540.00
55	6000.00	15600.00
56	6120.00	15708.00
57	6300.00	15765.00
58	6300.00	15900.00
59	6300.00	15900.00
60	6300.00	15900.00
61	6300.00	15960.00
62	6300.00	16110.00
63	6300.00	16200.00
64	6300.00	16260.00
65	6300.00	16425.00
66	6300.00	16680.00
67	6440.00	16920.00
68	6600.00	17160.00
69	6600.00	17160.00
70	6600.00	17400.00

（接下頁）

（承上頁）

71	6600.00	17535.00
72	6600.00	17700.00
73	6810.00	17865.00
74	6900.00	18000.00
75	6924.00	18465.00
76	7190.00	18720.00
77	7200.00	19140.00
78	7200.00	19590.00
79	7215.00	19695.00
80	7480.00	20040.00
81	7500.00	20730.00
82	7650.00	21365.00
83	7800.00	21887.50
84	7800.00	22620.00
85	7800.00	23765.00
86	7857.00	24555.00
87	8019.00	25552.50
88	8220.00	25800.00
89	8400.00	26375.00
90	8498.00	27480.00
91	8700.00	28162.50
92	8700.00	29600.00
93	8915.00	30337.50
94	9180.00	30975.00
95	9302.50	31687.50
96	9430.00	33600.00
97	9518.25	35450.00
98	9605.00	38975.00
99	9740.00	43950.00

　　SPSS 所輸出百分等級量數計算之結果。表中的第一欄，除幾個描述統計量外，就是百分等級，第二欄則是變項起薪（BEGSAL）之描述統計量，以及各百分等級所對應之分數（即百分位數）；第三欄則是變項目前薪資（NOWSAL）之描述統計量，以及各百分等級所對應之分數（即百分位

數）。以變項 BEGSAL 為例，有效觀察值個數為 474 名、平均數為 6151.14、標準差為 1501.501、最小值為 3600、最大值為 9996、P_1 所對應之分數為 3825.00、P_2 所對應之分數為 3900.00、……P_{99} 所對應之分數為 9740.00。

　　相對地位量數除百分等級與百分位數外，常用還有標準分數。以下以第二章之假設性資料，說明利用 Descriptives(描述統計量) 指令計算標準分數的用法。

例 5-4　（資料檔為 bank.sav）

　　有一研究者想了解 XX 企業 474 名企業員工在工作價值觀量表總分上的標準 Z 及 t 分數。請問 474 名企業員工在工作價值觀量表總分上的標準 Z 及 t 分數為何？

一、操作程序

　　根據例 5-4，由於旨在進行 474 名企業員工在工作價值觀量表總分（設以 TOT 為名稱）上的標準 Z 及 t 分數，因此在原始資料讀進資料編輯視窗後，開啟應用視窗中 Transform(轉換) 功能表中之 Compute(計算) 指令之對話方塊，首先完成工作價值觀總分（即 35 個題目分數加總），此可參考例 5-1 之作法，此處不再贅述。其界定畫面如圖 5-13。

　　圖 5-13 中要特別說明的是，若所要計算之變項在資料檔中的位置均相鄰一起，如本例中工作價值觀量表的 35 個題目（V1、V2、……、V35），則在計算總分時不必像例 5-1 般，界定 V1+V2+V3+……+V35 之敘述，而可利用 Compute(計算) 指令所提供之函數（Functions） SUM 進行加總計算工作。在總分計算完成後，應開啟 Analyze(分析) 功能表之 Descriptive Statistics(描述統計) 下之 Descriptives(描述統計量) 指令之對話方塊，並在來源變項清單中，點選變項 TOT，並移至 Variable(s) 方格中；同時點選 Save standardized values as variables 選項，如圖 5-14。

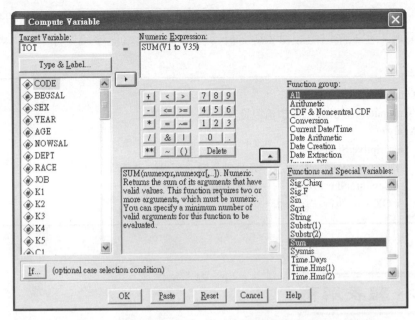

圖 5-13　界定計算觀察值在工作價值觀量表總分之畫面

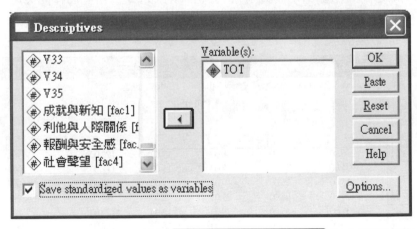

圖 5-14　界定標準分數之 Descriptives(描述統計量) 指令對話方塊

　　完成上述界定工作後，使用者可以點選圖 5-14 中之 OK 鈕，SPSS 即會執行計算標準 Z 分數之統計分析，並自動開啟結果輸出視窗，將統計分析結果輸出到視窗中。

綜合上述操作程序，可將利用 Descriptives(描述統計量) 指令對 474 名企業員工在工作價值觀量表總分計算標準 Z 分數之程序摘要如下：

```
Transform
  Compute……計算工作價值觀量表之總分
Analyze
 Descriptive Statistics
   Descriptives……點選進行 Z 分數之變項至目標變項清單中
    Save standardized…… ……界定輸出 Z 分數
    OK……執行統計分析
```

二、報表解釋

當使用者點選 OK 鈕執行統計分析，則 SPSS 會自動將轉換後之結果輸出到資料編輯視窗中。例 5-4 執行之結果如圖 5-15。

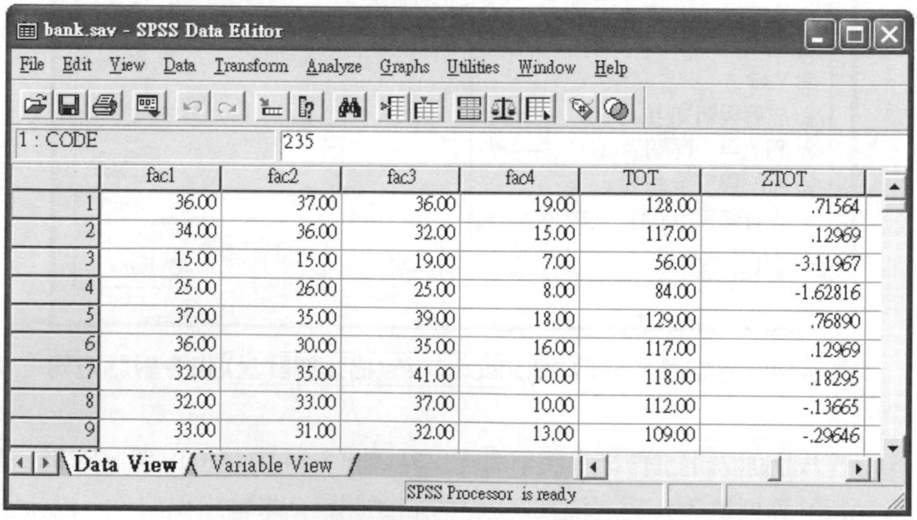

	fac1	fac2	fac3	fac4	TOT	ZTOT
1	36.00	37.00	36.00	19.00	128.00	.71564
2	34.00	36.00	32.00	15.00	117.00	.12969
3	15.00	15.00	19.00	7.00	56.00	-3.11967
4	25.00	26.00	25.00	8.00	84.00	-1.62816
5	37.00	35.00	39.00	18.00	129.00	.76890
6	36.00	30.00	35.00	16.00	117.00	.12969
7	32.00	35.00	41.00	10.00	118.00	.18295
8	32.00	33.00	37.00	10.00	112.00	-.13665
9	33.00	31.00	32.00	13.00	109.00	-.29646

圖 5-15 對工作價值觀量表總分進行 Z 分數計算之結果

由圖 5-15 可知，當使用者點選 [OK] 鈕以執行 Z 分數計算後，SPSS 並不是將計算結果輸出到結果輸出視窗中，而是在資料編輯視窗中，新創一個變項 ZTOT 來存放每一筆觀察值在工作價值觀量表總分轉換為 Z 分數後之結果，以第一筆觀察值為例，其 TOT 為 128.00，而轉換後之 Z 分數為 .71564，表示其分數高於平均數約 .72 個標準差。

SPSS 除了將計算 Z 分數之結果輸出到資料編輯視窗外，另外在結果視窗中會輸出描述統計量，如下表：

Descriptive Statistics

	N	Minimum	Maximum	Mean	Std. Deviation
TOT	474	54.00	156.00	114.5654	18.77295
Valid N (listwise)	474				

由上表可知，474 名企業員工在工作價值觀量表總分之最小值為 54、最大值為 156、平均數為 114.5654，以及標準差為 18.77295。根據表中之描述統計量即可驗算，第一筆觀察值之 Z 分數：

$$.71564 = (128 - 114.5654) / 18.77295$$

SPSS 的 [Descriptives(描述統計量)] 指令並無法直接進行 t 分數之計算，因此若要進一步計算工作價值觀量表總分之 t 分數，則需利用 [Compute(計算)] 指令，根據 t = 50 + 10*Z 之公式，進行計算工作。在開啟 [Compute(計算)] 指令之對話方塊，完成如圖 5-16 之界定，並點選 [OK] 鈕，SPSS 即會將計算之結果輸出到資料編輯視窗中，如圖 5-17。由圖 5-17 可知，第一筆觀察值之 t 分數為 57.16。

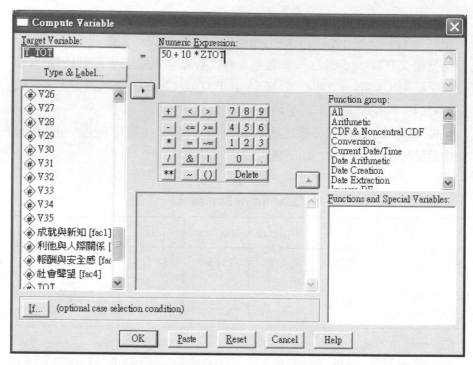

圖 5-16　利用 Compute(計算) 指令之對話方塊界定進行 t 分數計算

	fac2	fac3	fac4	TOT	ZTOT	T_TOT
1	37.00	36.00	19.00	128.00	.71564	57.16
2	36.00	32.00	15.00	117.00	.12969	51.30
3	15.00	19.00	7.00	56.00	-3.11967	18.80
4	26.00	25.00	8.00	84.00	-1.62816	33.72
5	35.00	39.00	18.00	129.00	.76890	57.69
6	30.00	35.00	16.00	117.00	.12969	51.30
7	35.00	41.00	10.00	118.00	.18295	51.83
8	33.00	37.00	10.00	112.00	-.13665	48.63
9	31.00	32.00	13.00	109.00	-.29646	47.04

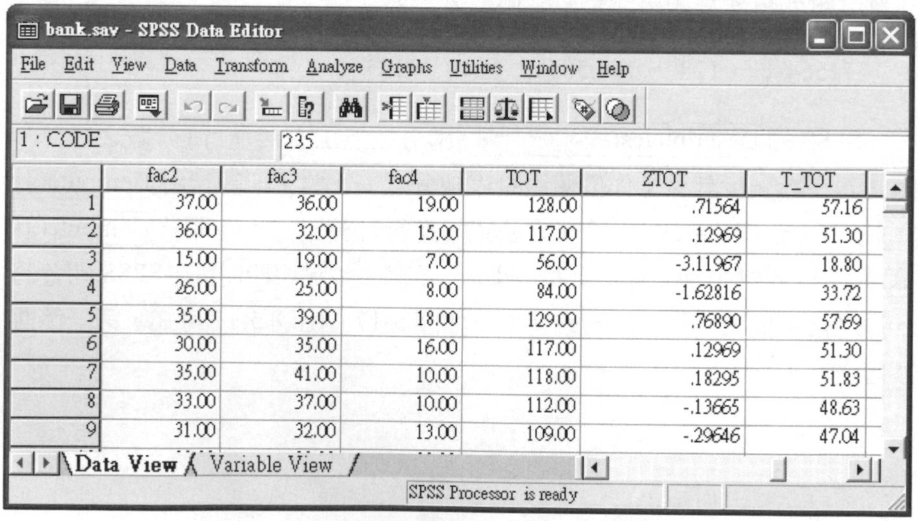

圖 5-17　對工作價值觀量表總分進行 t 分數計算之結果

第 6 章

SPSS 與相關係數

本章旨在說明如何利用視窗 13.0 版計算各種相關係數。讀完本章後，使用者應該學會：

(一)理解相關係數的基本理論及類型。

(二)能夠因應二變項測量尺度的不同，選擇適當的相關係數計算方法。

(三)能夠利用繪圖之方式，檢視二變項間之關係，並檢查資料中是否出現極端值。

(四)能夠利用 SPSS 計算各種相關係數，解釋報表輸出結果，並進行相關係數的假設考驗。

第一節　基本原理

在行為科學的研究領域中，研究者常面臨諸如「個人收入愈高，消費能力也愈高？」或「樣本情緒困擾較少，適應能力較好？」的問題。此外，在很多研究報告中，也常看到研究者提出「X 變項與 Y 變項間有（無）顯著相關」的假設。像上述這種雙變項（bivariate）互為因果（相關）關係的問題或假設，在統計學上多以相關的方法加以解決。因此，相關法是在分析二個變項間關聯的強弱與方向，以達成「了解→預測→行為控制」的目的。

相關係數隨著其值域的不同，可以分為二大類：(一) A 型相關：這類相關係數的值在 0 到 1 之間，值愈接近 1，表示二變項間之關聯愈強；值愈接近 0，二變項間的關聯愈低；(二)B 型相關：這類相關係數的值在 ± 1 之間，其絕對值愈接近 1 者，表示二變項間之關聯愈強；值愈接近 0，二變項間的關聯愈低（余民寧，1995），而正負號則代表二變項相關的方向。在常用的相關係數中，屬於 A 型相關的有 ϕ 相關、列聯相關、等級相關及 Kendall 和諧係數；屬於 B 型相關的包括點二系列相關、二系列相關、多系列相關及積差相關。

在 B 型相關中應用最廣的為積差相關係數，相關係數值通常以 r_{xy} 來表示，根據相關係數值的大小與方向，相關係數可以分為完全正相關，$r_{xy} =$

1；正相關，$0< r_{xy} <1$；零相關，$r_{xy} = 0$；負相關，$-1< r_{xy} <0$；完全負相關，$r_{xy} = -1$。根據相關係數之大小與方向，研究者即可對二個變項間之關係進行假設考驗與結果解釋。

有關二個變項間相關之探討，除了透過統計的方法計算二變項間相關之強弱與方向外，利用圖示法，繪製二變項間之交叉散佈圖（scatter plot）在探討二變項間相關上，也具有相當重要之功能。

相關法隨著二個變項測量尺度的不同，而有各種不同的方法，茲將幾種在行為科學研究中常用的方法以表 6-1 說明如下。

表 6-1　相關係數計算方法的選擇

X／Y	名義尺度	次序尺度	等距以上尺度
名義尺度	ϕ相關（2×2） 列聯相關 （3×3，4×4……） Cramer's V 係數 （4×2，3×6……） 卡方獨立性考驗	卡方獨立性考驗	點二系列相關 二系列相關 多系列相關
次序尺度	卡方獨立性考驗	Spearman 等級相關 Kendall 等級相關 Kendall 和諧係數 Gamma 係數 G	
等距以上尺度	點二系列相關 二系列相關 多系列相關		Pearson 積差相關 淨相關係數

根據表 6-1，研究者只要確定二變項的測量尺度為何，然後選擇正確的方法，就可以精確地求出二變項間關係的強弱與方向。茲將表 6-1 的各種相關方法的基本原理分述如下：

一、φ相關

φ相關適用於二個變項都是二分的（dichotomous）名義（類別）變項的情形。例如研究者想了解學生處理衝突事件方式（分攻擊與講理二種），與是否觀看暴力電視節目間有無關係存在。此時二個變項「處理衝突方式」與「是否觀看暴力電視節目」均為二分的類別變項，即可使用φ相關求二變項間的相關係數。

二、列聯相關與 Cramer's V 係數

前述 φ相關只適用於二個名義變項均為二分的情形，當其中有一個變項是二分以上時，φ相關就不再適用，此時可以改採列聯相關（contingency coefficient）或 Cramer's V 係數為方法，計算二個名義變項間的相關係數。其中列聯相關較適用於二個名義變項類別一樣多的方形列聯表，如 3 × 3 或 4 × 4 的列聯表；而 Cramer's V 係數則適用於二變項類別不一樣的長方形列聯表，如 2 × 3 或 4 × 3 的列聯表。

三、卡方獨立性考驗

卡方獨立性考驗是在計算二個非連續變項（類別或次序尺度）相關時，最常用也最普遍的統計方法。本書在下一章會有對卡方獨立性檢定更詳細的介紹與說明。

四、點二系列相關

點二系列相關（point biserial correlation）適用於一個變項是二分的名義變項，另一個變項是等距以上的連續變項之情形。例如研究者想了解學生學業成績與是否參加課業輔導間的關係，此時學生「學業成績」是等距的連續變項，而「是否參加課業輔導」為二分名義變項，即可利用點二系列相關計算二變項間的相關係數。其次，點二系列相關在測驗編製時，常被用來做為測驗的鑑別度指標（discrimination index），亦即做為某一試題（非對即錯的試題，Likert式題目不適用）答對與否與測驗總分間的相關（余民寧，1995），點二系列相關係數愈高，表示該試題的鑑別度愈佳。

五、二系列相關

二系列相關適用於二個變項均為等距以上的連續變項，但其中有一變項因為研究上的需要，被研究者用人為的方法，劃分成二個類別的情況。一般而言，這一被人為的方法劃分成二分類別的連續變項，通常已具有次序尺度的特性，這是為什麼表 6-1 中將此方法歸在一個變項為名義或次序尺度的原因。

六、多系列相關

點二系列相關或二系列相關均適用於一個變項是二分的名義變項的情形，但當這一個名義變項是二分以上時，這二種方法就不再適用。面對這一類問題就必須改用多系列相關（Jaspen, 1946）。在測驗編製時，多系列相關也像點二系列相關一樣，可用來做為題目的鑑別度指標，特別是像態度、興趣或人格測驗等採用自陳式的測驗中，對每一個題目，常要受試者

從 Likert 五點量表中，勾取一個自己認為最適當的答案。此時採用多系列相關（有人認為可用積差相關）計算每一個題目與測驗總分的相關係數，即可做為該題目的鑑別度指標，相關愈高，表示該題目鑑別度愈高。

七、Spearman 等級相關

Spearman 等級相關適用於二個變項均為次序尺度的情形。此一方法常被用在測驗編製上，以求取測驗的評分者信度（郭生玉，1995）。當測驗所使用的試題是屬於客觀式試題時，檢定信度時常用重測、複本、折半或內部一致性信度，這些信度值多可以利用積差相關係數計算。但當測驗使用論文式試題（特別是成就測驗），則檢定信度值就需改採評分者信度。當一份測驗是由二位評分者分別評分（如大學聯招的作文評分即是），或是由一位評分者前後評分二次，則根據這二個（次）分數所求取的相關係數，即為評分者信度。此時最常用來檢定二個（次）分數評分一致性的方法就是 Spearman 等級相關。

八、Kendall 等級相關

Spearman 等級相關適用於樣本數較多時，計算二變項間的相關係數。應用在測驗編製上，就是受評的作品或測驗題目（論文題）較多的情形。但當樣本數較小或受評的作品較少時，以用 Kendall 等級相關較為適當。Kendall 等級相關又被稱為 τ（唸〔tau〕）相關。

九、Kendall 和諧係數

Spearman 等級相關及 Kendall 等級相關均適用於評分者為二人或一人評分二次的情形，當評分者為二人以上時，這二種方法就不再適用，必須

改用 Kendall 和諧係數計算評分者信度（Siegel, 1956）。

十、Gamma 係數 G

Spearman 等級相關與 Kendall 等級相關雖是檢定二個次序變項間相關最常用之方法，但這二個方法對樣本出現太多相同等級，或是適宜以列聯表方式表示之次序變項間相關之考驗並不太適用。亦即二個次序變項間之等級別並不多時，以 Spearman 等級相關與 Kendall 等級相關檢定相關顯著性就不太適宜。Goodman 與 Kruskal（1954）提出 Gamma 係數（簡稱 G 係數）正是適用於二個列聯表次序變項間相關的統計方法。例如 Wagner（1985）即利用 G 係數來檢定抽菸年數與戒菸結果間之相關，其中抽菸年數分為七個級別，而戒菸結果則分為戒菸成功、間續性戒菸，以及戒菸失敗三個等級。此一研究之抽菸年數與戒菸結果二個變項都是屬於次序變項，但因為等級數都不多，適宜以列聯表方式表示，此時以 G 係數檢定相關顯著性將較 Spearman 等級相關與 Kendall 等級相關來得適切。由此可知，G 係數與 ϕ 相關、Cramer's V 相關相似，都適用來檢定二個變項間之關聯的方法，不同的是 G 係數適用於二個變項都是次序尺度，而 ϕ 相關和 Cramer's V 相關則適用於二個變項都是名義尺度。

十一、Pearson 積差相關

Pearson 積差相關適用於二個變項都是等距以上變項的情形。積差相關是計算二變項間關係時應用最廣也最普遍的統計方法，其它計算相關的方法都可視為積差相關的特例。

十二、淨相關係數

　　淨相關（partial correlation）也是適用於二個等距以上變項的情形。但與積差相關不同的是，積差相關純粹計算二個等距以上變項之相關程度；而淨相關則是在二個變項與其它一個或多個變項的共同關聯部分被剔除（partial-out）後的相關程度。例如，我們想知道語文成就與數學成就間之相關程度，若以積差相關計算，則純粹是樣本在這二個變項上分數之相關程度，若積差相關係數達顯著，則我們可以說語文成就與數學成就間有相關存在。但假定我們進一步發現，智力愈高者在這二個變項上之表現都優於智力較低者，則語文成就與數學成就之所以有相關存在，可能都是因為這二個變項都與「智力」有相關存在之緣故。因此，我們可能會懷疑，如果分別把這二個變項與智力之相關部分剔除後，二個變項間是否仍有相關存在？此時就應改用淨相關檢定語文成就與數學成就間之相關程度。

　　上述這種控制一個變項之共同關聯部分，計算二個變項間之淨相關係數，稱為「一階淨相關」係數。此一原理可以進一步擴展為控制 k 個變項之「k 階淨相關」係數，但在實際應用時，由於計算高階淨相關係數仍然必須以計算一階淨相關為基礎而擴展，因此高階淨相關係數之解釋常變得複雜也難以釐清，故較少被使用。

　　綜合以上有關相關係數的原理，我們可以將行為科學研究時，關於二變項間相關（互為因果關係）的問題之統計估計與假設考驗的過程，分為下列幾個步驟：

　　㈠根據研究問題提出研究假設（此時研究者應注意該問題是單側或雙側考驗）。

　　㈡根據研究假設提出統計假設，並訂出犯第一類型錯誤的機率（$\alpha = .05$ 或 $\alpha = .01$）。

　　　1.若為單側考驗，則：

　　　　$H_0 : \rho \leq 0$（或 $\rho \geq 0$）

　　　　$H_1 : \rho > 0$（或 $\rho < 0$）

2.若爲雙側考驗，則：

H_0：$\rho = 0$

H_1：$\rho \neq 0$

(三)根據二變項測量尺度的不同，選擇適當的統計方法（可參考表6-1）。

(四)實際進行統計估計（利用 SPSS 進行）。

(五)下決策，並進行結果解釋：

1.若估計值的 P 值小於所界定的α值，則拒絕虛無假設，表示二變項間之相關已達到顯著水準，即二變項間有顯著的相關。

2.若估計值的 P 值大於或等於所界定的α值，則接受虛無假設，表示二變項間之相關並未達到顯著水準，即二變項間並沒有相關。

第二節　視窗 13.0 版之操作

在視窗 13.0 版中，有很多的指令均可以用來計算變項間的相關係數，其中 Bivariate(雙變數) 是專門計算積差相關係數的指令；而 Partial(偏相關) 則是用來計算淨相關係數之指令。本節即在說明 Bivariate(雙變數) 與 Partial (偏相關) 指令的語法。

一、 Bivariate (雙變數) 指令

要進行相關係數計算時，首先必須先將原始資料讀進資料編輯視窗中，然後開啓應用視窗中 Analyze(分析) 功能表之 Correlate(相關) 下之 Bivariate(雙變數) 指令之對話方塊，如圖 6-1。

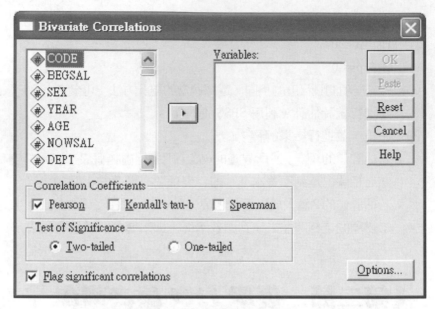

圖 6-1 　Bivariate(雙變數)　指令之對話方塊

在圖 6-1 中，使用者首先必須界定所要進行相關係數計算之變項名稱，此可從來源變項清單中，利用滑鼠點選該變項使之反白後，再點選右方之三角形鈕，如此要進行相關係數計算之變項就會移到右邊之 Variables 方格中。變項點選完成後，接下來使用者必須界定所要計算相關係數之方法，Bivariate(雙變數)指令提供了積差相關係數（Pearson）、Kendall 等級相關係數（ Kendall's tau-b ）及 Spearman 等級相關係數（ Spearman ）三種方法。使用者只要根據表 6-1 中二變項之測量尺度，在適合之統計方法前之空白方格中點選即可。其次，使用者可以根據所要檢定假設之性質，點選單側（ One-tailed ）檢定或雙側（ Two-tailed ）檢定。最後，在對話方塊之下方有一個相關顯著性訊號（ Flag significant correlations ）之選項，若加以點選，則 SPSS 會輸出每一個相關係數值之實際的顯著水準 P 值，否則 SPSS 會改以星號來表示每一個相關係數之顯著與否。

在對話方塊中，Bivariate(雙變數) 指令包括 Options 一個次指令。Options 次指令之功能在界定所要輸出之統計量，以及對缺失值之處理方式。使用者只要用滑鼠左鍵在其鈕上點選一下，即可開啟其對話方塊，如

圖 6-2。其中統計量部分包括平均數與標準差（ Means and standard deviations ），以及交叉乘積與共變數（ Cross-product deviations and covariances ）二種選擇，使用者希望輸出哪幾個統計量，只要在其前面之空白方格中以滑鼠左鍵點選一下即可。其次，對缺失值之處理方式，SPSS 提供配對方式排除（ pairwise ）與完全排除遺漏值（ listwise ）二種方式，有關這二種方式之差異，請參見第四章第二節 Explore(預檢資料) 指令之次指令 Options 中之說明。

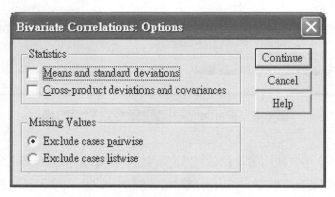

圖 6-2　　Options 次指令之對話方塊

在完成上述指令之界定工作後，使用者只要點選圖 6-1 中之 OK 鈕，SPSS 即會執行使用者所界定之統計分析，並自動開啟結果輸出視窗，將分析結果輸出。

二、 Partial (偏相關) 指令

要進行淨相關係數計算時，首先必須先將原始資料讀進資料編輯視窗中，然後開啟應用視窗中 Analyze(分析) 功能表之 Correlate(相關) 下之 Partial (偏相關) 指令之對話方塊，如圖 6-3。

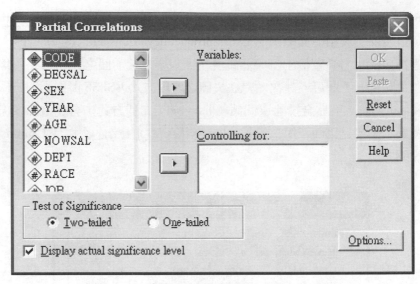

圖 6-3　Partial(偏相關)指令之對話方塊

　　在圖 6-3 中，使用者首先必須界定所要進行淨相關係數計算之變項名稱，此可從來源變項清單中，利用滑鼠點選該變項使之反白後，再點選右方之三角形鈕，如此要進行淨相關係數計算之變項就會移到右邊之 Variables 方格中。其次，使用者必須點選做為控制的變項，並移至 Controlling for 方格中。最後，使用者可以根據所要檢定假設之性質，點選單側（ One-tailed ）檢定或雙側（ Two-tailed ）檢定。

　　在對話方塊中，Partial(偏相關) 指令包括 Options 一個次指令。 Options 次指令之功能在界定所要輸出之統計量，以及對缺失值之處理方式。使用者只要用滑鼠左鍵在其鈕上點選一下，即可開啟其對話方塊，如圖 6-4。其中統計量部分包括平均數與標準差（ Means and standard deviations ），以及零階相關（ Zero-order correlations ）（即積差相關）二種選擇，使用者希望輸出哪幾個統計量，只要在其前面之空白方格中以滑鼠左鍵點選一下即可。

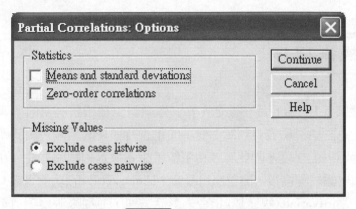

圖 6-4　Options 次指令之對話方塊

在完成上述指令之界定工作後，使用者只要點選圖 6-3 中之 OK 鈕，
SPSS即會執行使用者所界定之統計分析，並自動開啓結果輸出視窗，將分
析結果輸出。

第三節　積差相關

本節旨在說明如何利用視窗 13.0 版進行積差相關的計算。以下以第二
章之假設性資料爲例，說明如何利用 Bivariate(雙變數) 指令及其次指令計
算積差相關係數。

例 6-1　（資料檔爲 bank.sav）

有一研究者想了解XX企業 474 名企業員工在起薪（BEGSAL）、目
前薪資（NOWSAL）、任職年資（YEAR）及創意評估測驗表現（CRE-
ATIVE）等四個變項間的相關情形。請問 474 名企業員工在起薪、目前薪
資、創意評估測驗表現及任職年資等四個變項間是否有顯著的相關？

一、操作程序

　　根據例 6-1，由於旨在檢定 474 名企業員工在起薪、目前薪資、任職年資及創意評估測驗表現等四個變項間是否有顯著的相關。由於四個變項都屬於等距以上尺度，因此應該利用積差相關檢定相關顯著性。在原始資料讀進資料編輯視窗後，開啟應用視窗中 Analyze(分析) 功能表之 Correlate (相關) 下之 Bivariate(雙變數) 指令之對話方塊，並從來源變項清單中點選變項起薪（BEGSAL）、目前薪資（NOWSAL）、任職年資（YEAR）及創意評估測驗表現（CREATIVE）等四個變項，移至 Variables 方格中，如圖 6-5。SPSS 內設是計算積差相關係數，因此相關方法就不必選擇；而檢定方式內設是雙側（ Two-tailed ）考驗，也符合本例題意。

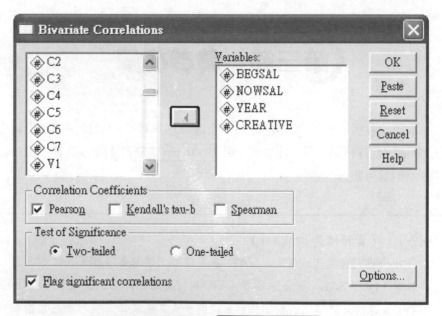

圖 6-5　界定積差相關係數之 Bivariate(雙變數) 指令對話方塊

　　其次，再點選圖 6-5 中 Options 次指令之鈕，開啟其對話方塊，並點

選其中之 Means and standard deviations 及 Cross-product deviations and covariances 等二個選項，再按 Continue 鈕回到圖 6-5 之對話方塊。

　　完成上述界定工作後，使用者可以點選圖 6-5 中之 OK 鈕，SPSS 即會執行積差相關之統計分析，並自動開啓結果輸出視窗，將統計分析結果輸出到視窗中。

　　綜合上述操作程序，可將利用 Bivariate(雙變數) 指令進行檢定 474 名企業員工在四個變項間積差相關之程序摘要如下：

Analyze
　Correlate
　　Bivariate……點選計算積差相關係數變項至目標變項清單中
　　Options……點選所要輸出之統計量
　　OK……執行統計分析

二、報表解釋

　　當使用者點選 OK 執行統計分析，則 SPSS 會自動開啓結果輸出視窗將統計分析結果輸出到視窗中。例 6-1 執行之結果與報表解釋如下：

Descriptive Statistics

	Mean	Std. Deviation	N
BEGSAL	6151.14	1501.501	474
NOWSAL	17362.13	6837.628	474
YEAR	8.80	4.523	474
CREATIVE	5.7240	2.02520	474

　　SPSS所輸出四個變項的描述統計量。包括平均數、標準差及有效樣本

數。其中起薪（BEGSAL）之平均數為6151.14元、目前薪資（NOWSAL）之平均數為17362.13元、任職年資（YEAR）之平均數為8.80年、創意評估測驗表現（CREATIVE）之平均數為5.7240分。這裡的有效樣本數四個變項都是474名，在行為科學研究中由於經常使用問卷蒐集資料，因此這裡的有效樣本數，可以拿來與原始資料檔所包含的觀察值個數相對照，如果差異過大，表示使用者的原始資料檔中出現太多缺失值，則在解釋相關係數時就要特別小心，因為此時的相關係數可能會有很大的偏誤（bias）。根本的辦法，就是在問卷設計時，盡可能提高資料蒐集的精確性。在本例中，總樣本數為474名，有效觀察值為474名，表示資料中都沒有缺失值出現。

Correlations

		BEGSAL	NOWSAL	YEAR	CREATIVE
BEGSAL	Pearson Correlation	1	.747**	.774**	-.007
	Sig. (2-tailed)		.000	.000	.883
	Sum of Squares and Cross-products	1.07E + 009	3.63E + 009	2485478.0	-9749.658
	Covariance	2254504.912	7664216.012	5254.710	-20.612
	N	474	474	474	474
NOWSAL	Pearson Correlation	.747**	1	.741**	-.038
	Sig. (2-tailed)	.000		.000	.404
	Sum of Squares and Cross-products	3.63E + 009	2.21E + 010	10836433	-251546.610
	Covariance	7664216.012	46753150.435	22910.005	-531.811
	N	474	474	474	474
YEAR	Pearson Correlation	.774**	.741**	1	-.031
	Sig. (2-tailed)	.000	.000		.498
	Sum of Squares and Cross-products	2485478.0	10836433	9676.557	-135.033

（接下頁）

（承上頁）

	Covariance	5254.710	22910.005	20.458	-.285
	N	474	474	474	474
CREATIVE	Pearson Correlation	-.007	-.038	-.031	1
	Sig. (2-tailed)	.883	.404	.498	
	Sum of Squares and Cross-products	-9749.658	-251546.61	-135.033	1939.982
	Covariance	-20.612	-531.811	-.285	4.101
	N	474	474	474	474

** Correlation is significant at the 0.01 level (2-tailed).

　　SPSS 所輸出四個變項間兩兩配對的積差相關係數統計結果。表中每一細格所輸出之統計量，依序分別為積差相關係數、顯著水準之 p 值、離均差平方和與交叉乘積（Cross-Product）、共變數（Covariance）及有效樣本數等五項統計量。其中離均差平方和（SS）是指變項離差分數自乘積之總和；而交叉乘積（CP）是指兩變項離差分數交乘積之總和，即：

$$SS = \Sigma (X - \overline{X})(X - \overline{X}) \cdots\cdots < 公式 1 >$$
$$CP = \Sigma (X - \overline{X})(Y - \overline{Y}) \cdots\cdots < 公式 2 >$$

　　共變數則是二變項之交叉乘積除以樣本數減 1，即：

$$Cov_{(x,y)} = CP_{xy} / (N - 1) \cdots\cdots < 公式 3 >$$

　　以起薪（BEGSAL）及目前薪資（NOWSAL）的配對為例，二變項間的交叉乘積為 3625174173.6，共變數為 7664216.012，樣本數是 474。因此：

$$7664216.012 = 3625174173.6 / (474 - 1)$$

　　其它變項間的交叉乘積及共變數的關係，讀者可參照上述公式計算求證。

　　其次在這個輸出結果表中，對角線的值都是 1，係變項自己與自己的相關係數（標準化的變異數）。其次，非對角線的值則是變項間兩兩配對

的相關係數，係數的絕對值愈大，表示兩變項間的相關愈強，至於正負符號則代表二變項相關之方向。最後，報表中之顯著水準 p 值表示對相關係數值顯著水準的考驗結果，若 p 值小於使用者預先訂定之α值（通常是.05或.01），表示相關係數值達顯著水準，即二變項間有顯著相關。以起薪（BEGSAL）及目前薪資（NOWSAL）的配對為例，二變項間的相關係數為.747，p值為.000，已達到.05顯著水準，表示二變項間有顯著相關，且因相關係數值是正向，所以起薪愈高者，其目前薪資也會愈高；反之，起薪較低者，其目前薪資也較低。對於其它相關係數的解釋，讀者可自行參照解釋。最後，本例是雙側檢定之結果（參見報表下方之附註），若研究者之研究假設是單側檢定，則需在圖 6-3 中界定。

在這裡有一個很重要的概念要特別提出來說明，Pearson 積差相關係數的計算公式為：

$$r_{xy} = \Sigma\,(X - \overline{X})\,(Y - \overline{Y})\,/\,(N-1)\,S_x S_y$$
$$= CP_{xy}\,/\,(N-1)\,S_x S_y$$
$$= Cov_{(x,y)}\,/\,S_x S_y \cdots\cdots <公式\,4>$$

亦即，相關係數值是觀察值在二個變項的離差分數交叉乘積（CP）除以樣本人數減 1，再除以二變項標準差（$S_x S_y$）的乘積。而由<公式 3>中，我們可以知道，共變數等於 CP 除以 N－1，因此相關係數之值也可以說是二變項的共變數除以二變項標準差的乘積（見<公式 4>）。仿照<公式 4>，我們也可以計算變項自身之相關。前面已經說過，變項自己與自己的相關係數可以說是標準化的變異數，即：

$$r_{xx} = \Sigma\,(X - \overline{X})\,(X - \overline{X})\,/\,(N-1)\,S_x S_x \cdots\cdots <公式\,5>$$

由於變異數之值等於離均差平方和（SS）除以 N－1，因此上式可進一步表示為：

$$r_{xx} = S_x{}^2\,/\,S_x S_x = 1$$

綜合以上可知：

㈠變異數是變項本身分散情形之統計量，共變數是變項間關聯情形之

統計量。變異數的特性是變項本身「自乘積」,而共變數則是二變項間之「交乘積」。

㈡變項自己與自己的相關係數值為 1,可以說是將變異數加以標準化;而二變項之相關係數等於共變數除以二變項標準差的乘積。亦即共變數是二個變項未標準化前之相關程度統計量。

㈢變項的變異數為離差分數自乘積(即離均差平方和)除以 N - 1;二變項的共變數等於二變項離差分數交乘積(CP)除以 N - 1。

在 SPSS 報表輸出中,以起薪(BEGSAL)及目前薪資(NOWSAL)的配對為例,BEGSAL 及 NOWSAL 的交叉乘積是 3625174173.6,因此二變項的共變數等於 7664216.012,而 BEGSAL 的標準差是 1501.501,NOWSAL 的標準差是 6837.628,因此二變項的相關係數等於:

$$r_{xy} = 7664216.012 \diagup (1501.501 \times 6837.628) = .747$$

依此,我們可以以將本例中四個變項的離均差平方和(SS)及交叉乘積(CP)以矩陣的形式表達如下:

$$
\begin{bmatrix}
\text{起} \quad \text{薪} & \text{目前薪資} & \text{任職年資} & \text{創意測驗} \\
1066380823.4 & 3625174173.6 & 2485477.962 & -9749.658 \\
3625174173.6 & 22114240456 & 10836435.557 & -251546.610 \\
2485477.962 & 10836435.557 & 9676.557 & -135.033 \\
-9749.658 & -251546.610 & -135.033 & 1939.982
\end{bmatrix}
$$

這個矩陣中對角線的值是該變項的離均差平方和(SS),非對角線的值是二變項的交叉乘積(CP),這個矩陣在統計學上稱為「離均差平方和與交叉乘積矩陣」,簡寫為 SSCP 矩陣。它在多變量分析(multivariate analysis)上扮演著相當重要的角色,請讀者特別注意這個矩陣是如何計算得來的。

若我們將 SSCP 矩陣中各元素除以 N - 1,在本例中樣本人數減 1 後是 473,每一元素除以 473 後所得到的值,可以下面矩陣表示:

起　薪	目前薪資	任職年資	創意測驗
2254504.912	7664216.012	5254.710	-20.612
7664216.012	46753150.435	22910.005	-531.811
5254.710	22910.005	20.458	-.285
-20.612	-531.811	-.285	4.101

　　這個矩陣對角線的值就是該變項的變異數，開根號後即爲標準差，非對角線的值是二變項的共變數，這個矩陣在統計學上稱爲「變異數及共變數矩陣」，簡寫爲 VAR-COV 矩陣。它在一些多變量分析方法中，如集群分析（cluster analysis）、主成分分析（principal analysis）……等也相當重要。

　　若我們將VAR-COV矩陣中對角線元素除以該變項的變異數（即除以標準差二次），非對角線元素除以所對應二變項標準差的乘積。則對角線的值將爲 1，而非對角線的值就是二變項的積差相關係數，而它們所構成的矩陣即爲相關矩陣，簡寫爲CORR。本例所得到的相關矩陣可以表示如下：

起　薪	目前薪資	任職年資	創意測驗
1	.747	.774	-.007
.747	1	.741	-.038
.774	.741	1	-.031
-.007	-.038	-.031	1

　　以上我們分別說明了 SSCP 矩陣是如何計算得來的，同時也說明了它與變異數共變數矩陣、相關矩陣間的關係。讀者可詳加了解其間的關係以及它的計算過程，這對讀者在閱讀多變量分析的報表輸出將有極大的幫助。若使用者熟知矩陣之計算，則可以快速了解，一個由變項之離差分數所構成之矩陣前乘其轉置矩陣（transposematrix）的結果就是SSCP矩陣；而SSCP矩陣中每一個元素除以 N − 1，就會得到 VAR-COV 矩陣；至於 VAR-

COV 矩陣中每一個元素除以所對應之標準差，就是 CORR 矩陣。

　　最後，建議使用者利用 Bivariate(雙變數) 指令對話方塊進行積差相關係數計算與顯著性檢定前，可先利用第四章的 Scatter(散佈圖) 指令繪製二變項間之交叉散佈圖，以進行檢查資料工作，先初步檢視相關的方向與強弱、檢視資料中是否出現極端值，以及檢視二變項間之相關是否為線性，以避免形成一些錯誤的結論。

第四節　淨相關係數

　　本節旨在說明如何利用視窗 13.0 版進行淨相關的計算。以下以第二章之假設性資料為例，說明如何利用 Partial(偏相關) 指令及其次指令計算淨相關係數。

例 6-2　　（資料檔為 bank.sav）

　　有一研究者想了解 XX 企業 474 名企業員工在起薪（BEGSAL）與目前薪資（NOWSAL）的相關，但同時發現起薪與目前薪資都與任職年資（YEAR）有相關存在，為精確了解起薪與目前薪資之相關程度，乃決定計算起薪與目前薪資之淨相關。請問 474 名企業員工在任職年資的因素剔除後，起薪與目前薪資間是否有顯著的相關？

一、操作程序

　　根據例 6-2，由於旨在檢定 474 名企業員工在教育程度的因素剔除後，起薪與目前薪資間是否有顯著的相關。在原始資料讀進資料編輯視窗後，開啟應用視窗中 Analyze(分析) 功能表之 Correlate(相關) 下之 Partial(偏相

關)指令之對話方塊,並從來源變項清單中點選變項起薪（BEGSAL）和目前薪資（NOWSAL）移至 Variables 方格中,並將任職年資（YEAR）移至 Controlling for 方格中,如圖 6-6。由於檢定方式內設是雙側檢定（ Two-tailed ）,符合本例題意,因此不必改變。

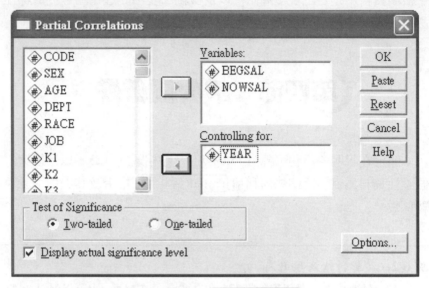

圖 6-6　界定淨相關係數之 Partial(偏相關) 指令對話方塊

其次,再點選圖 6-6 中 Options 次指令之鈕,開啓其對話方塊,並點選其中之 Means and standard deviations 及 Zero-order correlations 等二個選項,再按 Continue 鈕回到圖 6-6 之對話方塊。

完成上述界定工作後,使用者可以點選圖 6-6 中之 OK 鈕,SPSS 即會執行淨相關之統計分析,並自動開啓結果輸出視窗,將統計分析結果輸出到視窗中。

綜合上述操作程序,可將利用 Partial(偏相關) 指令進行 474 名企業員工在任職年資的因素剔除後,起薪與目前薪資間二個變項間淨相關之程序摘要如下:

```
Analyze
  Correlate
    Partial……點選計算淨相關係數變項至目標變項清單中
    Options……點選所要輸出之統計量
    OK……執行統計分析
```

二、報表解釋

　　當使用者點選 OK 執行統計分析，則 SPSS 會自動開啟結果輸出視窗將統計分析結果輸出到視窗中。例 6-2 執行之結果與報表解釋如下：

Descriptive Statistics

	Mean	Std. Deviation	N
BEGSAL	6151.14	1501.501	474
NOWSAL	17362.13	6837.628	474
YEAR	8.80	4.523	474

　　SPSS 所輸出之變項描述統計結果。此結果與例 6-1 相同，此處不再贅述。

Correlations

Control Variables			BEGSAL	NOWSAL	YEAR
-none-[a]	BEGSAL	Correlation	1.000	.747	.774
		Significance (2-tailed)	.	.000	.000
		df	0	472	472
	NOWSAL	Correlation	.747	1.000	.741
		Significance (2-tailed)	.000	.	.000

（接下頁）

（承上頁）

			472	0	472
		df	472	0	472
	YEAR	Correlation	.774	.741	1.000
		Significance (2-tailed)	.000	.000	.
		df	472	472	0
YEAR	BEGSAL	Correlation	1.000	.407	
		Significance (2-tailed)	.	.000	
		df	0	471	
	NOWSAL	Correlation	.407	1.000	
		Significance (2-tailed)	.000	.	
		df	471	0	

a. Cells contain zero-order (Pearson) correlations.

　　SPSS 所輸出的零階相關與淨相關係數統計結果。其中表的上半部就是零階相關係數，下半部則是淨相關係數。所謂零階相關係數就是積差相關係數，使用者可將起薪（BEGSAL）、目前薪資（NOWSAL）及任職年資（YEAR）三個變項之零階相關係數與例 6-1 之積差相關係數相對照，結果完全相同。

　　至於控制任職年資（YEAR）後，起薪與目前薪資的淨相關係數為 .407，p 值為 .000，已達到 .05 顯著水準。表示剔除二個變項與任職年資共同關聯部分後，二變項間之淨相關仍達顯著水準。事實上淨相關係數是根據三個變項間之積差相關係數計算得來，假定控制變項 z，計算變項 x 及 y 之一階淨相關係數，則計算公式為：

$$r_{xy.z} = \frac{r_{xy} - r_{xz}r_{yz}}{\sqrt{1 - r_{xz}^2}\sqrt{1 - r_{yz}^2}} \cdots\cdots < 公式\ 6 >$$

　　根據＜公式 6 ＞例 6-2 中，起薪與目前薪資之積差相關係數為 .747，而二者與任職年資之積差相關分別為 .774 及 .741，則控制任職年資因素，起薪與目前薪資之淨相關係數為：

$$r_{xy.z} = \frac{.747 - .774 \times .741}{\sqrt{1 - .774^2}\sqrt{1 - .741^2}} = .407$$

　　由<公式 6 >也可以發現，若起薪、目前薪資與任職年資之相關為 0，即二變項與任職年資沒有共同關聯部分，則淨相關係數會等於積差相關係數。

第五節　其它相關係數

　　本節分別舉幾個假設的例子，說明幾種常用的相關統計方法，以及報表結果的解釋。

一、φ相關

例 6-3　（資料檔為 ex6-3.sav）

　　有一研究者想了解學生衝突處理方式（分攻擊與講理二種），與是否觀看暴力電視節目間有無關係存在。下表是他隨機抽取二十名學生，採問卷調查所得到的結果，其中在「衝突處理方式」變項中，1 代表採攻擊方式，0 代表採講理方式；在「是否觀看暴力電視」變項中，1 代表是，0 代表否。

學　　　生	A	B	C	D	E	F	G	H	I	J	K	L	M	N	O	P	Q	R	S	T
衝突處理方式	1	1	1	0	0	1	0	0	1	1	1	0	0	0	1	1	0	0	0	0
是否觀看暴力電視	1	1	0	1	0	1	0	0	1	0	1	0	0	1	1	1	0	0	0	1

㈠操作程序

　　根據例 6-3，由於旨在檢定「學生衝突處理方式」與「是否觀看暴力電視」二個變項間之相關，且二變項都是二分之名義（類別）變項，因此應

該採 φ 相關爲方法，進行統計檢定。首先將原始資料讀進資料編輯視窗（有關讀取原始資料之方式，請參見第二章，此處假設資料已讀進資料編輯視窗中），如圖 6-7。圖 6-7 中 id 代表學生之代碼、type 代表衝突處理方式、yes_no 代表是否觀看暴力電視。

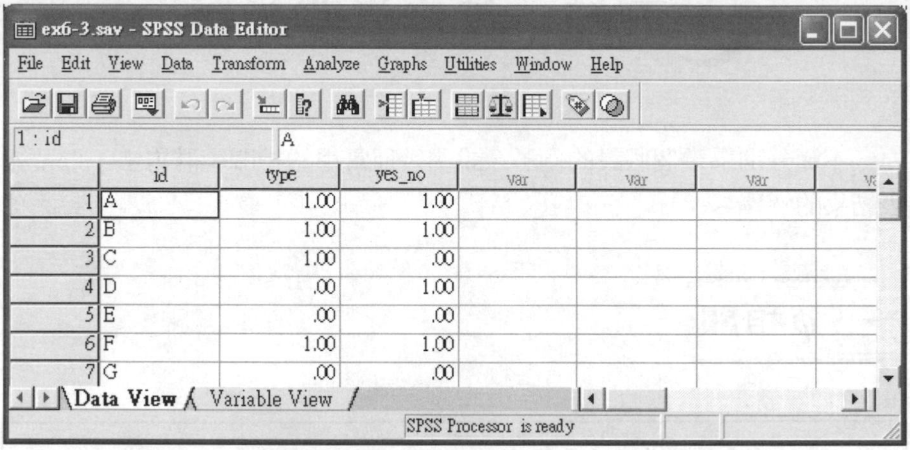

```
ex6-3.sav - SPSS Data Editor                              _ □ X
File  Edit  View  Data  Transform  Analyze  Graphs  Utilities  Window  Help
1 : id                      A
           id       type      yes_no      var       var       var      v
    1   A          1.00       1.00
    2   B          1.00       1.00
    3   C          1.00        .00
    4   D           .00       1.00
    5   E           .00        .00
    6   F          1.00       1.00
    7   G           .00        .00
  ◄ ► \ Data View ∧ Variable View /
                               SPSS Processor is ready
```

圖 6-7　例 6-3 之假設性資料

　　要計算 φ 相關係數，應開啟應用視窗中 Analyze(分析) 功能表 Descriptive Statistics(描述統計) 下之 Crosstabs(交叉表) 指令之對話方塊，並在來源變項清單中，點選變項觀看暴力電視（yes_no），移至 Row(s) 之方格中；點選變項衝突處理方式（type），移至 Column(s) 之方格中（因本例二變項間並非因果關係，因此 Row(s) 與 Column(s) 之方格中，置放哪一個變項都可以），如圖 6-8。

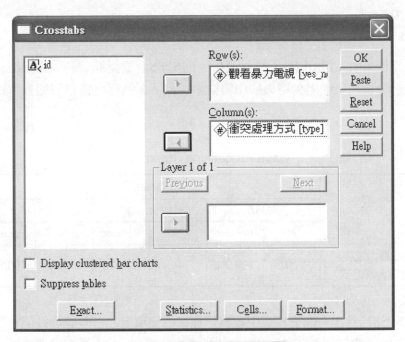

圖 6-8　界定 φ 相關之 Crosstabs(交叉表) 指令對話方塊

　　其次，再點選圖 6-8 中 Statistics 次指令之鈕，開啓其對話方塊，並點選 Chi-square 及 Phi and Cramer's V 二個選項，以界定輸出卡方值與 φ 相關係數，再按 Continue 鈕回到圖 6-8 之對話方塊。

　　完成上述界定工作後，使用者可以點選圖 6-8 中之 OK 鈕，SPSS 即會執行 φ 相關係數之統計分析，並自動開啓結果輸出視窗，將統計分析結果輸出到視窗中。

　　綜合上述操作程序，可將利用 Crosstabs(交叉表) 指令進行計算 φ 相關係數之程序摘要如下：

Analyze
　Descriptive Statistics
　　Crosstabs……點選進行 φ 相關之變項至目標變項清單中
　　　Statistics……點選輸出 φ 相關係數及 χ² 值
　　　OK……執行統計分析

(二)報表解釋

當使用者點選 OK 執行統計分析，則 SPSS 會自動開啟結果輸出視窗，將統計分析結果輸出到結果輸出視窗中。例 6-3 執行之結果與報表解釋如下：

Case Processing Summary

	Cases					
	Valid		Missing		Total	
	N	Percent	N	Percent	N	Percent
觀看暴力電視* 衝突處理方式	20	100.0%	0	.0%	20	100.0%

SPSS 所輸出有關資料檔中觀察值在二個變項上之有效值個數訊息。在例 6-3 中，SPSS 共讀取 20 筆觀察值，缺失值為 0，在「衝突處理方式」與「是否觀看暴力電視」二個變項上全部都是有效值。有關之詳細報表解釋，請參見第四章第四節例 4-2，此處不再贅述。

觀看暴力電視*衝突處理方式 Crosstabulation

Count

		衝突處理方式		Total
		講理	攻擊	
觀看暴力電視	否	8	2	10
	是	3	7	10
Total		11	9	20

SPSS 所輸出之二向度列聯表。報表之橫列代表「衝突處理方式」，縱行代表「是否觀看暴力電視」（由於本例已對二個變項之編碼值界定標籤，因此 SPSS 會以標籤取代編碼值做為類別之說明），由報表可知，採講理方式的 11 個樣本中（占全部樣本的 55％），未曾看暴力電視的有 8 名，看

過的有 3 名；採攻擊方式的 9 個樣本中（占全部樣本的 45 ％），未曾看暴力電視的有 2 名，看過的有 7 名。

Chi-Square Tests

	Value	df	Asymp.Sig. (2-sided)	Exact Sig. (2-sided)	Exact Sig. (1-sided)
Pearson Chi-Square	5.051[b]	1	.025		
Continuity Correction[a]	3.232	1	.072		
Likelihood Ratio	5.300	1	.021		
Fisher's Exact Test				.070	.035
Linear-by-Linear Association	4.798	1	.028		
N of Valid Cases	20				

a. Computed only for a 2×2 table

b. 2 cells (50.0%) have expected count less than 5. The minimum expected count is 4.50.

　　SPSS 所輸出之假設考驗結果。此處只介紹由 Pearson 所提出之卡方檢定及連續性校正〔耶茲氏校正（Yate's correction of continuity）卡方值〕二個假設考驗方法，其它的假設考驗方法在第十章之「無母數統計分析」中再詳細說明。由報表中可知，衝突處理方式與是否觀看暴力電視二變項間相關之 χ^2 值為 5.051，在自由度為 1 時，p 值為.025，已達.05 顯著水準，表示「衝突處理方式」與「是否觀看暴力電視」二變項間有相關存在。由上述之列聯表可知，未觀看暴力電視的樣本，對衝突事件的處理，顯著地較常採用講理的方式，較少採攻擊的方式；反之，觀看暴力電視的樣本，顯著地較常採用攻擊的方式，較少採講理的方式。而耶茲氏校正卡方值為 3.232，p 值大於.05，因此應接受虛無假設，表示二變項間無顯著相關。之所以出現 Pearson 卡方值與耶茲氏校正卡方值出現結果相反之原因，就在於出現細格理論期望次數（expected frequency）小於 5。因此，例 6-3 若是以卡方檢定進行二變項間相關之假設考驗，是應該採耶茲氏校正值，而做出「二變項間無顯著相關」之結論。

報表中的最下方二列附註，是有關列聯表期望次數的分析。在本例的四個細格中，期望次數最小的細格是 4.5 次，全部四個細格中，期望次數小於 5 次的有二個細格。有關細格期望次數小於 5 的問題，在下一章的「卡方檢定」中會再詳細說明。

Symmetric Measures

		Value	Approx.Sig.
Nominal by	Phi	.503	.025
Nominal	Cramer's V	.503	.025
N of Valid Cases		20	

a. Not assuming the null hypothesis.

b. Using the asymptotic standard error assuming the null hypothesis.

SPSS 所輸出之 ϕ 相關係數及 Cramer's V 係數的檢定結果。本例計算所得到的 ϕ 相關係數為.503，由於 ϕ 值的標準誤計算非常複雜，因此對 ϕ 相關係數值顯著水準的檢定，常將 ϕ 值轉換為 χ^2 值，採用 χ^2 分配進行檢定（林清山，1993）。本例經以 χ^2 分配進行顯著水準的檢定結果，p 值為.025，已達到.05 的顯著水準，表示二變項間有相關存在。此結果恰與採耶茲氏校正卡方值之結果相反，此種應用不同統計方法處理相同資料的結果，在小樣本之無母數統計中非常常見，建議使用者類似這種二個類別變項之相關檢定，還是優先選擇卡方獨立性考驗或費雪正確機率考驗（Fisher's exact test）（見第十章之無母數統計）為方法，進行假設之顯著性檢定，而 ϕ 相關則是在檢定結果達到顯著後，進一步做為檢定二個變項間「關聯性強度」之統計方法（林清山，1993）。

其次，由於 $\chi^2 = N\phi^2$，因此，ϕ 值可以經由公式轉換為 χ^2 值。本例之 ϕ 值為.503，樣本數為 20，代入公式得：

$$\chi^2 = 20 \times (.503)^2 = 5.051$$

所得的值與上個報表中的 χ^2 值相同，這是為什麼對 χ^2 值及 ϕ 相關係數值的顯著水準檢定結果相同的原因。

在報表中還有一個 Cramer's V 係數。前面已經說過，ϕ 相關係數只適用於二個變項均為二分的名義變項（2 × 2 列聯表）的情況，但若是有一變項是二分以上，ϕ 相關便不再適用，必須改用列聯相關係數。而列聯相關較適用於 3 × 3、4 × 4……等的方形列聯表資料，但若二變項的類別不一樣，如 2 × 3 或 3 × 4 等的列聯表，採列聯相關亦不太方便，最好改用 Cramer's V 係數。也就是說，ϕ 相關、列聯相關及 Cramer's V 係數的原理幾乎相同，只是其適用的時機不同罷了。因此有關 Cramer's V 係數的解釋與 ϕ 相關或列聯相關相同，讀者可自行比較解釋。至於 Cramer's V 係數的計算可參閱余民寧（1995）、林清山（1993）及 Hays（1988）。

二、列聯相關與 Cramer's V 係數

例 6-4　（資料檔為 ex6-4.sav）

　　有一社會學家想了解參與宗教活動頻率與家庭生活狀況間的關係。下表是他隨機抽取 1100 名大學生調查所得到的結果。試問二者間是否有相關存在？

		參與宗教活動頻率		
		常參加	偶而參加	很少參加
	很快樂	273	153	30
家庭生活狀況	無意見	195	170	24
	不快樂	86	78	91

(一)操作程序

　　列聯相關與 Cramer's V 係數都是用來檢定二個二分以上名義變項間相關之統計方法，只是前者適用於二個變項類別數相同之名義變項；而 Cramer's V 則適用於二個變項類別數不一樣之情形。根據例 6-4，由於旨在檢定「參與宗教活動頻率」與「家庭生活狀況」二個變項間之相關，二變項都包括三個類別，二者構成一個 3 × 3 之列聯表，因此應該採列聯相關為方法，進行假設考驗。首先將原始資料讀進資料編輯視窗（有關讀取原始資料之方式，請參見第二章，此處假設資料已讀進資料編輯視窗中），如圖 6-9。圖 6-9 中 family 代表家庭生活狀況、religion 代表參與宗教活動頻率、freq 代表細格次數。

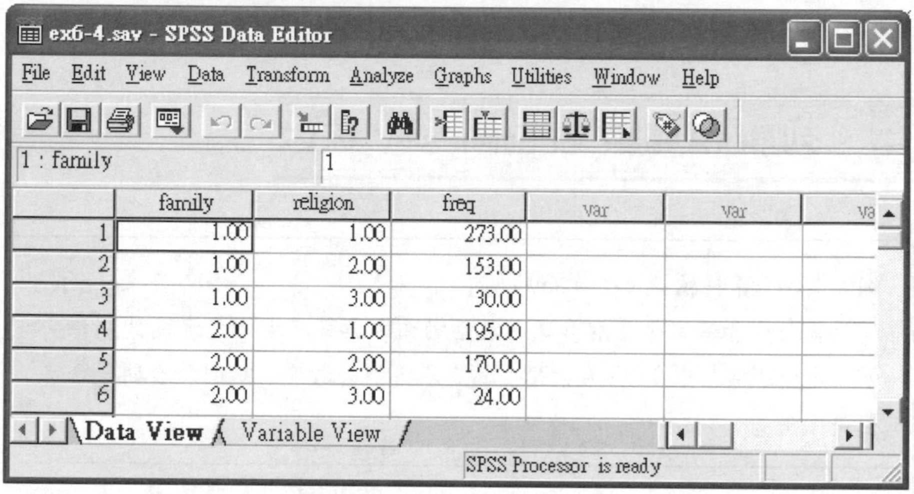

圖 6-9　例 6-4 之假設性資料

在圖 6-9 中之變項 ferq 需特別說明，一般進行研究時所蒐集之資料都是如例 6-3 之原始資料，但有時在次級分析（secondary analysis）之研究中，研究者很難取得第一手之原始資料，都是利用原來作者在論文中所提供之資料進行統計分析，例 6-4 中之表格資料，就是其中一種。例 6-4 中實際有 1100 筆觀察值資料，但因已經是整理過的二向度列聯表，二變項各有三個類別，因此交叉構成 9 個細格。針對這種列聯表資料，在建立資料檔時，只要根據細格數建立資料檔，並將細格次數建為另一個變項，再利用 SPSS Data(資料) 功能表中之 Weight Cases(觀察值加權) 指令進行加權，即可還原出 1100 筆觀察值之資料。圖 6-9 中之第一筆資料，就是二個變項

第一個類別（因此編碼值都是 1）之次數 273，依此類推……。

　　針對圖 6-9 之資料，首先應開啓應用視窗中 Data(資料) 功能表之 Weight Cases(觀察值加權) 指令之對話方塊，先點選 Weight cases by 選項，並在來源變項清單中，點選變項細格次數（freq），移至 Frequency Variable 方格中，如圖 6-10。然後點選圖 6-10 中之 OK 鈕，SPSS 即會執行觀察值加權工作（此時資料編輯視窗中看不到任何動作或結果）。

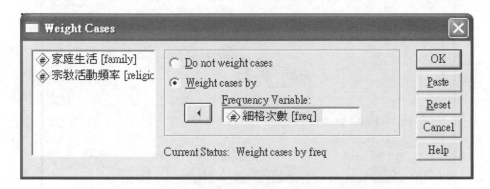

圖 6-10 　 Weight Cases(觀察值加權) 指令對話方塊之界定

　　完成觀察值加權後，應開啓應用視窗中 Analyze(分析) 功能表之 Descriptive Statistics(描述統計) 下之 Crosstabs(交叉表) 指令之對話方塊，並在來源變項清單中，點選變項家庭生活（family），移至 Row(s) 之方格中；點選變項宗教活動頻率（religion），移至 Column(s) 之方格中（因本例二變項間並非因果關係，因此 Row(s) 與 Column(s) 之方格中，置放哪一個變項都可以），如圖 6-11。

　　其次，再點選圖 6-11 中 Statistics 次指令之鈕，開啓其對話方塊，並點選 Chi-square 及 Contingency coefficient 二個選項，以界定輸出卡方值與列聯相關係數，再按 Continue 鈕回到圖 6-11 之對話方塊。

　　完成上述界定工作後，使用者可以點選圖 6-11 中之 OK 鈕，SPSS 即會執行列聯相關係數之統計分析，並自動開啓結果輸出視窗，將統計分析結果輸出到視窗中。

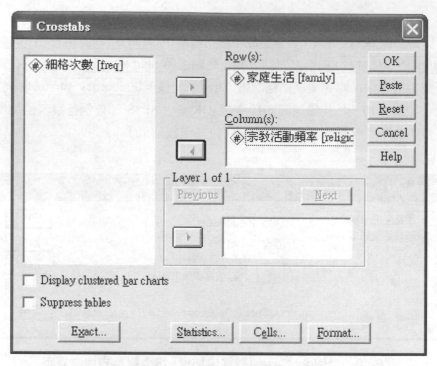

圖 6-11　界定列聯相關之 Crosstabs(交叉表) 指令對話方塊

　　綜合上述操作程序，可將利用 Crosstabs(交叉表) 指令進行計算例 6-4
列聯相關係數之程序摘要如下：

Data
　Weight Cases……進行觀察值加權
Analyze
　Descriptive Statistics
　　Crosstabs……點選進行列聯相關之變項至目標變項清單中
　　Statistics……點選輸出列聯相關係數及 χ^2 值
　　OK……執行統計分析

(二)報表解釋

當使用者點選 OK 執行統計分析，則 SPSS 會自動開啓結果輸出視窗與繪圖視窗，將統計分析結果輸出到結果輸出視窗中。例 6-4 執行之結果與報表解釋如下：

Case Processing Summary

	Cases					
	Valid		Missing		Total	
	N	Percent	N	Percent	N	Percent
家庭生活*宗教活動頻率	1100	100.0%	0	.0%	1100	100.0%

SPSS所輸出有關資料檔中觀察值在二個變項上之有效值個數訊息。在例 6-4 中，SPSS 共讀取 1100 筆觀察值，缺失值爲 0，在「家庭生活狀況」與「參與宗教活動頻率」二個變項上全部都是有效值。有關之詳細報表解釋，請參見第四章第四節例 4-2，此處不再贅述。

家庭生活*宗教活動頻率 Crosstabulation

Count

		宗教活動頻率			Total
		常參加	偶而參加	很少參加	
家庭生活	很快樂	273	153	30	456
	無意見	195	170	24	389
	不快樂	86	78	91	255
Total		554	401	145	1100

SPSS所輸出之二向度列聯表。報表之縱行代表「參與宗教活動頻率」，橫列代表「家庭生活狀況」，由於在程式檔中已做名稱及編碼值標籤的界定，因此列聯表中列印出相對應的標籤。由報表可知，在全部 554 名自認

常參與宗教活動的樣本中，273 名認爲其家庭生活「很快樂」，195 名表示「無意見」，86 名自認「不快樂」。其它各細格的次數讀者可參照解釋。

Chi-Square Tests

	Value	df	Asymp.Sig. (2-sided)
Pearson Chi-Square	158.830[a]	4	.000
Likelihood Ratio	135.609	4	.000
Linear-by-Linear Association	89.465	1	.000
N of Valid Cases	1100		

a. 0 cells (.0%) have expected count less than 5. The minimum expected count is 33.61.

　　SPSS 所輸出的假設考驗方法及結果。本例的 χ^2 值爲 158.830，在自由度爲 4 時，p 值爲.000，已達到.05 的顯著水準，表示「參與宗教活動頻率」與「家庭生活狀況」二變項間有相關存在。報表下方之附註顯示，細格期望次數之最小值爲 33.61，並沒有細格理論次數小於 5 之問題，因此 SPSS 不再輸出 Yate's 校正卡方值之檢定結果。

Symmetric Measrues

		Value	Approx.Sig.
Nominal by Nominal	Contingency Coefficient	.355	.000
N of Valid Cases		1100	

a. Not assuming the null hypothesis.

b. Using the asymptotic standard error assuming the null hypothesis.

　　SPSS 所輸出列聯相關係數的檢定結果。本例計算所得到的列聯相關係數爲.355，且已達到.05 的顯著水準，表示二變項間有相關存在。

三、點二系列相關

例 6-5　（資料檔為 ex6-5.sav）

　　有一研究者想了解濫用酒精與行為反應時間間的關係，下表是他針對 9 名濫用酒精（編碼值為 1）與 11 名未濫用酒精（編碼值為 0）樣本在行為反應時間（分數愈高速度愈慢）上的資料。試問濫用酒精與否和行為反應時間間是否有相關存在？

濫用酒精	1	1	1	0	1	0	1	0	0	0	0	1	0	1	0	1	0	1	1	0	0	0
行為反應	31	24	31	41	37	37	35	47	44	37	48	34	38	37	30	35	29	37	42	36		

㈠操作程序

　　例 6-5 旨在檢定「濫用酒精」與「行為反應時間」二個變項間之相關，由例中可知，前者是一個二分之名義變項，而後者是一等距以上之連續變項，因此應該採點二系列相關為方法，進行假設考驗。首先將原始資料讀進資料編輯視窗（有關讀取原始資料之方式，請參見第二章，此處假設資料已讀進資料編輯視窗中），如圖 6-12。圖 6-12 中變項 alcohol 代表濫用酒精、變項 speed 代表行為反應時間。

　　SPSS 並沒有設計專門處理點二系列相關之統計程式，但可以利用計算積差相關係數之程式來處理。針對圖 6-12 之資料，首先應開啟應用視窗中 Analyze(分析) 功能表之 Correlate(相關) 下之 Bivariate(雙變數) 指令之對話方塊，並在來源變項清單中，點選變項濫用酒精（alcohol）與行為反應時間（speed），移至 Variables 方格中，如圖 6-13。其次，進一步點選圖 6-13 中之 Options 次指令，開啟其對話方塊，並點選其中之 Means and standard deviations 選項，再按 Continue 鈕回到圖 6-13 之對話方塊。

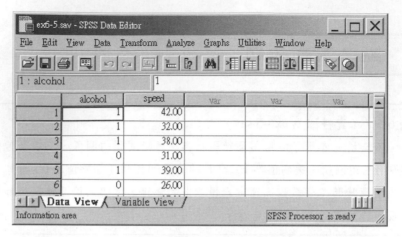

圖 6-12　例 6-5 之假設性資料

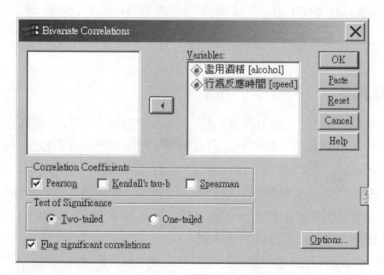

圖 6-13　界定點二系列相關之 Bivariate(雙變數) 指令對話方塊

　　完成上述界定工作後，使用者可以點選圖 6-13 中之 OK 鈕，SPSS 即會執行點二系列相關係數之統計分析，並自動開啓結果輸出視窗，將統計分析結果輸出到視窗中。

　　綜合上述操作程序，可將利用 Bivariate(雙變數) 指令進行計算例 6-5 點二系列相關係數之程序摘要如下：

```
Analyze
  Correlate
    Bivariate……點選進行點二系列相關之變項至目標變項清單中
      Options……點選輸出描述統計量
      OK……執行統計分析
```

(二)報表解釋

當使用者點選[OK]執行統計分析，則SPSS會自動開啟結果輸出視窗，將統計分析結果輸出結果輸出視窗中。例6-5執行之結果與報表解釋如下：

Descriptive Statistics

	Mean	Std.Deviation	N
濫用酒精	.45	.510	20
行為反應時間	33.3500	6.71428	20

SPSS所輸出之描述統計結果。由報表可知，20名觀察值在行為樣本反應時間之平均數為33.3500、標準差為6.71428。至於濫用酒精因為是二分之名義變項，因此其平均數是編碼值為1（有濫用酒精）者占總樣本之百分比.45（9/20）。

Correlations

		濫用酒精	行為反應時間
濫用酒精	Pearson Correlation	1	.750**
	Sig. (2-tailed)		.000
	N	20	20
行為反應時間	Pearson Correlation	.750**	1
	Sig. (2-tailed)	.000	
	N	20	20

** Correlation is significant at the 0.01 level (2-tailed).

　　SPSS所輸出之點二系列相關係數檢定結果。在本例中點二系列相關係數值為.750，在雙側檢定下，p值為.000，已達到.05的顯著水準，表示二變項間有顯著相關存在。由報表可知，行為反應時間測量分數愈高（速度愈慢），愈可能是濫用酒精者（編碼值為1）；反之，行為反應時間測量分數愈低（速度愈快），愈可能是未濫用酒精者（編碼值為0）。

　　由於計算點二系列相關係數時，有一變項是二分的名義變項，因此對這個名義變項的編碼方式，會影響點二系列相關係數值的方向，在解釋時要特別注意。如果我們將本例中濫用酒精樣本的編碼值改為0，而未濫用酒精樣本改為1，則相關係數會變為-.750，而非正向相關。因此，在解釋點二系列相關係數時，使用者若未注意名義變項的編碼方式，可能會造成錯誤的結果解釋，這點應該特別注意。

四、Spearman 等級相關

例 6-6　　（資料檔為 ex6-6.sav）
　　有一研究者想知道大學聯招之作文評分是否具有信度，乃隨機抽取二十份作文考卷，下表是每份考卷由二位評分者所給的二個分數。試問大學聯招的作文評分是否具有一致性？

作文編號	A	B	C	D	E	F	G	H	I	J	K	L	M	N	O	P	Q	R	S	U
評分者A	31	24	26	15	18	35	17	18	20	26	24	25	31	30	27	26	25	27	24	11
評分者B	30	26	24	17	19	34	17	19	22	28	21	29	32	28	26	27	25	28	22	15

(一)操作程序

　　例 6-6 旨在檢定二位評分者對二十篇大學聯招作文評分之一致性，由於二位評分者是以分數進行評分，因此可以積差相關係數做為評分一致性之指標。當然，只要其中有一位評分者是以等第進行評分，就必須以Spearman 等級相關爲方法。本例旨在說明 Spearman 等級相關及其假設考驗。首先將原始資料讀進資料編輯視窗（有關讀取原始資料之方式，請參見第二章第二節，此處假設資料已讀進資料編輯視窗中），如圖 6-14。圖 6-14 中變項 writing 代表作文編號、變項 score1 代表評分者 A 的評分、變項 score2 代表評分者 B 之評分。

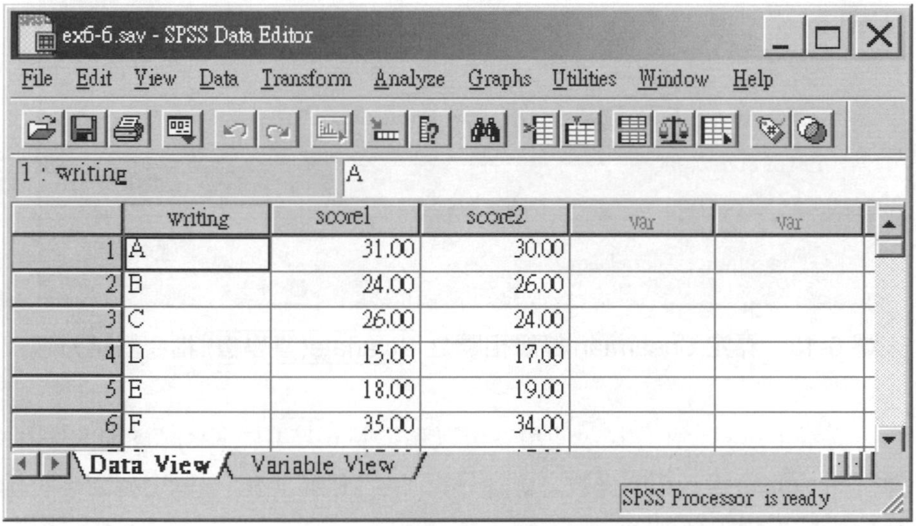

圖 6-14　例 6-6 之假設性資料

　　針對圖 6-14 之資料，首先應開啓應用視窗中 Analyze(分析) 功能表之 Correlate(相關) 下之 Bivariate(雙變數) 指令之對話方塊，並在來源變項清單中，點選變項 score1 與 score2，移至 Variables 方格中，如圖 6-15。其次，進一步點選圖 6-15 中之 Spearman 選項，以界定計算 Spearman 等級相關係數。

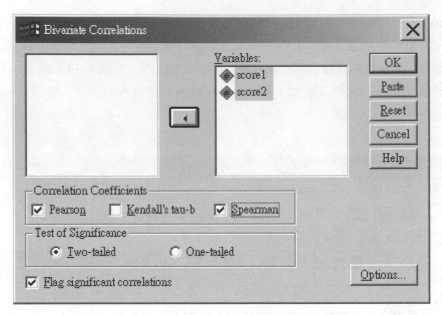

圖 6-15 界定 Spearman 等級相關之 Bivariate(雙變數) 指令對話方塊

　　完成上述界定工作後，使用者可以點選圖 6-15 中之 OK 鈕，SPSS即會執行Spearman等級相關係數之統計分析，並自動開啓結果輸出視窗，將統計分析結果輸出到視窗中。

　　綜合上述操作程序，可將利用 Bivariate(雙變數) 指令進行例 6-6 計算Spearman 等級相關係數之程序摘要如下：

```
Analyze
 Correlate
   Bivariate……點選進行 Spearman 等級相關之變項至目標變項清單中
    OK……執行統計分析
```

(二)報表解釋

　　當使用者點選 OK 執行統計分析，則 SPSS 會自動開啓結果輸出視窗，將統計分析結果輸出到結果輸出視窗中。例 6-6 執行之結果與報表解釋如下：

Correlations

			score1	score2
Spearman's rho	score1	Correlation Coefficient	1.000	.922**
		Sig. (2-tailed)	.	.000
		N	20	20
	score2	Correlation Coefficient	.922**	1.000
		Sig. (2-tailed)	.000	.
		N	20	20

** Correlation is significant at the 0.01 level (2-tailed).

　　SPSS 所輸出之 Spearman 等級相關檢定結果。由報表可知，二位評分者之評分的 Spearman 等級相關係數為.922，p 值為.000，已達到.05 的顯著水準，表示二位評分者的評分具有高度的相關或一致性。

五、Kendall 等級相關

例 6-7　（資料檔為 ex6-7.sav）

　　Sinclair、Guthrie 與 Forness（1984）認為具有學習障礙的學童因為注意廣度較低，因此其學習成就也較差。他們利用立意抽樣與觀察法記錄 18 名學習障礙學童的注意廣度，並利用 WRAT 測驗，測量學童的閱讀成績如下表。試問：注意廣度與學習成就間是否具有正相關？

觀 察 值	A	B	C	D	E	F	G	H	I	J	K	L	M	N	O	P	Q	R
注意廣度	17	26	4	36	39	46	44	31	51	9	11	48	54	24	14	42	29	21
閱讀成績	10	13	15	18	20	23	24	29	30	33	35	36	38	40	43	44	47	50

(一)操作程序

例 6-7 旨在檢定 18 名受試者在「注意廣度」與「學習成就」間是否具有正相關。二變項的測量雖然都是分數，應該可以用積差相關來檢定是否具有正相關，但因研究者是採立意抽樣（purposed sampling），且樣本數僅18 人，因此可能改採無母數統計中的 Kendall 等級相關來進行假設考驗較為適當。首先將原始資料讀進資料編輯視窗（有關讀取原始資料之方式，請參見第二章，此處假設資料已讀進資料編輯視窗中），如圖 6-16。圖 6-16中變項 sample 代表樣本編號、變項 span 代表注意廣度、變項 reading 代表閱讀成績。

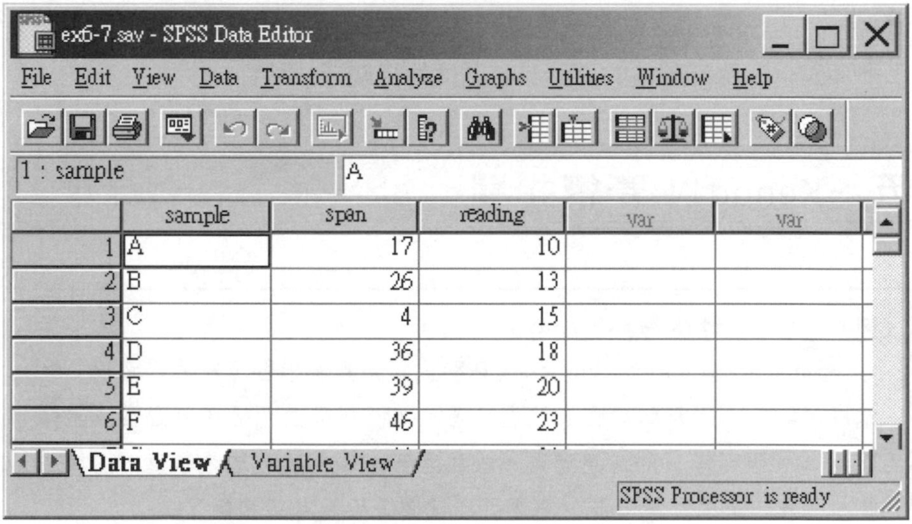

圖 6-16　例 6-7 之假設性資料

針對圖 6-16 之資料，首先應開啓應用視窗中 Analyze(分析) 功能表之 Correlate(相關) 下之 Bivariate(雙變數) 指令之對話方塊，並在來源變項清單中，點選變項注意廣度（span）與閱讀成績（reading），移至 Variables 方格中，如圖 6-17。其次，進一步點選圖 6-17 中之 Kendall's tau-b 選項，以界定計算 Kendall 等級相關係數。最後，因本例在檢定二變項間是否具有

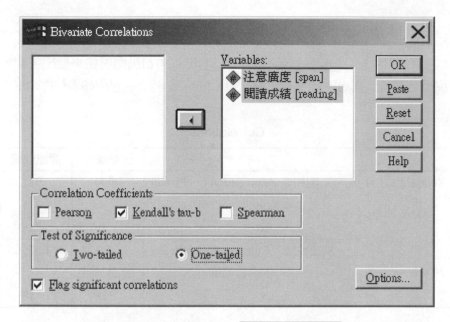

圖 6-17　界定 Kendall 等級相關之 Bivariate(雙變數) 指令對話方塊

正相關，因此應為單尾考驗之假設，所以必須點選 One-tailed 之檢定方式。

　　完成上述界定工作後，使用者可以點選圖 6-17 中之 OK 鈕，SPSS 即會執行 Kendall 等級相關係數之統計分析，並自動開啟結果輸出視窗，將統計分析結果輸出到視窗中。

　　綜合上述操作程序，可將利用 Bivariate(雙變數) 指令進行例 6-7 計算 Kendall 等級相關係數之程序摘要如下：

```
Analyze
  Correlate
    Bivariate……點選進行 Kendall 等級相關之變項至目標變項清單中
      OK……執行統計分析
```

(二)報表解釋

當使用者點選OK執行統計分析，則SPSS會自動開啓結果輸出視窗，將統計分析結果輸出到結果輸出視窗中。例6-7執行之結果與報表解釋如下：

Correlations

			注意廣度	閱讀成績
Kendall's tau_b	注意廣度	Correlation Coefficient	1.000	.085
		Sig. (1-tailed)	.	.311
		N	18	18
	閱讀成績	Correlation Coefficient	.085	1.000
		Sig. (1-tailed)	.311	.
		N	18	18

SPSS 所輸出 Kendall 等級相關檢定的結果。在本例中，有效的樣本共 18 名，計算後的 Kendall 等級相關係數爲.085，p值爲.311，並未達.05 的顯著水準，表示二變項間並不具有正相關存在。

六、Kendall 和諧係數

例 6-8　（資料檔為 ex6-8.sav）

Starr（1982）的一項研究，主要在了解跨文化研究學會（The Society of Cross-Cultural Research）成員選擇參加年會與否的因素，在隨機抽取 22 名會員後，請他們就八項因素的重要性，以等級加以排列，結果如下表。根據這些資料，他除了分析各因素的重要性外，也想了解 22 名成員的評鑑之一致性如何？試問：這項評鑑工作是否具有一致性？（註：等級數愈小，代表重要性愈高）

（接下頁）

（承上頁）

觀察值＼因素	A	B	C	D	E	F	G	H	I	J	K	L	M	N	O	P	Q	R	S	T	U	V
交通	2	6	1	5	1	2	2	1	1	1	1	4	1	1	1	1	1	1	3	1	1	1.5
氣候	7	5	6	6	8	7	7	4	7	6	5	4	5	6	7	6	7	7	6	6	7	8
時間	3	7	4	7	6	5	1	7	3	7	1	6	2	5	2	5	6	5	2	5	6	1.5
人	5	3	5	1	5	1	4	2	6	3	3	7	3	2	4	3	4	6	4	3	2	4.5
內容	4	4	2	2	2	3	3	3	2	2	2	2	4	3	3	2	3	1	5	4	3	3
通知	6	2	7	4	4	6	6	6	4	4	7	5	6	4	5	7	5	4	7	7	5	6
禮品	1	1	3	3	3	4	5	5	5	5	5	6	3	7	7	6	4	2	2	3	2	4.5
匯率	8	8	8	8	7	8	8	8	8	8	8	8	8	8	8	8	8	8	8	8	8	7

(一)操作程序

例 6-8 旨在檢定 22 名會員對選擇參加年會之八項因素重要性一致程度。類似這種多名評分者對變項評分一致性之檢定，應採 Kendall 和諧係數來進行假設考驗。首先將原始資料讀進資料編輯視窗（有關讀取原始資料之方式，請參見第二章，此處假設資料已讀進資料編輯視窗中），如圖 6-18。圖 6-18 中變項 rater 代表評分者編號、變項 factor1 到 factor8 分別代表交通、氣候、時間、人、內容、通知、禮品及匯率等八項因素。

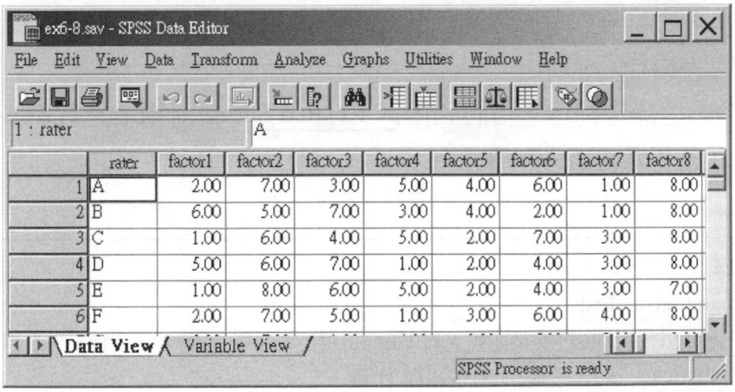

圖 6-18　例 6-8 之假設性資料

　　針對圖 6-18 之資料，首先應開啓應用視窗中 Analyze(分析) 功能表之 Nonparametric Tests 下之 K Related samples 指令之對話方塊，並在來源變項清單中，點選變項 factor1 到 factor8 等八個變項，移至 Test Variables 方格中，如圖 6-19。同時，進一步點選圖 6-19 中之 Kendall's W 選項，以界定計算 Kendall 和諧係數。

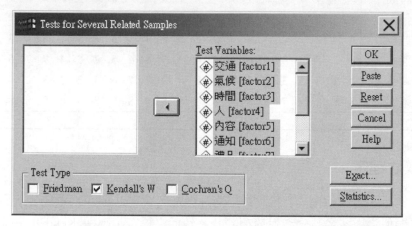

圖 6-19　界定 Kendall 和諧係數之 K Related Samples 指令對話方塊

　　其次，再點選圖 6-19 中之 Statistics 次指令，開啓其對話方塊，並點選其中之 Descriptive 選項，以界定輸出描述統計量，並點選 Continue 鈕回到圖 6-19。完成上述界定工作後，使用者可以點選圖 6-19 中之 OK 鈕，SPSS 即會執行 Kendall 和諧係數之統計分析，並自動開啓結果輸出視窗，將統計分析結果輸出到視窗中。

　　綜合上述操作程序，可將利用 K Related Samples 指令進行例 6-8 計算 Kendall 和諧係數之程序摘要如下：

Analyze
　Nonparametric Tests
　　K Related Samples……點選進行Kendall 和諧係數之變項至目標變項清單中
　　　Statistics……點選輸出之描述統計量
　　　OK……執行統計分析

(二)報表解釋

當使用者點選 OK 執行統計分析，則SPSS會自動開啟結果輸出視窗，將統計分析結果輸出到結果輸出視窗中。例6-8執行之結果與報表解釋如下：

Descriptive Statistics

	N	Mean	Std.Deviation	Minimum	Maximum
交通	22	1.7955	1.43642	1.00	6.00
氣候	22	6.2273	1.10978	4.00	8.00
時間	22	4.3864	2.09268	1.00	7.00
人	22	3.6591	1.59901	1.00	7.00
內容	22	2.8182	.95799	1.00	5.00
通知	22	5.3182	1.35879	2.00	7.00
禮品	22	3.8864	1.75887	1.00	7.00
匯率	22	7.9091	.29424	7.00	8.00

SPSS所輸出之描述統計結果。由表可知描述統計量包括有效觀察值個數、平均數、標準差、最小值及最大值。其中平均數就是 22 個評分者對八項因素重要性評定之平均等級，由報表可知，factor1（交通）之平均等級為 1.7955，重要性最高；其次是 factor5（內容）之平均等級 2.8182；最不重要則是 factor8（匯率），其平均等級為 7.9091。

Ranks

	Mean Rank
交通	1.80
氣候	6.23
時間	4.39
人	3.66
內容	2.82
通知	5.32
禮品	3.89
匯率	7.91

Test Statistics

N	22
Kendall's w[a]	.632
Chi-Square	97.325
df	7
Asymp.Sig.	.000

a. Kendall's Coefficient of Concordance

　　SPSS 所輸出 Kendall 和諧係數的假設考驗結果。由報表可知，22 名樣本對八項因素重要性評鑑的平均等級依序為 1.80、6.23、4.39、3.66、2.82、5.32、3.89 及 7.91，經檢定結果，Kendall 和諧係數值為.632，轉換為卡方值約為 97.325，在自由度為 7 下，p 值為.000，已達到.05 顯著水準，表示22 名樣本對八項因素重要性評鑑的可信性相當一致。

　　其次，要補充說明的是，在很多實證研究中，有許多研究者在比較各因素間的重要性時，常以平均等級或平均分數高低，即對各因素的重要性下結論。以例 6-8 為例，許多研究者常會下結論各因素間重要性依序為：交通（1.80）、內容（2.82）、人（3.66）、禮品（3.89）、時間（4.39）、通知（5.32）、氣候（6.23）及匯率（7.91），事實上此種作法相當粗糙，所得到的結論也相當值得懷疑。以人與禮品二因素來看，二者的平均等級相當接近，但推論說「人」的因素重要性高於「禮品」，實在相當冒險。

　　類似這種比較各因素（變項）間相對重要性的檢定工作，較為可行的作法是，如果變項是等距或等比尺度，建議使用單因子相依樣本變異數分析（見第八章第四節）進行分析（即檢定樣本在八項因素上評分的平均等級之差異顯著性）；若變項是屬於次序尺度（例如本例即是），建議使用弗里曼二因子等級變異數分析（見第十章第五節）進行分析，當檢定結果達顯著後，選擇適當方法進行事後比較，在確定二因素或變項間的平均分數或等級，確實達到顯著水準後，才下結論二者間的重要性有所不同，否則純粹根據描述統計量數進行推論，在研究上將是一件相當冒險的事。以本例人與禮品二因素來看，二者的平均等級的差異為.23，此一差異若檢定結果未達顯著水準，我們寧可說，二因素間的重要性並無顯著差異，.23 的

差異量是機遇（by chance）所造成的。

七、G 係數

例 6-9　（資料檔為 ex6-9.sav）

　　Wagner（1985）的一項研究，主要在探討抽菸年數與戒菸結果間之關係。為確保樣本之同質性，他選擇以深切了解戒菸之利益，以及具有相同職業壓力之護士為研究母群。並從西紐約州具有戒菸經驗之護士中抽取 240 名為研究對象。下表是 240 名護士在二個次序變項之調查結果。試問：戒菸結果與抽菸年數間是否有相關存在？

	抽菸年數						
	1 以下	2-4	5-9	10-14	15-19	20-25	25 以上
戒菸成功	13	29	26	22	9	8	8
間續性戒菸	5	2	6	2	1	3	0
戒菸失敗	1	9	16	14	21	16	29

㈠操作程序

　　例 6-9 在檢定 240 名護士之抽菸年數與戒菸結果間之關係。其中抽菸年數分為 7 個等級、戒菸結果分為 3 類，二個變項都具有次序尺度之性質，因此應該採取 G 係數檢定二個變項間之相關。首先將原始資料讀進資料編輯視窗（有關讀取原始資料之方式，請參見第二章，此處假設資料已讀進資料編輯視窗中），如圖 6-20。圖 6-20 中變項 RESULT 代表戒菸結果、變項 YEAR 代表抽菸年數，變項 freq 代表細格次數。針對圖 6-20 之資料，也與例 6-4 相同屬於次級性資料，因此進行 G 係數檢定前必須利用 Data(資料) 功能表之 Weight Cases(觀察值加權) 指令之對話方塊，先進行觀察值加權工作，相關作法請參閱例 6-4，此處不再贅述。

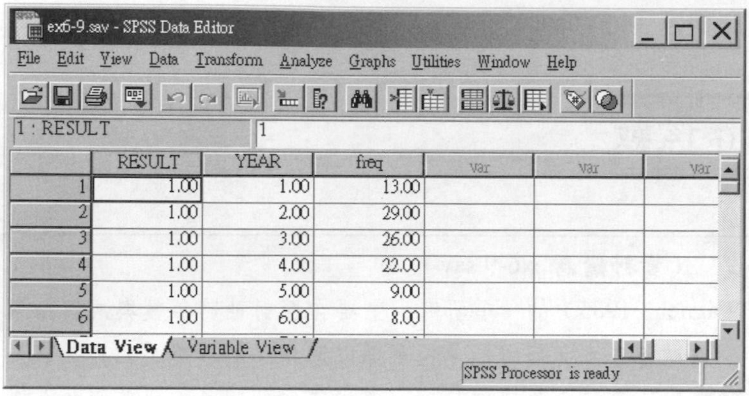

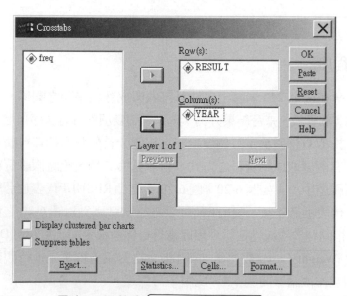

圖 6-20　例 6-9 之假設性資料

　　針對圖 6-18 之資料，在經過觀察值加權後，應開啓應用視窗中 Analyze (分析) 功能表之 Descriptive Statistics(描述統計) 下之 Crosstabs(交叉表) 指令之對話方塊，並在來源變項清單中，點選變項戒菸結果（RESULT），移至 Row(s) 方格中；點選變項抽菸年數（YEAR），移至 Column(s) 方格中，如圖 6-21。

圖 6-21　界定 G 係數之 Crosstabs(交叉表) 指令對話方塊

其次，再點選圖6-21中 Statistics 次指令鈕，開啟其對話方塊，並點選 Gamma 及 Somers'd 二個選項，以界定輸出 G 係數及 Somers d_{BA} 預測指數，再按 Continue 鈕回到圖 6-21 之對話方塊。最後，點選 Cells 次指令鈕，開啟其對話方塊，點選 Row 及 Column 選項，以界定輸出每一細格之細格次數占橫列百分比，以及細格次數占縱行百分比二項統計量，再按 Continue 鈕回到圖 6-21 之對話方塊。

完成上述界定工作後，使用者可以點選圖 6-21 中之 OK 鈕，SPSS 即會執行 G 係數之統計分析，並自動開啟結果輸出視窗，將統計分析結果輸出到視窗中。

綜合上述操作程序，可將利用 Crosstabs(交叉表) 指令進行二個次序變項相關 G 係數檢定之程序摘要如下：

Data
   Weight Cases……進行觀察值加權
Analyze
  Descriptive Statistics
    Crosstabs……點選進行 G 係數之變項至目標變項清單中
     Statistics……點選輸出 G 係數及 Somers d_{BA} 預測指數
     Cells……點選輸出細格次數占橫列百分比，以及細格次數占縱行百分比
     OK……執行統計分析

(二)報表解釋

當使用者點選 OK 執行統計分析，則 SPSS 會自動開啟結果輸出視窗與繪圖視窗，將統計分析結果輸出到結果輸出視窗中。例 6-9 執行之結果與報表解釋如下：

Case Processing Summary

	Cases					
	Valid		Missing		Total	
	N	Percent	N	Percent	N	Percent
RESULT*YEAR	240	100.0%	0	.0%	240	100.0%

SPSS 所輸出有關資料檔中觀察值在二個變項上之有效值個數訊息。在例 6-9 中，SPSS 共讀取 240 筆觀察值，缺失值個數為 0。

RESULT*YEAR Crosstabulation

			YEAR							Total
			1 年以下	2-4 年	5-9 年	10-14 年	15-19 年	20-25 年	25 年以上	
RESULT	成功	Count	13	29	26	22	9	8	8	115
		% within RESULT	11.3%	25.2%	22.6%	19.1%	7.8%	7.0%	7.0%	100.0%
		% within YEAR	68.4%	72.5%	54.2%	57.9%	29.0%	29.6%	21.6%	47.9%
	間歇性	Count	5	2	6	2	1	3	0	19
		% within RESULT	26.3%	10.5%	31.6%	10.5%	5.3%	15.8%	.0%	100.0%
		% within YEAR	26.3%	5.0%	12.5%	5.3%	3.2%	11.1%	.0%	7.9%
	失敗	Count	1	9	16	14	21	16	29	106
		% within RESULT	.9%	8.5%	15.1%	13.2%	19.8%	15.1%	27.4%	100.0%
		% within YEAR	5.3%	22.5%	33.3%	36.8%	67.7%	59.3%	78.4%	44.2%
Total		Count	19	40	48	38	31	27	37	240
		% within RESULT	7.9%	16.7%	20.0%	15.8%	12.9%	11.3%	15.4%	100.0%
		% within YEAR	100.0%	100.0%	100.0%	100.0%	100.0%	100.0%	100.0%	100.0%

SPSS 所輸出之二向度列聯表。本例中變項戒菸結果（RESULT）有 3 個級別，變項抽菸年數（YEAR）有 7 個等級，因此構成一個 3 × 7 列聯表。列聯表中各細格的統計量依序爲實際觀察次數、細格次數占橫列百分比，以及細格次數占縱行百分比三項統計量。以抽菸年數「2-4 年」，戒菸結果「成功」之細格爲例，實際次數爲 29，占橫列的 25.2 %（29/115），占縱行的 72.5 %（29/40）。

Symmetric Measures

	Value	Asymp. Std. Error[a]	Approx. T[b]	Approx. Sig.
Ordinal by Ordinal Gamma	.483	.064	7.339	.000
N of Valid Cases	240			

a. Not assuming the null hypothesis.

b. Using the asymptotic standard error assuming the null hypothesis.

　　SPSS 所輸出之 G 係數檢定結果。由表可知，抽菸年數與戒菸結果二變項相關之 G 值爲.483，經轉換爲 t 值約爲 7.339，p 值爲.000，已達.05 顯著水準。表示抽菸年數與戒菸結果間有顯著正相關，即抽菸年數愈長，戒菸結果愈可能失敗；而抽菸年數愈短，戒菸結果愈可能成功。

　　這裡要特別說明的是，由於 G 係數適用於二個次序變項之相關檢定，因此變項編碼值之登錄（coding）方式會影響 G 係數之方向性。以例 6-9 爲例，抽菸年數七個級別由短到長，依序是以 1、2、……、7 爲編碼值；戒菸結果是以 1 代表成功、2 代表間歇性戒菸、3 代表失敗，因此 G 值爲.483。若是將這二個變項的任一個改變方向，例如以 1 代表戒菸失敗、3 代表戒菸成功，則 G 值會變爲-.483。由此可知，變項登錄方式會影響 G 係數之方向，這是在使用 SPSS 進行 G 係數顯著性檢定時應特別注意的！

Directional Measures

		Value	Asymp. Std. Error[a]	Approx. T[b]	Approx. Sig.
Ordinal by Ordinal Somers'd	Symmetric	.338	.046	7.339	.000
	RESULT Dependent	.282	.038	7.339	.000
	YEAR Dependent	.420	.058	7.339	.000

a. Not assuming the null hypothesis.

b. Using the asymptotic standard error assuming the null hypothesis.

　　SPSS 所輸出之 Somers d_{BA} 係數檢定結果。G 係數的功能在檢定二個次序變項關聯性（association）的強度與方向。至於對關聯性差異性質的檢定，則需可利用 Somers（1962）所提的「不對稱關聯性指數」（index of asymmetrical association，簡稱 d_{BA}）來進行，以了解二變項間關聯的性質。d_{BA} 係數的原理係基於當二個變項間有關聯存在時，則知道樣本在某一變項次序的訊息，將有助於預測樣本在另一變項次序訊息的機率。d_{BA} 係數的值域在 ± 1 之間，d_{BA} 愈高代表根據樣本在一變項的次序訊息，愈能正確預測在另一變項的次序訊息。至於正負符號則代表次序的相一致或不一致性。在本例中，當知道樣本抽菸年數之級別，以預測其戒菸結果時，d_{BA} 係數爲.282，表示當知道樣本抽菸年數之級別，可增加預測樣本戒菸結果之級別正確性達 28.2 ％。且因係數值爲正，因此抽菸年數級別愈高，戒菸失敗（成功組以 1 爲編碼值，失敗組以 3 爲編碼值）的機率愈高。反過來，當知道樣本戒菸結果之級別，以預測其抽菸年數時，d_{BA} 係數爲.420，表示當知道樣本戒菸結果之級別，可增加預測樣本抽菸年數之級別正確性達 42.0 ％。且因係數值爲正，因此戒菸結果級別愈高，抽菸年數愈長的機率愈高。

第 7 章

SPSS 與卡方檢定

本章旨在說明如何利用視窗 13.0 版計算卡方檢定值，以進行假設考驗。學完本章後，使用者應該學會：

(一)理解卡方檢定的基本原理及其用途。

(二)能根據問題性質，選擇適當的卡方檢定方法。

(三)能夠利用 SPSS 進行各種卡方檢定，並解釋報表輸出結果。

第一節　基本原理

在行為科學的研究領域中，研究者常會面臨探討二個非連續的類別或次序變項間關係的問題，例如「不同社經地位的樣本，對不同政黨的偏好是否有所不同」；又如「學生自我期望的高低與其學業表現的好壞間是否有相關存在」的問題。像這一類涉及二個間斷之類別或次序變項間關係的探討，除了在第六章所提到的幾種方法外，最常用的統計方法就是卡方檢定（Chi-square test）。由於間斷變項都是以次數或百分比來表示，因此卡方檢定的目的，就是在考驗變項之各類別的實際觀察次數與理論期望次數間是否一致（相關）或有所差異的問題。卡方檢定的主要用途有以下四種：

一、適合度考驗

在行為科學研究時，研究者常會想去了解樣本在某個間斷變項（如政黨偏好、消費型態、休閒選擇……等）上各類別的反應次數（百分比）是否有所差異的問題。像這種根據樣本在某一變項上各類別的反應進行分析的資料，稱為「單因子分類（one-way classification）資料」，利用卡方檢定對單因子分類資料進行假設考驗，即為「適合度（goodness of fit）考驗」。當樣本對某一間斷變項各類別之選擇沒有特定偏好存在，則理論上每一個類別被選擇之機率應該一樣，也就是說每一個類別之理論期望次數應該相同。但在實際研究情境中，樣本選擇某一個類別可能不是隨機的，

即每一個類別之實際觀察次數可能有所不同。適合度考驗就是對樣本在某一間斷變項各類別中的實際反應次數與理論期望次數間的差異進行檢定，以了解樣本對各類別之反應情形是否有顯著的差異。

二、百分比同質性考驗

利用卡方檢定進行百分比同質性考驗，係在分析由二個類別變項所交叉構成的列聯表（contingency table）中各細格的次數（百分比）是否有所差異。在這種情形下，二個類別變項中有一個是研究者事先所進行操弄的自變項，這一個自變項通常稱為「設計變項」（design variable），由於它是由研究者所操弄，因此樣本在各類別（或稱水準）的次數都已事先知道；另一個變項是研究者想要分析或探討的變項，通常稱為「依變項」或「反應變項」。也就是說，在進行百分比同質性考驗時，設計變項各類別的次數是研究進行前就已經決定，研究的目的是想分析自變項各類別樣本在依變項各水準上的反應次數是否有顯著差異。這一種檢定適用於研究報告中，如「樣本在 Y 變項上反應的百分比，（不）因 X 變項的不同而有（無）顯著差異」問題的假設考驗。其次，當統計檢定結果顯示有顯著差異存在時，研究者通常必須進行事後比較的工作，以了解究竟是自變項中哪幾類樣本間在依變項上的反應百分比有顯著差異。這一類的問題，基本目的通常在利用卡方檢定考驗二個類別變項間的因果關係。

三、獨立性考驗

獨立性考驗也是在探討二個類別變項間的關係，其計算與檢定步驟與百分比同質性大多相同，不同於百分比同質性考驗的是，在百分比同質性考驗中，研究者的目的是想了解設計（自）變項各類別樣本在依變項各水準上反應的差異，而獨立性考驗的目的則在探討樣本在二個依變項上的反應是否彼此獨立（或是否有相關存在）。也就是說，在百分比同質性考驗

時，有一個變項（自變項）各類別的次數是在研究進行前就已經事先決定，而獨立性考驗的二個變項都是反應變項，它們的次數要在研究進行後才能知道。這一種檢定適用於研究報告中，如「樣本在 X 變項與 Y 變項上反應的百分比有（無）顯著相關」問題的假設考驗，它通常是在利用卡方檢定探討二個類別變項間互為因果（相關）的關係。

至於獨立性考驗的結果，二個變項間之關係達到顯著後，並不是如百分比同質性考驗一樣進行事後比較，而是要進一步進行二變項關聯性（association）強度與性質的檢定。對關聯性強度的檢定，可利用第六章中的 ϕ 相關（2×2 列聯表）、列聯相關（3×3 以上之正方形列聯表），或 Cramer's V 係數（其它長方形列聯表）等三種方法進行，當二變項關聯性的係數值愈接近 1，表示二變項關聯性愈強；值愈接近 0，則關聯性愈弱。至於對關聯性性質的檢定，可利用 Hays（1988）所提的「預測關聯性指標」（index of predictive association）來進行，以了解二變項間關聯的性質。

由此可知，卡方檢定和本書第六章所介紹的方法一樣，都是用來探討二個類別變項間關係的方法，但卡方檢定除了和第六章的方法一樣，都能應用於互為因果關係問題的探討外，同時也能用來探討二個類別變項間之因果關係。

四、改變的顯著性考驗

改變的顯著性考驗之目的，係在分析樣本在某一個類別變項各類別上的反應，在前後二次測量間改變的百分比是否有顯著差異。例如，政治學者常會想去了解選民在一次大選前後，對不同政黨的偏好是否有所改變；教師常會想了解學生對他所教學的科目，在學期初與學期末的喜好情形是否有所變化。類似這樣的問題，都可以利用卡方考驗進行樣本反應改變的顯著性考驗，常用的二種方法為麥氏考驗（McNemar test）及包氏對稱性考驗（Bowker's test of symmetry）。

上述卡方檢定的四種用途中，有一基本條件限制必須要滿足，那就是

當自由度等於 1 的時候，任何細格的理論期望次數不能小於 5，若有細格理論期望次數小於 5 時，就必須進行校正工作。最常用來做爲校正的方法是「耶茲氏校正」，校正時若細格實際次數大於期望次數，則實際次數減去 0.5，若實際次數小於期望次數，則實際次數加上 0.5，然後再計算卡方值。除了採校正的方法外，Cochran（1954）認爲只要總樣本數小於 20 時，採費雪正確機率考驗進行假設考驗（參見第十章），也是一個可行的解決方法。

綜合以上有關卡方檢定的原理介紹，可以將行爲科學研究時，關於卡方考驗的假設考驗分爲幾個步驟：

㈠根據研究問題提出研究假設（此時研究者應注意該問題是單側或雙側考驗，卡方考驗通常爲雙側考驗）。

㈡根據研究假設提出統計假設，並訂出犯第一類型錯誤的機率（α＝.05 或α＝.01）。

　1.適合度考驗

　　$H_0 : P_i = 0$

　　$H_1 :$ 至少一個 $P_i \neq 0$

　2.百分比同質性考驗或獨立性考驗

　　$H_0 : P_{ij} = 0$

　　$H_1 :$ 至少一個 $P_{ij} \neq 0$

　3.改變的顯著性考驗

　　$H_0 : P_{ij} = P_{ji} , i \neq j$

　　$H_1 :$ 至少一個 $P_{ij} \neq P_{ji}$

㈢實際進行統計估計（利用 SPSS 進行）。

㈣下決策，並進行結果解釋。

　1.若估計值的 P 值小於所界定的α值，則拒絕虛無假設。

　2.若估計值的 P 值大於或等於所界定的α值，則接受虛無假設。

最後，需再補充說明的是，卡方檢定較適用於二向度的列聯表，探討二變項間的關係，但對於二個變項以上的多向度列聯表，卡方檢定將很難精確分析出變項間的關係。因此，當面對多個間斷變項間關係的探討時，就必須改用其它的統計分析方法。一般而言，若多個變項間的關係並無因

果關係存在，研究的目的係在檢定變項間的相關，則通常使用對數線性模式（Log-linear model）為方法；若多個變項間的關係有因果關係存在，研究的目的是在探討不同自變項在依變項上反應百分比的差異，則通常使用 logit 對數線性模式（Logit Log-linear model），這二種方法的原理與迴歸分析或變異數分析相似，有興趣的讀者可參閱林清山（1993）、林邦傑（1986）、Demaris（1992）及 Ishii-Kuntz（1994）等的專文介紹，而在視窗 13.0 版中，在 Analyze(分析) 功能表之 Loglinear(對數線性) 下有三個專門的統計分析指令，可以處理上述二種統計方法的問題。

第二節　視窗 13.0 版之操作

在視窗 13.0 版中，Chi-Square(卡方分配) 是用來進行卡方適合度考驗之指令，而 Crosstabs(交叉表) 則適用於二個間斷變項間的獨立性考驗與百分比同質性考驗。本節即在說明程式指令 Chi-Square(卡方分配) 及 Crosstabs (交叉表) 的語法。

一、Chi-Square（卡方分配） 指令

Chi-Square(卡方分配) 指令的主要功能在界定進行卡方適合度考驗。首先須將原始資料讀進資料編輯視窗中，然後開啟應用視窗中 Analyze(分析) 功能表之 Nonparametric Tests(無母數檢定) 下之 Chi-Square(卡方分配) 指令之對話方塊，如圖 7-1。

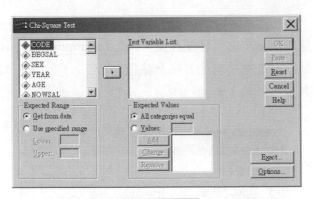

圖 7-1　Chi-Square(卡方分配)指令之對話方塊

　　在圖 7-1 中，使用者首先必須界定所要進行適合度考驗之變項名稱（次序或類別變項）。此可利用滑鼠在來源變項清單加以點選使該變項反白後，再點選右方之三角形鈕，如此要進行考驗之變項就會移到右邊Test Variable List 方格中。其次，使用者必須從期望值之方格中，決定各細格理論期望次數之類型，SPSS 提供二種選擇，一爲All categories equal；另一種是Values，由使用者依細格理論次數多寡，依序在Values後之方格中輸入，並點選Add鈕，使之移至下方方格中。當然，使用者若輸入錯誤，則可利用 Remove 或 Change 進行修改。假設有一個變項 V1，共有三個類別，各類別期望次數分別爲 30、90、60，則界定進行適合度考驗之語法如圖 7-2（注意：最下方方格中理論期望次數之出現順序依序爲 30、90 及 60）。

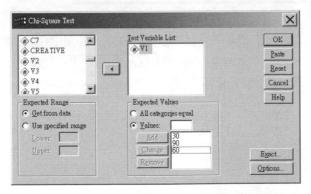

圖 7-2　變項各類別理論期望次數不相等之界定方式

在對話方塊中，Chi-Square(卡方分配)指令包括Options一個次指令，其功能在界定所要輸出之各種統計量，包括Descriptive及Quartiles。使用者只要用滑鼠左鍵在選項前之方格上點選一下（方格出現打勾符號），即可輸出該統計量，如圖 7-3。

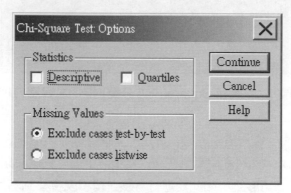

圖 7-3　Options 次指令之對話方塊

在完成上述指令之界定工作後，使用者只要點選圖 7-1 中之 OK 鈕，SPSS即會執行使用者所界定之統計分析，並自動開啓結果輸出視窗，將分析結果輸出。

二、　Crosstabs(交叉表)　指令

要進行二類類別變項間關係之卡方檢定，首先須將原始資料讀進資料編輯視窗中，然後開啓應用視窗中Analyze(分析)功能表之Descriptive Statistics(描述統計)下之Crosstabs(交叉表)指令之對話方塊，如圖 7-4。

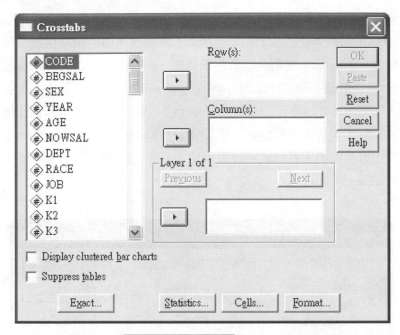

圖 7-4　Crosstabs(交叉表)指令之對話方塊

在圖 7-4 中，使用者首先必須界定所要進行卡方檢定之二個變項名稱，此可在來源變項清單中，利用滑鼠點選該變項使之反白後，再點選右方之三角形鈕，如此要進行卡方檢定計算之變項就會移到右邊之 Row(s) 及 Column(s) 之方格中。其中應注意的是，二個類別變項中，反應（依）變項應置於 Row(s) 之方格中，而設計（自）變項應置於 Column(s) 之方格中。此外，在來源變項清單下方，SPSS 提供二個選項供使用者選擇，其一為 Display clustered bar charts ，以輸出各類別次數之長條圖；另一個是 Suppress tables，界定不輸出二向度次數列聯表。使用者可根據需要利用滑鼠在選項前之方格中點選。

在對話方塊中，Crosstabs(交叉表)指令包括 Statistics 、Cells 及 Format 三個次指令，以下分別說明其功能與用法：

(一) Statistics 次指令

Statistics 次指令之功能在界定所要輸出之各種統計檢定值。使用者只

要用滑鼠左鍵在鈕上點選一下，即可開啓其對話方塊，如圖 7-5。在圖 7-5
中，SPSS 所提供之統計檢定值，包括卡方考驗值、積差相關係數，以及適
用於名義（nominal）變項之列聯相關係數、φ相關與 Cramer's V 係數、預
測關聯性λ係數及不確定性係數（uncertainty coefficient）；其次，還包括適
用於次序（ordinal）變項之γ係數、Somer's d 係數及 Kendall 等級相關係數；
最後，還有 Eta 係數、Kappa 一致性係數、Risk 係數及 McNemar 卡方值
等。使用者希望輸出哪幾個統計檢定值，只要在其前面之空白方格中以滑
鼠左鍵點選一下即可。

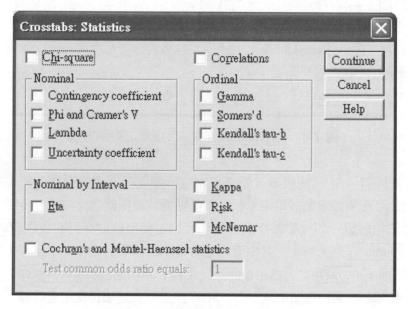

圖 7-5　Statistics 次指令之對話方塊

(二) Cells 次指令

　　Cells 次指令之功能在界定所要輸出之列聯表各細格的統計量。使用者
只要用滑鼠左鍵在鈕上點選一下，即可開啓其對話方塊，如圖 7-6。在圖 7-6
中，SPSS 所提供之列聯表細格統計量包括實際觀察值（Observed）、期望
值（Expected）、占橫列百分比（Row）、占縱行百分比（Column）、

占總數百分比（ Total ）、殘差（ Unstandardized ）、標準化殘差（ Standardized ）及校正後標準化殘差（ Adjusted standardized ）等 8 個統計量，使用者希望輸出哪幾個統計量，只要在其前面之空白方格中以滑鼠左鍵點選一下即可。

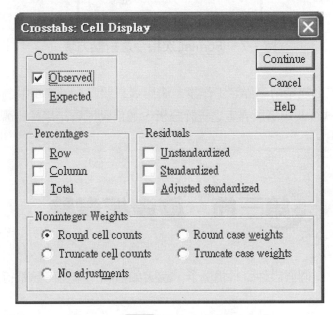

圖 7-6　 Cells 次指令之對話方塊

㈢ Format 次指令

　　 Format 次指令之功能在界定所要輸出之列聯表橫列各細格的呈現順序。使用者只要用滑鼠左鍵在鈕上點選一下，即可開啟其對話方塊，如圖7-7。SPSS 提供二種呈現橫列順序之選擇，一為採遞增（ Ascending ）之方式；另一為採遞減（ Descending ）之方式，內設格式為遞增之方式。

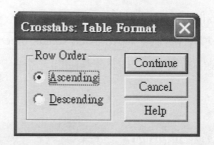

圖 7-7 　Format 次指令之對話方塊

　　在完成上述指令之界定工作後，使用者只要點選圖 7-4 中之 OK 鈕，
SPSS 即會執行使用者所界定之統計分析，並自動開啓結果輸出視窗，將分
析結果輸出。

第三節　適合度考驗

　　以下以一個假設性資料爲例子，說明如何利用卡方考驗進行適合度考
驗。

例 7-1 　（資料檔爲 ex7-1.sav）

　　有一個研究者想了解大學生參與社團活動之偏好是否有所不同。乃
隨機抽取 500 名大學生進行調查，下表爲 500 名學生參與社團活動類型
之結果。試問大學生參與社團活動之偏好是否有所不同？

社團類型	服務性	康樂性	學術性	體育性	藝術性
參加人數	125	149	75	98	53

一、操作程序

根據例 7-1 旨在了解 500 名大學生參與社團活動之偏好是否有所不同，而參與社團類型屬於類別變項，因此應該進行適合度考驗。首先將原始資料讀進資料編輯視窗（有關讀取原始資料之方式，請參見第二章，此處假設資料已讀進資料編輯視窗中），如圖 7-8。圖 7-8 中 type 代表社團類型、freq 代表各類型實際觀察次數。

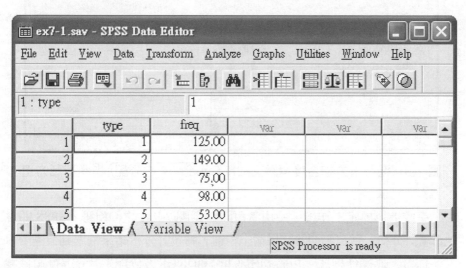

圖 7-8　例 7-1 之假設性資料

圖 7-8 也是屬於整理過後之資料，因此進行卡方適合度分析前，需進行觀察值加權，以還原出 500 筆觀察值之原始資料。針對圖 7-8 之資料，首先應開啓應用視窗中 Data(資料) 功能表之 Weight Cases(觀察值加權) 指令之對話方塊，先點選 Weight cases by 選項，並在來源變項清單中，點選變項細格次數（freq），移至 Frequency Variable 方格中，並點選 OK 鈕，SPSS 即會執行觀察值加權工作（此時資料編輯視窗中看不到任何動作或結果）。

完成觀察值加權後，應開啟應用視窗中 Analyze(分析) 功能表之 Non-parametric Tests(無母數檢定) 下之 Chi-Square(卡方分配) 指令之對話方塊，並在來源變項清單中點選變項社團類型（type），移至 Test Variable List 方格中，如圖 7-9。

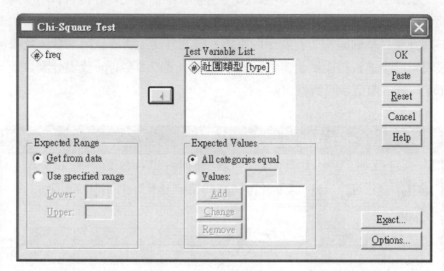

圖 7-9 進行卡方適合度考驗之 Chi-Square(卡方分配) 指令對話方塊

完成上述界定工作後，使用者可以點選圖 7-9 中之 OK 鈕，SPSS 即會執行統計分析，並自動開啟結果輸出視窗，將統計分析結果輸出到視窗中。

綜合上述操作程序，可將利用 Chi-Square(卡方分配) 指令進行適合度檢定之程序摘要如下：

Data
　　Weight Cases……進行觀察值加權
Analyze
　Nonparametric Tests
　　Chi-Square……點選進行適合度考驗之類別變項至目標清單中
　　　OK……執行統計分析

二、報表解釋

當使用者點選 (OK) 執行統計分析，則 SPSS 會自動開啓結果輸出視窗將統計分析結果輸出到視窗中。例 7-1 執行之結果與報表解釋如下：

社團類型

	Observed N	Expected N	Residual
服務性	125	100.0	25.0
康樂性	149	100.0	49.0
學術性	75	100.0	-25.0
體育性	98	100.0	-2.0
藝術性	53	100.0	-47.0
Total	500		

SPSS 所輸出的單因子分類資料。其中第一縱行是五個選項之標籤（原始資料檔中已經對變項之編碼值界定標籤，因此 SPSS 在報表輸出時，以標籤取代原來之編碼值）。第二縱行是實際觀察次數，使用者可以發現透過觀察值加權，以還原出 500 名大學生之參與社團類型。第三縱行是理論期望次數，由於並沒有任何理論或研究可以支持 500 名大學生樣本對五種社團類型的選擇之期望次數會有所不同，因此研究者應假設五個選項被觀察值選擇的機率是相等的，因此各類的期望次數均占全部樣本的五分之一，各爲 100 名。第四縱行則是實際觀察次數減去理論期望次數之值，又稱爲殘差值（residual），殘差值的絕對值愈大，表示實際觀察次數與理論期望次數差異愈大。

Test Statistics

	社團類型
Chi-Square[a]	58.640
df	4
Asymp.Sig.	.000

a. 0 cells (.0%) have expected frequencies less than 5. The minimum expected cell frequency is 100.0.

　　SPSS 所輸出的適合度檢定結果。在本例中，χ^2 值為 58.640，自由度為 4，p 值為 .000，已達到 .05 的顯著水準。表示 500 名大學生參與社團活動之偏好確實有顯著不同。進一步從單因子分類資料可知，500 名大學生較多選擇之選項是「康樂性社團」（149 次，占 29.8 %），而較少選擇之選項是「藝術性社團」（53 次，占 10.6 %）。

　　唯在做這種推論前時應該要謹慎，因為實際觀察次數與理論期望次數的差異究竟要達到多少，才可以說有顯著差異，這裡並沒有提供一個客觀的統計量數可供參考。例如「服務性社團」這個選項的實際觀察次數與理論期望次數的差為 25 次，這 25 次的差異究竟是已經達到統計上的顯著水準，或是由機遇（by chance）所造成，使用者實在很難作決定。如果說這 25 次的差異是因機遇所造成，則我們推論大學生顯著較常選擇「服務性社團」，就會產生偏誤。下一節中本書會提供一個較為客觀的統計量數，做為判斷某一類別實際觀察次數與理論期望次數之差異是否達顯著水準的依據。

　　例 7-1 是類別變項單因子分類表各類別理論期望次數，因沒有任何理論或研究可以支持樣本對五個選項的選擇之期望次數會有所不同，因此研究者應假設五個選項被觀察值選擇的機率是相等的。但在有些研究問題中，各類別之期望次數是事先知道的〔例如林清山（1993）中之例 13-2 即是〕，則進行適合度檢定時，在圖 7-9 之對話方塊中，應在期望值之 [Values] 方格中，依序輸入各類別之期望次數，然後再進行假設考驗。

第四節　百分比同質性考驗及獨立性考驗

事實上以視窗 13.0 版進行百分比同質性考驗及獨立性考驗的程式指令語法幾乎完全相同，不同的是在統計結果解釋上的差異，以及 χ^2 值達到顯著差異後之作法有所不同。以下分別以二個例子說明百分比同質性考驗及獨立性考驗：

一、百分比同質性考驗

例 7-2　（資料檔為 ex7-2.sav）

有一個研究者想了解學生選擇就讀研究所之原因，乃隨機抽取五個不同研究所共 203 名學生選讀該研究所就讀之原因。下表為 203 名學生選讀研究所原因之調查結果。試問不同研究所學生選讀之原因是否有所差異？

	A	B	C	D	E
學費	15	22	17	9	8
聲望	16	12	22	14	11
交通	12	6	5	15	19

(一)操作程序

根據例 7-2 旨在了解 203 名不同研究所學生選讀之原因是否有所差異，因此應該進行百分比同質性考驗。其中就讀研究所「所別」為設計（自）變項，「就讀原因」為反應（依）變項，二個變項都屬於類別變項。首先將原始資料讀進資料編輯視窗（有關讀取原始資料之方式，請參見第二章，此處假設資料已讀進資料編輯視窗中），如圖 7-10。圖 7-10 中 type 代表研究所所別、cause 代表就讀原因、freq 代表各類型實際觀察次數。

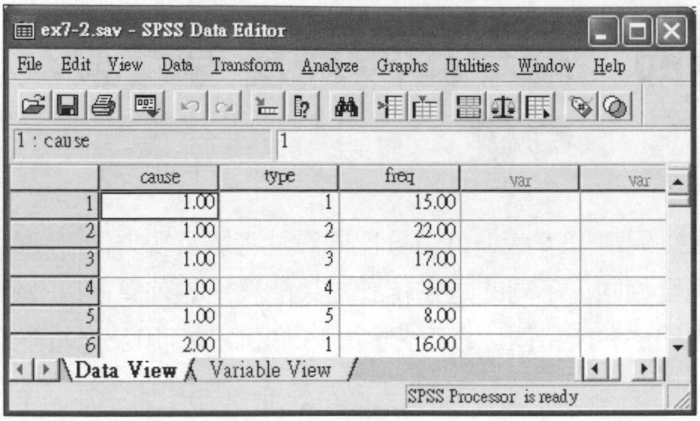

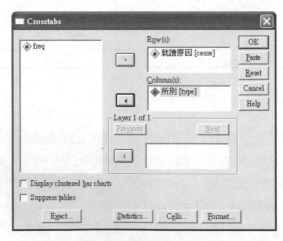

圖 7-10　例 7-2 之假設性資料

　　進行卡方百分比同質性考驗時（有關本例原始資料之讀取與加權之說明，請參見例 6-4，此處不再贅述），應開啓應用視窗中 Analyze(分析) 功能表之 Descriptive Statistics(描述統計) 下 Crosstabs(交叉表) 指令之對話方塊，並在來源變項清單中，點選變項就讀原因（cause），移至 Row(s) 之方格中；點選變項所別（type），移至 Column(s) 之方格中（因本例二變項有自、依變項之分，因此 Row(s) 中應爲依變項與 Column(s) 中應爲自變項），如圖 7-11。

圖 7-11　界定卡方百分比同質性考驗之 Crosstabs(交叉表) 指令對話方塊

其次,開啟 Statistics 次指令對話方塊,並點選其中之 Chi-square 選項,以輸出卡方值,並點選 Continue 鈕,以回到圖 7-11 之對話方塊。完成所要輸出統計量之界定後,再點選圖 7-11 中之 Cells 次指令,以開啟其對話方塊,並點選其中之 Observed 、 Row 、 Column 、 Total 及 Adjusted standardized 等五個選項,以輸出實際觀察次數、占橫列百分比、占縱行百分比、占總數百分比,以及校正後標準化殘差等統計量,並點選 Continue 鈕,以回到圖 7-11 之對話方塊。

完成上述界定工作後,使用者可以點選圖 7-11 中之 OK 鈕,SPSS 即會執行統計分析,並自動開啟結果輸出視窗,將統計分析結果輸出到視窗中。

綜合上述操作程序,可將利用 Crosstabs(交叉表) 指令進行百分比同質性檢定之程序摘要如下:

```
Data
  Weight Cases……進行觀察值加權
Analyze
  Descriptive Statistics
    Crosstabs……點選進行百分比同質性檢定之二個變項至目標清單中
    Statistics……界定輸出卡方值
    Cells……界定輸出各項統計量
    OK……執行統計分析
```

(二)報表解釋

當使用者點選 OK 執行統計分析,則 SPSS 會自動開啟結果輸出視窗將統計分析結果輸出到視窗中。例 7-2 執行之結果與報表解釋如下:

Case Processing Summary

	Cases					
	Valid		Missing		Total	
	N	Percent	N	Percent	N	Percent
就讀原因*所別	203	100.0%	0	.0%	203	100.0%

　　SPSS 所輸出有關資料檔中觀察值在二個變項上之有效值個數訊息。在例 7-2 中，SPSS 共讀取 203 筆觀察值，缺失值為 0，在就讀原因（cause）與所別（type）二個變項上全部都是有效值。有關之詳細報表解釋，請參見第四章第四節例 4-2，此處不再贅述。

就讀原因*所別 Crosstabulation

			A	B	C	D	E	Total
就讀原因	學費	Count	15	22	17	9	8	71
		% within 就讀原因	21.1%	31.0%	23.9%	12.7%	11.3%	100.0%
		% within 所別	34.9%	55.0%	38.6%	23.7%	21.1%	35.0%
		% of Total	7.4%	10.8%	8.4%	4.4%	3.9%	35.0%
		Adjusted Residual	.0	3.0	.6	-1.6	-2.0	
	聲望	Count	16	12	22	14	11	75
		% within 就讀原因	21.3%	16.0%	29.3%	18.7%	14.7%	100.0%
		% within 所別	37.2%	30.0%	50.0%	36.8%	28.9%	36.9%
		% of Total	7.9%	5.9%	10.8%	6.9%	5.4%	36.9%
		Adjusted Residual	.0	-1.0	2.0	.0	-1.1	
	交通	Count	12	6	5	15	19	57
		% within 就讀原因	21.1%	10.5%	8.8%	26.3%	33.3%	100.0%
		% within 所別	27.9%	15.0%	11.4%	39.5%	50.0%	28.1%
		% of Total	5.9%	3.0%	2.5%	7.4%	9.4%	28.1%
		Adjusted Residual	.0	-2.1	-2.8	1.7	3.3	
Total		Count	43	40	44	38	38	203
		% within 就讀原因	21.2%	19.7%	21.7%	18.7%	18.7%	100.0%
		% within 所別	100.0%	100.0%	100.0%	100.0%	100.0%	100.0%
		% of Total	21.2%	19.7%	21.7%	18.7%	18.7%	100.0%

（表頭「所別」橫跨 A、B、C、D、E 五欄）

　　SPSS 所輸出之二向度列聯表。本例中依變項「就讀原因」（cause）

有三個類別，自變項「所別」（type）有五個類別，因此構成一個 3 × 5 列聯表。列聯表中各細格的統計量依序為實際觀察次數、細格次數占橫列百分比、細格次數占縱行百分比、細格次數占總樣本百分比，以及細格的校正後標準化殘差值等五項統計量。以 B 所學生，選擇「聲望」之細格為例，實際次數為 12，占橫列的 16.0 ％（12/75），占縱行的 30.0 ％（12/40），占總樣本的 5.9 ％（12/203），校正後標準化殘差值為-1.0。校正後標準化殘差則是實際次數減去期望次數所得的殘差值，除以其標準誤而加以標準化，再依樣本數多寡加以校正後的結果，其平均數為 1、標準差為 0，就如同 Z 分數一樣，是以在平均數上下的幾個標準差單位來表示（Haberman, 1978）。至於每一細格之期望次數之計算，係將該細格所對應之二個邊際次數乘積除以總樣本數，即：

$$E_{ij} = \frac{f_{i.} \times f_{.j}}{f_{..}} \cdots\cdots < 公式\ 1 >$$

以 B 所學生，選擇「交通」之細格為例，其所對應的二個邊際次數分別為 57 及 40，總次數為 203，因此該細格之期望次數為：

$$E_{32} = \frac{f_{3.} \times f_{.2}}{f_{..}} = \frac{57 \times 40}{203} = 11.23$$

Chi-Square Tests

	Value	df	Asymp.Sig. (2-sided)
Pearson Chi-Square	26.533[a]	8	.001
Likelihood Ratio	26.610	8	.001
Linear-by-Linear Association	9.581	1	.002
N of Valid Cases	203		

a. 0 cells (.0%) have expected count less than 5. The minimum expected count is 10.67.

SPSS 所輸出的百分比同質性卡方檢定結果。在本例中 χ^2 值為 26.533，自由度為 8，p 值為.001，已達到.05 的顯著水準，表示不同所別學生選擇就讀該研究所之原因的選擇反應有顯著的差異；或說學生選擇就讀研究所之原因會因就讀所別之不同而有顯著差異。

由於本例的問題屬於「樣本在 Y 變項上反應的百分比（不）因 X 變項的不同而有（無）顯著差異」之差異假設考驗。因此必須假設自變項各類別的次數在事前就已決定，是由研究者所操弄的一個設計變項。此種百分比同質性考驗的問題，在樣本的反應達到顯著差異後，通常必須進行事後比較（posteriori comparison），以進一步檢定究竟是哪幾類樣本間在依變項上反應的百分比有顯著差異（余民寧，1995；林清山，1993）。可惜 SPSS 目前並無提供這項功能，且事後比較的計算較為複雜，Haberman（1978）提供一項較為簡便的方法，就是根據上述的細格校正後標準化殘差值來進行比較。Haberman（1978）指出，校正後標準化殘差的機率分配接近常態分配，因此在雙側考驗下，可以 1.96 做為.05 顯著水準的臨界值，2.58 為.01 的臨界值。

在第一節中已經提到，卡方檢定的基本原理是在檢定每一細格實際觀察次數與理論期望次數間的差異是否達顯著水準，而殘差值則是實際次數減去期望次數的結果，因此，若標準化或校正後標準化殘差值為負值，且達到顯著水準，則表示實際觀察次數顯著低於期望次數；反之，則實際次數顯著高於期望次數。由本例可知，在就讀原因「學費」上，B 所學生之校正後標準化殘差為 3.0，而 E 所學生則為-2.0；即 B 所學生顯著較多會以「學費」為就讀考量，而 E 所學生以「學費」為就讀考量之次數顯著較低。同樣地，C 所學生以「聲望」為就讀原因之人數顯著較高，B 所及 C 所學生以「交通」為就讀原因之人數顯著較低，而 E 所學生以「交通」為就讀原因之人數顯著較高。

利用 Haberman 所提的校正後標準化殘差值，若自變項只有二組時，就如同事後比較程序可以清楚地知道二組間差異之情形。但在多組情境下，就無法像事後比較一樣，兩兩配對比較二類樣本間選擇之差異，但確實可以檢定自變項某一類樣本在依變項某一反應之次數，與自變項其它各類樣本相較下反應是否有顯著差異。

其次，在表中 SPSS 也會輸出列聯表各細格中期望次數的最小值。根據最小的期望次數值，研究者可決定是否需要進行耶茲氏校正。依據 Yate 的研究，當卡方檢定的自由度為 1（通常是 2 × 2 列聯表），若有任何細格的期望次數小於 5 時，就必須進行校正工作，余民寧（1995）甚至認為只

要小於 10 最好即進行校正，以避免高估卡方值，造成錯誤拒絕虛無假設（犯第一類型錯誤）的機率提高。在本例中期望次數最小的是 10.67 次，且是一個 3 × 5 列聯表，故不需進行校正工作。

　　若細格最小期望次數小於 5，SPSS 會進一步列印出次數小於 5 的細格數，且若是 2 × 2 的列聯表，SPSS 同時會輸出 Yate's 校正後的卡方值及其顯著水準（參見例 6-3）。事實上，細格期望次數小於 5 的問題，常出現在小樣本的情況，而卡方考驗對小樣本的檢定結果，常會出現高估卡方值的偏誤（bias）；也就是說，卡方考驗實在不適用於小樣本的假設檢定，Cochran（1954）即認為卡方檢定適用於自由度大於 1（即至少有一變項是二分以上），期望次數小於 5 的細格數占全部細格數的百分比低於 20％，且沒有任何細格的期望次數少於 1 的情形，而當違反上述條件時，最好改採其它的無母數統計方法。

二、獨立性考驗

例 7-3　　（資料檔為 ex6-4.sav）

　　例 6-4 如下表有關「參與宗教活動頻率」與「家庭生活狀況」二變項間的關係之調查結果。試以卡方獨立性考驗檢定二變項間是否有相關存在？

		參與宗教活動頻率		
		常參加	偶而參加	很少參加
	很快樂	273	153	30
家庭生活狀況	無意見	195	170	24
	不快樂	86	78	91

㈠操作程序

　　根據例 7-3，由於旨在檢定「參與宗教活動頻率」與「家庭生活狀況」二個類別變項間之相關，因此屬於利用卡方考驗進行獨立性檢定之問題。進行獨立性考驗時（有關本例原始資料之讀取與加權之說明，請參見例6-4，此處不再贅述），應開啓應用視窗中 Analyze(分析) 功能表之 Descriptive Statistics(描述統計) 下 Crosstabs(交叉表) 指令之對話方塊，並在來源變項清單中，點選變項家庭生活（family），移至 Row(s) 之方格中；點選變項宗教活動頻率（religion），移至 Column(s) 之方格中（因本例二變項間並非因果關係，因此 Row(s) 與 Column(s) 之方格中，置放哪一個變項都可以），如圖 7-12。

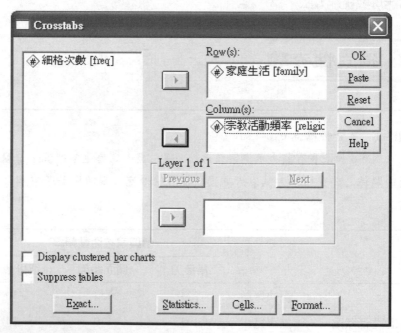

圖 7-12　界定卡方獨立性考驗之 Crosstabs(交叉表) 指令對話方塊

　　其次，再點選圖 7-12 中 Statistics 次指令之鈕，開啓其對話方塊，並點選 Chi-square 、 Contingency coefficient 及 Lambda 三個選項，以界定輸出χ^2

值、列聯相關係數及預測關聯性λ係數，再按 Continue 鈕回到圖 7-12 之對話方塊。

　　完成所要輸出統計量之界定後，再點選圖 7-12 中之 Cells 次指令，以開啓其對話方塊，並點選其中之 Observed 、 Row 、 Column 及 Total 等四個選項，以輸出實際觀察次數、占橫列百分比、占縱行百分比，以及占總數百分比等統計量，並點選 Continue 鈕，以回到圖 7-12 之對話方塊。

　　完成上述界定工作後，使用者可以點選圖 7-12 中之 OK 鈕，SPSS 即會執行獨立性考驗之統計分析，並自動開啓結果輸出視窗，將統計分析結果輸出到視窗中。

　　綜合上述操作程序，可將利用 Crosstabs(交叉表) 指令進行計算例 7-3 獨立性考驗之程序摘要如下：

```
Data
    Weight Cases……進行觀察值加權
Analyze
    Descriptive Statistics
        Crosstabs……點選進行獨立性考驗之變項至目標變項清單中
        Statistics……界定輸出卡方值及列聯係數等統計檢定值
        Cells……界定輸出各項統計量
        OK……執行統計分析
```

(二)報表解釋

　　當使用者點選 OK 執行統計分析，則 SPSS 會自動開啓結果輸出視窗，將統計分析結果輸出到結果輸出視窗中。例 7-3 執行之結果與報表解釋如下：

Case Processing Summary

	Cases					
	Valid		Missing		Total	
	N	Percent	N	Percent	N	Percent
家庭生活*宗教活動頻率	1100	100.0%	0	.0%	1100	100.0%

　　SPSS 所輸出有關資料檔中觀察值在二個變項上之有效值個數訊息。有
關之詳細報表解釋，請參見第四章第四節例 4-2，此處不再贅述。

家庭生活*宗教活動頻率 Crosstabulation

			宗教活動頻率			Total
			常參加	偶而參加	很少參加	
家庭生活	很快樂	Count	273	153	30	456
		% within 家庭生活	59.9%	33.6%	6.6%	100.0%
		% within 宗教活動頻率	49.3%	38.2%	20.7%	41.5%
		% of Total	24.8%	13.9%	2.7%	41.5%
	無意見	Count	195	170	24	389
		% within 家庭生活	50.1%	43.7%	6.2%	100.0%
		% within 宗教活動頻率	35.2%	42.4%	16.6%	35.4%
		% of Total	17.7%	15.5%	2.2%	35.4%
	不快樂	Count	86	78	91	255
		% within 家庭生活	33.7%	30.6%	35.7%	100.0%
		% within 宗教活動頻率	15.5%	19.5%	62.8%	23.2%
		% of Total	7.8%	7.1%	8.3%	23.2%
Total		Count	554	401	145	1100
		% within 家庭生活	50.4%	36.5%	13.2%	100.0%
		% within 宗教活動頻率	100.0%	100.0%	100.0%	100.0%
		% of Total	50.4%	36.5%	13.2%	100.0%

　　SPSS 輸出的二向度列聯表。本例中變項「家庭生活」有三個類別，
「參與宗教活動頻率」有三種類別，因此構成一個 3 × 3 的列聯表。列聯
表中各細格的統計量依序為實際次數、占橫列百分比、占縱行百分比，以
及占總數百分比等四項。以常參加宗教活動而家庭生活很快樂之細格為例，
實際次數為 273，理論期望次數為 229.7，占橫列（家庭生活很快樂之邊際

次數）百分比為 59.9 ％（273/456），占縱行（常參加宗教活動之邊際次數）百分比為49.3％（273/554），占總樣本數百分比為24.8％（273/1100）。

Chi-Square Tests

	Value	df	Asymp.Sig. (2-sided)
Pearson Chi-Square	158.830[a]	4	.000
Likelihood Ratio	135.609	4	.000
Linear-by-Linear Association	89.465	1	.000
N of Valid Cases	1100		

a. 0 cells (.0%) have expected count less than 5. The minimum expected count is 33.61.

　　SPSS 所輸出的獨立性卡方考驗結果。在本例中 χ^2 值為 158.830，自由度為 4，p 值為.000，已達到.05 的顯著水準，表示「家庭生活狀況」與「參加宗教活動頻率」二變項間並非獨立，有顯著的相關存在。

　　由於在獨立性考驗中，二個變項都是反應變項，都非研究者所能操弄，其基本目的在檢定變項間之相關，而非探討自變項在依變項上的差異，因此獨立性考驗不必像百分比同質性考驗一樣進行事後比較。至於二個變項間之關係達到顯著後，研究者可利用第六章中的 ϕ 相關（2×2列聯表）、列聯相關（3×3以上之正方形列聯表），或 Cramer's V 係數（其它長方形列聯表）進行二變項關聯性（association）強度的考驗（參閱第六章例6-3 及例6-4），這三個關聯性強度的係數值均在 0 到 1 之間，值愈接近 1，表示二變項關聯性愈強，值愈接近 0，則關聯性愈弱；其次，也可利用 Hays（1988）所提的「預測關聯性指標」（index of predictive association），計算二變項間關聯的強度（見下一個報表解釋），解釋二變項間的關係。

Directional Measures

		Value	Asymp. Std.Error[a]	Approx. T[b]	Approx. Sig.
Nominal by Nominal	Lambda Symmetric	.070	.023	2.940	.003
	家庭生活 Dependent	.121	.031	3.725	.000
	宗教活動頻率 Dependent	.009	.024	.376	.707
	Goodman and Kruskal tau 家庭生活 Dependent	.061	.011		.000[c]
	宗教活動頻率 Dependent	.048	.009		.000[c]

a. Not assuming the null hypothesis.

b. Using the asymptotic standard error assuming the null hypothesis.

c. Based on chi-square approximation.

　　SPSS 所輸出的預測關聯性指標（λ係數）。λ係數的原理係基於當二個變項間有關聯存在時，則知道樣本在某一變項的訊息，將有助於預測樣本在另一變項的訊息。因此λ係數愈高，代表根據樣本在一變項的訊息，愈能正確預測在另一變項的訊息。在本例中，當知道樣本宗教活動之參與頻率，以預測其家庭生活狀況時，λ係數爲.121，表示「當知道樣本宗教活動之參與頻率，可增加預測樣本家庭生活狀況之正確性達 12.1 ％」。也就是說，如果我們不知道樣本的宗教活動參與頻率爲何，而要預測樣本的家庭生活狀況時，則最好是預測「很快樂」（因此類的邊際次數達 456 次，占全部41.5 ％），但當我們知道樣本宗教活動參與頻率時，則我們預測的正確性會提高；亦即，樣本若宗教活動參與頻率爲「常參加」，我們會預測其爲「很快樂」（因細格次數爲 273 是該縱行最高的），樣本若宗教活動參與頻率爲「很少參加」，我們會預測其爲「不快樂」（細格次數爲 91）。至於當我們知道樣本的家庭生活狀況時，λ係數爲.009，表示就算我們知道樣本的家庭生活狀況，也幾乎無法提高預測其宗教活動參與頻率的正確性，其原因在於不管家庭生活狀況爲何，宗教活動參與頻率幾乎均以「常參加」之次數最高。

　　λ係數的計算原理是，當要預測橫列變項（本例爲家庭生活）時，係將各縱行細格次數最多的相加後，減去橫列邊際次數最高者，再除以總樣本

數減橫列邊際次數最高者之值；反之，當要預測縱行變項（本例為宗教活動參與頻率）時，係將各橫列細格次數最多的相加後，減去縱行邊際次數最高者，再除以總樣本數減縱行邊際次數最高者之值。

在本例中，知道樣本宗教活動參與頻率，以預測其家庭生活狀況之λ係數的計算：

$$\lambda = 〔(273 + 170 + 91) - 456〕 / (1100 - 456) = .121$$

知道樣本家庭生活狀況，以預測其宗教活動參加頻率之λ係數的計算：

$$\lambda = 〔(273 + 195 + 91) - 554〕 / (1100 - 554) = .009$$

Symmetric Measures

		Value	Approx. Sig.
Nominal by Nominal	Contingency Coefficient	.355	.000
N of Valid Cases		1100	

a. Not assuming the null hypothesis.

b. Using the asymptotic standard error assuming the null hypothesis.

SPSS 所輸出之列聯相關係數檢定結果。由表可知，列聯相關係數值為.355，已達到.05 之顯著水準。在卡方獨立性考驗時，當χ^2值達顯著後，列聯相關是用來做為檢定二個類別變項間關聯性之強度的統計量，由於本例二個變項間之列聯相關係數值為.355，因此可以說「家庭生活狀況與參與宗教活動頻率二變項間之關聯性屬中弱度相關」。

第五節　改變的顯著性考驗

SPSS 目前所提供的改變的顯著性考驗僅止於 McNemar 的考驗法，該法僅適用於 2 × 2 的列聯表，因此若有 3 × 3 以上的列聯表則SPSS並無法直接考驗其改變的顯著性。以下以例 7-4 說明 McNemar 的考驗法。

例 7-4 （資料檔為 ex7-4.sav）

　　有一政治學者想了解在經歷一連串的司法革新後，社會大眾對司法公正性的看法。下表是他隨機抽取 120 名樣本的調查結果。試問社會大眾對司法公正性的看法是否有所改變？

		司法改革後	
		公正	不公正
司法改革前	公正	35	14
	不公正	29	42

一、操作程序

　　根據例 7-4 旨在了解 120 名樣本對司法革新後公正性的看法，屬於對一個類別變項前後二次測量之 2 × 2 列聯表，因此應該進行McNemar的考驗法，以檢定樣本在前後二次測量間改變之顯著性。在將原始資料讀進資料編輯視窗中後（有關本例原始資料之讀取與加權之說明，請參見例 6-4，此處不再贅述），如圖 7-13。圖 7-13 中 before 代表司法改革前對 120 名樣本之調查結果、after 代表司法改革後對同樣 120 名樣本之調查結果、freq 代表細格次數。

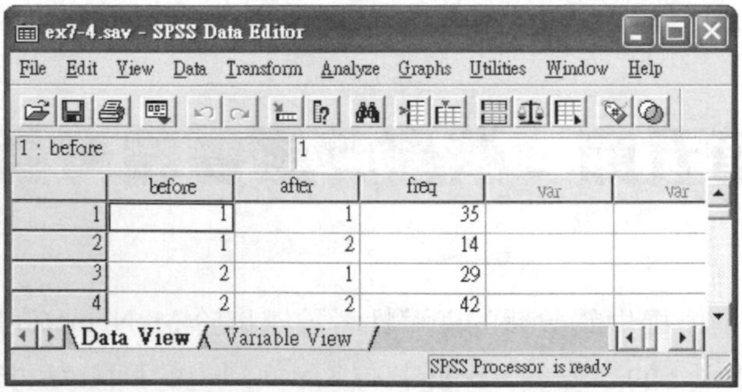

圖 7-13　例 7-4 之假設性資料

　　進行 McNemar 考驗時，首先應開啟應用視窗中 Analyze(分析) 功能表之 Nonparametric Tests(無母數檢定) 下 2 Related Samples(二個相關樣本) 指令之對話方塊，並將變項 before 及 after 自來源變項清單中點選移至 Test Pair (s) List 方格中，並點選 McNemar 選項，界定輸出 McNemar 檢定結果，如圖 7-14。

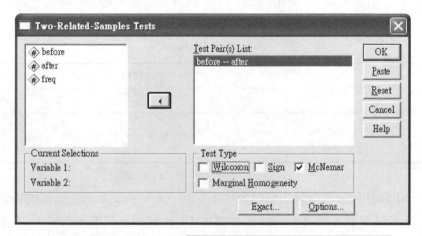

圖 7-14　界定 McNemar 檢定之 2 Related Samples(二個相關樣本) 指令對話方塊

　　完成上述界定工作後，使用者可以點選圖 7-14 中之 OK 鈕，SPSS 即會執行統計分析，並自動開啟結果輸出視窗，將統計分析結果輸出到視窗中。

　　綜合上述操作程序，可將利用 2 Related Samples(二個相關樣本) 指令進行 McNemar 考驗之程序摘要如下：

```
Data
   Weight Cases……進行觀察值加權
Analyze
  Nonparametric Tests
    2 Related Samples……點選進行 McNemar 考驗之變項至目標清單中
     OK……執行統計分析
```

二、報表解釋

當使用者點選 [OK] 執行統計分析，則 SPSS 會自動開啓結果輸出視窗，將統計分析結果輸出到視窗中。例 7-4 執行之結果與報表解釋如下：

before & after

before	after	
	1	2
1	35	14
2	29	42

SPSS 所輸出的 2 × 2 列聯表。在本例中，司法改革前認爲司法是公正的 49 名樣本中（變項 before 編碼值爲 1），在司法改革後仍有 35 名樣本（變項 after 編碼值爲 1）認爲司法是公正的，但有 14 名（變項 after 編碼值爲 2）改變態度認爲司法是不公正的。而司法改革前認爲司法是不公正的 71 名樣本中（變項 before 編碼值爲 2），在司法改革後仍有 42 名樣本（變項 after 編碼值爲 2）認爲司法是不公正的，但有 29 名（變項 after 編碼值爲 1）改變態度認爲司法是公正的。McNemar 檢定就在檢定前後二次測量有改變之結果（29 個對 14 個）的差距是否達顯著水準。

Test Statistics[b]

	before & after
N	120
Chi-Square[a]	4.558
Asymp. Sig.	.033

a. Continuity Corrected

b. McNemar Test

　　SPSS 所輸出 McNemar 檢定之結果。經以 McNemar 考驗法檢定之結果，卡方值爲 4.558，p 值爲.033，已達到.05 的顯著水準，表示樣本在司法改革前後，對司法公正性的看法有顯著的改變，由表可知，在司法改革前認爲司法是不公正的，但在改革後認爲司法是公正的有 29 名，而司法改革前認爲司法是公正的，但在改革後認爲司法是不公正的有 14 名，二者的差異已達到統計學上的顯著水準。也就是說，司法改革後，社會大眾對司法是公正的看法有顯著的提高。

　　這裡要特別說明的是，在 2 × 2 的列聯表中若有任一細格的理論期望次數小於 10，則 SPSS 就不計算卡方值，且改以二項式考驗（binomial test）檢定改變的顯著水準，因此不會列印出卡方值。有關二項式考驗的用法，請讀者參見第十章「無母數統計」。

第 章

SPSS 與平均數差異檢定

　　本章旨在說明如何利用視窗 13.0 版進行平均數差異檢定的問題。讀完本章後,使用者應該學會:

㈠理解平均數差異檢定方法的基本原理。

㈡能夠因應研究模式的不同,選擇適當的平均數差異檢定方法。

㈢熟知獨立樣本及重複量數 t 考驗檢定,並能解釋統計報表。

㈣熟知單因子獨立樣本及重複量數變異數分析,並能解釋統計報表。

㈤熟知三種二因子變異數分析(獨立樣本、混合設計及重複量數)之模式,並能解釋報表及進行各種單純效果之分析。

㈥熟知四種三因子變異數分析(獨立樣本、二獨一重混合設計、一獨二重混合設計及重複量數)之模式,並能解釋報表及進行各種單純效果之分析。

㈦熟知共變數分析之模式,並能解釋統計報表。

第一節　平均數差異檢定的基本原理

　　在行為科學的研究領域中,研究者進行調查研究後常必須比較自變項各組樣本在依變項上平均數之差異,或是在實驗研究中,探討不同實驗處理組在依變項表現之差異,以檢證變項間因果關係的問題;其次在研究報告中,也常可以看到研究者提出類似「樣本在 Y 變項上的得分(表現)不因 X 變項的不同而有顯著差異」的假設。例如調查研究中比較男女生平均所得之差異;又如實驗研究中檢定學生接受甲、乙教學方法後,在數學科之學業成績表現是否有所差異等問題均是。事實上,這一類各組平均數間差異顯著性檢定的問題,都可歸屬於「實驗設計」的問題,研究者藉著操弄自變項,以觀察樣本在依變項上反應的差異,進而探討二變項間的因果關係。以上述教學法對學生在數學科上之學業表現影響的問題為例,研究者操弄甲、乙二種的教學方法,在進行一段時間的教學後,以同樣測驗分別測量接受不同教學法的二組學生之學業成績,並由二組學生在數學科學業成績上平均數的差異,是否達到顯著水準,進而判斷教學法與學業成績

間是否有因果關係存在。這種比較不同組別受試平均數之差異或變項間因果關係的方法，隨著組別的多寡，主要有t考驗（二組）、變異數分析（二組以上）及共變數分析等；而隨著對實驗處理操弄方式之差異，可分為獨立樣本模式與相依樣本模式。

在這裡首先介紹幾個與平均數差異檢定相關的重要基本概念：

㈠因子（factor）

在平均數差異檢定或實驗設計中，研究者所操弄的自變項，通常稱為因子，一個自變項即為一因子，二個自變項為二因子。

㈡實驗處理（experimental treatment）或處理水準（treatment level）

在實驗設計中，各因子的不同類別或水準稱之。如上述教學法實驗中，教學法這個自變項分為甲及乙二個實驗處理或處理水準。

㈢組間（between-group）獨立

在實驗設計中，若二組或二組以上的受試者是分別來自同一母群體的不同樣本，稱為組間獨立。

㈣組內（within-group）獨立

在實驗設計中，若同一組的受試者是來自同一母群體的不同樣本，而不是對同一受試者做多次相同測量，以得到幾個不同的測量值，即同一組內的每一個測量值均是由不同受試者測量得來，稱為組內獨立。通常在橫斷面的研究中，各組的樣本都是組內獨立，但時間系列（time series）的縱貫面研究，各組測量值經常不是組內獨立，而有高度的相關存在。

㈤獨立樣本與相依樣本

在實驗設計中，若研究者所操弄的自變項，每一個自變項均符合組間獨立及組內獨立二個條件，則此一實驗設計稱為獨立樣本。亦即自變項的每一個實驗處理，分別由來自同一母群體的不同組樣本接受，或說每一組

受試者僅接受一種實驗處理稱之。獨立樣本又稱為受試者間設計（between-subject design）或完全隨機化設計（completely randomized design）。

在實驗設計中，若研究者所操弄的自變項，每一個自變項均只符合組內獨立，但組間並不獨立，則此一實驗設計稱為相依樣本。亦即自變項的全部處理水準，只由一組受試者接受，或說一組受試者同時接受二種或二種以上的實驗處理稱之。相依樣本又稱為受試者內設計（within-subject design）或隨機化區隔設計（randomized block design）。

除了上述的獨立樣本及相依樣本外，在多因子實驗設計中，研究者所操弄的多個自變項，有時會出現某幾個自變項是獨立樣本，有些是相依樣本，像這種在同一個實驗設計中，同時包含了獨立樣本及相依樣本的自變項之實驗設計，稱之為混合設計（mixed design）。

㈥固定效果模式與隨機效果模式

設母群體中共有 K 個實驗處理，而在變異數分析時，自變項的實驗處理數 k 就等於母群體的水準數，即 K = k，則此一變異數分析模式即為固定效果模式（fixed effect model）。也就是說，實驗設計包括了母群體所有的實驗處理，且實驗的結果也限於推論到這些實驗處理上，不會推論到其它的實驗處理情境中。一般而言，在行為科學的研究中，變異數分析所操弄的自變項通常都是固定效果模式。

設母群體中共有 K 個實驗處理，而在變異數分析時，自變項的實驗處理數 k 是從母群體的 K 個實驗處理中隨機抽樣而來，即 k < K，則此一變異數分析模式即為隨機效果模式（random effect model）。也就是說，實驗設計中並未包括了母群體所有的實驗處理，而實驗的結果將會根據所取樣的實驗處理，推論到母群體全部的實驗處理上，這種將研究結果推論到其它的實驗處理情境中的變異數分析模式即為隨機效果模式。一般而言，在行為科學的研究中，變異數分析中之受試者效果通常都是隨機效果模式。

這二種模式對變異數分析各變異來源的決定及計算並沒有影響，唯一的差別是在進行各種自變項效果顯著性檢定時，所選用的誤差項（即 F 值計算的分母項）有所不同而已。

其次，在平均數差異檢定時，不論使用 t 考驗或變異數分析，均需符

合下面幾個假設：

(一)觀察值要獨立（independence）

指每個觀察值必須是獨立的，也就是指在一母群體中，每一觀察值被抽取爲樣本的機率符合均等與獨立的原則。在平均數差異檢定中，必須確定組內獨立，至於組間獨立與否，只影響分析方法的不同，並沒有違反假設。

(二)常態性（normality）

指樣本所來自的母群體，在依變項上的機率分配呈常態分配。一般而言，在大樣本時，除非有相當明確的證據顯示觀察值違反常態性假設，否則根據中央極限定理（central limit theorem），通常不必去考驗常態性的問題。至於對常態性的檢定，可以透過殘差值（residual）的散佈圖（scatter plot）加以檢定，若殘差值散佈圖呈現一種隨機的水平散佈，而不是出現特定的分布情形，通常都是符合常態性的假設。如果真的違反常態性，則會產生高估樣本估計值，形成一個實際上未達顯著水準，而在統計上卻到達顯著水準的錯誤結論，致使犯第一類型錯誤的機率增高。爲解決違反常態性的問題，通常只要將 α 值設定的較小（嚴格）一些即可。

(三)變異數同質性（homogeneity of variance）

由於平均數差異檢定時，各組受試是隨機取自同一母群體的不同樣本，既然各組樣本是來自同一母群體，因此各組樣本在依變項得分的變異數應該要具有同質性，即：

$$\sigma_1^2 = \sigma_2^2 = \cdots\cdots = \sigma_k^2$$

如果違反這個假設，將使平均數差異檢定的結果形成嚴重的錯誤結論，因此在進行 t 考驗或變異數分析時，這是一個最必須嚴格遵守的假設。

常用來檢定變異數同質性假設的方法，包括 Hartley 的最大最小變異法（Hartley, 1950）、Bartlett 考驗法（Glass & Hopkins, 1984）、Cochran 考驗法（Winer, 1971）、Levene 考驗法（Glass & Stanley, 1970）及 Scheffe 法

（Scheffe, 1959）等五種方法。SPSS 在 4.0 版以前共提供前三種檢定方法，但自 5.0 版起只提供 Levene 考驗法。

一般而言，在等組設計（各組樣本數相等）時，因為變異數分析具有強韌性（robustness），因此是否檢定變異數同質性的假設，對犯第一類型錯誤及第二類型錯誤的機率影響並不大，這是為什麼很多研究報告中，都沒有交代同質性考驗結果的一個原因。但當各組人數差異愈大時，變異數是否同質對拒絕或接受虛無假設的影響就愈大，因此建議讀者在使用變異數分析時，若各組樣本人數差異極大，最好應做變異數同質性假設的檢定，以免形成錯誤的結論。至於違反同質性假設時的資料轉換問題，可參考余民寧（1995）、Box 與 Cox（1964）及 Cochran 與 Cox（1957）。

(四)可加性（additivity）

指各變異來源（包括自變項效果、受試者效果及誤差項效果）的離均差平方和（Sum of square of deviation from mean，簡稱 SS）相加後恰等於依變項的總離均差平方和。亦即依變項的 SS 可以切割為幾個獨立但可相加的部分。

(五)球面性（sphericity）或環狀性（circularity）

相依樣本變異數分析除了需符合上述四個基本假設外，必須再符合另一個假設，稱為球面性或環狀性。所謂球面性或環狀性是指樣本在自變項每一實驗處理下，在依變項上的得分，兩兩配對相減所得的差，這些差的變異數必須相等（同質）。違反此項假設，將會提高犯第一類型錯誤的機率。SPSS 提供了幾種檢定球面性或環狀性的方法，將在第四節中詳細介紹，至於相關的理論可參閱 Girden（1992）、Huynh 與 Feldt（1976）、Rounet 與 Lepine（1970）及 Stevens（1992）。

前已述及，平均數差異檢定的問題常與「實驗設計」的方法有關，研究者藉著操弄自變項，以觀察樣本在依變項上反應的差異，進而探討二變項間的因果關係。其中依變項是一個等距以上的連續變項，自變項則為類別或次序變項，而隨著自變項個數的差異，有單因子及多因子的不同；隨著對自變項各實驗處理操弄方式的差異，有獨立樣本、相依樣本及混合設

計等的不同,以下及分別說明幾種常用的平均數差異檢定方法:

一、t 考驗

t考驗適用於二組平均數差異的檢定,例如比較不同性別(分男性及女性二類)的大學教師之所得差異,又如比較實驗組與控制組在依變項上的差異等均是。t考驗隨著研究者對二個實驗處理操弄方式的差異,可以分為獨立樣本t考驗及相依樣本t考驗二種方法。t考驗的假設檢定步驟可分為:

㈠根據研究問題判斷是獨立樣本或相依樣本,並提出研究假設(注意單側或雙側檢定的問題)。

㈡根據研究假設提出統計假設,並訂出犯第一類型錯誤的機率($\alpha = .05$ 或 $\alpha = .01$)。

    1.若為單側考驗,則:

      $H_0 : \mu_1 \leqq \mu_2$ 或($\mu_1 \geqq \mu_2$)

      $H_1 : \mu_1 > \mu_2$ 或($\mu_1 < \mu_2$)

    2.若為雙側考驗,則:

      $H_0 : \mu_1 = \mu_2$

      $H_1 : \mu_1 \neq \mu_2$

㈢實際進行統計估計(利用 SPSS 進行),並計算自由度。

㈣下決策,並進行結果解釋:

    1.若估計值的 P 值小於所界定的 α 值,則拒絕虛無假設,表示二組平均數間的差異已達顯著水準,樣本在依變項上的反應會因自變項的不同而有所差異,亦即二變項間有因果關係存在。

    2.若估計值的 P 值大於或等於所界定的 α 值,則接受虛無假設,表示二組平均數間的差異並未達顯著水準,樣本在依變項上的反應不會因自變項的不同而有所差異,亦即二變項間沒有因果關係存在。

二、變異數分析

　　由於 t 考驗只適用於二組平均數差異的檢定，若是碰到三組或三組以上時，t 考驗就不再適用。之所以不適用，在於若有 K 組樣本，則總共需進行 K（K－1）／2 次之 t 考驗，除了計算上相當不便外，較嚴重之缺點是犯第一類型錯誤之機率大爲提高。爲解決 t 考驗不適於處理多組平均數差異檢定之問題，必須改用較具強韌性的 F 考驗爲方法。而變異數分析就是使用 F 考驗的一種統計方法，它常用來考驗多組平均數間的差異顯著性，當然 F 考驗也可以用於二組的情況，此時 F 考驗的結果會等於 t 考驗的平方，即 $F = t^2$。變異數分析根據研究者所操弄自變項個數的多寡，可以分成單因子（一個自變項）及多因子（二個以上自變項）變異數分析，雖說變異數分析不限制研究者操弄自變項的個數，但當自變項愈多，則模式就變得愈複雜，除了造成研究取樣及操弄的不方便外，當變項間有交互作用（interaction）產生時，解釋也極爲困難，因此一般在行爲科學的研究中，自變項的個數通常不超過三個。

　　變異數分析的原理，主要是在計算影響樣本在依變項反應的總離均差平方和（total SS）之各種可能變異來源的離均差平方和是多少。SS的計算公式爲：

　　SS ＝Σ（X － $\overline{X}$）^{2}……＜公式 1 ＞

　　事實上SS本身就是一個變異量數，但由＜公式 1 ＞可知，當樣本愈大時，通常 SS 也會愈大，因此直接比較各變異來源之 SS 並無意義。必須先將各變異來源除以適當之自由度，求得其加權平均數（即變異數），稱爲均方（Mean Square，簡稱MS），以做爲影響依變項總SS的各項變異來源之不偏估計值。此時，由於 MS 是加權平均，即可進一步比較各變異來源之不偏估計值的比值是否達統計學上的顯著水準。爲幫助讀者了解它的原理，先從下面例子談起。

　　我們可以發現，每個人的身高或多或少都有差異，而在這些差異中又

可進一步發現，似乎男性都比女性高，我們就可能會懷疑，性別（自變項）是否是造成個體身高（依變項）差異的主要原因。為了回答這個問題，我們會從一特定母群體中隨機抽取適當人數為樣本，然後測量每一個樣本的身高。此時，根據全部樣本的身高測量值，先求得一個總平均數，再求得其離均差平方和（即依變項的 total SS），也可以分別求得男性樣本及女性樣本的平均數，然後求得男性樣本的離均差平方和及女性樣本的離均差平方和（稱為組內離均差平方和）。其次，我們可以算出男性及女性樣本平均數與總平均數的離均差平方和（稱為組間離均差平方和）。而組內的離均差平方和加上組間的離均差平方和，恰好會等於樣本的總離均差平方和；亦即，影響樣本在依變項的總 SS 的變異來源，包括組間 SS 及組內 SS 二部分。以下表為例：

處理水準	例子 A		例子 B		例子 C	
	男性	女性	男性	女性	男性	女性
樣本測量值	170	150	171	158	162	158
	170	150	170	163	161	159
	170	150	167	168	160	160
	170	150	172	141	160	160
	170	150	170	144	159	161
	170	150	168	138	158	162
組平均數	170	150	168	152	160	160
總平均數	160		160		160	

在上表例子 A 中，二組內的 6 個樣本測量值全部相等，因此組內離均差平方和為 0，總 SS 全部由組間變異所造成。在例子 C 中，二組的平均數與總平均數完全相等，因此組間離均差平方和為 0，總 SS 全部由組內變異所造成。至於例子 B 是我們在做研究時，最常見到的情形，組間與組內各造成部分的變異，都可以解釋總 SS 的一部分。

根據上述例子 B 可以知道，每一個觀察值的身高分數（通常寫成 X_{ij}），

可以分爲三個部分。第一個部分就是總平均數（grand mean），這是所有樣本所共有的部分，通常寫成$\overline{X}..$；第二個部分是各組平均數（通常寫成$\overline{X}.j$）與總平均數的差異，這部分是因爲樣本性別差異所造成的效果，如果性別的影響力爲 0，則各組平均數應該等於總平均數（如例子 C）；第三部分是因爲樣本個別差異及測量誤差所造成的部分，讀者可以想像一下，如果沒有個別差異及測量誤差存在，則男性樣本中每一個觀察值的身高都應該等於男性樣本的平均數，女性樣本中每一個觀察值的身高都應該等於女性樣本的平均數（如例子 A），可是因爲有個別差異及測量誤差存在，所以同一組內每一個樣本的身高也會有所差異，這些差異就是樣本的身高分數減去組平均數。因此，每一個樣本的身高可以寫成：

$$X_{ij} = \overline{X}.. + (\overline{X}.j - \overline{X}..) + (X_{ij} - \overline{X}.j) \cdots\cdots <公式\ 2>$$

以例子 B 男性樣本第一個觀察值身高 171 爲例，與其它樣本共同的部分是 160，性別因素造成的影響爲 8，個別差異及測量誤差的影響爲 3，即：

$$171 = 160 + (168 - 160) + (171 - 168) = 160 + 8 + 3$$

將<公式 2>的總平均數移項，則：

$$X_{ij} - \overline{X}.. = (\overline{X}.j - \overline{X}..) + (X_{ij} - \overline{X}.j) \cdots\cdots <公式\ 3>$$

<公式 3>就是將每一個人在依變項的得分，分爲自變項的影響及個別差異與測量誤差的影響二部分，再根據<公式 3>將第 j 組每一個樣本分數的二邊取平方後加總，得：

$$\sum_{i=1}^{n} (X_{ij} - \overline{X}..)^2 = \sum_{i=1}^{n} \left[(\overline{X}.j - \overline{X}..) + (X_{ij} - \overline{X}.j) \right]^2$$

將上式展開，得：

$$\sum_{i=1}^{n} (X_{ij} - \overline{X}..)^2 = \sum_{i=1}^{n} \left[(\overline{X}.j - \overline{X}..)^2 + 2(\overline{X}.j - \overline{X}..)(X_{ij} - \overline{X}.j) + (X_{ij} - \overline{X}.j)^2 \right]$$
$$= n(\overline{X}.j - \overline{X}..)^2 + 2(\overline{X}.j - \overline{X}..) \sum_{i=1}^{n} (X_{ij} - \overline{X}.j) + \sum_{i=1}^{n} (X_{ij} - \overline{X}.j)^2$$

由於上式右邊第二項的值爲 0（因爲離差分數總和必爲 0），所以這一項就可以消去，因此上式可以寫成：

$$\sum_{i=1}^{n} (X_{ij} - \overline{X}..)^2 = n (\overline{X}_{\cdot j} - \overline{X}..)^2 + \sum_{i=1}^{n} (X_{ij} - \overline{X}_{\cdot j})^2 \cdots \cdots <公式 4 >$$

最後，再把 k 組的<公式 4 >全部加起來，得：

$$\sum_{j=1}^{k}\sum_{i=1}^{n} (X_{ij} - \overline{X}..)^2 = n \sum_{j=1}^{k} (\overline{X}_{\cdot j} - \overline{X}..)^2 + \sum_{j=1}^{k}\sum_{i=1}^{n} (X_{ij} - \overline{X}_{\cdot j})^2 \cdots \cdots <公式 5 >$$

根據<公式 5 >將例子 B 的資料代入，可得：

$$(171 - 160)^2 + (170 - 160)^2 + \cdots \cdots + (138 - 160)^2 = 6 〔 (168 - 160)^2 +$$
$$(152 - 160)^2 〕 + (171 - 168)^2 + (170 - 168)^2 + \cdots \cdots + (138 - 152)^2$$

$$1616 = 768 + 848$$

<公式 5 >左邊項就是樣本在依變項得分的總SS，通常寫成SS_t，等號右邊第一項就是組間的SS（即自變項效果所造成的變異），通常寫成SS_a，右邊第二項就是組內的SS（即個別差異與測量誤差所造成的變異），通常寫成$SS_{s/a}$，因此<公式 5 >可進一步寫為：

$$SS_t = SS_a + SS_{s/a} \cdots \cdots <公式 6 >$$

<公式 6 >就是前面說的，樣本在依變項的總SS可以分割成可加總的組間 SS 及組內 SS 二部分。

其次，由例子 B 我們也可以知道，組內的 SS 是分別由 12 個樣本所造成，而組間的 SS 卻是由二組所造成，因此直接比較二個離均差平方和自然沒有意義。所以我們必須求其 SS 的加權平均數（即組內變異數$\sigma_{s/a}^2$與組間變異數σ_a^2），然後再加以比較，才能了解對樣本總變異量的影響，究竟是組間變異影響較大或組內變異影響較大。而變異數分析的目的就在利用 F 考驗，比較組間離均差平方和的加權平均數（均方）與組內離均差平方和的加權平均數（均方）二者的比值是否有顯著差異，即：

$$F = \sigma_a^2 / \sigma_{s/a}^2$$

如果這個比值達到顯著水準，我們就可以說，男性與女性間的平均數有顯著差異存在，個體身高確實會因性別的不同而有所差異。

　　以上我們用二組的例子來說明變異數分析的基本原理，上面的例子是變異數分析中最簡單的單因子獨立樣本變異數分析的模式。在獨立樣本中，有一個重要的假設就是自變項各實驗處理之組內變異數必須符合「同質性」（homogeneity）之條件，當違反這個假設，造成各組內變異數大小之差異極大，若再加上各實驗處理之樣本數差異也頗大，則將會使誤差項（$SS_{s/a}$）的變異增大，相對地使自變項效果（SS_a）之變異量降低，如此將會使得假設檢定結果產生很大之偏誤。在實驗設計中，控制這種因樣本個別差異所造成變異干擾的方法，最簡便的方式就是隨機化（randomization）；其次就是確定各實驗處理樣本在干擾變項上都相一致（例如全部用智商是 120 之樣本，此法稱為排除變項）。除了上述二種方法外，亦可將該干擾變項納入實驗設計中，成為另一個自變項，亦即採用區隔設計（blocking design）之方式。

　　所謂區隔設計係指依據各實驗處理樣本數，將各實驗處理分成幾個不同之區隔（block），每一個區隔由同一條件樣本接受實驗處理，如此在不同實驗處理下，每一實驗處理間及具有「同質」之特性，而不同之區隔，因樣本之不同，就分成幾個不同之水準（level），因此可視為一個自變項之不同實驗處理。至於形成區隔以確保各實驗處理間同質之方法包括：㈠使用雙胞胎或多胞胎為樣本；㈡將樣本根據干擾變項進行配對；以及㈢以樣本本身為控制，同時重複接受各種實驗處理等三種方法。此種透過區隔設計之變異數分析模式，就是相依樣本或重複量數變異數分析。

　　在單因子相依樣本變異數分析中，變異來源除了自變項之效果（SS_a）外，在各區隔中，樣本不是採配對方式（相依樣本），就是同一樣本同時接受各種實驗處理（重複量數），各實驗處理中因個別差異（或干擾變項）所造成之變異量（即受試者效果）就會「同質」，因此可以將這部分之變異量從誤差項中獨立出來。由此可知，相依樣本變異數分析與獨立樣本變異數分析的差異，就在於獨立樣本之組內變異量（$SS_{s/a}$）中因個別差異所造成之變異可以獨立出來；也就是說，獨立樣本之組內變異誤差項進一步分割為二項，一為受試者效果（寫成 SS_s），另一為受試者與實驗處理之交互作用效果（寫成 SS_{sa}，此為真正誤差項）。即單因子相依樣本變異數分析之變異來源包括 SS_a、SS_s 及 SS_{sa} 三項，且

$$SS_t = SS_a + SS_s + SS_{sa}$$

由以上之說明可知，在單因子獨立樣本變異數分析中，總 SS 的變異來源只有組間變異（SS_a）及組內變異（$SS_{s/a}$）二項，但隨著研究者所操弄的自變項增多，以及對自變項操弄方式的差異，變異數分析的模式會愈趨複雜，變異來源也不斷增加，計算上就愈麻煩。所幸因為電腦套裝程式的發展，可以為我們解決繁複的計算工作。以下即介紹幾種常見的變異數分析模式：

(一)單因子變異數分析

單因子變異數分析適用於多組平均數差異的檢定，例如比較不同社經地位（分高、中、低三類）家庭的平均收入即是。單因子變異數分析隨著研究者對多個實驗處理操弄方式的差異，可以分為獨立樣本單因子變異數分析及相依樣本單因子變異數分析二種方法。單因子變異數分析的假設檢定步驟可分為：

1. 根據研究問題判斷是獨立樣本或相依樣本，並提出研究假設（注意單側或雙側檢定的問題）。

2. 根據研究假設提出統計假設，並訂出犯第一類型錯誤的機率（$\alpha = .05$ 或 $\alpha = .01$）。

   (1)若為單側考驗，則：

   $H_0：\mu_j \leq 0$ 或（$\mu_j \geq 0$）$j = 1, 2, \cdots\cdots, k$

   $H_1：$ 至少一個 $\mu_j > 0$ 或（至少一個 $\mu_j < 0$）

   (2)若為雙側考驗，則：

   $H_0：\mu_j = 0$　$j = 1, 2, \cdots\cdots, k$

   $H_1：$ 至少一個 $\mu_j \neq 0$

3. 實際進行統計估計（利用 SPSS 進行），並計算自由度。

   (1)獨立樣本的變異來源包括 SS_a（組間變異）及 $SS_{s/a}$（組內變異）二項，即：

   $$SS_t = SS_a + SS_{s/a}$$

   (2)相依樣本的變異來源包括 SS_a、SS_s 及 SS_{sa} 三項，即：

$$SS_t = SS_a + SS_s + SS_{sa}$$

4. 計算均方（mean square, MS）：

各變異來源的離均差平方和除以其對應之自由度，即各變異來源之變異數。

5. 計算 F 值：

(1)獨立樣本：$F = MS_a / MS_{s/a}$

(2)相依樣本：$F = MS_a / MS_{sa}$

6. 下決策，並進行結果解釋：

(1)若估計 F 值的 P 值小於所界定的 α 值，則拒絕虛無假設，表示至少有二組平均數間的差異已達顯著水準，樣本在依變項上的反應會因自變項的不同而有所差異，亦即二變項間有因果關係存在。

(2)若估計 F 值的 P 值大於或等於所界定的 α 值，則接受虛無假設，表示各組平均數間的差異並未達顯著水準，樣本在依變項上的反應不會因自變項的不同而有所差異，亦即二變項間沒有因果關係存在。

7. 畫變異數分析摘要表。

8. 若採步驟 6.中之決策(1)，則進一步進行事後比較，以確定是哪幾組間的平均數有顯著差異。

㈡二因子變異數分析

當研究者一次操弄二個自變項，以觀察樣本在依變項上反應的差異，是為二因子變異數分析。二因子變異數分析事實上是二個單因子變異數分析的組合，它除了像單因子一樣可以考驗各自變項的主要效果（main effect）外，更可以考驗二變項間是否有交互作用效果（interaction effect）存在。當交互作用存在時，表示二個自變項間互為影響樣本在依變項之表現，此時檢定各自變項的主要效果就變得沒有意義，也就是說，進行二因子變異數分析時，首先應該先檢定二自變項的交互作用效果是否存在，如果存在就要進一步進行單純主要效果（simple main effect）檢定；若交互作用效果不顯著，就表示二自變項各自獨立，此時即可分別檢定二個自變項的主要效果，等於進行二次單因子變異數分析，若主要效果達到顯著水準，再

選擇適當方法進行事後比較。

　　隨著研究者對自變項操弄方式（獨立或相依樣本）的差異，二因子變異數分析可以分為：1.二因子獨立樣本；2.一因子獨立一因子相依混合設計（mixed design）；以及3.二因子相依樣本等三種模式，三種模式的原理均相同，不同的是它們的變異來源有所差異。二因子變異數分析的檢定步驟可分為：

1.根據研究問題判斷是獨立樣本、相依樣本或混合設計，並提出研究假設（注意單側或雙側檢定的問題）。

2.根據研究假設提出統計假設，並訂出犯第一類型錯誤的機率（$\alpha = .05$ 或 $\alpha = .01$）。

　　由於二因子變異數分析必須先考驗交互作用效果，若交互作用效果不顯著，然後才考驗主要效果，因此二因子變異數分析的假設可以分為二級。假設二個自變項分別為 A 及 B，則：

(1)若為單側考驗：

　　第一級：AB 之交互作用效果

　　$H_0 : \mu_{ij} \leq 0$ 或（$\mu_{ij} \geq 0$）

　　$H_1 :$ 至少一個$\mu_{ij} > 0$ 或（至少一個$\mu_{ij} < 0$）

　　第二級（第一級不顯著才進行）：A 及 B 之主要效果

　　$H_0 : \mu_i \leq 0$ 或（$\mu_i \geq 0$）$i = 1, 2, \cdots\cdots, k$

　　$H_1 :$ 至少一個$\mu_i > 0$ 或（至少一個$\mu_i < 0$）

　　$H_0 : \mu_j \leq 0$ 或（$\mu_j \geq 0$）$j = 1, 2, \cdots\cdots, k$

　　$H_1 :$ 至少一個$\mu_j > 0$ 或（至少一個$\mu_j < 0$）

(2)若為雙側考驗，則：

　　第一級：AB 之交互作用效果

　　$H_0 : \mu_{ij} = 0$

　　$H_1 :$ 至少一個$\mu_{ij} \neq 0$

　　第二級（第一級不顯著才進行）：A 及 B 之主要效果

　　$H_0 : \mu_i = 0$　$i = 1, 2, \cdots\cdots, k$

　　$H_1 :$ 至少一個$\mu_i \neq 0$

　　$H_0 : \mu_j = 0$　$j = 1, 2, \cdots\cdots, k$

H_1：至少一個$\mu_j \neq 0$

3. 實際進行統計估計（利用 SPSS 進行），並計算自由度。

  (1)二因子獨立樣本的變異來源包括 SS_{ab}、SS_a、SS_b 及 $SS_{s/ab}$ 四項，即：

$$SS_t = SS_{ab} + SS_a + SS_b + SS_{s/ab}$$

  (2)一獨一重混合設計（假設 B 為相依樣本）的變異來源包括 SS_{ab}、SS_a、SS_b、$SS_{s/a}$ 及 $SS_{bs/a}$ 五項，即：

$$SS_t = SS_{ab} + SS_a + SS_b + SS_{s/a} + SS_{bs/a}$$

  (3)相依樣本的變異來源包括 SS_{ab}、SS_a、SS_b、SS_s、SS_{as}、SS_{bs} 及 SS_{abs} 七項，即：

$$SS_t = SS_{ab} + SS_a + SS_b + SS_s + SS_{as} + SS_{bs} + SS_{abs}$$

4. 計算均方（mean square）：

各變異來源的離均差平方和除以其對應之自由度，即各變異來源之變異數。

5. 計算 F 值：

  (1)獨立樣本：

$$F_{ab} = MS_{ab} / MS_{s/ab}$$

$$F_a = MS_a / MS_{s/ab}$$

$$F_b = MS_b / MS_{s/ab}$$

  (2)混合設計：

$$F_{ab} = MS_{ab} / MS_{bs/a}$$

$$F_a = MS_a / MS_{s/a}$$

$$F_b = MS_b / MS_{bs/a}$$

  (3)相依樣本：

$$F_{ab} = MS_{ab} / MS_{sab}$$

$$F_a = MS_a / MS_{sa}$$

$$F_b = MS_b / MS_{sb}$$

6. 下決策，並進行結果解釋：

  (1)若交互作用效果之估計 F 值的 P 值小於所界定的 α 值，則拒絕虛無假設，表示二自變項間有交互作用存在，則進行單純主要效果

検定。

(2)若交互作用效果之估計 F 值的 P 值大於或等於所界定的 α 值，則接受虛無假設，表示二自變項間無交互作用存在，則進行二自變項之主要效果檢定。

(3)若主要效果之估計 F 值的 P 值小於所界定的 α 值，則拒絕虛無假設，表示該自變項至少有二組平均數間的差異已達顯著水準，樣本在依變項上的反應會因該自變項的不同而有所差異，亦即二變項間有因果關係存在。此時進一步進行事後比較。

(4)若主要效果之估計 F 值的 P 值大於所界定的α值，則接受虛無假設，表示該自變項各組平均數間的差異並未達顯著水準，樣本在依變項上的反應不會因該自變項的不同而有所差異，亦即二變項間沒有因果關係存在。

7.畫變異數分析摘要表。

8.根據步驟 6.所作之決策，進行單純主要效果檢定或主要效果檢定。

9.步驟 8.達到顯著的單純主要效果或主要效果進行事後比較。

⟨三⟩三因子變異數分析

　　當研究者一次操弄三個自變項，以觀察樣本在依變項上反應的差異，是為三因子變異數分析。三因子變異數分析事實上是三個單因子變異數分析的組合，它除了像單因子一樣可以考驗各自變項的主要效果外，也可以像二因子一樣，考驗二變項間是否有交互作用效果存在，更可以考驗三個自變項間是否有交互作用存在。也就是說三因子變異數分析的檢定包括三級的效果檢定，首先考驗一級交互作用效果（三因子交互作用），若顯著則進行單純交互作用效果（simple interaction effect）檢定，單純交互作用效果檢定達到顯著時，進一步進行單純單純主要效果（simple simple main effect）檢定。若三因子交互作用項不顯著，則進行二級交互作用效果（二因子交互作用）檢定，此時就等於是二因子變異數分析。而二級交互作用效果若顯著，進一步進行單純主要效果檢定，若不顯著則分別進行三個自變項的主要效果檢定，此時就等於是單因子變異數分析。

　　隨著研究者對自變項操弄方式（獨立或相依樣本）的差異，三因子變

異數分析可以分爲：*1.*三因子獨立樣本；*2.*二因子獨立一因子相依混合設計；*3.*一因子獨立二因子相依混合設計；以及*4.*三因子相依樣本等四種模式。四種模式的原理均相同，不同的是它們的變異來源有所差異。三因子變異數分析除了變異來源增多外，平均數差異檢定步驟與上述二因子變異數分析相似，只是檢定工作分爲三級，以下僅說明三因子變異數分析四個模式的變異來源：

1. 三因子獨立樣本的變異來源包括 SS_{abc}、SS_{ab}、SS_{ac}、SS_{bc}、SS_a、SS_b、SS_c 及 $SS_{s/abc}$ 八項，即：

$$SS_t = SS_{abc} + SS_{ab} + SS_{ac} + SS_{bc} + SS_a + SS_b + SS_c + SS_{s/abc}$$

2. 二獨一重混合設計（假設 c 爲相依樣本）的變異來源包括 SS_{abc}、SS_{ab}、SS_{ac}、SS_{bc}、SS_a、SS_b、SS_c、$SS_{s/ab}$ 及 $SS_{cs/ab}$ 九項，即：

$$SS_t = SS_{abc} + SS_{ab} + SS_{ac} + SS_{bc} + SS_a + SS_b + SS_c + SS_{s/ab} + SS_{cs/ab}$$

3. 一獨二重混合設計（假設 b 及 c 爲相依樣本）的變異來源包括 SS_{abc}、SS_{ab}、SS_{ac}、SS_{bc}、SS_a、SS_b、SS_c、$SS_{s/a}$、$SS_{bs/a}$、$SS_{cs/a}$ 及 $SS_{bcs/a}$ 十一項，即：

$$SS_t = SS_{abc} + SS_{ab} + SS_{ac} + SS_{bc} + SS_a + SS_b + SS_c + SS_{s/a} + SS_{bs/a} + SS_{cs/a} + SS_{bcs/a}$$

4. 相依樣本的變異來源包括 SS_{abc}、SS_{ab}、SS_{ac}、SS_{bc}、SS_a、SS_b、SS_c、SS_s、SS_{as}、SS_{bs}、SS_{cs}、SS_{abs}、SS_{acs}、SS_{bcs} 及 SS_{abcs} 十五項，即：

$$SS_t = SS_{abc} + SS_{ab} + SS_{ac} + SS_{bc} + SS_a + SS_b + SS_c + SS_s + SS_{as} + SS_{bs} + SS_{cs} + SS_{abs} + SS_{acs} + SS_{bcs} + SS_{abcs}$$

三、共變數分析

　　根據變異數分析的結果可知，當誤差項的均方值愈小，則自變項的效果愈容易達到顯著水準，而要降低誤差項的變異量，就要盡量讓實驗誤差及取樣誤差變小。其中要減低抽樣誤差的最重要方法是隨機抽樣，其次爲盡量採取大樣本。至於降低實驗誤差的方法，主要有「實驗控制」及「統計控制」二種方法，採用實驗控制爲方法時，最常用極有效的方法就是將

受試隨機分派到各實驗處理，其次也可利用重複量數、配對樣本、對抗平衡（拉丁方格設計），或將誤差因素當作一個自變項採多因子變異數分析等多種方法。但在某些情境下，就算研究者知道影響實驗結果正確性的誤差來源，也無法利用實驗控制的方法來降低實驗誤差，這種情況在教育情境中特別常見，例如學校的班級建制，就很難允許研究者採隨機抽樣及隨機分配來控制實驗誤差，此時研究者只有改用統計控制爲方法。至於採統計控制爲方法，最常用的就是共變數分析，李茂能（1994）指出使用共變數分析控制實驗誤差的目的有二，一爲減少系統性誤差，以降低組間既存的差異；二爲減少組內誤差變異量，以提高統計考驗力。

在共變數分析中，對研究結果（依變項）有所影響，但不是研究者感到興趣或想加以驗證的變項，稱爲共變項，由於共變項會干擾研究結果的正確性，研究者必須加以控制。因此共變項分析即在探討當共變項對依變項的影響力被剔除後，自變項的 k 個實驗處理的受試在依變項上的表現是否有顯著差異存在的一種統計方法。共變數分析模式除了需符合變異數分析的基本假設外，尚須符合下列的假設（余民寧，1995；李茂能，1994；Stevens, 1992）：

　㈠組內迴歸係數具同質性：係指各組內以共變項對依變項進行迴歸分析所得到的斜率必須相等（同質），這是進行共變數分析時最應注意與遵守的基本假設。當違反這項假設時，所得到的 F 值會產生偏誤而形成錯誤的結論，此時共變數分析就不再適用。

　　解決的辦法可將共變項轉換爲類別變項，使之成爲另外一個自變項，進行多因子變異數分析，以解決問題；或可利用 Johnson-Neyman 法（林清山，1993）加以解決；也可各組分別進行迴歸分析並加以討論。

　㈡共變項與依變項間爲線性的關係。

　㈢共變項爲固定效果，且沒有測量誤差（no measurement error）。

　㈣隨機分配且實驗處理爲固定效果。

總之，共變數分析是在模式符合基本假設下，探討將共變項對依變項的影響力剔除後，自變項的 k 個實驗處理間在依變項上的變異量是否仍有

顯著差異存在的一種統計方法，因此共變數分析可以說是迴歸分析與變異數分析的結合運用。其分析過程主要包括下列三個步驟（以一個自變項之共變數分析模式為例）：

㈠檢定組內迴歸係數同質性：當共變數分析模式符合變異數分析的基本假設（即獨立性、常態性及變異數同質性）後，首先必須檢定組內迴歸係數同質性的基本假設，若檢定結果違反假設，則必須選擇適當的方法重新進行分析。

㈡進行共變數分析：進行共變數分析包括下列計算步驟：

　1.計算受試在共變項上的各種變異來源（變異來源與變異數分析模式相同）之離均差平方和。

　2.計算受試在依變項上的各種變異來源之離均差平方和。

　3.計算受試在共變項與依變項的交乘積（共變數）之各種變異來源之離均差平方和。

　4.計算共變項變異量剔除後，受試在依變項上之各種變異來源之校正（adjusted）後離均差平方和。

　5.計算各種變異來源之自由度。

　6.計算各種變異來源之校正後離均差平方和的均方值。

　7.計算自變項效果之 F 值。

　8.下決策並進行結果解釋，以及畫出共變數分析摘要表。

㈢若 F 值達顯著水準，則計算各組受試在依變項上分數的校正後平均數，並選擇適當方法進行事後比較。

至於其它的多因子共變數分析模式的分析過程，在步驟一及步驟二與單因子模式相似，只是其變異來源（變異來源與變異數分析模式相同）較為複雜，至於步驟三，若為多因子模式，且交互作用項達顯著水準，則進行單純主要效果的過程就與變異數分析模式相同。當單純主要效果達顯著後，再計算各組受試在依變項上分數的校正後平均數，並選擇適當方法進行事後比較。

第二節　視窗 13.0 版之操作

在視窗 13.0 版中專門用來進行各種平均數差異檢定模式的程式指令包括 Independent-Samples T Test(獨立樣本 T 檢定)、Paired-Samples T Test(成對樣本 T 檢定)、One-Way ANOVA(單因子變異數分析)、Univariate(單變量)、Multiivariate(多變量)及 Repeated Measures(重複量數)等六個。其中用來處理多變量變異數分析之 Multiivariate(多變量)指令不在本書之範圍內，本節僅說明其它五個程式指令的語法。

一、 Independent-Samples T Test(獨立樣本 T 檢定) 指令

Independent-Samples T Test(獨立樣本 T 檢定)指令之主要功能在進行獨立樣本t考驗。在將原始資料檔讀進資料編輯視窗後，首先開啓應用視窗中 Analyze(分析)功能表之 Compare Means(比較平均數法)下之 Independent-Samples T Test(獨立樣本 T 檢定)指令之對話方塊，如圖 8-1。

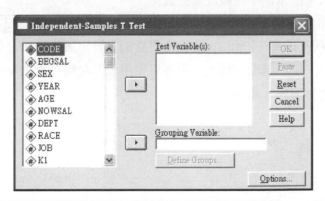

圖 8-1　Independent-Samples T Test(獨立樣本 T 檢定)指令之對話方塊

在圖 8-1 中,使用者首先必須從來源變項清單中,點選所要進行平均數差異檢定之依變項(可一次檢定多個依變項),並將依變項移至右方 Test Variable(s) 方格中;其次,必須點選自變項(通常是一個二分之類別變項)並移至 Grouping Variable 方格中,如此即可完成自變項與依變項之界定工作。最後,使用者必須再點選 Define Groups 鈕,界定自變項分組之編碼值。使用者只要用滑鼠左鍵在鈕上點選一下,即可開啟其對話方塊,如圖 8-2。

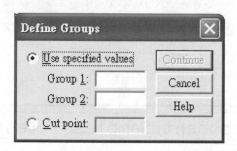

圖 8-2　 Define Groups 次指令之對話方塊

在圖 8-2 中,SPSS 提供二種分組之選擇,如果自變項本來就是二分之間斷變項,則應點選 Use specified values 選項,並在其下方二個方格中,分別輸入二組之編碼值(即自變項在原始資料檔中之編碼值);若自變項是等距以上連續變項,則點選 Cut point 選項,並在其後之方格中輸入分組之臨界分數(通常是平均數或中位數)。

在對話方塊中, Independent-Samples T Test(獨立樣本 T 檢定) 指令包括 Options 一個次指令, Options 次指令之功能在界定所要輸出之信賴區間估計值及對缺失值之處理方式。使用者只要用滑鼠左鍵在鈕上點選一下,即可開啟其對話方塊,如圖 8-3。

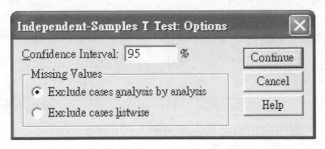

圖 8-3　Options 次指令之對話方塊

在圖 8-3 中，內設是輸出 95 ％信賴區間估計值，使用者若要改變此內設值，只要在 Confidence Interval 後之方格中直接輸入數字即可。至於缺失值處理方式之說明，參閱第四章圖 4-8 之說明，此處不再贅述。

二、　Paired-Samples T Test（成對樣本 T 檢定）指令

Paired-Samples T Test(成對樣本 T 檢定)指令之主要功能在進行相依樣本 t 考驗。在將原始資料檔讀進資料編輯視窗後，開啟應用視窗中 Analyze (分析) 功能表之 Compare Means(比較平均數法) 下之 Paired-Samples T Test (成對樣本 T 檢定)指令之對話方塊，如圖 8-4。

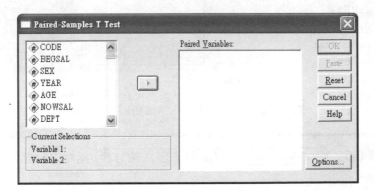

圖 8-4　Paired-Samples T Test(成對樣本 T 檢定)指令之對話方塊

在圖 8-4 中,使用者首先必須利用滑鼠在來源變項清單中,點選所要進行相依樣本 t 考驗之二個變項名稱,並將二個變項所構成之配對移至右方 Paired Variables 方格中,此方格中一次可以檢定多個配對,如此即可完成變項之界定工作。

對話方塊中 Paired-Samples T Test(成對樣本 T 檢定) 指令包括 Options 一個次指令,這個次指令之功能與用法,和 Independent-Samples T Test(獨立樣本 T 檢定) 指令中的 Options 次指令完全相同。

三、 One-Way ANOVA(單因子變異數分析) 指令

One-Way ANOVA(單因子變異數分析) 指令之主要功能在進行單因子獨立樣本變異數分析。在將原始資料檔讀進資料編輯視窗後,首先開啟應用視窗中 Analyze(分析) 功能表之 Compare Means(比較平均數法) 下之 One-Way ANOVA(單因子變異數分析) 指令之對話方塊,如圖 8-5。

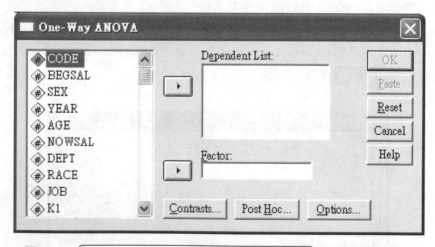

圖 8-5　One-Way ANOVA(單因子變異數分析)指令之對話方塊

在圖 8-5 中,使用者首先必須從來源變項清單中,點選所要進行平均

數差異檢定之依變項（可一次檢定多個依變項），並將依變項移至右方 De-pendent List 方格中；其次，必須點選自變項（通常是一個二分以上之類別變項）並移至 Factor 方格中，如此即可完成自變項與依變項之界定工作。

對話方塊中 One-Way ANOVA(單因子變異數分析) 指令包括 Contrasts、Post Hoc 及 Options 三個次指令，以下分別說明其功能與用法：

(一) Contrasts 次指令

Contrasts 次指令的主要功能在界定所要進行的事前比較與趨勢分析（trend analysis）。使用者只要用滑鼠左鍵在鈕上點選一下，即可開啓其對話方塊，如圖 8-6。

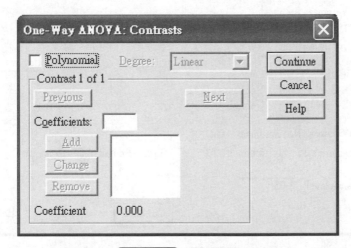

圖 8-6　Contrasts 次指令之對話方塊

在圖 8-6 中，Polynomial 選項在界定進行趨勢分析，使用者只要在前面方格中點選一下，並在後面的 Degree 方格中選擇所要之趨勢選擇，SPSS 提供線性（Linear）、二次趨勢（Quadratic）、三次方趨勢（Cubic）、四次趨勢及五次趨勢等五種選擇。其次，Contrasts 次指令也提供多層次之事前比較的各種選擇，使用者只要根據自變項之處理水準數，在 Coefficients 後之方格中輸入各處理水準之比較係數（coefficient），並確定各處理水準係數總和等於 0，即可正確地界定事前比較之結果。例如，自變項有四個

處理水準,使用者想比較第一及第三處理水準之加權平均數,與第四處理
水準之平均數間之差異情形,則只要在 [Coefficients] 後之方格中依序輸入
.5、0、.5 及-1 四個係數,即可完成界定工作,有關事前比較之界定,可參
考林清山(1993)。

(二) [Post Hoc] 次指令

[Post Hoc] 次指令的主要功能在界定所要進行的事後比較方法,使用者
只要用滑鼠左鍵在鈕上點選一下,即可開啓其對話方塊,如圖 8-7。

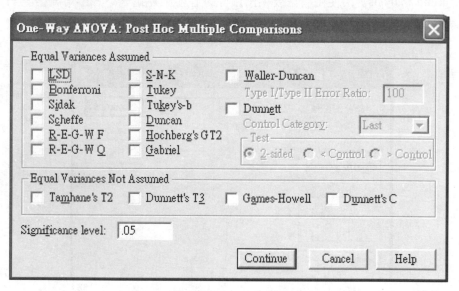

圖 8-7　[Post Hoc] 次指令之對話方塊

在圖 8-7 中,視窗 13.0 版提供了多種事後比較方法。使用者只要在各
方法前之方格中點選一下,即可輸出該種事後比較之分析結果。各方法之
顯著水準都是訂在.05,使用者可因應需要在 [Significance level] 後之方格中
更改。值得特別說明的是,視窗版提供了包括Tamhane's T2 檢定、Dunnett's
T3 檢定、Games-Howell 檢定及 Dunnett's C 檢定等四種違反變異數同質性
時之事後比較方法,使研究者在資料違反變異數同質性時,不必進行資料
轉換之校正工作,就可直接進行事後比較。

㈢ Options 次指令

Options 次指令之功能在界定所要輸出之統計量以及對缺失值之處理
方式。使用者只要用滑鼠左鍵在鈕上點選一下，即可開啓其對話方塊，如
圖 8-8。

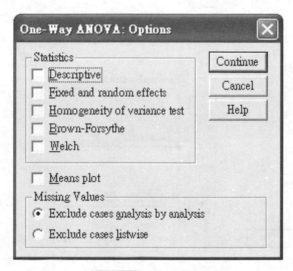

圖 8-8　　Options 次指令之對話方塊

在圖 8-8 中，SPSS 提供包括描述統計量（ Descriptive ）、固定和隨機
效果（ Fixed and random effects ）、變異數同質性檢定（ Homogeneity of
variance test ）、 Brown-Forsythe 和 Welch 二種違反變異數同質性假設時之
F 檢定結果，以及平均數圖（ Means plot ）等六種統計量之選擇。至於缺
失值處理方式之說明，參閱第四章圖 4-8 之說明，此處不再贅述。

四、 Univariate（單變量） 指令

Univariate(單變量) 指令之主要功能在進行各種多因子獨立樣本變異數
分析（當然也可以處理單因子 ANOVA 之資料）。在將原始資料檔讀進資

料編輯視窗後，首先開啓應用視窗中 Analyze(分析) 功能表之 General Linear Model(一般線性模式) 下之 Univariate(單變量) 指令之對話方塊，如圖 8-9。

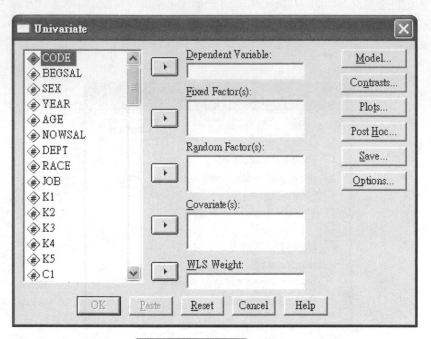

圖 8-9　Univariate(單變量) 指令之對話方塊

在圖 8-9 中，使用者首先必須從來源變項清單中，點選所要進行平均數差異檢定之依變項（一次只能檢定一個依變項）移至右方 Dependent Variable 方格中；其次，必須點選自變項並移至 Fixed Factor(s) 方格或是 Random Factor(s) 方格中，如此即可完成自變項與依變項之界定工作。若自變項是固定效果（fixed effect）就移至 Fixed Factor(s) 方格；若自變項是隨機效果（random effect）就移至 Random Factor(s) 方格中，一般而言，在行為科學研究中，自變項多是固定效果模式。當然，若所進行的是共變數分析，則將共變項移至 Covariate(s) 之方格中。

在對話方塊中，Univariate(單變量) 指令包括 Model、Contrasts、Plots、Post Hoc、Save 及 Options 六個次指令，以下分別說明其功能與用法：

(一) Model 次指令

Model 次指令的主要功能在界定所要進行考驗之變異數分析模式。使用者只要用滑鼠左鍵在鈕上點選一下，即可開啟其對話方塊，如圖 8-10。

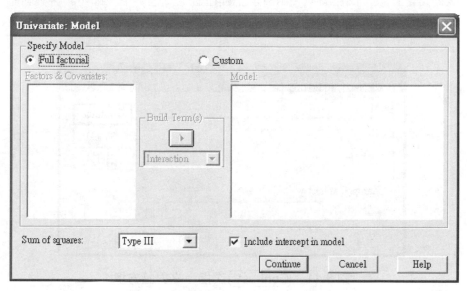

圖 8-10　　 Model 次指令之對話方塊

在圖 8-10 中，SPSS 內設是飽和模式之 Full factorial，即所有自變項所可能構成之變異來源全部納入，使用者所要檢定之模式若非飽和模式（如拉丁方格設計中，自變項間之交互作用就假設為 0，因此並不考驗），則可根據模式點選 Custom 選項，並利用左方 Factors & Covariates 方格中所出現之自變項名稱，以及中間之 Build Term(s) 選項，將所要考驗之效果項移至右方 Model 方格中。其次，使用者可以點選 Sum of squares 選項，決定對各變異來源離均差平方和（SS）之估計方式，以及是否在模式中包括截距項（ Include intercept in model ）之統計結果等二項選擇。最後，對各變異來源 SS 之估計，SPSS 提供四種估計方式，其中型 I 適用於階層分割之模式，型 II 適用於等組設計之模式，型 III 適用於不等組之模式，型 IV 則適用於不等組且有某處理水準樣本數為 0 之模式。有關四者之差異，可參考

SPSS（1997）。

(二) Contrasts 次指令

Contrasts 次指令的主要功能在界定所要進行的自變項不同處理水準間效應量之比較。使用者只要用滑鼠左鍵在鈕上點選一下，即可開啟其對話方塊，如圖 8-11。

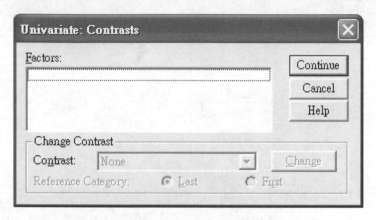

圖 8-11　　Contrasts 次指令之對話方塊

在圖 8-11 中，SPSS 內設並不對各自變項進行任何效應量之比較，使用者若要進行，可先在 Factors 方格中點選自變項，然後在 Contrast 方格中，點選所要進行之比較方式，再按 Change 鈕，即可完成界定工作。

(三) Plots 次指令

Plots 次指令的主要功能在界定繪製二個自變項各處理水準的平均數間之交互作用圖。使用者只要用滑鼠左鍵在鈕上點選一下，即可開啟其對話方塊，如圖 8-12。

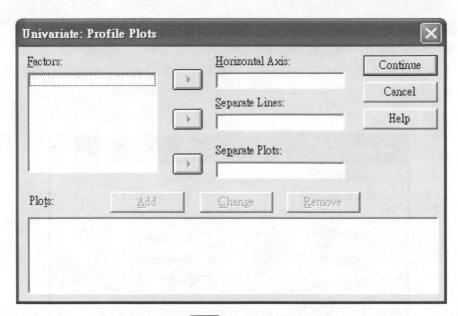

圖 8-12　Plots 次指令之對話方塊

在圖 8-12 中，使用者可先在 Factors 方格中點選第一個自變項，並移至 Horizontal Axis 方格中，然後再點選第二個自變項，並移至 Separate Lines 方格中，最後按 Add 鈕，即可完成第一個交互作用圖之界定，SPSS 就會繪製一個以第一個自變項為水平軸，依變項平均數為垂直軸，而根據第二個自變項分別處理之交互作用圖。依此步驟，可同時界定繪製多個交互作用圖。

㈣ Post Hoc 次指令

Post Hoc 次指令的主要功能在界定所要進行的事後比較方法，其界定方式與 One-Way ANOVA(單因子變異數分析) 指令中之 Post Hoc 次指令相同，此處不再贅述。

㈤ Save 次指令

Save 次指令的主要功能在輸出對變異數分析模式之檢定統計量到資料編輯視窗中。使用者只要用滑鼠左鍵在鈕上點選一下，即可開啟其對話方

塊，如圖 8-13。所輸出之檢定統計量包括預測值（predicted values）、殘差值（residuals）、極端值檢定（diagnostics）等三類共十種統計量，使用者可視需要在選項前方格用滑鼠點選。有關這個部分在第九章迴歸分析中會有較詳盡說明。

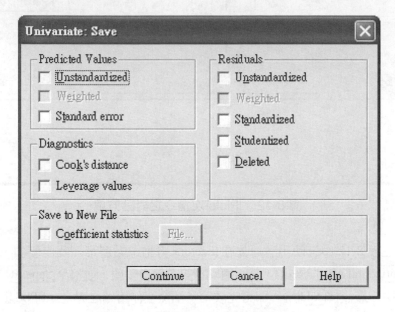

圖 8-13　Save 次指令之對話方塊

㈥ Options 次指令

Options 次指令之功能在界定所要輸出之統計量以及對自變項主要效果邊際平均數差異之檢定。使用者只要用滑鼠左鍵在鈕上點選一下，即可開啟其對話方塊，如圖 8-14。

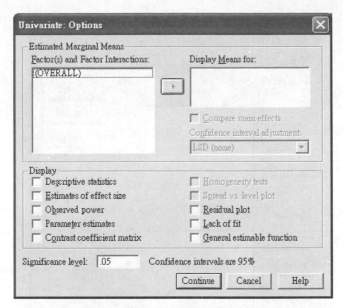

圖 8-14　Options 次指令之對話方塊

　　在圖 8-14 中，首先，當多因子變異數分析中的各交互作用效果項均不顯著時，使用者若要檢定各自變項之主要效果，就可以利用 Options 次指令所提供之 Estimated Marginal Means 功能，進行自變項主要效果顯著性之檢定，並進行事後比較。此一功能，對屬於相依樣本之自變項而言，是相當重要的；至於對獨立樣本自變項主要效果之考驗，建議還是使用 One-Way ANOVA(單因子變異數分析) 指令進行較爲適當。其次，利用 Options 次指令可界定輸出包括描述統計等十項統計計算或檢定結果。

五、 Repeated Measures(重複量數) 指令

　　Repeated Measures(重複量數) 指令之主要功能在處理各種包含相依樣本自變項之變異數分析模式。在將原始資料檔讀進資料編輯視窗後，首先開啓應用視窗中 Analyze(分析) 功能表之 General Linear Model(一般線性模式) 下之 Repeated Measures(重複量數) 指令之對話方塊，如圖 8-15。

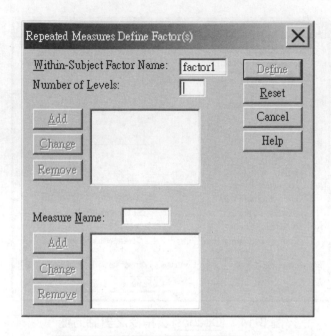

圖 8-15　Repeated Measures(重複量數) 指令之對話方塊

在圖 8-15 中，使用者首先必須在 Within-Subject Factor Name 方格中界定相依樣本自變項之名稱（內設是以 factor1 為第一個相依樣本自變項之名稱），並在 Number of Levels 方格中輸入自變項之處理水準數，界定完成後再按 Add 鈕，即可將該自變項移至下面之方格中，然後可依序界定第二、第三……相依樣本之自變項。其次，可選擇在 Measure Name 方格中輸入依變項標籤名稱，此對二因子以上之重複量數模式，將可提供清晰辨識依變項處理水準之用。完成變項界定後，即可按 Define 鈕，開啟其第二層對話方塊，如圖 8-16。由於未界定相依樣本自變項無法開啟圖 8-16 之對話方塊，為便於說明操作，此處假設一個相依樣本自變項 a，且包含三個處理水準。

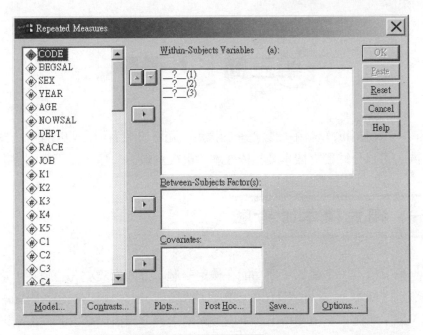

圖 8-16 Repeated Measures(重複量數)指令之第二層對話方塊

在圖 8-16 中，使用者必須進一步在來源變項清單中，點選自變項 a 的三個處理水準所對應之依變項，並移至右邊之 Within-Subjects Variables 方格中。此處應注意三個處理水準之順序，不可放錯位置（若在上一層對話方塊中界定依變項標籤，則在三個處理水準之阿拉伯數字後都會出現標籤名稱，以為辨識之用），如此即可完成相依樣本自變項之界定。其次，若所要進行之變異數分析模式包括獨立樣本之自變項（即混合設計模式），亦是在來源變項清單中點選該自變項，並移至 Between-Subjects Factor(s) 方格中。當然，若所進行的是共變數分析，則將共變項移至 Covariates 方格中。如此，即可分別完成相依樣本與獨立樣本自變項，以及共變項之界定工作。

在對話方塊中，Repeated Measures(重複量數) 指令包括 Model、Contrasts、Plots、Post Hoc、Save 及 Options 六個次指令，這六個次指令的功能與 Univariate(單變量) 指令中的六個次指令功能與操作方式完全相同，使用者請自行參閱。

305

第三節　*t* 考驗

　　t考驗適用於二組平均數差異的檢定，隨著研究者對自變項操弄方式的不同，可以分為獨立樣本及相依樣本（重複量數）二類，以下分別述之：

一、獨立樣本 t 考驗

　　獨立樣本 t 考驗的主要功能在檢定一個二分間斷變項（自變項）之二個類別之樣本，在一個等距以上變項（依變項）上之平均數是否有顯著差異，以了解樣本在依變項上之平均數高低是否會因自變項之不同而有所差異。以下以第二章之假設性資料為例子，說明如何利用 t 考驗進行二組獨立樣本之平均數差異檢定。

例 8-1　（資料檔為 bank.sav）

　　有一個研究者想了解XX企業 474 名不同種族樣本之目前薪資是否有所差異。試問如何利用 SPSS 解決此問題？

㈠操作程序

　　根據例 8-1 旨在了解 474 名不同種族企業員工之目前薪資是否有所差異，其中種族分為白人及非白人二類，因此是一個二分類別變項，而目前薪資則是等距以上尺度，因此應該進行獨立樣本 t 考驗。在將原始資料讀進資料編輯視窗中後，開啟應用視窗中 Analyze(分析) 功能表之 Compare Means(比較平均數法) 下之 Independent-Samples T Test(獨立樣本 T 檢定) 指令之對話方塊，並在來源變項清單中點選目前薪資（NOWSAL），並移

至 Test Variable(s) 方格中，同時將自變項種族（RACE）點選至 Grouping Variable 方格中，如圖 8-17。

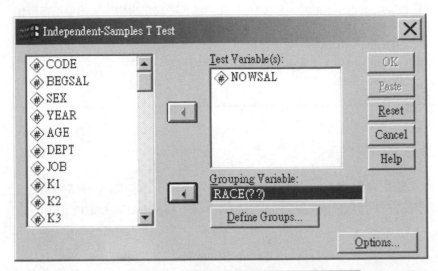

圖 8-17　界定獨立樣本 t 考驗之 Independent-Samples T Test 指令對話方塊

　　其次，使用者必須界定自變項二個類別之編碼值，此時應點選圖 8-17 中之 Define Groups 鈕，開啟其對話方塊，在二個 Group 方格中分別輸入 1 及 2（因本例之變項種族在原始資料檔中之編碼值分別以 1 代表非白人，2 代表白人）後，並點選 Continue 鈕，以回到圖 8-17 之對話方塊。

　　最後，若有需要可再點選圖 8-17 中之 Options 次指令，開啟其對話方塊，以界定所要之信賴區間估計值（內設為 95 ％信賴區間）。完成上述界定工作後，使用者即可點選 OK 鈕，SPSS 即會執行統計分析，並自動開啟結果輸出視窗，將統計分析結果輸出到視窗中。

　　綜合上述操作程序，可將利用 Independent-Samples T Test(獨立樣本 T 檢定) 指令進行獨立樣本 t 考驗之程序摘要如下：

```
Analyze
  Compare Means
      Independent-Samples T Test……點選進行考驗之自變項與依變項至目標
                                    清單中
      Define Groups……界定自變項二個類別之編碼值
      Options……界定輸出之信賴區間估計值
      OK……執行統計分析
```

(二)報表解釋

當使用者點選 OK 執行統計分析，則 SPSS 會自動開啓結果輸出視窗將統計分析結果輸出到視窗中。例 8-1 執行之結果與報表解釋如下：

Group Statistics

	RACE	N	Mean	Std.Deviation	Std.Error Mean
NOWSAL	非白人	104	15085.58	4568.655	447.993
	白人	370	18002.03	7227.218	375.725

SPSS 所輸出之描述統計結果。包括有效樣本數、平均數、標準差及平均數估計標準誤。本例中由於自變項種族（RACE）在原始資料檔中已對編碼值界定標籤，因此報表輸出時改用標籤（非白人與白人）代替編碼值（1與2）。由表可知，非白人樣本共 104 名，目前薪資之平均數爲 15085.58、標準差爲 4568.655，而平均數估計標準誤爲 447.993；至於白人樣本共 370名，目前薪資之平均數爲 18002.03、標準差爲 7227.218，而平均數估計標準誤爲 375.725。二組樣本平均數的差爲 2916.45，t 考驗的目的就在於當考慮樣本個別差異及測量誤差的變異量後，這個平均數的差是否達到統計學上的顯著水準。

Independent Samples Test

		Levene's Test for Equality of Variances		t-test for Equality of Means						
		F	Sig.	t	df	Sig.(2-tailed)	Mean Difference	Std. Error Difference	95% Confidence Interval of the Difference	
									Lower	Upper
NOWSAL	Equal variances assumed	28.486	.000	-3.900	472	.000	-2916.450	747.736	-4385.753	-1447.147
	Equal variances not assumed			-4.988	262.594	.000	-2916.450	584.694	-4067.736	-1765.164

　　SPSS 所輸出之獨立樣本 t 考驗結果。由於平均數差異檢定有一個很重要之基本假設──變異數同質性，因此 SPSS 在進行 t 考驗前，會先對二組樣本之變異數是否同質進行檢定。表的左半部就是變異數同質性檢定結果，SPSS 自 5.0 版起只提供 Levene 的檢定法。在本例中白人樣本的標準差為 7227.218，變異數為 5238461.95，非白人樣本之標準差為 4568.655，變異數為 20872654.19，經 Levene 法的 F 考驗結果，F 值為 28.486（p ＝.000），已達.05 的顯著水準，表示二組樣本的變異數差異達顯著水準，即二組樣本變異數並不具有同質性，違反基本假設。當違反基本假設時，則進行獨立樣本 t 考驗，就必須改用校正公式（林清山，1993）進行假設檢定。

　　表的右半部就是獨立樣本 t 考驗結果。報表中有二列之結果，第一列為「假設變異數相等」，第二列為「不假設變異數相等」。當前述的變異數同質性檢定結果若未達顯著，二組變異數具同質性時，則 t 值應採第一列之結果；若變異數同質性檢定結果達顯著，表示二組樣本變異數不同質時，應採第二列經過校正後的 t 值。在本例中變異數同質性檢定結果已達顯著，因此採第二列之 t 值，結果顯示，t 值為-4.988（p ＝.000），自由度為 262.594 時，已達.05 顯著水準，表示不同種族樣本在依變項目前薪資的平均數有顯著差異；也就是說，樣本在依變項目前薪資（NOWSAL）會因為種族的不同而有顯著差異；若為實驗研究，研究者甚至可說二變項間有因果關係存在。由二組平均數可知，白人之目前薪資顯著高於非白人。這

裡需特別說明的是，SPSS僅提供雙側考驗之結果，因此研究者之假設檢定若是屬於單側考驗，則需再將SPSS所輸出之值除以2，才不致造成錯誤之結論。

報表的最後二縱行，一爲二組平均數差異的估計標準誤，在本例中爲584.694，它是二組樣本的平均數估計標準誤（參見上一個報表）的平方相加後取平方根的結果，即：

$$584.694 = \sqrt{447.993^2 + 375.725^2}$$

最後的縱行是95％信賴區間的估計值（SPSS內設爲95％信賴區間，因本例未重新界定，所以輸出95％信賴區間），由表可知，95％信賴區間的下限爲-4067.736，上限爲-1765.164。信賴區間估計值的計算係根據：

$$\overline{X} - t_{(\alpha/2, df)} \times 584.694 < \mu < \overline{X} + t_{(\alpha/2, df)} \times 584.694$$

由表中可知，二組樣本平均數的差爲-2916.450，自由度爲262.594的.05雙側考驗臨界值，經查一般統計教科書可知約爲1.96，代入上式得：

-2916.45 − 1.96 × 584.694 < μ < -2916.45 + 1.96 × 584.694
-4067.763 < μ < -1765.164

一般而言，除非對母群體的參數（parameter）有事先特別界定，否則通常將母群體參數設定爲0，當以區間估計值進行假設考驗時，若根據點估計值所得的區間估計值包括0這個值，則必須接受虛無假設；反之，若未包括0這個值，就可以拒絕虛無假設。在本例中由於95％的區間估計值並未包括0這個值，表示應該拒絕虛無假設，即樣本在依變項目前薪資的高低會因種族的不同而有顯著差異。這個結果與用點估計值（本例t = -4.988）進行假設檢定所得到的結論是一致的。

二、相依樣本 t 考驗

相依樣本t考驗的主要功能在檢定一組樣本在某一個等距以上變項（依

變項）之前後二次測量（重複量數），或是配對樣本（如雙胞胎或實驗設計中以配對方式控制干擾變項均是）在依變項上之平均數是否有顯著差異，以了解樣本在依變項上之平均數高低是否會因自變項之不同而有所差異。以下以例 8-2 說明如何利用 t 考驗進行相依樣本之平均數差異檢定。

例 8-2 （資料檔為 ex8-2.sav）

　　有一研究者想了解系統減敏感法對降低案主焦慮感的效果，乃隨機抽取 20 名具有焦慮症狀的樣本接受一項系統減敏感法訓練。下表是 20 名受試者在接受訓練課程前後，在一份「特質焦慮量表」上的得分。試問此一訓練課程對降低受試者焦慮感是否有顯著效果？

測驗	A	B	C	D	E	F	G	H	I	J	K	L	M	N	O	P	Q	R	S	T
前測	73	88	76	93	87	92	94	86	72	90	83	74	89	78	95	87	79	86	91	90
後測	52	49	62	50	48	61	53	58	61	55	62	63	54	70	62	71	62	50	52	65

(一)操作程序

　　根據例 8-2 旨在了解系統減敏感法訓練（自變項）課程對降低受試者焦慮感（依變項）是否有顯著效果，因為對 20 名具有焦慮症狀的樣本在接受訓練課程前後，用一份「特質焦慮量表」各測量一次，因此是屬於對同一組樣本重複測量之相依樣本，為檢定訓練課程之效果，就必須進行相依樣本 t 考驗。首先將原始資料讀進資料編輯視窗（有關讀取原始資料之方式，請參見第二章，此處假設資料已讀進資料編輯視窗中），如圖 8-18。圖 8-18 中變項subject是樣本代碼，屬於字串變項，變項before是特質焦慮量表之前測分數，變項 after 則是後測分數。

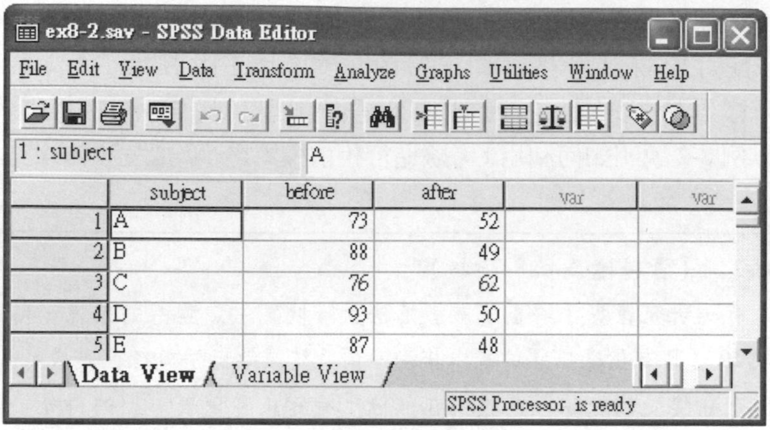

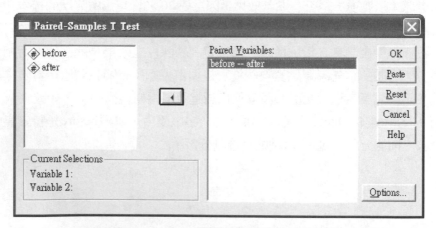

圖 8-18　例 8-2 之假設性資料

　　在原始資料讀進資料編輯視窗中後，接著開啓應用視窗中 Analyze(分析) 功能表之 Compare Means(比較平均數法) 下之 Paired-Samples T Test(成對樣本 T 檢定) 指令之對話方塊，先點選變項前測分數（before），則該變項會自動出現在 Current Selections 方格的 Variable 1 後面，然後按住 Ctrl 鍵再點選變項後測分數（after），使其出現在 Variable 2 後，最後點選右方之三角形鈕，將二變項之配對比較移至 Paired Variables 方格中（此步驟在同一次分析中可重複多次），如圖 8-19。

圖 8-19　界定相依樣本 t 考驗 Paired-Samples T Test 指令對話方塊

其次，使用者可以開啓 (Options) 次指令之對話方塊，以界定所要輸出之信賴區間估計值（功能與獨立樣本 t 考驗相同）。由於本例屬於單側考驗（目的在了解訓練課程能否有效降低焦慮感），本項界定就沒有任何意義。完成上述界定工作後，使用者即可點選 (OK) 鈕，SPSS 即會執行統計分析，並自動開啓結果輸出視窗，將統計分析結果輸出到視窗中。

綜合上述操作程序，可將利用 (Paired-Samples T Test(成對樣本 T 檢定)) 指令進行相依樣本 t 考驗之程序摘要如下：

```
Analyze
  Compare Means
    Paired-Samples T Test……點選進行考驗之變項至目標清單中
      Options……界定輸出之信賴區間估計值（雙側考驗之假設）
      OK……執行統計分析
```

(二)報表解釋

當使用者點選 (OK) 執行統計分析，則 SPSS 會自動開啓結果輸出視窗將統計分析結果輸出到視窗中。例 8-2 執行之結果與報表解釋如下：

Paired Samples Statistics

		Mean	N	Std.Deviation	Std.Error Mean
Pair 1	before	85.15	20	7.322	1.637
	after	58.00	20	6.882	1.539

SPSS 所輸出樣本在依變項前後二次測量的描述統計量。由表可知，20 名樣本在焦慮感測驗的前測分數平均數爲 85.15，標準差爲 7.322，平均數估計標準誤爲 1.637。後測分數的平均數爲 58.00，標準差爲 6.882，平均數估計標準誤爲 1.539。

Paired Samples Correlations

		N	Correlation	Sig.
Pair 1	before & after	20	-.296	.206

SPSS所輸出樣本在前後二次測量分數之積差相關係數。由表可知，20名樣本前後測分數之相關爲-.296（p 值爲.206），並未達.05 顯著水準，表示前、後測分數並無顯著相關。

在第一節中曾提及，當研究設計符合組內獨立但組間不獨立的條件爲相依樣本，相依樣本因爲組間不獨立，不管係採重複量數或配對樣本的設計，樣本在前後二次測量間的得分（表現）應該有很高的相關。因此如果沒有其它特殊因素存在，當以積差相關計算二次測量的相關，應該會得到一個顯著的正相關係數。

以本例而言，t考驗除了只能告訴研究者，整體看來系統減敏感訓練對降低樣本的焦慮感是否有效，就無法提供其它進一步的訊息，而二次測量的相關係數恰可以扮演一個輔助的角色，提供研究者進一步思考的方向。在本例中相關係數爲-.296，並未達顯著水準，因此可下一結論：「二次測量間沒有相關存在」，此一結果與相依樣本組間不獨立的條件產生相互矛盾，表示說樣本在前後二次測驗間的改變有其它因素存在。究竟有什麼因素存在，一般來說，研究者通常會懷疑是測量工具的信度與效度問題，或是說樣本的問題。假設這二項問題都不存在，則我們進一步從 20 名樣本的前後測分數比較可知，不管前測分數爲何，當接受系統減敏感訓練後，樣本焦慮感都會有所降低，且最低都只能降至 50 分左右；也就是說，若工具信效度與樣本代表性的問題不存在，造成本例相關係數不顯著的原因，研究者可能可以推測，系統減敏感訓練對降低個體的焦慮感只能到達某個程度，到達這個下限就不再有效果；或是說個體都會有一定的焦慮感存在，這些焦慮感是無法消除的。這些就需要研究者進一步去思考了。

本例雖然只是一個假設性的例子，但卻提供了一個量的研究之常見盲點的範例。筆者碰過很多使用套裝軟體的人常會有一個疑惑：「爲什麼報表會輸出那麼多的『垃圾』？爲什麼不只是輸出我所要的最後結果就好呢？」以本例而言，很多使用者可能看過前後測的平均數及標準差，再看

下一個報表中的 t 值是否顯著即下一結論，報表解釋就算結束了，而研究報告中也不會呈現相關係數的訊息。如此不是相當可惜嗎？甚且也失去了做進一步研究的啟示。

Paired Samples Test

	Paired Differences					t	df	Sig. (2-tailed)
	Mean	Std. Deviation	Std. Error Mean	95% Confidence Interval of the Difference				
				Lower	Upper			
Pair 1　before-after	27.150	11.435	2.557	21.798	32.502	10.618	19	.000

　　SPSS 所輸出的相依樣本 t 考驗結果。在本例中，樣本在前後測平均數的差為 27.150，前後測分數差的標準差為 11.435，平均數差異估計標準誤為 2.557，其中標準誤是前後測分數差的標準差除以人數開根號之結果，即：

$$2.557 = 11.435 \Big/ \sqrt{20}$$

　　其次，經 t 考驗結果，前後測平均數的差異之 t 值為 10.618，p 值為.000，在自由度為 19 時，已達到.05 的顯著水準，表示樣本在焦慮感測驗的前後測得分有顯著差異，經由前後測平均數可知，樣本在接受過系統減敏感訓練後，對降低焦慮感有顯著的效果，平均下降 27.15 分。這裡需特別說明的是，SPSS 僅提供雙側考驗之結果，因此研究者之假設檢定若是屬於單側考驗，則需再將 SPSS 所輸出之值除以 2，才不致造成錯誤之結論。

　　最後表中有輸出 95 ％信賴區間之估計值。因本例是單側考驗，因此信賴區間估計值沒有用處。當然使用者若所進行是雙側之假設檢定，則信賴區間估計值亦可做為假設檢定之用，其解釋請參見獨立樣本 t 考驗。

第四節　單因子變異數分析

　　單因子變異數分析適用於三組以上平均數差異的檢定，隨著研究者對自變項操弄方式的不同，可以分為獨立樣本及相依樣本（重複量數）二類，其假設檢定步驟可以圖 8-20 表示之。

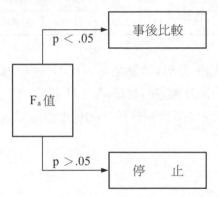

圖 8-20　單因子變異數分析檢定流程

　　由圖 8-20 可知，若自變項效果之 F 值（F_a）未達顯著水準（$p > .05$），就停止統計分析工作，接受虛無假設，表示依變項與自變項間並不具有因果關係；反之，當自變項之效果達顯著水準，就表示樣本在依變項之反應，確實會因自變項之不同而有顯著差異。此時，研究者應進一步選擇適合之方法，進行事後比較，以確定樣本究竟在哪幾對實驗處理上之表現差異達顯著水準。

　　以下分別舉例說明二種單因子變異數分析模式：

一、獨立樣本單因子變異數分析

　　獨立樣本單因子變異數分析是指自變項的每一個處理水準都由來自同一母群體的不同樣本所接受。以一個包括三個處理水準，每一處理水準包括 5 個樣本的設計為例，其模式可以下表表示之：

	自變項		
	水準一	水準二	水準三
樣本	S_1	S_6	S_{11}
	S_2	S_7	S_{12}
	S_3	S_8	S_{13}
	S_4	S_9	S_{14}
	S_5	S_{10}	S_{15}

　　上表中每一個 S_i 都代表一個不同的樣本在依變項上的分數，總共包括了 15 個樣本。

　　以下以第二章之假設性資料為例子，說明如何利用單因子變異數分析進行二組以上獨立樣本之平均數差異檢定，並在結果顯著後進行事後比較。

例 8-3　（資料檔為 bank.sav）

　　有一研究者想了解 XX 企業 474 名不同任職年資（以百分等級 27 及 73 分為三組）企業員工之目前薪資（NOWSAL）是否有所差異。試問在將α訂為.01 之條件下，企業員工目前薪資是否因任職年資不同而有差異？

(一)操作程序

　　根據例 8-3 旨在了解 474 名不同任職年資企業員工之目前薪資是否有

所差異，其中任職年資以百分等級 27 及 73 分為三組，而目前薪資則是等距以上尺度，因此應該進行單因子獨立樣本變異數分析。由於任職年資在原始資料檔中是以樣本實際年數為編碼值，屬於等距變項，為能進行變異數分析，因此必須轉換為類別變項。在將原始資料讀進資料編輯視窗中後，首先應利用 Analyze(分析) 功能表下 Descriptive Statistics 下之 Frequencies 指令，計算百分等級 27 及 73 所對應之百分位數（作法參見第四章例 4-1），然後再利用 Transform(轉換) 功能表下之 Recode(重新編碼) 指令，將任職年資轉換為三類（作法參見第三章圖 3-15 起之作法，此處不再贅述，並假設轉換後之變項名稱為 TYPE）。其次開啟應用視窗中 Analyze(分析) 功能表之 Compare Means(比較平均數法) 下之 One-Way ANOVA(單因子變異數分析) 指令之對話方塊，並將變項目前薪資（NOWSAL）自來源變項清單中點選移至 Dependent List 方格中，同時將自變項任職年資類別（TYPE）點選至 Factor 方格中，如圖 8-21。

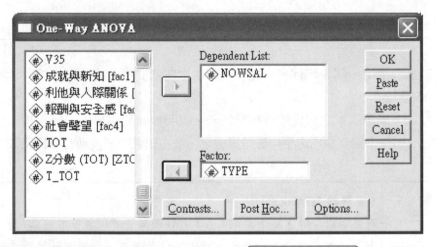

圖 8-21　界定單因子獨立樣本 ANOVA 之 One-Way ANOVA 指令對話方塊

　　其次，開啟 Post Hoc 次指令之對話方塊，以界定事後比較之方法及顯著水準之臨界值（內設值為.05）。視窗 13.0 版提供多種事後比較之方法供使用者選擇，甚至當變異數同質性之假設被拒絕時，SPSS 也提供四種事後比較方法供選擇。假設本例選擇 Duncan 法、Scheffe 法及 S-N-K 法三種為

事後比較方法。且因例 8-3 之 α 值訂為.01，因此應在 Significance level 方格中輸入.01，然後點選 Continue 鈕回到圖 8-21 之對話方塊。

最後，使用者可以開啟圖 8-21 中 Options 次指令之對話方塊，以點選包括包括 Descriptive 、 Homogeneity of variance test 及 Means plot 三個選項，以界定輸出描述性統計量、變異數同質性檢定及平均數圖三項統計量，然後點選 Continue 鈕回到圖 8-21 之對話方塊。

完成上述界定工作後，使用者即可點選 OK 鈕，SPSS 即會執行統計分析，並自動開啟結果輸出視窗，將統計分析結果輸出到視窗中。

綜合上述操作程序，可將利用 One-Way ANOVA(單因子變異數分析) 指令進行例 8-3 單因子獨立樣本變異數分析之程序摘要如下：

Analyze
　Descriptive Statistics
　　　Frequencies……計算自變項任職年資百分等級 27 及 73 之百分位數
Transform
　Recode
　　　Into Different Variables……建立自變項轉換為高、中、低三個類別
Analyze
　Compare Means
　　　One-Way ANOVA……點選進行考驗之自變項與依變項至目標清單中
　　　Post Hoc……界定進行事後比較之方法及顯著水準
　　　Options……界定輸出之統計量
　　　OK……執行統計分析

(二)報表解釋

當使用者點選 OK 執行統計分析，則 SPSS 會自動開啟結果輸出視窗將統計分析結果輸出到視窗中。例 8-3 執行之結果與報表解釋如下：

Descriptives

NOWSAL

	N	Mean	Std. Deviation	Std. Error	95% Coinfidence Interval for Mean		Minimum	Maximum
					Lower Bound	Upper Bound		
1.00	130	12319.38	1457.859	127.863	12066.41	12572.36	7200	16200
2.00	216	15980.64	4726.367	321.589	15346.77	16614.51	13260	43600
3.00	128	24814.94	6992.437	618.050	23591.93	26037.95	17400	57600
Total	474	17362.13	6837.628	314.063	16745.00	17979.26	7200	57600

　　SPSS所輸出的描述統計量。第一縱行為不同任職年資類別，其中1代表低年資組、2代表中年資組、3代表高年資組。第二縱行為各組樣本數。第三縱行為各組在依變項NOWSAL的平均數。第四縱行為各組在依變項的標準差。第五縱行為各組在依變項上得分平均數的估計標準誤。第六縱行則為各組平均數的95％信賴區間估計值。最後的二個縱行，則分別是各組樣本中，在依變項上之最小值與最大值。

　　表的最後一橫列（即總和）是全部樣本在依變項的描述統計量。由表可知，有效樣本為474名，總平均數為17362.13，標準差為6837.628，平均數估計標準誤為314.063，95％信賴區間為16745.00到17979.26之間。單因子變異數分析的目的，就在檢定各組的平均數與總平均數17362.13間的差異，是否達顯著水準。

　　由於變異數分析的目的，就在檢定各組的平均數與總平均數間的差異（點估計值）是否達統計學上的顯著水準，因此透過各組95％信賴區間估計值（區間估計值），也可以檢定樣本平均數與總平均數間差異的情形。當某一組樣本平均數的95％信賴區間估計值所構成的區間，包含了總平均數這個點，就表示該組平均數與總平均數間的差異未達.05顯著水準；反之，若該區間未包含總平均數這個點，就表示該組平均數與總平均數間的差異達到.05顯著水準。同時，各組的信賴區間估計值中，只要有任一組的

區間未包括總平均數這個點，則變異數分析結果 F 值一定會達到顯著水準。

由表可知，三類任職年資的信賴區間均未包括總平均數 17362.13 這個點，因此這三組與總平均數間的差異均達 .05 顯著水準。其次，利用總樣本的 95 ％信賴區間與各組樣本平均數相對照，也可以看出變異數分析的檢定結果，只要各組樣本中有任一組的平均數落在總平均數的信賴區間外，即表示該組平均數顯著地不同於其它組，如此變異數分析的結果一定會達到顯著水準；反之，若各組平均數均落在信賴區間範圍內，則表示各組平均數與母群體平均數並沒有差異，則變異數分析結果必定是得到接受虛無假設的結論。

在本例中，三組樣本的平均數分別爲 12319.38、15980.64 及 24814.94，三組之平均數均不在總樣本 95 ％信賴區間 16745.00 到 17979.26 的範圍內，表示各組間平均數確實有顯著差異存在，變異數分析結果將會得到拒絕虛無假設的結論。

這部分有關信賴區間的估計係根據：

$$\bar{X} - Z_{\alpha/2} \times 314.063 < \mu < \bar{X} + Z_{\alpha/2} \times 314.063$$

以總樣本的 95 ％信賴區間爲例，經查一般統計教科書的常態 Z 分配表可知，$\alpha = .05$ 時，雙側考驗之 Z 的臨界值爲 1.96，代入上式可得：

$$17362.13 - 1.96 \times 314.063 < \mu < 17362.13 + 1.96 \times 314.063$$
$$16745.00 < \mu < 17979.26$$

Test of Homogeneity of Variances

NOWSAL

Levene Statistic	df1	df2	Sig.
51.235	2	471	.000

SPSS 所輸出的變異數同質性檢定結果。在本例中各組的變異數經 Levene 法的 F 考驗結果，F 值爲 51.235，p 值爲 .000，已達 .05 顯著水準，表示三組樣本的變異數差異達顯著水準，即三組樣本變異數不具有同質性，違

反變異數分析的基本假設。此時，研究者應該進行校正工作，或是在事後比較時，改選擇適合於變異數不具有同質性之檢定方法。

ANOVA

NOWSAL

	Sum of Squares	df	Mean Square	F	Sig.
Between Groups	1.083E + 010	2	5413860913	225.927	.000
Within Groups	1.129E + 010	471	2396288.93		
Total	2.211E + 010	473			

　　SPSS所輸出之不同任職年資的三組樣本在依變項目前薪資上之平均數差異的單因子變異數分析結果。本例之變異數分析結果可整理成如表 8-1 的摘要表。

表 8-1　例 8-3 之變異數分析摘要表

變異來源	SS	df	MS	F
組間（SS_a）	1.083E + 10	2	5413860913.00	225.927***
組內（$SS_{s/a}$）	1.129E + 10	471	23962883.93	

*** $p < .001$

　　由表可知，三類樣本在依變項「目前薪資」上之平均數差異的變異數分析結果 F 值等於 225.927，已達到.05 達顯著水準，表示樣本之「目前薪資」會因自變項任職年資的不同而有所差異（若為實驗研究，研究者即可宣稱自變項與依變項間有因果關係存在）。此時，應該進一步選擇適當之事後比較方法，以檢定各組平均數間之差異情形。

　　由表中也可以知道，樣本在依變項上的總離均差平方和等於 2.211E ＋ 10（2.211E ＋ 10 代表 2.211×10^{10}，E 稱為科學符號），它恰可以切割成組間變異（自變項任職年資所造成）及組內變異（樣本個別差異及測量誤差所造成）二部分，即：

$$2.211E + 10 = 1.083E + 10 + 1.129E + 10$$

Multiple Comparisons

Dependent Variable: NOWSAL

	(I)TYPE	(J)TYPE	Mean Difference (I-J)	Std.Error	Sig.	99% Confidence Interval	
						Lower Bound	Upper Bound
Scheffe	1.00	2.00	-3661.254*	543.387	.000	-5318.45	-2004.06
		3.00	-12495.553*	609.541	.000	-14354.50	-10636.61
	2.00	1.00	3661.254*	543.387	.000	2004.06	5318.45
		3.00	-8834.299*	546.031	.000	-10499.56	-7169.04
	3.00	1.00	12495.553*	609.541	.000	10636.61	14354.50
		2.00	8834.299*	546.031	.000	7169.04	10499.56

* The mean difference is significant at the .01 level.

　　上表為 SPSS 所輸出之 Scheffe 法事後比較結果。事後比較是採兩兩配對之方式，因此表的第一縱行就是自變項各組之編碼值，第二縱行是二組平均數之差異，第三縱行是標準誤，第四縱行則是顯著水準，最後的縱行則是 99 ％信賴區間估計值。以第一橫列為例，係在比較第一組（低年資組）與第二組（中年資組）樣本間平均數之差異，二組平均數之差為 -3661.254（12319.38 － 15980.64），已達到.000 顯著水準，表示二組樣本之平均數有顯著差異。其次，若二組平均數差異達顯著水準，SPSS 也會標註一個星號（＊）表示。

NOWSAL

	TYPE	N	Subset for alpha =.01		
			1	2	3
Student-Newman-Keuls[a,b]	1.00	130	12319.38		
	2.00	216		15980.64	
	3.00	128			24814.94
	Sig.		1.000	1.000	1.000
Duncan[a,b]	1.00	130	12319.38		
	2.00	216		15980.64	
	3.00	128			24814.94
	Sig.		1.000	1.000	1.000
Scheffe[a,b]	1.00	130	12319.38		
	2.00	216		15980.64	
	3.00	128			24814.94
	Sig.		1.000	1.000	1.000

Means for groups in homogeneous subsets are displayed.

a. Uses Harmonic Mean Sample Size = 148.998.

b. The group sizes are unequal. The harmonic mean of the group sizes is used. Type Ⅰ error levels are not guaranteed.

　　上表為 SPSS 所輸出 S-N-K 法、Duncan 法及 Scheffe 法之事後比較結果。此種事後比較之呈現方式與上一個報表中之 Scheffe 法並不相同，第一縱行是自變項各組之編碼值，第二縱行則是各組之樣本數，最後各縱行則是事後比較之結果。由表可知，第一組（低年資組）共 130 人、第二組（中年資組）為 216 人、第三組（高年資組）為 128 人。至於最後各縱行事後比較結果之解釋，若任二組之平均數位在同一縱行，則表示二組平均數間並無顯著差異；反之，若二組之平均數位在不同之縱行，則表示二組平均數間有顯著差異。由表可知，本例中三組樣本之平均數都位在不同之縱行，表示任二組之配對比較均達到顯著水準；即各組間之平均數均有顯著差異。

　　本例中，不論採用哪一種事後比較方法，其結果完全相同，都是各組

間配對之平均數有顯著差異。但在很多行為科學研究中，常會出現各種事後比較結果不一致之情形。根據 Kirk（1982）及 Montgomery（1984）指出，在各種常用的事後比較方法中，可以從保守性（conservative）與統計強韌性（powerful）二個向度加以區分，就保守性言（即顯著的標準較嚴苛，因此較不易達到顯著），Tukey 法最為保守，其次為 LSD 法及 Newman-Keuls 法（S-N-K 法），最後為 Duncan 法；但若就統計強韌性（即較容易達到顯著）來看，則以 Duncan 法最高，其次為 LSD 法及 Newman-Keuls 法，最低為 Tukey 法。在二個向度的比較上，四種方法之順序恰好相反，如此當我們在選擇事後比較方法時，事實上應該考慮研究的性質再作決定。若研究屬於初步的探索性研究，則應該考慮強調統計的強韌性，盡量找出可能的差異出來；若是較接近驗證性研究，則應該考慮強調保守性，除非二組間平均數差異真的非常顯著，否則寧可接受虛無假設。至於 Scheffe 法最適用於多組平均數間的比較，至於對二組的比較，因敏銳度（sensitivity）較低將較不適用。

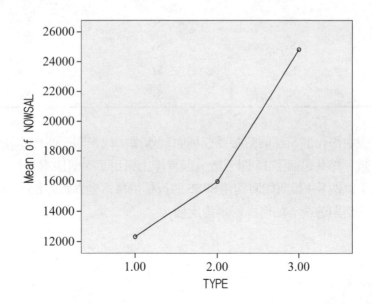

　　SPSS 所輸出自變項各組樣本平均數之趨勢圖。此一平均數趨勢圖對於次序尺度之自變項（本例任職年資類別即是一個次序變項）相當有用，可

以看出自變項各組樣本在依變項上之趨勢，呈現隨著自變項任職年資提高，而依變項目前薪資也隨著增加之趨勢，而此一趨勢是否達顯著水準，則有賴進一步進行趨勢分析進行檢定。

二、相依樣本變異數分析

相依樣本單因子變異數分析是指自變項的每一個處理水準全部由來自同一母群體的同一組樣本所接受。以一個包括三個處理水準，每一處理水準包括 5 個樣本的設計為例，其模式可以下表示之：

	自變項		
	水準一	水準二	水準三
樣本	S_1	S_1	S_1
	S_2	S_2	S_2
	S_3	S_3	S_3
	S_4	S_4	S_4
	S_5	S_5	S_5

上表中每一個 S_i 都同時接受三種處理水準，代表同一個樣本在依變項上的分數，總共包括了 15 個分數，但實際上只用了 5 個樣本。

以下以例 8-4 說明如何利用 SPSS 進行相依樣本變異數分析，並在整體的效果達到顯著後，如何進行事後比較。

例 8-4 （資料檔為 ex8-4.sav）

有一個生理心理學家想了解不同學習活動對 A 型人格特質者學習壓力的影響，乃設計三種不同的學習活動（主動學習、被動學習及自由學習等三類），並隨機抽取 20 名具有 A 型特質的樣本，每當 20 名樣本從事某一種學習活動後立即測量其心臟舒張壓，得到下表的結果。請問 A 型人格特質者的學習壓力是否會因學習活動的不同而有差異？

	A	B	C	D	E	F	G	H	I	J	K	L	M	N	O	P	Q	R	S	T
主動型	81	67	73	73	77	70	68	70	64	61	70	83	71	65	68	65	71	60	70	80
被動型	58	64	60	66	68	65	67	74	66	78	67	67	63	65	64	71	53	59	61	67
自由型	62	62	65	66	74	70	64	60	63	74	81	61	63	61	59	62	57	68	73	63

(一)操作程序

根據例 8-4 旨在了解 20 名 A 型人格特質的樣本在接受三種不同學習活動（主動學習、被動學習及自由學習等三類）後之學習壓力（以心臟舒張壓高低表示）是否有所差異。由於每一名樣本均同時接受三種實驗處理，因此是屬於重複量數之相依樣本，應該進行單因子相依樣本變異數分析。首先將原始資料讀進資料編輯視窗（有關讀取原始資料之方式，請參見第二章，此處假設資料已讀進資料編輯視窗中），如圖 8-22。圖 8-22 中變項 subject 是樣本代碼，屬於字串變項，變項 test1、test2 及 test3 則分別代表樣本在主動型、被動型及自由型三種學習活動下之心臟舒張壓測量值（即學習壓力，為本例之依變項）。

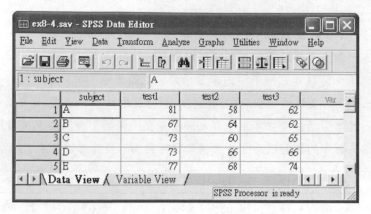

圖 8-22 　例 8-4 之假設性資料

　　在原始資料讀進資料編輯視窗中後，接著開啓應用視窗中 Analyze(分析) 功能表之 General Linear Model(一般線性模式) 下之 Repeated Measures(重複量數) 指令之對話方塊，首先在 Within-Subject Factor Name 方格中輸入自變項之名稱 type（本例假設 type 代表三種學習型態），然後在 Number of Levels 方格中輸入自變項之處理水準數 3（本例共有三種學習型態），最後點選 Add 鈕，結果如圖 8-23。

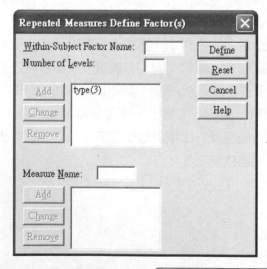

圖 8-23 　界定單因子相依樣本 ANOVA 之 Repeated Measures 指令對話方塊

完成上述自變項名稱與處理水準數之界定後，再點選 Define 鈕，開啟 Repeated Measures(重複量數) 指令第二層對話方塊。然後自來源變項清單中分別點選 test1、test2 及 test3，並分別移至 Within-Subjects Variables 方格之(1)(2)(3)中，如圖 8-24。

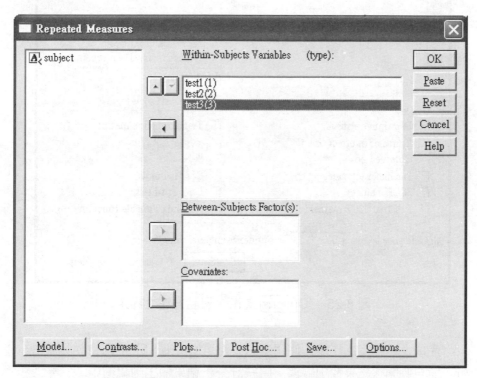

圖 8-24 Repeated Measures(重複量數) 指令第二層對話方塊之界定

其次，使用者可以開啟 Options 次指令之對話方塊，點選自變項type，以將它移至 Display Means for 方格中，並點選 Compare main effects 選項，界定在 F 值達到顯著水準時，以最小平方差異（LSD 法）進行事後比較；此外，使用者可以根據需要，輸出各種統計量，本例僅界定輸出描述統計（ Descriptive statistics ）；最後，使用者可以界定顯著水準之α值（內設是 .05），界定完成後之畫面如圖 8-25。然後點選 Continue 鈕回到圖 8-24 之對話方塊。

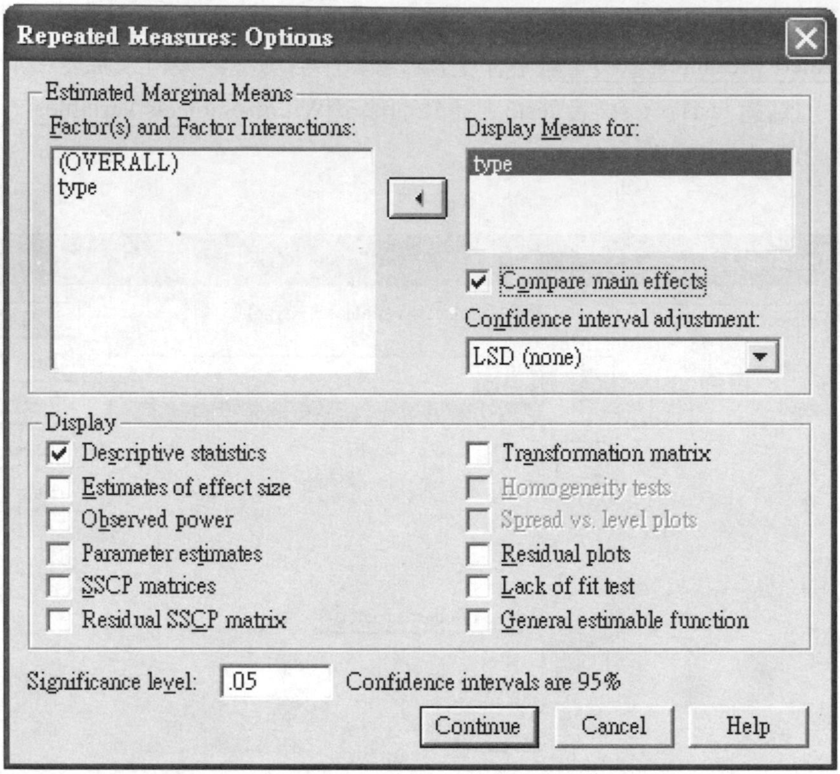

圖 8-25　Options 次指令對話方塊之界定

　　完成上述界定工作後，使用者只要點選 OK 鈕，SPSS即會執行統計分析，並自動開啟結果輸出視窗，將統計分析結果輸出到視窗中。

　　綜合上述操作程序，可將利用 Repeated Measures(重複量數) 指令進行單因子相依樣本變異數分析之程序摘要如下：

Analyze
  General Linear Model……
    Repeated Measures……界定自變項名稱及處理水準數
      Define……點選依變項至目標變項清單中
      Options……界定進行事後比較、輸出之統計量及顯著水準α值
      OK……執行統計分析

(二)報表解釋

　　當使用者點選 (OK) 執行統計分析，則 SPSS 會自動開啓結果輸出視窗將統計分析結果輸出到視窗中。例 8-4 執行之結果與報表解釋如下：

Within-Subjects Factors

Measure: MEASURE_1

type	Dependent Variable
1	test1
2	test2
3	test3

　　SPSS 所輸出之自變項名稱及處理水準數，以及各處理水準之名稱。由表可知，自變項名稱爲 type，共有三個處理水準，各水準下依變項（本例是學習壓力）之名稱分別爲 test1、test2 及 test3。

Descriptive Statistics

	Mean	Std.Deviation	N
主動學習	70.35	6.243	20
被動學習	65.15	5.566	20
自由學習	65.40	6.116	20

　　SPSS 所輸出有關依變項測量值的描述統計量。所輸出的描述統計量有平均數、標準差及有效樣本人數。表中依變項分別是 20 名樣本在接受主動型、被動型及自由型三種學習形式的實驗處理後，在心臟舒張壓的測量值。以 test1（主動學習）而言，其平均數爲 70.35，標準差爲 6.243；其次 test2（被動學習）的平均數爲 65.15，標準差爲 5.566；test3（自由學習）的平均數爲 65.40，標準差爲 6.116。

Multivariate Tests[b]

Effect		Value	F	Hypothesis df	Error df	Sig.
type	Pillai's Trace	.274	3.392[a]	2.000	18.000	.056
	Wilks' Lambda	.726	3.392[a]	2.000	18.000	.056
	Hotelling's Trace	.377	3.392[a]	2.000	18.000	.056
	Roy's Largest Root	.377	3.392[a]	2.000	18.000	.056

a. Exact statistic

b. Design: Intercept

Within Subjects Design: type

　　SPSS 所輸出的四種多變量變異數分析（即多個依變項）的檢定方法。對單因子重複量數而言，這些檢定的結果並沒有意義，筆者會在適當的時機介紹這些檢定方法的意義及解釋（以下各種包括相依樣本自變項之變異數分析模式，均會輸出這個報表結果，為節省篇幅，以下均不再呈現，讀者在執行分析時，可將這部分報表省略）。

Mauchly's Test of Sphericity[b]

Measure: MEASURE_1

Within Subjects Effect	Mauchly's W	Approx. Chi-Square	df	Sig.	Epsilon[a]		
					Greenhouse-Geisser	Huynh-Feldt	Lower-bound
type	.897	1.948	2	.378	.907	.997	.500

Tests the null hypothesis that the error covariance matrix of the orthonormalized transformed dependent variables is proportional to an identity matrix.

a. May be used to adjust the degrees of freedom for the averaged tests of significance. Corrected tests are displayed in the Tests of Within-Subjects Effects table.

b. Design: Intercept

Within Subjects Design: type

　　SPSS 所輸出對樣本在依變項分數的球面性或環狀性基本假設檢定結果。常用來檢定球面性假設的方法主要有三種，分別是 Greenhouse 與 Geisser（1959）的ε檢定、Huynh 與 Feldt（1976）的ε檢定，以及 Mauchly 檢定（Kirk, 1982）三種。當ε值為 1 時，表示樣本在依變項上得分，兩兩配對相減所得的差，完全符合球面性的假設，ε的最小值等於 1／（k－1），k為自變項水準數。Mauchly 檢定值接近於卡方機率分配，當計算所得卡方值未達顯著水準，表示資料符合球面性假設；至於另外二種方法並沒有確切的檢定標準，但當值愈接近ε值下限時，愈有可能違反假設，而 Girden（1992）認為若ε值在.75 以上，表示未違反假設，若ε值在.75 以下，則最好就需進行校正工作。但 Greenhouse 與 Geisser 的ε檢定值常會低估實際值，而 Huynh 與 Feldt（1976）的ε檢定值卻又常是高估實際值，因此 Stevens（1992）建議利用ε值進行檢定時，可取二者之平均數為檢定值。

　　以本例而言，因自變項分為三個處理水準，故ε的最小值（lower-bound）為.500，由表可知，Mauchly 檢定值為.897，轉換後之卡方近似值為 1.948，並未達.05 顯著水準，而另二種ε檢定值都高過.75 的標準，表示例 8-4 的資料，並未違反球面性的假設。

　　當違反球面性假設時，所得到的 F 值通常變成正偏態，導致犯第一類型錯誤的機率提高，為解決這個問題，Collier、Baker、Mandeville 及 Hayes（1967）建議，可將 F 值的二個自由度（即 SS_a 及 SS_{sa} 二變異來源之自由度）分別乘上 Greenhouse 與 Geisser 或 Huynh 與 Feldt 的ε檢定值，再以校正後自由度在同一顯著水準下的 F 臨界值為決策標準，檢定所得到 F 值的顯著性。此二種違反球面性假設後的檢定方法，結果如下表：

Tests of Within-Subjects Effects

Measure: MEASURE_1

Source		Type III Sum of Squares	df	Mean Square	F	Sig.
type	Sphericity Assumed	344.033	2	172.017	4.703	.015
	Greenhouse-Geisser	344.033	1.814	189.659	4.703	.018
	Huynh-Feldt	344.033	1.995	172.483	4.703	.015
	Lower-bound	344.033	1.000	344.033	4.703	.043

（接下頁）

（承上頁）

Error (type)	Sphericity Assumed	1389.967	38	36.578		
	Greenhouse-Geisser	1389.967	34.465	40.330		
	Huynh-Feldt	1389.967	37.897	36.677		
	Lower-bound	1389.967	19.000	73.156		

　　SPSS 所輸出有關自變項 type 效果（即變異來源 SS_a）及誤差項效果（即變異來源 SS_{sa}）的離均差平方和、自由度、均方值及 F 檢定結果。由於本例並未違反球面性之假設，因此可以球面性假設符合之橫列為估計值進行假設檢定。由表可知，自變項效果之 SS 為 344.033，均方值為 172.017，F 值為 4.703，p 值為 .015，已達 .05 顯著水準。

Tests of Between-Subjects Effects

Measure: MEASURE_1
Transformed Variable: Average

Source	Type III Sum of Squares	df	Mean Square	F	Sig.
Intercept	269072.067	1	269072.067	7865.990	.000
Error	649.933	19	34.207		

　　SPSS 所輸出的受試者效果（即變異來源 SS_s）的離均差平方和、均方值及自由度。由表可知，受試者效果（SS_s）的離均差平方和為 649.933，自由度為 19，均方值為 34.207。表中第一橫列是常數項的離均差平方和，這在變異數分析中並沒有意義，當把三個依變項全部化為標準 Z 分數後，常數項的離均差平方和會變為 0。

　　綜合上述二個報表，可將本例的變異數分析結果摘要表整理如表 8-2。

表 8-2 例 8-4 不同學習型態組樣本在「學習壓力」之變異數分析摘要表

變異來源	SS	df	MS	F
受試者 SS_s	649.933	19	34.207	
自變項 SS_a	344.033	2	172.017	4.703*
誤差項 SS_{sa}	1389.967	38	36.578	

* $p < .05$

　　由表 8-2 可知，自變項（學習型態）的效果經檢定後 F 值為 4.703，已達到.05 的顯著水準，因此應該拒絕虛無假設，表示樣本的心臟舒張壓（學習壓力）高低確實會因學習型態的不同而有顯著差異，亦即二變項間有因果關係存在。至於受試者的效果（SS_s）在重複量數中通常並不進行檢定，因為個體本來就有個別差異存在，重複量數與獨立樣本的差異，就在於透過實驗的操弄，將個別差異的變異量自誤差項中獨立出來。這些由個別差異所造成的變異量是否顯著，在統計檢定上並沒有意義。

　　前已述及，單因子變異數分析在自變項的效果達到顯著以後，通常必須進行事後比較。相依樣本與獨立樣本的事後比較程序完全相同，唯一的差異在於誤差項的不同，獨立樣本的誤差項為 $SS_{s/a}$，而相依樣本的誤差項為 SS_{sa}。在SPSS中對相依樣本的事後比較程序無法像獨立樣本一樣，利用 Post Hoc 次指令直接進行，且提供多種方法供選擇。

　　過去在 PC 版的 SPSS，要對相依樣本變異數分析進行事後比較，使用者必須重新建立資料檔才能進行分析。重新建立的資料檔必須以矩陣（matrix）的方式為之，其中需包括各組樣本人數、平均數及誤差項之均方值和自由度。但視窗版之 SPSS 並不提供讀取矩陣資料之功能，因此無法再進行各種事後比較。筆者多次嘗試，發現利用 Options 次指令對話方塊中之 Compare main effect 選項，可以進行 LSD 法之事後比較，這是 SPSS 視窗 12.0 版中，對相依樣本之變異數分析進行事後比較之方法。以下就是本例進行事後比較之報表輸出結果：

Pairwise Comparisons

Measure: MEASURE_1

(I) type	(J) type	Mean Difference (I−J)	Std. Error	Sig.[a]	95% Confidence Interval for Difference[a]	
					Lower Bound	Upper Bound
1	2	5.200*	2.044	.020	.922	9.478
	3	4.950*	2.076	.028	.606	9.294
2	1	-5.200*	2.044	.020	-9.478	-.922
	3	-.250	1.578	.876	-3.552	3.052
3	1	-4.950*	2.076	.028	-9.294	-.606
	2	.250	1.578	.876	-3.052	3.552

Based on estimated marginal means

* The mean difference is significant at the .05 level.

a. Adjustment of multiple comparisons: Least Significant Difference (equivalent to no adjustments).

　　SPSS所輸出有關LSD法事後比較的結果。由表可知，第一組（主動型）與第二組（被動型）平均數的差異為 5.200，已達.05 顯著水準；而第一組與第三組（自由型）平均數之差異為 4.950，也達.05 顯著水準；至於第二組與第三組平均數之差異為.250，並未達.05 顯著水準。由此可知，樣本在主動型學習活動時之心臟舒張壓顯著高於其它二種學習型態（平均數差異上均打星號），而第二組與第三組間並沒有顯著差異。也就是說，不同學習形式對Ａ型人格特質者學習壓力之影響，主要是因主動型與另二種形式的不同所致；即Ａ型人格特質者在主動學習情境時之學習壓力顯著高於被動學習與自由學習情境。

第五節　二因子變異數分析

二因子變異數分析事實上是二個單因子變異數分析的組合，也就是說研究者一次同時操弄二個自變項，而不再一次只操弄一個自變項。二因子變異數分析除了可以檢定每一個自變項的主要效果（main effect）外，更可進一步檢定二個自變項間的交互作用效果（interaction effect），以確定二自變項是否彼此獨立。二因子變異數分析可以用集合的觀念來解釋，A 及 B 二個集合的交集，就是代表二個自變項之交互作用效果；而非交集的部分，就是二自變項各自之主要效果，當交集爲零，則 A、B 二個集合彼此獨立，但當二個集合之交集（交互作用效果）大到不是機遇所可能造成，則 A、B 二個集合就有高度之重疊；亦即，當二自變項彼此獨立時，則其結果與進行二次單因子變異數分析並無不同，但當二自變項是彼此相關，有交互作用存在時，則若只是進行二次單因子變異數分析，將會造成嚴重的錯誤結果。例如：

		自變項 A		平均數
		A = 1	A = 2	
自變項 B	B = 1	60	30	45
	B = 2	30	60	45
平均數		45	45	45

在上表中自變項 A 與 B 均各有二個處理水準，交叉構成四個細格，細格中的數字假設爲樣本在依變項上的平均數，若假設每一細格各有 20 名樣本。在這種情況下，二個自變項的邊際平均數全部會等於 45，而總平均數也會等於 45，此時若針對自變項 A 及 B 分別進行單因子變異數分析，以檢定主要效果，則自變項 A 二組樣本的平均數與自變項 B 二組樣本的平均

數，都等於總平均數，因此 SS_a 及 SS_b 都會等於 0，因此假設檢定結果 F 值都不會顯著，必須接受虛無假設，得到樣本在依變項的表現不會因自變項 A 或 B 而有所差異的結論；但若進行一次二因子變異數分析，則交互作用項將會達到顯著，也就是說自變項不同處理水準在依變項上的得分事實上是有差異的，但這種差異會因另一自變項的不同而有所不同，以上表為例，在 B = 1 時，A1 顯著地高於 A2，但在 B = 2 時，卻是 A2 顯著高於 A1；同樣地，樣本在自變項 B 不同處理水準的表現，也會因自變項 A 的不同而有差異。從上面例子中，讀者應該可以清楚的理解二因子變異數分析的特性與功能。

　　二因子變異數分析隨著研究者對二個自變項操弄方式的不同，基本上可以分為二因子獨立樣本、一因子獨立一因子相依的混合設計（mixed design），以及二因子相依樣本（重複量數）三種模式，其假設檢定步驟可以圖 8-26 示之。

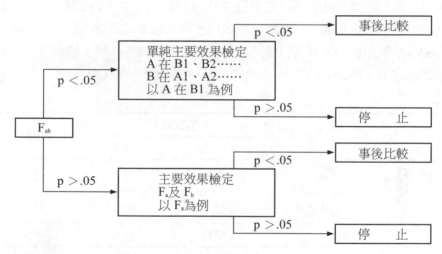

圖 8-26　二因子變異數分析檢定流程

根據圖 8-26，茲分別提出下列幾點之說明：

(一)當二因子交互作用項之 F 值（F_{ab}）達顯著水準（p < .05）時，必須進一步進行單純主要效果（simple main effect）的顯著性檢定，即分別檢定一個自變項的主要效果在另一個自變項各處理水準中的顯著

性。根據檢定結果：

1. 當單純主要效果達顯著水準時，必須進一步選擇適當的方法進行事後比較，以確定是哪幾組樣本的平均數間有顯著差異。

2. 當單純主要效果未達顯著水準時，則停止統計分析，進行結果解釋。

㈡當二因子交互作用項未達顯著水準（p ＞.05）時，則進一步分別檢定二自變項主要效果的顯著性檢定，此時就回到單因子變異數分析（參見圖 8-20）。主要效果達到顯著水準，使用者只要根據該自變項是獨立樣本或相依樣本，選擇適當的變異數分析方法進行即可，作法參考第四節。

以下分別舉例說明三種二因子變異數分析模式：

一、二因子獨立樣本變異數分析

　　二因子獨立樣本變異數分析是指二個自變項所交叉構成的每一個處理水準都由來自同一母群體的不同樣本所接受。以二個自變項分別包括二及三個處理水準，則交叉構成六種不同的處理水準，每一處理水準包括四個樣本的設計為例，其模式可以下表示之：

		自變項 A		
		水準一	水準二	水準三
自變項 B	水準一	S_1	S_9	S_{17}
		S_2	S_{10}	S_{18}
		S_3	S_{11}	S_{19}
		S_4	S_{12}	S_{20}
	水準二	S_5	S_{13}	S_{21}
		S_6	S_{14}	S_{22}
		S_7	S_{15}	S_{23}
		S_8	S_{16}	S_{24}

上表中每一個 S_i 都代表一個不同的樣本在依變項上的分數，總共包括了二十四個樣本。

以下以一個假設的例 8-5，說明如何利用 SPSS 進行二因子獨立樣本變異數分析。

例 8-5　（資料檔為 ex8-5.sav）

有一研究者想了解不同焦慮程度樣本在接受三種不同教學方法後學業成績的差異情形。下表是 30 名樣本在接受不同教學法後的學業成績，請問焦慮程度與教學法二自變項對樣本學業成績的影響是否有交互作用存在？

		教學方法		
		講授法	討論法	協同法
焦慮程度	低焦慮組	12	21	16
		11	22	14
		15	25	13
		9	17	11
		13	19	10
	高焦慮組	18	13	12
		21	11	15
		15	9	10
		13	10	11
		19	8	9

㈠操作程序

根據例 8-5 旨在了解不同焦慮程度樣本在接受三種不同教學方法後學業成績的差異情形。其中包括焦慮程度與教學方法二個獨立樣本之自變項，而依變項則是樣本之學業成績，因此應該進行二因子獨立樣本變異數分析。首先將原始資料讀進資料編輯視窗（有關讀取原始資料之方式，請參見第二章，此處假設資料已讀進資料編輯視窗中），如圖 8-27。圖 8-27 中變項

subject 代表樣本之代碼，是一個字串變項。變項 anxiety 是樣本之焦慮程度，分為二個處理水準，1 代表低焦慮組，2 代表高焦慮組。變項 teach 則是教學方法，共分三個處理水準，其中 1 代表講授法、2 代表討論法、3 代表協同法。至於變項 score 則代表學業成績。

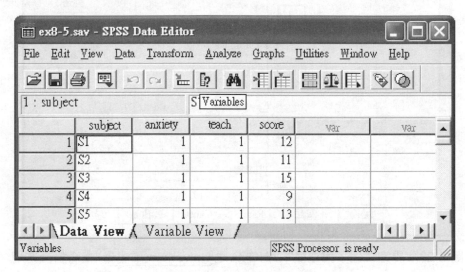

圖 8-27　例 8-5 之假設性資料

　　在原始資料讀進資料編輯視窗中後，接著開啟應用視窗中 Analyze(分析) 功能表之 General Linear Model(一般線性模式) 下之 Univariate(單變量) 指令之對話方塊，並將變項學業成績（score）自來源變項清單中點選至 Dependent Variable 方格中，同時將自變項即焦慮程度（anxiety）及教學方法（teach）點選至 Fixed Factor(s) 方格中，如圖 8-28。

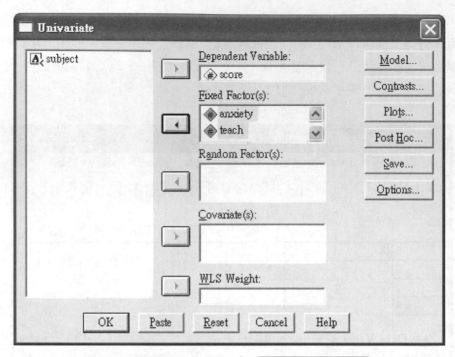

圖 8-28　界定二因子獨立樣本ANOVA之 Univariate(單變量) 指令對話方塊

　　其次，開啓 Plots 次指令之對話方塊，以繪製二自變項在依變項上平均數之趨勢圖。首先在二個自變項中，任選一個移至 Horizontal Axis 方格中，並將另外一個移至 Separate Lines 方格中，再點選 Add 鈕，最後然後點選 Continue 鈕回到圖 8-28 之對話方塊。

　　再者，使用者可以開啓 Options 次指令之對話方塊，點選 Descriptive statistics 及 Homogeneity test 二個選項，界定輸出描述統計與同質性檢定結果，然後點選 Continue 鈕回到圖 8-28 之對話方塊。

　　完成上述界定工作後，使用者只要點選 OK 鈕，SPSS即會執行統計分析，並自動開啓結果輸出視窗，將統計分析結果輸出到視窗中。

　　綜合上述操作程序，可將利用 Univariate(單變量) 指令進行二因子獨立樣本變異數分析之程序摘要如下：

```
Analyze
  General Linear Model
    Univariate……點選進行考驗之自變項與依變項至目標清單中
    Plots……界定繪製二自變項在依變項上平均數之趨勢圖
    Options……界定輸出之統計量
    OK……執行統計分析
```

(二)報表解釋

　　當使用者點選 OK 執行統計分析，則 SPSS 會自動開啟結果輸出視窗將統計分析結果輸出到視窗中。例 8-5 執行之結果與報表解釋如下：

Between-Subjects Factors

		Value Label	N
anxiety	1	低焦慮組	15
	2	高焦慮組	15
teach	1	講授法	10
	2	討論法	10
	3	協同法	10

　　SPSS 所輸出有關二個獨立樣本自變項之訊息。包括變項名稱，各變項處理水準數及標籤，以及各處理水準之樣本數。由表可知，自變項 anxiety 包括二個處理水準，其中編碼值 1 代表低焦慮組，包括 15 名樣本，編碼值 2 代表高焦慮組，包括 15 名樣本；而 teach 包括三個處理水準，其中編碼值 1 代表講授法，包括 10 名樣本，編碼值 2 代表討論法，包括 10 名樣本，編碼值 3 代表協同法，包括 10 名樣本。

Descriptive Statistics

Dependent Variable: score

anxiety	tech	Mean	Std.Deviation	N
低焦慮組	講授法	12.00	2.236	5
	討論法	20.80	3.033	5
	協同法	12.80	2.387	5
	Total	15.20	4.754	15
高焦慮組	講授法	17.20	3.194	5
	討論法	10.20	1.924	5
	協同法	11.40	2.302	5
	Total	12.93	3.936	15
Total	講授法	14.60	3.777	10
	討論法	15.50	6.078	10
	協同法	12.10	2.331	10
	Total	14.07	4.441	30

　　SPSS所輸出樣本在依變項上的描述統計量。所輸出之描述統計量包括平均數、標準差及有效樣本數。由表可知，15 名低焦慮組樣本中，使用講授法之 5 名樣本之平均數為 12.00、討論法組為 20.80、協同法組則為 12.80；至於 15 名高焦慮組樣本中，使用講授法之 5 名樣本之平均數為 17.20、討論法組為 10.20、協同法組則為 11.40。檢定這六個平均數與樣本總平均數 14.07 間是否有顯著差異，就是對二個自變項交互作用效果顯著性之檢定。其中只要有一個平均數與總平均數間的差異達顯著水準，則二因子交互作用的效果就會達顯著。

Levene's Test of Equality of Error Variances[a]

Dependent Variable: score

F	df1	df2	Sig.
.490	5	24	.781

Tests the null hypothesis that the error variance of the dependent variable is equal across groups.

a. Design: Intercept ＋ anxiety ＋ teach ＋ anxiety*teach

SPSS所輸出之變異數同質性檢定結果。由表可知，本例經以Levene法進行檢定後之 F 值爲.490（p ＝.781），並未達.05 顯著水準，表示各組間之變異數具有同質性，並未違反基本假設。

Tests of Between-Subjects Effects

Dependent Variable: score

Source	Type III Sum of Squares	df	Mean Square	F	Sig.
Corrected Model	415.467[a]	5	83.093	12.751	.000
Intercept	5936.133	1	5936.133	910.916	.000
anxiety	38.533	1	38.533	5.913	.023
teach	62.067	2	31.033	4.762	.018
anxiety*teach	314.867	2	157.433	24.159	.000
Error	156.400	24	6.517		
Total	6508.000	30			
Corrected Total	571.867	29			

a. R Squared ＝.727 (Adjusted R Squared ＝.670)

SPSS所輸出二因子獨立樣本變異數分析結果摘要表。本例之變異數分析結果可整理成如表 8-3 的摘要表。

表 8-3　不同焦慮程度及教學法樣本在「學業成績」之變異數分析摘要表

變異來源		SS	df	MS	F
焦慮程度（A）	SS_a	38.533	1	38.533	5.913*
教學法（B）	SS_b	62.067	2	31.033	4.762*
A × B	SS_{ab}	314.867	2	157.433	24.519***
誤差項	$SS_{s/ab}$	156.400	24	6.517	

* p ＜.05　　*** p ＜.001

由表 8-3 可知，焦慮程度與教學法二自變項交互作用項的 F 值爲 24.159，已達到.05 顯著水準，表示二自變項交互作用項對依變項的影響確實存在，

即一自變項對依變項的影響會因另一自變項的不同而有所不同，此時雖二自變項主要效果之 F 值也都達 .05 顯著水準，但因交互作用達顯著，對二自變項主要效果項的檢定就沒有任何意義，為真正了解二自變項對依變項的影響，就必須進行單純主要效果檢定。

此處要補充說明的是，依變項的總離均差平方和（SS_t）可以分割為幾個獨立的效果項，在二因子獨立樣本變異數分析中，共可分割成 SS_a、SS_b、SS_{ab} 及 $SS_{s/ab}$ 等四項，亦即這四個作用項的離均差平方和加總後，應等於總離均差平方和。由報表中可知，依變項的總離均差平方和為 571.867，上述四個效果項的離均差平方和分別 38.533、62.067、314.867 及 156.400，相加後恰等於 571.867。此外，表中有輸出一項截距之 SS 估計及 F 檢定結果。這一截距項之檢定在變異數分析中意義不大，使用者若不想輸出，則可以在圖 8-28 中點選 Model 次指令，開啟其對話方塊，將內設值 Include interceptin model 取消，SPSS 就不會輸出截距項之估計及檢定結果。

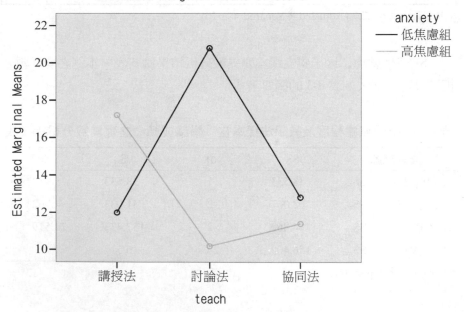

SPSS 所輸出二自變項各處理水準在依變項之平均數趨勢圖。由此趨勢

圖可看出二自變項間交互作用的情形，若二自變項間無交互作用存在，則各曲線會呈現完全或近似平行之趨勢；反之，若二自變項間有交互作用存在，則曲線之走向可進一步分成有次序性交互作用及無次序性交互作用二種型態。由圖可知，本例二自變項在依變項上平均數之趨勢圖已明顯呈現無次序性交互作用之情形。

由於交互作用項顯著是表示樣本在自變項 A 各處理水準的表現會因自變項 B 的不同而有所差異，因此單純主要效果的檢定意義，事實上就是在檢定 A 變項的主要效果時，必須分別根據自變項 B 的不同處理水準來進行；同樣地，在檢定變項 B 的主要效果時，必須因自變項 A 的不同處理水準來進行，因此若變項 A 有 k 個處理水準，變項 B 有 m 個處理水準，則對變項 A 需進行 m 次單純主要效果檢定，對變項 B 進行 k 次檢定，總共必須進行 k ＋ m 次單純主要效果檢定。

根據上述意義可知，單純主要效果的檢定事實上就是在檢定一自變項的主要效果時，必須因另一自變項的不同處理水準來進行。因此二因子獨立樣本變異數分析模式之單純主要效果檢定之作法，由於二個自變項都是獨立樣本，在檢定 A 的單純主要效果，需因 B 各處理水準不同分別進行單因子獨立樣本變異數分析；而檢定 B 的單純主要效果，需因 A 各處理水準的不同分別進行單因子獨立樣本變異數分析。亦即，單純主要效果檢定是從總樣本中，挑選合乎條件的部分樣本來進行單因子變異數分析。

單純主要效果檢定既是從總樣本中，挑選合乎條件的部分樣本來進行單因子變異數分析，而 SPSS13.0 版又沒提供專門處理單純主要效果的指令，因此在進行分析前就必須利用 SPSS 應用視窗 Data(資料) 功能表下之 Split File(分割檔案) 及 Select Cases(選擇觀察值) 二個指令，先將資料編輯視窗中之原始資料檔進行分割，並選擇合乎條件之樣本進行單因子變異數分析。

以下以例 8-5 說明如何利用 SPSS 進行單純主要效果檢定。根據例 8-5，當要檢定焦慮程度的單純主要效果，需因三種教學法的不同分別進行，因此可以利用 Split File(分割檔案) 指令，根據樣本在教學方法上編碼值（本例教學方法分成三個處理水準，編碼值分別為 1、2 及 3）之不同，先將原始資料檔暫時分割成三個檔案，再進行三次單因子獨立樣本變異數分析。

而要檢定教學方法的單純主要效果，需因二種焦慮程度的不同分別進行，因此可以利用 Split File(分割檔案) 指令，根據樣本在焦慮程度上編碼值（本例焦慮程度分成二個處理水準，編碼值分別為 1 和 2）之不同，先將原始資料檔暫時分割成二個檔案，再進行二次單因子獨立樣本變異數分析。

當檢定焦慮程度的單純主要效果時，首先開啟 Data(資料) 功能表下之 Split File(分割檔案) 指令之對話方塊，先點選 Organize output by groups 選項，然後自來源變項清單中將變項教學方法（teach），移至 Groups Based on 方格中，如圖 8-29，最後點選 OK 鈕，SPSS 即會根據樣本在變項 teach 上編碼值之不同，執行原始資料檔分割之工作（此指令之執行結果不會輸出到結果輸出視窗中）。

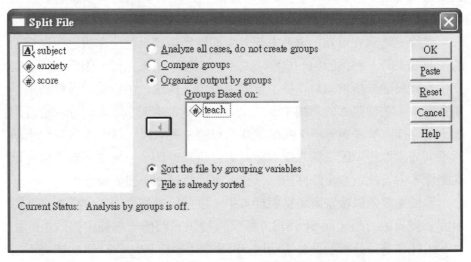

圖 8-29　界定根據 teach 進行分割檔案之 Split File(分割檔案) 指令對話方塊

完成上述原始資料檔分割後，即可進行自變項「焦慮程度」（anxiety）之單純主要效果檢定。首先，開啟應用視窗中 Analyze(分析) 功能表之 Compare Means(比較平均數法) 下之 One-Way ANOVA(單因子變異數分析) 指令之對話方塊，並將變項學業成績（score）自來源變項清單中點選至 Dependent List 方格中，同時將自變項焦慮程度（anxiety）自來源變項清單中點選至 Factor 方格中（因焦慮程度僅包括二個處理水準，不需進行事後

比較，當 F 值達顯著，就表示二組間有顯著差異，再由描述統計量，即可知道二組差異之方向）。有關單因子獨立樣本變異數分析之語法界定，請參見本章第四節，此處不再贅述。

　　當使用者點選 OK 鈕執行統計分析，則 SPSS 會自動開啓結果輸出視窗將統計分析結果輸出到視窗中。對焦慮程度進行單純主要效果檢定執行之結果與報表解釋如下：

teach ＝講授法

Descriptives[a]

score

	N	Mean	Std. Deviation	Std. Error	95% Confidence Interval for Mean		Minimum	Maximum
					Lower Bound	Upper Bound		
低焦慮組	5	12.00	2.236	1.000	9.22	14.78	9	15
高焦慮組	5	17.20	3.194	1.428	13.23	21.17	13	21
Total	10	14.60	3.777	1.194	11.90	17.30	9	21

a. teach ＝講授法

ANOVA[a]

score

	Sum of Squares	df	Mean Square	F	Sig.
Between Groups	67.600	1	67.600	8.895	.018
Within Groups	60.800	8	7.600		
Total	128.400	9			

a. teach ＝講授法

　　SPSS 所輸出焦慮程度在講授法（變項 teach 編碼值爲 1 之樣本）的單純主要效果檢定結果。詳細報表解釋請參見本章第四節。由表可知，F 值爲 8.895，p 值爲.018，已達.05 顯著水準，表示二組間有顯著差異，高焦慮

組（M ＝ 17.20）學業成績顯著高於低焦慮組（M ＝ 12.00）。

teach ＝討論法

Descriptives[a]

score

	N	Mean	Std. Deviation	Std. Error	95% Confidence Interval for Mean		Minimum	Maximum
					Lower Bound	Upper Bound		
低焦慮組	5	20.80	3.033	1.356	17.03	24.57	17	25
高焦慮組	5	10.20	1.924	.860	7.81	12.59	8	13
Total	10	15.50	6.078	1.922	11.15	19.85	8	25

a. teach ＝討論法

ANOVA[a]

score

	Sum of Squares	df	Mean Square	F	Sig.
Between Groups	280.900	1	280.900	43.550	.000
Within Groups	51.600	8	6.450		
Total	332.500	9			

a. teach ＝討論法

SPSS 所輸出焦慮程度在討論法（變項 teach 編碼值為 2 之樣本）的單純主要效果檢定。由表可知，F 值為 43.550，p 值為.000，已達.05 顯著水準，表示二組間有顯著差異，高焦慮組（M ＝ 10.20）學業成績顯著低於低焦慮組（M ＝ 20.80）。

teach ＝協同法

Descriptives[a]

score

	N	Mean	Std. Deviation	Std. Error	95% Confidence Interval for Mean		Minimum	Maximum
					Lower Bound	Upper Bound		
低焦慮組	5	12.80	2.387	1.068	9.84	15.76	10	16
高焦慮組	5	11.40	2.302	1.030	8.54	14.26	9	15
Total	10	12.10	2.331	.737	10.43	13.77	9	16

a. teach ＝協同法

ANOVA[a]

score

	Sum of Squares	df	Mean Square	F	Sig.
Between Groups	4.900	1	4.900	.891	.373
Within Groups	44.000	8	5.500		
Total	48.900	9			

a. teach ＝協同法

　　SPSS 所輸出焦慮程度在協同法（變項 teach 編碼值爲 3 之樣本）的單純主要效果檢定。由表可知，F 值爲.891，p 值爲.373，並未達.05 顯著水準，表示二組間沒並無顯著差異，高焦慮組（M ＝ 11.40）與低焦慮組（M ＝ 12.80）間學業成績並沒有不同。

　　完成焦慮程度的單純主要效果檢定後，再進行教學方法之單純主要效果檢定。此時，再開啓 Data(資料) 功能表下之 Split File(分割檔案) 指令之對話方塊，先點選 Organize output by groups 選項，然後自來源變項清單中將變項焦慮程度（anxiety），移至 Groups Based on 的方格中，最後點選 OK 鈕，SPSS 即會根據樣本在變項 anxiety 上編碼值之不同，執行原始資料

檔分割之工作。

　　完成上述原始資料檔分割後，即可進行自變項「教學方法」（teach）之單純主要效果檢定，因教學方法包括三個處理水準，因此進行單因子獨立樣本變異數分析。開啓應用視窗中 Analyze(分析) 功能表之 Compare Means (比較平均數法) 下之 One-Way ANOVA(單因子變異數分析) 指令之對話方塊，並將變項 score（即學業成績）自來源變項清單中點選至目標變項清單 Dependent List 之方格中，同時將自變項即教學方法（teach）自來源變項清單中點選至 Factor 方格中，最後再開啓 Post Hoc 次指令對話方塊，界定事後比較之方法。有關單因子獨立樣本變異數分析之語法界定，請參見本章第四節，此處不再贅述。

　　當使用者點選 OK 執行統計分析，則 SPSS 會自動開啓結果輸出視窗將統計分析結果輸出到視窗中。對教學方法進行單純主要效果檢定執行之結果與報表解釋如下：

anxiety ＝低焦慮組

Descriptives[a]

score

	N	Mean	Std. Deviation	Std. Error	95% Confidence Interval for Mean		Minimum	Maximum
					Lower Bound	Upper Bound		
講授法	5	12.00	2.236	1.000	9.22	14.78	9	15
討論法	5	20.80	3.033	1.356	17.03	24.57	17	25
協同法	5	12.80	2.387	1.068	9.84	15.76	10	16
Total	15	15.20	4.754	1.227	12.57	17.83	9	25

a. anxiety ＝低焦慮組

ANOVA[a]

score

	Sum of Squares	df	Mean Square	F	Sig.
Between Groups	236.800	2	118.400	17.849	.000
Within Groups	79.600	12	6.633		
Total	316.400	14			

a. anxiety ＝低焦慮組

score[b]

Duncan[a]

teach	N	Subset for alpha =.05	
		1	2
講授法	5	12.00	
討論法	5	12.80	
協同法	5		20.80
Sig.		.632	1.000

Means for groups in homogeneous subsets are displayed.

a. Uses Harmonic Mean Sample Size ＝ 5.000.

b. anxiety ＝低焦慮組

　　SPSS 所輸出教學方法在低焦慮組（變項 anxiety 編碼值為 1 之樣本）的單純主要效果檢定。由表可知，F 值為 17.849，p 值為.000，已達.05 顯著水準，表示三種教學法間有顯著差異。單純主要效果檢定結果顯著後，以 Duncan 法進行事後比較的檢定結果。由表可知，在低焦慮組中，接受討論法（M ＝ 20.80）之樣本學業成績顯著高於講授法（M ＝ 12.00）和協同法（M ＝ 12.80），至於講授法和協同法間則無顯著差異。

anxiety ＝高焦慮組

Descriptives[a]

score

	N	Mean	Std. Deviation	Std. Error	95% Confidence Interval for Mean		Minimum	Maximum
					Lower Bound	Upper Bound		
講授法	5	17.20	3.194	1.428	13.23	21.17	13	21
討論法	5	10.20	1.924	.860	7.81	12.59	8	13
協同法	5	11.40	2.302	1.030	8.54	14.26	9	15
Total	15	12.93	3.936	1.016	10.75	15.11	8	21

a. anxiety ＝高焦慮組

ANOVA[a]

score

	Sum of Squares	df	Mean Square	F	Sig.
Between Groups	140.133	2	70.067	10.948	.002
Within Groups	76.800	12	6.400		
Total	216.933	14			

a. anxiety ＝高焦慮組

score[b]

Duncan[a]

teach	N	Subset for alpha =.05	
		1	2
討論法	5	10.20	
協同法	5	11.40	
講授法	5		17.20
Sig.		.468	1.000

Means for groups in homogeneous subsets are displayed.

a. Uses Harmonic Mean Sample Size ＝ 5.000.

b. anxiety ＝高焦慮組

SPSS 所輸出教學方法在高焦慮組（變項 anxiety 編碼值為 2 之樣本）的單純主要效果檢定。由表可知，F 值為 10.948，p 值為.002，已達.05 顯著水準，表示三種教學法間有顯著差異。單純主要效果檢定結果顯著後，以 Duncan 法進行事後比較的檢定結果。由表可知，在高焦慮組中，接受講授法（M = 17.20）之樣本學業成績顯著高於討論法（M = 10.20）和協同法（M = 11.40），至於討論法和協同法間則無顯著差異。

綜合上述有關例 8-5 單純主要效果檢定之結果，茲將單純主要效果檢定的結果整理成表 8-4。

表 8-4　例 8-5 單純主要效果檢定結果的變異數分析摘要表

變異來源	SS	df	MS	F
焦慮程度 SS_a				
在 B1（講授法）	67.600	1	67.600	8.895*
在 B2（討論法）	289.900	1	289.000	43.550***
在 B3（協同法）	4.900	1	4.900	.891
教學法 SS_b				
在 A1（低焦慮）	236.800	2	118.400	17.849***
在 A2（高焦慮）	140.133	2	70.067	10.948**

* $p < .05$　** $p < .01$　*** $p < .001$

根據表 8-4 的結果，以下分別提出幾點說明：

　1. 驗算：

　　由於 $SS_a + SS_{ab} = SS_a$ 在 B1 $+ SS_a$ 在 B2 $+ SS_a$ 在 B3

　　　　$SS_b + SS_{ab} = SS_b$ 在 A1 $+ SS_b$ 在 A2

　　根據表 8-3 及 8-4 可知：

　　$SS_a = 38.533$　　　　　$SS_b = 62.067$　　　　　$SS_{ab} = 314.867$

　　SS_a 在 B1 $= 67.600$　　SS_a 在 B2 $= 280.900$　　SS_a 在 B3 $= 4.900$

　　SS_b 在 A1 $= 236.800$　　SS_b 在 A2 $= 140.133$

　　故 $38.533 + 314.867 = 67.600 + 280.900 + 4.900$

　　　　$62.067 + 314.867 = 236.800 + 140.133$

由以上驗算結果可知，單純主要效果檢定有關各效果項的離均差平方和計算完全正確。

事實上也可以發現：

$$SS_{s/ab} = SS_{s/a} \text{在 B1} + SS_{s/a} \text{在 B2} + SS_{s/a} \text{在 B3}$$
$$= SS_{s/b} \text{在 A1} + SS_{s/b} \text{在 A2}$$

即 $156.4 = 60.8 + 51.6 + 44.0 = 79.6 + 76.8$

2. 在一般中文的統計教科書中，均提及在檢定各自變項的單純主要效果時，誤差項應選擇原來檢定自變項主要效果的誤差項（在本例中都是$SS_{s/ab}$），但用本方法中，檢定各單純主要效果的顯著性所用的誤差項，都是使用分割後的誤差項，此與教科書中所提及的有所差異。但Keppel（1982）及Winer（1971）認為，當未違反變異數同質性的假設時，檢定各單純主要效果的顯著性所用的誤差項，只要選用分割後的誤差項即可，只是對顯著性的檢定結果會較保守（較不容易達到顯著），且當各組的變異數同質時，這些誤差項可以合併還原為原來的誤差項。以例 8-5 為例，由表 8-3 可知，誤差項的均方和（Mean Square）為 6.517，而五次單純主要效果檢定所使用的誤差項最大值為 A 在 B1 的 7.60，最小值為 A 在 B3 的 5.50，差異並不算太大。因此使用者如果喜好選用原來的誤差項，則只要利用簡單計算機重新計算 F 值，再根據效果項與誤差項的自由度，查閱一般統計教科書所附的 F 分配表，即可確定該效果項的 F 值是否達 .05 或.01 的顯著水準。例如，要檢定SS_b在 A1（高焦慮組）的單純主要效果，其均方值為 118.400，而 $SS_{s/ab}$ 的均方值為 6.517，則 SS_b 在 A1 的 F 值為：

$$F = 118.400 / 6.517 = 18.17$$

此 F 值與表 8-4 的 F 值 17.849 有所差異，且其顯著水準檢定的自由度為 2 及 24，經查表 $F_{.05\,(2,24)}$ 的臨界值為 3.40，計算所得到的 F 值 18.17，已大於查表值，因此可以拒絕虛無假設。

3. 當各單純主要效果項的 F 值達顯著水準後，就可進一步選擇適當的方法，進行事後比較。若該自變項的處理水準在三組或三組以上時（如例 8-5 的教學法），就需利用次指令 Post Hoc 界定事後比較的方法；若自變項只分為二類處理水準（如例 8-5 的焦慮程度），則不必再利用 SPSS 進行事後比較，只需由二組平均數的高低，即可確定其差異的大小與方向。以例 8-5 為例，焦慮程度在三種教學法的平均數如下：

	講授法	討論法	協同法
低焦慮組	12.00	20.80	12.80
高焦慮組	17.20	10.20	11.40

由表可知，在講授法時，高焦慮組的學業成績顯著優於低焦慮組；在討論法時，低焦慮組的學業成績顯著優於高焦慮組；在協同法時，二組的學業成績無顯著差異（參見表 8-4）。

二、二因子混合設計變異數分析

二因子混合設計變異數分析是指二個自變項中，有一個自變項是為獨立樣本，其每一個處理水準都由來自同一母群體的不同樣本所接受；另一自變項則為相依樣本，其每一個處理水準都由來自同一母群體的同一樣本所接受。以一個獨立樣本分為二個處理水準的自變項 A 及一個相依樣本分為三個處理水準的自變項 B，則交叉構成六種不同的處理水準，每一處理水準包括四個樣本的設計為例，其模式可以下表示之：

		自變項 B		
		水準一	水準二	水準三
	水準一	S_1	S_1	S_1
		S_2	S_2	S_2
		S_3	S_3	S_3
		S_4	S_4	S_4
自變項 A	水準二	S_5	S_5	S_5
		S_6	S_6	S_6
		S_7	S_7	S_7
		S_8	S_8	S_8

上表中每一個 S_i 都代表一個不同的樣本在依變項上的分數,總共包括了八個樣本。

以下以一個假設的例 8-6,說明如何利用 SPSS 進行二因子混合設計變異數分析,並在交互作用項達顯著水準後,說明如何進行單純主要效果檢定,以及所必須進行的事後比較。

例 8-6　（資料檔為 ex8-6.sav）

有一研究者想了解不同性別樣本對造成貧窮的四項因素(家庭背景、運氣好壞、理財能力及收入高低等)的看法,乃隨機抽取 10 名樣本,同時詢問他們對這四項因素重要性的看法,得到下表的資料。請問不同性別的樣本與對造成貧窮的四項因素之看法間是否有交互作用存在?

		貧窮因素			
		家庭背景	運氣好壞	理財能力	收入高低
性	男	48	31	19	40
		46	34	21	41
別	性	45	37	20	39
		37	39	19	38

（接下頁）

（承上頁）

	45	34	18	31
	28	17	29	35
女	32	18	27	39
	35	19	31	42
性	39	16	26	38
	31	15	29	34

㈠操作程序

　　根據例 8-6 旨在了解不同性別樣本對造成貧窮的四項因素（家庭背景、運氣好壞、理財能力及收入高低等）重要性的看法間是否有交互作用存在？其中性別是獨立樣本，而貧窮四項因素則是每一個樣本同時接受測量，因此是重複量數相依樣本。至於依變項則是樣本對四項因素重要性之意見。因此應該進行二因子混合設計變異數分析。首先將原始資料讀進資料編輯視窗（有關讀取原始資料之方式，請參見第二章，此處假設資料已讀進資料編輯視窗中），如圖 8-30。圖 8-30 中變項 subject 代表樣本之代碼，是一個字串變項。變項 sex 代表樣本之性別，分為二個處理水準，1 代表男性，2 代表女性。變項 b1、b2、b3 及 b4 則分別代表樣本對貧窮四項因素重要性意見之測量值。

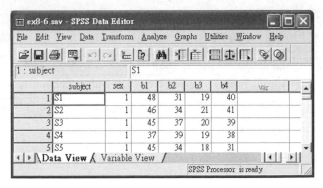

圖 8-30　例 8-6 之假設性資料

在原始資料讀進資料編輯視窗中後，接著開啓應用視窗中 Analyze(分析) 功能表之 General Linear Model(一般線性模式) 下之 Repeated Measures (重複量數) 指令之對話方塊，首先在 Within-Subject Factor Name 後之方格中輸入自變項「貧窮」之名稱 poverty（本例假設 poverty 代表貧窮四項因素），然後在 Number of Levels 後之方格中輸入自變項之處理水準數 4（本例共有四項因素），最後點選 Add 鈕，結果如圖 8-31。

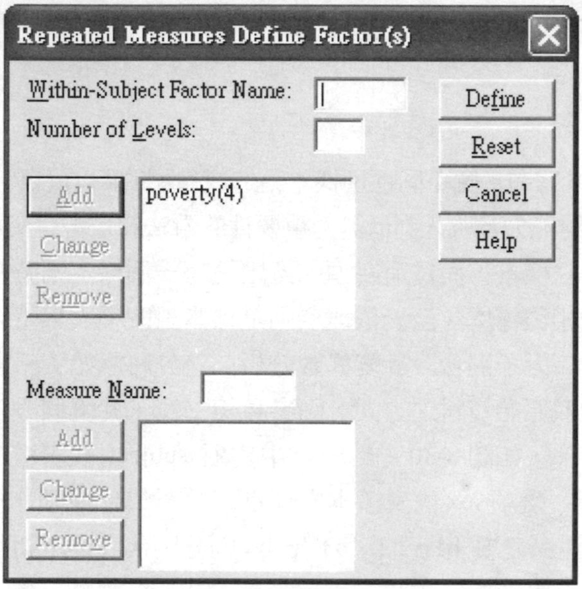

圖 8-31　界定相依樣本自變項名稱之 Repeated Measures 指令對話方塊

完成上述自變項「貧窮」名稱與處理水準數之界定後，再點選 Define 鈕，開啓 Repeated Measures(重複量數) 指令第二層對話方塊。先自來源變項清單中點選變項性別（sex），移至 Between-Subjects Factor(s) 之方格中。然後分別點選 b1、b2、b3 及 b4，並分別移至 Within-Subjects Variables 方格之(1)(2)(3)(4)中，如圖 8-32。

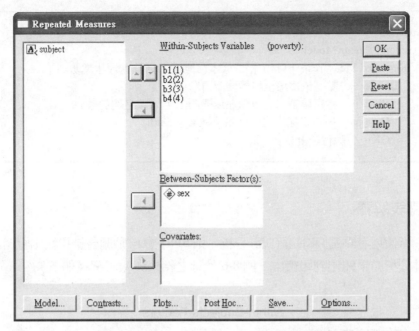

圖 8-32　界定二因子混合設計 ANOVA 之 Repeated Measures(重複量數)
　　　　 指令對話方塊

　　其次，使用者可以開啟 Plots 次指令之對話方塊，以繪製二自變項在依
變項上平均數之交互作用圖。首先在二個自變項中，任選一個移至 Horizontal
Axis 方格中，並將另外一個移至 Seperate Lines 方格中，再點選 Add 鈕，然
後點選 Continue 鈕回到圖 8-32 之畫面。

　　再者，使用者可以開啟 Options 次指令之對話方塊，點選輸出 Descriptive
statistics 及 Homogeneity test 選項，界定輸出描述統計及同質性檢定結果。
最後，使用者可以界定顯著水準之 α 值（內設是.05），然後點選 Continue
鈕回到圖 8-32 之畫面。

　　完成上述界定工作後，使用者只要點選 OK 鈕，SPSS即會執行統計分
析，並自動開啟結果輸出視窗，將統計分析結果輸出到視窗中。

　　綜合上述操作程序，可將利用 Repeated Measures(重複量數) 指令進行
二因子混合設計變異數分析之程序摘要如下：

```
Analyze
  General Linear Model
    Repeated Measures……界定相依樣本自變項名稱及處理水準數
      Define……點選依變項至目標變項清單中
      Plots……界定繪製二自變項在依變項上平均數之趨勢圖
      Options……界定輸出之統計量及顯著水準α值
      OK……執行統計分析
```

(二)報表解釋

當使用者點選 OK 執行統計分析,則 SPSS 會自動開啟結果輸出視窗將統計分析結果輸出到視窗中。例 8-6 執行之結果與報表解釋如下:

Within-Subjects Factors

Measure: MEASURE_1

poverty	Dependent Variable
1	b1
2	b2
3	b3
4	b4

Between-Subjects Factors

		Value Label	N
sex	1	男性	5
	2	女性	5

SPSS 所輸出之自變項名稱及處理水準數,以及各處理水準之名稱。由表可知,自變項貧窮因素(poverty)為相依樣本(受試者內因子),共有四個處理水準。而樣本對貧窮因素四個處理水準重要性之意見(依變項)的名稱則依序為 b1(家庭背景)、b2(運氣好壞)、b3(理財能力)及 b4

（收入高低）。另一自變項性別（sex）為獨立樣本（受試者間因子），共有二個處理水準，其中 1 代表男性，2 代表女性，每一水準各有 5 名樣本。

Descriptive Statistics

	sex	Mean	Std. Deviation	N
b1	男性	44.20	4.207	5
	女性	33.00	4.183	5
	Total	38.60	7.106	10
b2	男性	35.00	3.082	5
	女性	17.00	1.581	5
	Total	26.00	9.764	10
b3	男性	19.40	1.140	5
	女性	28.40	1.949	5
	Total	23.90	4.977	10
b4	男性	37.80	3.962	5
	女性	37.60	3.209	5
	Total	37.70	3.401	10

　　SPSS 所輸出不同性別樣本對貧窮四項 b1（家庭背景）、b2（運氣好壞）、b3（理財能力）及 b4（收入高低）重要性看法的描述統計量。所輸出的描述統計量包括平均數、標準差及有效樣本人數。由表可知，5 名男性對四項因素重要性看法的平均數依序為 44.20、35.00、19.40 及 37.80，標準差依序為 4.207、3.082、1.140 及 3.962。5 名女性對四項因素重要性看法的平均數依序為 33.00、17.00、28.40 及 37.60，標準差依序為 4.183、1.581、1.949 及 3.209。對二自變項交互作用效果的顯著性考驗，就在檢定這八個平均數與總平均數間之差異是否達顯著水準。

Box's Test of Equality of Covariance Matrices[a]

Box's M	24.490
F	1.053
df1	10
df2	305.976
Sig.	.399

Tests the null hypothesis that the observed covariance matrices of the dependet variables are equal across groups.

a. Design: Intercept + sex

Within Subjects Design: poverty

SPSS 所輸出對不同性別之樣本在四個依變項測量之同質性多變量檢定結果。由表可知，經以 Box 法（Stevens, 1992）檢定結果，M 值為 24.490，經轉換為 F 值，約為 1.053，p 值為.399，並未達.05 顯著水準，表示不同性別樣本在四個依變項之測量分數之變異數具同質性，並未違反基本假設。有關 Box 法之原理及計算過程，有興趣之讀者可參考 Stevens（1992, pp. 260-269）。

Mauchly's Test of Sphericity[b]

Measure: MEASURE_1

Within Subjects Effect	Mauchly's W	Approx. Chi-Square	df	Sig.	Epsilon[a]		
					Greenhouse-Geisser	Huynh-Feldt	Lower-bound
poverty	.406	6.065	5	.304	.648	.961	.333

Tests the null hypothesis that the error covariance matrix of the orthonormalized transformed dependent variables is proportional to an identity matrix.

a. May be used to adjust the degrees of freedom for the averaged tests of significance. Corrected tests are displayed in the Tests of Within-Subjects Effects table.

b. Design: Intercept + sex

Within Subjects Design: poverty

　　SPSS 所輸出對樣本在依變項分數的球面性或環狀性基本假設檢定結果。由表可知，因相依樣本自變項分為四個處理水準，故 ε 的最小值（lower-bound）為.333，由表可知，Mauchly 檢定值為.406，轉換後之卡方近似值為 6.065，p 值為.304，並未達.05 顯著水準，表示例 8-6 的資料，並未違反球面性的假設。有關球面性檢定之基本原理，請參見第四節單因子相依樣本變異數分析中之說明。

Tests of Within-Subjects Effects

Measure: MEASURE_1

Source		Type III Sum of Squares	df	Mean Square	F	Sig.
poverty	Sphericity Assumed	1768.500	3	589.500	63.758	.000
	Greenhouse-Geisser	1768.500	1.945	909.064	63.758	.000
	Huynh-Feldt	1768.500	2.883	613.470	63.758	.000
	Lower-bound	1768.500	1.000	1768.500	63.758	.000
poverty*sex	Sphericity Assumed	1066.100	3	355.367	38.435	.000
	Greenhouse-Geisser	1066.100	1.945	548.009	38.435	.000
	Huynh-Feldt	1066.100	2.883	369.816	38.435	.000
	Lower-bound	1066.100	1.000	1066.100	38.435	.000
Error(poverty)	Sphericity Assumed	221.900	24	9.246		
	Greenhouse-Geisser	221.900	15.563	14.258		
	Huynh-Feldt	221.900	23.062	9.622		
	Lower-bound	221.900	8.000	27.738		

　　SPSS 所輸出對相依樣本自變項主要效果（poverty）及二個自變項交互作用效果（sex＊poverty）顯著性的檢定結果。因本例並未違反球面性假設，因此以球面性假設符合（假設為球形）之檢定結果為依據。由表可知，貧窮因素（poverty）在依變項上的離均差平方和為 1768.500，自由度為 3，均方為 589.500，F 值為 63.758，p 值為.000，已達.05 顯著水準，表示樣本對貧窮四項因素的意見反應有顯著差異。交互作用項（poverty＊sex）在依

變項上的離均差平方和爲 1066.100，自由度爲 3，均方爲 355.367，F 值爲 38.435，p 值爲.000，已達.05 顯著水準，表示二自變項間的交互作用確實存在，因此應進一步檢定單純主要效果，此時自變項的主要效果雖然顯著，但在實際解釋時就沒有任何意義。

Levene's Test of Equality of Error Variances[a]

	F	df1	df2	Sig.
b1	.043	1	8	.842
b2	2.400	1	8	.160
b3	1.646	1	8	.235
b4	.032	1	8	.863

Tests the null hypothesis that the error variance of the dependent variable is equal across groups.

a. Design: Intercept + sex

　Within Subjects Design: poverty

　　　SPSS 所輸出對不同性別之樣本在四個依變項測量之同質性單變量檢定結果。由表可知，經以 Levene 法檢定結果，二組樣本在四個依變項分數上之變異數同質性檢定值均未達.05 顯著水準，表示並未違反基本假設，此結果與上述以 Box 法進行檢定之結果相一致。

Tests of Between-Subjects Effects

Measure: MEASURE_1
Transformed Variable: Average

Source	Type III Sum of Squares	df	Mean Square	F	Sig.
Intercept	39816.100	1	39816.100	3488.815	.000
sex	260.100	1	260.100	22.791	.001
Error	91.300	8	11.413		

　　　SPSS 所輸出對獨立樣本自變項顯著性的檢定結果。由表可知，性別在

依變項（造成貧窮四項因素重要性的看法）上的離均差平方和為 260.100，自由度為 1，均方為 260.100，F 值為 22.791，p 值為.001，已達.05 顯著水準。表示不同性別樣本對四項因素重要性的看法有顯著差異存在。但這需在交互作用效果未達顯著水準時才有進一步分析的意義。由於本例二自變項之交互作用項已達顯著水準，因此雖二個自變項之主要效果也都顯著，但就沒有任何意義，不必多做解釋。

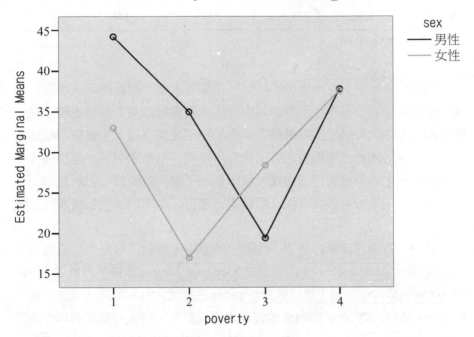

SPSS 所輸出二自變項各處理水準在依變項上平均數之交互作用圖。由趨勢圖可看出二自變項間交互作用的情形，本例二自變項在依變項上平均數之趨勢圖已明顯呈現無次序性交互作用之情形。

根據上述對二自變項交互作用效果及主要效果顯著性檢定結果，可將本例的變異數分析摘要表整理如表 8-5。

表 8-5　例 8-6 不同性別的樣本與對造成貧窮的四項因素重要性看法的二因子混合設計變異數分析摘要表

變異來源		SS	df	MS	F
性別（sex）	SS_a	260.100	1	260.100	22.791**
貧窮（poverty）	SS_b	1768.500	3	589.500	63.758***
sex × poverty	SS_{ab}	1066.100	3	355.367	38.435***
誤差項	$SS_{s/a}$	91.300	8	11.413	
誤差項	$SS_{bs/a}$	221.900	24	9.246	

** $p < .01$　*** $p < .001$

　　由於例 8-6 中交互作用項的效果已達顯著水準，因此應進一步進行單純主要效果檢定。其中性別有二類別，造成貧窮的因素有四個處理水準，總共需進行六次單純主要效果檢定。由於性別是獨立樣本，貧窮四項因素是相依樣本，因此二者的檢定方法會有所不同，對性別而言，是根據樣本在四項因素上的看法進行四次獨立樣本單因子變異數分析；但對貧窮四項因素而言，則是分男性與女性二組樣本，進行二次單因子相依樣本變異數分析。

　　首先，對獨立樣本自變項「性別」的單純主要效果檢定，可直接開啟應用視窗中 Analyze(分析) 功能表之 Compare Means(比較平均數法) 下之 One-Way ANOVA(單因子變異數分析) 指令之對話方塊，並將變項 b1、b2、b3 及 b4（即樣本對貧窮四因素重要性之意見反應）自來源變項清單中點選至 Dependent List 方格中，同時將自變項 sex 自來源變項清單中點選至 Factor 方格中；再開啟 Options 次指令對話方塊，點選輸出 Descriptive 選項，界定輸出描述統計量；最後點選 OK 鈕，進行統計分析。有關單因子獨立樣本變異數分析之語法界定，請參見本章第四節，此處不再贅述。

　　當使用者點選 OK 執行統計分析，則 SPSS 會自動開啟結果輸出視窗將統計分析結果輸出到視窗中。對性別進行單純主要效果檢定執行之結果與報表解釋如下：

Descriptives

		N	Mean	Std. Deviation	Std. Error	95% Confidence Interval for Mean		Minimum	Maximum
						Lower Bound	Upper Bound		
b1	男性	5	44.20	4.207	1.881	38.98	49.42	37	48
	女性	5	33.00	4.183	1.871	27.81	38.19	28	39
	Total	10	38.60	7.106	2.247	33.52	43.68	28	48
b2	男性	5	35.00	3.082	1.378	31.17	38.83	31	39
	女性	5	17.00	1.581	.707	15.04	18.96	15	19
	Total	10	26.00	9.764	3.088	19.02	32.98	15	39
b3	男性	5	19.40	1.140	.510	17.98	20.82	18	21
	女性	5	28.40	1.949	.872	25.98	30.82	26	31
	Total	10	23.90	4.977	1.574	20.34	27.46	18	31
b4	男性	5	37.80	3.962	1.772	32.88	42.72	31	41
	女性	5	37.60	3.209	1.435	33.62	41.58	34	42
	Total	10	37.70	3.401	1.075	35.27	40.13	31	42

　　SPSS 所輸出不同性別樣本對貧窮四項因素 b1（家庭背景）、b2（運氣好壞）、b3（理財能力）及 b4（收入高低）重要性看法的描述統計量。所輸出的描述統計量包括有效樣本人數、平均數、標準差、估計標準誤、95％信賴區間估計值、最小值及最大值。由表可知，5 名男性對四項因素重要性看法的平均數依序為 44.20、35.00、19.40 及 37.80，標準差依序為 4.207、3.082、1.140 及 3.962。5 名女性對四項因素重要性看法的平均數依序為 33.00、17.00、28.40 及 37.60，標準差依序為 4.183、1.581、1.949 及 3.209。

ANOVA

		Sum of Squares	df	Mean Square	F	Sig.
b1	Between Groups	313.600	1	313.600	17.818	.003
	Within Groups	140.800	8	17.600		
	Total	454.400	9			
b2	Between Groups	810.000	1	810.000	135.000	.000
	Within Groups	48.000	8	6.000		
	Total	858.000	9			
b3	Between Groups	202.500	1	202.500	79.412	.000
	Within Groups	20.400	8	2.550		
	Total	222.900	9			
b4	Between Groups	.100	1	.100	.008	.932
	Within Groups	104.000	8	13.000		
	Total	104.100	9			

　　SPSS所輸出對不同樣本在四個依變項上之單純主要效果的顯著性檢定結果。由表可知，不同性別樣本在 b1、b2 及 b3 三個依變項分數之平均數有顯著差異，表示不同性別樣本對這三個因素重要性之看法有顯著差異。茲分別說明如下：

　　1. 不同性別樣本對家庭背景（b1）重要性的看法之F值為 17.818，p值為.003，已達.05 顯著水準，表示不同性別樣本對家庭背景因素重要性的看法有顯著差異。由上一報表輸出可知，男性樣本的平均數為 44.20，女性樣本為 33.00，男性認為家庭背景的重要性顯著高於女性。

　　2. 不同性別樣本對運氣好壞（b2）重要性的看法之 F 值為 135.000，p值為.000，已達.05 的顯著水準，表示不同性別樣本對運氣好壞因素重要性的看法有顯著差異。由上一報表輸出可知，男性樣本的平均數為 35.00，女性樣本為 17.00，男性認為運氣好壞的重要性顯著高於女性。

　　3. 不同性別樣本對理財能力（b3）重要性的看法之F值為 79.412，p值為.000，已達.05 的顯著水準，表示不同性別樣本對理財能力因素重

要性的看法有顯著差異。由上一報表輸出可知，男性樣本的平均數為 19.40，女性樣本為 28.40，女性認為理財能力的重要性顯著高於男性。

4.不同性別樣本對收入高低（b4）重要性的看法之 F 值為.008，p 值為.932，並未達.05 顯著水準，表示不同性別樣本對收入高低因素重要性的看法並沒有顯著差異。

　　完成對性別之單純主要效果顯著性檢定後，進一步再對相依樣本自變項「貧窮因素」進行單純主要效果檢定。由於對「貧窮因素」進行單純主要效果檢定必須分男性與女性樣本分別進行，且「貧窮因素」為相依樣本，因此需進行二次單因子相依樣本變異數分析。首先，開啟 Data(資料) 功能表下之 Split File(分割檔案) 指令之對話方塊，先點選 Organize output by groups 選項，然後自來源變項清單中將變項 sex，移至 Groups Based on 方格中，最後點選 OK 鈕，SPSS 即會根據樣本在變項 sex 上編碼值之不同，執行原始資料檔分割之工作（此指令之執行結果不會輸出到結果輸出視窗中）。

　　完成上述原始資料檔分割後，開啟應用視窗中 Analyze(分析) 功能表之 General Linear Model(一般線性模式) 下之 Repeated Measures(重複量數) 指令之對話方塊，首先在 Within-Subject Factor Name 後之方格中輸入自變項之名稱 poverty，然後在 Number of Levels 後之方格中輸入自變項之處理水準數 4（本例共有貧窮四種因素），最後點選 Add 鈕。完成上述自變項名稱與處理水準數之界定後，再點選 Define 鈕，開啟 Repeated Measures(重複量數) 指令第二層對話方塊。然後自來源變項清單中分別點選 b1、b2、b3 及 b4，並分別移至 Within-Subjects Variables 方格之(1)(2)(3)(4)中。

　　其次，再開啟 Options 次指令之對話方塊，點選自變項 poverty，以將它移至 Display Means for 方格中，並點選 Compare main effect 選項，界定在 F 值達到顯著水準時，以最小平方差異（LSD法）進行事後比較；此外，再點選 Descriptive statistics 選項，界定輸出描述統計量，然後點選 Continue 鈕回到上一層畫面。最後點選 OK 鈕，進行統計分析。有關單因子相依樣本變異數分析之語法界定，請參見本章第四節，此處不再贅述。

　　當使用者點選 OK 執行統計分析，則 SPSS 會自動開啟結果輸出視窗

將統計分析結果輸出到視窗中。對自變項「貧窮因素」進行單純主要效果檢定執行之結果與報表解釋如下（**註：此處只列出與單純主要效果顯著性檢定直接相關之報表輸出**）：

sex ＝ 男性

Descriptive Statistics[a]

	Mean	Std. Deviation	N
b1	44.20	4.207	5
b2	35.00	3.082	5
b3	19.40	1.140	5
b4	37.80	3.962	5

a. sex ＝ 男性

SPSS所輸出男性樣本在依變項四個因素重要性上之描述統計結果。所輸出的描述統計量有平均數、標準差及有效樣本人數。對「貧窮因素」在男性之單純主要效果檢定，就在檢定這四個平均數之差異是否達顯著水準。

Tests of Within-Subjects Effects[a]

Measure: MEASURE_1

Source		Type III Sum of Squares	df	Mean Square	F	Sig.
poverty	Sphericity Assumed	1663.000	3	554.333	46.681	.000
	Greenhouse-Geisser	1663.000	1.731	960.611	46.681	.000
	Huynh-Feldt	1663.000	2.934	566.866	46.681	.000
	Lower-bound	1663.000	1.000	1663.000	46.681	.002
Error (poverty)	Sphericity Assumed	142.500	12	11.875		
	Greenhouse-Geisser	142.500	6.925	20.578		
	Huynh-Feldt	142.500	11.735	12.143		
	Lower-bound	142.500	4.000	35.625		

a. sex ＝ 男性

　　SPSS所輸出的相依樣本單因子變異數分析結果。由表可知，男性樣本對四項因素重要性的看法之F值為46.681，p值為.000，已達.05顯著水準，表示 5 名男性樣本對四項因素重要性的看法間有顯著差異，此時應進一步進行事後比較，以確定樣本究竟是對哪幾項因素的看法有顯著差異。

Pairwise Comparisons[b]

Measure: MEASURE_1

(I)poverty	(J)poverty	Mean Difference (I-J)	Std. Error	Sig.[a]	95% Confidence Interval for Difference[a]	
					Lower Bound	Upper Bound
1	2	9.200*	3.153	.043	.446	17.954
	3	24.800*	1.855	.000	19.650	29.950
	4	6.400	2.421	.057	-.321	13.121
2	1	-9.200*	3.153	.043	-17.954	-.446
	3	15.600*	1.435	.000	11.615	19.585
	4	-2.800	2.289	.288	-9.156	3.556
3	1	-24.800*	1.855	.000	-29.950	-19.650
	2	-15.600*	1.435	.000	-19.585	-11.615
	4	-18.400*	1.400	.000	-22.287	-14.513
4	1	-6.400	2.421	.057	-13.121	.321
	2	2.800	2.289	.288	-3.556	9.156
	3	18.400*	1.400	.000	14.513	22.287

Based on estimated marginal means

* The mean difference is significant at the .05 level.

a. Adjustment for multiple comparisons: Least Significant Difference (equivalent no adjustments).

b. sex ＝男性

　　SPSS 所輸出之 LSD 法事後比較結果。由表可知，對男性樣本而言，其對貧窮四個因素重要性意見之平均數依序為44.20（b1）、35.00（b2）、

19.40（b3）及 37.80（b4），b1 平均數顯著高於 b2 和 b3，但與 b4 間並無顯著差異；此外，b2 和 b4 的平均數也顯著高於 b3，至於 b2 與 b4 間並無顯著差異。

sex ＝女性

Descriptive Statistics[a]

	Mean	Std. Deviation	N
b1	33.00	4.183	5
b2	17.00	1.581	5
b3	28.40	1.949	5
b4	37.60	3.209	5

a. sex ＝女性

SPSS 所輸出女性樣本在依變項四個因素重要性上之描述統計結果。所輸出的描述統計量有平均數、標準差及有效樣本人數。對「貧窮因素」在女性之單純主要效果檢定，在檢定這四個平均數之差異是否達顯著水準。

Tests of Within-Subjects Effects[a]

Measure: MEASURE_1

Source		Type III Sum of Squares	df	Mean Square	F	Sig.
poverty	Sphericity Assumed	1171.600	3	390.533	59.023	.000
	Greenhouse-Geisser	1171.600	1.565	748.480	59.023	.000
	Huynh-Feldt	1171.600	2.393	489.569	59.023	.000
	Lower-bound	1171.600	1.000	1171.600	59.023	.002
Error (poverty)	Sphericity Assumed	79.400	12	6.617		
	Greenhouse-Geisser	79.400	6.261	12.681		
	Huynh-Feldt	79.400	9.572	8.295		
	Lower-bound	79.400	4.000	19.850		

a. sex ＝女性

　　SPSS所輸出的相依樣本單因子變異數分析結果。由表可知，女性樣本對四項因素重要性的看法之F值為 59.023，p值為.000，已達.05 顯著水準，表示 5 名女性樣本對四項因素重要性的看法間有顯著差異，此時應進一步進行事後比較，以確定樣本究竟是對哪幾項因素的看法有顯著差異。

Pairwise Comparisons[b]

Measure: MEASURE_1

(I)poverty	(J)poverty	Mean Difference (I-J)	Std. Error	Sig.[a]	95% Confidence Interval for Difference[a]	
					Lower Bound	Upper Bound
1	2	16.000*	1.975	.001	10.517	21.483
	3	4.600	2.337	.120	-1.888	11.088
	4	-4.600*	1.600	.045	-9.042	-.158
2	1	-16.000*	1.975	.001	-21.483	-10.517
	3	-11.400*	.872	.000	-13.820	-8.980
	4	-20.600*	.927	.000	-23.175	-18.025
3	1	-4.600	2.337	.120	-11.088	1.888
	2	11.400*	.872	.000	8.980	13.820
	4	-9.200*	1.530	.004	-13.447	-4.953
4	1	4.600*	1.600	.045	.158	9.042
	2	20.600*	.927	.000	18.025	23.175
	3	9.200*	1.530	.004	4.953	13.447

Based on estimated marginal means

* The mean difference is significant at the .05 level.

a. Adjustment for multiple comparisons: Least Significant Difference (equivalent to no adjustments).

b. sex ＝女性

　　SPSS所輸出之LSD法事後比較結果。由表可知，對女性樣本而言，其對貧窮四個因素重要性意見之平均數依序為 33.00（b1）、17.00（b2）、

28.40（b3）及 37.60（b4），b4 平均數顯著高於 b1、b2 和 b3；此外，b1 和 b3 的平均數也顯著高於 b2，至於 b1 與 b3 間並無顯著差異。

綜合上述對例 8-6 進行單純主要效果顯著性檢定之報表輸出，可將本例的單純主要效果檢定的變異數分析結果整理如表 8-6。

表 8-6　例 8-6 單純主要效果檢定結果的變異數分析摘要表

變異來源	SS	df	MS	F
性別　　SS_a				
在 b1（家庭背景）	313.600	1	313.600	17.818**
在 b2（運氣好壞）	810.000	1	810.000	135.000***
在 b3（理財能力）	202.500	1	202.500	79.412***
在 b4（收入高低）	.100	1	.100	.008
貧窮因素 SS_b				
在 a1（男性）	1663.000	3	554.333	46.681***
在 a2（女性）	1171.600	3	390.533	59.023***

** p ＜.01　*** p ＜.001

驗算

由於 $SS_a + SS_{ab} = SS_a$ 在 b1 $+ SS_a$ 在 b2 $+ SS_a$ 在 b3 $+ SS_a$ 在 b4

　　　$SS_b + SS_{ab} = SS_b$ 在 a1 $+ SS_b$ 在 a2

根據表 8-5 及 8-6 可知：

$SS_a = 260.10$　　　　　$SS_b = 1768.50$　　　　　$SS_{ab} = 1066.10$

SS_a 在 b1 $= 313.60$　SS_a 在 b2 $= 810.00$　SS_a 在 b3 $= 202.50$　SS_a 在 b4 $=.10$

SS_b 在 a1 $= 1663.00$　SS_b 在 a2 $= 1171.60$

故 $260.10 + 1066.10 = 313.60 + 810.00 + 202.50 +.10$

　　$1768.50 + 1066.10 = 1663.00 + 1171.60$

由以上驗算結果可知，單純主要效果檢定有關各效果項的離均差平方和計算完全正確。

事實上也可以發現：

$SS_{s/a} + SS_{bs/a} = SS_{s/a}$ 在 b1 $+ SS_{s/a}$ 在 b2 $+ SS_{s/a}$ 在 b3 $+ SS_{s/a}$ 在 b4

$SS_{bs/a} = SS_{sb}$ 在 a1 $+ SS_{sb}$ 在 a2

即 $91.30 + 221.90 = 140.80 + 48.00 + 20.40 + 104.00$

$221.90 = 142.50 + 79.40$

三、二因子相依樣本變異數分析

二因子相依樣本變異數分析是指二個自變項都為相依樣本，二自變項交叉構成之各處理水準，均由來自同一母群體的同一組樣本所接受。以二個分別包括二及三個處理水準的自變項，則交叉構成六種不同的處理水準，每一處理水準包括四個樣本的設計為例，其模式可以下表示之：

| | | 自變項 B | | |
		水準一	水準二	水準三
自變項 A	水準一	S_1	S_1	S_1
		S_2	S_2	S_2
		S_3	S_3	S_3
		S_4	S_4	S_4
	水準二	S_1	S_1	S_1
		S_2	S_2	S_2
		S_3	S_3	S_3
		S_4	S_4	S_4

上表中每一個 S_i 都代表一個不同的樣本在依變項上的分數，總共包括了四個樣本。

以下以一個假設的例 8-7，說明如何利用 SPSS 進行二因子相依樣本變異數分析，並在交互作用項達顯著水準後，說明如何進行單純主要效果檢定，以及所必須進行的事後比較。

例 8-7 （資料檔為 ex8-7.sav）

　　有一心理學家想了解文字定義的精確度（分高精確字及低精確字二類）與刺激呈現方式（分正確刺激、高典型錯誤、低典型錯誤及中性刺激四類）對個體閱讀校正錯誤率的影響。此二變項交叉構成 8 種處理水準，他隨機抽取 5 名樣本，以電腦呈現刺激的方式，讓每一名樣本均接受各種處理水準 64 次，並記錄樣本犯錯的次數（如下表）。請問不同文字定義精確度與刺激呈現方式對閱讀校正錯誤率的影響間是否有交互作用存在？

		刺激呈現方式			
		正確刺激	低典型刺激	高典型刺激	中性刺激
精確度	高精確度字	7	10	12	8
		2	12	14	10
		5	15	16	8
		9	11	15	12
		7	13	14	9
	低精確度字	10	21	8	3
		7	19	7	4
		9	17	5	10
		11	16	8	7
		9	18	11	6

㈠操作程序

　　根據例 8-7 旨在了解不同文字定義精確度與刺激呈現方式對閱讀校正錯誤率的影響間是否有交互作用存在？其中二個自變項「文字定義精確度」及「刺激呈現方式」各分為二及四個處理水準，二者交叉構成之八個處理水準，全部由同一組樣本在實驗操弄後接受依變項（閱讀校正錯誤率）之測量，二個自變項都是重複量數之相依樣本，因此應該進行二因子相依樣

本變異數分析。首先將原始資料讀進資料編輯視窗（有關讀取原始資料之方式，請參見第二章，此處假設資料已讀進資料編輯視窗中），如圖 8-33。圖 8-33 中因為二個自變項都是相依樣本，因此看不到自變項之名稱，但事實上，例 8-7 的二個自變項為文字定義精確程度（本例將以 a 為名稱）及刺激呈現方式（本例將以 b 為名稱），各有二及四個處理水準。資料編輯視窗中，只有樣本在二個自變項所交叉構成的八個處理水準中之依變項（閱讀校正錯誤率）測量值。對於這種二個相依樣本自變項之建立原始資料檔的方式，為便於區分及進行單純主要效果檢定，因此以各分數所在細格的次標（subscript）做為變項名稱，例如 a1b1 即表示該分數是 a（文字定義精確程度）變項第一個處理水準（高精確度字）及 b（刺激呈現方式）變項第一個處理水準（正確刺激）的錯誤率。其次，要特別強調，使用者輸入資料的順序，最好參照本例之順序（先 b 循環，然後 a），否則分析時常易造成錯誤之語法界定或是錯誤的統計結果。

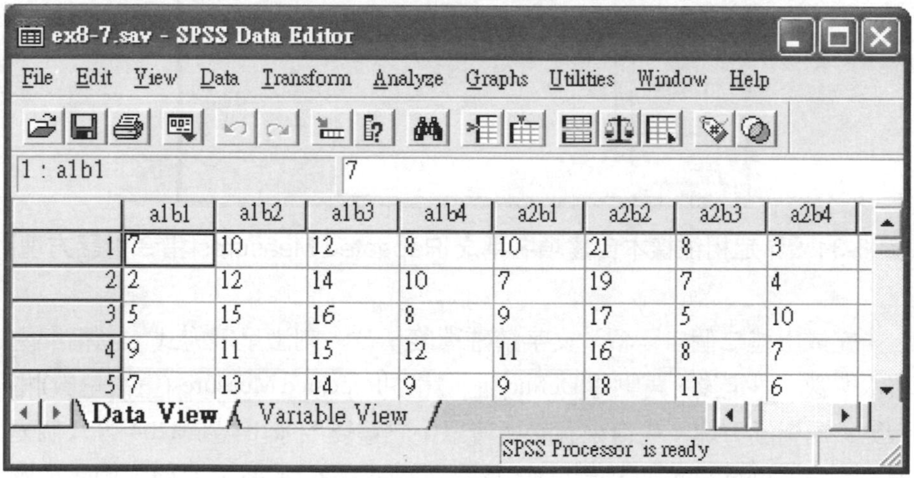

ex8-7.sav - SPSS Data Editor

File　Edit　View　Data　Transform　Analyze　Graphs　Utilities　Window　Help

1 : a1b1 ... 7

	a1b1	a1b2	a1b3	a1b4	a2b1	a2b2	a2b3	a2b4
1	7	10	12	8	10	21	8	3
2	2	12	14	10	7	19	7	4
3	5	15	16	8	9	17	5	10
4	9	11	15	12	11	16	8	7
5	7	13	14	9	9	18	11	6

Data View ╱ Variable View

SPSS Processor is ready

圖 8-33　例 8-7 之假設性資料

在原始資料讀進資料編輯視窗中後，接著開啟應用視窗中 Analyze(分析) 功能表之 General Linear Model(一般線性模式) 下之 Repeated Measures(重複量數) 指令之對話方塊，首先在 Within-Subject Factor Name 後之方格中

輸入第一個自變項「文字精確程度」之名稱 a，然後在 Number of Levels 後之方格中輸入自變項之處理水準數 2（本例共分高、低文字精確二個處理水準），再點選 Add 鈕，則右邊之大方格中就會出現 a(2)；接者重複上述步驟，分別輸入第二個自變項「刺激呈現方式」之名稱 b 及處理水準數 4，然後點選 Add 鈕，結果如圖 8-34。

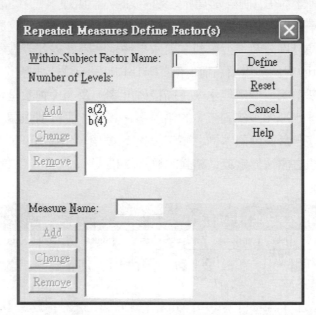

圖 8-34　界定相依樣本自變項名稱之 Repeated Measures 指令對話方塊

　　完成上述二個自變項「文字精確程度」及「刺激呈現方式」名稱與處理水準數之界定後，再點選 Define 鈕，開啟 Repeated Measures(重複量數) 指令第二層對話方塊。先自來源變項清單中點選變項 a1b1 到 a2b4 等八個變項，移至 Within-Subject Variable 方格之（1,1）（1,2）……（2,4）中，如圖 8-35。

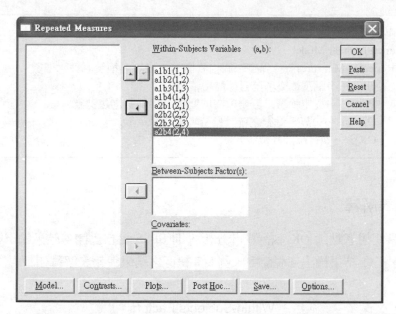

圖 8-35　界定二因子混合設計 ANOVA 之 Repeated Measures(重複量數)
指令對話方塊

　　其次，使用者可以開啓 Plots 次指令之對話方塊，以繪製二自變項在依
變項上平均數之交互作用圖。首先在二個自變項中，任選一個移至 Horizontal
Axis 方格中，並將另外一個移至 Seperate Lines 方格中，再點選 Add 鈕後，
然後點選 Continue 鈕回到圖 8-35 之對話方塊。

　　再者，使用者可以開啓 Options 次指令之對話方塊，點選 Descriptive
statistics 選項，界定輸出描述統計。最後，使用者可以界定顯著水準之α值
（內設是.05），界定完成後點選 Continue 鈕回到圖 8-35 之對話方塊。

　　完成上述界定工作後，使用者只要點選 OK 鈕，SPSS即會執行統計分
析，並自動開啓結果輸出視窗，將統計分析結果輸出到視窗中。

　　綜合上述操作程序，可將利用 Repeated Measures(重複量數) 指令進行
二因子相依樣本變異數分析之程序摘要如下：

```
Analyze
  General Linear Model
    Repeated Measures……界定二個相依樣本自變項名稱及處理水準數
      Define……點選依變項至目標變項清單中
      Plots……界定繪製二自變項在依變項上平均數之趨勢圖
      Options……界定輸出之統計量及顯著水準α值
      OK……執行統計分析
```

(二)報表解釋

當使用者點選 ⏹OK 執行統計分析，則 SPSS 會自動開啟結果輸出視窗
將統計分析結果輸出到視窗中。例 8-7 執行之結果與報表解釋如下：

Within-Subjects Factors

Measure: MEASURE_1

a	b	Dependent Variable
1	1	a1b1
	2	a1b2
	3	a1b3
	4	a1b4
2	1	a2b1
	2	a2b2
	3	a2b3
	4	a2b4

SPSS 所輸出之自變項名稱及處理水準數。由表可知，自變項a（文字
精確程度）共有二個處理水準。自變項b（刺激呈現方式）共有四個水準，
二個自變項交叉構成八個處理水準，其名稱分別爲 a1b1、a1b2、a1b3、
a1b4、a2b1、a2b2、a2b3 及 a2b4。

Descriptive Statistics

	Mean	Std. Deviation	N
a1b1	6.00	2.646	5
a1b2	12.20	1.924	5
a1b3	14.20	1.483	5
a1b4	9.40	1.673	5
a2b1	9.20	1.483	5
a2b2	18.20	1.924	5
a2b3	7.80	2.168	5
a2b4	6.00	2.739	5

　　SPSS所輸出樣本在八個處理水準下依變項「閱讀校正錯誤率」之描述統計量。所輸出的描述統計量包括平均數、標準差及有效樣本人數。由於本例二自變項都是相依樣本，5名樣本都重複接受八種實驗處理，因此SPSS輸出5名樣本在八種處理水準上閱讀校正錯誤率的平均數及標準差，根據報表的結果，可將5名樣本在八種處理水準的平均數及標準差整理如表8-7。

表 8-7　樣本在八種處理水準上閱讀校正錯誤率的平均數及標準差

處理	水準	平均數	標準差
高度	正確刺激（b1）	6.00	2.646
精	低典型刺激（b2）	12.20	1.924
確字	高典型刺激（b3）	14.20	1.483
a1	中性刺激（b4）	9.40	1.673
低度	正確刺激（b1）	9.20	1.483
精	低典型刺激（b2）	18.20	1.924
確字	高典型刺激（b3）	7.80	2.168
a2	中性刺激（b4）	6.00	2.739

Mauchly's Test of Sphericity[b]

Measure: MEASURE_1

Within Subjects Effect	Mauchly's W	Approx. Chi-Square	df	Sig.	Epsilon[a]		
					Greenhouse-Geisser	Huynh-Feldt	Lower-bound
a	1.000	.000	0	.	1.000	1.000	1.000
b	.496	1.911	5	.869	.734	1.000	.333
a * b	.171	4.807	5	.465	.515	.777	.333

Tests the null hypothesis that the error covariance matrix of the orthonormalized transformed dependent variable is proporti identity matrix.

a. May be used to adjust the degrees of freedom for the averaged tests of significance. Corrected tests are displayed in the Within-Subjects Effects table.

b. Design: Intercept

   Within Subjects Design: a + b + a * b

　　上表為 SPSS 所輸出對樣本在依變項分數的球面性或環狀性基本假設檢定結果。由表可知，各效果項之 Mauchly 檢定值均未達 .05 顯著水準，表示例 8-7 的資料，並未違反球面性的假設。有關球面性檢定之基本原理，請參見第四節單因子相依樣本變異數分析中之說明。

Tests of Within-Subjects Effects

Measure: MEASURE_1

Source		Type III Sum of Squares	df	Mean Square	F	Sig.
a	Sphericity Assumed	.225	1	.225	.122	.745
	Greenhouse-Geisser	.225	1.000	.225	.122	.745
	Huynh-Feldt	.225	1.000	.225	.122	.745
	Lower-bound	.225	1.000	.225	.122	.745

（接下頁）

（承上頁）

Error(a)	Sphericity Assumed	7.400	4	1.850		
	Greenhouse-Geisser	7.400	4.000	1.850		
	Huynh-Feldt	7.400	4.000	1.850		
	Lower-bound	7.400	4.000	1.850		
b	Sphericity Assumed	385.275	3	128.425	29.298	.000
	Greenhouse-Geisser	385.275	2.201	175.033	29.298	.000
	Huynh-Feldt	385.275	3.000	128.425	29.298	.000
	Lower-bound	385.275	1.000	385.275	29.298	.006
Error(b)	Sphericity Assumed	52.600	12	4.383		
	Greenhouse-Geisser	52.600	8.805	5.974		
	Huynh-Feldt	52.600	12.000	4.383		
	Lower-bound	52.600	4.000	13.150		
a * b	Sphericity Assumed	246.675	3	82.225	16.954	.000
	Greenhouse-Geisser	246.675	1.545	159.708	16.954	.004
	Huynh-Feldt	246.675	2.331	105.842	16.954	.001
	Lower-bound	246.675	1.000	246.675	16.954	.015
Error(a * b)	Sphericity Assumed	58.200	12	4.850		
	Greenhouse-Geisser	58.200	6.178	9.420		
	Huynh-Feldt	58.200	9.322	6.243		
	Lower-bound	58.200	4.000	14.550		

　　SPSS 所輸出對自變項 a 及 b 之主要效果及交互作用效果項之顯著性檢定結果。由表可知，a 變項（文字定義精確度）的 F 值為.122，p 值為.745，並未達.05 顯著水準，表示樣本在閱讀校正錯誤率上的表現，不受二種文字定義精確度的影響。b 變項（刺激呈現方式）的 F 值為 29.298，p 值為.000，已達.05 顯著水準，表示樣本在閱讀校正錯誤率上的表現，會因刺激呈現方式的不同而有顯著差異。但這需在交互作用效果未達顯著時才有進一步分析的意義。交互作用項（a * b）在依變項上的離均差平方和為 246.675，自由度為 3，均方為 82.225，F 值為 16.954，p 值為.000，已達.05 顯著水準，

表示二自變項間的交互作用確實存在，因此應進一步檢定單純主要效果，此時自變項 b 的主要效果雖然顯著，但在實際解釋時就沒有任何意義。

Tests of Between-Subjects Effects

Measure: MEASURE_1

Transformed V Variable: Average

Source	Type III Sum of Squares	df	Mean	F	Sig.
Intercept	4305.625	1	4305.625	1013.088	.000
Error	17.000	4	4.250		

上表為 SPSS 所輸出受試者效果（SS_s）的離均差平方和、自由度及均方值。由表可知，受試者效果之 SS 為 17.000，自由度為 4（樣本人數減1），均方值為 4.250（17.0/4）。

根據以上效果項顯著性檢定之報表結果，可將本例的變異數分析摘要表整理如表 8-8。

表 8-8　例 8-7 不同文字定義精確度及刺激呈現方式對樣本閱讀校正錯誤率的二因子相依樣本變異數分析摘要表

變異來源		SS	df	MS	F
受試者效果	SS_s	17.000	4	4.250	
文字精確度（a）	SS_a	.225	1	.225	.122
刺激呈現（b）	SS_b	385.275	3	128.425	29.298***
交互作用（a＊b）	SS_{ab}	246.675	3	82.225	16.954***
誤差項	SS_{as}	7.400	4	1.850	
誤差項	SS_{bs}	52.600	12	4.383	
誤差項	SS_{abs}	58.200	12	4.850	

*** $p < .001$

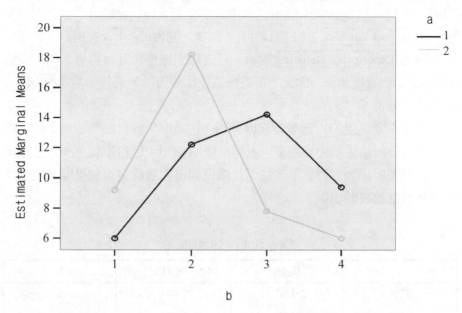

Estimated Marginal Means of MEASURE_1

上圖為SPSS所輸出二自變項各處理水準在依變項上平均數之趨勢圖。由此趨勢圖可看出二自變項間交互作用的情形，本例二自變項在依變項上平均數之趨勢圖已明顯呈現無次序性交互作用之情形。

由於例 8-7 中交互作用項的效果已達顯著水準，因此應進一步進行單純主要效果檢定。其中文字定義精確度有二個處理水準，刺激呈現方式有四個處理水準，總共需進行六次單純主要效果檢定。由於二自變項均為相依樣本，因此二者單純主要效果的檢定方法，都是選擇所對應的處理水準，進行單因子相依樣本變異數分析。

當進行自變項 a 在自變項 b 各處理水準之單純主要效果檢定。因自變項 b 有四個處理水準，因此共需進行四次。當進行自變項 a 在 b1 時，就把八個處理水準中包括 b1 之處理水準挑出即可。首先，開啟應用視窗中 Analyze(分析) 功能表之 General Linear Model(一般線性模式) 下之 Repeated Measures(重複量數) 指令之對話方塊，首先在 Within-Subject Factor Name 後之方格中輸入自變項之名稱 a，然後在 Number of Levels 後之方格中輸入自變項之處理水準數 2，後點選 Add 鈕。完成上述自變項名稱與處理水準數

之界定後,再點選⌈Define⌋鈕,開啓⌈Repeated Measures(重複量數)⌋指令第二層對話方塊。然後自來源變項清單中分別點選 a1b1 及 a2b1,並分別移至⌈Within-Subject Variable⌋方格之(1)(2)中。其次,開啓⌈Options⌋次指令之對話方塊,點選⌈Descriptive statistics⌋選項,界定輸出描述統計。再者,因自變項a僅包括二個處理水準,因此不需選擇事後比較方法。最後,點選⌈OK⌋鈕,進行統計分析。

當使用者點選⌈OK⌋鈕執行統計分析,則 SPSS 會自動開啓結果輸出視窗將統計分析結果輸出到視窗中。對自變項a在b1進行單純主要效果檢定執行之結果與報表解釋如下(**註:此處只列出與單純主要效果顯著性檢定直接相關之報表輸出**):

Descriptive Statistics

	Mean	Std. Deviation	N
a1b1	6.00	2.646	5
a2b1	9.20	1.483	5

Tests of Within-Subjects Effects

Measure: MEASURE_1

Source		Type III Sum of Squares	df	Mean Square	F	Sig.
a	Sphericity Assumed	25.600	1	25.600	30.118	.005
	Greenhouse-Geisser	25.600	1.000	25.600	30.118	.005
	Huynh-Feldt	25.600	1.000	25.600	30.118	.005
	Lower-bound	25.600	1.000	25.600	30.118	.005
Error(a)	Sphericity Assumed	3.400	4	.850		
	Greenhouse-Geisser	3.400	4.000	.850		
	Huynh-Feldt	3.400	4.000	.850		
	Lower-bound	3.400	4.000	.850		

SPSS 所輸出自變項 a 在 b1 之描述統計與單純主要效果檢定結果。由

表可知，a 變項（文字定義精確度）的 F 值爲 30.118，p 值爲.005，已達.05
顯著水準，表示樣本在正確刺激（b1）的閱讀校正錯誤率上的表現，會因
文字定義精確度的不同而有所差異。由於變項 a 只有二組，因此不必再進
行事後比較，只需比較二組平均數的高低，即可了解樣本在二組錯誤率的
差異情形。由表可知，高文字定義精確度組在正確刺激上的錯誤率平均數
爲 6.00，而低精確度組爲 9.20，由此可知，當刺激呈現方式爲正確刺激時，
樣本在低精確度字的閱讀校正錯誤率顯著高於高精確度字組。

接著可分別進行 a 在 b2（選擇 a1b2 及 a2b2 進行）、b3（選擇 a1b3 及
a2b3 進行）及 b4（選擇 a1b4 及 a2b4 進行）之單純主要效果檢定結果，使
用者只要重複上述進行 a 在 b1 之步驟，即可完成單純主要效果檢定工作，
以下僅列出單純主要效果檢定之結果。

Descriptive Statistics

	Mean	Std. Deviation	N
a1b2	12.20	1.924	5
a2b2	18.20	1.924	5

Tests of Within-Subjects Effects

Measure: MEASURE_1

Source		Type III Sum of Squares	df	Mean Square	F	Sig.
a	Sphericity Assumed	90.000	1	90.000	16.364	.016
	Greenhouse-Geisser	90.000	1.000	90.000	16.364	.016
	Huynh-Feldt	90.000	1.000	90.000	16.364	.016
	Lower-bound	90.000	1.000	90.000	16.364	.016
Error(a)	Sphericity Assumed	22.000	4	5.500		
	Greenhouse-Geisser	22.000	4.000	5.500		
	Huynh-Feldt	22.000	4.000	5.500		
	Lower-bound	22.000	4.000	5.500		

　　SPSS 所輸出自變項 a 在 b2 之描述統計與單純主要效果檢定結果。由表可知，a 變項的 F 值為 16.364，p 值為.016，已達.05 的顯著水準，表示樣本在低典型刺激（b2）的閱讀校正錯誤率上的表現，會因文字定義精確度的不同而有所差異。由表可知，高文字定義精確度組在正確刺激上的錯誤率平均數為 12.20，而低精確度組為 18.20，由此可知，當刺激呈現方式為低典型刺激時，樣本在低精確度字的閱讀校正錯誤率顯著高於高精確度字組。

Descriptive Statistics

	Mean	Std. Deviation	N
a1b3	14.20	1.483	5
a2b3	7.80	2.168	5

Tests of Within-Subjects Effects

Measure: MEASURE_1

Source		Type III Sum of Squares	df	Mean Square	F	Sig.
a	Sphericity Assumed	102.400	1	102.400	20.898	.010
	Greenhouse-Geisser	102.400	1.000	102.400	20.898	.010
	Huynh-Feldt	102.400	1.000	102.400	20.898	.010
	Lower-bound	102.400	1.000	102.400	20.898	.010
Error(a)	Sphericity Assumed	19.600	4	4.900		
	Greenhouse-Geisser	19.600	4.000	4.900		
	Huynh-Feldt	19.600	4.000	4.900		
	Lower-bound	19.600	4.000	4.900		

　　SPSS 所輸出自變項 a 在 b3 之描述統計與單純主要效果檢定結果。由表可知，a 變項（文字定義精確度）的 F 值為 20.898，p 值為.010，已達.05 的顯著水準，表示樣本在高典型刺激的閱讀校正錯誤率上的表現，會因文字定義精確度的不同而有所差異。由表可知，高文字定義精確度組在正確

刺激上的錯誤率平均數為 14.20，而低精確度組為 7.80，由此可知，當刺激呈現方式為高典型刺激時，樣本在高精確度字的閱讀校正錯誤率顯著高於低精確度字組。

Descriptive Statistics

	Mean	Std. Deviation	N
a1b4	9.40	1.673	5
a2b4	6.00	2.739	5

Tests of Within-Subjects Effects

Measure: MEASURE_1

Source		Type III Sum of Squares	df	Mean Square	F	Sig.
a	Sphericity Assumed	28.900	1	28.900	5.612	.077
	Greenhouse-Geisser	28.900	1.000	28.900	5.612	.077
	Huynh-Feldt	28.900	1.000	28.900	5.612	.077
	Lower-bound	28.900	1.000	28.900	5.612	.077
Error(a)	Sphericity Assumed	20.600	4	5.150		
	Greenhouse-Geisser	20.600	4.000	5.150		
	Huynh-Feldt	20.600	4.000	5.150		
	Lower-bound	20.600	4.000	5.150		

　　SPSS 所輸出自變項 a 在 b4 之描述統計與單純主要效果檢定結果。由表可知，a 變項（文字定義精確度）的 F 值為 5.612，p 值為.077，並未達.05 顯著水準，表示樣本在中性刺激的閱讀校正錯誤率上的表現，不會因文字定義精確度的不同而有所差異。由表可知，高文字定義精確度組在正確刺激上的錯誤率平均數為 9.40，而低精確度組為 6.00，二組平均數雖有差異，但這些差異純粹是因為機遇（by chance）所造成。

　　完成對自變項 a 之單純主要效果顯著性檢定後，進一步再進行自變項 b 在自變項 a 各處理水準之單純主要效果檢定。因自變項 a 有二個處理水

準，因此共需進行二次。當進行自變項b在a1時，就把八個處理水準中包括a1之處理水準挑出即可。首先，開啓應用視窗中 Analyze(分析) 功能表之 General Linear Model(一般線性模式) 下之 Repeated Measures(重複量數) 指令之對話方塊，在 Within-Subject Factor Name 後之方格中輸入自變項之名稱b，然後在 Number of Levels 後之方格中輸入自變項之處理水準數4，後點選 Add 鈕。完成上述自變項名稱與處理水準數之界定後，再點選 Define 鈕，開啓 Repeated Measures(重複量數) 指令第二層對話方塊。然後自來源變項清單中分別點選a1b1、a1b2、a1b3 及a1b4，並分別移至 Within-Subject Variable 方格之(1)(2)(3)(4)中。其次，開啓 Options 次指令之對話方塊，點選自變項b，以將它移至 Display Means for 方格中，並點選 Compare main effect 選項，界定在 F 值達到顯著水準時，以最小平方差異（LSD 法）進行事後比較，同時點選 Descriptive statistics 選項，界定輸出描述統計。最後，點選 OK 鈕，進行統計分析。

當使用者點選 OK 鈕執行統計分析，則 SPSS 會自動開啓結果輸出視窗將統計分析結果輸出到視窗中。對自變項b在a1 進行單純主要效果檢定執行之結果與報表解釋如下（**註：此處只列出與單純主要效果顯著性檢定直接相關之報表輸出**）：

Descriptive Statistics

	Mean	Std. Deviation	N
a1b1	6.00	2.646	5
a1b2	12.20	1.924	5
a1b3	14.20	1.483	5
a1b4	9.40	1.673	5

Tests of Within-Subjects Effects

Measure: MEASURE_1

Source		Type III Sum of Squares	df	Mean Square	F	Sig.
b	Sphericity Assumed	190.150	3	63.383	16.865	.000
	Greenhouse-Geisser	190.150	1.693	112.314	16.865	.003
	Huynh-Feldt	190.150	2.802	67.852	16.865	.000
	Lower-bound	190.150	1.000	190.150	16.865	.015
Error(b)	Sphericity Assumed	45.100	12	3.758		
	Greenhouse-Geisser	45.100	6.772	6.660		
	Huynh-Feldt	45.100	11.210	4.023		
	Lower-bound	45.100	4.000	11.275		

Pairwise Comparisons

Measure: MEASURE_1

(I)b	(J)b	Mean Difference (I-J)	Std. Error	Sig.[a]	95% Confidence Interval for Difference[a]	
					Lower Bound	Upper Bound
1	2	-6.200*	1.685	.021	-10.879	-1.521
	3	-8.200*	1.393	.004	-12.067	-4.333
	4	-3.400*	1.208	.048	-6.755	-.045
2	1	6.200*	1.685	.021	1.521	10.879
	3	-2.000*	.548	.022	-3.521	-.479
	4	2.800	1.319	.101	-.862	6.462
3	1	8.200*	1.393	.004	4.333	12.067
	2	2.000*	.548	.022	.479	3.521
	4	4.800*	.860	.005	2.412	7.188
4	1	3.400*	1.208	.048	.045	6.755
	2	-2.800	1.319	.101	-6.462	.862
	3	-4.800*	.860	.005	-7.188	-2.412

Based on estimated marginal means

* The mean difference is significant at the .05 level.

a. Adjustment for multiple comparisons: Least Significant Difference (equivalent to no adjustments).

　　SPSS 所輸出自變項 b 在 a1 之描述統計、單純主要效果檢定及事後比較結果。由表可知，b 變項（刺激呈現方式）的 F 值為 16.865，p 值為.000，已達.05 的顯著水準，表示樣本在高文字定義精確度（a1）的閱讀校正錯誤率上的表現，會因刺激呈現方式的不同而有所差異。至於其差異的情形如何？則應進一步進行事後比較，以確定是哪幾組刺激間的差異達到顯著水準。由表可知，5 名樣本在這四個處理水準的平均數依次為 6.00、12.20、14.20、9.40，經以 LSD 進行事後比較，結果顯示，正確刺激（b1）之閱讀校正錯誤率平均數顯著低於低典型刺激（b2）、高典型刺激（b3）及中性刺激（b4），同時 b2 及 b4 之平均數也顯著低於 b3，至於 b2 及 b4 間並無顯著差異。

　　接著可進行 b 在 a2 之事後比較結果，使用者只要重複上述進行 b 在 a1 之步驟，挑選 a2b1、a2b2、a2b3 及 a2b4 四個處理水準，即可完成單純主要效果檢定工作，以下僅列出單純主要效果檢定之結果。

Descriptive Statistics

	Mean	Std. Deviation	N
a2b1	9.20	1.483	5
a2b2	18.20	1.924	5
a2b3	7.80	2.168	5
a2b4	6.00	2.739	5

Tests of Within-Subjects Effects

Measure: MEASURE_1

Source		Type III Sum of Squares	df	Mean Square	F	Sig.
b	Sphericity Assumed	441.800	3	147.267	26.898	.000
	Greenhouse-Geisser	441.800	1.908	231.529	26.898	.000
	Huynh-Feldt	441.800	3.000	147.267	26.898	.000
	Lower-bound	441.800	1.000	441.800	26.898	.007

（接下頁）

（承上頁）

Error (b)	Sphericity Assumed	65.700	12	5.475	
	Greenhouse-Geisser	65.700	7.633	8.608	
	Huynh-Feldt	65.700	12.000	5.475	
	Lower-bound	65.700	4.000	16.425	

Pairwise Comparisons

Measure: MEASURE_1

(I)b	(J)b	Mean Difference (I-J)	Std. Error	Sig.ᵃ	95% Confidence Interval for Differenceᵃ	
					Lower Bound	Upper Bound
1	2	-9.000*	1.225	.002	-12.400	-5.600
	3	1.400	1.077	.263	-1.590	4.390
	4	3.200	1.281	.067	-.356	6.756
2	1	9.000*	1.225	.002	5.600	12.400
	3	10.400*	1.208	.001	7.045	13.755
	4	12.200*	1.985	.004	6.689	17.711
3	1	-1.400	1.077	.263	-4.390	1.590
	2	-10.400*	1.208	.001	-13.755	-7.045
	4	1.800	1.855	.387	-3.350	6.950
4	1	-3.200	1.281	.067	-6.756	.356
	2	-12.200*	1.985	.004	-17.711	-6.689
	3	-1.800	1.855	.387	-6.950	3.350

Based on estimated marginal means

* The mean difference is significant at the .05 level.

a. Adjustment for multiple comparisons: Least Significant Difference (equivalent to no adjustments).

　　上表為 SPSS 所輸出自變項 b 在 a2 之描述統計、單純主要效果檢定及事後比較結果。由表可知，b 變項（刺激呈現方式）的 F 值為 26.898，p 值

為.000，已達.05 的顯著水準，表示樣本在低文字定義精確度的閱讀校正錯誤率上的表現，會因刺激呈現方式的不同而有所差異。至於其差異的情形如何？則應進行事後比較以確定是哪幾組刺激間的差異達到顯著水準。由表可知，5 名樣本在這四個處理水準的平均數依次為 9.20、18.20、7.80、6.00，經以 LSD 進行事後比較，結果顯示，低典型刺激（b2）之閱讀校正錯誤率平均數顯著高於正確刺激（b1）、高典型刺激（b3）及中性刺激（b4），至於 b1、b3 及 b4 間並無顯著差異。

綜合以上單純主要效果之檢定結果，可將本例的單純主要效果檢定結果整理如表 8-9。

表 8-9　例 8-7 單純主要效果檢定結果的變異數分析摘要表

變異來源	SS	df	MS	F
文字定義精確度 SS_a				
在 b1（正確刺激）	25.600	1	25.600	30.118**
在 b2（低典型刺激）	90.000	1	90.000	16.364*
在 b3（低典型刺激）	102.400	1	102.400	20.898*
在 b4（中性刺激）	28.900	1	28.900	5.612
刺激呈現方式　SS_b				
在 a1（高精確度）	190.150	3	63.383	16.865***
在 a2（低精確度）	441.800	3	147.267	26.898***

* p ＜.05　　** p ＜.01　　*** p ＜.001

驗算

由於 $SS_a + SS_{ab} = SS_a$ 在 b1 $+ SS_a$ 在 b2 $+ SS_a$ 在 b3 $+ SS_a$ 在 b4

　　　$SS_b + SS_{ab} = SS_b$ 在 a1 $+ SS_b$ 在 a2

根據表 8-8 及 8-9 可知：

$SS_a = .225$　　　　　$SS_b = 385.275$　　　　$SS_{ab} = 246.675$

SS_a 在 b1 $= 25.600$　　SS_a 在 b2 $= 90.000$　　SS_a 在 b3 $= 102.400$

SS$_a$ 在 b4 ＝ 28.900

SS$_b$ 在 a1 ＝ 190.150　　　　　　SS$_b$ 在 a2 ＝ 441.800

故.225 ＋ 246.675 ＝ 25.600 ＋ 90.000 ＋ 102.400 ＋ 28.900

　　385.275 ＋ 246.675 ＝ 190.150 ＋ 441.800

由以上驗算結果可知，單純主要效果檢定有關各效果項的離均差平方和計算完全正確。

事實上也可以發現：

SS$_{sa}$ ＋ SS$_{sab}$ ＝ SS$_{sa}$ 在 b1 ＋ SS$_{sa}$ 在 b2 ＋ SS$_{sa}$ 在 b3 ＋ SS$_{sa}$ 在 b4

SS$_{sb}$ ＋ SS$_{sab}$ ＝ SS$_{sb}$ 在 a1 ＋ SS$_{sb}$ 在 a2

即 7.400 ＋ 58.200 ＝ 3.400 ＋ 22.000 ＋ 19.600 ＋ 20.600

　　52.600 ＋ 58.200 ＝ 45.100 ＋ 65.700

第六節　三因子變異數分析

　　三因子變異數分析事實上是將三個單因子變異數分析的組合，也就是說研究者一次同時操弄三個自變項。三因子變異數分析除了可以檢定每一個自變項的主要效果外，更可進一步檢定二個自變項間的交互作用效果，以確定二自變項是否彼此獨立，更可同時檢定三個自變項間是否有交互作用存在。當三自變項彼此獨立時，則其結果與進行三次二因子變異數分析並無不同；但當三自變項是彼此相關，有交互作用存在時，若只是進行二因子變異數分析，將會造成嚴重的錯誤結果。

　　三因子變異數分析隨著研究者對三個自變項操弄方式的不同，基本上可以分為三因子獨立樣本、二因子獨立一因子相依的混合設計、一因子獨立二因子相依的混合設計，以及三因子相依樣本（重複量數）四種模式，其假設檢定步驟可以圖 8-36 表示。根據圖 8-36，茲分別提出下列幾點之說明：

　　㈠當三因子交互作用項之 F 值（F$_{abc}$）達顯著水準時，必須進一步進行單純交互作用效果（simple interaction effect）的顯著性檢定，即分

別檢定二個自變項的交互作用項在第三個自變項各處理水準中的顯著性。根據檢定結果：

1. 當單純交互作用效果達顯著水準時，必須進一步檢定單純單純主要效果（simple simple main effect）的顯著性。若達顯著水準，則選擇適當的方法進行事後比較，以確定是哪幾組樣本的平均數間有顯著差異；若該自變項只包括二個處理水準，則無須進行事後比較，只要直接比較二組平均數即可知道其差異量大小及方向。若未達顯著水準，則不需再進行任何分析。

2. 當單純交互作用效果未達顯著水準時，必須注意：

    (1)若同一自變項所有處理水準的單純交互作用項（如 AB 在 C1、C2……）都未達顯著水準，表示二自變項的交互作用效果與第三個自變項是彼此獨立的，因此需進一步進行單純主要效果（simple main effect）檢定（如 A 在 B1、B2……，及 B 在 A1、A2……等）。

    (2)若同一自變項所有處理水準的單純交互作用項（如 AB 在 C1、C2……），有任一項達顯著水準，表示二自變項的交互作用效果與第三個自變項是彼此相關的，則其它單純交互作用效果就算未達顯著時，並不需進行單純主要效果檢定。

㈡當三因子交互作用項未達顯著水準時，必須進一步進行二因子交互作用效果（interaction effect）的顯著性檢定，即分別檢定二個自變項的交互作用項（包括 AB、AC 及 BC 三項）的顯著性，此時檢定的步驟就回到二因子變異數分析的過程（見第五節圖 8-26），使用者只要根據二自變項是獨立樣本或相依樣本，選擇適當的二因子變異數分析模式進行檢定即可，此處不再贅述。

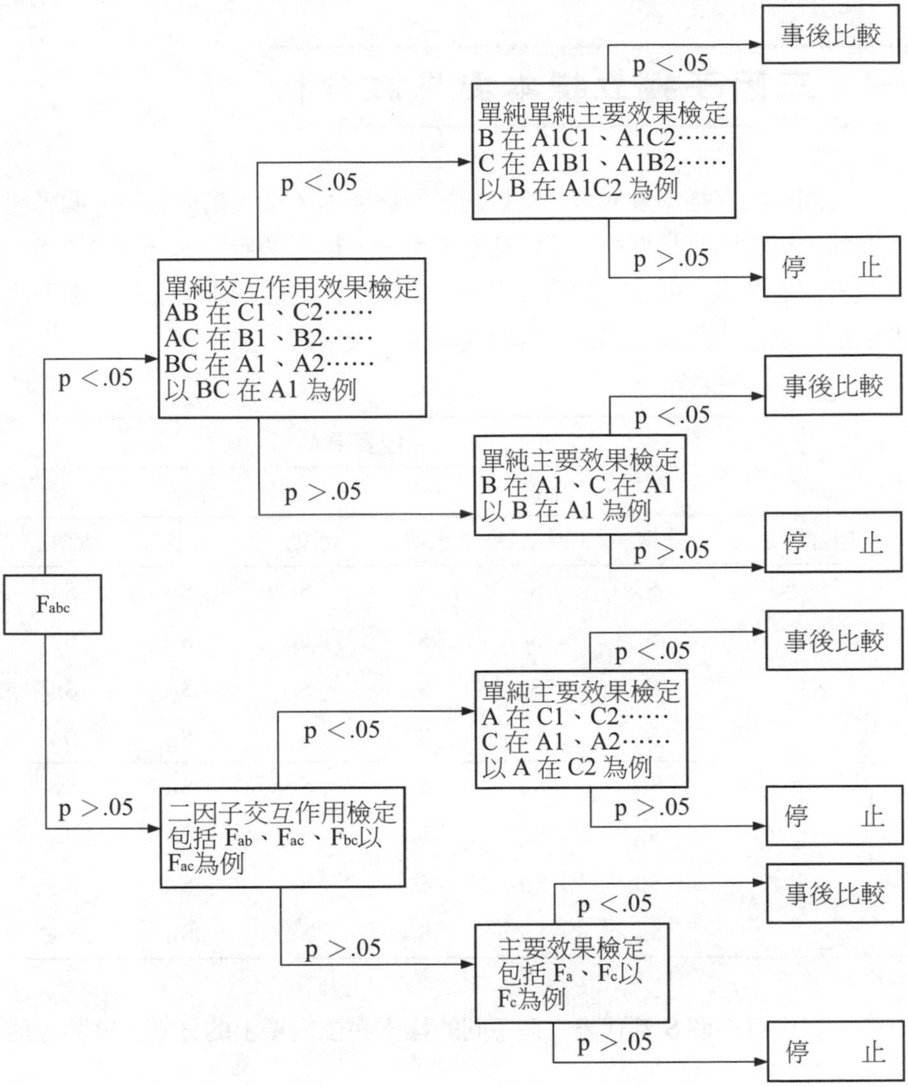

事後比較

p < .05

單純單純主要效果檢定
B 在 A1C1、A1C2……
C 在 A1B1、A1B2……
以 B 在 A1C2 為例

p > .05　停　　止

p < .05

單純交互作用效果檢定
AB 在 C1、C2……
AC 在 B1、B2……
BC 在 A1、A2……
以 BC 在 A1 為例

p < .05

事後比較

p < .05

單純主要效果檢定
B 在 A1、C 在 A1
以 B 在 A1 為例

p > .05

p > .05　停　　止

F_{abc}

事後比較

p < .05

單純主要效果檢定
A 在 C1、C2……
C 在 A1、A2……
以 A 在 C2 為例

p < .05

p > .05　停　　止

p > .05

二因子交互作用檢定
包括 F_{ab}、F_{ac}、F_{bc}以
F_{ac}為例

事後比較

p < .05

主要效果檢定
包括 F_a、F_c以
F_c為例

p > .05

p > .05　停　　止

圖 8-36　三因子變異數分析檢定流程

以下分別舉例說明四種三因子變異數分析模式：

一、三因子獨立樣本變異數分析

　　三因子獨立樣本變異數分析是指三個自變項所交叉構成的每一個處理水準都由來自同一母群體的不同樣本所接受。以三個自變項分別包括二、二及三個處理水準而言，則交叉構成十二種不同的處理水準，每一處理水準包括四個樣本的設計為例，其模式可以下表示之：

		自變項 A					
		水準一			水準二		
自變項 C		水準一	水準二	水準三	水準一	水準二	水準三
	水準一	S_1	S_5	S_9	S_{13}	S_{17}	S_{21}
		S_2	S_6	S_{10}	S_{14}	S_{18}	S_{22}
		S_3	S_7	S_{11}	S_{15}	S_{19}	S_{23}
自變項 B		S_4	S_8	S_{12}	S_{16}	S_{20}	S_{24}
	水準二	S_{25}	S_{29}	S_{33}	S_{37}	S_{41}	S_{45}
		S_{26}	S_{30}	S_{34}	S_{38}	S_{42}	S_{46}
		S_{27}	S_{31}	S_{35}	S_{39}	S_{43}	S_{47}
		S_{28}	S_{32}	S_{36}	S_{40}	S_{44}	S_{48}

　　上表中每一個 S_i 都代表一個不同的樣本在依變項上的分數，總共包括了 48 個樣本。

　　以下以 Keppel（1982）的例子說明三因子獨立樣本變異數分析的假設檢定，並說明如何在三因子交互作用顯著後，進行單純交互作用效果檢定及進一步的其它檢定工作：

例 8-8　（資料檔為 ex8-8.sav）

　　Keppel（1982）想了解不同學習時間（分一、四及七小時三個處理水準）、教材結構性（分高、中、低三個處理水準），以及語文活動程度（分高、低二個處理水準）對個體閱讀理解表現的影響。在隨機抽取 72 名樣本並分派至各實驗處理，並進行一段時間的實驗後，得到下表有關樣本在閱讀理解測驗上的分數資料。請問個體在閱讀理解上的表現是否會因學習時間、教材結構性及語文活動程度的不同而有顯著差異？

學習時間(A)		一小時			四小時			七小時		
教材結構(B)		高	中	低	高	中	低	高	中	低
語文活動程度(C)	高	43	41	39	52	44	42	63	47	52
		46	43	38	49	45	44	58	51	50
		47	42	35	48	47	45	55	49	51
		46	43	34	48	46	47	59	52	56
	低	47	41	46	50	48	51	55	59	49
		45	43	45	45	45	46	62	50	50
		51	46	43	47	46	45	52	57	54
		50	47	48	55	54	56	51	61	52

(一)操作程序

　　根據例 8-8 旨在了解不同學習時間、教材結構性及語文活動程度對個體閱讀理解表現的影響是否具有交互作用？本例中共包括學習時間、教材結構性及語文活動程度等三個自變項，各分為三、三及二個處理水準，交叉構成十八個處理水準，每一處理水準分別由四個不同之樣本所接受，因此屬於三因子獨立樣本實驗設計，而依變項則是樣本之閱讀理解表現。因此應該進行三因子獨立樣本變異數分析。首先將原始資料讀進資料編輯視窗（有關讀取原始資料之方式，請參見第二章，此處假設資料已讀進資料編輯視窗中），如圖 8-37。圖 8-37 中變項 time 代表自變項「學習時間」，分為三個處理水準，1 代表一小時、2 代表四小時、3 代表七小時。變項 text

是自變項「教材結構性」，分為三個處理水準，1代表高結構教材、2代表中結構教材、3代表低結構教材。變項 lan 則是「語文活動程度」，共分二個處理水準，其中1代表高活動、2代表低活動。至於變項 reading 則代表依變項「閱讀理解表現」。

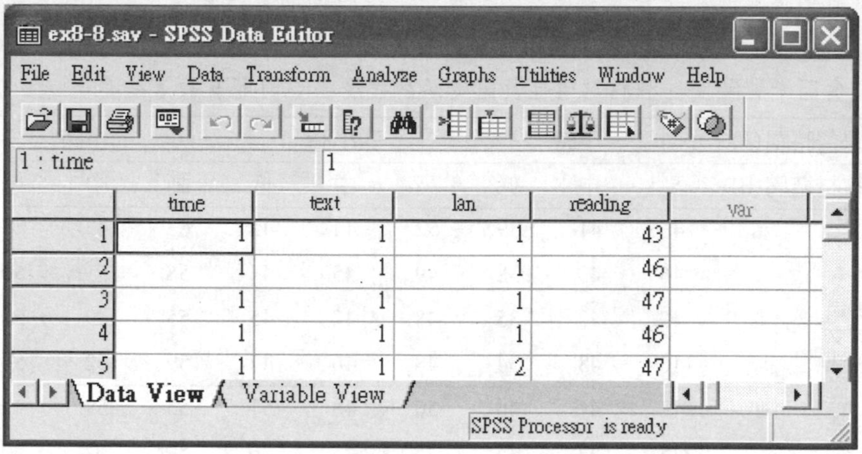

	time	text	lan	reading	var
1	1	1	1	43	
2	1	1	1	46	
3	1	1	1	47	
4	1	1	1	46	
5	1	1	2	47	

圖 8-37　例 8-8 之假設性資料

在原始資料讀進資料編輯視窗中後，開啟應用視窗中 Analyze(分析) 功能表之 General Linear Model(一般線性模式) 下之 Univariate(單變量) 指令之對話方塊，此時可參照圖 8-28 二因子獨立樣本變異數分析模式，分別將依變項 reading 點選至 Dependent Variable 方格中，同時將自變項學習時間（time）、教材結構性（text）及語文活動程度（lan）自來源變項清單中點選至 Fixed Factor(s) 方格中。

其次，開啟 Plots 次指令之對話方塊，以繪製二自變項在依變項上平均數之交互作用圖。由於本例有三個自變項，但 Plots 次指令不能繪製三度空間立體圖，因此在繪圖時必須以其中一個自變項為控制變項（本例以 lan 為控制變項），根據控制變項各處理水準之不同，繪製另二個自變項在依變項上平均數之交互作用圖。首先在二個自變項中，任選一個（本例選擇 time）移至 Horizontal Axis 方格中，並將另外一個（本例選擇 text）移至 Seperate Lines 方格中，同時將 lan 移至 Seperate Plots 方格中，再點選 Add

鈕，然後點選 Continue 鈕回到 Univariate(單變量) 指令之對話方塊。

再者，使用者可以點選 Options 次指令，開啓其對話方塊，點選 Descriptive statistics 及 Homogeneity test 選項，界定輸出描述統計及同質性檢定結果。

完成上述界定工作後，使用者只要點選 OK 鈕，SPSS 即會執行統計分析，並自動開啓結果輸出視窗，將統計分析結果輸出到視窗中。

綜合上述操作程序，可將利用 Univariate(單變量) 指令進行三因子獨立樣本變異數分析之程序摘要如下：

```
Analyze
  General Linear Model
    Univariate……點選進行考驗之自變項與依變項至目標清單中
      Plots……界定繪製二自變項在依變項上平均數之趨勢圖
      Options……界定輸出之統計量
      OK……執行統計分析
```

(二)報表解釋

當使用者點選 OK 執行統計分析，則 SPSS 會自動開啓結果輸出視窗將統計分析結果輸出到視窗中。例 8-8 執行之結果與報表解釋如下：

Between-Subjects Factors

		Value Label	N
time	1	一小時	24
	2	四小時	24
	3	七小時	24
text	1	高	24
	2	中	24
	3	低	24
lan	1	高	36
	2	低	36

　　SPSS 所輸出有關三個獨立樣本自變項之訊息。包括變項名稱、各變項處理水準數及標籤，以及各處理水準之樣本數。由表可知，自變項time（學習時間）包括三個處理水準，其中編碼值 1 代表一小時組，包括 24 名樣本，編碼值 2 代表四小時組，包括 24 名樣本，編碼值 3 代表七小時組，包括 24 名樣本；而變項 text（教材結構性），分為三個處理水準，1 代表高結構教材，包括 24 名樣本，2 代表中結構教材，包括 24 名樣本，3 代表低結構教材，包括 24 名樣本；變項 lan（語文活動程度），共分二個處理水準，其中 1 代表高活動，包括 36 名樣本，2 代表低活動，包括 36 名樣本。

Descriptive Statistics

Dependent Variable: reading

time	text	lan	Mean	Std. Deviation	N
一小時	高	高	45.50	1.732	4
		低	48.25	2.754	4
		Total	46.88	2.588	8
	中	高	42.25	.957	4
		低	44.25	2.754	4
		Total	43.25	2.188	8
	低	高	36.50	2.380	4
		低	45.50	2.082	4
		Total	41.00	5.237	8
	Total	高	41.42	4.209	12
		低	46.00	2.892	12
		Total	43.71	4.237	24
四小時	高	高	49.25	1.893	4
		低	49.25	4.349	4
		Total	49.25	3.105	8

（接下頁）

（承上頁）

	中	高	45.50	1.291	4
		低	48.25	4.031	4
		Total	46.88	3.137	8
	低	高	44.50	2.082	4
		低	49.50	5.066	4
		Total	47.00	4.472	8
	Total	高	46.42	2.678	12
		低	49.00	4.112	12
		Total	47.71	3.641	24
七小時	高	高	58.75	3.304	4
		低	52.00	2.160	4
		Total	55.38	4.438	8
	中	高	49.75	2.217	4
		低	59.75	2.217	4
		Total	54.75	5.726	8
	低	高	52.25	2.630	4
		低	51.25	2.217	4
		Total	51.75	2.315	8
	Total	高	53.58	4.680	12
		低	54.33	4.479	12
		Total	53.96	4.496	24
Total	高	高	51.17	6.221	12
		低	49.83	3.353	12
		Total	50.50	4.934	24
	中	高	45.83	3.512	12
		低	50.75	7.412	12
		Total	48.29	6.203	24

（接下頁）

（承上頁）

低	高	44.42	7.051	12
	低	48.75	3.980	12
	Total	46.58	6.021	24
Total	高	47.14	6.352	36
	低	49.78	5.144	36
	Total	48.46	5.891	72

　　SPSS所輸出樣本在依變項上的描述統計量。本例中全部 72 名樣本的閱讀理解能力平均數為 48.46。在第一個自變項（學習時間）的 3 個處理水準中，各 24 名樣本在依變項得分的平均數分別為 43.71（一小時組）、47.71（四小時組）及 53.96（七小時組）。對自變項A的主要效果檢定，就在檢定這三個平均數與總平均數 48.46 間的差異是否達顯著水準。在第二個自變項（教材結構性）的三個處理水準中，各 24 名樣本在依變項得分的平均數分別為 50.50（高結構性）、48.29（中結構性）及 46.58（低結構性）。對自變項B的主要效果檢定，就在檢定這三個平均數與總平均數 48.46 間的差異是否達顯著水準。在第三個自變項（語文活動程度）的二個處理水準中，各 36 名樣本在依變項得分的平均數分別為 47.14（高語文活動）、49.78（低語文活動）。對自變項 C 的主要效果檢定，就在檢定這二個平均數與總平均數 48.46 間的差異是否達顯著水準。

　　而在第一及第二自變項所交叉構成的九個細格（處理水準），各 8 名樣本在依變項得分的平均數如下表。對自變項 time 及 text 的交互作用效果檢定，就在檢定這九個細格平均數與總平均數 48.46 間的差異是否達顯著水準。

	高結構	中結構	低結構
一小時	46.87	43.25	41.00
四小時	49.25	46.88	47.00
七小時	55.38	54.75	51.75

在第一及第三自變項所交叉構成的六個細格（處理水準），各 12 名樣本在依變項得分的平均數如下表。對自變項 time 及 lan 的交互作用效果檢定，就在檢定這六個細格平均數與總平均數 48.46 間的差異是否達顯著水準。

	高語文活動	低語文活動
一小時	41.42	46.00
四小時	46.42	49.00
七小時	53.58	54.33

在第二及第三自變項所交叉構成的六個細格（處理水準），各 12 名樣本在依變項得分的平均數如下表。對自變項 text 及 lan 的交互作用效果檢定，就在檢定這六個細格平均數與總平均數 48.46 間的差異是否達顯著水準。

	高語文活動	低語文活動
高結構	51.17	49.83
中結構	45.83	50.75
低結構	44.42	48.75

在第一及第二自變項所交叉構成的各處理水準，在第三自變項第一個處理水準下，樣本在依變項得分的平均數。本例中在自變項 time（學習時間）及自變項 text（教材結構性）所交叉構成的九個處理水準，在第三自變項 lan 第一個處理水準（高語文活動）下，各 4 名樣本在依變項得分的平均數如下表：

	高結構	中結構	低結構
一小時	45.50	42.25	36.50
四小時	49.25	45.50	44.50
七小時	58.75	49.75	52.25

在第一及第二自變項所交叉構成的各處理水準，在第三自變項第二個處理水準下，樣本在依變項得分的平均數。本例中在自變項 time（學習時間）及自變項 text（教材結構性）所交叉構成的九個細格（處理水準），在第三自變項第二個處理水準（低語文活動）下，各 4 名樣本在依變項得分的平均數如下表：

	高結構	中結構	低結構
一小時	48.25	44.25	45.50
四小時	49.25	48.25	49.50
七小時	52.00	59.75	51.25

對自變項 time、text 及 lan 的三因子交互作用效果檢定，就在檢定上述二個表格各細格平均數與總平均數 48.46 間的差異是否達顯著水準，其中只要有一個細格的平均數與總平均數間的差異達顯著水準，則三因子交互作用的效果就會達顯著。

Levene's Test of Equality of Error Variances[a]

Dependent Variable: reading

F	df1	df2	Sig.
1.440	17	54	.155

Test the null hypothesis that the error variance of the dependent variable is equal across groups.

a. Design: Intercept + time + text + lan + time * text + time * lan + text * lan + time * text * lan

SPSS 所輸出之變異數同質性檢定結果。解釋參見例 8-4。由表可知，本例各組間之變異數具有同質性，並未違反基本假設。

Tests of Between-Subjects Effects

Dependent Variable: reading

Source	Type III Sum of Squares	df	Mean Square	F	Sig.
Corrected Model	2053.625[a]	17	120.801	15.901	.000
Intercept	169071.125	1	169071.125	22254.335	.000
time	1281.000	2	640.500	84.307	.000
text	185.083	2	92.542	12.181	.000
lan	125.347	1	125.347	16.499	.000
time * text	44.167	4	11.042	1.453	.229
time * lan	44.111	2	22.056	2.903	.063
text * lan	143.028	2	71.514	9.413	.000
time * text * lan	230.889	4	57.722	7.598	.000
Error	410.250	54	7.597		
Total	171535.000	72			
Corrected Total	2463.875	71			

a. R Squared = .833 (Adjusted R Squared = .781)

SPSS所輸出三因子獨立樣本變異數分析結果摘要表。本例之變異數分析結果可整理成如表 8-10 的摘要表。

表 8-10　例 8-8 三因子獨立樣本變異數分析摘要表

變異來源		SS	df	MS	F
學習時間（A）	SS_a	1281.000	2	640.500	84.307***
教材結構性（B）	SS_b	185.083	2	92.542	12.181***
語文活動度（C）	SS_c	125.347	1	125.347	16.499***
A × B	SS_{ab}	44.167	4	11.042	1.453
A × C	SS_{ac}	44.111	2	22.056	2.903
B × C	SS_{bc}	143.028	2	71.514	9.413***
A × B × C	SS_{abc}	230.889	4	57.722	7.598***
誤差項	$SS_{s/abc}$	410.250	54	7.597	

*** $p < .001$

　　根據表 8-10 可知，三因子交互作用項之 F 值為 7.598，p 值為.000，已達到.05 顯著水準，表示三個自變項是彼此相關，樣本在閱讀理解的能力會因三個自變項的不同而有所差異。在三因子交互作用項達顯著後，其它的二變項交互作用項及主要效果項，不管顯著與否就沒有任何意義。為進一步了解三自變項對依變項的影響，因此應進行單純交互作用效果項之顯著性檢定。若三因子交互作用項不顯著，則進一步檢定二因子交互作用項之顯著性，由於二因子交互作用項有三個，作法就等同進行三次二因子變異數分析。

　　單純交互作用效果項的檢定意義，事實上就是在檢定二個自變項的交互作用效果時，必須因第三個自變項的不同處理水準來進行。因此若自變項 A 有 k 個處理水準，自變項 B 有 p 個處理水準，自變項 C 有 q 個水準，則在單純交互作用效果檢定時，必須進行 q 次 AB 變項之單純交互作用效果檢定，p 次 AC 變項的單純交互作用效果檢定，k 次 BC 變項的單純交互作用效果檢定，因此共需進行 k + p + q 次單純交互作用效果檢定。例 8-8 中自變項學習時間（time）包括三個處理水準；而變項教材結構性（text），分為三個處理水準；變項語文活動程度（lan），共分二個處理水準，因此共需進行八次單純交互作用效果檢定。

　　在三因子獨立樣本變異數分析中，由於三個自變項都是獨立樣本，因此所進行之 k + p + q 次單純交互作用效果檢定，都是根據第三個自變項各處理水準之不同，對另外二個自變項進行二因子獨立樣本變異數分析。利用 SPSS 進行檢定時，可利用 Split File(分割檔案) 指令，根據樣本在第三個自變項編碼值之差異，將原始資料檔進行分割，然後進行另外二個自變項之二因子獨立樣本變異數分析，進行二因子獨立樣本變異數分析之語法界定過程，與第五節二因子獨立樣本變異數分析完全相同，此處不再贅述。茲將例 8-8 進行單純交互作用效果檢定之程序摘要如下：

Split File……根據自變項 lan 進行原始資料檔分割
　General Linear Model
　　Univariate……進行 time 與 text 之二因子獨立樣本變異數分析
Split File……根據自變項 text 進行原始資料檔分割
　General Linear Model
　　Univariate……進行 time 與 lan 之二因子獨立樣本變異數分析
Split File……根據自變項 time 進行原始資料檔分割
　General Linear Model
　　Univariate（單變量）……進行 text 與 lan 之二因子獨立樣本變異數分析

　　若上述之單純交互作用效果項顯著水準時，必須進一步檢定單純單純主要效果（simple simple main effect）的顯著性。若達顯著水準，則選擇適當的方法進行事後比較，以確定是哪幾組樣本的平均數間有顯著差異；若未達顯著水準，則不需再進行任何分析。由於進行單純交互作用效果檢定，事實上是選擇合乎條件之樣本進行二因子獨立樣本變異數分析，因此單純單純主要效果檢定，就是從這些被篩選出進行單純交互作用效果檢定之樣本，再選擇合乎條件之樣本，進行單因子獨立樣本變異數分析。利用 SPSS進行單純單純主要效果檢定時，必須同時利用 Split File(分割檔案) 及 Select Cases(選擇觀察值) 指令，將原始資料檔進行分割並選擇部分樣本，再進行單因子獨立樣本變異數分析。進行單因子獨立樣本變異數分析之語法界定過程，與第四節單因子獨立樣本變異數分析完全相同，此處不再贅述。

　　假設例 8-8 進行單純交互作用效果項顯著性檢定後，發現 time（學習時間）及 lan（語文活動程度）之單純交互作用（二因子獨立樣本變異數分析）在高教材結構性（即 text 之編碼值為 1 之樣本）達顯著水準；且 text（教材結構性）及 lan（語文活動程度）之單純交互作用（二因子獨立樣本變異數分析）在學習時間為四小時（即 time 之編碼值為 2 之樣本）達顯著水準。如此，進行單純單純主要效果檢定之程序可摘要如下：

```
Select Cases……設定 text = 1，以選擇高教材結構組之樣本
 Split File……根據自變項 lan 進行原始資料檔分割
   Compare Means
     One-Way ANOVA……進行自變項 time 之單因子獨立樣本變異數分析
   Split File……根據自變項 time 進行原始資料檔分割
     Compare Means
       One-Way ANOVA……進行自變項 lan 之單因子獨立樣本變異數分析
Select Cases……設定 time = 2，以選擇學習時間四小時組之樣本
 Split File……根據自變項 lan 進行原始資料檔分割
   Compare Means
     One-Way ANOVA……進行自變項 text 之單因子獨立樣本變異數分析
   Split File……根據自變項 text 進行原始資料檔分割
     Compare Means
       One-Way ANOVA……進行自變項 lan 之單因子獨立樣本變異數分析
```

例 8-8 進行單純交互作用效果檢定之結果整理如表 8-11。

表 8-11　例 8-8 單純交互作用效果檢定結果的變異數分析摘要表

變異來源	SS	df	MS	F
time × text　SS_{ab}				
在 C1（高語文活動）	84.944	4	21.236	4.560**
在 C2（低語文活動）	190.111	4	47.528	4.511**
time × lan　SS_{ac}				
在 B1（高結構）	95.583	2	47.792	5.892*
在 B2（中結構）	78.083	2	39.042	6.462**
在 B3（低結構）	101.333	2	50.667	5.865*
text × lan　SS_{bc}				
在 A1（一小時）	59.083	2	29.542	6.095**
在 A2（四小時）	25.083	2	12.542	1.069
在 A3（七小時）	289.750	2	144.875	3.336***

* p < .05　** p < .01　*** p < .001

驗算

由於 $SS_{ab} + SS_{abc} = SS_{ab}$ 在 C1 $+ SS_{ab}$ 在 C2

$SS_{ac} + SS_{abc} = SS_{ac}$ 在 B1 $+ SS_{ac}$ 在 B2 $+ SS_{ac}$ 在 B3

$SS_{bc} + SS_{abc} = SS_{bc}$ 在 A1 $+ SS_{bc}$ 在 A2 $+ SS_{bc}$ 在 A3

根據表 8-10 及 8-11 可知：

$SS_{abc} = 230.889$　　　　$SS_{ab} = 44.167$　　　　$SS_{ac} = 44.111$　　　　$SS_{bc} = 143.028$

SS_{ab} 在 C1 $= 84.944$　　　　SS_{ab} 在 C2 $= 190.111$

SS_{ac} 在 B1 $= 95.583$　　　　SS_{ac} 在 B2 $= 78.083$　　　　SS_{ac} 在 B3 $= 101.333$

SS_{bc} 在 A1 $= 59.083$　　　　SS_{bc} 在 A2 $= 25.083$　　　　SS_{bc} 在 A3 $= 289.750$

故 $230.889 + 44.167 = 84.944 + 190.111$

$230.889 + 44.111 = 95.583 + 78.083 + 101.333$

$230.889 + 143.028 = 59.083 + 25.083 + 289.750$

　　由表 8-11 可知，除了 BC 在 A2（四小時）的單純交互作用效果項未達顯著水準外，其它的效果項都已達顯著水準。前已述及，當單純交互作用效果達顯著水準，則需進行單純單純主要效果檢定，而當單純交互作用效果未達顯著水準，除非同一自變項各處理水準的單純交互作用項都不顯著，否則不必再進行單純主要效果檢定，因此 BC 在 A2 的單純交互作用項雖不顯著，但因 BC 在 A1 及 A3 均已達顯著水準，所以不需再進行單純主要效果檢定。至於單純單純交互作用效果之檢定結果，篇幅相當大，本書不再詳列，就留給讀者自行練習。

二、二因子獨立一因子相依的變異數分析

　　二因子獨立一因子相依的變異數分析是指三個自變項中有二個變項是獨立樣本，另一個變項是相依樣本。以二個獨立樣本自變項（A 及 B）分

別包括 2 個處理水準,相依樣本自變項(C)包括 3 個處理水準,則交叉構成 12 種不同的處理水準,每一處理水準包括 4 個樣本的設計為例,其模式可以下表示之:

		自變項 A					
		水準一			水準二		
自變項 C		水準一	水準二	水準三	水準一	水準二	水準三
自變項 B	水準一	S_1	S_1	S_1	S_9	S_9	S_9
		S_2	S_2	S_2	S_{10}	S_{10}	S_{10}
		S_3	S_3	S_3	S_{11}	S_{11}	S_{11}
		S_4	S_4	S_4	S_{12}	S_{12}	S_{12}
	水準二	S_5	S_5	S_5	S_{13}	S_{13}	S_{13}
		S_6	S_6	S_6	S_{14}	S_{14}	S_{14}
		S_7	S_7	S_7	S_{15}	S_{15}	S_{15}
		S_8	S_8	S_8	S_{16}	S_{16}	S_{16}

上表中每一個 S_i 都代表一個不同的樣本在依變項上的分數,總共包括了 16 個樣本。

以下以一個假設的例 8-9,說明二因子獨立一因子相依的變異數分析的假設檢定,並說明如何在三因子交互作用顯著後,進行單純交互作用效果檢定及進一步的其它檢定工作。

例 8-9 (資料檔為 ex-9.sav)

有一幼教專家想了解不同生長背景(分鄉村、都市二個處理水準)及家庭狀況(分正常、單親二個處理水準)的兒童在三種不同學習活動(分遊戲、說故事及美勞三個處理水準)時的語文能力之差異。在隨機抽取 8 名鄉村,8 名都市,男女各半的五歲幼稚園兒童為樣本,並記錄 16 名幼童在三種學習活動(各 30 分鐘)的語文表達時間長度,資料如下表。請問幼童的語文能力表現是否會因生長背景、家庭狀況及學習活動的不同而

(接下頁)

（承上頁）

有顯著差異？							
生長背景(A)		鄉村			都市		
學習活動(C)		遊戲	說故事	美勞	遊戲	說故事	美勞
家庭狀況(B)	單親	11	7	5	7	4	8
		9	8	6	8	3	7
		9	7	6	6	5	9
		12	8	4	6	5	9
	正常	11	10	3	13	15	5
		10	8	2	11	13	4
		12	8	4	9	11	6
		9	7	2	11	10	4

(一)操作程序

　　根據例 8-9 旨在了解不同生長背景（分鄉村、都市二個處理水準）及家庭狀況（分正常、單親二個處理水準）的兒童在三種不同學習活動（分遊戲、說故事及美勞三個處理水準）時的語文能力之差異是否具有交互作用？本例中共包括生長背景、家庭狀況及學習活動等三個自變項，各分為二、二及三個處理水準，交叉構成十二個處理水準，其中「生長背景」及「家庭狀況」二個自變項是獨立樣本，而樣本因同時接受三種不同學習活動，因此自變項「學習活動」為相依樣本，而依變項則是樣本之語文能力。所以例 8-9 屬於二因子獨立一因子相依之三因子混合設計變異數分析。首先將原始資料讀進資料編輯視窗（有關讀取原始資料之方式，請參見第二章，此處假設資料已讀進資料編輯視窗中），如圖 8-38。圖 8-38 中變項 A 代表自變項「生長背景」，分為二個處理水準，1 代表鄉村、2 代表都市。變項 B 是自變項「家庭狀況」，分為二個處理水準，1 代表單親、2 代表正常。變項 C1（遊戲）、C2（說故事）及 C3（美勞）則分別代表樣本在三種不同學習活動之語文能力。

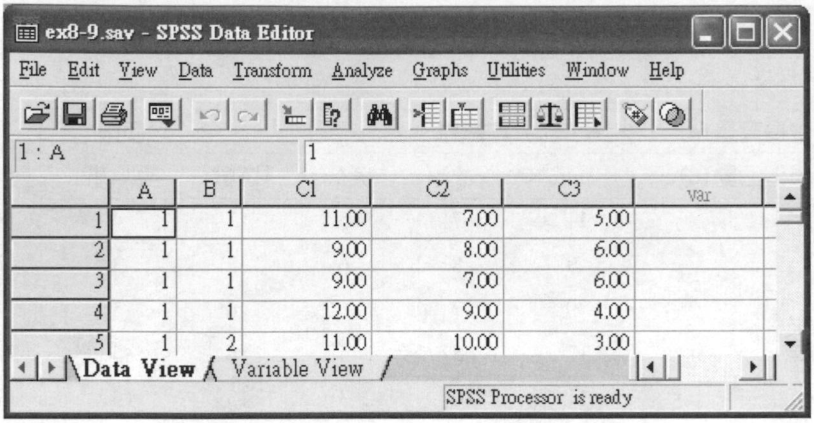

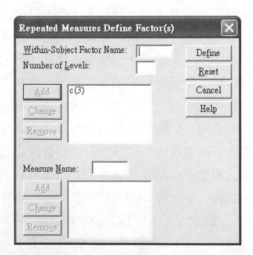

圖 8-38　例 8-9 之假設性資料

在原始資料讀進資料編輯視窗中後，開啟應用視窗中 Analyze(分析) 功
能表之 General Linear Model(一般線性模式) 下之 Repeated Measures(重複量
數) 指令之對話方塊，首先在 Within-Subject Factor Name 後之方格中輸入相
依樣本自變項「學習活動」之名稱 C（本例假設 C 代表學習活動），然後
在 Number of Levels 後之方格中輸入處理水準數 3（本例共有三種學習活
動），最後點選 Add 鈕，結果如圖 8-39。

圖 8-39　界定相依樣本自變項名稱之 Repeated Measures 指令對話方塊

　　完成上述自變項「學習活動」名稱與處理水準數之界定後，再點選 Define 鈕，開啓 Repeated Measures(重複量數) 指令第二層對話方塊，參照圖8-32之步驟，將變項A（即生長背景）與B（即家庭狀況），移至 Between-Subjects Factor(s) 方格中，並分別點選 C1、C2 及 C4，並分別移至 Within-Subjects Variables 方格之(1)(2)(3)中。

　　其次，使用者可以點選 Options 次指令，開啓其對話方塊，點選 Descriptive statistics 及 Homogeneity test 選項，界定輸出描述統計及同質性檢定結果。

　　完成上述界定工作後，使用者只要點選 OK 鈕，SPSS 即會執行統計分析，並自動開啓結果輸出視窗，將統計分析結果輸出到視窗中。

　　綜合上述操作程序，可將利用 Repeated Measures(重複量數) 指令進行二因子獨立一因子相依混合設計變異數分析之程序摘要如下：

Analyze
　General Linear Model
　　Repeated Measures……界定相依樣本自變項名稱及處理水準數
　　　Define……點選依變項及自變項至目標變項清單中
　　　　Options……界定輸出之統計量及顯著水準α值
　　　　OK……執行統計分析

(二)報表解釋

　　當使用者點選 OK 執行統計分析，則 SPSS 會自動開啓結果輸出視窗將統計分析結果輸出到視窗中。例 8-9 執行之結果與報表解釋如下：

Within-Subjects Factors

Measure: MEASURE_1

C	Dependent Variable
1	C1
2	C2
3	C3

Between-Subjects Factors

		Value Label	N
A	1	鄉村	8
	2	都市	8
B	1	單親	8
	2	正常	8

上表為 SPSS 所輸出之自變項名稱及處理水準數，以及各處理水準之名稱。由表可知，自變項 C（學習活動）為相依樣本（受試者內因子），共有三個處理水準。而樣本在三個學習活動處理水準下之語文能力名稱則依序為 C1（遊戲）、C2（說故事）及 C3（美勞）。另二個自變項 A（生長背景）與 B（家庭狀況）為獨立樣本（受試者間因子），各有二個處理水準，每一處理水準各有 8 名樣本。

Descriptive Statistics

	A	B	Mean	Std. Deviation	N
C1	鄉村	單親	10.2500	1.50000	4
		正常	10.5000	1.29099	4
		Total	10.3750	1.30247	8
	都市	單親	6.7500	.95743	4
		正常	11.0000	1.63299	4
		Total	8.8750	2.58775	8
	Total	單親	8.5000	2.20389	8
		正常	10.7500	1.38873	8
		Total	9.6250	2.12525	16
C2	鄉村	單親	7.7500	.95743	4
		正常	8.2500	1.25831	4
		Total	8.0000	1.06904	8

（接下頁）

（承上頁）

	都市	單親	3.7500	.95743	4
		正常	12.2500	2.21736	4
		Total	8.0000	4.81070	8
	Total	單親	5.7500	2.31455	8
		正常	10.2500	2.71241	8
		Total	8.0000	3.36650	16
C3	鄉村	單親	5.2500	.95743	4
		正常	2.7500	.95743	4
		Total	4.0000	1.60357	8
	都市	單親	8.2500	.95743	4
		正常	4.7500	.95743	4
		Total	6.5000	2.07020	8
	Total	單親	6.7500	1.83225	8
		正常	3.7500	1.38873	8
		Total	5.2500	2.20605	16

　　SPSS 所輸出二個獨立樣本自變項所交叉構成的各處理水準中，樣本在相依樣本自變項三個處理水準上在依變項得分的平均數及標準差。本例中在自變項 A（生長背景）及 B（家庭狀況）各有二個處理水準，交叉構成四個細格，各 4 名樣本在相依樣本自變項 C 第一個處理水準（遊戲）上，在依變項語文表達能力的平均數及標準差如下表：

	單親（B1）		正常（B2）	
	平均數	標準差	平均數	標準差
鄉村（A1）	10.250	1.5000	10.500	1.2910
都市（A2）	6.750	.9574	11.000	1.6330

　　二個獨立樣本自變項在相依樣本自變項 C 第二個處理水準（說故事）上，在依變項語文表達能力的平均數及標準差如下表：

	單親（B1）		正常（B2）	
	平均數	標準差	平均數	標準差
鄉村（A1）	7.750	.9574	8.250	1.2583
都市（A2）	3.750	.9574	12.250	2.2174

　　二個獨立樣本自變項在相依樣本自變項 C 第三個處理水準（美勞）
上，在依變項語文表達能力的平均數及標準差如下表：

	單親（B1）		正常（B2）	
	平均數	標準差	平均數	標準差
鄉村（A1）	5.250	.9574	2.750	.9574
都市（A2）	8.250	.9574	4.750	.9574

Box's Test of Equality of Covariance Matrices[a]

Box's M	26.139
F	1.063
df1	12
df2	392.538
Sig.	.390

Test the null hypothesis that the observed covariance matrices of the dependent variables are equal across groups.

a. Design: Intercept ＋ A ＋ B ＋ A ＊ B

　Within Subjects Design: c

　　SPSS 所輸出對不同生長背景及家庭狀況之樣本在三個依變項測量之同
質性多變量檢定結果。由表可知，經以 Box 法檢定結果，M 值為 26.139，
經轉換為 F 值，約為 1.063，p 值為 .390，並未達 .05 顯著水準，表示不同生
長背景及家庭狀況樣本在四個依變項之測量分數的變異數具同質性，並未
違反基本假設。

Mauchly's Test of Sphericity[b]

Measure: MEASURE_1

Within Sub-jects Effect	Mauchly's W	Approx. Chi-Square	df	Sig.	Epsilon[a]		
					Greenhouse-Geisser	Huynh-Feldt	Lower-bound
C	.887	1.322	2	.516	.898	1.000	.500

Test the null hypothesis that the error covariance matrix of the orthonormalized trans-formed dependent variables is proportional to an identity matrix.

a. May be used to adjust the degress of freedom for the averaged tests of significance. Cor-redted tests are displayed in the Tests of Within-Subjects Effects table.

b. Design: Intercept ＋ A ＋ B ＋ A ＊ B

　　Within Subjects Design: c

　　　SPSS 所輸出對樣本在依變項分數的球面性或環狀性基本假設檢定結果。由表可知，因相依樣本自變項分爲三個處理水準，故 ε 的最小值（Lower-bound）爲.500，由表可知，Mauchly 檢定值爲.887，轉換後之卡方近似值爲 1.322，並未達.05 顯著水準，表示例 8-9 的資料，並未違反球面性的假設。有關球面性檢定之基本原理，請參見第四節單因子相依樣本變異數分析中之說明。

Tests of Within-Subjects Effects

Measure: MEASURE_1

Source		Type III Sum of Squares	df	Mean Square	F	Sig.
C	Sphericity Assumed	156.500	2	78.250	54.699	.000
	Greenhouse-Geisser	156.500	1.797	87.108	54.699	.000
	Huynh-Feldt	156.500	2.000	78.250	54.699	.000
	Lower-bound	156.500	1.000	156.500	54.699	.000

（接下頁）

（承上頁）

C * A	Sphericity Assumed	32.667	2	16.333	11.417	.000
	Greenhouse-Geisser	32.667	1.797	18.182	11.417	.001
	Huynh-Feldt	32.667	2.000	16.333	11.417	.000
	Lower-bound	32.667	1.000	32.667	11.417	.005
C * B	Sphericity Assumed	118.500	2	59.250	41.417	.000
	Greenhouse-Geisser	118.500	1.797	65.957	41.417	.000
	Huynh-Feldt	118.500	2.000	59.250	41.417	.000
	Lower-bound	118.500	1.000	118.500	41.417	.000
C * A * B	Sphericity Assumed	40.667	2	20.333	14.214	.000
	Greenhouse-Geisser	40.667	1.797	22.635	14.214	.000
	Huynh-Feldt	40.667	2.000	20.333	14.214	.000
	Lower-bound	40.667	1.000	40.667	14.214	.003
Erroc(C)	Sphericity Assumed	34.333	24	1.431		
	Greenhouse-Geisser	34.333	21.559	1.593		
	Huynh-Feldt	34.333	24.000	1.431		
	Lower-bound	34.333	12.000	2.861		

　　SPSS 所輸出對於相依樣本自變項及其它自變項交互作用項顯著性的檢定結果。包括三自變項交互作用項（C×B×A）、自變項 B 與 C 交互作用項（C×B）、自變項 A 與 C 交互作用項（C×A），以及自變項 C 的主要效果。由表可知，三因子交互作用項（C×A×B）的 F 值為 14.214，p 值為.000，已達.05 顯著水準，因此其它效果項是否達顯著，在實際解釋時已沒有意義。

Tests of Between-Subjects Effects

Measure: MEASURE_1
Transformed Variable: Average

Source	Type III Sum of Squares	df	Mean Square	F	Sig.
Intercept	2790.750	1	2790.750	1385.752	.000
A	1.333	1	1.333	.662	.432
B	18.750	1	18.750	9.310	.010
A * B	40.333	1	40.333	20.028	.001
Error	24.167	12	2.014		

　　SPSS 所輸出對二個獨立樣本自變項的主要效果與交互作用效果的顯著性檢定結果。由表可知，除了變項 A 的主要效果未達.05 顯著水準外，變項 B 的主要效果及二變項的交互作用效果均已達.05 顯著水準。但這只有在三自變項的交互作用效果不顯著時，才有進一步分析的需要，否則就沒有任何意義。但由上表可知，由於三因子交互作用效果已達顯著水準，因此本表之檢定結果就不需再多做解釋。

　　根據以上二個對各效果項之檢定結果，可將例 8-9 二因子獨立一因子相依的三因子混合設計變異數分析摘要表整理如表 8-12。

表 8-12　例 8-9 二因子獨立一因子相依的三因子混合設計之變異數分析摘要表

變異來源		SS	df	MS	F
學習時間（A）	SS_a	1.333	1	1.333	.662
教材結構性（B）	SS_b	18.750	1	18.750	9.310*
語文活動度（C）	SS_c	156.500	2	78.250	54.699***
A × B	SS_{ab}	40.333	1	40.333	20.028***
A × C	SS_{ac}	32.667	2	16.333	11.417***
B × C	SS_{bc}	118.500	2	59.250	41.417***
A × B × C	SS_{abc}	40.667	2	20.333	14.214***
誤差項	$SS_{s/ab}$	24.167	12	2.014	
誤差項	$SS_{cs/ab}$	34.333	24	1.431	

* $p < .05$　　*** $p < .001$

　　由表 8-12 可知，三因子交互作用項已達顯著水準，表示樣本在依變項（語文表達能力）上的表現會因三自變項間的交互作用而有所差異。為了解三自變項對依變項的影響，因此必須進一步進行單純交互作用效果的顯著性檢定。

　　由於二因子獨立一因子相依之變異數分析中有二個是獨立樣本（本例之 A 與 B），一個是相依樣本（C），因此在進行單純交互作用效果檢定時，SPSS 語法界定之方式會有所不同。茲分述如下：

　　1. 當進行 AB 交互作用效果在變項 C 各處理水準時，是分別依據變項 C 各處理水準，進行二因子獨立樣本變異數分析。

　　2. 當進行 AC 交互作用效果在變項 B 各處理水準時，因 A 為獨立樣本，C 為相依樣本，因此是分別依據變項 B 各處理水準，進行二因子混合設計變異數分析。

　　3. 當進行 BC 交互作用效果在變項 A 各處理水準時，因 B 為獨立樣本，C 為相依樣本，因此是分別依據變項 A 各處理水準，進行二因子混合設計變異數分析。

　　由以上三點可知，單純交互作用效果項的檢定，事實上是根據二自變項係獨立或相依樣本，針對第三個自變項的各處理水準，進行二因子的變異數分析。有關二因子變異數分析的三種模式，在第五節中已有詳細的程式撰寫方式及輸出報表解釋，本處不再介紹，僅簡要說明利用 SPSS 進行檢定時，其語法界定步驟。當進行 AB 交互作用效果在變項 C 各處理水準時（AB 獨立 C 相依），直接以 C1、C2 及 C3 為依變項，進行三次二因子獨立樣本變異數分析；進行 AC 交互作用效果（A 獨立 C 相依混合設計）在變項 B 各處理水準時，可利用 Split File(分割檔案) 指令，根據樣本自變項 B 編碼值之差異，將原始資料檔進行分割，然後進行二因子混合設計變異數分析；進行 BC（B 獨立 C 相依混合設計）交互作用效果在變項 A 各處理水準時，可利用 Split File(分割檔案) 指令，根據樣本自變項 A 編碼值之差異，將原始資料檔進行分割，然後進行二因子混合設計變異數分析。茲將例 8-9 進行單純交互作用效果檢定之語法界定程序摘要如下：

General Linear Model（以 C1、C2 及 C3 為依變項，共三次）
　　Univariate……進行 A 與 B 之二因子獨立樣本變異數分析
Split File……根據自變項 B 進行原始資料檔分割
　　General Linear Model
　　　Repeated Measures……進行 A 與 C 之二因子混合設計變異數分析
Split File……根據自變項 A 進行原始資料檔分割
　　General Linear Model
　　　Repeated Measures……進行 B 與 C 之二因子混合設計變異數分析

　　若上述之單純交互作用效果項達顯著水準時，必須進一步檢定單純單純主要效果（simple simple main effect）的顯著性。若達顯著水準，則選擇適當的方法進行事後比較，以確定是哪幾組樣本的平均數間有顯著差異；若未達顯著水準，則不需再進行任何分析。由於進行單純交互作用效果檢定，事實上是選擇合乎條件之樣本進行二因子變異數分析，因此單純單純主要效果檢定，就是從這些被篩選出進行單純交互作用效果檢定之樣本，再選擇合乎條件之樣本，進行單因子變異數分析。例 8-9 之自變項 A 與 B 是獨立樣本，自變項 C 是相依樣本，因此在進行單純單純主要作用效果檢定時，SPSS 語法界定之方式會有所不同。當對 A 與 B 進行單純單純主要效果檢定，係進行單因子獨立樣本變異數分析；但對 C 進行單純單純主要效果檢定，則是進行單因子相依樣本變異數分析。而進行單因子變異數分析之語法界定過程，與第四節單因子變異數分析完全相同，此處不再贅述。

　　假設例 8-9 進行單純交互作用效果項顯著性檢定後，發現 A（生長背景）及 B（家庭狀況）之單純交互作用（二因子獨立樣本變異數分析）在說故事之學習活動（即 C2）達顯著水準；且 B（家庭背景）及 C（學習活動）之單純交互作用（二因子混合設計變異數分析）在生長背景為都市（即 A 之編碼值為 2 之樣本）達顯著水準。如此，進行單純單純主要效果檢定之程序可摘要如下：

Split File……根據自變項 B 進行原始資料檔分割
　Compare Means（以 C2 為依變項）
　　One-Way ANOVA……進行自變項 A 之單因子獨立樣本變異數分析
Split File……根據自變項 A 進行原始資料檔分割
　Compare Means（以 C2 為依變項）
　　One-Way ANOVA……進行自變項 B 之單因子獨立樣本變異數分析
Select Cases……設定 A ＝ 2，以選擇生長背景為都市之樣本
　Compare Means（以 C1、C2 及 C3 為依變項）
　　One-Way ANOVA……進行自變項 B 之單因子獨立樣本變異數分析
Split File……根據自變項 B 進行原始資料檔分割
　General Linear Model
　　Repeated Measures……進行自變項 C 之單因子相依樣本變異數分析

例 8-9 之單純交互作用效果檢定之變異數分析摘要表如表 8-13。

表 8-13　例 8-9 單純交互作用效果檢定結果的變異數分析摘要表

變異來源		SS	df	MS	F
A × B	SS$_{ab}$				
在 C1（遊戲）		16.000	1	16.000	
在 C2（說故事）		64.000	1	64.000	8.533*
在 C3（美勞）		1.000	1	1.000	30.720***
A × C	SS$_{ac}$				1.091
在 B1（單親）		61.000	2	30.500	20.333***
在 B2（正常）		12.333	2	6.167	4.531*
B × C	SS$_{bc}$				
在 A1（鄉村）		11.083	2	5.542	4.694*
在 A2（都市）		148.083	2	74.042	44.058***

* p ＜ .05　　*** p ＜ .001

驗算

由於 $SS_{ab} + SS_{abc} = SS_{ab}$ 在 C1 $+ SS_{ab}$ 在 C2 $+ SS_{ab}$ 在 C3

$\qquad SS_{ac} + SS_{abc} = SS_{ac}$ 在 B1 $+ SS_{ac}$ 在 B2

$\qquad SS_{bc} + SS_{abc} = SS_{bc}$ 在 A1 $+ SS_{bc}$ 在 A2

根據表 8-12 及 8-13 可知:

$SS_{abc} = 40.667 \qquad SS_{ab} = 40.333 \qquad SS_{ac} = 32.667 \qquad SS_{bc} = 118.500$

SS_{ab} 在C1 $= 16.000 \qquad SS_{ab}$ 在C2 $= 64.000 \qquad SS_{ab}$ 在C3 $= 1.000$

SS_{ac} 在B1 $= 61.000 \qquad SS_{ac}$ 在B2 $= 12.333$

SS_{bc} 在A1 $= 11.083 \qquad SS_{bc}$ 在A2 $= 148.083$

故 $40.667 + 40.333 = 16.000 + 64.000 + 1.000$

$\quad 40.667 + 32.667 = 61.000 + 12.333$

$\quad 40.667 + 118.500 = 11.083 + 148.083$

由表 8-13 可知,除了 AB 在 C3(美勞)的單純交互作用效果未達顯著水準外,其它的單純交互作用效果均達到.05 的顯著水準。這些達到顯著水準的單純交互作用效果項,必須進一步進行單純單純主要效果的顯著性檢定,此時的檢定工作,就是選擇適合條件的處理水準進行單因子變異數分析,由於本例的三個自變項中,變項 A 及 B 爲獨立樣本,變項 C 爲相依樣本,因此檢定時需根據自變項的性質,分別進行獨立樣本或相依樣本變異數分析。至於單純單純交互作用效果之檢定結果,篇幅相當大,本書不再詳列,就留給讀者自行練習。

三、一因子獨立二因子相依的變異數分析

一因子獨立二因子相依的變異數分析是指三個自變項中有一個變項是獨立樣本,另二個變項是相依樣本。以一個獨立樣本自變項(A)包括二

個處理水準，相依樣本自變項（B及C）分別包括三及二個處理水準，則交叉構成十二種不同的處理水準，每一處理水準包括四個樣本的設計爲例，其模式可以下表示之：

		自變項 B					
		水準一		水準二		水準三	
自變項 C		水準一	水準二	水準一	水準二	水準一	水準二
自變項 A	水準一	S_1	S_1	S_1	S_1	S_1	S_1
		S_2	S_2	S_2	S_2	S_2	S_2
		S_3	S_3	S_3	S_3	S_3	S_3
		S_4	S_4	S_4	S_4	S_4	S_4
	水準二	S_5	S_5	S_5	S_5	S_5	S_5
		S_6	S_6	S_6	S_6	S_6	S_6
		S_7	S_7	S_7	S_7	S_7	S_7
		S_8	S_8	S_8	S_8	S_8	S_8

上表中每一個 S_i 都代表一個不同的樣本在依變項上的分數，總共包括了八個樣本。

由以上可知，一因子獨立二因子相依的混合設計變異數分析模式，與二因子獨立一因子相依的模式近似，以下不再舉例說明，僅將利用 Repeated Measures(重複量數) 指令進行一因子獨立二因子相依混合設計變異數分析之程序摘要如下：

```
Analyze
  General Linear Model
    Repeated Measures……界定相依樣本自變項名稱及處理水準數
      Define……點選依變項至目標變項清單中
      Options……界定輸出之統計量及顯著水準 α 值
      OK……執行統計分析
```

　　在一因子獨立二因子相依之模式（假設自變項 A 是獨立樣本，B 及 C 是相依樣本）中，若三因子交互作項不顯著，則分別進行 AB 及 AC 之一因子獨立因子相依混合設計變異數分析，作法可參見例 8-6，以及 BC 之二因子相依樣本變異數分析，作法可參見例 8-7，此處不再贅述。若三因子交互作用項達顯著水準，表示樣本在依變項（學習遷移表現）上的表現會因三自變項間的交互作用而有所差異。為了解三自變項對依變項的影響，因此必須進一步進行單純交互作用效果的顯著性檢定。

　　由於三自變項中有一個是獨立樣本（A），二個是相依樣本（B 與 C），因此在進行單純交互作用效果檢定時，SPSS 語法界定之方式會有所不同。茲分述如下：

　　㈠當進行 AB 交互作用效果在變項 C 各處理水準時，因 A 為獨立樣本，B 為相依樣本，因此是分別依據變項 C 各處理水準，進行二因子混合設計變異數分析。

　　㈡當進行 AC 交互作用效果在變項 B 各處理水準時，因 A 為獨立樣本，C 為相依樣本，因此是分別依據變項 B 各處理水準，進行二因子混合設計變異數分析。

　　㈢當進行 BC 交互作用效果在變項 A 各處理水準時，因 B 與 C 都是相依樣本，因此是分別依據變項 A 各處理水準，進行二因子相依樣本變異數分析。

　　由以上三點可知，單純交互作用效果項的檢定，事實上是根據二自變項係獨立或相依樣本，針對第三個自變項的各處理水準，進行二因子的變異數分析。有關二因子變異數分析的三種模式，在第五節中已有詳細的程式撰寫方式及輸出報表解釋，本處不再介紹，僅簡要說明利用SPSS進行檢定時，其語法界定步驟（假設相依樣本自變項B和C均為2個處理水準）。當進行 AB 交互作用效果在變項 C 各處理水準時（A 獨立 B 相依），直接以 B1C1 和 B2C1 為依變項，以及 B1C2 和 B2C2 為依變項，進行二次二因子混合設計變異數分析；進行AC交互作用效果（A獨立C相依混合設計）在變項 B 各處理水準時，直接以 B1C1 和 B1C2 為依變項，以及 B2C1 和 B2C2 為依變項，進行二次二因子混合設計變異數分析；進行 BC（B 和 C

均相依）交互作用效果在變項 A 各處理水準時，可利用 Split File(分割檔案) 指令，根據樣本自變項 A 編碼值之差異，將原始資料檔進行分割，然後進行二因子相依樣本變異數分析。茲將例 8-11 進行單純交互作用效果檢定之語法界定程序摘要如下：

General Linear Model（以 B1C1 和 B2C1 為依變項）
　　Repeated Measures……進行 A 與 B 在 C1 之二因子混合設計變異數分析
General Linear Model（以 B1C2 和 B2C2 為依變項）
　　Repeated Measures……進行 A 與 B 在 C2 之二因子混合設計變異數分析
General Linear Model（以 B1C1 和 B1C2 為依變項）
　　Repeated Measures……進行 A 與 C 在 B1 之二因子混合設計變異數分析
General Linear Model（以 B2C1 和 B2C2 為依變項）
　　Repeated Measures……進行 A 與 C 在 B2 之二因子混合設計變異數分析
Split File……根據自變項 A 進行原始資料檔分割
　　General Linear Model
　　Repeated Measures……進行 B 與 C 之二因子相依樣本變異數分析

　　若上述之單純交互作用效果項達顯著水準，必須進一步檢定單純單純主要效果的顯著性。若達顯著水準，則選擇適當方法進行事後比較，以確定是哪幾組樣本的平均數間有顯著差異；若未達顯著水準，則不需再進行任何分析。由於進行單純交互作用效果檢定，事實上是選擇合乎條件之樣本進行二因子變異數分析，因此單純單純主要效果檢定，就是從這些被篩選出進行單純交互作用效果檢定之樣本，再選擇合乎條件之樣本，進行單因子變異數分析。本例之自變項 A 是獨立樣本，自變項 B 與 C 是相依樣本，因此在進行單純單純主要作用效果檢定時，SPSS 語法界定之方式會有所不同。當對 A 進行單純單純主要效果檢定，係進行單因子獨立樣本變異數分析；但對 B 與 C 進行單純單純主要效果檢定，則是進行單因子相依樣本變異數分析。而進行單因子變異數分析之語法界定過程，與第四節單因子變異數分析完全相同，此處不再贅述。

　　若一因子獨立二因子相依之模式（假設自變項 A 是獨立樣本，B 及 C 是相依樣本），在進行單純交互作用效果項顯著性檢定後，發現 A 及 B 之單純交互作用（一因子獨立一因子相依混合設計之變異數分析）在 C 的第

二個處理水準（即 C2）達顯著水準，以及 B 及 C 之單純交互作用（二因子相依樣本變異數分析）在 A 的第二個處理水準（即 A2 之樣本）達顯著水準。如此，進行單純單純主要效果檢定之程序可摘要如下：

Compare Means（以 B1C2 及 B2C2 為依變項）
　One-Way ANOVA……進行自變項 A 之單因子獨立樣本變異數分析
Split File……根據自變項 A 進行原始資料檔分割
　General Linear Model
　　Repeated Measures……進行自變項 B 在 B1C2 及 B2C2 之單因子相依樣本變異數分析
Select Cases……設定 A＝2，以選擇 A2 之樣本
　General Linear Model
　　Repeated Measures……進行自變項 B 在 B1C1 及 B2C1 之單因子相依樣本變異數分析
　General Linear Model
　　Repeated Measures……進行自變項 B 在 B1C2 及 B2C2 之單因子相依樣本變異數分析
　General Linear Model
　　Repeated Measures……進行自變項 C 在 B1C1 及 B1C2 之單因子相依樣本變異數分析
　General Linear Model
　　Repeated Measures……進行自變項 C 在 B2C1 及 B2C2 之單因子相依樣本變異數分析

四、三因子相依樣本變異數分析

　　三因子相依樣本變異數分析是指三個自變項均是相依樣本，亦即三個自變項所交叉構成的各處理水準，均由同一組樣本接受。此種實驗設計，在行為科學的研究中，實際應用的例子並不多見。以三個自變項分別包括三個處理水準（A）、二個處理水準（B）及二個處理水準（C）為例，則交叉構成十二種不同的處理水準，每一處理水準包括四個樣本的設計為例，其模式可以下表示之：

	自變項 A					
	水準一		水準二		水準三	
自變項 C	水準一	水準二	水準一	水準二	水準一	水準二
水準一	S_1	S_1	S_1	S_1	S_1	S_1
	S_2	S_2	S_2	S_2	S_2	S_2
	S_3	S_3	S_3	S_3	S_3	S_3
	S_4	S_4	S_4	S_4	S_4	S_4
水準二	S_1	S_1	S_1	S_1	S_1	S_1
	S_2	S_2	S_2	S_2	S_2	S_2
	S_3	S_3	S_3	S_3	S_3	S_3
	S_4	S_4	S_4	S_4	S_4	S_4

(最左側縱列標示為「自變項 B」)

　　上表中每一個 S_i 都代表一個不同的樣本在依變項上的分數，總共包括了四個樣本。

　　由以上可知，三因子相依樣本變異數分析是二因子相依樣本模式之擴大罷！以下不再舉例說明，僅將利用 Repeated Measures(重複量數) 指令進行指令進行三因子相依樣本變異數分析之程序摘要如下：

```
Analyze
  General Linear Model
    Repeated Measures……界定三個相依樣本自變項名稱及處理水準數
      Define……點選依變項至目標變項清單中
      Options……界定輸出之統計量及顯著水準α值
      OK……執行統計分析
```

　　在三因子相依樣本之模式中，若三因子交互作用項不顯著，則分別進行 AB、AC 及 BC 之二因子相依樣本變異數分析，作法可參見例 8-7，此處不再贅述。若三因子交互作用項達顯著水準，由於三自變項都是相依樣本，因此在進行單純交互作用效果檢定時，是根據一個自變項的不同處理水準，進行另二個自變項二因子的相依樣本變異數分析，以檢定交互作用

項是否達顯著水準。茲分別說明如下：

　　㈠當進行 AB 交互作用效果在變項 C 各處理水準時，是分別依據變項
　　　C 各處理水準，進行二因子相依樣本變異數分析。

　　㈡當進行 AC 交互作用效果在變項 B 各處理水準時，是分別依據變項
　　　B 各處理水準，進行二因子相依樣本變異數分析。

　　㈢當進行 BC 交互作用效果在變項 A 各處理水準時，是分別依據變項
　　　A 各處理水準，進行二因子相依樣本變異數分析。

　　由以上三點可知，三因子相依樣本之單純交互作用效果項的檢定，全部都是根據第三個自變項的各處理水準之不同，進行二因子的相依樣本變異數分析。以 AB 在 C1 的單純交互作用項檢定為例，是將全部處理水準包括 C1 的處理水準挑出，進行二因子相依樣本變異數分析。茲將語法界定程序摘要如下：

進行 AB 在 C 各處理水準之單純交互作用效果
　General Linear Model（以含 C1 之處理水準為依變項）
　　Repeated Measures……進行 A 與 B 在 C1 之二因子相依樣本變異數分析
　General Linear Model（一般線性模式）（以含 C2 之處理水準為依變項）
　　Repeated Measures……進行 A 與 B 在 C2 之二因子相依樣本變異數分析
　⋮
進行 AC 在 B 各處理水準之單純交互作用效果
　General Linear Model（以含 B1 之處理水準為依變項）
　　Repeated Measures……進行 A 與 C 在 B1 之二因子相依樣本變異數分析
　General Linear Model（以含 B2 之處理水準為依變項）
　　Repeated Measures……進行 A 與 C 在 B2 之二因子相依樣本變異數分析
　⋮
進行 BC 在 A 各處理水準之單純交互作用效果
　General Linear Model（以含 A1 之處理水準為依變項）
　　Repeated Measures……進行 B 與 C 在 A1 之二因子相依樣本變異數分析
　General Linear Model（以含 A2 之處理水準為依變項）
　　Repeated Measures……進行 B 與 C 在 A2 之二因子相依樣本變異數分析

　　若上述之單純交互作用效果項顯著水準時，必須進一步檢定單純單純

主要效果（simple simple main effect）的顯著性。若達顯著水準，則選擇適當的方法進行事後比較，以確定是哪幾組樣本的平均數間有顯著差異；若未達顯著水準，則不需再進行任何分析。三因子相依樣本之單純單純主要效果檢定作法全部相同，以下以 AB 在 C1 的單純交互作用效果達顯著水準為例，將單純單純主要效果檢定的 SPSS 語法界定之程序可摘要如下：

進行 A 在 BC1 各處理水準之單純單純主要效果
  General Linear Model（以含 B1C1 之處理水準為依變項）
    Repeated Measures……進行自變項 A 在 B1C1 之單因子相依樣本變異數分析
  General Linear Model（以含 B2C1 之處理水準為依變項）
    Repeated Measures……進行自變項 A 在 B2C1 之單因子相依樣本變異數分析
         :
進行 B 在 AC1 各處理水準之單純單純主要效果
  General Linear Model（以含 A1C1 之處理水準為依變項）
    Repeated Measures……進行自變項 B 在 A1C1 之單因子相依樣本變異數分析
  General Linear Model（以含 A2C1 之處理水準為依變項）
    Repeated Measures……進行自變項 B 在 A2C1 之單因子相依樣本變異數分析
         :

第七節　共變數分析

共變數分析的模式與變異數分析相同，也有獨立樣本及相依樣本之區別；也可分為單因子與多因子模式，其原理與各種變異數分析模式相似，只是在檢定自變項的各效果項之顯著性之前，需先將共變項對依變項的影響力（變異量）剔除。以下以余民寧（1995）包括一個共變項的例子為例 8-10，說明如何利用視窗 13.0 版進行單因子獨立樣本的共變數分析。

例 8-10 （資料檔為 ex8-10.sav）

　　某教育學者想了解三種記憶術對學童國語文成績的影響。由於已知「智力」也會影響學童的國語文成績，因此該教育學者決定以統計控制的方法來排除智力的干擾。他以隨機方式分派三個班級分別接受這三種不同的記憶術訓練，並於開始實驗前先對學生實施智力測驗，所蒐集到的資料如下表。試問在排除智力因素的干擾後，這三種記憶術的訓練效果對學童國語文成績的影響是否存有顯著差異？

記憶術 I		記憶術 II		記憶術 III	
智力	國語文	智力	國語文	智力	國語文
3	5	4	8	3	6
1	4	4	10	2	7
3	4	4	7	2	7
1	3	3	10	3	7
2	4	3	9	5	9
1	3	1	5	1	5
3	5	2	7	5	8

一、操作程序

　　例 8-10 旨在分析排除智力（共變項）因素的干擾後，三種記憶術的訓練（自變項）效果對學童國語文成績（依變項）的影響是否存有顯著差異，其中自變項是由三個不同班級分別接受，屬於獨立樣本，因此例 8-10 應該採單因子獨立樣本共變數分析進行統計檢定。首先將原始資料讀進資料編輯視窗（有關讀取原始資料之方式，請參見第二章，此處假設資料已讀進資料編輯視窗中），如圖 8-40。圖 8-40 中變項 type 代表自變項「記憶術訓練」，分為三個處理水準，分別以編碼值 1、2 及 3 代表。變項 IQ 是共變

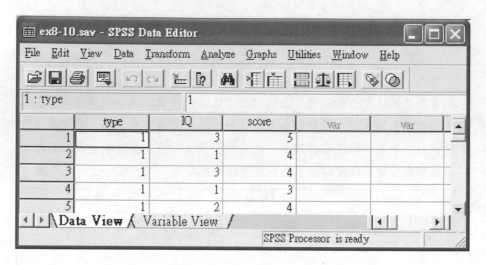

圖 8-40　例 8-10 之假設性資料

項「智力」。變項 score 則是依變項「國語文成績」。

　　在原始資料讀進資料編輯視窗中後，進行共變數分析前，首先檢定組內迴歸係數同質性之假設，同質性檢定係在考驗各組內共變項對依變項進行迴歸分析所得到的斜率是否相等，此一假設檢定，若將共變項視為另外一個自變項，就在考驗自變項與共變項的交互作用項是否達顯著水準，若交互作用項達顯著水準，表示違反組內迴歸係數同質性的假設；反之，若檢定結果未顯著，就代表符合基本假設。檢定時，應開啓應用視窗中 Analyze (分析)功能表之 General Linear Model(一般線性模式) 下之 Univariate(單變量) 指令之對話方塊，並將變項國語文成績（score）自來源變項清單中點選至 Dependent Variable 方格中，同時將自變項 type 移至 Fixed Factor(s) 方格中，將共變項 IQ 自來源變項清單中移至 Covariate(s) 方格中，如圖 8-41。

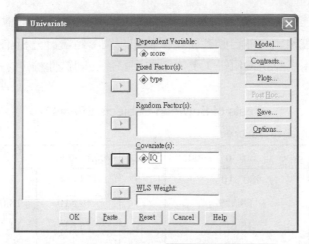

圖 8-41　界定單因子共變數分析之 [Univariate(單變量)] 指令對話方塊

　　其次，點選 [Model] 次指令，開啟其對話方塊，首先點選 [Custom] 選項，並將右下方 [Include intercept in model] 選項前之打勾符號取消，且在 [Factors & Covariates] 中點選自變項 type 及共變項 IQ，移至右方 [Model] 方格中。其次，在 [Build Term(s)] 方格中點選 [Interaction]，並用滑鼠同時標示 type 及 IQ 後，點選建立效果項下方之三角形鈕，以將二者之交互作用項移至 [Model] 方格中，如圖 8-42。完成上述工作後，點選 [Continue] 鈕回到圖 8-41 之畫面。

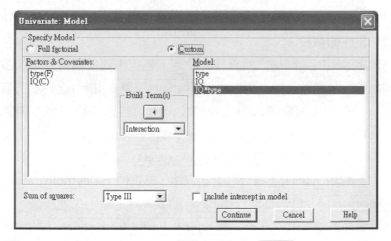

圖 8-42　界定組內迴歸係數同質性檢定之 [Model] 次指令對話方塊

完成上述界定工作後，使用者可以點選OK鈕，SPSS即會執行組內迴歸係數同質性檢定，並自動開啓結果輸出視窗，將統計分析結果輸出到視窗中。當使用者點選OK鈕，上述組內迴歸係數同質性檢定之結果如下：

Tests of Between-Subjects Effects

Dependent Variable: score

Source	Type III Sum of Squares	df	Mean Square	F	Sig.
Model	920.810[a]	6	153.468	142.184	.000
type	58.529	3	19.510	18.075	.000
IQ	15.613	1	15.613	14.465	.002
type * IQ	.524	2	.262	.243	.788
Error	16.190	15	1.079		
Total	937.000	21			

a. R Squared = .983 (Adjusted R Squared = .976)

　　SPSS所輸出組內迴歸係數同質性的檢定結果。由表可知，自變項與共變項的交互作用項（type × IQ）的 F 值爲.243，p 值爲.788，並未達.05 顯著水準，表示共變項（智力分數）與依變項（國語文成績）間的關係不會因自變項各處理水準的不同而有所差異，即以共變項對依變項進行迴歸分析所得到的斜率並無不同。據此例 8-10 的共變數分析模式並未違反組內迴歸係數同質性的假設。

　　完成上述組內迴歸係數同質性之檢定，確定未違反同質性之假設時，就可開始進行共變數分析。再開啓Univariate(單變量)指令之對話方塊，先點選 Reset 鈕，再將變項國語文成績（score）自來源變項清單中點選至 Dependent Variable 方格中，同時將自變項type移至Fixed Factor(s)方格中，將共變項 IQ 自來源變項清單中移至 Covariate(s) 方格中，如圖 8-41。

　　其次，開啓Options次指令之對話方塊，點選輸出Descriptive statistics、Homogeneity tests 及 Parameter estimates 選項，界定輸出描述統計、同質性檢定及參數估計值。其次，自 Factor(s) & Factor Interactions 方格中，點選自變項 type，移至右方 Display Means for 方格，同時點選下方之 Compare

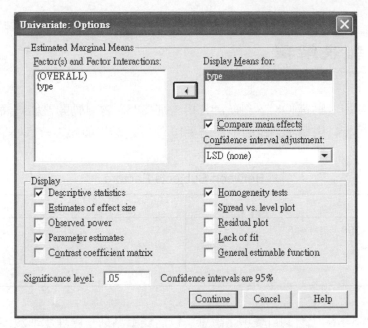

圖 8-43　Options 次指令對話方塊之界定

main effects 選項，以便計算校正後平均數與進行事後比較，如圖 8-43。

　　完成上述界定工作後，使用者只要點選 OK 鈕，SPSS 即會執行統計分析，並自動開啟結果輸出視窗，將統計分析結果輸出到視窗中。

　　綜合上述操作程序，可將利用 Univariate(單變量) 指令進行單因子獨立樣本共變數分析之程序摘要如下：

Analyze
　General Linear Model
　　Univariate……點選進行考驗之自、依及共變項至目標清單中
　　　Model……界定進行組內迴歸係數同質性檢定
　　　OK……執行統計分析
　　　Univariate（單變量）……點選進行考驗之自、依及共變項至目標清單中
　　　Options……界定輸出之統計量及進行事後比較
　　　OK……執行統計分析

二、報表解釋

當使用者點選 OK 執行統計分析，則 SPSS 會自動開啓結果輸出視窗將統計分析結果輸出到視窗中。例 8-10 執行之結果與報表解釋如下：

Between-Subjects Factors

		N
type	1	7
	2	7
	3	7

SPSS所輸出有關自變項之訊息。包括變項名稱、處理水準數，以及各處理水準之樣本數。由表可知，自變項 type（記憶術種類）包括三個處理水準，編碼值分別爲 1、2 及 3。

Descriptive Statistics

Dependent Variable: score

type	Mean	Std. Deviation	N
1	4.00	.816	7
2	8.00	1.826	7
3	7.00	1.291	7
Total	6.33	2.176	21

SPSS所輸出自變項各組樣本在依變項上得分的描述統計量。所輸出的統計量包括平均數、標準差及有效樣本數。由表可知，21 名樣本在國語文成績上的總平均數爲 6.33，三組受試的平均數分別爲 4.00、8.00 及 7.00。共變數分析的目的就在將樣本智力分數對國語文成績的影響力（變異量）剔除後，三組樣本的平均數與總平均數間的差異是否達顯著水準。

Tests of Between-Subjects Effects

Dependent Variable: score

Source	Type III Sum of Squares	df	Mean Square	F	Sig.
Corrected Model	77.952[a]	3	25.984	26.428	.000
Intercept	59.556	1	59.556	60.574	.000
IQ	17.286	1	17.286	17.581	.001
type	32.969	2	16.485	16.766	.000
Error	16.714	17	.983		
Total	937.000	21			
Correced Total	94.667	20			

a. R Squared ＝.823 (Adjusted R Squared ＝.792)

　　SPSS 所輸出共變數分析的結果。根據報表輸出，可將例 8-10 的共變數分析摘要表整理如表 8-14。

表 8-14　例 8-10 的共變數分析摘要表

變異來源	SS	df	MS	F
共變項（IQ）	17.286	1	17.286	17.581**
SS_a	32.969	2	16.485	16.766***
$SS_{s/a}$	16.714	17	.983	

** p ＜.01　*** p ＜ .001

　　由表 8-14 可知，將共變項（IQ）對依變項（score）的影響力（變異量）剔除後，自變項記憶術種類（type）所造成的變異量 F 值為 16.766，p 值為.000，已達.05 顯著水準，表示樣本國語文成績的高低會因樣本所接受的實驗處理（自變項）的不同而有顯著差異。當自變項的效果達.05 顯著水準時，就如同單因子變異數分析一樣，必須進一步選擇適當的方法進行事後比較，以確定究竟是哪幾組樣本在依變項上的平均數有顯著差異存在。

Parameter Estimates

Dependent Variable: score

Parameter	B	Std. Error	t	Sig.	95% Confidence Interval	
					Lower Bound	Upper Bound
Intercept	4.643	.676	6.872	.000	3.217	6.068
IQ	.786	.187	4.193	.001	.390	1.181
[type=1]	-2.214	.562	-3.939	.001	-3.400	-1.028
[type=2]	1.000	.530	1.887	.076	-.118	2.118
[type=3]	0ᵃ	.	.	.	.	.

a. This parameter is set to zero because it is redundant.

　　SPSS 所輸出組內迴歸係數之共同值。前已述及，當自變項的 F 值達到 .05 顯著水準時，必須選擇適當的方法進行事後比較，以確認各組間平均數的差異顯著性。由於共變數分析係先將共變項的效果剔除，再檢定自變項效果的顯著性，因此當符合組內迴歸係數同質性的假設下，係將各組在共變項上的分數校正（adjusted）為總平均數，因此進行事後比較時，也必須根據各組在依變項上的校正後平均數（adjusted mean）進行檢定工作，各組校正後平均數的計算公式為：

$$\overline{Y}'_j = \overline{Y}_j - b_w(\overline{X}_j - \overline{X}.)$$

　　式中 $\overline{Y}'_j$ 是校正後平均數，$\overline{Y}_j$ 是各組在依變項上之平均數，b_w 是組內迴歸係數共同值，$\overline{X}_j$ 是各組在共變項上之平均數，$\overline{X}.$ 是樣本在共變項上的總平均數。

　　當組內迴歸係數同質性的假設獲得支持時，表示各組的迴歸係數並無差異，因此可以一個組內迴歸係數之共同值來替代。由公式左邊可知，除了組內迴歸係數共同值 b_w 外，其它的都是已知數，因此計算各組在依變項的校正後平均數，首先必須估計 b_w。由報表可知，例 8-10 的組內迴歸係數共同值為 .786，其 95 ％信賴區間的估計值介於 .390 及 1.181 之間。

Estimates

Dependent Variable: score

type	Mean	Std. Error	95% Confidence Interval	
			Lower Bound	Upper Bound
1	4.524[a]	.395	3.690	5.357
2	7.738[a]	.380	6.936	8.540
3	6.738[a]	.380	5.936	7.540

a. Covariates appearing in the model are evaluated at the following values: IQ = 2.67.

　　SPSS 所輸出各組樣本在依變項上的校正後平均數。由表可知，例 8-10 三組樣本在依變項（score）上的校正後平均數分別為 4.524、7.738 及 6.738。

　　在前面報表中 SPSS 已輸出樣本在依變項上的平均數，而三組樣本在共變項之平均數分別為 2.00、3.00 及 3.00，至於在共變項之總平均數為 2.67（有關各組樣本在共變項之平均數，可利用 Means(平均數) 指令進行計算，請讀者參考第五章之例子）。據此參照上述的計算公式，例 8-10 三組樣本在依變項上的校正後平均數分別為：

第一組（記憶術 I ）：4.524 ＝ 4.000 － .786（2.00 － 2.67）
第二組（記憶術 II ）：7.738 ＝ 8.000 － .786（3.00 － 2.67）
第三組（記憶術 III ）：6.738 ＝ 7.000 － .786（3.00 － 2.67）

Pairwise Comparisons

Dependent Variable: score

(I)type	(J)type	Mean Difference (I-J)	Std. Error	Sig.[a]	95% Confidence Interval for Difference[a]	
					Lower Bound	Upper Bound
1	2	-3.214*	.562	.000	-4.400	-2.028
	3	-2.214*	.562	.001	-3.400	-1.028
2	1	3.214*	.562	.000	2.028	4.400
	3	1.000	.530	.076	-.118	2.118
3	1	2.214*	.562	.001	1.028	3.400
	2	-1.000	.530	.076	-2.118	.118

Based on estimated marginal means

* The mean difference is significant at the .05 level.

a. Adjustment for multiple comparisons: Least Significant Difference (equivalent to no adjustments).

　　SPSS 所輸出的事後比較結果。由表可知，第一及第二個實驗處理間校正平均數之差為 3.214，已達.05 顯著水準，第一及第三個處理水準間校正平均數之差為 2.214，也達.05 顯著水準，至於第二及第三個處理水準間平均數之差為 1.000，並未達顯著差異。

　　綜合以上共變數分析結果可知，在剔除共變項「智力」對國語文成績之影響後，樣本國語文成績之高低仍會受自變項「記憶術訓練」之影響，其中第二及第三種記憶術對國語文成績之效果顯著優於第一種記憶術訓練。至於第二及第三種記憶術間對國語文成績之影響則無顯著差異。

第 9 章

SPSS 與迴歸分析

本章旨在說明如何利用視窗 13.0 版進行迴歸分析，以達成預測與解釋的目的。讀完本章後，使用者應該學會：

㈠理解迴歸分析的基本原理。

㈡利用 SPSS 進行多元迴歸分析，並解釋報表輸出結果。

㈢熟知迴歸分析的基本假設並進行迴歸模式檢定。

㈣利用 SPSS 進行迴歸分析的變項選擇程序。

㈤建立虛擬變項，並進行迴歸分析。

㈥建構因果徑路模型，並檢定模型之配適性。

第一節　基本原理

迴歸分析可以說是積差相關係數的擴大，在積差相關時，我們只探討二個變項間的關係，但迴歸分析時，除了可進行二個變項間關係的簡單迴歸（simple regression）分析外，通常都是同時探討多個變項間關係之多元迴歸（multiple regression）分析。因此，所謂迴歸分析係指將一個依變項與一個或一個以上自變項間的關係，以一個數學函數加以表示，若以數學的符號加以表示，可寫成：

$$Y_i = \beta_0 + \beta_1 X_{i1} + \beta_2 X_{i2} + \cdots\cdots + \beta_k X_{ik} + \varepsilon_i \cdots\cdots <公式 1>$$

上述迴歸模式中的 Y_i 值代表樣本（觀察值）在等距以上依變項的實際值，X_i 代表樣本在 k 個等距以上自變項上的實際值，Y_i 及 X_{ik} 都是已知的實際測量值。β_k 代表參數，是迴歸分析所要進行估計的未知數，表示自變項每改變一個單位，所造成依變項改變的量，ε_i 代表實際值減去預測值後的殘差值，代表依變項不能被自變項所解釋的部分。這一個數學模式的最大功能在於預測（prediction），並可解釋變項間之關係。一般而言，迴歸分析的應用主要包括：㈠探討與解釋自變項與依變項間關係之強弱與方向；㈡找出對依變項之最佳預測方程式；㈢控制干擾變項後，探討自變項與依變項間之真正關係（功能同共變數分析）；以及㈣探討自變項間交互作用

效果與依變項之關係（同多因子變異數分析）。

此一迴歸模式一般常利用古典最小平方法（ordinary least square method，簡稱 OLS）進行估計未知之迴歸參數 β_k。在進行迴歸分析時，有幾個重要的概念必須加以討論：

一、迴歸分析的基本假設

在進行迴歸分析時，所得到的迴歸模式必須符合下列幾個假設：

㈠自變項是非隨機的（nonstochastic）：自變項是非隨機的係指樣本在重複取樣時，每一個樣本在自變項的值具有固定的數值。

㈡常態性（normality）：常態性的假設係指迴歸分析中的所有觀察值，在依變項上須是來自一個常態分配的母群體，即：

$$E（\varepsilon_i）= 0$$

㈢無自我相關（nonautocorrelation）：無自我相關係指 ε_i 均是獨立的，彼此間沒有相關存在，即：

$$E（\varepsilon_i, \varepsilon_j）= 0，i \neq j$$

當資料出現殘差值自我相關，違反基本假設時，所得到的迴歸模式仍會是一條不偏的估計式，但所得到的估計式將不再具有「最佳線性不偏估計式」的特性，而使得對各自變項的參數估計不再是有效的估計值，即對各參數估計的變異數不是最小，使得各參數的信賴區間產生不當的擴大，而降低參數顯著性的檢定力；其次，迴歸模式的殘差均方和（mean square of error，簡稱 MSE）會有低估的現象，導致在參數檢定時高估t值，錯誤拒絕虛無假設，增高犯第一類型錯誤之機率。

違反此一假設的資料，最常出現在縱貫性研究的時間系列資料，例如經濟學領域中的國民所得資料、社會學中的青少年犯罪資料，或教育學中的就學人口資料等。至於橫斷面的研究資料，通常都能符

合無自我相關的假設。而常用來檢定殘差值自我相關的方法，包括 Durbin-Watson D 檢定法、鏈檢定（Run test）等。

㈣變異數齊一性（homoscedasticity）：迴歸分析的另一個重要假設為，每一誤差項的變異數固定為一常數值σ²，即：

$$E\left(\varepsilon_i^2\right)=\sigma^2$$

違反此一假設，稱為變異數不齊一性（heteroscedasticity），變異數不齊一性的問題最常出現在橫斷面的資料中，當殘差值隨著自變項的變化而愈來愈大或愈小時，變異數不齊一性的問題就常出現（林華德，1978）；其次，若觀察值當中出現極端值（outlier）時，也常會使迴歸模式的估計違反此一假設。當違反變異數齊一性假設時，迴歸模式仍具有不偏性，但所得到的估計式將不再具有 BLUE 的特性，而使得對參數估計所得到的變異數不再是最小，因而誇大其信賴區間，導致參數顯著性檢定時，錯誤拒絕虛無假設的機率大為提高。

檢定變異數不齊一性的方法，最普遍的一個方法，就是利用圖示法（scatter plot），繪出所有觀察值之殘差值與預測值的交叉散佈圖，若此一交叉散佈圖呈現水平的隨機散佈（如圖 9-1a），則表示迴歸模式符合變異數齊一性的假設；反之，若出現像圖 9-1b 或 9-1c 之喇叭型的散佈，則模式違反變異數齊一性的假設應是不容置疑的。至於圖 9-1d 殘差值之分布呈現一個弧形之水平散佈，表示並未違反變異數齊一性之假設，但自變項與依變項之關係必須多導入一項平方項。

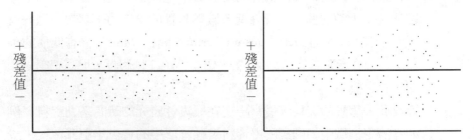

圖 9-1a　符合變異數齊一性假設　　　圖 9-1b　違反變異數齊一性假設

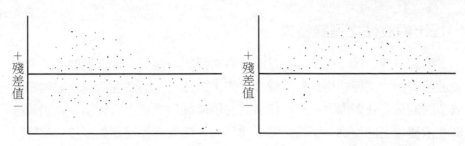

圖 9-1c　違反變異數齊一性假設　　圖 9-1d　符合假設但遺漏平方項目

　　一個符合上述四個假設的迴歸模式，稱為最佳線性不偏估計式（Best Linear Unbiased Estimator，簡稱BLUE）。除了上述四個假設外，在多元迴歸分析時，迴歸模式需要符合另外一個很重要的假設是，自變項間無線性重合（multicollinearity）。

　　所謂線性重合是指迴歸模式中的某些或全部自變項間，存在著完全線性關係（相關）或高度線性關係之現象。若自變項間具有高度線性重合時，將使得迴歸分析所得到的估計式，雖然仍具有 BLUE 的特性，但估計所得到的參數值，其變異數會趨近於無窮大，致使在統計推論時，產生下列三個問題：㈠參數的信賴區間擴大，導致參數顯著性檢定時，錯誤拒絕虛無假設的機率大為提高；㈡在高度線性重合時，若觀察值稍做更動，可能會產生完全不同的統計推論結果，且就算所得到的決定係數（R^2）很高（即整體迴歸模式之 F 值達到顯著水準），但對個別參數進行顯著性檢定時，將呈現大部分或全部參數的 t 值均不顯著的矛盾問題；以及㈢可能使個別參數的符號（即與依變項相關的方向），出現與理論不相符合的怪異現象。

二、迴歸分析之步驟

　　迴歸分析常利用古典最小平方法估計未知之迴歸參數 β_k，並根據估計結果進行模式顯著性檢定。整個迴歸分析的過程，約可以分為下列幾個步驟：

㈠提出假設性之迴歸模式

迴歸分析的第一個步驟就是研究者需提出一個假設性之迴歸模式。由於迴歸分析的主要功用在於「解釋」與「預測」，前者在探討自變項與依變項間關係之強弱與方向；而後者則在根據幾個重要之自變項，以預測樣本在依變項上之反應。不論是哪一種目的，研究者都需事先根據文獻探討之結果，提出一個假設性之迴歸模式，以做爲進一步進行迴歸參數估計之理論基礎。

所謂之假設性迴歸模式，係指研究者根據文獻探討結果，將與依變項間有重要相關之自變項歸納整理後，提出一個如＜公式 1 ＞之迴歸模式，以做爲進行迴歸參數估計之依據。在＜公式 1 ＞中，Y_i 代表觀察值在依變項之測量值，X_{ik} 代表觀察值在第 k 個自變項之測量值，β_k 代表待估計之迴歸參數，ε_i 代表殘差值。一般而言，在行爲科學研究中，特別是探索性（exploratory）研究，通常較少直接提出有關自變項與依變項相關方向（即 β_k 值之正負符號）之假設，但在驗證性（confirmatory）研究中，則相當強調事先提出有關自變項與依變項間相關方向之假設。

㈡估計迴歸參數

在提出有關迴歸分析之假設性模式後，第二個步驟就是對迴歸參數 β_k 進行估計。估計迴歸參數最常用之方法就是古典最小平方方法，在古典最小平方方法下，＜公式 1 ＞的迴歸模式中 N 個觀察值在依變項 Y_i 及自變項 X_{ik} 上分數（測量值）之線性組合（linear combination）模式爲：

$$Y_1 = \beta_0 + \beta_1 X_{11} + \beta_2 X_{12} + \cdots\cdots + \beta_k X_{1k} + \varepsilon_1$$
$$Y_2 = \beta_0 + \beta_1 X_{21} + \beta_2 X_{22} + \cdots\cdots + \beta_k X_{2k} + \varepsilon_2$$
$$\vdots$$
$$\vdots$$
$$Y_N = \beta_0 + \beta_1 X_{N1} + \beta_2 X_{N2} + \cdots\cdots + \beta_k X_{Nk} + \varepsilon_N$$

上述 N 個觀察值在依變項 Y_i 及自變項 X_{ik} 上分數（測量值）之線性函數，若改以矩陣（線性代數）的方式加以表示則爲：

$$
\begin{bmatrix} Y_1 \\ Y_2 \\ \vdots \\ \vdots \\ Y_N \end{bmatrix} = \begin{bmatrix} 1 & X_{11} & X_{12} \cdots\cdots X_{1k} \\ 1 & X_{21} & X_{22} \cdots\cdots X_{2k} \\ \vdots & \vdots & \vdots \\ \vdots & \vdots & \vdots \\ 1 & X_{N1} & X_{N2} \cdots\cdots X_{Nk} \end{bmatrix} \times \begin{bmatrix} \beta_0 \\ \beta_1 \\ \vdots \\ \vdots \\ \beta_k \end{bmatrix} + \begin{bmatrix} \varepsilon_1 \\ \varepsilon_2 \\ \vdots \\ \vdots \\ \varepsilon_N \end{bmatrix} \cdots\cdots <公式 2>
$$

$$(N \times 1) \quad [N \times (k+1)] \quad [(k+1) \times 1] \quad (N \times 1)$$

在＜公式 2 ＞中共有四個矩陣，Y 矩陣代表 N 個觀察值在依變項上之分數，X 矩陣代表觀察值在 k 個自變項上的分數，加上一欄之常數 1，β 矩陣代表 k ＋ 1 個待估計之迴歸參數 β_k，而 E 矩陣代表觀察值之殘差值。因此，＜公式 2 ＞之數學函數可以以矩陣之方式寫成：

$$Y = XB + E \cdots\cdots <公式 3>$$

古典最小平方法就是在估計＜公式 3 ＞中 B 矩陣各迴歸參數 β_k 值。β_k 的值之估計式為：

$$B = (X^T X)^{-1} X^T Y \cdots\cdots <公式 4>$$

㈢檢定迴歸模式與個別參數之顯著性

根據＜公式 4 ＞完成迴歸參數之估計後，接著需對整個迴歸模式的顯著性進行檢定。迴歸模式顯著性檢定的目的，在確定研究者所提出之假設性迴歸模式是一個有意義之模式；亦即，研究者所提出之自變項與依變項間確實有重要之關係存在。

進行整個迴歸模式檢定時，首先可以參照變異數分析之模式，將觀察值在依變項之總離均差平方和（SS_t），分割為可以被自變項解釋的部分，即 SS_{reg}，以及不能被自變項解釋的部分，即 SS_{res}（稱為殘差均方和）。亦即：

$$SS_t = SS_{reg} + SS_{res}$$

將上式二邊都除以 SS_t，則：

$$\frac{SS_t}{SS_t} = \frac{SS_{reg}}{SS_t} + \frac{SS_{res}}{SS_t} \cdots\cdots <公式 5>$$

由<公式 5 >可知，依變項全部之變異量，可以切割爲 $SS_{reg}／SS_t$ 及 $SS_{res}／SS_t$ 二個部分，前者是自變項所能解釋依變項之變異量，又稱爲決定係數（coefficient of determination）R^2，R^2 之值愈高，代表自變項所能解釋依變項之變異量愈大。即：

$$R^2 = SS_{reg}／SS_t \cdots\cdots <公式 6>$$

根據<公式 6 >即可利用 F 分配對 R^2 之顯著性進行檢定，以考驗整個迴歸模式之顯著性。即：

$$F = \frac{R^2／k}{(1-R^2)／(N-k-1)} \cdots\cdots <公式 7>$$

<公式 7 >中 k 代表自變項之個數，N 代表觀察值數目。若 F 值達到顯著水準，就表示研究者所建立之假設性迴歸模式是一個有意義之模式，所投入之自變項可以有效地解釋樣本在依變項上之變異量。此外，當整體模式之 F 值達到顯著，也表示研究者所投入之自變項中，至少有一個自變項與依變項間之關係達顯著水準。因此，在整體迴歸模式之檢定達到顯著後，研究者必須進一步對個別之迴歸參數，進行顯著性檢定，以確定究竟投入迴歸模式之自變項，有哪幾個自變項與依變項間之關係達顯著水準。

要對個別迴歸參數進行顯著性檢定，需利用下列之公式：

$$t = \frac{\beta_k}{S_{(\beta_k)}} \cdots\cdots <公式 8>$$

式中 β_k 代表迴歸參數，分母的部分就是迴歸參數 β_k 之估計標準誤（standard error）。若計算之 t 值達到預定之顯著水準，就表示該自變項與依變項間之關係達顯著水準，亦即投入迴歸模式之該自變項是一個有意義之自變項。

㈣檢定迴歸模式之配適性，並進行必要之校正

當完成第三個步驟之工作，確定研究者所提出的是一個有意義之迴歸

模式後，研究者就需進一步對該迴歸模式是否能符合迴歸分析之基本假設進行檢定，以確定迴歸模式之配適性（goodness of fit）。若發現所提出之迴歸模式違反迴歸分析之假設，則必須進一步進行迴歸模式之校正工作。有關迴歸模式之診斷與校正工作，將在下一節中說明。

㈤解釋與預測

當研究者完成迴歸模式之診斷，並進行必要之校正工作，確定所得到之迴歸模式的配適性後，即可根據各自變項迴歸參數之顯著與否、正負方向，或是標準化迴歸參數的大小，進行變項間關係之解釋；其次，對新的觀察值，則可以根據觀察值在各自變項上之表現得分，預測其在依變項上之表現。

三、迴歸模式的診斷

在行為科學研究中，對迴歸模式配適性之檢定，一直受到忽視。很多研究者都是利用逐步迴歸或是一般多元迴歸分析進行資料分析，當完成第二個步驟後，即根據模式檢定與參數估計結果，對研究中之依變項進行預測，並解釋其與自變項間之關係。完全忽略對迴歸模式是否符合迴歸分析之基本假設進行檢定之工作，此種作法所得到之研究結果，內在效度實在令人擔憂。Pedhazur（1997）提出一個假設之例子如表 9-1。在表 9-1 之例子 A 中，以 7 筆觀察值進行迴歸分析結果，自變項之迴歸參數為 1.01，t 值為 3.20，已達到.05 顯著水準，自變項可以解釋依變項變異量之 67 %（決定係數 $R^2 = .67$），由此可知，變項及 Y 間有顯著之關係。但這個迴歸模式若經過配適性檢定後將可以發現，違反迴歸分析之基本假設，其中最後一筆觀察值在變項 X 及 Y 之測量值都是 8，是一個極端值。若將該筆資料刪除重新進行迴歸分析，由例子 B 將可以發現，自變項 X 之迴歸參數變為 0，t 值也是 0，並未達.05 顯著水準，自變項可以解釋依變項變異量也是 0（決定係數 $R^2 = 0$），二個變項 X 及 Y 間毫無任何關係。由以上例子 A 與 B 之結果可知，進行迴歸模式配適性之檢定並刪除極端值後，結果可謂

「天壤之別」，行為科學進行迴歸分析時，怎能不謹慎小心呢！

表 9-1　二個假設性之迴歸分析資料

變項	例子 A		例子 B	
	X	Y	X	Y
	2	2	2	2
	3	3	3	3
	3	1	3	1
	4	1	4	1
	4	3	4	3
	5	2	5	2
	8	8		
平均數	4.14	2.86	3.50	2.00
標準差	1.95	2.41	1.05	0.89
樣本數	7		6	
決定係數 R^2	.67		.00	
截距	-1.34		2.00	
斜率（ t 值）	1.01（3.20）		.00（.00）	
SS_{reg}	23.43		.00	
SS_{res}	11.42		4.00	
F 值	10.25		.00	

對於上述迴歸分析的基本假設，通常都可以根據觀察值的實際值減去預測值所得到的殘差值（residual）進行分析，此一分析工作稱為迴歸模式診斷（model diagnosis），有關殘差值分析通常包括下列工作：

(一)常態性檢定

對於常態性的檢定，除了可以檢定殘差值與預測值的交叉散佈圖是否成水平的隨機散佈外，通常利用常態機率分布圖（normal probability plot）來進行檢定。當觀察值是來自一個常態分配的母群體時，在常態機率分布

圖上，殘差值的累積機率會約略成一條右上到左下的四十五度線。當偏離此四十五度線愈遠時，即表示違反常態性的問題愈嚴重。一般而言，行為科學的研究資料通常都能符合常態性的假設，若是違反常態性假設，則會造成高估樣本估計值，錯誤拒絕虛無假設，致使犯第一類型錯誤的機率增高。為解決違反常態性的問題，通常只要將 α 值設定的較小（嚴格）一些即可。

(二)自我相關的檢定

殘差值無自我相關是迴歸分析時最應遵守的一個假設，而常用來檢定殘差值自我相關的方法，包括Durbin-Watson D 檢定法及鏈檢定（Run test）等，其中以Durbin-Watson D 檢定法最常被使用，D 值介於 0 至 4 之間，當根據殘差值所求得的 D 值在 2 左右時，表示殘差值並沒有違反無自我相關的假設，至於違反假設的臨界值是多少，會隨著樣本數及自變項個數的變化而有所差異，研究者可以查閱一般迴歸分析的書籍所附的 D 值臨界值表。而鏈檢定的作法可參閱第十章例 10-3。

(三)極端值及具影響力觀察值（influential observation）的檢定

極端值或具影響力觀察值的出現，常是造成迴歸分析違反常態性或變異數齊一性假設的一個重要原因。此二者雖然都是樣本實際值出現不尋常過大或過小的現象，但二者在意義上卻有所不同。當某一樣本在依變項的實際值與預測值的差值（即殘差值），與其它大部分樣本相較下，明顯有所不同，則該樣本可能是一個極端值。而當某一樣本投入迴歸分析中所得到的結果，與該樣本自迴歸分析剔除所得到的結果，二者有極大的差異（如圖 9-2a）；或是不論某樣本是否投入迴歸分析中，雖然所得到的結果並沒有太大的差異，但該樣本不論在依變項或自變項上的實際值，與其它大部分樣本有明顯差異（如圖 9-2b），在這二種情況下的樣本，都是一個具有影響力的觀察值，前一種具有影響力觀察值也是一個極端值，但後一種具影響力觀察值則不是一個極端值。

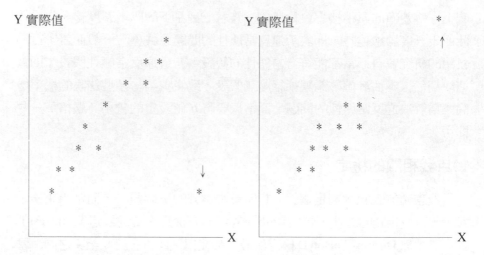

圖 9-2a　是極端值的具影響力　　　圖 9-2b　不是極端值的具影響力
　　　　　觀察值　　　　　　　　　　　　　　觀察值

　　以智商與學業成績的關係來看極端值及具影響力觀察值的不同。這二
個變項間具有高度的相關，通常智商（自變項）愈高的學生，其學業成績
（依變項）也會愈好；反之，當智商愈低，其學業成績也愈差。假設一個
學生的學業成績，與他的智商相較，明顯的與其它的人有所不同（不尋常
的高或低），所謂「高智商低成就」學生在迴歸分析中就是一個極端值。
而所謂資賦優異學生（智商與學業成績都異常的好），或是智能不足學生
（智商與學業成績都異常的低），在迴歸分析中並不是一個極端值，但卻
是一個具影響力觀察值。

　　當資料出現極端值時對研究者而言，將會是一個兩難的問題（di-
lemma）。是否可以將極端值自迴歸分析中剔除呢？比較可行的作法是，
先將極端值投入與剔除各做一次迴歸分析，然後比較二個迴歸模式，若二
者的結果差異不大，或是不影響研究者下決策，則建議將極端值剔除，較
不會違反迴歸分析的基本假設。但若二種結果差異很大，則除非研究者可
以確定是因資料登錄（coding）或計算上錯誤，或是理論與實證上可以找
到解釋的理由，否則不應貿然將極端值剔除，可行的方式是將二種結果同
時呈現在研究報告中，以免誤導讀者及未來的進一步研究（Pedhazur,

1997）。Kunter、Nachtsheim、Neter 及 Li（2005）指出，若資料出現極端值之原因不是因登錄或計算之錯誤，則極端值通常傳達了相當重要之資訊，可能是研究者所建構的迴歸模式遺漏了重要的自變項，或是自變項間有交互作用效果被忽略了！

對極端值或具影響力觀察值的檢定，除了透過圖示法，根據殘差值與預測值的交叉散佈圖，或是殘差值與依變項實際值的交叉散佈圖加以判斷外，可以透過以下幾種檢定統計量數進行檢定：

1. 標準化殘差值（standardized residual）：通常標準化殘差在正負二個標準差（有人以三個標準差）以外的樣本觀察值，可能是一個極端值。

2. t 化殘差值（studentized residual）：是指將標準化殘差進行 t 分配化後的殘差值，其有效性高於標準化殘差。通常在正負二個標準差（有人以三個標準差）以外的樣本觀察值，可能是一個極端值。

3. 刪除後 t 化殘差值（studentized deleted residual）：是指將某一觀察值自迴歸分析中剔除後，根據所得到的迴歸模式來預測該觀察值後，所得到的 t 化殘差值。通常在正負二個標準差（有人以三個標準差）以外的樣本觀察值，可能是一個極端值。

4. 槓桿值（leverage value）：在迴歸分析中，通常定義矩陣：

$$H = X (X^T X)^{-1} X^T$$

矩陣 H 稱為帽矩陣（hat matrix），H 矩陣對角線的各元素，即是每一個樣本觀察值在迴歸分析中的槓桿值。通常槓桿值超過 $2p / N$ 或 $3p / N$（p 為自變項個數加 1，N 為樣本數）的樣本觀察值可能是一個極端值。槓桿值通常只能檢測出在自變項上是具影響力觀察值之極端值，至於在依變項上是具影響力觀察值之極端值則無法利用槓桿值檢測。

5. Cook's 距離值：是指某樣本投入迴歸分析時所得到的參數估計值，與該樣本自迴歸分析中剔除後所得到的參數估計值，二者間的差異大小。若某樣本是一具影響力觀察值，則它是否投入迴歸分析中，將會使自變項的參數估計值產生很大的變化，因此 Cook's 距離值愈

大，表示某樣本愈可能是具影響力觀察值。Cook's 距離值可同時檢測出在自變項或依變項上是具影響力觀察值之極端值，但其缺失則是欠缺一個判斷是否為極端值之絕對標準，只能找出距離值相對較大者，合理懷疑（Pedhazur, 1997）。但 Belsley、Kuh 及 Welsch（1980）指出，通常 Cook's 距離值超過 $F_{.50(p, N-p)}$ 的臨界值時，該樣本觀察值可能是一個具影響力觀察值。

6. 模式預測值差異量（DFFITS）：是指某樣本投入迴歸分析，根據迴歸模式所得到的預測值，與該樣本自迴歸分析中剔除，根據剔除後的迴歸模式所得到的預測值，二個預測值間的差異大小。若某樣本是一具影響力觀察值，則根據二條迴歸模式所得到的預測值會有很大的差異，因此 DFFITS 值愈大，表示某樣本愈可能是具影響力觀察值。通常 DFFITS 超過 $2\sqrt{p／N}$ 的樣本觀察值可能是一個具影響力觀察值。

7. 參數估計值差異量（DFBETA）：是指某樣本投入迴歸分析，迴歸模式中各迴歸參數（包括常數項）之估計值，與該樣本自迴歸分析中剔除，根據剔除後的迴歸模式所得到的迴歸參數值，二個參數值間的差異大小。若某樣本是一具影響力觀察值，則刪除該樣本後所得到之迴歸參數與未刪除時之迴歸參數會有相當大之改變，因此 DFBETA 值愈大，表示某樣本愈可能是具影響力觀察值。通常 DFBETA 超過 $2／\sqrt{N}$ 的樣本觀察值可能是一個具影響力觀察值。

上面幾種極端值或具影響力觀察值的檢定統計量數，結果常不會一致，加上對極端值或具影響力觀察值的檢定，常需要一些主觀經驗相配合，因此缺少使用迴歸分析經驗的使用者，很難在短時間內找出可能的極端值或具影響力觀察值。但只要綜合上面七個檢定統計量的結果，加上以圖示法做為輔助，多練習幾次後，找出極端值或具影響力觀察值並不是一件太困難的事。

㈣線性重合的檢定

檢定自變項間線性重合的方法，主要有以下幾種：

1. 自變項間的積差相關係數：一般而言，當二變項間的相關係數在 .80

以上時，就表示二變項間可能有線性重合的問題，但此種方法所得到的結果，並非檢定線性重合問題的充分條件。

2. 決定係數 R^2 極高，且整體迴歸模式的 F 檢定結果達到顯著，但自變項個別迴歸參數的 t 值多數或全部不顯著，且其方向（正負符號）出現與理論假設相矛盾的現象。在迴歸分析中，當整體迴歸模式的 F 檢定結果達到顯著時，就表示說在所有投入迴歸分析的自變項中，至少有一個自變項與依變項間的相關達到顯著水準，因此其迴歸參數的 t 值也會顯著。但當自變項個別迴歸參數的 t 值多數或全部不顯著，就表示是因為線性重合的問題，造成迴歸參數的變異數（估計標準誤）的無限制膨脹，導致檢定出現不顯著的結果。

3. 變異數波動因素（variance inflation factor，簡稱 VIF）：變異數波動因素定義為：

$$VIF = 1 \diagup (1 - R_i^2)$$

其中 R_i^2 是指以第 i 個自變項為依變項，而以其它自變項進行迴歸分析後所得到的決定係數值，其值在 0 至 1 之間。由此定義可知，當第 i 個自變項與其它自變項間具有高度線性重合問題時，所得到的 R_i^2 將會非常接近 1，則 VIF 值會變得很高，因此 VIF 的值愈高，就表示該自變項與其它自變項間線性重合的問題愈嚴重。通常 VIF 值大於 10 時，該自變項就可能與其它自變項間有高度的線性重合。

4. 求 X^TX 矩陣之行列式值：當有任二個自變項間存在著完全線性重合時，則 X^TX 矩陣（即自變項所構成的矩陣前乘其轉置矩陣）之行列式值必為 0，因此當 X^TX 矩陣之行列式值非常接近於 0 時，表示自變項間可能有線性重合問題。

5. 條件指數（conditional index，簡稱 CI）：條件指數定義為：

$$CI_i = \lambda_{max} \diagup \lambda_i$$

計算 CI 值前，必須根據 X^TX 矩陣先計算出特徵值（eigenvalue），若有 k 個自變項，即可求出 k + 1 個特徵值（含常數項），而這 k + 1 個特徵值的總和恰等於 k + 1。其中 λ_{max} 是 k + 1 個特徵值中最

大的一個，λ_i 是第 i 個自變項所對應的特徵值，當自變項間有高度的線性重合問題時，則少數幾個特徵值將會很大，相對地其它特徵值會相當接近 0，因此 CI 值就是計算最大的特徵值與第 i 個特徵值相對的比值，CI 值愈大，表示該自變項與其它自變項間線性重合的問題愈嚴重。根據 Belsley 等（1980）指出，若 CI 值在 10 左右，表示變項間線性重合的問題並不嚴重，若 CI 值在 30 至 100 之間，表示變項間具有中度至高度的線性重合問題，若 CI 值在 100 以上，表示自變項間存在著嚴重的線性重合問題。

6. 變異數比例（variance proportion）：變異數比例係指根據 X^TX 矩陣計算出的特徵值所對應的特徵向量。當在同一個特徵值所對應的特徵向量上，任二個自變項之值均非常接近 1，就表示該二變項間可能有線性重合之問題。透過變異數比例，將可以較清楚地看出自變項間線性重合問題之結構，這是其它檢定方法所沒有之優點。前面的五種檢定方法，都只能檢定出自變項間是否有線性重合的問題，至於是哪些變項間有線性重合的問題，就必須根據變異數比例才能看出。

　　當自變項違反線性重合的假設時，並不會影響迴歸模式進行預測的正確性，但卻會使對個別迴歸參數顯著性的檢定，出現嚴重的錯誤，因此若不進行校正，則會使得對變項間關係的解釋，形成錯誤的結論。當出現線性重合問題時，最常用來進行校正的方法包括：1. 剔除發生線性重合的自變項；2. 增加新的樣本觀察值；3. 利用逐步迴歸（stepwise regression）或所有可能迴歸（all possible subset regression）等變項選擇的方法；4. 利用減縮模式（reduced model）；以及 5. 利用偏誤（biased）的但具強韌性（powerful）的統計法校正，這些常用的強韌性統計法包括脊迴歸（ridge regression）、主成分迴歸分析（principal component regression），及潛在根迴歸（latent root regression）等方法。

　　在上述五種方法中，前四種方法對解決線性重合問題的有效性相當有限，使用第一種方法，雖可以暫時解決線性重合的問題，但因某些自變項遭到剔除，將無法看出它與依變項間的關係，甚且會出現壓抑變項（suppressor variables）的問題，使得與依變項有高相關的自變項被排除在迴歸

模式之外，而與依變項無關的自變項反而留在迴歸模式中。使用第二種方法，勢必增加研究人力、物力及時間的付出。第三種方法是利用變項選擇的方法，將一些與依變項相關最高的自變項留在迴歸模式中，而有線性重合問題，但與依變項相關較低的自變項，則排除在迴歸模式之外，如此雖可解決線性重合問題，卻又可能使研究者無法看出遭剔除自變項與依變項間的關係。第四種方法基本上也是一種變項選擇的方法，但它不會將具有線性重合，但與依變項有顯著相關的自變項剔除於迴歸模式之外，又能解決部分線性重合問題，因此較第三種方法可行。綜合上述，若研究者的目的只是在利用迴歸分析進行預測，則對線性重合問題的校正，可採上述四種方法之一，但若研究目的還要正確解釋變項間的關係，最好還是利用第五種方法進行校正，較能根本解決線性重合的問題。

四、迴歸分析的變項選擇

　　一般在使用迴歸分析時，尤其是在驗證性研究，研究者通常都是根據已有的理論，建構出迴歸模式，甚至連自變項與依變項相關的方向，在實際進行估計前都已決定，迴歸分析的目的就在考驗所建構之迴歸模式的正確性。此時，因為投入迴歸分析的自變項都是事先決定的，所以並不會產生變項選擇的問題。但是，有時候在應用迴歸分析時，究竟要投入哪些自變項是無法預先決定的，特別是在缺乏理論或是實證的原則做為準則的情況下，有關自變項的選擇就變得非常重要，因為在迴歸分析時，研究者的目的除了希望能夠精確地解釋依變項與自變項間的關係外，還希望藉著所得到的迴歸模式，做進一步的預測，則不論是投入了無關的自變項，或是將重要的自變項剔除於迴歸模式之外，都不是研究者所樂見的事。

　　在行為科學的研究中，由於多數的理論都還處於探索的階段，因此在研究過程中，通常會先蒐集大量的資料，而在這些大量的資料中，哪些變項是重要的，哪些變項是不重要的，研究者常會透過迴歸分析的變項選擇程序，以尋找出一些有解釋力的自變項，並淘汰不重要的變項。最常用來做為變項選擇的方法，主要有二種，一為所有可能迴歸法（all possible regression）；另一為逐步迴歸（stepwise regression）。後者根據選擇程序的不同，又可進一步分為向後剔除法（backward elimination method）、向前選擇法（forward selection method）及逐步法（stepwise method）。

很多研究者在使用變項選擇，決定最後的迴歸模式後，常會認為所得到的模式就是「最佳模式」（best model）。事實上，在變項選擇的過程中，並沒有所謂的最佳模式，主要在於迴歸模式的用途相當多，在某一個目的上是最好的模式，應用到另外一個目的上，可能就不再是一個最佳模式，這是研究者使用變項選擇程序決定迴歸模式後所應切記的。其次，由於沒有所謂最佳模式存在，因此在變項選擇過程中，可能會出現好幾個適當模式（adequate model），這些適當模式將有助於研究者了解其所使用資料的結構，以及整個變項選擇的過程，因此變項選擇的過程應該只是對了解自變項間相關結構的一個內涵分析（intensive analysis）。研究者了解上述二點，如此才能在變項選擇的過程中，就以上的幾種變項選擇的方法，選擇一個最適於研究目的與資料結構的方法。

一般而言，若迴歸模式的目的是強調描述變項間的複雜關係，以及建構適當的模式，則所選擇的模式，應在精簡（parsimony）的原則下，找出一個合理且能實質解釋依變項變異量的模式。若研究的主要目的是在預測，即要根據所得到的迴歸模式，預測新觀察值的數值，此時應該選擇一個誤差均方和（mean square of error, MSE）或估計標準誤（standard error）最小的模式。最後，若研究的目的在於選擇一個迴歸模式做為控制的工具，即要建構一條能精確界定自變項與依變項關係的數學函數，則應該選擇最能精確測量出自變項參數（即參數的估計標準誤最小）的迴歸模式。

至於逐步迴歸與所有可能迴歸間之差異何在？以下分別加以說明：

所有可能迴歸法是把自變項所有可能的組合，分別去進行迴歸分析。因此，若有 k 個自變項，則 k 個自變項的可能組合有 $2^k - 1$ 種，因此需進行 $2^k - 1$ 次的迴歸分析，然後根據研究目的，在 $2^k - 1$ 個迴歸模式中找出一個最適當的模式。判斷這 $2^k - 1$ 個迴歸模式是否是一個適當的模式，主要的指標有 Mallow's C_P 統計量、誤差均方和（MSE）或估計標準誤，以及校正後決定係數等三項。三項指標的判斷標準分別為：

㈠當迴歸模式的 C_P 值愈接近 k + 1，則該模式愈會是一個適當的模式。

㈡當迴歸模式的 MSE 值愈小，則該模式愈會是一個適當的模式。

㈢當迴歸模式的校正後決定係數愈大，則該模式愈會是一個適當的模式。

　　由以上的說明可知，所有可能迴歸將自變項所有的 $2^k - 1$ 個組合的迴歸模式全部進行分析，因此最有助於研究者了解變項選擇的過程，以及了解自變項間的相關結構。但所有可能迴歸也因為需將 $2^k - 1$ 個組合各進行一次迴歸分析，因此相當耗費時間，以 9 個自變項為例，共需進行 511 次迴歸分析。所幸近年因為統計套裝軟體的出現，可以協助研究者進行複雜的分析工作；其次，Furnivalm 與 Wilson（1974）、La Motte 與 Hocking（1970）的研究，提供一些縮短分析的建議，讀者若有興趣可自行參考。可惜的是，本書所介紹的SPSS套裝軟體，沒有專門用來處理所有可能迴歸的程式指令，因此增加很多程式撰寫上的麻煩。

　　最後，因為所有可能迴歸將 $2^k - 1$ 種組合的迴歸模式全部進行分析，使研究者能清楚了解自變項間的相關結構，因此不論自變項間是否出現線性重合的問題，在變項選擇的方法中，所有可能迴歸都能應用。

　　至於逐步迴歸，是根據使用者事先設定的一些自變項投入迴歸模式或是自迴歸模式中剔除的標準（如 F 值或顯著水準），逐步地在迴歸分析過程中投入或剔除自變項，直到未能進入迴歸模式的自變項，或是已在迴歸模式中的自變項，均已符合事先所設定的標準，逐步迴歸的程序就告結束，而所得到的迴歸模式就是一個最適當模式。因此，事先設定的標準不同，所得到的模式也不同，且選擇不同的逐步方法，在相同的標準下，選出的模式通常也不會相同。

　　由以上說明可知，逐步迴歸可以節省大量計算的時間，將是它最大的優點。事實上，逐步迴歸所得到的模式，就是所有可能迴歸中的一個模式，而這個模式未必能適用在各種不同的研究目的，因此使用逐步迴歸時應特別謹慎，因為所選擇的模式，只是根據使用者預先設定的標準，所選擇出來的一個最適合這些標準的模式，而適合事先設定標準的模式，未必就是最適當的模式。其次，由於逐步迴歸無法顯示出整個變項選擇的過程，也無法說明自變項間真正的相關結構，因此當自變項間出現線性重合問題時，

某些自變項因與進入迴歸模式中的自變項有高度相關，而被剔除在迴歸模式之外，因此利用逐步迴歸選擇變項，所得到的迴歸模式是否是一個最適當模式，更是值得懷疑的事。最後，很多使用逐步迴歸的研究者，常會依自變項進入迴歸模式的順序，做為自變項相對重要性的指標，這是一個相當錯誤的觀念。也就是說，根據逐步迴歸所得到之自變項迴歸係數，並不能做為解釋自變項與依變項間關係相對重要性之依據，這是在使用逐步迴歸時所應該切記之事。

至於透過變項選擇所建立之迴歸模式有效性（validation）檢定的方法，最簡單的方法就是重新抽樣進行測量，以檢定新資料進行變項選擇迴歸分析的結果是否與原來相一致。唯此一作法等於重新進行一次研究，實際可行性並不高，因此 Kunter 等人（2005）建議，若所蒐集之樣本資料夠大，則可採隨機方法將資料分割為二個樣本數相等的次檔案，其中一個稱為模式建構資料檔（model-building set），另一個稱為預測檔（prediction set）。前者做為試探性之變項選擇迴歸模式建立之用；後者則用來檢定前者所建立模式之合理性或預測能力，此種模式有效性的檢定方式稱為跨有效性（cross-validation）檢定。唯此種檢定方法必須確保資料夠多，二個次檔案的樣本數目至少都應是變項數之 6 至 10 倍。

綜合以上分析，最理想的變項選擇方法，還是所有可能迴歸法。特別是在行為科學的研究領域中，研究目的常有所不同，因此建議使用者，在試探性的研究中，若要使用變項選擇的程序，儘可能使用所有可能迴歸法（特別是出現線性重合的資料）。在進行分析後，根據研究目的，並參照 C_P、MSE 及校正後決定係數，甚且參照各自變項參數的估計標準誤，選擇一個最適當的迴歸模式。當然，逐步迴歸法並不是就完全不如所有可能迴歸法，至少它可以減少研究者很多判斷模式適當與否所需要的時間，因此研究者可以改變不同的設定標準，多用幾種逐步的方法，以得到幾條不同的模式，然後再根據每一個模式的 C_P、MSE 及校正後決定係數選擇出適當的模式。當然，不管是哪一種變項選擇方法所得到的模式，都應該注意是否違反迴歸分析的基本假設。

五、虛擬變項的迴歸分析

　　前已述及，迴歸分析中的自變項必須是等距以上的量化變項（quanti-tative variable），但在行為科學的研究中，有很多變項的測量單位是屬於名義或次序尺度，例如性別、出生序、實驗的組別、社會階級、政黨……等，研究者也常希望了解這些類別變項（categorical variable）與等距的依變項間之關係。傳統上，這類的問題都是以變異數分析加以處理，但變異數分析的自變項必須是類別變項，而在行為科學的研究時，自變項常是同時包含類別及連續變項，則變異數分析在使用上勢將受到一些限制。

　　事實上，將類別變項做為迴歸分析的自變項也是可以被接受的，只是在投入迴歸分析前，我們需要將類別變項轉換成具有數量的性質，但卻不會導入錯誤的測量訊息。例如，「職業」這個類別變項，假設以 1 到 9 分別代表九種不同的職業，則在進行迴歸分析時，我們不能直接將職業這個變項投入迴歸模式中，因為這個時候，1 到 9 這些數字間具有等距的特質，但實際上九種職業類別間並沒有大小的差別，我們只是以 1 到 9 這些數字來分別代表不同職業類別。因此要將職業這個變項當作一個自變項投入迴歸分析中，我們必須加以轉換，使轉換後的變項仍然可以區別不同的職業類別，但不會導入不正確的測量訊息。

　　用來將類別變項加以轉換，使其能投入迴歸分析中的方法，稱為虛擬變項（dummy variable）。通常類別變項可能是二分（dichotomous）或多分（polytomous）的變項，而隨著類別變項類別數的差異，建構的虛擬變項數目也會不同，當一個類別變項包括 j 個類別時，則必須建構 j − 1 個虛擬變項，才能保留該類別變項的所有測量訊息。虛擬變項通常是一個二分的變項，以編碼值 1 及 0 來表示該虛擬變項所代表的意義。具有相同類別訊息的樣本觀察值，在虛擬變項上的值以 1 表示，而不具有這項類別訊息的樣本觀察值則以 0 表示。例如，假設「教育程度」這個類別變項包括國小、國中、高中及大學以上四個不同類別，則必須建構三個虛擬變項才能完全保留教育程度這個類別變項原有的測量訊息，若這三個虛擬變項分別以

R1、R2 及 R3 代表，則它們所代表的測量訊息分別為：

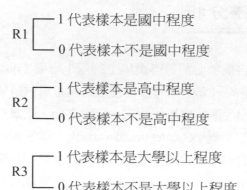

R1
　┌── 1 代表樣本是國中程度
　└── 0 代表樣本不是國中程度

R2
　┌── 1 代表樣本是高中程度
　└── 0 代表樣本不是高中程度

R3
　┌── 1 代表樣本是大學以上程度
　└── 0 代表樣本不是大學以上程度

　　由以上可知，R1、R2 及 R3 三個虛擬變項分別代表樣本觀察值的教育程度是國中、高中及大學以上。也許有人會奇怪，那國小教育程度的樣本如何表示？由於這三個虛擬變項已經代表教育程度的三個類別，則在這三個虛擬變項上的編碼值都是 0 的樣本，當然就是國小教育程度的樣本，因此不必再多建構一個虛擬變項，否則就會造成變項間完全線性重合的問題。此時，國小教育程度的樣本觀察值，被稱為參照組（reference group），在建構虛擬變項時，選擇一個適當的參照組是一個相當重要的課題。

　　如何選擇適當的參照組呢？Hardy（1993）認為選擇一個適當的參照組應注意下列幾項原則：

　　㈠參照組的定義應該非常明確。類別變項中常會出現一個類別「其它」，因定義不明確，就不適宜做為參照組。

　　㈡類別變項若具有次序尺度之特性（如社會階級），則有二種選擇參照組的方法，一為選擇等級最高或最低的類別；另一為選擇等級居中的類別。前者的方法，可以讓研究者有次序地將各類別的迴歸係數，與參照組相比較；後者的方法，可以讓研究者較有效地檢視達到顯著水準的係數。

　　㈢參照組的樣本人數應該適中，選擇樣本觀察值較多或過小的類別為參照組，將不利於各類別迴歸係數的比較。

　　透過虛擬變項的建構，將可以使研究者在迴歸分析中，同時投入質的類別變項與量的連續變項，這對探討變項間整體的關係，以及完整理論的建構，將有莫大的助益。其次，透過虛擬變項的建構，也可以使研究者利用迴歸分析來處理變異數分析或共變數分析的問題，特別是各處理水準人數不等時，使用迴歸分析處理資料，對各變異來源的離均差平方和（SS）之計算，將較傳統的變異數分析精確。最後，Kutner（2005）指出，當進行迴歸分析時，代表同一個類別變項的數個虛擬變項，只要有任一個達顯著水準時，為完整呈現該類別變項之解釋力，就算不顯著的虛擬變項，也應強制投入迴歸模式中較為適宜。

六、徑路分析（path analysis）

　　在迴歸分析中雖然說變項間有自變項與依變項的區別，但基本上自變項與依變項間的關係，是一種相關的關係，而不是因果的關係（自變項是因，依變項是果）。但在行為科學的研究領域中，研究者常希望透過變項間因果關係的探討，以建立相關的理論，因此有關變項間因果關係的探討，在行為科學研究中一直扮演著相當重要的角色。而徑路分析就是利用迴歸分析的方法，應用於變項間因果關係探討的一種重要統計方法。所謂的徑路（因果）係數，就是迴歸分析中所估計得到的標準化迴歸係數。

　　很多研究者在研究報告中常會出現，「透過徑路分析，以探討或驗證變項間的因果關係」這樣的敘述，這是一個非常錯誤的觀念。事實上，徑路分析本身並不是一個發現或驗證因果關係的統計方法，它是研究者在經由理論的建構或考量後，應用在因果模式檢證的一種方法。也就是說，研究者在使用徑路分析時，有一個很重要的前提就是，他必須先有嚴謹的理論架構為基礎，據此以形成假設性的因果模式，然後再使用徑路分析來檢定假設的正確性。由此可知，徑路分析只是一種統計方法，而徑路分析的有效應用，必須植基於研究者具有對理論知識充分了解的能力。正如Mac-Donald（1977）所講「如果因果模式並不是正確的模式，……，使用徑路分析也可以得到參數估計值，但這個時候沒有任何紅燈會閃爍，也沒有任

何警鈴會響起」，這句話正彰顯出理論知識在應用徑路分析中所扮演的角色，也是研究者所應切記的。

使用徑路分析除了根據理論，以形成假設性的因果關係徑路圖（path diagram）外，它必須符合下列五個基本假設：

㈠變項間的關係是線性的（linear）、可加的（additive），以及具因果關係。

㈡各變項間的殘差相互獨立，即 $E(\varepsilon_i, \varepsilon_j) = 0$，$i \neq j$。

㈢變項間的因果關係是單向（one-way）的，互為因果（reciprocal causal）的關係不能成立。

㈣變項的測量水準必須在等距尺度以上。

㈤變項沒有測量誤差（measured without error）。

進行徑路分析時，除了以標準化迴歸係數做為徑路係數的估計值，並檢定徑路係數值的顯著性外，還要計算離間係數（coefficient of alienation），離間係數值定義為 1 減去決定係數後的平方根，即：

$$coefficient\ of\ alienation = \sqrt{1 - R^2}$$

離間係數表示依（結果）變項的變異量不能被自（原因）變項所解釋的部分，其值在 0 到 1 之間。離間係數愈高，表示自變項與依變項間之多元相關愈低。

除此之外，Spetch（1975）更指出，徑路分析只是檢定個別徑路係數的顯著性，對整個因果模式的配適度（goodness of fit）如何，並無法加以考驗，因此無法知道根據理論所提出的因果模式，與實際真象（即所蒐集的資料）間是否相吻合。為此，他提出一個 W 統計量，做為檢定模式配適度的指標。W 統計量的基本原理，乃在比較飽和模式（full model）與研究者所提出的因果模式（稱為限制模式，restricted model）間的配適度是否有差異。假設變項間的因果關係是正確的，則飽和模式因已將變項間所有的可能徑路都包括在內，因此絕對可以配適實際資料，而研究者所提出的因果模式（即限制模式）中的因果徑路，可能沒有將所有的徑路考慮在內（即部分變項間的因果關係並不存在），若研究者所提的限制模式也能充分配

適實際蒐集到的資料，則二個模式所能解釋變項間因果關係的變異量應該沒有差異。當然，若研究者所提出的因果模式本身就是一個飽和模式，則 W 統計量便不能適用於模式配適度的檢定。據此，W 統計量的計算步驟為：

首先計算二個模式所能解釋的變異量，計算公式為：

$$R_f^2 = 1 - (1 - R_1^2)(1 - R_2^2) \cdots\cdots (1 - R_k^2)$$
$$R_r^2 = 1 - (1 - R_1^2)(1 - R_2^2) \cdots\cdots (1 - R_k^2)$$

再計算 W 值，W 值的計算公式為：

$$W = -(N - d) Ln [(1 - R_f^2) / (1 - R_r^2)]$$

其中 N 為樣本數，d 為被限定係數為 0 的徑路數（即研究者假定二變項間沒有因果關係存在的徑路數），Ln 為自然對數值。

根據上述公式計算所得到的 W 值約成以 d 為自由度的卡方分配，因此根據卡方分配可對 W 值的顯著性進行檢定，若 W 值未達顯著水準，表示研究者所提的因果模式可以配適實際的資料，或說研究者所提出的因果模式，與實際真象（即所蒐集的資料）間相吻合。

第二節　視窗 13.0 版之操作

在視窗 13.0 版中專門用來進行迴歸分析的程式指令相當的多，其中 Linear(線性) 指令專門用來處理一般線性迴歸分析。本節即在說明 Linear(線性) 程式指令的語法。

Linear(線性) 指令之主要功能在處理各種一般線性迴歸分析之模式。在將原始資料檔讀進資料編輯視窗後，首先開啓應用視窗中 Analyze(分析) 功能表之 Regression(迴歸方法) 下之 Linear(線性) 指令之對話方塊，如圖 9-3。

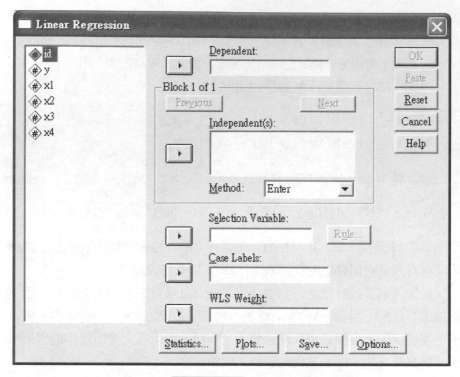

圖 9-3　Linear(線性)指令之對話方塊

在圖 9-3 中，使用者首先必須從來源變項清單中，利用滑鼠點選所要進行迴歸分析之依變項使之反白後，再點選右方之三角形鈕，並將依變項移至右方 Dependent 之方格中；其次，點選自變項（一次可以點選多個）並移至 Independent(s) 之方格中，如此即可完成自變項與依變項之界定工作。最後，使用者可以利用 Method 方格中所提供之選擇，界定進行迴歸分析之自變項選擇方式，SPSS 共提供 Enter(強迫進入變數法)、Stepwise (逐步迴歸分析法)、Remove(刪除法)、Backward(向後法)及Forward(向前法)等五種選擇。

當完成前述工作後，使用者也可以利用Independent(s)方格上方之Block方格，對同一依變項，界定多種自變項之組合（最適於所有可能迴歸法之用）進行多次迴歸分析，使用者只要將第一次點選之自變項，移至Independent(s)之方格中，再點選方格上方之Next鈕，即完成對同一依變項進行迴

歸分析之第一條迴歸方程式之界定，接著使用者就可根據此步驟依序界定其它自變項之組合。

　　SPSS除了提供上述一次進行多條迴歸方程式估計之功能外，還提供另外二項功能。其一為 Selection Variable 允許選擇部分樣本進行迴歸分析，使用者只要將做為條件限制之變項，自來源變項清單中移至 Selection Variable 方格中，並點選 Rule 鈕，即可進行條件之界定。例如，使用者想限制選擇在變項 x1 之編碼值大於 60 者進行迴歸分析，則先將變項 x1 移至方格中，再點選 Rule 鈕，開啟其對話方塊，然後在左方之方格中選擇 greater than，並在右方方格中輸入 60，即完成條件限制之界定，如圖 9-4。其二， Case Labels 允許使用者輸入一個變項（通常是字串變項，如姓名、學號……等），做為報表輸出時各觀察值之標籤用，此一功能在迴歸分析中之殘差值與極端值分析時最為適用，可以讓研究者快速找到對應之觀察值資料。

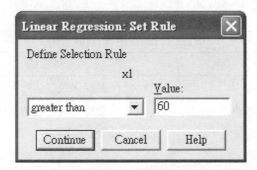

圖 9-4　 Selection Variable 對話方塊之界定

　　在對話方塊中， Linear(線性) 指令包括 Statistics 、 Plots 、 Save 及 Options 四個次指令，以下分別說明其功能與用法：

㈠ Statistics 次指令

　　 Statistics 次指令之功能在界定所要輸出之統計量。使用者只要用滑鼠左鍵在鈕上點選一下，即可開啟其對話方塊，如圖 9-5。使用者只要利用滑鼠在選項前之方格中點選一下，即可輸出該統計量。圖 9-5 對話方塊所提供之各種統計量選擇如表 9-2。

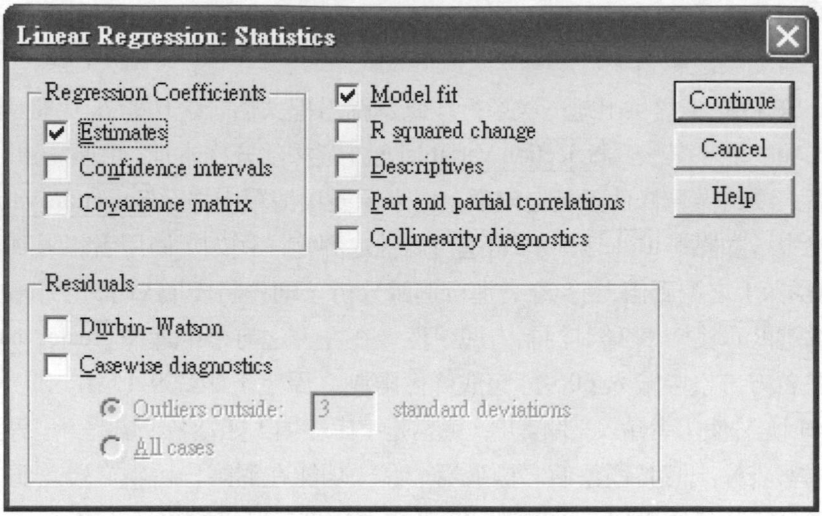

Linear Regression: Statistics

Regression Coefficients
- ☑ Estimates
- ☐ Confidence intervals
- ☐ Covariance matrix

- ☑ Model fit
- ☐ R squared change
- ☐ Descriptives
- ☐ Part and partial correlations
- ☐ Collinearity diagnostics

Continue
Cancel
Help

Residuals
- ☐ Durbin-Watson
- ☐ Casewise diagnostics
  - ⦿ Outliers outside: [3] standard deviations
  - ○ All cases

圖 9-5　 Statistics 次指令之對話方塊

表 9-2　 Statistics 次指令所提供之統計量

選　　項	功　　能
Estimates	迴歸係數之估計與檢定值
Confidence intervals	迴歸係數之信賴區間估計值
Covariance matrix	共變數矩陣
Model fit	模式配適度（顯著性）檢定
R squared change	決定係數改變量
Descriptives	描述統計量
Part and partial correlations	淨相關散佈圖
Collinearity diagnostics	多元共線性檢定結果
Durbin-Watson	自我相關 DW 值檢定
Casewise diagnostics	殘差值與極端值分析

(二) Plots 次指令

　　Plots 次指令之功能在界定繪製各種殘差值之散佈圖與檢定圖。只要用

滑鼠左鍵在鈕上點選一下，即可開啟其對話方塊，如圖 9-6。使用者可以根據來源清單中所提供之依變項（DEPENDNT）、標準化預測值（ZPRED）、標準化殘差值（ZRESID）、刪除後標準化殘差值（DRESID）、校正後預測值（ADJPRED）、t 化殘差值（SRESID），以及刪除後 t 化殘差值（SDRESID）等，任選其中二個分別移至右方之 X 與 Y 中，繪製出殘差值之散佈圖。其次，Plots 次指令還提供二個殘差值之檢定圖，包括殘差值之直方圖（Histogram）和常態機率圖（Normal probability plot），可用來檢查殘差值是否呈常態分配。

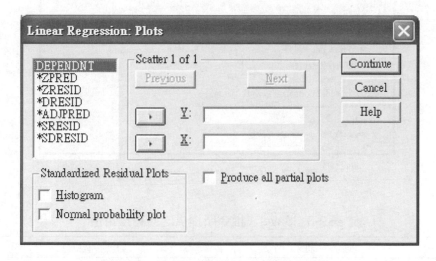

圖 9-6　Plots 次指令之對話方塊

㈢ Save 次指令

Save 次指令之功能在界定輸出各種預測值及殘差檢定值至資料編輯視窗中。使用者只要用滑鼠左鍵在鈕上點選一下，即可開啟其對話方塊，如圖 9-7。使用者只要利用滑鼠在選項前之方格中點選一下，即可輸出該預測值或殘差檢定值至資料編輯視窗中，俾便後續之極端值檢定之用。圖 9-7對話方塊所提供之各種殘差檢定值如表 9-3。

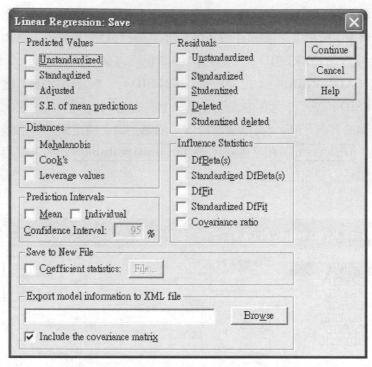

圖 9-7 　Save 次指令之對話方塊

表 9-3 　Save 次指令所提供之殘差檢定值

選 項	功 能
預測值部分：	
Unstandardized	未標準化預測值
Standardized	標準化預測值
Adjusted	校正後預測值
S.E. of mean predictions	預測值估計標準誤
距離值（distance）部分：	
Mahalanobis	馬氏距離殘差值
Cook's	Cook's D 距離值
Leverage values	槓桿值
Prediction intervals	預測值區間估計值

（接下頁）

（承上頁）

殘差值部分：

Unstandardized	未標準化殘差值
Standardized	標準化殘差值
Studentized	t 化殘差值
Deleted	刪除後標準化殘差值
Studentized deleted	刪除後 t 化殘差值

具影響力觀察值部分：

DfBeta (s)	迴歸係數差異量
Standardized DfBeta (s)	標準化迴歸係數差異量
DfFit	預測值差異量
Standardized DfFit	標準化預測值差異量
Covariance ratio	共變數比

㈣ Options 次指令

Options 次指令之功能在界定進行逐步迴歸時選擇自變項之標準，以及是否輸出常數項（截距）迴歸係數值。使用者只要用滑鼠左鍵在鈕上點選一下，即可開啟其對話方塊，如圖 9-8。

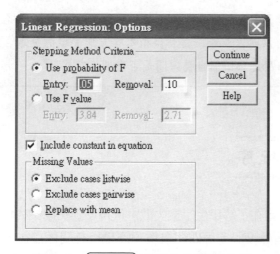

圖 9-8　Options 次指令之對話方塊

在圖 9-8 中，⌈Entry⌋ 方格中內設之標準是.05，此即進行逐步迴歸分析時，自變項被選入迴歸模式之臨界標準（即 PIN ＝.05）；而⌈Removal⌋方格中內設之標準是.10，此即進行逐步迴歸時，被選入迴歸模式之自變項，經重新檢定後若迴歸參數之顯著性大於.10，將會被踢出迴歸模式外之臨界標準（即 POUT ＝.10）。

在完成上述指令之界定工作後，使用者只要點選圖 9-3 中之 ⌈OK⌋ 鈕，SPSS即會執行使用者所界定之迴歸分析語法，並自動開啟結果輸出視窗，將統計分析結果輸出。

第三節　迴歸分析與模式診斷

本節旨在說明如何利用 SPSS 進行迴歸分析，並對所得到的迴歸模式進行模式診斷的工作。以一項假設性的例 9-1 說明如下：

例 9-1　（資料檔為 ex9-1.sav）

　　有一研究者想了解學生學業失敗之行為反應與學業成績、努力歸因、考試焦慮及學習難度設定等四個變項間之關係。在抽取 50 名國中學生為樣本後，分別以適當測量工具測得樣本在五個變項的分數。試問學生學業失敗之行為反應與四個自變項間是否有關係存在？

一、操作程序

　　根據例 9-1 旨在了解學生學業失敗之行為反應與學業成績、努力歸因、考試焦慮及學習難度設定等四個自變項間是否有關係存在，因此應該進行多元迴歸分析。首先將原始資料讀進資料編輯視窗（有關讀取原始資料之

方式，請參見第二章，此處假設資料已讀進資料編輯視窗中），如圖 9-9。圖 9-9 中變項 id 代表樣本之編號，y 代表依變項「學業失敗行為反應」，x1、x2、x3 及 x4 分別代表自變項「學業成績」、「努力歸因」、「考試焦慮」及「學習難度設定」。

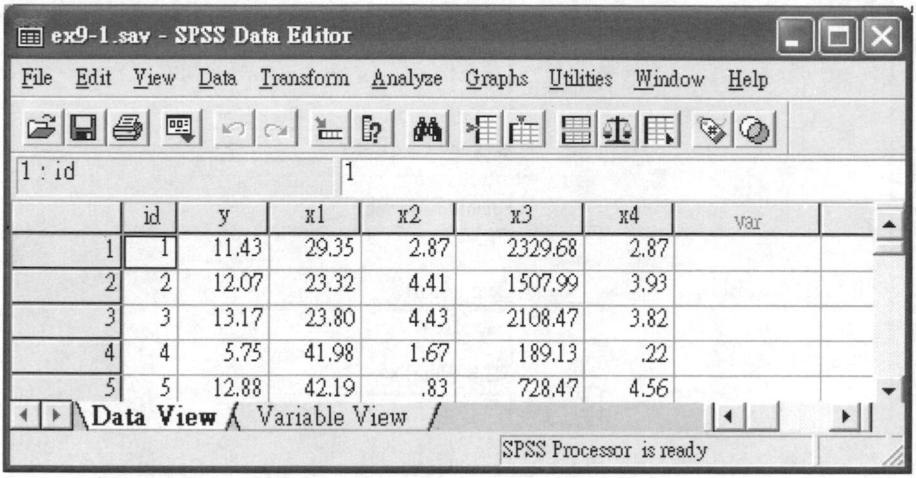

	id	y	x1	x2	x3	x4	var
1	1	11.43	29.35	2.87	2329.68	2.87	
2	2	12.07	23.32	4.41	1507.99	3.93	
3	3	13.17	23.80	4.43	2108.47	3.82	
4	4	5.75	41.98	1.67	189.13	.22	
5	5	12.88	42.19	.83	728.47	4.56	

圖 9-9 例 9-1 之假設性資料

原始資料讀進資料編輯視窗中後，再開啓應用視窗中 Analyze(分析) 功能表之 Regression(迴歸方法) 下之 Linear(線性) 指令之對話方塊，首先在來源變項清單中點選變項學業失敗行為反應（y）移至 Dependent 方格中，同時將自變項x1（學業成績）、x2（努力歸因）、x3（考試焦慮）及x4（學習難度設定）移至 Independent(s) 方格中。其次，點選變項 id 並移至 Case Labels 方格中，以做為輸出標籤之用。至於自變項之選擇方法，則採SPSS內設之 Enter 法，因此不需做任何更動。完成界定工作如圖 9-10。

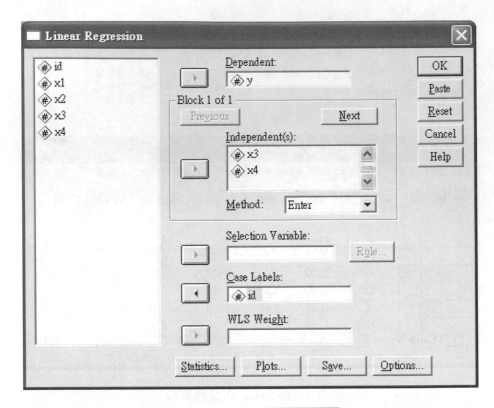

圖 9-10　界定多元迴歸分析之 Linear(線性) 指令對話方塊

　　其次，開啓 Statistics 次指令之對話方塊，點選其中之 Estimates 、 Confidence intervals 、 Model fit 、 Descriptives 、 Collinearity diagnostics 、 Durbin-Watson 及 Casewise diagnostics 等選項，界定輸出迴歸係數估計值、信賴區間、模式適合度、描述性統計量、多元共線性檢定、自我相關 Durbin-Watson 值，以及殘差值與極端值分析等統計量，然後點選 Continue 鈕回到圖 9-10 之對話方塊。

　　再者，開啓 Plots 次指令之對話方塊，界定繪製標準化殘差值（ ZRESID ）與預測值（ ZPRED ）之交叉散佈圖，同時點選 Histogrm 與 Normal probability plot 選項，界定輸出殘差值之直方圖及常態機率散佈圖，如圖 9-11。然後點選 Continue 鈕回到圖 9-10 之對話方塊。

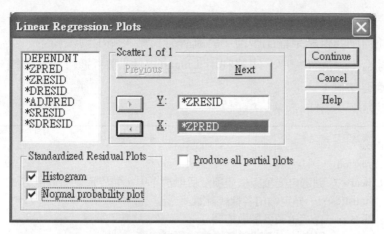

圖 9-11　界定輸出殘差值檢定之 Plots 次指令對話方塊

　　接著開啟 Save 次指令之對話方塊，點選如圖 9-12 之選項，界定輸出包括未標準化預測值、Cook's D 距離值、Mahalanobis 槓桿值、未標準化殘差值、標準化殘差值、t 化殘差值、刪除後標準化殘差值、刪除後 t 化殘差值、標準化迴歸係數差異量、標準化預測值差異量，以及共變數比值等預測值或殘差檢定值，然後點選 Continue 鈕回到圖 9-10 之對話方塊。

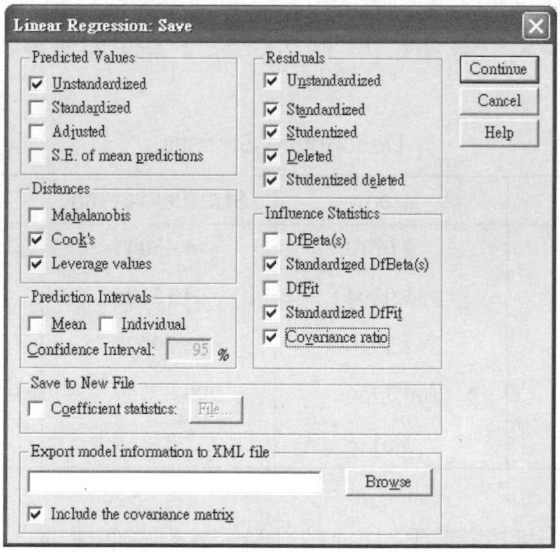

圖 9-12　界定儲存預測值與殘差值之 Save 次指令對話方塊

完成上述界定工作後，使用者只要點選OK鈕，SPSS即會執行統計分析，並自動開啟結果輸出視窗，將統計分析結果輸出到視窗中。

綜合上述操作程序，可將利用 Linear(線性) 指令進行多元迴歸分析之程序摘要如下：

```
Analyze
 Regression
  Linear……點選自變項與依變項至目標清單中，並界定變項選擇方法
  Statistics……界定輸出各種統計量
  Plots……界定繪製各種散佈圖
  Save……界定輸出各種預測值或殘差檢定值
  OK……執行統計分析
```

二、報表解釋

當使用者點選 OK 執行統計分析，則 SPSS 會自動開啟結果輸出視窗將統計分析結果輸出到視窗中。例 9-1 執行之結果與報表解釋如下：

Descriptive Statistics

	Mean	Std. Deviation	N
y	9.6710	4.48041	50
x1	35.0894	9.15125	50
x2	2.2930	1.29077	50
x3	1106.7756	990.87754	50
x4	3.6116	2.33159	50

SPSS所輸出有關變項之描述統計量。本例五個變項之平均數及標準差可整理如下：

變項名	平均數	標準差
學業失敗之行為反應	9.6710	4.4804
學業成績	35.0894	9.1513
努力歸因	2.2930	1.2908
考試焦慮	1106.7756	990.8775
學習難度設定	3.6116	2.3316

Correlations

		y	x1	x2	x3	x4
Pearson Correlation	y	1.000	-.456	.317	.220	.387
	x1	-.456	1.000	-.908	-.756	-.118
	x2	.317	-.908	1.000	.787	.043
	x3	.220	-.756	.787	1.000	-.097
	x4	.387	-.118	.043	-.097	1.000
Sig. (1-tailed)	y	.	.000	.013	.062	.003
	x1	.000	.	.000	.000	.206
	x2	.013	.000	.	.000	.384
	x3	.062	.000	.000	.	.252
	x4	.003	.206	.384	.252	.
N	y	50	50	50	50	50
	x1	50	50	50	50	50
	x2	50	50	50	50	50
	x3	50	50	50	50	50
	x4	50	50	50	50	50

　　SPSS所輸出有關變項間的積差相關係數矩陣。這個矩陣包括了相關係數相關、相關係數所對應的單側顯著性考驗機率值，以及有效樣本數。由相關矩陣除了可看出自變項與依變項間相關的強弱與方向外，也可看出自變項間的相關情形（可做為線性重合的初步檢定），由表可知，四個自變

項與依變項之相關係數分別爲-.456、.317、.220及.387，除了x3（考試焦慮）與依變項之相關爲.220（p＝.062），未達.05顯著水準外，其它三個自變項與依變項之相關均達.05顯著水準。其次，由自變項間之相關係數可知，x1與x2二變項之相關達-.908，x2與x3之相關爲.787，表示這些變項間可能有線性重合之問題存在。

Variables Entered/Removed[b]

Model	Variables Entered	Variables Removed	Method
1	x4, x2, x3, x1[a]	.	Enter

a. All requested variables entered.

b. Dependent Variable: y

　　SPSS所輸出有關迴歸模式的相關訊息。由表可知，四個自變項進入迴歸模式的順序依次爲x4、x2、x3、x1（此順序並不是代表自變項之相對重要性）。所用之變項選擇方法爲全部進入法。

Model Summary[b]

Model	R	R Square	Adjusted R Square	Std. Error of the Estimate	Durbin-Watson
1	.596[a]	.355	.297	3.75545	1.972

a. Predictors: (Constant), x4, x2, x3, x1

b. Dependent Variable: y

　　SPSS所輸出有關迴歸模式的統計量。由表可知，四個自變項與依變項的多元相關係數（即$r_{y.x1x2x3x4}$）爲.596，多元相關係數的平方值即爲決定係數（R^2）值爲.355，校正後的決定係數（adjusted R^2）爲.297，迴歸模式的誤差均方和（mean square of error, MSE）的估計標準誤爲3.75545（此值等於下一個報表中Residual項的均方值14.103開根號）。根據決定係數可知，四個自變項共可解釋依變項總變異量的35.5％。最後，自我相關DW檢定

值為 1.972，經查迴歸分析之教科書，在自變項 4 個，樣本數 50 時，殘差值有自我相關（autocorrelation）之臨界值為小於 1.48 或大於 2.52，因此本例之殘差值並未違反無自我相關之基本假設。一般在行為科學的研究中，除非研究資料是屬於縱貫面的時間系列資料（如對個體智商的長時間定期測量），否則一般橫斷面的資料，通常可以符合這項假設。

ANOVA[b]

Model		Sum of Squares	df	Mean Square	F	Sig.
1	Regression	348.977	4	87.244	6.186	.000[a]
	Residual	634.652	45	14.103		
	Total	983.628	49			

a. Predictors: (Constant), x4, x2, x3, x1

b. Dependent Variable: y

　　SPSS 所輸出有關迴歸模式的變異數分析摘要表。本例之變異數分析摘要表可整理如表 9-4。

表 9-4　例 9-1 之變異數分析摘要表

變異來源	SS	df	MS	F
SS_{reg}	348.977	4	87.244	6.186***
SS_{error}	634.652	45	14.103	

*** p<.001

　　由表 9-4 可知，整體迴歸模式之 F 值為 6.186，p 值為.000，已達.05 顯著水準，表示自變項與依變項間有顯著相關存在；亦即，四個自變項中至少有一個自變項與依變項間的相關達顯著水準，至於有哪幾個自變項與依變項的相關達顯著，必須由進一步個別迴歸參數的檢定結果才能得知。

Coefficients[a]

		Unstandardized Coefficients		Standardized Coefficients	t	Sig.	95% Confidence Interval for B		Collinearity Statistics	
		B	Std. Error	Beta			Lower Bound	Upper Bound	Tolerance	VIF
1	(Constant)	25.616	7.544		3.396	.001	10.422	40.809		
	x1	-.412	.146	-.841	-2.817	.007	-.706	-.117	.161	6.207
	x2	-1.420	1.070	-.409	-1.327	.191	-3.575	.735	.151	6.625
	x3	.000	.001	-.064	-.317	.752	-.002	.002	.348	2.876
	x4	.574	.242	.299	2.370	.022	.086	1.062	.902	1.109

a. Dependent Variable: y

　　SPSS 所輸出有關迴歸模式中各參數的檢定結果。表中所輸出有關參數的訊息依序為未標準化迴歸係數（B）、迴歸係數之估計標準誤（Std. Error）、標準化迴歸係數（Beta）、迴歸係數之 t 值、t 值所對應之機率值（顯著水準）、迴歸係數之 95 ％信賴區間估計值、允差（Tolerance），以及變異數波動因素（VIF）等估計或檢定值。根據這些檢定結果，茲提出下列之說明與解釋：

　　1. 由表可知，本例之未標準化迴歸模式為：

$$y = 25.616 - .412\,x1 - 1.420\,x2 - .000\,x3 + .574\,x4 + \varepsilon_i$$

標準化的迴歸模式為：

$$y = -.841\,x1 - .409\,x2 - .064\,x3 + .299\,x4 + \varepsilon_i$$

根據未標準化迴歸模式可知，x1、x2 及 x3 與依變項的關係為負相關，而 x4 與依變項則是正相關；再者，只要將樣本觀察值在四個自變項的原始分數代入，即可求得樣本觀察值的預測值（predicted value），而將實際值（y）減去預測值，即為每一觀察值之殘差值（residual）。至於標準化迴歸係數可顯示出各自變項之相對重要性，標準化迴歸係數愈大，表示該自變項在解釋依變項的變異量時的相對重要性愈高（此必須在自變項間未違反線性重合假設時才可如此解

釋）。

2. 由迴歸係數之 t 值及 95 ％信賴區間估計值，研究者可以對個別迴歸
參數的顯著性加以檢定。前已述及，當迴歸模式之 F 值達顯著時，
就表示模式中至少有一個自變項之迴歸係數達顯著。由表可知，x1
與 x4 之 t 值分別爲-2.817 及 2.370，都已達.05 的顯著水準，至於 x2
及 x3 之 t 值，則未達顯著水準。而根據迴歸係數的 95 ％信賴區間
估計值，也可得到相同的結果，當信賴區間估計值未包括 0 這個點
時，就表示該迴歸係數顯著的不同於 0（即達到顯著水準），若包
括 0 這個點，則表示未達顯著水準。

在此有一點要補充說明的是，x2 與 x3 的迴歸係數未達顯著水準，
而 x1 與 x4 的係數則達顯著水準，此並不一定就表示 x2 與 x3 與依
變項沒有關係，而 x1 與 x4 則有顯著的關係。事實上由上表的積差
相關係數可知，x2 與依變項之相關爲.317，已達.05 顯著水準，其在
迴歸模式中之所以不能顯著的原因，主要是因爲 x2 與 x1 間之相關
達-.908，因此 x2 與依變項的相關，在迴歸模式中被 x1 淨掉（partial-
out）。甚且當自變項間存在高度多元共線性（線性重合）時，可能
會出現與依變項有高相關的自變項，迴歸係數都不顯著，而與依變
項相關不顯著的自變項，其迴歸係數反而顯著之矛盾現象。因此，
研究者在使用多元迴歸分析進行研究，在解釋各自變項與依變項間
的關係時，實在應該特別謹慎，避免僅根據迴歸係數的顯著性，即
做出最後的結論，而是應在確定迴歸模式並未違反基本假設時，才
可做出結論，以免形成嚴重的錯誤。

3. 迴歸係數之允差（容忍度）及變異數波動因素（VIF），可做爲檢
定自變項間是否有線性重合問題之依據。其中容忍度的值是 VIF 的
倒數（即 TOL ＝ 1 ／ VIF），因此容忍度的值在 0 到 1 之間。前已
述及，VIF 值愈大，就表示表示變項間線性重合問題愈嚴重，因此，
容忍度的值愈接近 0，也表示線性重合問題愈嚴重，這二個檢定線
性重合的統計量，意義是相同的，在迴歸分析的教科書中，以 VIF
做爲檢定統計量較爲普遍。

Collinearity Diagnostics[a]

Model	Dimension	Eigenvalue	Condition Index	Variance Proportions				
				(Constant)	x1	x2	x3	x4
1	1	4.1378	1.000	.00	.00	.00	.01	.01
	2	.5640	2.709	.00	.00	.01	.13	.07
	3	.2296	4.245	.01	.00	.00	.00	.73
	4	.0655	7.948	.00	.00	.32	.84	.11
	5	.0031	36.261	1.00	.98	.67	.03	.08

a. Dependent Variable: y

　　SPSS 所輸出有關自變項間線性重合的檢定結果。表中所輸出有關參數的訊息依序為特徵值（Eigenvalue）、條件指數（Condition Index，簡稱 CI 值），以及變異數比例。本例共有 4 個自變項，因此可求出 5 個特徵值（Eigenvalue），5 個特徵值的和恰等於 5（自變項個數加 1），最大的 CI 值為 36.261（即 $36.261 = \sqrt{4.1378 / .0031}$，表示自變項間有中度的線性重合。

　　變異數比例就是每一特徵值所對應的特徵向量（eigenvector），由於有五個特徵值，因此特徵向量是一個 5 × 5 的矩陣，每一縱行就是常數項與自變項在各特徵值上之變異數比例，其總和為 1。當任二個自變項在同一個特徵值上之變異數比例值都非常接近 1，就表示該二自變項間可能有線性重合之問題。由表可知，x1 在第 5 個特徵值上之變異數比例為 .98，x2 為 .67，表示 x1 及 x2 間可能有線性重合之問題。

　　綜合相關係數、VIF 及 CI 與變異數比例，例 9-1 中，自變項 x1 及 x2 之相關為 -.908，且在第 5 個特徵值上之變異數比例值偏高，而 x2 之 VIF 值為 6.625，最大的 CI 值為 36.261。根據上述，本例所得到之迴歸模式中的自變項間，應該是有中度的線性重合問題，但還不算嚴重。此一結果，並不會影響預測的正確性，但在解釋各迴歸係數時，就應該特別謹慎，尤其是對 x1 及 x2 的解釋。最後，使用者若覺得有必要進行線性重合問題的校正，可利用脊迴歸、主成分迴歸，或潛在根迴歸等方法進行，唯 SPSS 並無

法提供這三種迴歸分析方法，這三種方法可在BMDP或一些經濟計量的套裝軟體，如 SHAZEM 中找到。

Casewise Diagnostics[a]

Case Number	id	Std. Residual	y	Predicted Value	Residual
7	7	-2.157	.60	8.6993	-8.09931
46	46	2.516	18.56	9.1105	9.44952

a. Dependent Variable: y

　　SPSS 所輸出之可能極端值之檢定結果。由於標準化殘差（Std. Residual）係將樣本之實際值減去預測值後，所得到的殘差值加以標準化，因此與標準 Z 分數的意義相似。通常標準化殘差在正負 1.96 個標準差以外（95 ％信賴區間以外）的樣本觀察值，可能是一個極端值。由表可知，編號（id）為 46 及 7 的樣本之標準化殘差值分別為 2.516 及 -2.157，均落在 95 ％的信賴區間之外，可能是極端值。判斷樣本觀察值是否是一個極端值或具影響力觀察值，絕不可以一個殘差統計量的結果，就遽下判斷，應該綜合各項檢定法後才下決定，否則容易形成錯誤的結論。

Residuals Statistics[a]

	Minimum	Maximum	Mean	Std. Deviation	N
Predicted Value	5.3110	16.1358	9.6710	2.66870	50
Std. Predicted Value	-1.634	2.422	.000	1.000	50
Standard Error of Predicted Value	.737	2.168	1.148	.308	50
Adjusted Predicted Value	4.9199	14.7313	9.6640	2.67361	50
Residual	-8.09931	9.44952	.00000	3.59890	50
Std. Residual	-2.157	2.516	.000	.958	50
Stud. Residual	-2.199	2.608	.001	1.003	50

（接下頁）

（承上頁）

Deleted Residual	-8.42333	10.14935	.00695	3.94543	50
Stud. Deleted Residual	-2.302	2.799	.004	1.026	50
Mahal. Distance	.905	15.354	3.920	2.963	50
Cook's Distance	.000	.135	.019	.027	50
Centered Leverage Value	.018	.313	.080	.060	50

a. Dependent Variable: y

　　SPSS 所輸出樣本觀察值在預測值與各種殘差檢定統計量之描述統計。表中所輸出的統計量依序為最小值（Minimum）、最大值（Maximum）、平均數（Mean）、標準差（Std. Deviation），以及有效樣本數（N）。根據輸出結果，可將 50 名樣本觀察值在預測值與各種殘差檢定統計量之描述統計統整理如下：

意義	最小值	最大值	平均數	標準差
預測值	5.3110	16.1358	9.6710	2.6687
標準化預測值	-1.6337	2.4225	.0000	1.0000
預測值之標準誤	.7366	2.1682	1.1479	.3076
校正後之預測值	4.9199	14.7313	9.6640	2.6736
殘差值	-8.0993	9.4495	.0000	3.5989
標準化殘差值	-2.1567	2.5162	.0000	.9583
t 化殘差值	-2.1994	2.6077	.0010	1.0025
刪除後殘差值	-8.4233	10.1494	.0070	3.9454
刪除後 t 化殘差值	-2.3021	2.7987	.0037	1.0263
Mahal 距離值	.905	15.354	3.920	2.963
Cook's D 距離值	.0000	.1345	.0193	.0272
槓桿值	.0185	.3133	.0800	.0605

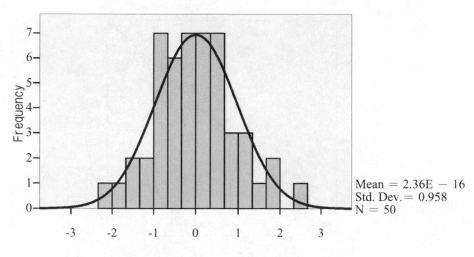

Histogram

Dependent Variable: y

Mean = 2.36E − 16
Std. Dev. = 0.958
N = 50

Regression Standardized Residual

　　SPSS所輸出對標準化殘差值的次數分配直方圖，此直方圖可做爲檢定樣本觀察值是否符合常態性之基本假設。圖中的垂直軸代表在某一個組距（interval）下，樣本之標準化殘差落在這個組距範圍內的實際樣本數，圖中由實心據點（.）所構成的鐘形曲線，即爲完全常態分配時的曲線。當實際樣本數與期望樣本數完全相同時，就表示樣本之標準化殘差值成完全常態分配。由於實際的研究都有抽樣誤差（sampling error）存在，因此實際次數與期望次數間多少會有些許差距存在，本例的標準化殘差分布，雖與期望的次數分配有所差異，但也不能遽下斷言說樣本觀察值違反常態性之假設，較理想的檢定法，還是根據殘差值常態機率分布圖，或是殘差值與預測值的交叉散佈圖來檢定較爲適當。

Normal P-P Plot of Regression Standardized Residual

Dependent Variable: y

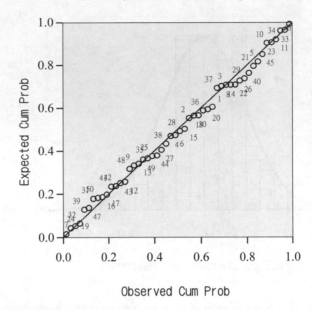

SPSS 所輸出樣本殘差值的常態機率分布圖（normal probability plot）。
若樣本殘差值的累積機率分布，剛好成一條右上到左下的四十五度線，則
表示樣本觀察值符合常態性之假設。圖中的實心四十五度線就是理論的累
積機率分布線，圓圈就是實際的殘差值累積分布，當二者愈接近，表示愈
能符合常態性之假設。由本例可知，樣本觀察值頗能符合常態性之假設。

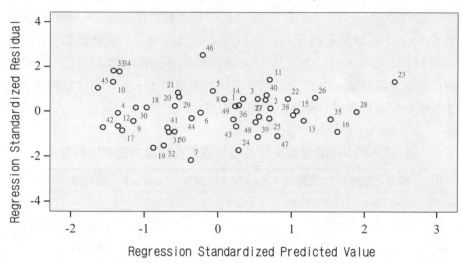

Scatterplot

Dependent Variable: y

SPSS 所輸出殘差值與預測值的交叉散佈圖，可用來做為進一步檢定常態性之假設，同時也可以檢定殘差值是否符合變異數齊一性之假設，以及觀察值中是否出現極端值。當散佈圖呈水平的隨機散佈時，表示樣本觀察值能符合常態性與變異數齊一性之假設。

由本例可知，交叉散佈圖呈現左寬右窄的喇叭型分布，表示樣本觀察值可能違反變異數齊一性之假設，或是出現極端值（此極端值可能就是造成違反變異數齊一性假設的重要原因）。圖中位在最上方及下方的二個觀察值（即編號 46 及 7 號的觀察值），可能就是二個極端值。

最後，利用 [Save] 次指令所界定輸出之各項殘差值檢定量，並未輸出到結果視窗，而是輸出到資料編輯視窗。俾便使用者進一步分析之用，這也是視窗版與 PC 版一個相當大差異。本例中，存入每一樣本的預測值、殘差值、刪除後殘差值、標準化殘差值、t 化殘差值、刪除後 t 化殘差值、Cook's D 距離值、槓桿值、共變數比率值、標準化預測值差異量，及五個迴歸係數之標準化迴歸係數差異量等共十五個統計量，此處不呈現結果，但在心理出版社網站（http://www.psy.com.tw）附有原始資料檔，使用者可下載 ex10-1.sav 原始資料檔，依本例之語法界定後執行，即可得到相同結果。

　　根據第一節中所提出的六項極端值或具影響力觀察值的檢定方法，若標準化殘差值、t化殘差值、刪除後t化殘差值在正負二個標準差以外，或槓桿值超過2p／N（本例為0.2），則該樣本觀察值可能是一個極端值。而 Cook's D 距離值超過 $F_{.50:(p, N-p)}$ 以上（本例為.88），或是預測值差異量（DFFITS）超過$2\sqrt{p／N}$以上（本例為.6325），則該樣本觀察值可能是一個具影響力觀察值。由表可知，50名樣本觀察值中，在六項檢定方法上可能是極端值或具影響力觀察值的樣本如表 9-5。

表 9-5　例 9-1 的幾個可能是極端值或具影響力觀察值的樣本

ID	標準化殘差	t 化殘差	刪除後 t 化殘差	Cook's D	槓桿值	DFFIT
7	-2.1566	-2.19940	-2.30208			
23					.20891	1.47373
44					.31334	
46	2.5162	2.60773	2.79873			.69983
47						-1.05786
49					.26297	

　　由表 9-5 可知，樣本在 Cook's D 距離值上均未超過臨界值。而編號 47 的樣本可能只是具影響力觀察值，但不是極端值。六位可能的樣本中，以編號 46 的樣本最可能是極端值，使用者此時可將該樣本自樣本中刪除，再進行一次迴歸分析，檢定迴歸係數與誤差均方和（MSE）的變化情形，以及常態機率散佈圖和殘差值與預測值的交叉散佈圖，若能成水平的隨機散佈，就表示迴歸模式經過校正後，已能滿足迴歸分析的常態性與變異數齊一性等二項基本假設。

第四節　迴歸分析的變項選擇

　　本節旨在說明迴歸分析的變項選擇方法，本節以上一節的假設性例 9-1

爲例 9-2，說明如何利用視窗 13.0 版進行所有可能迴歸與逐步迴歸。

例 9-2 　（資料檔為 ex9-1.sav）

　　根據例 9-1 的資料，試以 SPSS 進行逐步迴歸分析及所有可能迴歸分析？

一、操作程序

　　根據例 9-2 旨在根據例 9-1 之資料進行逐步迴歸與所有可能迴歸。其中 SPSS 有提供逐步迴歸之方法，但卻沒有界定進行所有可能迴歸的程式。由於 SPSS 沒有設計專門用來進行所有可能迴歸的程式，因此使用者必須自行將自變項所有可能的組合（共有 $2^k - 1$ 種），利用語法視窗自行撰寫程式，分別進行迴歸分析。當然，隨著自變項增多，可能的組合就更多，程式撰寫上也愈不方便。當自變項極多時，建議使用者改用 SAS 或 BMDP 套裝程式中，專門用來處理所有可能迴歸的程式進行分析。本例共有四個自變項，因此進行所有可能迴歸的可能組合共有 $2^4 - 1 = 15$ 種。

　　進行逐步迴歸分析時，在原始資料讀進資料編輯視窗中後，接著開啟應用視窗中 Analyze(分析) 功能表之 Regression(迴歸方法) 下之 Linear(線性) 指令對話方塊，並從來源變項清單中點選學業失敗行為反應（y）移至 Dependent 方格中，同時將自變項 x1（學業成績）、x2（努力歸因）、x3（考試焦慮）及 x4（學習難度設定）移至 Independent(s) 方格中。至於自變項之選擇方法，則選擇 Stepwise 法，完成界定之畫面如圖 9-13。

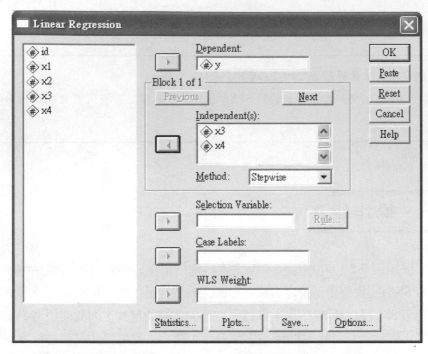

圖 9-13　界定逐步迴歸分析之 Linear(線性) 指令對話方塊

　　完成上述界定工作後，使用者即可點選 Paste 鈕，則 SPSS 會自動開啓語法視窗，將進行逐步迴歸分析之語法輸出到視窗中。其次，爲了進行所有可能迴歸分析，即可利用 SPSS 所開啓輸出逐步迴歸分析語法之語法視窗，由使用者自行撰寫程式，進行例 9-2 中四個自變項的十五種組合之界定。此一工作看似繁雜，但使用者只要撰寫完成第一個自變項組合（即僅輸入 x1 之迴歸方程），即可利用語法視窗所提供之 Edit(編輯) 功能表中之 Copy(複製) 與 Paste(貼上) 功能，進行修改與編輯。這十五種組合分別爲 x1、x2、x3、x4、x1x2、x1x3、x1x4、x2x3、x2x4、x3x4、x1x2x3、x1x2x4、x1x3x4、x2x3x4 及 x1x2x3x4。使用者僅需修改 METHOD=TEST （）次指令後括弧中之變項名稱即可。完成所有可能迴歸分析界定之語法，如圖 9-14（圖 9-14 反白部分是逐步迴歸之語法，所有可能迴歸部分限於畫面，僅看到前四種組合，只要拉動捲軸即可看到其它。程式檔在下載資料中，檔名爲 ex9-2.sps）。

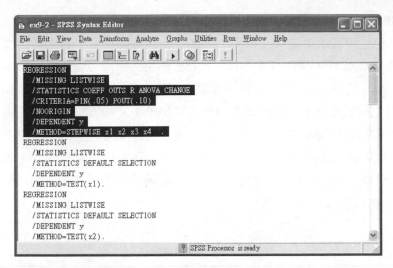

圖 9-14　界定例 9-2 逐步迴歸與所有可能迴歸之語法視窗

二、報表解釋

　　當完成圖 9-13 逐步迴歸與所有可能迴歸之語法界定後，使用者可以點選語法視窗之 Run(執行) 功能表中的 All(全部) 指令，執行統計分析，則 SPSS 會自動開啟結果輸出視窗將統計分析結果輸出到視窗中。例 9-2 執行之結果與報表解釋如下：

(一)逐步迴歸分析

Variables Entered/Removed[a]

Model	Variables Entered	Variables Removed	Method
1	x1	.	Stepwise (Criteria: Probability-of-F-to-enter<=.050, Probability-of-F-to-remove>=.100).
2	x4	.	Stepwise (Criteria: Probability-of-F-to-enter<=.050, Probability-of-F-to-remove>=.100).

a. Dependent Variable: y

SPSS 所輸出有關進行逐步迴歸之訊息。其中自變項進入迴歸模式之標準是 F 值之顯著水準達.05（PIN = .0500），自迴歸模式中被剔除之標準是顯著水準高過.100（POUT = .100）。分析結果僅保留二個模式，其中模式 1 首先進入迴歸模式的是 x1（學業成績），x1 之所以能最先進入迴歸模式，是因為它與依變項的相關係數為-.456（見例 9-1 之報表輸出），高過其它三個自變項與依變項間的相關。模式 2 進入迴歸模式的是 x4（即模式 2 中包括 x1 及 x4 二個自變項），至於 x2 及 x3 因為未能符合所界定之 PIN 及 POUT 標準，因此未能進入迴歸模式中；亦即例 9-2 進行逐步迴歸之結果，僅會保留 x1 及 x4 二個自變項。

Model Summary

Model	R	R Square	Adjusted R Square	Std. Error of the Estimate	Change Statistics				
					R Square Change	F Change	df1	df2	Sig. F Change
1	.456[a]	.207	.191	4.02993	.207	12.567	1	48	.001
2	.566[b]	.320	.291	3.77248	.112	7.775	1	47	.008

a. Predictors: (Constant), x1

b. Predictors: (Constant), x1, x4

SPSS 所輸出有關逐步迴歸所得到二個迴歸模式的相關訊息及統計量。由表可知，模式 1 中自變項 x1 與依變項的多元相關係數（即 $r_{y.x1}$）為.456，決定係數（R^2）為.207，校正後的決定係數為.191，迴歸模式的誤差均方和（mean square of error, MSE）的估計標準誤為 4.02993。根據決定係數可知，自變項 x1 共可解釋依變項總變異量的 20.7 %。而模式 2 中自變項 x1 及 x4 與依變項之多元相關係數（$r_{y.x1x2}$）為.566，決定係數為.320，校正後決定係數為.291，誤差均方和的估計標準誤為 3.77248，決定係數之改變量為.112，表示加入自變項 x4，可以提高解釋依變項變異量之 11.2 %。

ANOVA^c

Model		Sum of Squares	df	Mean Square	F	Sig.
1	Regression	204.094	1	204.094	12.567	.001^a
	Residual	779.535	48	16.240		
	Total	983.628	49			
2	Regression	314.743	2	157.372	11.058	.000^b
	Residual	668.885	47	14.232		
	Total	983.628	49			

a. Predictors: (Constant), x1

b. Predictors: (Constant), x1, x4

c. Dependent Variable: y

　　SPSS 所輸出二個迴歸模式的變異數分析摘要表。由表可知，模式 1（僅包括 x1）整體迴歸模式之 F 值為 12.567，p 值為.001，已達.05 顯著水準，表示自變項 x1 與依變項間有顯著關係存在。模式 2（包括 x1 及 x4）整體迴歸模式之 F 值為 11.058，p 值為.000，已達.05 的顯著水準，表示新加入之 x4 亦與依變項間有顯著關係存在。

Coefficients^a

Model		Unstandardized Coefficients		Standardized Coefficients	t	Sig.
		B	Std. Error	Beta		
1	(Constant)	17.496	2.280		7.674	.000
	x1	-.223	.063	-.456	-3.545	.001
2	(Constant)	14.465	2.395		6.039	.000
	x1	-.203	.059	-.416	-3.430	.001
	x4	.649	.233	.338	2.788	.008

a. Dependent Variable: y

　　SPSS 所輸出有關二個迴歸模式中各自變項迴歸係數的估計值與顯著性檢定結果。由表可知，模式 1 中自變項 x1 之未標準化迴歸係數值爲 -.223，估計標準誤爲.063，標準化迴歸係數爲 -.456，t 值爲 -3.545，已達.05 的顯著水準。由於迴歸模式中只有一個自變項，因此這等於是一個簡單迴歸分析模式，此時迴歸係數的 t 值的平方，恰等於整體迴歸模式的 F 值，即 $(-3.545)^2 = 12.5671$。而標準化迴歸係數就是二變項之相關係數。至於模式 2 中二個自變項 x1 及 x4 之迴歸係數分別爲 -.203 及.649，也都達.05 顯著水準。

　　其次，在逐步多元迴歸時，除了根據 PIN ＝.05 選擇變項進入迴歸模式外，也需進一步將新進入迴歸模式的自變項（本例爲 x4），根據 POUT ＝.10 爲標準，若其 t 值所對應之顯著水準機率值大於.10，表示該自變項與原來已經在迴歸模式中的自變項，有線性重合的問題，因此會再被從迴歸模式中剔除。本例二個自變項之 t 值所對應之機率值均低於.10，因此 x4 不會被踢出模式之外。

Excluded Variables[c]

Mode		Beta In	t	Sig.	Partial Correlation	Collinearity Statistics
						Tolerance
1	x2	-.557[a]	-1.856	.070	-.261	.175
	x3	-.290[a]	-1.495	.142	-.213	.428
	x4	.338[a]	2.788	.008	.377	.986
2	x2	-.442[b]	-1.540	.130	-.221	.171
	x3	-.156[b]	-.890	.423	-.118	.393

a. Predictors in the Model: (Constant), x1

b. Predictors in the Model: (Constant), x1, x4

c. Dependent Variable: y

　　SPSS 所輸出在二個迴歸模式中，未能進入迴歸模式的自變項之相關統計量。SPSS 會根據這些統計量，決定是否需要進行第二步的逐步迴歸分

析。由於所設定的變項選擇標準是 PIN ＝.05 及 POUT ＝.10，則當未進入迴歸模式的自變項的 t 值之顯著水準在.05 以下，SPSS 會進行第二步的逐步迴歸分析，若小於.05 顯著水準的自變項不只一個，則 SPSS 會選擇 t 值最大（即顯著水準最小）的自變項投入迴歸模式中，繼續第二步的逐步迴歸分析。

由表可知，在模式 1 未進入迴歸模式的三個自變項中，只有 x4 之 t 值為 2.788（p ＝.008），已小於設定之進入標準.05 顯著水準，因此 SPSS 選擇 x4 進行第二步的逐步迴歸分析，當將 x4 投入迴歸模式後，其標準化迴歸係數會等於.338。而在模式 2 中，二個自變項 x2 及 x3 之 t 值分別為-1.540 及-.809，其顯著水準均高於設定之標準.05，表示未進入迴歸模式之自變項，都沒有達到進入標準 PIN ＝.05，此時 SPSS 就會停止逐步迴歸之工作。

(二)所有可能迴歸分析

圖 9-14 之所有可能迴歸分析語法，經點選語法視窗之 Run(執行) 功能表中的 All(全部) 指令，執行統計分析之結果與報表解釋如下：

Variables Entered/Removed[a]

Model	Variables Entered	Variables Removed	Method
1	x1	.	Test

a. Dependent Variable: y

Model Summary

Model	R	R Square	Adjusted R Square	Std. Error of the Estimate	Selection Criteria			
					Akaike Information Criterion	Amemiya Prediction Criterion	Mallow's Prediction Criterion	Schwarz Bayesian Criterion
1	.456[a]	.207	.191	4.02993	141.334	.859	2.000	145.158

a. Predictors: (Constant), x1

Coefficients[a]

Model		Unstandardized Coefficients		Standardized Coefficients	t	Sig.
		B	Std. Error	Beta		
1	(Constant)	17.496	2.280		7.674	.000
	x1	-.223	.063	-.456	-3.545	.001

a. Dependent Variable: y

　　上表為 SPSS 所輸出以 x1 為自變項進行所有可能迴歸分析的報表結果。有關所有可能迴歸的報表輸出，與前面的逐步迴歸相似，除了自變項進入模式方法變為「檢定法」外，只是多出了模式選擇標準之四項統計量，這些統計量包括 Amemiya（1980）的預測效標（prediction criterion, PC）、Akaike（1978）的訊息效標（information criterion, AIC）、Mallows（1973）的 C_p 統計量及 Schwarz（1978）的貝氏效標（Bayesian criterion, SBC）等四個。這四項變項選擇統計量的判斷標準並非絕對的，而是相對的，必須與其它迴歸模式相較後，才能知道模式的適當性。其中，PC、AIC 及 SBC 三者的數值愈小，代表模式的適當性愈高，C_p 值愈接近自變項個數加 1，表示模式愈好。

　　最後，為節省篇幅，此處將第二種組合（以 x2 為自變項）到第十四種組合（以 x2、x3 及 x4 為自變項）的報表輸出全部省略。

Variables Entered/Removed[a]

Model	Variables Entered	Variables Removed	Method
1	x4, x2, x3, x1	.	Test

a. Dependent Variable: y

Model Summary

Model	R	R Square	Adjusted R Square	Std. Error of the Estimate	Selection Criteria			
					Akaike Information Criterion	Amemiya Prediction Criterion	Mallows' Prediction Criterion	Schwarz Bayesian Criterion
1	.596ᵃ	.355	.297	3.75545	137.053	.789	5.000	146.613

a. Predictors: (Constant), x4, x2, x3, x1

Coefficientsᵃ

Model		Unstandardized Coefficients		Standardized Coefficients	t	Sig.
		B	Std. Error	Beta		
1	(Constant)	25.616	7.544		3.396	.001
	x1	-.412	.146	-.841	-2.817	.007
	x2	-1.420	1.070	-.409	-1.327	.191
	x3	.000	.001	-.064	-.317	.752
	x4	.574	.242	.299	2.370	.022

a. Dependent Variable: y

　　SPSS 所輸出以 x1、x2、x3 及 x4 為自變項的所有可能迴歸分析結果。

　　綜合十五種所有可能迴歸的結果，茲將十五個迴歸模式的變項選擇統計量整理如表 9-6。

表 9-6　例 9-2 進行所有可能迴歸的模式適當性檢定統計量

迴歸模式	MSE	C_p	AIC	PC	SBC	Adj R^2
x1	4.0299	9.2729	141.334	.859	145.158	.191
x2	4.2941	16.7568	147.683	.975	151.507	.081
x3	4.4156	20.3575	150.472	1.031	154.296	.029

（接下頁）

（承上頁）

x4	4.1742	13.2999	144.850	.921	148.674	.132
x1 x2	3.9310	7.4975	139.796	.833	145.532	.230
x1 x3	3.9790	8.7629	141.010	.853	146.746	.211
x1 x4	3.7725	3.4273	135.679	.767	141.416	.291
x2 x3	4.3343	18.6055	149.562	1.012	155.298	.064
x2 x4	3.9885	9.0148	141.248	.857	146.984	.208
x3 x4	4.0485	10.6223	142.742	.883	148.478	.183
x1 x2 x3	3.9394	8.6158	140.933	.852	148.581	.227
x1 x2 x4	3.7186	3.1007	135.164	.759	142.812	.311
x1 x3 x4	3.7864	4.7619	136.973	.787	144.621	.286
x2 x3 x4	4.0287	10.9377	143.175	.891	150.823	.191
x1 x2 x3 x4	3.7555	5.0000	137.053	.789	146.613	.297

　　由表9-6可知，除了飽和模式（full model）外（即四個自變項均投入），在六項檢定模式適當性的統計量上，較佳的二個模式分別為：

統計量	最適當模式	統計量值	次適當模式	統計量值
C_p	x1 x4	3.427	x1 x2 x4	3.101
AIC	x1 x2 x4	135.164	x1 x4	135.679
PC	x1 x2 x4	.759	x1 x4	.767
SBC	x1 x4	141.416	x1 x2 x4	142.812
校正後 R^2	x1 x2 x4	.311	x1 x4	.291
估計標準誤	x1 x2 x4	3.719	x1 x4	3.772

　　由上表可知，不論哪一項檢定統計量，最適當及次適當迴歸模式不是投入 x1、x2 及 x4 的迴歸模式，就是投入 x1 及 x4 的模式。其中投入 x1、x2 及 x4 的迴歸模式，在估計標準誤、AIC、PC 及校正後 R^2 四項檢定統計量上都是最適當模式，而投入 x1 及 x4 的迴歸模式，則在 C_p 及 SBC 二項

檢定統計量上為最適當模式，至於哪一個模式才是最適當的變項選擇模式，研究者可根據研究目的選擇一個最適當的模式。

最後要補充說明的是，通常在迴歸分析中，當投入迴歸模式的自變項愈多時，決定係數也會增高，但當投入的自變項是一個不重要的變項，則非但無助於解釋變項間的關係及進行預測，反而會造成迴歸模式的不正確。此時，要判斷所投入的自變項是否是一個重要的變項，可利用校正後決定係數為依據，前已述及，當投入自變項愈多時，決定係數會隨著增高，但當投入的是一個不重要的自變項時，校正後決定係數非但不會升高，反而還會降低。在例 9-2 中，由表 9-6 可知，當投入 x1、x2 及 x4 時，校正後決定係數為.311，再投入 x3（飽和模式），校正後決定係數降為.297，表示在本例中投入自變項 x1、x2 及 x4 後，再投入 x3 是一個不重要的自變項。

第五節　虛擬變項之迴歸分析

本節旨在說明如何利用 SPSS 建構虛擬變項，以便可以在迴歸分析中投入質的類別變項。以下以一個假設性的例 9-3，說明單一類別變項轉換為虛擬變項迴歸分析。

一、操作程序

例 9-3　（資料檔為 ex9-3.sav）

有一社會心理學家認為當我們幫助別人後，將會更喜歡對方。因此他設計一項實驗，學生在參與一項觀念形成的實驗後，將可以得到一筆錢。實驗結束後，12 名的參與學生被實驗者接見，他告訴學生實驗的錢是自己的錢，且已經用完，因此他被迫提早結束實驗。最後他並問學生：

（接下頁）

（承上頁）

你們介意把錢還給我，讓我完成實驗嗎？另外 10 名的樣本由心理系助教接見，表示心理基金會的經費已經不夠，並對樣本提出是否願意退錢的要求；最後的 9 名樣本學生並沒有被接見，也得到錢。在學生要離開時，他們都填答一份問卷，其中有些題目是對實驗者的評價，三組樣本對實驗者的評價分數如下表。試問三組樣本對實驗者的評價是否有差異存在？

實驗者接見組	35	39	42	29	44	41	32	36	35	30	33	38
助教接見組	21	24	20	15	18	21	14	13	15	11		
無	28	27	26	28	31	32	25	27	24			

　　例 9-3 的問題可用單因子獨立樣本變異數分析來處理，也可以將組別（類別變項）轉換成虛擬變項，以迴歸分析來處理，二種方法所得到的結果應是相同的。首先將原始資料讀進資料編輯視窗（有關讀取原始資料之方式，請參見第二章，此處假設資料已讀進資料編輯視窗中），如圖 9-15。圖 9-15 中變項 grp 代表樣本之組別，其中 1 代表實驗者接見組、2 代表助教接見組、3 代表無接見組，score 代表依變項「評價意見」。

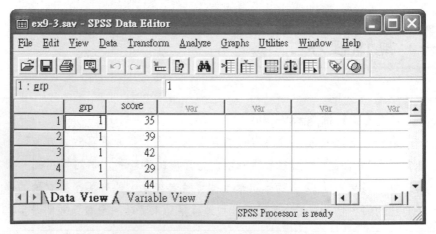

圖 9-15　例 9-3 之假設性資料

　　以迴歸分析來處理例 9-3 之問題，首先必須將自變項組別（grp）轉換成虛擬變項，本例的自變項分為三組，因此必須建構二個虛擬變項。利用 SPSS 建構虛擬變項的語法，先利用 Compute(計算) 指令創造二個新變項 g1 及 g2，且設定 g1 及 g2 的值均為 0。再利用 If... 次指令進行條件轉換，在自變項編碼值為 1（即實驗者接見組）的樣本，使其在 g1 的值轉換為 1，而編碼值為 2（即助教接見組）的樣本，使其在 g2 的值為 1，如此就完成虛擬變項的建構。因此本例是以自變項編碼值為 3（即無接見組）的樣本為參照組。

　　首先開啟 Transform(轉換) 功能表中之 Compute(計算) 指令之對話方塊，在 Target Variable 方格中輸入 g1，在 Numeric Expression 方格中輸入 0，然後點選 OK 鈕，SPSS 就會執行轉換，在資料編輯視窗中新創造一個變項 g1，且所有樣本在 g1 之編碼值都是 0。其次，重複上述之步驟，以創造第二個虛擬變項 g2，且讓所有樣本在 g2 之編碼值為 0。轉換結果如圖 9-16。

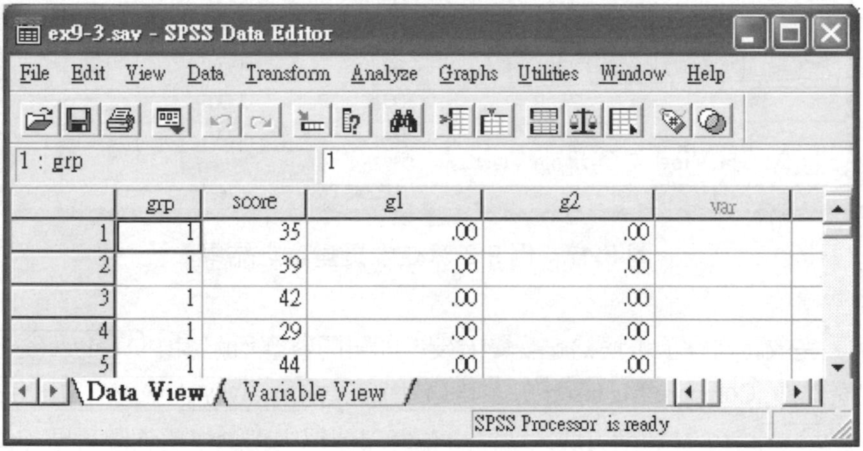

圖 9-16　界定虛擬變項計算後之結果

　　完成 g1 及 g2 之創造後，再度開啟 Compute(計算) 指令之對話方塊，點選 If... 次指令，開啟對話方塊，先點選 Include if case satisfies condition，然後在來源變項清單中點選變項 grp，並移至右邊方格中，同時輸入等於 1

（實驗者接見組），然後點選 Continue 鈕回到上一層 Compute(計算) 指令對話方塊。其次，在 Target Variable 方格中輸入 g1，在 Numeric Expression 方格中輸入 1，然後點選 OK 鈕，SPSS 就會執行轉換，將資料編輯視窗中變項 grp 編碼值為 1 之樣本，在變項 g1 之編碼值改為 1。

完成 g1 之轉換後，使用者可以重複上述之步驟，對 g2 進行轉換，但在 If... 次指令中需改為輸入 grp ＝ 2（助教接見組），在 Compute(計算) 指令對話方塊之 Target Variable 方格中輸入 g2。然後點選 OK 鈕，SPSS 就會執行轉換，將資料編輯視窗中變項 grp 編碼值為 2 之樣本，在變項 g2 之編碼值改為 1。如此整個虛擬變項界定之工作即告完成，其結果如圖 9-17。

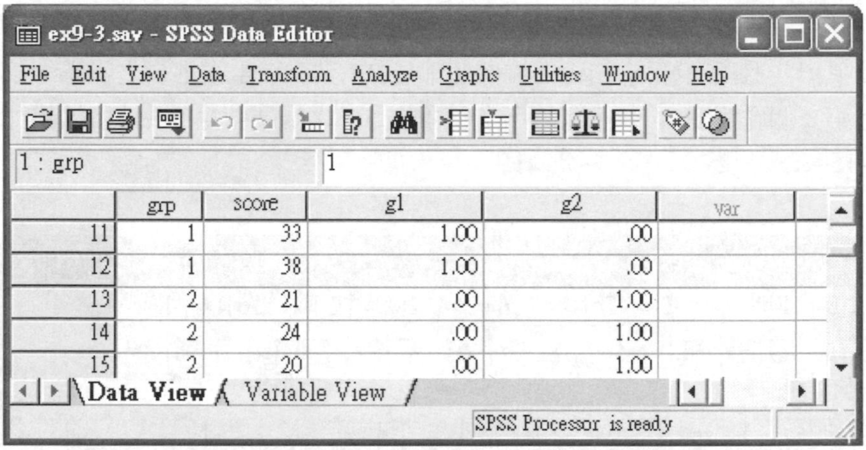

圖 9-17　例 9-3 建立虛擬變項之結果

完成將自變項轉換為虛擬變項後，即可開啟應用視窗中 Analyze(分析) 功能表之 Compare Means(比較平均數法) 下之 One-Way ANOVA(單因子變異數分析) 指令之對話方塊，並從來源變項清單中點選變項評價意見（score）移至 Dependent List 方格中，同時將自變項 grp 移至 Factor 之方格中，如圖 9-18，以進行單因子變異數分析；同時使用者可以開啟 Options 次指令之對話方塊，點選 Descriptive 選項，界定輸出描述性統計量。最後，點選 OK 鈕，SPSS 就會執行單因子變異數分析，並將結果輸出到結果視窗中（報表解釋併以下虛擬變項迴歸分析）。

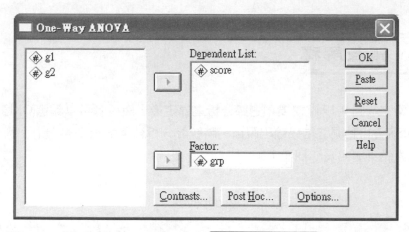

圖 9-18 界定單因子 ANOVA 之 One-Way ANOVA 指令對話方塊

　　執行單因子變異數分析後，使用者可以再開啓 Analyze(分析) 功能表之 Regression(迴歸方法) 下之 Linear(線性) 指令之對話方塊，並將變項評價意見（score）移至 Dependent 方格中，同時將二個虛擬變項 g1 及 g2 移至 Independent(s) 方格中，如圖 9-19，以進行虛擬變項迴歸分析。

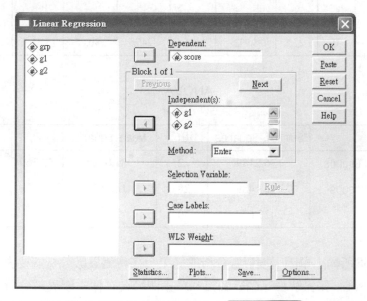

圖 9-19 界定進行虛擬變項迴歸分析之 Linear(線性) 指令對話方塊

二、報表解釋

　　當完成圖 9-19 虛擬變項迴歸分析之界定後，使用者可以點選 OK 鈕，則 SPSS 會自動開啓結果輸出視窗，將統計分析結果輸出到視窗中。例 9-3 執行之結果與報表解釋如下：

Descriptives

score

	N	Mean	Std. Deviation	Std. Error	95% Confidence Interval for Mean		Minimum	Maximum
					Lower Bound	Upper Bound		
實驗者接見	12	36.17	4.764	1.375	33.14	39.19	29	44
助教接見	10	17.20	4.211	1.332	14.19	20.21	11	24
無接見	9	27.56	2.603	.868	25.55	29.56	24	32
Total	31	27.55	8.992	1.615	24.25	30.85	11	44

ANOVA

score

	Sum of Squares	df	Mean Square	F	Sig.
Between Groups	1962.189	2	981.094	59.269	.000
Within Groups	463.489	28	16.553		
Total	2425.677	30			

　　SPSS 所輸出單因子變異數分析的結果。茲將變異數分析摘要表整理如下，至於詳細報表解釋，請參閱第八章第四節獨立樣本變異數分析部分。

變異來源	SS	df	MS	F
組間（SS_a）	1962.189	2	981.094	59.269***
組內（$SS_{s/a}$）	463.489	28	16.553	

*** p<.001

由表可知，三組樣本對實驗者的評價有顯著的差異。

Variables Entered/Removed[b]

Model	Variables Entered	Variables Removed	Method
1	g2, g1[a]	.	Enter

a. All requested variables entered.

b. Dependent Variable: score

　　SPSS 所輸出進行虛擬變項迴歸分析的訊息，以對實驗者評價分數（score）為依變項，二個虛擬變項 g1 及 g2 為自變項，二個自變項進入迴歸模式之順序依序為 g2 先進入，然後 g1 再進入。

Model Summary

Model	R	R Square	Adjusted R Square	Std. Error of the Estimate
1	.899[a]	.809	.795	4.069

a. Predictors: (Constant), g2, g1

　　SPSS 所輸出有關迴歸模式的相關訊息及統計量。由表可知，二個自變項與依變項的多元相關係數為.899，決定係數（R^2）為.809，校正後的決定係數為.795，迴歸模式的誤差均方和（mean square of error, MSE）的估計標準誤為 4.069。根據決定係數可知，二個代表組別之虛擬變項共可解釋依變項總變異量的 80.9 ％。事實上，根據上述的變異數分析結果可知，決定係數值就是組間（SS_a）的離均差平方和占依變項總離均差平方和（SS_t）的百分比，即：

　　.809 ＝ 1962.189 ／ 2425.677

ANOVA[b]

Model		Sum of Squares	df	Mean Square	F	Sig.
1	Regression	1962.189	2	981.094	59.269	.000[a]
	Residual	463.489	28	16.553		
	Total	2425.677	30			

a. Predictors: (Constant), g2, g1

b. Dependent Variable: score

　　SPSS所輸出有關迴歸模式的變異數分析摘要表。由表可知，變異數分析的結果與上述進行單因子變異數分析所得到的結果完全相同，SS_{reg} 的均方和等於單因子變異數分析的 SS_a，SS_{error} 的均方和等於單因子變異數分析的 $SS_{s/a}$。

Coefficients[a]

Model		Unstandardized Coefficients		Standardized Coefficients	t	Sig.
		B	Std. Error	Beta		
1	(Constant)	27.556	1.356		20.318	.000
	g1	8.611	1.794	.474	4.800	.000
	g2	-10.356	1.869	-.547	-5.540	.000

a. Dependent Variable: score

　　SPSS所輸出有關迴歸模式中各參數的檢定結果。表中所輸出有關參數的訊息依序為未標準化迴歸係數（B）、迴歸係數之估計標準誤（Std. Error）、標準化迴歸係數（Beta）、迴歸係數之t值，以及t值所對應之機率值（顯著水準）。根據這些檢定結果，茲提出下列之說明與解釋：

　　1. 本例的未標準化迴歸模式可寫成：

　　　　score ＝ 27.556 ＋ 8.611 g1 － 10.356 g2 ＋ε_i

　　式中的常數項 27.556，就是參照組的平均數（在本例為無接見組，

參見前述變異數分析之描述統計報表），而 g1 的迴歸係數，事實上就是實驗者接見組與參照組平均數的差，當然，g2 的迴歸係數，就是助教接見組與參照組平均數的差。由於實驗者接見組在 g1 上的值為 1，在 g2 上的值為 0，因此根據上述，其平均數為：

$$27.556 + 8.611（1）－ 10.356（0）= 36.167$$

而助教接見組在 g1 上的值為 0，在 g2 上的值為 1，因此根據上述，其平均數為：

$$27.556 + 8.611（0）－ 10.356（1）= 17.200$$

至於參照組在 g1 及 g2 上的值均為 0，因此其平均數當然就是等於迴歸模式的常數項。

2. 由於 g1 及 g2 的迴歸係數分別代表不同二組樣本與參照組平均數的差，因此二個係數的 t 值，就分別等於是二組平均數與參照組平均數差異的檢定（其結果等於分別進行二次獨立樣本 t 考驗）。本例的二個 t 值分別是 4.800 及 -5.540，都已達 .05 顯著水準，表示實驗者接見組與助教接見組對實驗者的評價，都與參照組對實驗者的評價有顯著差異，其中，實驗者接見組顯著高於參照組（迴歸係數為正），而助教接見組則顯著低於參照組（迴歸係數為負）。

3. 上述迴歸係數 t 值的意義，除了是等於進行獨立樣本 t 考驗的結果，它也等於變異數分析中的事前比較結果。但如何利用虛擬變項的迴歸分析結果進行變異數分析的事後比較呢？Pedhazur（1997）建議改用效果項編碼（effect coding）的方式建構虛擬變項，此種效果項編碼建構虛擬變項的方式，與一般建構虛擬變項的方式（Pedhazur 稱為虛擬編碼，dummy coding）的唯一差別就在於參照組的編碼值改用 -1 取代原來的 0，其餘的則全部相同，而執行迴歸分析後的結果，除了迴歸係數值會有所變動（常數項值變成總樣本平均數）外，其它的結果完全相同，根據迴歸係數，再利用簡單的計算機，即可進行各種事後比較。至於如何比較，請參考 Pedhazur（1997）。

例 9-3 是將虛擬變項的迴歸分析應用於解決單因子變異數分析的問題。

事實上，虛擬變項迴歸分析也可以用來處理多因子變異數分析的問題，以檢定自變項交互作用效果的顯著性，此種迴歸分析模式即為多項式迴歸分析（polynomial regression analysis）的一種特例。分析時也是根據自變項之處理水準數，創造必要之虛擬變項，並計算各虛擬變項間之乘積（代表交互作用效果項），參照例 9-3 之對話方塊界定，即可完成統計分析工作。

第六節　徑路分析與因果模式檢定

本節旨在說明如何利用迴歸分析解決徑路分析的問題，以檢定因果模式的適當性。以下以一個假設性的例 9-4，說明如何利用迴歸分析解決徑路分析之問題。

例 9-4　（資料檔為 ex9-4.sav）

有一研究者根據組織行為的文獻與理論分析，提出下列有關國民小學教師工作投入（professional involvement）的因果模式。在隨機抽取 60 名國民小學教師為樣本，並以相關工具進行測量，得到教師工作投入的因果模式徑路圖及變項間的相關係數如下。試以徑路分析檢定這一個因果模式的適當性如何？

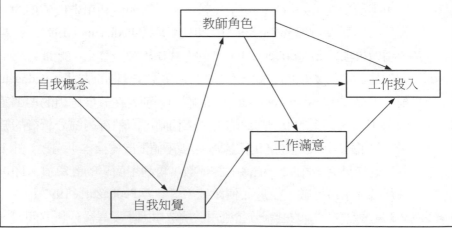

一、操作程序

根據例 9-4 旨在檢定國民小學教師工作投入的因果模式。根據因果模式，五個變項在時間上之因果順序依序爲自我概念、自我知覺、教師角色、工作滿意及工作投入。首先將原始資料讀進資料編輯視窗（有關讀取原始資料之方式，請參見第二章第三節，此處假設資料已讀進資料編輯視窗中），如圖 9-20。圖 9-20 中變項X1 代表「自我概念」、X2 代表「自我知覺」、Y1 代表「教師角色」、Y2 代表「工作滿意」及 Y3 代表「工作投入」。

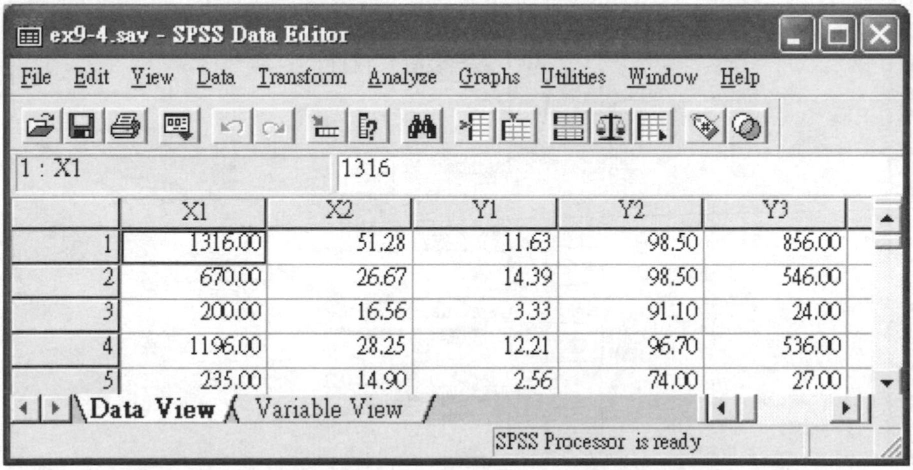
ex9-4.sav - SPSS Data Editor
File Edit View Data Transform Analyze Graphs Utilities Window Help
1 : X1
1316
X1 X2 Y1 Y2 Y3
1 1316.00 51.28 11.63 98.50 856.00
2 670.00 26.67 14.39 98.50 546.00
3 200.00 16.56 3.33 91.10 24.00
4 1196.00 28.25 12.21 96.70 536.00
5 235.00 14.90 2.56 74.00 27.00
Data View
Variable View
SPSS Processor is ready

圖 9-20　例 9-4 之假設性資料

根據因果模式徑路圖，例 9-4 共需檢定四條因果關係徑路函數，分別爲：

$$X2 = \beta X1 + \varepsilon$$

$$Y1 = \beta X2 + \varepsilon$$

$$Y2 = \beta_1 X2 + \beta_2 Y1 + \varepsilon$$

$$Y3 = \beta_1 X1 + \beta_2 Y1 + \beta_3 Y2 + \epsilon$$

進行徑路分析時，在原始資料讀進資料編輯視窗中後，接著開啟視窗中 Analyze(分析) 功能表之 Regression(迴歸方法) 下 Linear(線性) 指令之對話方塊，以界定第一條因果關係函數。先從來源變項清單中點選變項自我知覺（X2）移至 Dependent 方格中，同時將自我概念（X1）點選至 Independent(s) 之方格中，完成界定之畫面如圖 9-21。

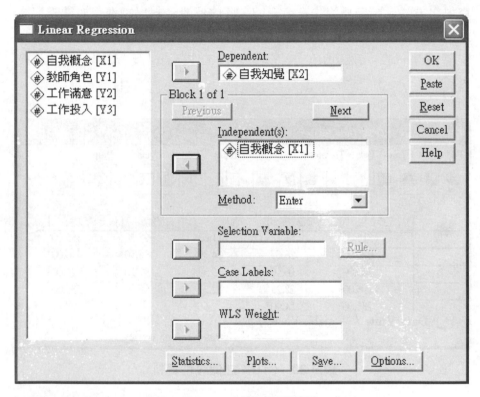

圖 9-21　界定徑路分析之 Linear(線性) 指令對話方塊

由於 Linear(線性) 指令對話方塊無法一次完成多條因果關係迴歸函數之界定，因此在完成圖 9-21 之界定後，使用者不要直接點選 OK 鈕，執行統計分析；只要先點選 Paste 鈕，則 SPSS 會自動開啟語法視窗，將第一條因果關係函數之界定語法輸出到視窗中，如圖 9-22 反白部分。

其次，為了界定其它因果關係函數，即可利用圖 9-22 之語法視窗，由使用者自行編寫程式，進行例 9-4 之其它三條因果關係函數之語法界定。此一工作看似繁複，但使用者只要利用語法視窗中所提供之 [Edit(編輯)] 功能表中之 [Copy(複製)] 與 [Paste(貼上)] 功能，進行修改與編輯。對其它三條因果關係函數之界定，使用者僅需修改 [DEPENDENT] 次指令之依變項名（分別是 Y1、Y2 及 Y3），以及 [METHOD=ENTER] 次指令後之自變項名稱，即可完成另外三條因果關係函數之語法界定，如圖 9-22。

圖 9-22　界定徑路分析之語法視窗

二、報表解釋

當完成圖 9-22 因果模式徑路分析之語法界定後，使用者可以點選語法視窗之 Run(執行) 功能表中的 All(全部) 指令，執行統計分析，則 SPSS 會自動開啓結果輸出視窗，將統計分析結果輸出到視窗中。例 9-4 執行之結果與報表解釋如下：

Variables Entered/Removed[b]

Model	Variables Entered	Variables Removed	Method
1	自我概念[a]	.	Enter

a. All requested variables entered.

b. Dependent Variable: 自我知覺

上表爲 SPSS 所輸出有關迴歸模式的相關訊息。由表可知，進入迴歸模式之自變項爲「自我概念」，依變項則是「自我知覺」。所用之變項選擇方法爲全部進入法。

Model Summary[a]

Model	R	R Square	Adjusted R Square	Std. Error of the Estimate
1	.627[a]	.393	.382	10.97620

a. Predictors: (Constant), 自我概念

上表爲 SPSS 所輸出有關迴歸模式的統計量。由表可知，自變項（自我概念）與依變項的多元相關係數爲.627，多元相關係數的平方值即爲決定係數（R^2）值爲.393，校正後的決定係數（Adjusted R^2）爲.382，迴歸模式的估計標準誤爲 10.97620。

Coefficients[a]

Model		Unstandardized Coefficients		Standardized Coefficients	t	Sig.
		B	Std. Error	Beta		
1	(Constant)	17.880	2.223		8.043	.000
	自我概念	.016	.003	.627	6.123	.000

a. Dependent Variable: 自我知覺

上表為 SPSS 所輸出以自我知覺（X2）為依變項的迴歸分析結果。由報表可知，標準化迴歸係數（Beta）為.627。因此，自我知覺（X2）與自我概念（X1）間之因果徑路關係可以下式表示：

$$X2 = .627 \times X1$$

此徑路係數的 t 值為 6.123，已達到.05 顯著水準，即研究者根據理論所界定的因果關係函數，確實能與實際的資料相配適。其次，迴歸分析的決定係數為.393，即自變項自我概念（X1）可以解釋X2 變異量的39.3 %，因此 X2 因果徑路的離間係數值為：

$$離間係數 = \sqrt{1 - R^2} = \sqrt{1 - .393} = .779$$

Model Summary

Model	R	R Square	Adjusted R Square	Std. Error of the Estimate
1	.545[a]	.297	.285	3.64851

a. Predictors: (Constant), 自我知覺

Coefficients[a]

Model		Unstandardized Coefficients		Standardized Coefficients	t	Sig.
		B	Std. Error	Beta		
1	(Constant)	3.713	1.074		3.457	.001
	自我知覺	.168	.034	.545	4.952	.000

a. Dependent Variable: 教師角色

　　上表爲 SPSS 所輸出以教師角色（Y1）爲依變項的迴歸分析結果。在 Y1 的徑路關係中，與自我知覺（X2）間的因果關係存在，其徑路關係可以下式表示：

　　Y1 = .545 × X2

　　此徑路係數的 t 值爲 4.952，已達到.05 顯著水準，即研究者根據理論所界定的因果關係函數，確實能與實際的資料相配適。

　　其次，迴歸分析的決定係數爲.297，即自變項 X2 可以解釋 Y1 變異量的 29.7 %，因此 Y1 因果徑路的離間係數值爲：

　　離間係數 $= \sqrt{1 - R^2} = \sqrt{1 - .297} = .838$

Model Summary

Model	R	R Square	Adjusted R Square	Std. Error of the Estimate
1	.784[a]	.615	.601	14.19516

a. Predictors: (Constant), 教師角色，自我知覺

Coefficients[a]

Model		Unstandardized Coefficients		Standardized Coefficients	t	Sig.
		B	Std. Error	Beta		
1	(Constant)	45.349	4.079		11.118	.000
	自我知覺	.012	.004	.290	2.931	.005
	教師角色	3.047	.515	.585	5.913	.000

a. Dependent Variable: 工作滿意

　　上表爲 SPSS 所輸出以工作滿意（Y2）爲依變項的迴歸分析結果。在 Y2 的徑路關係中，與自我知覺（X2）與教師角色（Y1）間有因果關係存在，其徑路關係可以下式表示：

　　Y2 = .290 × X2 + .585 × Y1

　　此二個徑路係數的 t 值分別為 2.931 與 5.913，都已達到.05 顯著水準，即研究者根據理論所界定的因果關係函數，確實能與實際的資料相配適。

　　其次，迴歸分析的決定係數為.615，即二個自變項可以解釋 Y2 變異量的 61.5％，因此 Y2 因果徑路的離間係數值為：

　　離間係數 $= \sqrt{1-R^2} = \sqrt{1-.615} = .623$

Model Summary

Model	R	R Square	Adjusted R Square	Std. Error of the Estimate
1	.718[a]	.515	.489	276.56306

a. Predictors: (Constant), 工作滿意，自我概念，教師角色

Coefficients[a]

Model		Unstandardized Coefficients		Standardized Coefficients	t	Sig.
		B	Std. Error	Beta		
1	(Constant)	122.959	141.459		.869	.388
	自我概念	.494	.083	.711	5.921	.000
	教師角色	7.795	12.753	.087	.611	.544
	工作滿意	-1.232	2.581	-.072	-.477	.635

a. Dependent Variable: 工作投入

　　上表為 SPSS 所輸出以工作投入（Y3）為依變項的迴歸分析結果。在 Y3 的徑路關係中，與自我概念（X1）、教師角色（Y1）及工作滿意（Y2）間有因果關係存在，其徑路關係可以下式表示：

　　$Y3 = .711 \times X1 + .087 \times Y1 - .072 \times Y2$

　　此三個徑路係數只有自我概念（X1）的 t 值為 5.921，達到.05 的顯著水準，另二個自變項之係數並未顯著，表示研究者根據理論所界定的因果關係函數，不能完全與實際的資料相配適。此時研究者應該進一步思考，

造成假設之因果關係函數不能完全成立之原因爲何？可能是理論有問題，也可能是測量工具與樣本之問題，也可能是自變項間有線性重合之問題，究竟哪一個才是真正之問題，有賴研究者深入分析後再作決策。

其次，迴歸分析的決定係數爲.515，即三個自變項可以解釋 Y3 變異量的 51.5 ％，因此 Y3 因果徑路的離間係數值爲：

$$離間係數 = \sqrt{1 - R^2} = \sqrt{1 - .515} = .696$$

由於例 9-4 是限制模式之徑路分析，因此爲檢定限制模式的配適度，可再進行飽和模式徑路分析，以利用 Spetch（1975）之 W 統計量進行檢定。

進行飽和模式之語法界定，使用者只需利用圖 9-22 之限制模式語法進行修改，修改時只要在 METHOD=ENTER 次指令後，更改自變項名稱即可完成語法界定。例 9-4 中，以 Y1 爲依變項之 METHOD=ENTER 次指令後之自變項爲 X1 及 X2，以 Y2 爲依變項之 METHOD=ENTER 次指令後之自變項爲 X1、X2 及 Y1，以 Y3 爲依變項之 METHOD=ENTER 次指令後之自變項爲 X1、X2、Y1 及 Y2。

當完成飽和模式之語法界定後，使用者可以點選圖 9-22 語法視窗之 Run(執行) 功能表中的 All(全部) 指令，執行統計分析，則 SPSS 會自動開啓結果輸出視窗將統計分析結果輸出到視窗中。飽和模式之執行結果與報表解釋與限制模式相同，此處不再贅述。四條飽和因果關係函數之決定係數（R^2）分別爲.393、.373、.634 及.516。

由於 SPSS 並沒有提供 W 統計量的檢定結果，在進行 W 統計量檢定之時，使用者必須依據報表，利用計算機進行 W 的計算。根據報表的結果，可以計算出飽和模式所能解釋的變異量總和爲：

$$R_f^2 = 1 - (1 - R_1^2)(1 - R_2^2)(1 - R_3^2)(1 - R_4^2)$$
$$= 1 - (1 - .393)(1 - .373)(1 - .634)(1 - .516)$$
$$= .93528$$

限制模式所能解釋的變異量總和爲：

$$R_r^2 = 1 - (1 - R_1^2)(1 - R_2^2)(1 - R_3^2)(1 - R_4^2)$$

$$= 1 - （1 -.393）（1 -.297）（1 -.615）（1 -.515）$$
$$=.91970$$

而限制模式中，研究者假定因果徑路關係為 0 的徑路數包括 X1→Y1、X1→Y2 及 X2→Y3 等三個徑路，因此 d 值為 3，則 W 統計量值為：

$$W = -（N - d）Ln〔（1 -R_f^2）／（1 -R_r^2）〕$$
$$= -（60 - 3）Ln〔（1 -.93258）／（1 -.91970）〕$$
$$= 9.965$$

經查卡方機率分配表，當自由度為 3 時，α =.05 的臨界值為 9.488。本例計算所得的 W 統計量值為 9.965，超過臨界值 9.488，因此應該拒絕虛無假設，表示研究者所提出的限制模式，並不能與飽和模式相配適，即研究者所提出的因果模式並不能配適實際的真象（資料）。

至於研究者所提出的因果模式之所以無法與實際的資料相配適，原因就在研究者的因果模式中，忽略了重要的因果徑路（即將不應該限制為 0 的徑路關係限制為 0）所致。此時研究者可以重新檢視理論，確定所提的因果徑路圖是否有錯，若是確定根據理論所提出的因果徑路圖沒有錯誤，則模式不能配適資料的原因可能是理論尚不夠完整，或是所用的測量工具的信效度有問題，當然樣本不具代表性可能也是原因之一。補救的方法，就需研究者再深入去思考了。

當然在統計分析方法發展日趨完整之際，徑路分析在使用上的一些缺失，包括：㈠徑路分析假定對變項的測量沒有測量誤差存在；㈡變項只能是等距尺度以上的顯性變項（manifest variables），至於潛在變項（latent variable）則不能進行檢定；及㈢變項間只有單向的因果關係，不允許非遞迴（nonrecursive）的關係存在等三點，已飽受批評，特別是在行為科學的研究中，常以人為研究對象，而人的行為多是一些不可觀察的潛在心理建構（construct），而徑路分析卻不能解決潛在變項的問題，因此應用在因果模式的檢定上，難免受到限制。時至今日，對於變項間因果關係的探討，有愈來愈多的研究者，改用線性結構模式（structural equation model, LISREL）來解決問題。

第

10

章

SPSS 與無母數統計分析

本章旨在說明如何利用視窗 13.0 版進行各種無母數統計方法的分析。
讀完本章後，使用者應該學會：

㈠理解無母數統計分析的基本原理。

㈡根據資料性質的差異，選擇適當的無母數統計分析方法，進行假設
　檢定。

㈢利用 SPSS 進行無母數統計分析，並解釋報表輸出結果。

第一節　基本原理

　　在前面所提到的幾種統計方法，如 t 考驗、F 考驗，它們都必須符合一
個基本的假設，那就是樣本須來自常態分配的母群體，像這樣的統計方法，
通稱為母數統計（parametric statistics）；其次，母數統計有另外一個條件，
就是變項的測量水準，需在等距尺度以上。然而，在行為科學的研究中，
很多母群體的性質事實上並不可知，而無母數統計就是一種毋須特別指出
樣本所來自母群體參數性質的統計方法，因此它是一種不受分配限制（dis-
tributed-free）的推論統計方法（Siegel & Castellan, 1989; Gibbons, 1993a）。

　　這種不受分配限制的無母數統計方法具有下列之優點（Siegel & Castel-
lan, 1989）：

㈠無母數統計方法特別適用於小樣本的研究。除非真正得知母群體分
　配的性質，否則對小樣本的資料，通常以無母數統計方法加以處理
　較為適當。

㈡無母數統計方法對資料（母群體）的假設限制較少。

㈢無母數統計方法特別適用於名義變項與次序變項的資料。研究者只
　要知道二個觀察值在某一變項上有差異即可，無須知道這差異的量
　是多少。

㈣無母數統計方法可以用來處理來自數個母群體所組成樣本的資料。

㈤無母數統計方法較母數統計容易應用，同時在結果解釋上比較直接。

　　當然，無母數統計方法在使用上也有一些限制，這些限制包括：

㈠當母群體的各種性質符合母數統計的假設時，母數統計的強韌性（powerful）較無母數統計為高。也就是說，當資料的性質符合母數統計的各種假設時，則在同一樣本人數下，參數統計的考驗力有效性（power-efficiency）高於無母數統計。

㈡無母數統計無法處理變項間交互作用顯著性檢定的問題。

無母數統計分析依其性質，約略可以分為下列四大類：

一、單一樣本的差異性考驗

單一樣本的差異性考驗主要係在檢定某一組樣本的觀察值是否來自於某一特定的母群體。隨著變項測量尺度的差異，主要的單一樣本差異性考驗的無母數統計方法包括：

㈠卡方適合度（goodness of fit）考驗

用於檢定某一類別（名義）變項各類別之實際觀察次數與理論期望次數間之差異的顯著性。此一方法在第七章第三節中已經有詳細說明。

㈡二項式考驗（binomial test）

用於檢定某一個二分類別變項的二個類別的實際觀察次數之機率分配是否符合二項式機率分配（binomial distribution）。

㈢柯—史單樣本考驗（Kolmogorov-Smirnov one-sample test）

用於檢定某一次序（等級）變項各等級的實際累積觀察次數與理論累積期望次數間之差異的顯著。此一方法也是一種適合度考驗，與卡方適合度考驗的差別在於一個適用於次序變項，一個適用於類別變項。

㈣鏈考驗（run test）

用於檢定某一個次序尺度以上變項的機率分配是否符合隨機性（randomness），即檢定樣本的資料是否具有獨立性。例如丟擲一個硬幣20次，

則每次丟擲出現人頭或字的機率應該是獨立的，即 20 次的丟擲符合隨機性，此時即可使用鏈考驗檢定實際的丟擲結果是否符合隨機性。此一方法也常被用在迴歸分析基本假設——無自我相關的檢定，當殘差值的正負符號出現的機率符合隨機性，就表示資料符合無自我相關的基本假設。

二、二組樣本的差異性考驗

二組樣本的差異性考驗，係用來檢定二組樣本在依變項上的表現是否有顯著差異，根據對依變項測量方式的不同，可以分為相依樣本（一組樣本在同一變項上測量二次）及獨立樣本（一組樣本在二個不同變項上各測量一次或二組樣本在同一變項上各測量一次）二種。主要的二組樣本差異性考驗的無母數統計方法包括：

(一)麥氏考驗（McNemar test）

用於檢定一組樣本在某一個二分間斷變項的反應次數，在前後二次測量間改變的百分比是否有顯著差異（相依樣本）。此一方法在第七章中已經有詳細說明。

(二)符號考驗（sign test）

符號考驗是利用正負符號來做為資料的統計分析方法。主要用於檢定一組樣本在某一變項（次序尺度以上）前後二次測量值（相依樣本）的差異情形，當以正負符號表示後，這些符號的機率分配是否符合隨機性（randomness），純粹是因機遇所造成。

(三)魏氏帶符號等級考驗（Wilcoxon signed ranks test）

魏氏考驗可以視為上述符號考驗法的修正，符號考驗中，只考慮前後二次測量的差的正負號，但未能考慮到差值的大小，而魏氏考驗非但注意差值的正負號，同時也考慮差值的大小。因此若統計分析的目的除了要知道每對分數差值的方向外，還要分析差值絕對值的次序等級，則魏氏考驗

法將較符號考驗更爲適用，且魏氏考驗在統計考驗力上明顯高於符號考驗。

㈣ Fisher's 正確機率考驗（Fisher's exact probability test）

　　Fisher's 正確機率考驗適用於二個二分間斷（名義或次序）變項，交叉構成的 2×2 列聯表的實際觀察次數與理論期望次數差異的檢定（獨立樣本）。特別在出現細格理論期望次數小於 5 的情形，利用 Fisher's 考驗進行檢定，其統計考驗力將較進行耶茲氏校正（見第七章第一節）爲高。

㈤卡方百分比同質性考驗

　　卡方百分比同質性考驗，係在分析由二個類別變項所交叉構成的列聯表中各細格的百分比是否有所差異。在這種情形下，二個類別變項間有自變項與依變項之區別，在進行百分比同質性考驗時，研究的目的是想分析自變項各類別樣本在依變項各水準上的反應次數是否有顯著差異。此一方法在第七章第三節中已經有詳細說明。

㈥中位數考驗（median test）

　　用於檢定二組樣本在同一變項（獨立樣本）上的表現，是否來自中位數相等的母群體；亦即，中位數考驗的目的在檢定二組樣本的集中趨勢是否相一致。進行中位數考驗時，二組樣本的分數至少需爲次序尺度。

㈦魏氏—曼—惠特尼 U 考驗（Wilcoxon-Mann-Whitney U test）

　　用於檢定二組樣本在一個次序尺度以上變項之表現差異的顯著性（獨立樣本）。此一方法的概念與母數統計的 t 考驗相似，當研究者發現其變項的測量水準不能完全滿足等距尺度之條件（如 Likert 量表），或發現資料不能符合 t 考驗的基本假設（見第八章第一節），此時以魏氏—曼—惠特尼 U 考驗替代 t 考驗，將是一個適當的方法。

㈧柯—史二組樣本考驗（Kolmogorov-Smirnov two-sample test）

　　柯—史二組樣本考驗是柯—史單樣本考驗的擴大，用於檢定二組樣本在某一次序變項上累積觀察次數的機率分配是否相一致；亦即，二組樣本

是否來自同一母群體。若檢定結果不相一致，就表示二組樣本在該依變項上的反應次數有顯著差異。因此其意義與卡方百分比同質性考驗相似，只是一適用於次序變項，另一個適用於類別變項。

三、多組樣本的差異性考驗

多組樣本的差異性考驗，係用來檢定多組樣本在依變項上的表現是否有顯著差異，根據對變項測量方式的不同，可以分為相依樣本（一組樣本在同一變項上測量多次）及獨立樣本二種。主要的多組樣本差異性考驗的無母數統計方法包括：

㈠寇克蘭 Q 檢定（Cochran Q test）

寇克蘭 Q 檢定適用於多組相依樣本的資料，亦即檢定同一組樣本在同一個二分間斷（名義或次序）變項上多次的測量結果是否相一致。與麥氏考驗相較可知，麥氏考驗用於檢定一組樣本在某一個二分間斷變項的反應次數，在前後二次測量間改變的情形是否一致；而寇氏考驗則適用於多次測量間改變的情形是否一致。

㈡弗里曼二因子等級變異數分析（Friedman two-way analysis of variance by ranks）

用於檢定同一組樣本在某一個次序變項各處理水準表現的差異顯著性。此一方法與單因子相依樣本變異數分析的功用相似，都是在檢定一組樣本在某一依變項上的表現，是否會因自變項各處理水準的不同而有顯著差異，不同的是，弗氏的方法，依變項是次序變項，而相依樣本變異數分析的依變項是等距以上變項。

㈢卡方百分比同質性考驗

見二組樣本的差異性考驗之說明。

㈣中位數擴大考驗（extension of median test）

上述用於檢定二組樣本在同一變項上的表現，是否來自中位數相等的母群體的中位數考驗，也可以擴大應用到檢定多組樣本在同一變項上的表現之集中趨勢是否相一致。

㈤克—瓦二氏單因子等級變異數分析（Kruskal-Wallis one-way analysis of variance by ranks）

用來檢定多組樣本在某一次序尺度依變項上的表現之差異情形，透過各組樣本在依變項表現差異的檢定，可以了解各組樣本的表現是否相一致，亦即是否來自同一母群體。克—瓦二氏的方法與母數統計中的單因子獨立樣本變異數分析相似，不同的是，克—瓦二氏的方法，依變項是次序變項，而獨立樣本變異數分析的依變項是等距以上變項。

四、相關係數及其顯著性考驗

上述三類的方法，都適用於差異性的比較，但在實際的研究中，研究者常想要知道二組分數（變項）間的相關情形。在母數統計中，最常用來表示二組分數相關情形的統計量數是 Pearson 積差相關係數，但積差相關只適用二組分數的測量尺度都是等距以上的情形，但有很多情形下，這一條件在實際研究中常無法滿足，無母數統計分析中的各種相關係數，就在提供當二變項不全部是等距以上測量尺度時，如何計算相關係數並進行顯著性考驗，主要的無母數相關係數包括：㈠ ϕ 相關；㈡列聯相關係數；㈢ Cramer's V 係數；㈣ Spearman 等級相關與 Kendall 等級相關係數；㈤ Kendall 和諧係數；以及㈥ Kappa 一致性係數等多種方法。這些方法在本書第六章與第七章中分別都有詳細說明，讀者可自行參閱。

第二節 視窗 13.0 版之操作

　　在視窗版SPSS中，用來處理無母數統計分析的指令主要有 Descriptive Statistics(描述統計) 下之 Crosstabs(交叉表) 指令及 Nonparametric Tests(無母數檢定) 下的所有指令，包括 Chi-Square(卡方分配) 、 Binomial(二項式) 、 Runs(連檢定) 、 1-Sample K-S(單一樣本 K-S 統計) 、 2 Independent Samples (二個獨立樣本) 、 K Independent Samples (K 個獨立樣本) 、 2 Related Samples (二個相關樣本) 及 K Related Samples(K 個相關樣本) 等八個指令，其中 Chi-Square(卡方分配) 與 Crosstabs(交叉表) 指令的語法在第七章第二節中已經有詳細說明，本節旨在介紹 Nonparametric Tests(無母數檢定) 下的其它指令之語法。

一、 Binomial（二項式） 指令

　　 Binomial(二項式) 指令的主要功能在界定進行二項式考驗（binomial test）。首先必須先將原始資料讀進資料編輯視窗中，然後開啓應用視窗中 Analyze(分析) 功能表之 Nonparametric Tests(無母數檢定) 下之 Binomial(二項式) 指令之對話方塊，如圖 10-1。

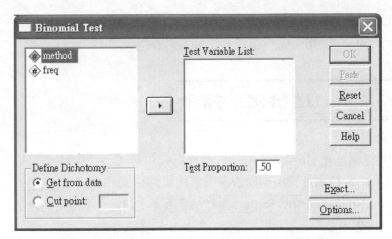

圖 10-1 　Binomial(二項式)　指令之對話方塊

　　在圖10-1中，使用者首先必須界定所要進行二項式考驗之變項名稱（通常是一個二分之次序或類別變項）。此可利用滑鼠從來源變項清單加以點選使該變項反白後，再點選右方之三角形按鈕，如此要進行檢定之變項就會移到右邊 Test Variable List 方格中。其次，使用者必須在 Test Proportion 方格中，決定二個細格理論期望機率值，SPSS內設是 p＝q＝.50，當 p 不等於 q 時，使用者即可在 Test Proportion 方格中輸入 p 值。此外，若使用者要對一個連續變項進行二項式分配考驗，則在點選該變項後，可利用左下方 Define Dichotomy 中之 Cut point 選項後之方格，輸入臨界 Cut Point 之編碼值，則 SPSS 會自動依據所設定之編碼值，將所有樣本分成二類，俾便進行二項式考驗。

　　在對話方塊中，Binomial(二項式) 指令包括 Exact 與 Options 二個次指令，其中 Exact 次指令在界定統計量顯著水準之計算是精確法或 Monte Carlo 法。一般無母數統計量之顯著水準計算都是採漸進（asymptote）法計算，但這在小樣本時，常因某些細格理論次數過低，造成低估實際顯著水準之偏誤。則改採精確或 Monte Carlo 法計算顯著水準，可以得到正確的結果。但 Exact 次指令的功能必須另外購買 Exact Test 模組並安裝在 SPSS 系統中才能發揮作用。以下各指令中之 Exact 次指令功能均相同，不再贅述。至於 Options 次指令的功能在界定所要輸出統計量與遺漏值（缺失值）之處

理方式（以下各指令亦同），功能與第七章第二節之 Chi-Square(卡方分配) 指令之 Options 次指令完全相同，此處不再贅述。

二、 Runs (連檢定) 指令

Runs(連檢定) 指令的主要功能在界定進行鏈考驗（run test）。首先必須先將原始資料讀進資料編輯視窗中，然後開啓應用視窗中 Analyze(分析) 功能表之 Nonparametric Tests(無母數檢定) 下之 Runs(連檢定) 指令之對話方塊，如圖 10-2。

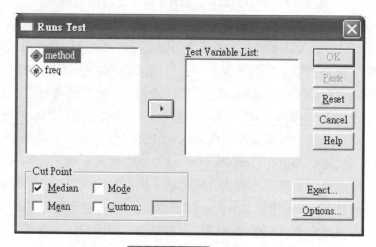

圖 10-2 Runs(連檢定)指令之對話方塊

在圖 10-2 中，使用者首先必須界定所要進行鏈考驗之變項名稱（通常是一個次序尺度以上變項）。此可利用滑鼠從來源變項清單加以點選使該變項反白後，再點選右方之三角形按鈕，如此要進行檢定之變項就會移到右邊 Test Variable List 方格中。其次，使用者必須在 Cut Point 方格中，界定進行鏈考驗變項之臨界點，SPSS 提供四種選擇，分別是 Median(中位數) 、 Mode(眾數) 、 Mean(平均數) 及 Custom(自訂) 臨界編碼值，使用者只要在四種選擇前之方格中加以點選，SPSS 會自動依據所設定之方式，將

所有樣本分類，俾便進行鏈考驗。

三、 1-Sample K-S(單一樣本 K-S 統計) 指令

1-Sample K-S(單一樣本 K-S 統計)指令的主要功能在界定進行柯—史
單樣本考驗（Kolmogorov-Smirnov one-sample test）。首先必須先將原始
資料讀進資料編輯視窗中，然後開啓應用視窗中 Analyze(分析) 功能表之
Nonparametric Tests(無母數檢定) 下之 1-Sample K-S(單一樣本 K-S 統計) 指
令之對話方塊，如圖 10-3。

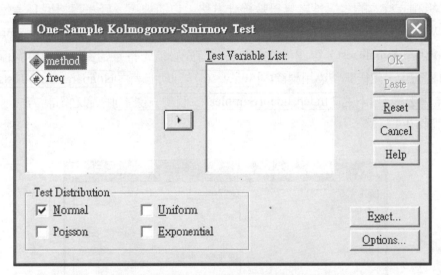

圖 10-3　 1-Sample K-S(單一樣本 K-S 統計)指令之對話方塊

在圖 10-3 中，使用者首先必須界定所要進行柯—史單樣本考驗之變
項名稱（通常是一個次序變項）。此可利用滑鼠從來源變項清單加以點選
使該變項反白後，再點選右方之三角形按鈕，如此要進行檢定之變項就會
移到右邊 Test Variable List 方格中。其次，使用者必須在 Test Distribution
方格中，界定進行柯—史單樣本考驗變項之機率分配型態，SPSS 共提供
Normal(常態分配) 、 Uniform(均勻分配) 、 Poisson(機率分配) 及 Exponential

(指數模式)等四種機率分配的選擇；也就是說 SPSS 可用來檢定樣本在某一變項上的實際累積觀察次數是否為 Poisson 分配、常態分配、均勻分配或指數分配。使用者只要在四種選擇前之方格中加以點選，SPSS 會自動依據所設定之分配方式，進行柯─史單樣本考驗。

四、 2 Independent Samples(二個獨立樣本)指令

2 Independent Samples(二個獨立樣本)指令的主要功能在界定各種進行二組獨立樣本的差異性之無母數統計方法，包括魏氏─曼─惠特尼 U 考驗（Wilcoxon-Mann-Whitney U test）、柯─史二組樣本考驗（Kolmogorov-Smirnov two-sample test）等四種檢定方法。首先必須先將原始資料讀進資料編輯視窗中，然後開啟應用視窗中 Analyze(分析)功能表之 Nonparametric Tests (無母數檢定)下之 2 Independent Samples(二個獨立樣本)指令之對話方塊，如圖 10-4。

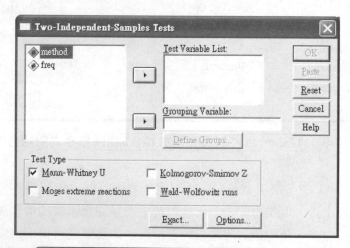

圖 10-4　2 Independent Samples(二個獨立樣本)指令之對話方塊

　　在圖 10-4 中，使用者首先必須界定所要進行二組獨立樣本考驗之依變

項名稱（通常是一個次序變項）。此可利用滑鼠從來源變項清單加以點選使該變項反白後，再點選右方之三角形按鈕，如此要進行檢定之變項就會移到右邊 Test Variable List 方格中。其次，使用者必須點選自變項，並移到右邊 Grouping Variable 方格中，並點選 Define Groups 鈕，界定二組樣本之編碼值。完成依變項與自變項之界定後，使用者必須就 SPSS 所提供之四種檢定方法中，界定所要進行檢定之方法，使用者只要在四種方法前之方格中點選一下，即可輸出檢定之結果。

五、 K Independent Samples (K個獨立樣本) 指令

K Independent Samples(K) 指令的主要功能在界定各種進行多組獨立樣本的差異性之無母數統計方法，SPSS 提供包括克─瓦二氏單因子等級變異數分析（Kruskal-Wallis one-way analysis of variance by ranks）及中位數擴大考驗（extension of median test）等三種檢定方法。首先必須將原始資料讀進資料編輯視窗中，然後開啓應用視窗中 Analyze(分析) 功能表之 Nonparametric Tests(無母數檢定) 下之 K Independent Samples(K個獨立樣本) 指令之對話方塊，如圖 10-5。

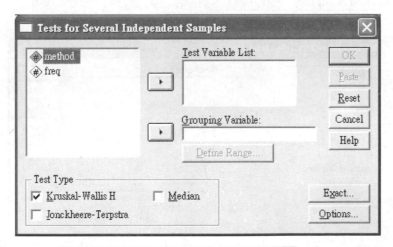

圖 10-5　 K Independent Samples(K 個獨立樣本) 指令之對話方塊

在圖 10-5 中，使用者首先必須界定所要進行多組獨立樣本考驗之依變項名稱（通常是一個次序變項）。此可利用滑鼠從來源變項清單加以點選使該變項反白後，再點選右方之三角形按鈕，如此要進行檢定之變項就會移到右邊 Test Variable List 方格中。其次，使用者必須點選自變項，並移到右邊 Grouping Variable 方格中，並點選 Define Range 鈕，界定自變項各類別之最小與最大編碼值。完成依變項與自變項之界定後，使用者必須就SPSS所提供之三種檢定方法中（中位數擴大考驗也可用來進行二組獨立樣本之中位數考驗），界定所要進行檢定之方法，使用者只要在三種方法前之方格中點選一下，即可輸出檢定之結果。

六、 2 Related Samples（二個相關樣本） 指令

2 Related Samples(二個相關樣本)指令的主要功能在界定各種進行二組相依樣本的差異性之無母數統計方法，SPSS提供包括麥氏考驗（McNemar test）、符號考驗（sign test）及魏氏帶符號等級考驗（Wilcoxon signed ranks test）等四種檢定方法。首先必須將原始資料讀進資料編輯視窗中，然後開啟應用視窗中 Analyze(分析) 功能表之 Nonparametric Tests(無母數檢定) 下之 2 Related Samples(二個相關樣本) 指令之對話方塊，如圖 10-6。

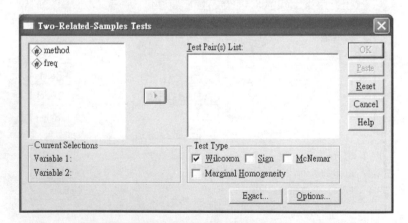

圖 10-6　 2 Related Samples(二個相關樣本) 指令之對話方塊

在圖 10-6 中，使用者首先必須界定所要進行相依樣本考驗之二個依變項名稱（通常是二個次序變項）。此可利用滑鼠從來源變項清單加以點選後，SPSS 會自動將該變項移至下方之 Current Selections 方格中，然後使用者可繼續點選第二個變項，使該變項自動移至 Current Selections 方格中，接著再點選右方之三角形按鈕，如此要進行配對檢定之二個變項就會移到右邊 Test Pair(s) List 方格中。 2 Related Samples(二個相關樣本) 指令一次進行多個相依樣本之配對比較。其次，使用者必須就 SPSS 所提供之四種檢定方法中，界定所要進行檢定之方法，使用者只要在四種方法前之方格中點選一下，即可輸出檢定之結果。

七、 K Related Samples (K 個相關樣本) 指令

K Related Samples(K 個相關樣本) 指令的主要功能在界定各種進行多組相依樣本的差異性之無母數統計方法，SPSS 提供包括寇克蘭 Q 檢定（Cochran Q test）、弗里曼二因子等級變異數分析（Friedman two-way analysis of variance by ranks），以及 Kendall 和諧係數等三種檢定方法。首先必須將原始資料讀進資料編輯視窗中，然後開啟應用視窗 Analyze(分析) 功能表之 Nonparametric Tests(無母數檢定) 下之 K Related Samples(K 個相關樣本) 指令之對話方塊，如圖 10-7。

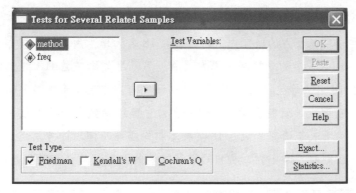

圖 10-7　 K Related Samples(K 個相關樣本) 指令之對話方塊

在圖 10-7 中,使用者首先必須界定所要進行相依樣本考驗之多個依變項名稱(通常是次序變項)。此可利用滑鼠從來源變項清單加以點選使該變項反白後,再點選右方之三角形按鈕,如此要進行檢定之變項就會移到右邊 Test Variables 方格中。其次,使用者必須就 SPSS 所提供之三種檢定方法中,界定所要進行檢定之方法,使用者只要在三種方法前之方格中點選一下,即可輸出檢定之結果。

第三節　單一樣本的差異性考驗

本節旨在說明如何利用視窗版 SPSS 之 Analyze(分析) 功能表之 Descriptive Statistics(描述統計) 下的 Crosstabs(交叉表) 指令及 Nonparametric Tests (無母數檢定) 下的指令進行單一樣本差異性考驗的無母數統計。在第一節中提及四種單一樣本差異性考驗方法,其中卡方適合度考驗在第七章第三節中已有說明,以下分別舉例說明另外三種方法:

一、二項式考驗

例 10-1　(資料檔為 ex10-1.sav)

在一項對壓力的研究中,研究者教 18 名大學生用二種不同方法打蝴蝶結,其中一半的受試者先學方法 A,另一半先學方法 B,經過四小時後,對 18 名大學生進行後測,測驗前研究者宣布,獎金的多寡依所打蝴蝶結個數而定。研究者預測,因為壓力會導致受試者退化而使用先學會的方法,下表是研究者記錄 18 名樣本打蝴蝶結時使用的方法之結果。試問樣本面對壓力時,對二種打蝴蝶結方法的使用,是否有顯著差異?

(接下頁)

（承上頁）

	方法的選擇	
	先學的方法	後學的方法
次數	16	2

(一)操作程序

　　由於本例中的變項（方法的選擇）只有二種不同的類別（先學與後學），因此應利用二項式考驗進行假設檢定，且並無證據或理論顯示，大學生對先學與後學的偏好有所不同，因此二種方法被選擇的機率應各為.50，若檢定結果顯示 18 名受試者實際的選擇並不符合 p ＝ q ＝.50 的二項式分配，就表示受試者對方法的選擇是受壓力所影響，則研究者即可拒絕虛無假設。

　　首先，在原始資料讀進資料編輯視窗後（有關本例原始資料之讀取與加權之說明，請參見例 6-4，此處不再贅述），如圖 10-8。由圖 10-8 可以看出，在原始資料檔中共有二筆資料，其中變項 method 代表方法之選擇，變項 freq 則是二種方法之人數。

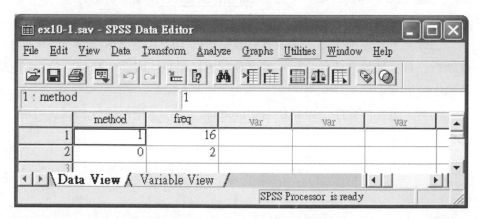

圖 10-8　例 10-1 之假設性資料

　　由於例 10-6 的資料是已經過整理的資料，因此在進行費雪正確機率考驗前，需先利用 Data(資料) 功能表下之 Weight Cases(觀察值加權) 指令進行加權（有關本例原始資料之讀取與加權之說明，請參見例 6-4，此處不再贅述）。要進行二項式考驗，首先應開啟應用視窗中 Analyze(分析) 功能表之 Nonparametric Tests(無母數檢定) 下之 Binomial(二項式) 指令之對話方塊，自來源變項清單中點選變項 method，並移至 Test Variable List 方格中，如圖 10-9。

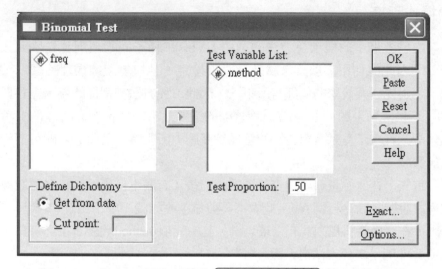

圖 10-9　界定二項式考驗之 Binomial(二項式) 指令對話方塊

　　完成上述界定工作後，使用者只要點選圖 10-9 中之 OK 鈕，SPSS 即會執行二項式考驗之統計分析，並自動開啟結果輸出視窗，將統計分析結果輸出到視窗中。

　　綜合上述操作程序，可將利用 Binomial(二項式) 指令進行二項式考驗之程序摘要如下：

```
Analyze
   Nonparametric Tests
      Binomial……點選進行二項式考驗變項至目標變項清單中
      OK……執行統計分析
```

(二)報表解釋

當使用者點選 OK 執行統計分析，則 SPSS 會自動開啓結果輸出視窗將統計分析結果輸出到視窗中。例 10-1 執行之結果與報表解釋如下：

Bionomial Test

		Category	N	Observed Prop.	Test Prop.	Exact Sig. (2-tailed)
method	Group 1	先學的方法	16	.89	.50	.001
	Group 2	後學的方法	2	.11		
	Total		18	1.00		

SPSS 所輸出二項式考驗的檢定結果。由表可知，編碼值爲 1（先學的方法）的共 16 次，占全部 18 名樣本數的.89，而編碼值爲 0（後學的方法）的共 2 次。由於事先設定樣本對二種方法的選擇機率都是.50（理論期望機率），但實際觀察的機率是.89，經檢定結果顯示，實際觀察的機率與理論的機率間的差異之 p 值爲.001，已達到.05 顯著水準，表示實際觀察的機率並不符合 p＝.50 的二項式機率分配，因此應該拒絕虛無假設，表示樣本在選擇打蝴蝶結的方法時，確實會受壓力因素的影響，傾向選擇先學會的方法。

二、柯—史單樣本考驗

例 10-2 （資料檔為 ex10-2.sav）

Morrison 與 Schmittlein（1980）的一項有關工人罷工的研究。他們提出基本假設認為：工人罷工的天數是呈常態分配。為檢定這個假設的正確性，他們整理從 1965 年至 1978 年間報紙有關各項工人罷工的資料，記錄每一項罷工運動的天數，得到下表的結果。試問根據表的資料，是否可以支持他們所提出的假設？

罷工天數	次數	罷工天數	次數	罷工天數	次數
1-2	203	10-11	697	19-20	624
2-3	352	11-12	709	20-25	587
3-4	452	12-13	718	25-30	554
4-5	523	13-14	729	30-35	501
5-6	572	14-15	744	35-40	498
6-7	605	15-16	798	40-50	497
7-8	634	16-17	764	50 以上	489
8-9	660	17-18	712		
9-10	683	18-19	654		

(一)操作程序

在例 10-2 中，由於罷工天數屬於次序變項，因此要考驗工人罷工的天數是否呈常態分配，應進行柯—史單樣本考驗。首先，在原始資料讀進資料編輯視窗後（有關讀取原始資料之方式，請參見第二章，此處假設資料已讀進資料編輯視窗中），如圖 10-10。由圖 10-10 可以看出，在原始資料檔中共有二個變項，其中變項 day 代表罷工天數之次序，變項 freq 則是罷工天數之實際次數。

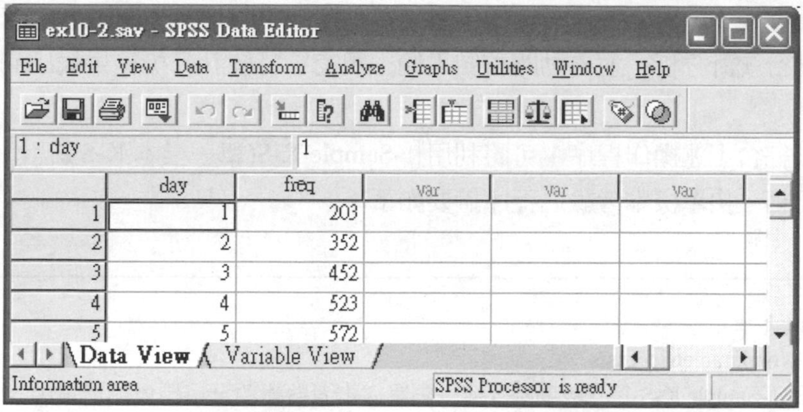

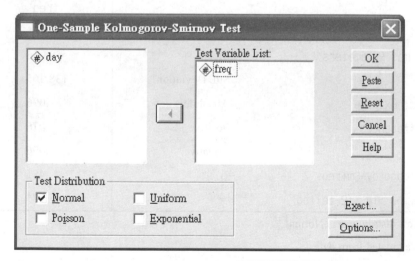

圖 10-10　例 10-2 之原始資料

　　要進行柯—史單樣本考驗，應開啟應用視窗中 Analyze(分析) 功能表之 Nonparametric Tests(無母數檢定) 下之 1-Sample K-S(單一樣本 K-S 統計) 指令之對話方塊，並在來源變項清單中，點選變項罷工天數實際次數（freq），移至 Test Variable List 方格中；其次，由於例 10-2 旨在考驗罷工天數是否呈常態分配，因此 Test Distribution 中已內定是 Normal ，就不需改變，如圖 10-11。

圖 10-11　界定柯—史單樣本考驗之 1-Sample K-S 指令對話方塊

完成上述界定工作後，使用者只要點選圖 10-11 中之 OK 鈕，SPSS 即會執行統計分析，並自動開啓結果輸出視窗，將統計分析結果輸出到視窗中。

綜合上述操作程序，可將利用 1-Sample K-S(單一樣本 K-S 統計) 指令進行柯─史單樣本考驗之程序摘要如下：

Analyze
  Nonparametric Tests
    1-Sample K-S……點選進行柯─史單樣本考驗變項至目標變項清單中
      OK……執行統計分析

(二)報表解釋

當使用者點選 OK 執行統計分析，則 SPSS 會自動開啓結果輸出視窗將統計分析結果輸出到視窗中。例 10-2 執行之結果與報表解釋如下：

One-Sample Kolmogorov-Smirnov Test

		freq
N		25
Normal Parameters[a,b]	Mean	598.36
	Std. Deviation	138.365
Most Extreme	Absolute	.096
Differences	Positive	.076
	Negative	-.096
Kolmogorov-Smirnov Z		.481
Asymp. Sig. (2-tailed)		.975

a. Test distribution is Normal.

b. Calculated from data.

　　SPSS所輸出有關柯─史單樣本考驗的結果。由表可知，各種組距的工人罷工天數發生的平均次數爲 598.36 次，標準差爲 138.365。其中各組距實際觀察次數的百分比與累積次數的百分比間的差之絕對值最大者爲.096，若是實際百分比大於累積百分比的差最大值爲.076，若是累積百分比大於實際百分比的差最大值爲-.096，此一差距百分比的結果，經以柯─史單樣本考驗的結果 Z 值爲.481，p 值爲.975，並未達.05 顯著水準，表示研究者必須接受虛無假設，即工人罷工的天數是呈常態分配。

　　使用 SPSS 的柯─史單樣本考驗，研究者必須了解，當同樣的一筆資料，若所選擇的機率分配不同，則會得到不同的結果。因此，當研究者進行柯─史單樣本考驗時，一定要先根據理論或實證研究，確定資料是呈現哪一種機率分配，然後才進行檢定。

三、鏈考驗

例 10-3　（資料檔爲 ex10-3.sav）

　　有一項對兒童在遊戲情境中攻擊行爲動力學之研究，研究者經由晤談、觀察並記錄兒童的攻擊行爲分數。但因研究者每天只能晤談與觀察 2 名兒童，因此他擔心已經被晤談過的兒童與尚未被晤談的兒童會在遊戲中彼此討論，此種討論效果若存在的話，將使得記錄的攻擊行爲分數產生偏誤，不再具有隨機性。下表是他依序記錄 24 名兒童攻擊行爲的分數。試問若以中位數爲臨界點，這 24 名兒童攻擊行爲的分數是否具有隨機性？

A	B	C	D	E	F	G	H	I	J	K	L	M	N	O	P	Q	R	S	T	U	V	W	X
31	23	36	43	51	44	12	26	43	75	2	3	15	18	78	24	13	27	86	61	13	7	6	8

㈠操作程序

　　根據例 10-3 旨在考驗，當以中位數爲臨界點，24 名兒童攻擊行爲的分數是否具有隨機性，以便了解記錄的攻擊行爲分數是否產生偏誤，因此應該進行鏈考驗。首先，在原始資料讀進資料編輯視窗後（有關讀取原始資料之方式，請參見第二章，此處假設資料已讀進資料編輯視窗中），如圖 10-12。由圖 10-12 可以看出，在原始資料檔中共有二個變項，其中變項 subject 代表 24 名樣本之代碼，變項 score 則是樣本攻擊行爲之測量分數。

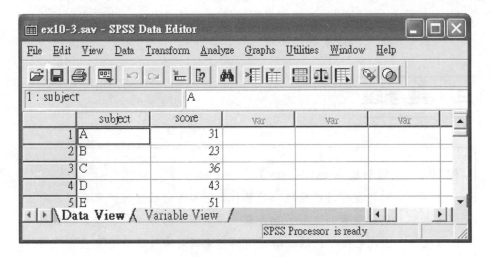

圖 10-12　例 10-3 之假設性資料

　　要進行鏈考驗，應開啓應用視窗中 Analyze(分析) 功能表之 Nonpara-metric Tests(無母數檢定) 下之 Runs(連檢定) 指令之對話方塊，並在來源變項清單中，點選變項攻擊行爲分數（score），移至 Test Variable List 之方格中；其次，由於例 10-3 係以中位數爲臨界點，因此 Cut Point 中已內定臨界點是 Median，就不需改變，如圖 10-13。

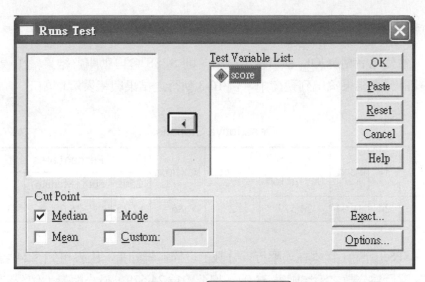

圖 10-13　界定鏈檢定之 Runs(連檢定) 指令對話方塊

　　接著，使用者可以開啟 Options 次指令之對話方塊，點選 Descriptive 和 Quartiles 選項，界定輸出描述性統計量與四分位數，並點選 Continue 鈕回到圖 10-13 之對話方塊。

　　完成上述界定工作後，使用者只要點選圖 10-13 中之 OK 鈕，SPSS 即會執行統計分析，並自動開啟結果輸出視窗，將統計分析結果輸出到視窗中。

　　綜合上述操作程序，可將利用 Runs(連檢定) 指令進行鏈考驗之程序摘要如下：

```
Analyze
  Nonparametric Tests
    Runs……點選進行鏈考驗變項至目標變項清單中
      Options……點選所要輸出之統計量
      OK……執行統計分析
```

(二)報表解釋

當使用者點選 OK 執行統計分析，則 SPSS 會自動開啟結果輸出視窗將統計分析結果輸出到視窗中。例 10-3 執行之結果與報表解釋如下：

Descriptive Statistics

	N	Mean	Std. Deviation	Minimum	Maximum	Percentiles		
						25th	50th (Median)	75th
score	24	31.04	24.579	2	86	12.25	25.00	43.75

SPSS 所輸出樣本在攻擊行為分數上之描述統計量。由表可知，24 名樣本攻擊行為分數之平均數為 31.04，標準差為 24.579，最小與最大值分別為 2 與 86，第 25 %四分位差之攻擊分數為 12.25，中位數為 25，第 75 %四分位差則為 43.75。

Runs Test

	score
Test Value[a]	25
Cases<Test Value	12
Cases>=Test Value	12
Total Cases	24
Number of Runs	10
Z	-1.044
Asymp. Sig. (2-tailed)	.297

a. Median

SPSS 所輸出鏈考驗的檢定結果。由表可知，24 名樣本的攻擊行為分數的中位數（檢定值）為 25 分，其中有十二個在中位數以上，十二個在中位數以下，若中位數以上的分數以「Cases > = Test Value」表示，以下的

以「Cases < Test Value」表示，則 24 個分數共構成 10 個符號鏈（Number of Runs），這十個符號鏈是如何計算的呢？從例 10-3 的 24 筆資料，當與中位數 25 相較，若大於中位數以「＋」表示，小於中位數以「－」表示，則這 24 個分數構成之符號鏈為：

＋　－　＋　＋　＋　＋　－　＋　＋　＋　－　－　－　－　＋　－　－　＋　＋　＋　＋　－　－　－

當連續相同符號視為一個鏈，則在正負符號變化間，恰好共有 10 個符號鏈。這 10 個符號鏈，經鏈考驗結果，Z 值為-1.044，在雙側檢定下 p 值為.297，並未達.05 顯著水準，因此不能拒絕虛無假設，表示資料並未違反隨機性；亦即，研究者擔心被晤談過的兒童與尚未被晤談的兒童會在遊戲中彼此討論，致使討論的效果使所記錄的攻擊行為分數產生偏誤的情形，並沒有發生。

第四節　二組樣本的差異性考驗

本節旨在說明如何利用視窗版 SPSS 之 Analyze(分析) 功能表之 Descriptive Statistics(描述統計) 下的 Crosstabs(交叉表) 指令及 Nonpara-metric Tests (無母數檢定) 下的指令進行二組樣本差異性考驗的無母數統計。在第一節中提及八種方法，三種適用於相依樣本，五種適用於獨立樣本，其中麥氏考驗及卡方百分比同質性考驗，已經分別在第七章第五及第四節中說明，以下分別舉例說明另外六種方法：

一、符號考驗

例 10-4　（資料檔為 ex10-4.sav）

　　有一項對夫妻決策過程的研究，研究者隨機抽取 17 對夫妻為樣本，請 17 對夫妻就「家庭購買大型傢俱作決策時配偶的影響力」這個題目，在七點量表中，就角色知覺評估配偶的重要性，其中 1 代表非常不重要，7 代表非常重要，下表是 17 對夫妻知覺配偶對作決策時影響力的重要性評分。試問夫妻雙方知覺配偶在決策過程的影響力，丈夫是否顯著高於妻子？

	A	B	C	D	E	F	G	H	I	J	K	L	M	N	O	P	Q
夫	5	4	6	6	3	2	5	3	1	4	5	4	4	7	5	5	5
妻	3	3	4	5	3	2	3	2	3	2	2	5	2	5	3	1

(一)操作程序

　　根據例 10-4 旨在考驗 17 對夫妻知覺配偶對其作決策時影響力的重要性評分，丈夫的影響力是否顯著高於妻子。由於研究樣本為夫妻，因此是配對之相依樣本，而對影響力之測量是七點量表，若將影響力之測量尺度訂為次序變項，加上樣本數不多，因此要檢定影響力之差異性，應該進行符號考驗。首先，在原始資料讀進資料編輯視窗後（有關讀取原始資料之方式，請參見第二章，此處假設資料已讀進資料編輯視窗中），如圖 10-14。由圖 10-14 可以看出，在原始資料檔中共有二個變項，其中變項 HUSBAND 代表丈夫對妻子對其作決策時影響力之重要性知覺；而 WIFE 則代表妻子對丈夫對其作決策時影響力之重要性知覺。

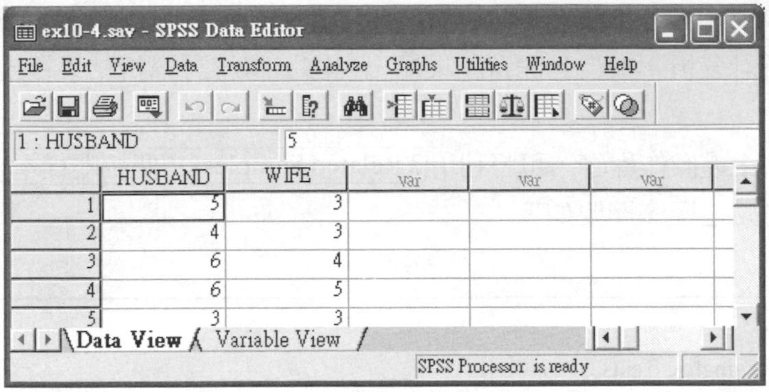

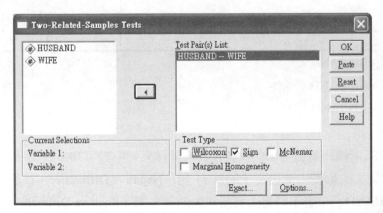

圖 10-14　例 10-4 之假設性資料

　　要進行符號考驗，應開啟應用視窗中 Analyze(分析) 功能表之 Non-para-metric Tests(無母數檢定) 下之 2 Related Samples(二個相關樣本) 指令之對話方塊，首先界定所要進行相依樣本符號考驗之二個依變項名稱。此可利用滑鼠從來源變項清單點選第一個變項 HUSBAND 後，SPSS 會自動將該變項移至下方之 Current Selections 方格中，然後使用者可繼續點選第二個變項 WIFE，使該變項自動移至下方之 Current Selections 方格中，接著再點選右方三角形按鈕，如此要進行配對檢定之二個變項就會移到右邊 Test Pair(s) List 方格中；其次，使用者應就 SPSS 所提供之三種相依樣本考驗方法中，點選 Sign 選項，界定進行符號檢定，如圖 10-15。

圖 10-15　界定符號考驗之 2 Related Samples(二個相關樣本) 指令對話方塊

　　完成上述界定工作後，使用者只要點選圖 10-15 中之 OK 鈕，SPSS 即會執行統計分析，並自動開啟結果輸出視窗，將統計分析結果輸出到視窗中。

　　綜合上述操作程序，可將利用 2 Related Samples(二個相關樣本) 指令進行符號考驗之程序摘要如下：

Analyze
　Nonparametric Tests
　　2 Related Samples……點選進行符號考驗變項至目標變項清單中
　　　OK……執行統計分析

(二)報表解釋

　　當使用者點選 OK 執行統計分析，則 SPSS 會自動開啟結果輸出視窗將統計分析結果輸出到視窗中。例 10-4 執行之結果與報表解釋如下：

Frequencies

		N
WIFE-HUSBAND	Negative Differences[a]	11
	Positive Differences[b]	3
	Ties[c]	3
	Total	17

a. WIFE<HUSBAND

b. WIFE>HUSBAND

c. WIFE=HUSBAND

　　SPSS 所輸出符號考驗的符號差異統計結果。由表可知，17 對夫妻樣本中，知覺丈夫影響力高於妻子的共 11 對（Negative Difference，代表 WIFE<HUSBAND），妻子影響力高於丈夫的有 3 對（Positive Difference），而知覺夫妻影響力一樣重要（Ties）的有 3 對。

Test Statistics[b]

	WIFE−HUSBAND
Exact Sig. (2-tailed)	.057[a]

a. Binomial distribution used.

b. Sign Test

　　SPSS所輸出符號考驗之顯著性檢定結果。由表可知，上述夫妻對影響力重要性反應之符號差異，在雙側檢定下，p 值為.057，並未達.05 的顯著水準。但因本例的問題為「夫妻雙方知覺配偶在決策過程的影響力，丈夫是否顯著高於妻子」是屬於單側檢定的問題，因此應該將雙側檢定所得的p值.0574 除以 2，結果為.0287，已達.05 顯著水準，可以拒絕虛無假設，表示 17 對夫妻雙方知覺配偶在決策過程的影響力之資料，並不具有隨機性，且知覺丈夫影響力高於妻子的共 11 對，因此可以下結論「夫妻雙方知覺配偶在決策過程的影響力，丈夫的影響力顯著高於妻子」。

二、魏氏帶符號等級考驗

例 10-5　（資料檔為 ex10-5.sav）

　　有一研究者想知道死亡教育對降低學童死亡恐懼感的效果，乃徵求 9 位志願的國中學生為樣本，觀賞一段 30 分鐘有關死亡問題的教育影片，他預期觀賞影片將有助於降低學生的死亡恐懼感。每一位樣本在觀賞影片前後均分別施以「死亡恐懼量表」測驗，下表是 9 位樣本在測驗上的得分（分數愈高，恐懼感愈高）。試問該研究者應如何進行檢定並解釋結果？

學生	A	B	C	D	E	F	G	H	I
前測	10.60	7.90	12.40	16.80	13.20	14.70	18.34	15.90	16.58
後測	7.15	9.36	6.27	7.19	16.10	6.21	8.00	11.24	17.85

㈠操作程序

根據例 10-5 旨在考驗 9 名樣本觀賞一段 30 分鐘有關死亡問題的教育影片後，樣本的死亡恐懼感是否顯著地降低。若本題只在了解樣本死亡焦慮感變化之差異，只要進行符號考驗即可，但若想進一步探討差異量之大小，則應該改用魏氏帶符號等級考驗，進行顯著性檢定。首先，在原始資料讀進資料編輯視窗後（有關讀取原始資料之方式，請參見第二章，此處假設資料已讀進資料編輯視窗中），如圖 10-16。由圖 10-16 可以看出，在原始資料檔中共有二個變項，其中變項 pretest 代表樣本觀看影片前之死亡焦慮感測量值；而 posttest 則代表觀看影片後之死亡焦慮感測量值。

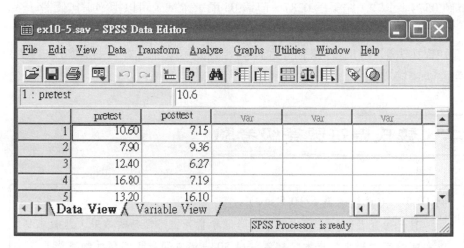

圖 10-16　例 10-5 之假設性資料

要進行魏氏帶符號等級考驗，應開啓應用視窗中 Analyze(分析) 功能表之 Nonparametric Tests(無母數檢定) 下之 2 Related Samples(二個相關樣本) 指令之對話方塊，其界定步驟與例 10-4 相同，唯一差異是使用者應就 SPSS 所提供之三種相依樣本考驗方法中，點選 Wilcoxon 選項，界定進行魏氏帶符號等級考驗。完成上述界定工作後，使用者只要點選 OK 鈕，SPSS 即會執行統計分析，並自動開啓結果輸出視窗，將統計分析結果輸出到視窗中。

綜合上述操作程序，可將利用 2 Related Samples(二個相關樣本) 指令進

行魏氏帶符號等級考驗之程序摘要如下：

```
Analyze
   Nonparametric Tests
      2 Related Samples……點選進行魏氏帶符號等級考驗之變項至目標變項
                          清單中
      OK……執行統計分析
```

(二)報表解釋

　　當使用者點選 OK 執行統計分析，則 SPSS 會自動開啓結果輸出視窗將統計分析結果輸出到視窗中。例 10-5 執行之結果與報表解釋如下：

Descriptive Statistics

	N	Mean	Std. Deviation	Minimum	Maximum
pretest	9	14.0467	3.34257	7.90	18.34
posttest	9	9.9300	4.31612	6.21	17.85

　　SPSS 所輸出樣本在死亡焦慮感前後測之描述統計結果。由表可知，9名樣本之前測平均數爲 14.0467，後測爲 9.9300，而標準差分別爲 3.34257及 4.31612。

Ranks

		N	Mean Rank	Sum of Ranks
posttest-pretest	Negative Ranks	6[a]	6.50	39.00
	Positive Ranks	3[b]	2.00	6.00
	Ties	0[c]		
	Total	9		

a. posttest<pretest

b. posttest>pretest

c. posttest=pretest

　　SPSS 所輸出魏氏帶符號等級考驗的等級計算結果。由表可知，9 名樣本中，後測分數低於前測的有 6 名（Negative Ranks, posttest< pretest），後測高於前測的有 3 名（死亡恐懼感升高，Positive Ranks），前後測分數相同為 0（Ties）。將 9 名樣本前後測分數的差化為等級後，6 名後測低於前測的樣本平均等級為 6.50，等級總和為 39.00（6.50 × 6），3 名後測高於前測的樣本平均等級為 2.00，等級總和為 6。魏氏帶符號等級考驗就在檢定這二個平均等級間之差異是否達統計之顯著水準。

Test Statistics[b]

	posttest-pretest
Z	-1.955[a]
Asymp. Sig. (2-tailed)	.051

a. Based on positive ranks.

b. Wilcoxon Signed Ranks Test

　　SPSS 所輸出魏氏帶符號等級考驗的顯著性檢定結果。由表可知，上述之二個平均等級差異量，經檢定後 Z 值為-1.955，在雙側檢定下，p 值為.051，並未達.05 的顯著水準。但因本例的研究問題是單側檢定，因此應該將雙側檢定所得的p值.051 除以 2，結果為.0255，已達.05 顯著水準，可以拒絕虛無假設，且死亡恐懼感降低的有 6 名，升高的有 3 名，表示 9 名樣本在觀賞死亡問題的教育影片後，其死亡恐懼感顯著地降低。

三、費雪正確機率考驗

例 10-6　（資料檔為 ex10-6.sav）

　　有一報告顯示自高處跳下的自殺方式，可能與當時圍觀群眾的譏笑或誘惑有關。此種群眾的誘惑效應，與社會心理學中的去個人化（dein-

（接下頁）

（承上頁）

viduation）因素降低個人自我知覺相似，而有研究顯示，因去個人化所造成之群眾的誘惑效應，會受氣溫、噪音或疲倦等因素的影響。Mann（1981）為檢定群眾的誘惑效應是否真會受氣溫影響，乃整理報紙所報導 21 篇有關自高處跳下自殺的案例，以發生月份 4-9 月代表高氣溫，10 月到翌年 3 月為低氣溫，得到下表之結果。試問群眾的誘惑效應是否因氣溫的不同而有所差異？

	高氣溫	低氣溫
有群眾誘惑效應	8	2
無群眾誘惑效應	4	7

㈠操作程序

例 10-6 旨在探討群眾的誘惑效應（分有與無二類）是否真會受氣溫（分高氣溫及低氣溫二類）影響而有所差異。這種探討樣本在依變項（本例為群眾的誘惑效應）之反應是否因自（設計）變項（本例為氣溫）不同而有所差異之問題，可以進行第七章所提到之百分比同質性考驗，但因本例樣本人數相當低，因此也可以進行費雪正確機率考驗。首先，在原始資料讀進資料編輯視窗後（有關讀取原始資料之方式，請參見第二章，此處假設資料已讀進資料編輯視窗中），如圖 10-17。由圖 10-17 可以看出，在原始資料檔中共有四筆資料，其中變項 A 代表氣溫，編碼值 1 為「高氣溫組」，編碼值 2 為「低氣溫組」；變項 B 則是群眾的誘惑效應，其中編碼值 1 代表「有」，編碼值 2 代表「無」；至於變項 FREQ 則是 A 及 B 二個變項所交叉構成細格之實際次數。

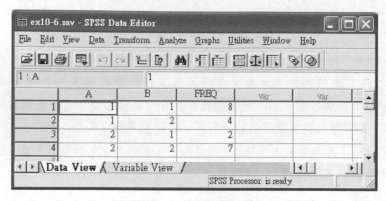

圖 10-17　例 10-6 之假設性資料

由於例 10-6 的資料是已經過整理的資料，因此在進行費雪正確機率考驗前，需先利用 Data(資料) 功能表下之 Weight Cases(觀察值加權) 指令進行加權（有關本例原始資料之讀取與加權之說明，請參見例 6-4，此處不再贅述）。

完成上述之加權計算工作後，即可開啟應用視窗中 Analyze(分析) 功能表之 Descriptive Statistics(描述統計) 下的 Crosstabs(交叉表) 指令之對話方塊，自來源變項清單中點選變項B，並移至 Row(s) 方格中，同時點選變項A，移至 Column(s) 方格中，如圖 10-18。

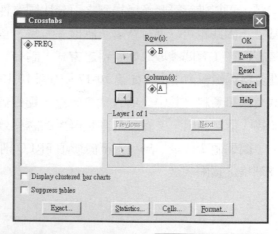

圖 10-18　界定費雪正確機率考驗之 Crosstabs(交叉表) 指令對話方塊

其次，開啓 Statistics 次指令對話方塊，並點選其中之 Chi-square 選項，以輸出卡方值及費雪正確機率檢定值，並點選 Continue 鈕，以回到圖 10-18 之對話方塊。然後再點選圖 10-18 中之 Cells 次指令，以開啓其對話方塊，並點選其中之 Observed 、 Column 及 Adjusted... 等三個選項，以輸出實際觀察次數、占縱行百分比 ，以及校正後標準化殘差等統計量後，並點選 Continue 鈕，以回到圖 10-18 之對話方塊。

完成上述界定工作後，使用者只要點選圖 10-18 中之 OK 鈕，SPSS 即會執行費雪正確機率考驗之統計分析，並自動開啓結果輸出視窗，將統計分析結果輸出到視窗中。

綜合上述操作程序，可將利用 Crosstabs(交叉表) 指令進行費雪正確機率考驗之程序摘要如下：

```
Analyze
  Descriptive Statistics
    Crosstabs……點選進行百分比同質性檢定之二個變項至目標清單中
    Statistics……界定輸出卡方值及費雪正確機率檢定值
    Cells……界定輸出各項統計量
    OK……執行統計分析
```

(二)報表解釋

當使用者點選 OK 執行統計分析，則 SPSS 會自動開啓結果輸出視窗將統計分析結果輸出到視窗中。例 10-6 執行之結果與報表解釋如下：

Case Processing Summary

	Cases					
	Valid		Missing		Total	
	N	Percent	N	Percent	N	Percent
B * A	21	100.0%	0	.0%	21	100.0%

　　SPSS 所輸出有關資料檔中觀察值在二個變項上之有效值個數訊息。在例 10-6 中，SPSS 共讀取 21 筆觀察值，在 A（氣溫）與 B（群眾誘惑效應）二個變項上全部都是有效值。有關之詳細報表解釋，請參見第四章第四節例 4-2，此處不再贅述。

B ＊ A Crosstabulation

| | | | \multicolumn{2}{c}{A} | Total |
			高氣溫	低氣溫	
B	有	Count	8	2	10
		% within A	66.7%	22.2%	47.6%
		Adjusted Residual	2.0	-2.0	
	無	Count	4	7	11
		% within A	33.3%	77.8%	52.4%
		Adjusted Residual	-2.0	2.0	
Total		Count	12	9	21
		% within A	100.0%	100.0%	100.0%

　　SPSS 所輸出的二向度列聯表。本例中自變項「氣溫」有二個類別，依變項「群眾誘惑效應」有二種類別，因此構成一個 2 × 2 的列聯表。列聯表中各細格的統計量依序為實際次數、占縱行百分比，以及校正後標準化殘差等統計量。以高氣溫且有群眾誘惑效應的細格為例，實際次數為 8，占高氣溫組 12 筆資料之 66.7 %（8/12），以及校正後標準化殘差為 2.0。

Chi-Square Tests

.	Value	df	Asymp. Sig. (2-sided)	Exact Sig. (2-sided)	Exact Sig. (1-sided)
Pearson Chi-Square	4.073[b]	1	.044		
Continuity Correction[a]	2.486	1	.115		

（接下頁）

（承上頁）

Likelihood Ratio	4.253	1	.039		
Fisher's Exact Test				.080	.056
Linear-by-Linear Association	3.879	1	.049		
N of Valid Cases	21				

a. Computed only for a 2×2 table

b. 2 cells (50.0%) have expected count less than 5. The minimum expected count is 4.29.

　　SPSS所輸出的費雪正確機率考驗結果。在本例中細格期望次數小於5的細格有2個（參見註解b）。費雪正確機率考驗的結果，在雙側檢定下，p值為.080，單側檢定為.056（本例是雙側檢定），並未達.05的顯著水準，因此應接受虛無假設，表示群眾的誘惑效應發生與否並不受氣溫高低的影響而有差異。

　　其次，本例若以卡方百分比同質性考驗進行假設檢定，則χ^2值為4.073，已達.05的顯著水準。但因出現細格理論期望次數小於5的情形，因此經Yate's校正後，χ^2值為2.486，所對應p值為.115，並未達.05的顯著水準。由此可知，例10-6以不同方法進行假設檢定，會得到完全不同的結論，因此對 2 × 2 列聯表的差異性考驗，究竟應選擇哪種無母數的統計方法？Cochran（1954）提出三個原則：

　　1. 只要總樣本數小於20，一定採費雪正確機率考驗，進行假設檢定。

　　2. 若樣本數在 20 至 40 之間，當細格期望次數出現小於 5，則選擇費雪正確機率考驗，進行假設檢定；若未出現小於 5，則採卡方百分比同質性考驗。

　　3. 若樣本數超過 40，則不論細格是否出現期望次數小於 5，一律使用校正後的卡方值。

四、中位數考驗

> **例 10-7** （資料檔為 ex10-7.sav）
>
> Williams 與 Carnine（1981）想了解不同訓練方法對幼童學習「角度」概念的效果。在隨機抽取 14 名三歲幼童為樣本，並隨機分派至實驗組與控制組，每組各 7 名幼童，實驗組學習八個正確與四個錯誤的例子，控制組則學習十二個正確的例子，在實驗後以九個正確九個錯誤的新例子為測驗題目，下表是二組幼童在十八個題目答對的題數。請問幼童學習「角度」概念的成績，是否因訓練方法的不同而有差異？
>
> | 實驗組 | 15 | 18 | 8 | 15 | 17 | 16 | 13 |
> |--------|----|----|----|----|----|----|----|
> | 控制組 | 10 | 5 | 4 | 9 | 12 | 6 | 7 |

㈠操作程序

　　例 10-7 旨在探討幼童學習「角度」概念的成績，是否因訓練方法的不同而有差異。這種探討樣本在依變項（本例為角度概念學習成績）之反應是否因自變項（本例為訓練方法）不同而有所差異之問題，若在大樣本且依變項是等距以上測量尺度條件下，可以進行第八章第三節所介紹之獨立樣本t考驗，但因本例樣本人數相當少，因此可以進行二組獨立樣本之中位數考驗。首先，在原始資料讀進資料編輯視窗後（有關讀取原始資料之方式，請參見第二章，此處假設資料已讀進資料編輯視窗中），如圖 10-19。由圖 10-19 可以看出，在原始資料檔中共有二個變項，其中變項GROUP代表訓練方法之組別，其中編碼值1為「實驗組」，編碼值2為「控制組」；變項 SCORE 則是角度概念學習成績。

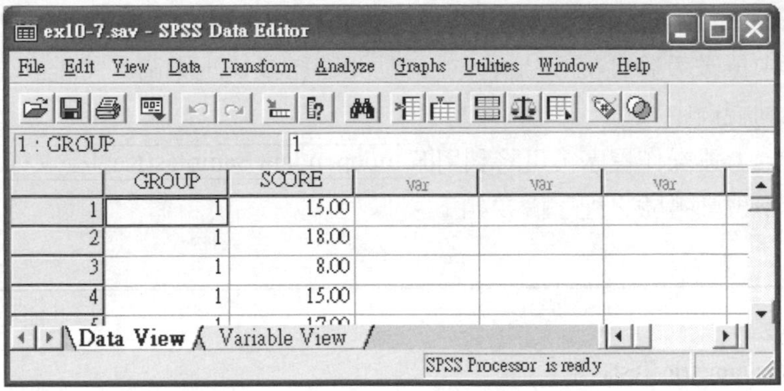

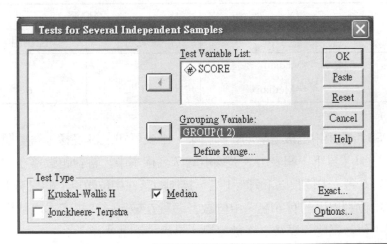

圖 10-19　例 10-7 之假設性資料

　　完成上述原始資料讀取後，即可開啟應用視窗中 Analyze(分析) 功能
之 Nonparametric Tests(無母數檢定) 下之 K Independent Samples(K 個獨立
樣本) 指令之對話方塊，並在來源變項清單中，點選變項角度概念學習成績
（SCORE），移至 Test Variable List 方格中；其次，點選自變項 GROUP，
並移到右邊 Grouping Variable 方格中，並進一步點選 Define Range 鈕，界
定 GROUP 二組之編碼值 1（實驗組）及 2（控制組）。完成依變項與自變
項之界定後，點選 Median 選項，界定進行中位數考驗，如圖 10-20。

圖 10-20　界定中位數考驗之 K Independent Samples(K 個獨立樣本) 指令
　　　　　對話方塊

完成上述界定工作後，使用者可以點選圖 10-20 中之 OK 鈕，SPSS 即會執行中位數考驗之統計分析，並自動開啟結果輸出視窗，將統計分析結果輸出到視窗中。

綜合上述操作程序，可將利用 K Independent Samples(K 個獨立樣本) 指令進行中位數考驗之程序摘要如下：

Analyze
　Nonparametric Tests
　　K Independent Samples……點選進行中位數考驗之變項至目標清單中
　　OK……執行統計分析

(二)報表解釋

當使用者點選 OK 執行統計分析，則 SPSS 會自動開啟結果輸出視窗將統計分析結果輸出到視窗中。例 10-7 執行之結果與報表解釋如下：

Frequencies

		GROUP	
		實驗組	控制組
SCORE	>Median	6	1
	<=Median	1	6

SPSS 所輸出中位數考驗的統計結果。由表可知，14 名樣本答對題數的中位數是 11（見下一報表），實驗組的 7 名樣本中，答對題數落在中位數以上的有 6 名，中位數以下只有 1 名，控制組落在中位數以上的只有 1 名，而落在中位數以下的有 6 名。中位數考驗就在檢定這二組樣本之依變項分數，以中位數為臨界點後之次數差異，是否達顯著水準。

Test Statistics[a]

	SCORE
N	14
Median	11.0000
Exact Sig.	.029

a. Grouping Variable: GROUP

　　SPSS所輸出中位數考驗的顯著性檢定結果。由表可知，上表 14 名樣本之分數，經中位數考驗，在雙側檢定下，p值為.029，已達到.05 顯著水準，表示二組樣本的集中趨勢並不一致，或說樣本答對題數的多寡，確實會因組別的不同而有顯著差異；亦即，幼童對學習「角度」概念的效果，確實會因為訓練方式的不同而有顯著差異，接受正反面實例的實驗組的表現，顯著優於只接受正面實例的控制組。

五、魏氏—曼—惠特尼 U 考驗

例 10-8　（資料檔為 ex10-8.sav）

　　一項有關 RNA（核糖核酸）可以促進記憶力的實驗，有一心理學家隨機抽取 22 隻白老鼠，並隨機將 22 隻老鼠分派至實驗組與控制組，每組各 11 隻。其中實驗組注射 RNA，控制組注射生理食鹽水，然後在相同條件下，對 24 隻白老鼠進行迷津學習實驗，並記錄每隻老鼠通過迷津所花費的時間如下表（測量單位為秒）。試問該心理學家是否可以下結論：注射 RNA 的白老鼠的學習表現優於注射生理食鹽水的老鼠？

實驗組	96	67	87	59	77	76	75	74	66	79	80
控制組	91	71	89	83	78	75	73	97	78	99	72

㈠操作程序

例 10-8 旨在探討有關 RNA（核糖核酸）對促進記憶力之影響，分析注射 RNA 的白老鼠在迷津學習的學習表現是否優於注射生理食鹽水的老鼠。這種探討樣本在依變項（本例為迷津學習的表現）之反應是否因自變項（本例為是否注射 RNA）不同而有所差異之問題，若在大樣本且依變項是等距以上測量尺度條件下，可以進行第八章第三節所介紹之獨立樣本 t 考驗，但因本例樣本人數相當少，因此可以進行二組獨立樣本之魏氏—曼—惠特尼 U 考驗。首先，在原始資料讀進資料編輯視窗後（有關讀取原始資料之方式，請參見第二章，此處假設資料已讀進資料編輯視窗中），如圖 10-21。由圖 10-21 可以看出，在原始資料檔中共有二個變項，其中變項 group 代表是否注射 RNA，其中編碼值 1 為「實驗組（注射 RNA）」，編碼值 2 為「控制組（注射生理食鹽水）」；變項 time 則是迷津學習的表現，數值愈小表示學習成績愈好。

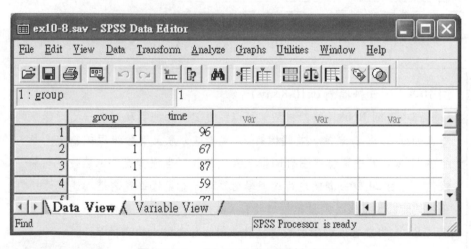

圖 10-21　例 10-8 之假設性資料

完成上述原始資料讀取後，即可開啟應用視窗中 Analyze(分析) 功能之 Nonparametric Tests(無母數檢定) 下之 2 Independent Samples(二個獨立樣本) 指令之對話方塊，並在來源變項清單中，點選變項迷津學習的表現（time），

移至 Test Variable List 方格中；其次，點選自變項 group，並移到右邊 Grouping Variable 之方格中，並進一步點選 Define Groups 鈕，界定 group 二組之編碼值 1（實驗組）及 2（控制組）。完成依變項與自變項之界定後，點選 Mann-Whitney U 選項，界定進行魏氏—曼—惠特尼 U 考驗，如圖 10-22。

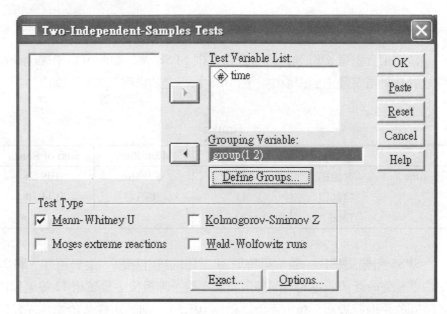

圖 10-22　界定魏氏—曼—惠特尼 U 考驗之 2 Independent Samples 指令對話方塊

完成上述界定工作後，使用者只要點選圖 10-22 中之 OK 鈕，SPSS 即會執行魏氏—曼—惠特尼 U 考驗之統計分析，並自動開啟結果輸出視窗，將統計分析結果輸出到視窗中。

綜合上述操作程序，可將利用 2 Independent Samples(二個獨立樣本) 指令進行魏氏—曼—惠特尼 U 考驗之程序摘要如下：

```
Analyze
  Nonparametric Tests
    2 Independent Samples……點選進行魏氏—曼—惠特尼 U 考驗之變項至目標
                           清單中
      OK……執行統計分析
```

(二)報表解釋

當使用者點選 OK 執行統計分析，則 SPSS 會自動開啟結果輸出視窗將統計分析結果輸出到視窗中。例 10-8 執行之結果與報表解釋如下：

Ranks

	group	N	Mean Rank	Sum of Ranks
time	實驗組	11	9.86	108.50
	控制組	11	13.14	144.50
	Total	22		

SPSS 所輸出魏氏—曼—惠特尼 U 考驗的統計結果。由表可知，將 22 隻白老鼠完成迷津所花的時間排序並依次給予等級後，實驗組 11 隻老鼠所花時間的平均等級為 9.86，等級總和為 108.50，控制組 11 隻老鼠所花時間的平均等級為 13.14，等級總和為 144.50。

Test Statistics[b]

	time
Mann-Whitney U	42.500
Wilcoxon W	108.500
Z	-1.183
Asymp. Sig. (2-tailed)	.237
Exact Sig. [2 * (1-tailed Sig.)]	.243[a]

a. Not corrected for ties.

b. Grouping Variable: group

SPSS 所輸出魏氏—曼—惠特尼 U 考驗的顯著性檢定結果。由表可知，經排序後計算得到的最小之 U 值為 42.500，而等級總和之 W 值為 108.500，此經檢定的結果，Z 值為-1.183，在雙側檢定下測，p 值為.243，並未達.05 的顯著水準。因本例的研究問題是單側檢定，因此將雙側檢定所得的 p 值除以 2，結果仍然未達顯著水準，表示二組受試完成迷津所花費的時間並無差異，即注射 RNA 的白老鼠的學習表現並沒有優於注射生理食鹽水的老鼠。

表中輸出二組平均等級差異之 Z 值約為-1.183（因實驗組平均等級減去控制組平均等級，故為負值）。此 Z 值之適用時機是，當分數出現同分（ties）時，進行等級校正後所得到的檢定結果。Z 值為-1.183，在雙側檢定下，p 值約為.237，並未達.05 顯著水準。由於本例 22 隻的老鼠所花費的時間有出現相同的情形，因此在實際解釋時，應採用校正後的檢定結果才是。

六、柯—史二組樣本考驗

例 10-9 　（資料檔為 ex10-9.sav）

　　一項有關初始效應（primacy effect）對系列學習（serial learning）影響的研究。研究者認為年齡高者受初始效應支配（影響）的程度應高於年齡較輕者，乃隨機抽取 9 名高二學生與 10 名國二學生，在學習一份有關系列學習的材料後，請受試者回憶所學習的材料，並記錄受試者回憶前三分之一材料之錯誤率，結果如下表。試問該研究者能否宣稱高二學生的錯誤率低於國二學生？

| 高二生 | 35.2 | 39.2 | 40.9 | 38.1 | 34.4 | 29.1 | 41.8 | 24.3 | 32.4 | |
| 國二生 | 39.1 | 41.2 | 45.2 | 46.2 | 48.4 | 48.7 | 55.0 | 40.6 | 52.1 | 47.2 |

㈠操作程序

　　例 10-9 旨在探討有關初始效應對不同年齡學習者在系列學習之影響。經由分析高二學生與國二學生，在學習一份系列學習的材料後，回憶前三分之一材料之錯誤率，探討二個變項間之關係。這種探討樣本在依變項（本例為系列學習之錯誤率）之反應是否因自變項（本例為年齡高低）不同而有所差異之問題，若在大樣本且依變項是等距以上測量尺度條件下，可以進行第八章第三節所介紹之獨立樣本 t 考驗，但因本例樣本人數相當少，因此可以進行二組獨立樣本之柯—史二組樣本考驗。首先，在原始資料讀進資料編輯視窗後（有關讀取原始資料之方式，請參見第二章，此處假設資料已讀進資料編輯視窗中），如圖 10-23。由圖 10-23 可以看出，在原始資料檔中共有二個變項，其中變項 group 代表年齡組別，其中編碼值 1 為「高二學生」，編碼值 2 為「國二學生」；變項 percent 是系列學習之錯誤率，數值愈小表示錯誤率愈低。

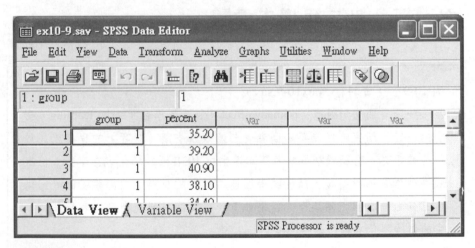

圖 10-23　例 10-9 之假設性資料

　　完成上述原始資料讀取後，即可開啟應用視窗中 Analyze(分析) 功能之 Nonparametric Tests(無母數檢定) 下之 2 Independent Samples(二個獨立樣本) 指令之對話方塊，其界定步驟與例 10-8 相同，唯一差異是檢定方法需點選

Kolmogorov-Smirnov Z 選項，界定進行柯—史二組樣本考驗。

完成上述界定工作後，使用者只要點選 OK 鈕，SPSS 即會執行柯—史二組樣本考驗之統計分析，並自動開啓結果輸出視窗，將統計分析結果輸出到視窗中。

綜合上述操作程序，可將利用 2 Independent Samples(二個獨立樣本) 指令進行柯—史二組樣本考驗之程序摘要如下：

```
Analyze
  Nonparametric Tests
    2 Independent Samples……點選進行柯—史二組樣本考驗之變項至目標
                            清單中
      OK……執行統計分析
```

(二)報表解釋

當使用者點選 OK 執行統計分析，則 SPSS 會自動開啓結果輸出視窗將統計分析結果輸出到視窗中。例 10-9 執行之結果與報表解釋如下：

Frequencies

	group	N
percent	高二生	9
	國二生	10
	Total	19

SPSS 所輸出有關二組樣本之統計結果。在本例中，依變項是樣本在系列學習前三分之一的錯誤率（percent），自變項是年齡組別（group），1 代表高二學生，2 代表國二學生。

Test Statistics[a]

		percent
Most Extreme	Absolute	.700
Differences	Positive	.000
	Negative	-.700
Kolmogorov-Smirnov Z		1.524
Asymp. Sig. (2-tailed)		.019

a. Grouping Variable: group

　　SPSS所輸出柯—史二組樣本考驗的檢定結果。由表可知，第一組（高二學生）的人數有9名，第二組（國二學生）的人數共10名，二組答題錯誤率的累積百分比的最大差距為.700，當以柯—史二組樣本考驗的檢定結果，Z值約為1.524，在雙側檢定下，p值為.019，已達.05顯著水準。由於例10-9是單尾檢定之問題，因此p值應再除以2，即p＝.0095。根據柯—史檢定結果，表示二組樣本在系列學習錯誤率的累積觀察次數之機率分配是並不一致；亦即，二組之累積機率分配有顯著差異，因此可以下結論說，二組樣本的錯誤率並不一致。進一步由二組的錯誤率可知，高二學生的平均錯誤率顯著低於國二學生，據此應可以推論年齡高者在系列學習上受初始效應的影響顯著高於年齡低者，因此錯誤率顯著較低。

第五節　多組樣本的差異性考驗

　　本節旨在說明如何利用視窗版 SPSS 之 Analyze(分析) 功能表之 Non-parametric Tests(無母數檢定) 下的指令程式指令進行多組樣本差異性考驗的無母數統計。在第一節中提及五種方法，二種適用於相依樣本，三種適用於獨立樣本，其中卡方百分比同質性考驗，已經在第七章第四節中說明，以下分別舉例說明另外四種方法：

一、寇克蘭 Q 檢定

例 10-10　（資料檔為 ex10-10.sav）

　　一項有關保險市場行銷的研究，想了解訪問人員的態度，對家庭成員認同保險的影響。研究者設計三種不同型態的訪問方式：A：友善熱心型，B：正式禮貌型，C：非正式突然型，並訓練訪員熟悉三種不同型態的訪問方式，然後針對可能購買保險產品的 18 個家庭，每個家庭各 3 個成員，採對抗平衡（counterbalance）的方式，每一個成員以不同的方式進行訪問，訪問後記錄該成員對保險產品的認同與否（1 代表認同，0 代表不認同），下表是訪員對 18 個家庭的 3 個成員的訪問結果。試問家庭成員對保險產品的認同程度，是否因訪問方式的不同而有差異？

	A	B	C	D	E	F	G	H	I	J	K	L	M	N	O	P	Q	R
方式 A	0	1	0	0	1	1	1	0	1	0	1	0	1	1	1	1	1	0
方式 B	0	1	1	1	0	1	1	1	0	1	0	1	1	1	1	1	1	1
方式 C	0	0	0	0	0	0	0	0	0	0	1	1	0	0	0	1	0	0

㈠操作程序

　　根據例 10-10 旨在考驗 18 個家庭對保險產品的認同程度是否因訪問方式的不同而有差異。由於研究設計是 18 個家庭同時對三個不同之成員訪問方式表示認同與否，亦即 18 個家庭分別有三個成員採對抗平衡方式接受三種不同實驗處理，屬於配對之相依樣本，而對依變項「認同結果」之測量，是一個二分之間斷變項，加上樣本數不多，因此應該進行寇克蘭 Q 檢定。首先，在原始資料讀進資料編輯視窗後（有關讀取原始資料之方式，請參見第二章，此處假設資料已讀進資料編輯視窗中），如圖 10-24。由圖 10-24 可以看出，在原始資料檔中共有 3 個變項，其中變項 type_a 代表「友善熱

心型」之訪問方式，變項 type_b 代表「正式禮貌型」之訪問方式，變項 type_c代表「非正式突然型」之訪問方式，每一個變項都是二分間斷變項，其中編碼值 1 代表「認同」，編碼值 0 代表「不認同」。

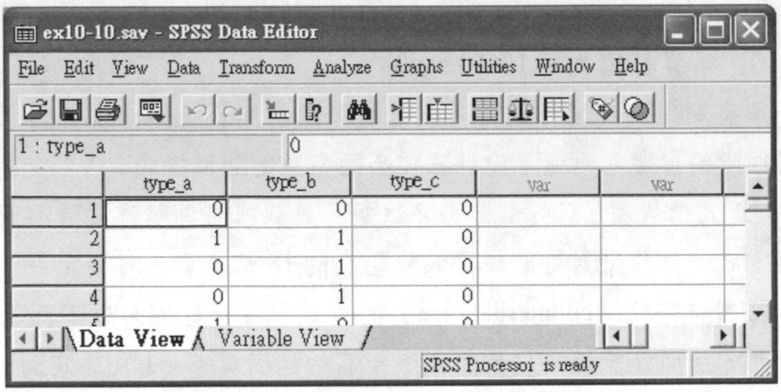

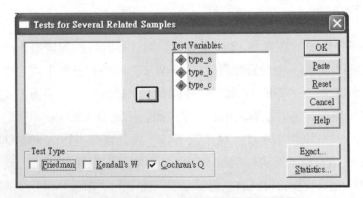

圖 10-24　例 10-10 之假設性資料

　　完成上述原始資料讀取後，即可開啓應用視窗中 Analyze(分析) 功能之 Nonparametric Tests(無母數檢定) 下之 K Related Samples(K 個相依樣本) 指令之對話方塊，並在來源變項清單中，點選變項友善熱心型（type_a）、正式禮貌型（type_b）及非正式突然型（type_c），移至 Test Variables 方格中。完成變項之界定後，點選 Cochran's Q 選項，界定進行寇克蘭Q檢定，如圖 10-25。

圖 10-25　界定寇克蘭 Q 檢定之 K Related Samples 指令對話方塊

完成上述界定工作後，使用者只要點選圖 10-25 中之 OK 鈕，SPSS 即會執行寇克蘭 Q 檢定之統計分析，並自動開啓結果輸出視窗，將統計分析結果輸出到視窗中。

綜合上述操作程序，可將利用 K Related Samples(K 個相依樣本) 指令進行寇克蘭 Q 檢定之程序摘要如下：

Analyze
　Nonparametric Tests
　　K Related Samples……點選進行寇克蘭 Q 檢定之變項至目標清單中
　　　OK……執行統計分析

(二)報表解釋

當使用者點選 OK 執行統計分析，則 SPSS 會自動開啓結果輸出視窗將統計分析結果輸出到視窗中。例 10-10 執行之結果與報表解釋如下：

Frequencies

	Value	
	0	1
type_a	6	12
type_b	4	14
type_c	15	3

SPSS 所輸出樣本在三個變項之統計結果。由表可知，訪問方式「友善熱心型（type_a）」有 12 個樣本表示認同，6 個表示不認同。訪問方式「正式禮貌型（type_b）」有 14 個樣本表示認同，4 個表示不認同。訪問方式「非正式突然型（type_c）」有 3 個樣本表示認同，15 個表示不認同。

Test Statistics

N	18
Cochran's Q	15.846[a]
df	2
Asymp. Sig.	.000

a. 0 is treated as a success.

　　SPSS 所輸出寇克蘭 Q 檢定的顯著性考驗結果。由表可知，上表 18 個家庭對三種訪問方式之認同結果，檢定後 Q 值為 15.846，自由度為 2（即 3 － 1），p 值為.000，已達.05 顯著水準，表示樣本對三種有關保險產品的訪問方式之認同並不相同，即樣本對保險產品的認同與否會因訪問方式的不同而有顯著差異。

　　一般而言，寇克蘭 Q 檢定當結果達顯著水準後，應該要進行事後比較，以找出是哪幾對平均數間有顯著差異，但 SPSS 並沒有提供這一項功能，使用者必須利用計算機進行事後比較。事後比較之公式為：

$$| P_i - P_j | > \sqrt{X^2_{1-\alpha,(k-1)}} \times \sqrt{\frac{k\sum\limits_{n=1}^{N}T_{n.} - \sum\limits_{n=1}^{N}T^2_{n.}}{N \times k \ (k-1)} \times \frac{\sum\limits_{g=1}^{k}c^2_g}{N}}$$

　　其中 P_i 與 P_j 是二組選擇 1 之百分比，$X^2_{1-\alpha,(k-1)}$ 是在顯著水準 α 及自由度等於 k － 1 時之 χ^2 臨界值，k 是組數，N 是樣本總數，T_n 是每一樣本在 k 個處理水準選擇 1 之次數和，c 為比較係數，在兩兩配對比較下，通常一組之 c 為 1，另一組為-1。

　　以例 10-10 為例，N ＝ 18，共有 3 個處理水準，因此 k ＝ 3，三組選擇 1 之百分比分別為：P_1 ＝ 12 ／ 18 ＝.667、P_2 ＝ 14 ／ 18 ＝.778，以及 P_3 ＝ 3 ／ 18 ＝.167。因此在兩兩配對比較下：

$| P_1 - P_2 | = | .667 - .778 | = .111$

$| P_1 - P_3 | = | .667 - .167 | = .500$

$| P_2 - P_3 | = | .778 - .167 | = .611$

其次，根據由下表可知，$T_{n.}$ 之總和為 29，$T_{n.}^2$ 之總和為 61。

	A	B	C	D	E	F	G	H	I	J	K	L	M	N	O	P	Q	R
方式A	0	1	0	0	1	1	1	0	1	0	1	1	1	1	1	1	1	0
方式B	0	1	1	1	0	1	1	1	0	0	1	1	1	1	1	1	1	1
方式C	0	0	0	0	0	0	0	0	0	0	1	1	0	0	0	1	0	0
$T_{n.}$	0	2	1	1	1	2	2	1	1	0	3	3	2	2	2	3	2	1
$T_{n.}^2$	0	4	1	1	1	4	4	1	1	0	9	9	4	4	4	9	4	1

最後，查 χ^2 分配表可知，在自由度為 2，$\alpha = .05$ 時之臨界值為 5.991。因此：

$$\sqrt{X_{1-\alpha,(k-1)}^2} \times \sqrt{\frac{k\sum_{n=1}^{N}T_{n.} - \sum_{n=1}^{N}T_{n.}^2}{N \times k\,(k-1)} \times \left[\frac{\sum_{g=1}^{k}c_g^2}{N}\right]}$$

$$= \sqrt{5.991} \times \sqrt{\frac{(3 \times 29) - 61}{18 \times 3\,(3-1)} \times \frac{(1)^2 + (-1)^2}{18}}$$

$$= 2.4477 \times .1636$$

$$= .400$$

根據上述結果可知，例 10-10 兩兩配對事後比較百分比差異顯著之臨界值為.400。因此友善熱心型（type_a）和正式禮貌型（type_b）之百分比均顯著高於非正式突然型（type_c），至於友善熱心型和正式禮貌型之百分比差異只有.100，並未達.05 顯著水準。

二、弗里曼二因子等級變異數分析

例 10-11　（資料檔為 ex10-11.sav）

Grosslight 與 Radlow（1956）進行一項老鼠在不同增強方式下的區辨學習表現。他們設計三種不同的增強方式，分別是完全增強（PR）、部分時間增強（TR），以及不定比例增強（UR）三種，但三種方式的增強物（食物）總量完全相同。為了控制實驗誤差，他們利用同一母鼠同胎所生的老鼠中隨機抽取 3 隻，構成配對樣本，如此組成 18 組的配對樣本。在進行完訓練後，記錄老鼠在三種不同增強方式下區辨學習的正確表現如下表。請問三種不同增強方式對老鼠區辨學習表現的影響是否有所不同？（測量值愈大，代表區辨學習表現愈好）

	A	B	C	D	E	F	G	H	I	J	K	L	M	N	O	P	Q	R
PR	22	29	41	25	21	34	33	28	18	29	47	34	14	16	15	22	33	22
TR	18	25	35	23	29	30	35	24	22	35	42	31	17	14	15	25	34	20
UR	22	31	40	20	26	37	39	27	21	31	47	34	22	18	19	26	36	23

(一)操作程序

根據例 10-11 旨在考驗 18 組之老鼠在不同增強方式下的區辨學習表現。由於 18 組樣本係採同一隻母鼠同胎所生之老鼠為樣本，因此可視為配對相依樣本，三種增強方式分別以 PR（完全增強）、TR（部分時間增強），以及 UR（不定比例增強）表示。這種探討樣本在依變項（本例為區辨學習表現）之反應是否因自變項（本例為增強方式）不同而有所差異之問題，若在大樣本且依變項是等距以上測量尺度條件下，可以進行第八章第四節所介紹之相依樣本變異數分析，但因本例樣本人數相當少，因此可以進行多組相依樣本之弗里曼二因子等級變異數分析。首先，在原始資料讀進資料編輯視窗後（有關讀取原始資料之方式，請參見第二章，此處假設資料已

讀進資料編輯視窗中），如圖 10-26。由圖 10-26 可以看出，在原始資料檔中共有 3 個變項，其中變項PR代表樣本在完全增強方式下之區辨學習表現、TR代表樣本在部分時間增強方式下之區辨學習表現，以及 UR 代表樣本在不定比例增強下之區辨學習表現。

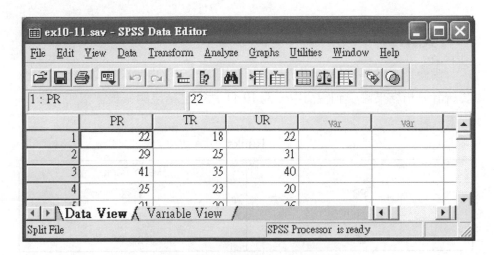

圖 10-26　例 10-11 之假設性資料

完成上述原始資料讀取後，即可開啓應用視窗中Analyze(分析)功能之Nonparametric Tests(無母數檢定)下之K Related Samples(K 個相依樣本)指令之對話方塊，其界定步驟與例 10-10 相同，唯一差異是檢定方法需點選Friedman選項，界定進行弗里曼二因子等級變異數分析。

完成上述界定工作後，使用者只要點選圖中之OK鈕，SPSS即會執行弗里曼二因子等級變異數分析之統計分析，並自動開啓結果輸出視窗，將統計分析結果輸出到視窗中。

綜合上述操作程序，可將利用K Related Samples(K 個相依樣本)指令進行弗里曼二因子等級變異數分析之程序摘要如下：

```
Analyze
  Nonparametric Tests
    K Related Samples……點選進行弗里曼二因子等級變異數分析之變項至
                          目標清單中
      OK……執行統計分析
```

㈡報表解釋

當使用者點選 OK 執行統計分析,則 SPSS 會自動開啟結果輸出視窗將統計分析結果輸出到視窗中。例 10-11 執行之結果與報表解釋如下:

Ranks

	Mean Rank
PR	1.83
TR	1.64
UR	2.53

SPSS 所輸出樣本在自變項三個處理水準下,在依變項上之反映統計結果。由表可知,18 隻老鼠在完全增強(PR)時區辨學習表現的平均等級為 1.83,在不定時增強(TR)時區辨學習表現的平均等級為 1.64,在不定比例增強(UR)時區辨學習表現的平均等級為 2.53。

Test Statistics[a]

N	18
Chi-Square	8.324
df	2
Asymp. Sig.	.016

a. Friedman Test

SPSS 所輸出弗里曼二因子等級變異數分析之顯著性檢定結果。由表可

知，上表三個平均等級間之差異，經檢定結果，卡方值為 8.324，p 值為 .016，已達 .05 顯著水準，表示老鼠在不同增強方式下其區辨學習的表現會有顯著差異。

在進行弗里曼二因子等級變異數分析後，當檢定結果達顯著水準，應該要進行事後比較，以找出是哪幾對平均數間有顯著差異（Siegel & Castellan, 1989）。但SPSS並沒有提供這一項功能，使用者可根據下列公式，並查閱一般統計教科書的常態分配表 Z 值的臨界值，以進行事後比較，事後比較之公式為：

$$\mid R_i - R_j \mid > Z_{\alpha/k(k-1)} \times \sqrt{\frac{k(k+1)}{6N}}$$

其中 R_i 是第 i 組的平均等級，R_j 是第 j 組的平均等級，$Z_{\alpha/k(k-1)}$ 是在顯著水準 α 及進行 k（k−1）次事後比較下的臨界值，k 是組數，N 是樣本總數。

以例 10-11 為例，三組的平均等級分別為：PR = 1.83、TR = 1.64 及 UR = 2.53，因此，

$$\mid R_{PR} - R_{TR} \mid = \mid 1.83 - 1.64 \mid = 0.19$$
$$\mid R_{PR} - R_{UR} \mid = \mid 1.83 - 2.53 \mid = 0.70$$
$$\mid R_{TR} - R_{UR} \mid = \mid 1.64 - 2.53 \mid = 0.89$$

假設 α 為 .05，因 k = 3，所以 α／k（k−1）= .05／3（3−1）= .00833

查常態分配表可知，當機率為 .00833 時，所對應的 Z 值約為 2.394，因此：

$$Z_{\alpha/k(k-1)} \times \sqrt{\frac{k(k+1)}{6N}}$$

$$= 2.394 \times \sqrt{\frac{3(3+1)}{6 \times 18}}$$
$$= .80$$

由此可知，只有部分時間增強與不定比例增強二種增強方式間的差異 0.89，大於臨界值 0.80，達到 .05 的顯著水準。也就是說，老鼠在區辨學習表現的差異，主要是因這二種增強方式的差異所造成，老鼠在不定比例增強下的區辨學習表現顯著優於在部分時間增強下的學習表現。

三、中位數擴大考驗

例 10-12 （資料檔為 ex10-12.sav）

　　有一位研究者想了解學童母親參與子女學校活動（如家長座談、母姐會、訪問教師……等）的次數是否因母親教育程度的不同而有所差異。下表是他隨機抽取 44 名學童母親，記錄她們在一學年中訪問參與學校活動的次數。試問學童母親參與學校教育活動的頻率是否因教育程度的不同而有差異？

母親教育程度	參與次數												
國小（10 人）	4	3	0	7	1	2	0	3	5	1			
國中（11 人）	2	4	1	6	3	0	2	5	1	2	1		
高中（13 人）	2	0	4	3	8	0	5	2	1	7	6	5	1
專科（4 人）	9	4	2	3									
大學（4 人）	2	4	5	2									
研究所（2 人）	2	6											

(一)操作程序

　　例 10-12 旨在探討學童母親參與學校教育活動的頻率是否因教育程度的不同而有差異。這種探討樣本在依變項（本例為參與學校教育活動的頻率）之反應是否因自變項（本例為母親教育程度）不同而有所差異之問題，若在大樣本且依變項是等距以上測量尺度條件下，可以進行第八章第四節所介紹之獨立樣本變異數分析，但因本例樣本人數相當少，因此可以進行多組獨立樣本之中位數考驗。首先，在原始資料讀進資料編輯視窗後（有關讀取原始資料之方式，請參見第二章，此處假設資料已讀進資料編輯視窗中），如圖 10-27。由圖 10-27 可以看出，在原始資料檔中共有二個變項，其中變項 degree 代表母親教育程度，其中編碼值 1 為「國小」、2 為「國

中」、3 為「高中」、4 為「專科」、5 為「大學」、6 為「研究所」；變項 freq 則是參與學校教育活動的頻率。

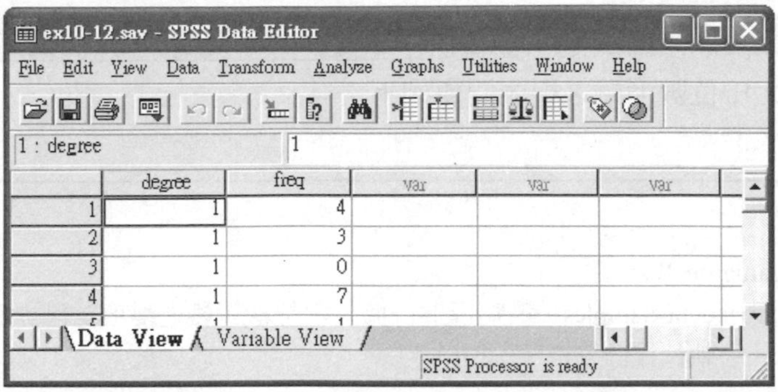

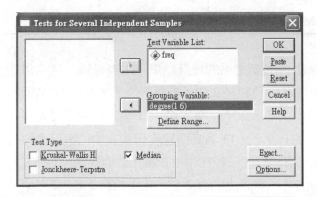

圖 10-27 例 10-12 之假設性資料

　　完成上述原始資料讀取後，即可開啟應用視窗中 Analyze(分析) 功能之 Nonparametric Tests(無母數檢定) 下之 K Independent Samples(K 個獨立樣本) 指令之對話方塊，並在來源變項清單中，點選變項參與學校教育活動的頻率（freq），移至 Test Variable List 方格中；其次，點選自變項 degree，並移到右邊 Grouping Variable 方格中，並進一步點選 Define Range 鈕，界定 degree 之最小編碼值 1（國小）及最大編碼值 6（研究所）。完成依變項與自變項之界定後，點選 Median 選項，界定進行中位數擴大考驗，如圖 10-28。

圖 10-28 界定中位數擴大考驗之 K Independent Samples 指令對話方塊

完成上述界定工作後，使用者只要點選圖 10-28 中之 OK 鈕，SPSS 即會執行擴大中位數考驗之統計分析，並自動開啓結果輸出視窗，將統計分析結果輸出到視窗中。

綜合上述操作程序，可將利用 K Independent Samples(K 個獨立樣本) 指令進行擴大中位數考驗之程序摘要如下：

```
Analyze
  Nonparametric Tests
    K Independent Samples……點選進行擴大中位數考驗之變項至目標清單中
      OK……執行統計分析
```

㈡報表解釋

當使用者點選 OK 執行統計分析，則 SPSS 會自動開啓結果輸出視窗將統計分析結果輸出到視窗中。例 10-12 執行之結果與報表解釋如下：

Frequencies

		degree					
		國小	國中	高中	專科	大學	研究所
freq	>Median	5	4	7	3	2	1
	<=Median	5	7	6	1	2	1

SPSS 所輸出中位數考驗的統計結果。由表可知，44 名母親參與子女學校教育活動頻率的中位數是 2.50（參見下表），其中 10 名國小程度母親在中位數以上的有 5 名，以下也有 5 名。11 名國中程度母親在中位數以上的有 4 名，以下的有 7 名。13 名高中程度母親在中位數以上的有 7 名，以下的有 6 名。4 名專科程度母親在中位數以上的有 3 名，以下的有 1 名。4 名大學程度母親在中位數以上的有 2 名，以下的有 2 名。2 名研究所程度母親在中位數以上的有 1 名，以下的有 1 名。擴大中位數考驗就在檢定這六組

樣本之依變項分數，以中位數爲臨界點後之次數差異，是否達顯著水準。

Test Statistics[b]

	freq
N	44
Median	2.50
Chi-Square	1.895[a]
df	5
Asymp. Sig.	.863

a. 6 cells (50.0%) have expected frequencies less than 5. The minimum expected cell frequency is 1.0.

b. Grouping Variable: degree

　　SPSS 所輸出擴大中位數考驗之顯著性檢定結果。由表可知，六組樣本參與學校教育活動頻率之差異，此經擴大中位數考驗結果，卡方值爲 1.895，在自由度爲 5 時，p 值爲.863，並未達.05 顯著水準，表示學童母親參與子女學校教育活動的頻率不因其教育程度的不同而有顯著差異。

四、克─瓦二氏單因子等級變異數分析

例 10-13　（資料檔爲 ex10-13.sav）

　　在一項有關個體溝通行爲的研究，研究者想了解不同資訊呈現方式對高教育程度個體在訊息接受行爲的影響。他設計三種不同資訊呈現方式：A：只提供負面效果資訊，B：只提供正面效果資訊，以及 C：正負資訊同時呈現等三種方式。經隨機抽取 18 名樣本並分派至三種實驗情境後，記錄樣本對某項訊息的接受程度（值在 0 到 1 之間），結果如下表。試問個體對訊息接受程度是否因不同資訊呈現方式的不同而有差異存在？

（接下頁）

（承上頁）

只提供負面效果資訊	只提供正面效果資訊	正負資訊同時呈現
.44	.70	.80
.44	.77	.76
.54	.48	.34
.32	.64	.80
.21	.71	.73
.28	.75	.80

㈠操作程序

　　例 10-13 旨在探討不同資訊呈現方式對高教育程度個體在訊息接受行為的影響。這種探討樣本在依變項（本例為訊息接受行為）之反應是否因自變項（本例為資訊呈現方式）不同而有所差異之問題，若在大樣本且依變項是等距以上測量尺度條件下，可以進行第八章第四節所介紹之獨立樣本變異數分析，但因本例樣本人數相當少，因此可以進行多組獨立樣本之克—瓦二氏單因子等級變異數分析。首先，在原始資料讀進資料編輯視窗後（有關讀取原始資料之方式，請參見第二章，此處假設資料已讀進資料編輯視窗中），如圖 10-29。由圖 10-29 可以看出，在原始資料檔中共有二個變項，其中變項 group 代表資訊呈現方式，其中編碼值 1 為「提供負面效果資訊」、2 為「提供正面效果資訊」、3 為「正負資訊同時呈現」；變項 ratio 則是訊息接受行為。

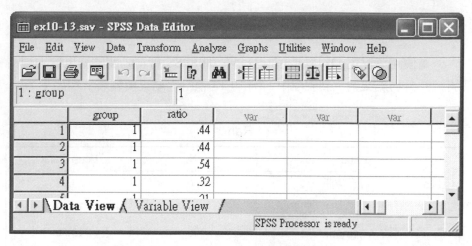

圖 10-29 例 10-13 之假設性資料

　　完成上述原始資料讀取後,即可開啟應用視窗中 Analyze(分析) 功能之 Nonparametric Tests(無母數檢定) 下之 K Independent Samples(K 個獨立樣本) 指令之對話方塊,其界定步驟與例 10-12 相同,唯一差異是檢定方法需點選 Kruskal-Wallis H 選項,界定進行克—瓦二氏單因子等級變異數分析。

　　完成上述界定工作後,使用者只要點選 OK 鈕,SPSS 即會執行克—瓦二氏單因子等級變異數分析之統計分析,並自動開啟結果輸出視窗,將統計分析結果輸出到視窗中。

　　綜合上述操作程序,可將利用 K Independent Samples(K 個獨立樣本) 指令進行克—瓦二氏單因子等級變異數分析之程序摘要如下:

Analyze

　Nonparametric Tests

　　K Independent Samples……點選進行克—瓦二氏單因子等級變異數分析

　　　　　　　　　　　　　之變項至目標清單中

　　　OK……執行統計分析

(二)報表解釋

當使用者點選 (OK) 執行統計分析,則 SPSS 會自動開啟結果輸出視窗
將統計分析結果輸出到視窗中。例 10-13 執行之結果與報表解釋如下:

Ranks

	group	N	Mean Rank
ratio	負面資訊	6	4.17
	正面資訊	6	10.83
	二面資訊	6	13.50
	Total	18	

SPSS 所輸出不同自變項之樣本在依變項上平均等級之統計結果。由表
可知,第一組「提供負面效果資訊」組之訊息接受程度的平均等級為 4.17,
第二組「提供正面效果資訊」組為 10.83,第三組「正負資訊同時呈現」組
為 13.50。

Test Statistics[a,b]

	ratio
Chi-Square	9.781
df	2
Asymp. Sig.	.008

a. Kruskal Wallis Test

b. Grouping Variable: group

SPSS 所輸出克—瓦二氏單因子等級變異數分析的顯著性檢定結果。經
檢定結果卡方值為 9.781,在自由度為 2 時,p 值為.008,已達到.05 顯著水
準,表示高教育程度個體對訊息的接受程度,確實會因資訊呈現方式的不
同而有顯著差異。

在進行克─瓦二氏單因子等級變異數分析後，當檢定結果達顯著水準，應該要進行事後比較，以找出是哪幾對平均數間有顯著差異（Siegel & Castellan, 1989）。但SPSS並沒有提供這一項功能，使用者可根據下列公式，並查閱一般統計教科書的常態分配表 Z 值的臨界值，以進行事後比較，事後比較之公式為：

$$|R_i - R_j| > Z_{\alpha／k(k-1)} \times \sqrt{\frac{N(N+1)}{12} \times (\frac{1}{n_i} + \frac{1}{n_j})}$$

其中 R_i 是第 i 組的平均等級，R_j 是第 j 組的平均等級，$Z_{\alpha／k(k-1)}$ 是在顯著水準 α 及進行 k（k－1）次事後比較下的臨界值，k 是組數，N 是樣本總數，N_i 是第 i 組樣本數，N_j 是第 j 組樣本數。

以例 10-13 為例，三組的平均等級分別為：第一組＝ 4.17、第二組＝10.83 及第三組＝ 13.50，因此：

$$|R_1 - R_2| = |\ 4.17 - 10.83\ | = 6.66$$
$$|R_1 - R_3| = |\ 4.17 - 13.50\ | = 9.33$$
$$|R_2 - R_3| = |\ 10.83 - 13.50\ | = 2.67$$

假設 α 為.05，因 k＝3，所以α／k（k－1）＝.05／3（3－1）＝.00833
查常態分配表可知，當機率為.00833 時，所對應的 Z 值約為 2.394，因此：

$$Z_{\alpha／k(k-1)} \times \sqrt{\frac{N(N+1)}{12} \times (\frac{1}{N_i} + \frac{1}{N_j})}$$

$$= 2.394 \times \sqrt{\frac{18(18+1)}{12} \times (\frac{1}{6} + \frac{1}{6})}$$

$$= 2.394 \times \sqrt{9.5}$$

$$= 7.38$$

由此可知，只有第一組與第三組二組間平均等級的差異 9.33，大於臨界值 7.38，達到.05 的顯著水準。也就是說，表示高教育程度個體對訊息接受程度的差異，主要是因這二種資訊呈現方式的差異所造成，高教育程度個體在正負二種資訊同時呈現時對訊息接受程度，顯著高於只提供負面效

果資訊的方式。當然，例 10-13 是等組的設計，因此事後比較顯著臨界值只有 7.38 一個，若各組人數不等，則不同配對比較間之顯著臨界值就會不同。

第11章

SPSS 與測驗效度、信度及項目分析

本章旨在說明如何利用視窗 13.0 版進行測驗工具的效度、信度及項目分析考驗。讀完本章後，使用者應該學會：

㈠理解效度、信度與項目分析的基本原理與方法。

㈡能夠因應編製及施測方式的不同，選擇適當的效度、信度及項目分析考驗方法。

㈢能夠利用 SPSS 解決效度考驗的問題，並能解釋統計報表。

㈣能夠利用 SPSS 解決信度考驗的問題，並能解釋統計報表。

㈤能夠利用 SPSS 解決項目分析的問題，並能解釋統計報表。

第一節　基本原理

在社會科學研究的領域中，研究者常須藉助一些測驗，做為蒐集資料之工具。而一份優良的測驗工具，至少必須具備高信度與高效度二個特徵，如此藉由一份具有信度與效度的工具，所測量蒐集得來的資料，再利用適當的統計方法進行分析工作，所得到的結論，才能為人所接受。其次，在學校教育的教學評量中，教師常須利用形成性或總結性測驗，對學生學習結果做一評量，以確定學生進步之情形，並做為教師改進教學之參考，這種教師在教學過程中所使用的評量工具，一樣須具備良好的信度與效度。以下即分別說明效度與信度的基本概念：

一、測驗效度之分析

效度係指一份測驗能正確測量到所要測量特質之程度，一般稱之為測驗之可靠性或有效性。效度高表示該測驗能達成所要測量之目標，由於一份測驗可能因其使用目的的不同，而有不同的測驗目的，因此我們說一份測驗具有效度，是針對某一特殊功能或用途而言，不可以普遍性之角度衡量之。效度具有以下之性質（Gronlund & Linn, 1990）：

㊀效度是指「測驗結果」之正確性或可靠性，而非指工具本身。

㊁效度並非全有或全無，只是程度上之差別。

㊂效度是針對某一特殊功能或用途而言，不可以普遍性之角度衡量之。在不同之用途下，某一相同測驗之效度隨即改變，如某一數學能力測驗可能在計算能力上有較高之同時效度，但對未來之數學成就只有中度之預測效度。

㊃效度並無法實際測量，只能從現有資料中去推論。由於個體的行為常是內隱且彼此相關的，不像物理特質是外顯且彼此獨立，可以直接加以測量，因此常必須透過間接的方法來推論，而這種推論可以透過邏輯的分析，也可以藉由實證的統計數據加以表示，但不論是哪一種方法，都只能從現有資料中去推論。

根據美國心理學會於 1985 年出版的《心理與教育測驗的標準》，效度可分為下列三種：

㊀內容效度

內容效度是指測驗內容（題目）的代表性，或對所要測量行為層面取樣的適切性。因此內容效度乃在考驗測驗的題目能否適切地測量到測驗所要測量的目的或行為層面，而內容效度的考驗方法，通常是透過雙向細目表來檢定，因此是屬於一種事前的邏輯分析或測驗合理性的判斷。

因為內容效度的檢定係依一定之理論步驟進行，如成就測驗應同時考慮教材內容及教學目標，態度或人格或興趣測驗則須考慮是否已涵蓋所有層面以及試題間之同質性。但應注意的是，由於很難避免個人之主觀判斷誤差，而此種誤差又不像其它方法可經由實證之考驗加以控制，所以在各種效度中其可信度可能最低，因此內容效度應用時應視為一必要條件，而不可做為充分條件。目前教師自編的成就測驗，常採用內容效度做為考驗測驗結果效度的方法。

㊁效標關聯效度

如果測驗之目的是在於預測樣本未來之表現或是估計目前在其它測驗上之表現，可採用效標關聯效度來考驗測驗的效度。效標關聯效度係利用

實證的方法，考驗測驗與一些外在效標間的相關，當測驗與外在效標間的相關愈強時，我們說該測驗具有很高的效標關聯效度。至於外在效標的選擇，必須確定效標本身已具有良好的信度與效度，常被做爲外在效標的工具如學業成就、特殊性訓練的表現、實際工作表現、對照團體、精神病學的診斷、同儕或相關人員所作的評定，以及先前已具有信效度且測量目的相同的測驗等（郭生玉，1995；Anastasi, 1990）。效標關聯效度的考驗方法最常用的就是相關係數，有時也可透過預期表（expectancy table）來加以考驗。不論採哪一種方法，都是利用統計分析處理，因此效標關聯效度是一種屬於事後統計分析的效度檢定方法。

效標關聯效度依其使用時間間隔之長短及測量之目的可分爲：

1. 預測效度：即目前所編測驗之目的係用來預測學生未來在另一份測驗上之表現，因此二份測驗間需間隔一段較長的時間來實施，稱之爲預測效度。以性向測驗爲例，多用來做爲衡量學生在未來能力之表現或成功與否的指標，因此須有預測效度。再者，人格測驗是在測量個人相當穩定的心理特質，也須有預測效度。

2. 同時效度：即目前所編製測驗之目的係用來測量學生當前在另外一份同質測驗上之表現，因此二份測驗須同時施測，故稱之同時效度。此時大家可能覺得奇怪，爲何已有一份同質之測驗，還須另編一份測驗，此豈非浪費。其原因可能因爲現有這份測驗題數太多、作答不易、施測計分較難，爲改進此一缺失，有必要重新編製一套較簡便之測驗予以取代。一般而言，成就測驗及興趣測驗，通常需要有不錯的同時效度。

㈢建構效度

上述二種效度都是根據實際的資料來說明測驗結果之可靠性。如內容效度係以題目之分布來判斷，屬於命題之邏輯分析；而效標關聯效度係以實際測驗分數去判斷，屬於實徵之統計分析，二者各有所偏，加上此種「實際資料」是否真能有效測量所欲之功能或目的，有時亦頗有爭議。前已述及，個體的行爲常是內隱且彼此相關的，必須透過間接的方法來推論，因此有學者希望從理論之觀點去解釋測驗之效度，此即「建構效度」。亦即

從心理特質來解釋測驗分數，也就是說實際之測驗分數能解釋此心理特質有多少。「建構」就是用來解釋個體行為之假設性的理論架構或心理特質，例如「空間推理」、「數學焦慮」等均是建構，這些心理特質實際上均無法觀察得到，但若我們能在假設性之理論建構下編製一份測驗，而實際之測驗分數經考驗結果能有效解釋該心理特質，則此測驗即具有建構效度。據此，建構效度可定義為：指測驗能夠測量到理論上之建構或心理特質之程度。

建構效度由於有理論的邏輯分析為基礎，同時又根據實際所得的資料來檢驗理論的正確性，因此是一種最嚴謹的效度考驗方法，可避免內容效度有邏輯分析，卻無實證依據，而效標關聯效度完全植基於實證資料的缺失。建構效度考驗步驟包括：1.建立假設性理論建構（包括建構本身及相關之理論假設）；2.根據步驟一編製一份測驗，並對學生進行施測；以及3.以邏輯或實證之方法檢定該測驗是否能有效解釋所欲建構。最常用來考驗建構效度的方法為因素分析（factor analysis），其次如分析答題之心理歷程、比較不同團體在測驗分數上之差異、實驗及多特質多方法分析等也常被使用，以下僅介紹最常用的因素分析之基本原理。

因素分析是一種利用相關係數找出一份測驗潛在共同建構（因素）之複雜統計方法。它的基本原理係藉著共同因素的發現，以驗證理論性心理特質建構的正確性，假定我們根據理論分析，界定某一行為特質包括三個層面（因素），並分別根據這三個因素各編製若干題目，以形成初步之測驗，然後選擇適當的樣本（題數與樣本數之比例通常至少需 1：5），進行施測，而將施測後所得的資料，以因素分析加以考驗，實際也可得出三個因素，每一因素所涵蓋的題目，恰與理論的三個層面相一致，使得實際因素的含義與編製測驗的理論相符合，我們即說該測驗在測量某一行為特質上，具有良好的建構效度。

因素分析的方法很多，但大體來看，其計算步驟一般為：

1. 求出一份測驗所有題目之相關係數矩陣，並根據相關矩陣估計每一個題目的共同性（communality），共同性愈高，表示該題目與其它題目所可測量的共同特質愈多。

2. 選擇適當方法，抽取出適當數目的共同因素（common factor），並

據此得到每一個題目未轉軸（rotation）的因素負荷量，稱爲組型負荷量（pattern loading）。

常用來抽取共同因素的方法主要有：主成分分析法（Harman, 1976）、主軸法（Harman, 1976）、Alpha 法（Kaiser & Caffrey, 1965）、映像法（Kaiser, 1963）、最大概率法（Joreskog & Lawley, 1968）及最小平方法（Harman & Jones, 1966）等六種。這幾種方法在抽取因素的原理上互有差異，因此同一筆資料以不同方法所得到的結果也不盡相同，所以在使用時，除非對各種方法的原理均相當熟悉，否則最好多選擇幾種方法，進行共同因素抽取的工作（Kim & Mueller, 1978a）。

在抽取共同因素時，研究者不須關心究竟所抽取的因素是否有意義或可以解釋，也不需去注意所抽取的因素究竟是直交或斜交，重要的是應把握一個原則，就是能保留最少的因素，但可以解釋最大的變異量。

3. 根據未轉軸的因素負荷量，選擇適當的轉軸方法，將上述共同因素進行轉軸，使因素間符合簡單結構原則，並根據轉軸後的結果，求得每一題目在各因素上轉軸後的負荷量，稱爲結構負荷量（structure loading）。

因素轉軸的方法可以分爲直交轉軸（orthogonal rotation）與斜交轉軸（oblique rotation）二種，其中直交轉軸又可進一步分爲最大變異法（varimax method）、四分變異法（quartimax）及均等變異法（equimax）等三種。直交轉軸後所得到的因素是彼此獨立互不相關的，直交轉軸的三種方法所得到的因素雖都是獨立的，但最大變異法的原理，是讓所有變項在同一因素的負荷量平方的變異量最大，如此可以簡化對因素的解釋；而四方變異法則是讓同一變項在所有因素上的負荷量平方的變異最大，如此常會造成每一變項在第一個因素的負荷量值都不低的現象，形成一個普通因素（general factor）；至於均等變異法恰居於前述二種方法之間，每一因素所能解釋的變異盡量均等。斜交轉軸則允許轉軸後的因素仍是相關的，此一方法的優點是，當因素間的關係真的是直交，則斜交轉軸後因素

間仍是彼此獨立，至於其缺點則是轉軸後的因素仍有相關存在，將會造成因素解釋的複雜性。

這四種方法基本原理各不相同，轉軸後所得到的結果也會有所差異，因此在選擇轉軸方法時，並無一個最好的方法可供選擇。但Kim與Mueller（1978b）認為，如果因素分析的目的是屬於試探性（exploratory），則研究者不應過度專注於究竟應採何種轉軸的方法，因為四種方法最後所得到的結果，差異通常不會過大。且若沒有理論或實證研究可以支持因素間是彼此相關的，則採直交轉軸應優於斜交轉軸，因為根據直交轉軸所得到的結果通常較容易了解與解釋。

至於將因素分析應用於測驗效度的考驗，由於編製測驗時，研究者通常已有理論根據，因此對於轉軸法的選擇，若理論上顯示因素間是彼此相關的，則當然應採斜交轉軸為方法。若理論上顯示因素間是彼此獨立的，則宜採直交轉軸，此時也可進一步考慮，若希望每一因素所能解釋變異量最大（因素間的重要性有高低之區別），則應採最大變異法；若希望找到一個最重要因素（即找出一個最重要的普通因素），可採四分變異法；若希望每一因素所能解釋的變異盡量均等（即每一因素重要性相同），可採均等變異法。

4. 檢驗所求得的因素，是否與編製測驗的理論相符合，以確定測驗的效度。同時，並根據結構負荷量對因素進行命名的工作，以及計算每一個樣本在各因素上的因素分數（factor score），此因素分數可以做為進行其它統計分析之用。

完成轉軸工作後，使用者即可檢驗所求得的因素，是否與編製測驗的理論相符合，以確定所編製測驗之建構效度。實際因素的含義與編製測驗的理論相符合，我們說該測驗在測量某一行為特質上，具有良好的建構效度。同時，使用者可以根據各題目在因素上之結構負荷量，對因素進行命名之工作，對因素之命名除根據編製測驗之理論外，通常需要一點創造力之發揮，才能對因素做出反應各題目共同潛在建構之意涵。

二、測驗信度之分析

信度係指根據測驗工具所得到的結果之一致性或穩定性。一個測驗須具有信度，使用者或教師才能確定樣本的行為表現是否相一致，否則測驗結果只能說明樣本在「某一特定時間」或「某一特定行為樣本」上之表現。一般而言，二次或二個測驗之結果愈是一致，則誤差愈小，所求之信度愈高，它具有下列特性：

　　㈠信度是指測驗所得到結果之一致性，而非指測驗本身。

　　㈡信度值是指在某一特定類型下之一致性，非泛指一般之一致性。信度係數可能因不同時間、不同試題或不同評分者而出現不同之結果，如複本高，折半未必高。

　　㈢信度是效度之必要條件，非充分條件。信度低效度一定低，但高信度未必表示具有高效度。

　　㈣信度考驗完全依據統計分析方法，不管採「信度係數」或「測量標準誤」為測驗信度的指標，它們完全是一種統計量。

由於信度考驗完全依據統計分析方法，因此它必須在測驗施測後，根據所蒐集得到的資料，採取適當的方法考驗測驗結果的信度。當然，決定信度最理想之方法為在完全相同之情境下對一組樣本施測二次，再比較其分數之差異情形，但事實上並不可能，故只有找替代之方案，最常用來做為信度考驗的方法有：

㈠重測信度

重測信度是以同一測驗在不同之時間對同一樣本施測二次，根據樣本在前後二次測驗的得分，求二次測驗分數之相關係數即為重測信度。由於它是在考驗樣本經過一段時間後，測驗結果的差異情形，故其為一穩定性係數。根據相關係數之高低，即可得知測驗結果在經過一段時間後之穩定程度，穩定程度愈高，即表示在一次測驗得高分之學生，在另一次測驗中之得分也有較高之傾向，亦即學生二次測驗分數之相對地位極為接近。

此種穩定係數應注意時間之間隔，若間隔時間過短，往往造成假性相關之現象。但若時間間隔過長，則測驗程序之改變、學生身心特質之變化、學習經驗之累積等因素，均會影響測驗結果，而使得穩定性係數降低。然而，間隔時間應該多久才是適當的？此應視測驗對象及性質而定。就對象而言，若樣本是幼童，因正值身心發展階段，短時間內就有明顯變化，因此重測時間不宜過長；相對地，對年長之樣本，因身心發展均臻成熟，重測時間就可較長。再就測驗性質來看，若為性向測驗，旨在做為預測將來表現之用，故需要較長時間之穩定性係數。人格測驗則是在測量樣本一種很穩定的心理特質，因此間隔的時間也該較長。若是成就測驗或態度量表，分別在測量受試現有的能力表現，以及對當前人事物的態度，則所需之穩定性係數時間自然較短。

㈡複本信度

複本信度是以二份等值（題型、題數、內容、難度及鑑別度等）但不同題目之測驗對同一組樣本測量，求得其在二份測驗上得分之相關係數，稱為複本信度。由於它是考驗樣本在二份等值測驗上的差異情形（或說考驗二份測驗能測量到樣本的行為層面相同部分之程度），故此種係數稱為「等值性量數」。

複本信度不必像重測信度般在不同的時間實施二次測驗，雖說可減少因時間因素所造成之麻煩，但實際上要編製二份等值之測驗可能更為困難。一般而言，教師自編成就測驗不可能做複本信度，標準化成就測驗雖可編製複本，但其先決條件須有完整的題庫。

複本信度可與上述之重測信度合併使用，以求得「穩定性等值量數」，如此即是一種相當嚴密之信度考驗方法，但相對地就會遭受雙重之限制。

㈢折半信度

當一份測驗在沒有複本可供使用，且只能施測一次之情況下，即可採用折半法以求得信度。折半信度是先依一定程序進行一次測驗後再將該份測驗分成相等（通常是指題數相同）之二份，然後求學生在此二份測驗上之相關係數，此即折半信度。若一份測驗是在測量樣本的同一種行為層面，

則樣本在測驗上的每一個題目上的表現，應該都相當一致，因此折半信度又稱爲「內部一致性量數」，代表樣本在兩半測驗上表現等值之程度。一般而言，折半之方法通常係依照題號的單雙號分成兩半。

由於折半信度只是半份測驗之信度係數，且在一般情形下，題數愈多則信度便愈高，因此折半信度通常必須進行校正的工作，常用的折半信度校正方法有 Spearman-Brown 校正公式、Rulon 校正公式及 Flanagan 校正公式等，以估計一份完整測驗之信度。

折半信度在使用上確實較重測及複本爲簡便，使用者也多喜歡以此求測驗之信度，但折半信度只是等值一致性量數，並未具有穩定之特質，且如何折半目前仍是一大爭議。其次，若測驗只測量同一行爲層面較無問題，但若同時測量多個層面，則隨機之折半將是一件極爲危險的事。

㈣庫李信度及 Cronbach α係數

庫李信度及 Cronbach α係數基本上也屬於「內部一致性係數」，但在計算時不須將題目折半，完全視各測驗題目間之一致性而定其信度係數之高低。因此若同一份測驗所欲測量之行爲領域愈相近，則其一致性必然愈高（此正是爲何要先進行因素分析，將測量相同行爲層面的題目加以歸類的原因），但若測驗所欲測量之行爲層面並不同質，則除非二個樣本所答對之題數完全相同，否則使用者根本無法從此推論樣本在各行爲層面上表現之差異。例如在一份同時包含字彙與推理之測驗中，甲、乙二人均答對20題，但所答對的題目並不相同，事實上二人之成就並不相同。

庫李僅適用於非對即錯（即是非題或選擇題），而對屬於多重選擇或 Likert 量表之態度或人格測驗則無法求其信度係數，此時必須改以 Cronbach α信度係數，計算測驗的信度，而事實上，庫李信度可視爲 α 係數的一個特例，因爲對於非對即錯的測驗題，不論用庫李信度或 Cronbach α 係數所求得的信度係數是相同的。

㈤測量標準誤

不論是重測、複本、折半，或是庫李信度及α係數，均是用一個係數值來表示測驗結果一致或穩定的程度，而測量標準誤則是以測驗誤差的高低

來表示測驗的信度，即測量標準誤是以測驗結果不一致或不穩定的程度來表示信度值，因此一份測驗的信度係數愈高，其測量標準誤愈小。由於前述的幾種信度係數，都只能顯示出一份完整測驗的信度值，但並不能做為解釋個別樣本在測驗上的表現，而測量標準誤則除了可做為測驗信度值的指標外，還可以根據常態分配理論，來解釋個人在測驗上的表現。

㈥ Hoyt 信度係數值

Hoyt（1941）信度係數值係利用重複量數變異數分析的原理來解釋測驗的信度，它在性質上也屬於一致性係數。Hoyt 信度係數的基本假設是，若測驗題目都是在測量同一個行為層面，則樣本在所有題目上的表現應該相當一致，因此樣本在所有測驗題目間的變異情形應該沒有差異，而剔除樣本因為個別差異所造成的變異後，樣本在題目間的變異量（即變異數分析中的 SS_a）與測量誤差項（即變異數分析中的 SS_{sa}）二者間的比值應該不會有顯著差異。據此，當利用重複量數單因子變異數分析（見第八章第四節）進行考驗後，若 F 值未達顯著水準，就表示測驗具有不錯的信度，至於 Hoyt 信度係數的高低，可利用下列公式求得：

$$r_H = 1 - (MS_a / MS_s)$$

式中 MS_a 代表樣本在 A 個題目上表現的變異之均方值，MS_s 代表 N 個樣本因個別差異所造成變異的均方值。

㈦評分者信度

前述的幾種信度值，都適用於可利用電腦計分的客觀式測驗，至於論文式試題的測驗，因必須由評分者（人為）評閱測驗題目，所以上述方法都不能適用。對論文式測驗的信度考驗，通常都以「評分者信度」為之。為計算評分者信度，則每一個測驗題目均需由一位評分者分別評閱二次，或由二位以上不同的評分者來評分（較理想的方式），然後計算評分者評分一致的程度，即為評分者信度係數值。至於計算評分者信度係數的方法，當評分者只有二位時（或一人評二次），且給分的方式是分數，可以積差相關係數求得；若評分者有二位，但給分的方式是等級，應以 Spearman 等

級相關係數求得；若評分者在三人以上時，且給分的方式是等級（若是給分數，必須轉換為等級），可以 Kendall 和諧係數求得。

上述的七種信度係數，都適用於常模參照測驗的信度考驗，至於效標參照測驗，可以改用卡方考驗或 Kappa 一致性係數來考驗信度值，近年來，對效標參照測驗的信度考驗，有愈來愈多的研究者，改以項目反應理論（item response theory，簡稱 IRT）的方法加以考驗。

三、測驗的項目分析

信度與效度的考驗，不論採哪一種方法進行，都是以整份測驗的結果進行分析，所得到的信度係數或效度值，正代表一整份測驗的一致性或可靠性。然而，在整份測驗中，不可能所有的題目都是一樣的「優良」，因此有必要區分出哪些是「好」的題目，哪些是「壞」的題目。但信度係數或效度值卻都不能區分出題目的優劣出來，這是為什麼要進行項目分析的原因。顧名思義，項目分析就是以測驗中的每一個題目為對象，逐題分析它的優劣，當測驗確定具有良好信度與效度時，項目分析具有「錦上添花」的功能，使測驗能夠「好還要更好」。而當測驗經考驗結果，確定信度與效度不佳時，項目分析則具有「雪中送炭」的效果，在這種情形下，透過項目分析，可以讓測驗編製者很快地找出不好的題目，以利進一步的修訂工作。但使用者必須切記的是，項目分析完全是一種統計的量數，雖然它是判斷題目優劣的一個重要方法，但絕對不是唯一的方法，如果固著於項目分析的數據，而忽略理論的重要性，可能的結果就是非但無助於信度與效度的提高，反而使信度與效度降低了；其次，進行項目分析通常有助於提高測驗的信度，至於對測驗效度的影響較難確定，但可以確定的是，如果僅根據項目分析結果就決定是否將某題目刪除，可能反會使效度降低。

一般常做的項目分析包括：難度分析、鑑別度分析及有效性分析（郭生玉，1995），茲分述如下：

㈠難度分析

題目的難度通常以受試者通過或答對的百分比來表示，也有以測驗總分區分出高分組與低分組後，以高、低分組通過或答對某題目人數的百分比平均數來表示，值愈高代表題目愈簡單。此種難度指數，適用於非對即錯型題目的測驗（如成就測驗），至於 Likert 量表（如態度測驗）測驗則不適用。難度值在 0 至 1 之間，理想的測驗（指常模參照測驗）難度以.50（即有一半人答對，一半人答錯）上下最為適當，過難或太簡單的題目在一份試題中不可太多。

㈡鑑別度指數

根據測驗總分區分出高分組與低分組後，以高分組通過或答對某題目人數的百分比，減去低分組通過或答對某題目人數的百分比，所得到的值即為鑑別度指數。鑑別度指數也僅適用於非對即錯的試題，並不適用於Likert量表測驗。其值在 ± 1 之間，愈接近 1，代表題目鑑別度愈佳，愈能區分樣本在該題目表現之好壞，若鑑別度指數為負值，即高分組答對人數低於低分組，將不太合常理，這樣的題目就算難度適中，也必須進行修訂或剔除。Ebel 與 Frisbie（1991）指出，鑑別度高低的評鑑標準為：

鑑別度指數	決策標準
.40 以上	非常好的題目
.30 以上	合理可用的題目，可能需細部修改
.20 以上	邊緣題目（marginal item），通常需大幅修改
.20 以下	不好的題目，需淘汰或重新修改

㈢內部一致性係數

內部一致性係數即測驗各題目與總分（通常是分量表總分）之相關係數，相關係數愈高，代表該題目在測量某一行為特質上，與其它題目間愈一致。

㈣臨界比（critical ration）

適用於 Likert 量表測驗的一個鑑別度指標。臨界比是根據測驗總分區分出高分組與低分組後，求高分組與低分組在某一題目上平均數的差異顯著性。此原理與獨立樣本 t 考驗相同，因此可根據 t 考驗求得 t 值做為臨界比，t 值愈高代表題目之鑑別度愈好。當然，臨界比也適用於非對即錯的試題。

㈤多元相關係數

多元相關係數也是一種內部一致性係數，係利用多元迴歸之原理，以受試在某一題目得分為依變項，同一分量表的其它題目為自變項，求其多元相關係數（或決定係數），相關係數愈高，表示該題目與其它題目間之一致性愈高。

第二節　視窗 13.0 版之操作

在視窗 13.0 版中，專門用來進行測驗信度分析的指令為 Scale(尺度) 下之 Reliability Analysis(信度分析) 指令，專門用來進行效度考驗因素分析的指令為 Data Reduction(資料減縮) 下之 Factor(因子) 指令，至於項目分析則沒有專門的指令可供使用，但利用 Descriptive Statistics(描述統計) 下之 Frequencies(次數分配表) 指令、 Correlate(相關) 下之 Bivariate(雙變數) 指令，以及 Compare Means(比較平均數法) 下之 Independent-Samples T Test(獨立樣本 T 檢定) 指令，可以計算幾個常用的項目分析指標。其中 Frequencies(次數分配表) 指令、 Bivariate(雙變數) 指令及 Independent-Samples T Test(獨立樣本 T 檢定) 指令之語法界定，已分別在第四章、第六章及第八章中介紹過。本節旨在說明 Reliability Analysis(信度分析) 及 Factor(因子) 二個指令的語法，以下分別說明之：

一、 Reliability Analysis(信度分析) 指令

Reliability Analysis(信度分析) 指令主要功能在考驗測驗的信度，它主要可用來考驗折半信度、庫李及α係數及 Hoyt 信度係數值。至於重測及複本信度，使用者只要將樣本在二次（份）測驗的分數加總後，利用 Correlate (相關) 下之 Bivariate(雙變數) 指令求其相關係數，即為重測或複本信度；而評分者信度所用的 Spearman 等級相關及 Kendall 和諧係數，也都在第六章中有實例介紹，使用者可自行參閱。首先必須先將原始資料讀進資料編輯視窗中，然後開啟應用視窗中 Analyze(分析) 功能表之 Scale(尺度) 下之 Reliability Analysis(信度分析) 指令之對話方塊，如圖 11-1。

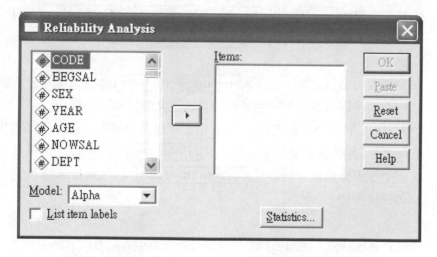

圖 11-1　 Reliability Analysis(信度分析) 指令之對話方塊

在圖 11-1 中，使用者首先必須界定所要進行信度分析之變項名稱。此可利用滑鼠從來源變項清單中點選該變項並使之反白後，再點選右方之三角形按鈕，如此要進行考驗之變項就會移到右邊 Items 方格中。其次，使用者必須從 Model 方格中，決定所要計算之信度係數。 Reliability Analysis

(信度分析)指令所提供之信度係數包括 Alpha 值、Split-Half（折半信度）、Guttman 值（Guttman 最低下限真實信度法）及 Parallel 檢定（各題目平均數與變異數均同質時的最大概率信度）等四種。最後，使用者可以點選 List item label 選項，以在報表中輸出每一個變項之標籤，俾便於報表之閱讀與解釋。這裡要補充說明的是，對問卷為研究工具之信度分析，由於一個問卷常包括多個分量表（subscale），必須對各分量表進行信度分析，但 Reliability Analysis(信度分析) 指令一次只能進行一個分量表之計算分析。

在對話方塊中，Reliability Analysis(信度分析) 指令包括 Statistics 一個次指令，其功能在界定所要輸出之各種統計量，如圖 11-2。Statistics 次指令所提供之統計量分為四大類，包括：

 ㈠描述統計量對象：包括 Items、Scale 及 Scale if item deleted 三項，分別輸出各題目之描述統計量、量表之描述統計量，以及刪除某一題目後量表之統計量。

 ㈡摘要：包括 Means、Variances、Covariances 及 Correlations 四項。分別輸出量表之平均數、變異數、共變數，以及相關係數之摘要訊息。

 ㈢分量表內項目之間：包括 Correlations 和 Covariances 二項。分別輸出量表各題目間之相關矩陣與變異數—共變數矩陣。

 ㈣ANOVA 摘要表：界定輸出 Hoyt 信度係數值之檢定方法。包括有 F test 法（相依樣本變異數分析）、Friedman chi-square 法（弗里曼二因子等級變異數分析）及 Cochran chi-square 法（Cochran Q 檢定）等三種選擇。

上述各種統計量，使用者只要用滑鼠左鍵在選項前之方格上點選一下，即可輸出該統計量。

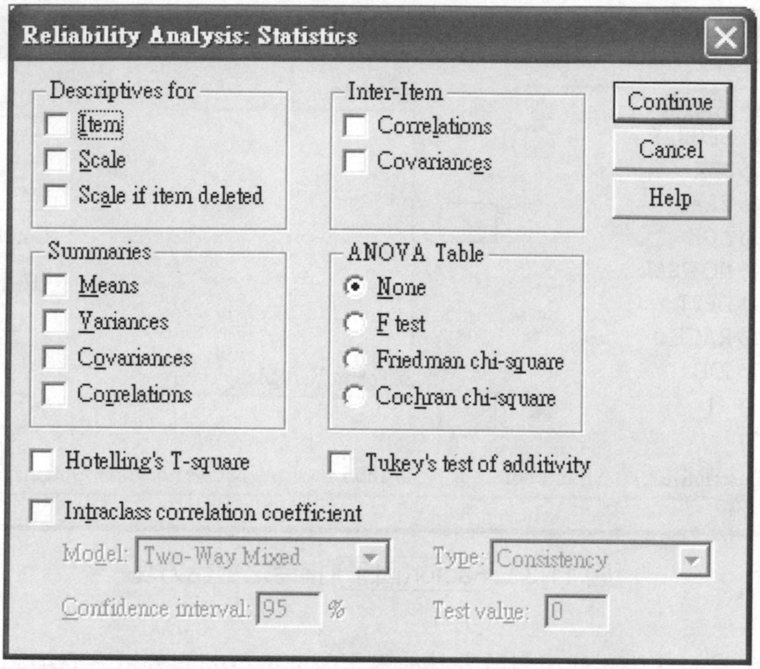

圖 11-2 [Statistics] 次指令之對話方塊

二、 [Factor (因子)] 指令

[Factor(因子)]指令主要功能在界定進行因素分析，應用在測驗編製時，是考驗測驗建構效度最重要與常用的方法。首先必須先將原始資料讀進資料編輯視窗中，然後開啓應用視窗中[Analyze(分析)]功能表之[Data Reduction(資料減縮)]下之[Factor(因子)]指令之對話方塊，如圖 11-3。

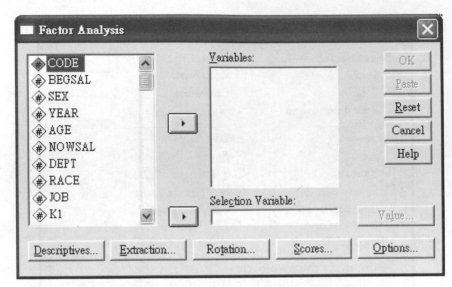

圖 11-3　Factor(因子)指令之對話方塊

在圖 11-3 中，使用者首先必須界定所要進行因素分析之變項名稱。此可利用滑鼠從來源變項清單加以點選使之反白後，再點選右方之三角形按鈕，如此要進行考驗之變項就會移到右邊 Variables 方格中。其次，使用者若要選擇在某一變項（通常是類別變項）上符合條件之樣本進行分析，則可以點選該變項，並移至 Selection Variable 方格中，並點選 Value 鈕，界定設定之條件，即可完成選擇部分樣本進行因素分析之界定。

在對話方塊中，Factor(因子) 指令包括 Descriptives 、 Extraction 、 Rotation 、 Scores 及 Options 等五個次指令，以下分別說明其功能與語法：

(一) Descriptives 次指令

Descriptives 次指令之功能在界定所要輸出之各種統計量。使用者只要用滑鼠左鍵在按鈕上點選一下，即可開啟其對話方塊，如圖 11-4。Descriptives 次指令所輸出統計量包括 Univariate descriptives(單變量描述性統計量)、 Initial solution(未轉軸之統計量)、 Coefficients(相關矩陣)、 Significance levels (相關係數顯著水準)、 Determinant(矩陣行列式值)、 KMO and Bartlett's test of sphericity(KMO 與 Bartlett 的球形檢定)、 Inverse(逆矩陣)、 Reproduced(再

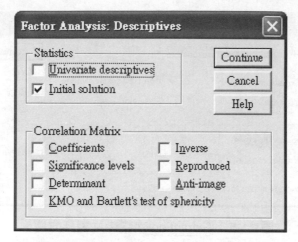

圖 11-4 Descriptives 次指令之對話方塊

製相關矩陣 及 Anti-image(逆映像矩陣) 等九項。使用者只要用滑鼠左鍵在選項前之方格上點選一下，即可輸出該統計量。

(二) Extraction 次指令

Extraction 次指令之功能在界定因素抽取的方法、依據及標準。使用者只要用滑鼠左鍵在按鈕上點選一下，即可開啟其對話方塊，如圖 11-5。SPSS 共提供了主成分分析法（內設方法）、未加權最小平方、概化（generalized）最小平方法、最大概率法、主軸因子法、Alpha 因素萃取法（Kaiser & Caffrey, 1965），以及映像因素萃取法（Kaiser, 1963）等七種選擇。至於因素萃取可根據相關矩陣（ Correlation matrix ）或變異數共變數矩陣（ Covariance matrix ），萃取標準則有特徵值（ Eigenvalues over ）及因子個數（ Number of factors ）二個選擇，前者以所界定之特徵值（通常以 1 為標準）為因素保留之依據；後者則可強迫保留所界定之 N 個因素。最後可界定輸出未轉軸之因素係數（ Unrotated factor solution ）（組型負荷量）及陡坡圖（ Scree plot ）。使用者只要用滑鼠左鍵在選項前之方格上點選一下，即可輸出該統計量。

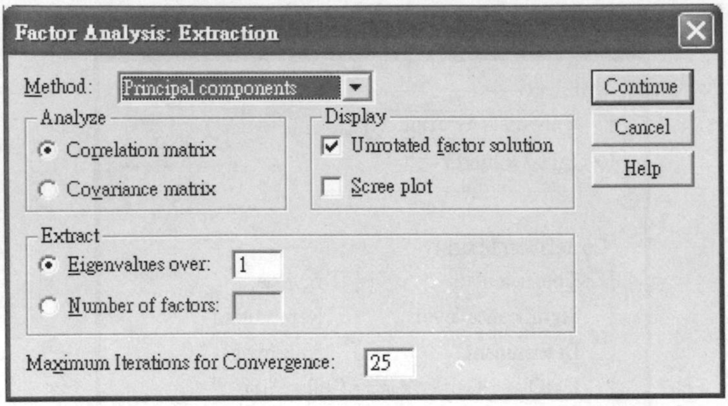

Factor Analysis: Extraction
Method:
Principal components
Continue
Cancel
Help
Analyze
Correlation matrix
Covariance matrix
Display
Unrotated factor solution
Scree plot
Extract
Eigenvalues over:
1
Number of factors:
Maximum Iterations for Convergence:
25

圖 11-5 Extraction 次指令之對話方塊

㈢ Rotation 次指令

Rotation 次指令之功能在界定因素轉軸的方法及轉軸後之輸出結果。使用者只要用滑鼠左鍵在按鈕上點選一下，即可開啓其對話方塊，如圖 11-6。SPSS 共提供了 Varimax(最大變異法)、Direct Oblimin(直接斜交法)、Quartimax(四分變異法)、Equamax(均等變異法)及 Promax(斜交法)等五種因素轉軸方法之選擇。其次，可界定輸出轉軸後的解（Rotated solution）（結構負荷量）及因素負荷量散佈圖（Loading plot(s)）。

Factor Analysis: Rotation
Method
None
Varimax
Direct Oblimin
Delta:
0
Quartimax
Equamax
Promax
Kappa
4
Continue
Cancel
Help
Display
Rotated solution
Loading plot(s)
Maximum Iterations for Convergence:
25

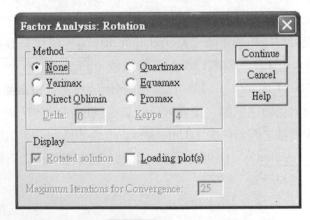

圖 11-6 Rotation 次指令之對話方塊

㈣ Scores 次指令

Scores 次指令之功能在界定計算與儲存樣本觀察值的因素分數（factor score）的方法，以做為進一步其它統計分析之用。使用者只要用滑鼠左鍵在按鈕上點選一下，即可開啓其對話方塊，如圖 11-7。使用者可選擇將因素分數存成變數（ Save as variables ），以輸出到資料編輯視窗中，以及輸出因素分數相關係數矩陣（ Display factor score coefficient matrix ）。

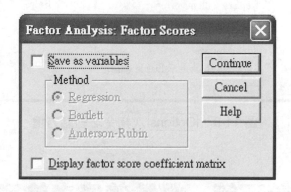

圖 11-7　 Scores 次指令之對話方塊

㈤ Options 次指令

Options 次指令之功能在界定缺失值之處理方式與因素負荷量之輸出方式。使用者只要用滑鼠左鍵在按鈕上點選一下，即可開啓其對話方塊，如圖 11-8。圖 11-8 中，SPSS 提供三種缺失值之處理方式，包括完全排除（ Exclude cases listwise ）、成對方式排除（ Exclude cases pairwise ），以及用平均數置換（ Replace with mean ）等三種方式。若觀察值在各變項中出現缺失值，則前二種方式，將會使進行因素分析時，喪失一些觀察值；至於第三種方式，雖不會損失觀察值個數，但因以變項之平均數替代觀察值之缺失值，而成為有效值，則在分析中難免會形成偏誤之結果。而各變項在因素上結構負荷量之輸出方式，SPSS 提供依據因素負荷排序（ Sorted by size ），根據變項在因素負荷量，由高到低依序將變項排序，以及絕對

值捨棄之下限（ Suppress absolute values less than ），依據變項在因素上之負荷量絕對值若小於所界定之 n，則輸出為空白（n 通常為小數，一般多以.30 為界），使用者可根據需要自行選擇。

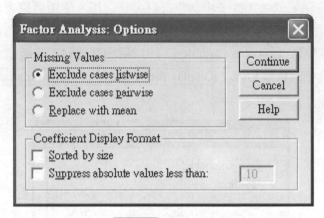

圖 11-8　 Options 次指令之對話方塊

第三節　測驗效度之檢定

本節旨在說明如何利用視窗 13.0 版的 Factor(因子) 指令，以因素分析進行測驗效度的考驗。以下以一個假設性的例 11-1 說明之：

例 11-1　（資料檔為 ex11-1.sav）

　　有一個研究者根據 Osgood 的語意區分量表的方式，編製一份「國小教師任教承諾量表」。根據 Osgood 等人的研究，一個概念根據語意區分的方式，經因素分析的結果，通常包括活動（activity）、力量（potency）及評鑑（evaluate）等三個向度。該研究乃據此編製了 19 對的形容詞，採七點量表的方式，對 100 位國小教師施測。試問該研究者所編製的任教承諾量表示否具有建構效度？

（接下頁）

（承上頁）

當一個國小教師，我是

	7	6	5	4	3	2	1	
1. 願意的	—	—	—	—	—	—	—	不願意的
2. 主動的	—	—	—	—	—	—	—	被動的
3. 有決心的	—	—	—	—	—	—	—	猶豫不決的
4. 滿意的	—	—	—	—	—	—	—	失望的
5. 快樂的	—	—	—	—	—	—	—	痛苦的
6. 經慎重考慮的	—	—	—	—	—	—	—	未經考慮的
7. 適才適所的	—	—	—	—	—	—	—	大材小用的
8. 生活充實的	—	—	—	—	—	—	—	生活乏味的
9. 待遇優渥的	—	—	—	—	—	—	—	待遇不佳的
10. 自豪的	—	—	—	—	—	—	—	自卑的
11. 受人尊重的	—	—	—	—	—	—	—	社會地位不高的
12. 充滿自信的	—	—	—	—	—	—	—	缺乏信心的
13. 有發展潛力的	—	—	—	—	—	—	—	發展有限的
14. 全力以赴的	—	—	—	—	—	—	—	得過且過的
15. 積極進取的	—	—	—	—	—	—	—	消極退縮的
16. 符合志趣的	—	—	—	—	—	—	—	環境所逼的
17. 影響力大的	—	—	—	—	—	—	—	影響力小的
18. 受人影響的	—	—	—	—	—	—	—	認同嚮往的
19. 可自我實現的	—	—	—	—	—	—	—	無法自我實現的

一、操作程序

　　例 11-1 旨在考驗一份根據語意區分的方式所編製之「國小教師任教承諾量表」是否具有建構效度，因此應該進行因素分析。首先，在原始資料

讀進資料編輯視窗後（有關讀取原始資料之方式，請參見第二章，此處假設資料已讀進資料編輯視窗中），如圖 11-9。由圖 11-9 可以看出，在原始資料檔中共有 19 個變項，變項名稱依序為 v1、v2、v3、……、v19，代表樣本對 19 個問卷題目之填答情形。每一個題目都是七點量表，編碼值 1 代表接受問卷右邊之形容詞，編碼值 7 則代表接受左邊之形容詞。

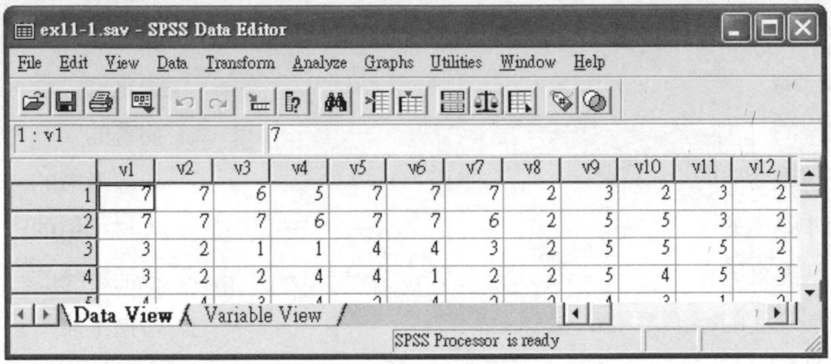

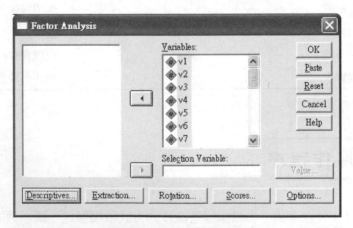

圖 11-9　例 11-1 之假設性資料

完成上述原始資料讀取後，即可開啟應用視窗中 Analyze(分析) 功能表之 Data Reduction(資料減縮) 下之 Factor(因子) 指令之對話方塊，並在來源變項清單中，點選變項 v1 到 v19，移至 Variables 方格中，如圖 11-10。

圖 11-10　界定因素分析之 Factor(因子) 指令對話方塊

其次，使用者可以開啓 Descriptives 次指令之對話方塊，點選 Univariate descriptives 、 Initial solution 、 Coefficients 、 Determinant 、 KMO and Bartlett's test of sphericity 、 Reproduced 及 Anti-image 等七個選項，界定輸出描述統計、初步結果、相關矩陣、行列式值、KMO 值、再製與逆映像相關矩陣等統計量。然後點選 Continue 鈕回到圖 11-10 之畫面。

接著使用者可以開啓 Extraction 次指令之對話方塊，以界定抽取因素之方法及一些相關之條件或輸出。假設本例根據變項間相關矩陣，採主軸法（ principal axis factoring ）抽取因素，保留特徵值（ Eigenvalues over ）大於 1 之因素，並界定最大疊代（iteration）次數爲 50 次，同時點選 Unrotated... 及 Scree plot 選項，界定輸出未轉軸之因素係數（組型負荷量）及陡坡考驗圖。然後點選 Continue 鈕回到圖 11-10 之畫面。

完成因素抽取方法之界定後，應再開啓 Rotation 次指令之對話方塊，以界定所要進行因素轉軸之方法。假設本例點選 Equamax ，界定採直交均等變異轉軸爲方法，進行因素轉軸之工作，同時界定轉軸過程之最大疊代次數爲 50 次，並點選 Rotated ，以輸出因素結構負荷量（structure loading）。然後點選 Continue 鈕回到圖 11-10 之畫面。

最後，再開啓 Options 次指令之對話方塊，以界定缺失值之處理方式及結構負荷量之輸出方式。假設本例點選用平均數置換（ Replace with mean ）和依據因素負荷排序（ Sorted by size ），界定以平均數代替缺失值，同時依負荷量高低輸出。然後點選 Continue 鈕回到圖 11-10 之畫面。

完成上述界定工作後，使用者只要點選圖 11-10 中之 OK 鈕，SPSS 即會執行因素分析，並自動開啓結果輸出視窗，將統計分析結果輸出到視窗中。

綜合上述操作程序，可將利用 Factor(因子) 指令進行因素分析之程序摘要如下：

```
Analyze
  Data Reduction
    Factor……點選進行因素分析之變項至目標清單中
    Descriptives……界定所要輸出之統計量
    Extraction……界定因素抽取之方法
    Rotation……界定進行因素轉軸之方法
    Options……界定缺失值之處理及負荷量之輸出方式
    OK……執行統計分析
```

二、報表解釋

當使用者點選 ⎡OK⎤ 執行統計分析，則 SPSS 會自動開啟結果輸出視窗將統計分析結果輸出到視窗中。例 11-1 執行之結果與報表解釋如下：

Descriptive Statistics

	Mean	Std. Deviation[a]	Analysis N[a]	Missing N
v1	5.29	1.486	100	0
v2	5.01	1.648	100	0
v3	4.79	1.578	100	0
v4	5.10	1.661	100	0
v5	4.91	1.545	100	0
v6	5.06	1.786	100	0
v7	4.77	1.740	100	0
v8	3.43	.607	100	0
v9	4.05	1.132	100	0
v10	3.54	1.210	100	0
v11	3.73	1.118	100	0

（接下頁）

（承上頁）

v12	3.41	.588	100	0
v13	3.22	.970	100	0
v14	3.46	.576	100	0
v15	3.41	.621	100	0
v16	3.45	.609	100	0
v17	3.44	.608	100	0
v18	2.91	1.334	100	0
v19	5.04	1.780	100	0

a. For each variable, missing values are replaced with the variable mean.

　　SPSS 所輸出各變項之描述統計量。包括平均數、標準差及有效樣本人數。

Correlation Matrix[a]

	v1	v2	v3	v4	v5	v6	v7	v8	v9	v10	v11	v12	v13	v14	v15	v16	v17	v18	v19
v1	1.000	.786	.789	.668	.698	.724	.800	.107	-.045	.030	-.135	.048	-.073	.067	.034	.100	.159	-.710	.702
v2	.786	1.000	.766	.583	.663	.714	.695	.157	-.109	-.069	-.262	.079	-.134	.133	.045	.197	.197	-.601	.630
v3	.789	.766	1.000	.656	.510	.693	.703	.232	.023	.049	-.055	.126	-.055	.163	.109	.257	.244	-.652	.603
v4	.668	.583	.656	1.000	.535	.577	.627	.087	.067	.008	-.040	-.011	-.014	.025	.009	.135	.116	-.552	.552
v5	.698	.663	.510	.535	1.000	.592	.541	.052	.020	.140	.003	.019	-.047	-.021	-.003	.043	.139	-.504	.530
v6	.724	.714	.693	.577	.592	1.000	.632	.125	-.086	.008	-.088	-.014	-.066	.081	.132	.105	.171	-.663	.558
v7	.800	.695	.703	.627	.541	.632	1.000	.114	.052	.064	-.095	.054	-.006	.066	.060	.156	.135	-.670	.606
v8	.107	.157	.232	.087	.052	.125	.114	1.000	.115	.052	.158	.803	.095	.931	.653	.809	.877	-.039	.049
v9	-.045	-.109	.023	.067	.020	-.086	.052	.115	1.000	.312	.378	.075	.238	.073	-.073	-.018	.041	-.024	.024
v10	.030	-.069	.049	.008	.140	.008	.064	.052	.312	1.000	.535	.069	.242	.017	.065	.092	.058	.024	.037
v11	-.135	-.262	-.055	-.040	.003	-.088	-.095	.158	.378	.535	1.000	.155	.577	.085	.219	.180	.147	.112	-.162
v12	.048	.079	.126	-.011	.019	-.014	.054	.803	.075	.069	.155	1.000	.106	.840	.697	.749	.762	.048	-.016

（接下頁）

（承上頁）

	v1	v2	v3	v4	v5	v6	v7	v8	v9	v10	v11	v12	v13	v14	v15	v16	v17	v18	v19
v13	-.073	-.134	-.055	-.014	-.047	-.066	-.006	.095	.238	.242	.577	.106	1.000	.070	.117	.156	.108	.031	-.140
v14	.067	.133	.163	.025	-.021	.081	.066	.931	.073	.017	.085	.840	.070	1.000	.682	.843	.887	-.038	.061
v15	.034	.045	.109	.009	-.003	.132	.060	.653	-.073	.065	.219	.697	.117	.682	1.000	.655	.667	-.028	.022
v16	.100	.197	.257	.135	.043	.105	.156	.809	-.018	.092	.180	.749	.156	.843	.655	1.000	.768	-.012	.095
v17	.159	.197	.244	.116	.139	.171	.135	.877	.041	.058	.147	.762	.108	.887	.667	.768	1.000	-.125	.142
v18	-.710	-.601	-.652	-.552	-.504	-.663	-.670	-.039	-.024	.024	.112	.048	.031	-.038	-.028	-.012	-.125	1.000	-.551
v19	.702	.630	.603	.552	.530	.558	.606	.049	.024	.037	-.162	-.016	-.140	.061	.022	.095	.142	-.551	1.000

a. Determinant ＝ 6.03E-08

　　SPSS 所輸出變項間的相關係數矩陣與行列式值。由於因素分析的目的是在找出變項間的共同因素，因此透過變項間相關係數的初步檢定，可看出資料是否適合進行因素分析，若各變項間的相關係數大部分都偏低（例如在 .30 以下），則要找出共同因素將相當困難，就算勉強抽取出共同因素，也將很難加以解釋與命名。由本例可知，各變項都至少與一個以上之變項的相關係數在 .30 以上。

　　其次，SPSS 所輸出變項間相關矩陣的行列式值，也可做為初步檢定資料是否適合進行因素分析。本例的行列式值（determinant）為 6.03×10^{-8}，已經非常地小，相當接近 0。基本上若相關矩陣的行列式值為 0，則無法求出相關矩陣的逆矩陣（inverse matrices），也就無法計算特徵值，如此因素分析將無法進行。在什麼情況下會出現行列式值為 0 呢？若有二個變項間出現完全線性相依（linear dependence）的情況，相關矩陣的行列式值就會為 0。其次，若變項間有高度的線性相依（重合）問題，則行列式值雖然可以求出，但 SPSS 會出現一個警告訊息，說明該相關矩陣為 ill-condition，在這種情況下，進行因素分析所得到的結果將會呈現一種不穩定的狀態。

　　由以上相關矩陣及行列式值可知，若變項間的相關太低，則進行因素分析所得到的結果將會不理想；反之，變項間的相關太高，致使相關矩陣出現 ill-condition 的情況，進行因素分析所得到的結果將會不穩定。一般而言，相關矩陣中變項間的相關係數在 .85 以上時，就很可能使相關矩陣出現

ill-condition 的情況，此時，建議研究者最好先檢查相關矩陣，將相關係數在.85 以上的二變項找出，再將其中一個與其它變項間相關係數較低的變項捨去，不要投入因素分析中，如此抽取的共同因素反而會較理想。

KMO and Bartlett's Test

Kaiser-Meyer-Olkin Measure of Sampling Adequacy.		.854
Bartlett's Test of Sphericity	Approx.Chi-Square	1526.663
	df	171
	Sig.	.000

　　SPSS 所輸出 KMO 取樣適當性檢定及 Bartlett 球面性考驗結果。這二項統計量的功能係在檢定以相關係數矩陣進行因素分析的適當性，這二項統計量數的基本原理，都是根據淨相關（partial correlation）係數而來，當變項間具有共同因素時，則任二變項間的淨相關係數應該很低（最好是 0）。其中 KMO 取樣適當性統計量的值在 0 到 1 之間，其值愈接近 1，表示變項間的淨相關係數愈低，進行因素分析抽取共同因素的效果愈好。Kaiser（1974）提出 KMO 值的決策標準，本例的 KMO 值為.854，已經達到介於「有價值」到「極佳」間之標準，因此應該相當適合進行因素分析。

KMO 統計量值	決策標準
.90 以上	極佳的（marvelous）
.80 以上	有價值的（meritorious）
.70 以上	中度的（middling）
.60 以上	不好不壞的（mediocre）
.50 以上	可憐的（miserable）
.50 以下	無法接受的（unacceptable）

　　而 Bartlett 球面性檢定係假設變項間的淨相關係數矩陣是單元矩陣，即矩陣非對角線數值（即淨相關係數）均為 0，若檢定結果不能拒絕虛無假

設，表示資料不適合進行因素分析。由本例可知，KMO 取樣適當性統計量值為.854，相當接近 1，已達到有價值的標準；而 Bartlett 球面性檢定值為 1526.663，在自由度為 171 時，已達顯著水準，因此可以拒絕虛無假設（即拒絕淨相關矩陣不是單元矩陣的假設）。由二項檢定統計量可知，本例資料相當適合進行因素分析。

Anti-image Matrices

		v1	v2	v3	v4	v5	v6	v7	v8	v9	v10	v11	v12	v13	v14	v15	v16	v17	v18	v19
Anti-image Covariance	v1	.153	-.011	-.060	-.025	-.077	-.014	-.082	.003	.065	-.003	-.002	-.017	-.019	-.013	.014	.040	.012	.024	-.062
	v2	-.011	.215	-.082	.024	-.103	-.056	-.036	.011	.024	.027	.070	.003	-.030	-.012	.027	-.018	.011	-.024	-.024
	v3	-.060	-.082	.218	-.055	.096	-.041	.014	-.030	-.041	-.019	-.029	-.022	.049	.032	.020	-.046	-.014	.059	-.012
	v4	-.025	.024	-.055	.445	-.051	-.031	-.039	-.009	-.062	.064	.000	.018	-.005	.015	.012	-.050	-.003	.018	-.044
	v5	-.077	-.103	.096	-.051	.337	-.046	.045	-.020	-.041	-.059	-.044	-.044	.055	.045	.026	-.019	-.055	.025	-.016
	v6	-.014	-.056	-.041	-.031	-.046	.322	-.009	-.011	.054	-.005	-.023	.065	.002	-.012	-.086	.032	.010	.066	.001
	v7	-.082	-.036	.014	-.039	.045	-.009	.286	-.017	-.070	-.039	.034	-.015	-.025	.024	-.016	-.047	.008	.078	-.017
	v8	.003	.011	-.030	-.009	-.020	-.011	-.017	.100	-.025	.019	-.020	-.002	.014	-.044	.003	.000	-.032	-.038	.040
	v9	.065	.024	-.041	-.062	-.041	.054	-.070	-.025	.640	-.086	-.122	-.021	-.047	-.037	.099	.106	.048	.020	-.071
	v10	-.003	.027	-.019	.064	-.059	-.005	-.039	.019	-.086	.646	-.199	-.002	.057	-.004	.018	-.023	.000	-.040	-.031
	v11	-.002	.070	-.029	.000	-.044	-.023	.034	-.020	-.122	-.199	.376	.003	-.233	.028	-.070	-.038	-.013	-.003	.025
	v12	-.017	.003	-.022	.018	-.044	.065	-.015	-.002	-.021	-.002	.003	.224	-.006	-.038	-.100	-.005	.002	-.038	.043
	v13	-.019	-.030	.049	-.005	.055	.002	-.025	.014	-.047	.057	-.233	-.006	.618	.009	.028	-.043	-.026	.032	.054
	v14	-.013	-.012	.032	.015	.045	-.012	.024	-.044	-.037	-.004	.028	-.038	.009	.060	-.001	-.047	-.035	.033	-.017
	v15	.014	.027	.020	.012	.026	-.086	-.016	.003	.099	.018	-.070	-.100	.028	-.001	.383	-.033	-.032	.019	-.023
	v16	.040	-.018	-.046	-.050	-.019	.032	-.047	.000	.106	-.023	-.038	-.005	-.043	-.047	-.033	.194	.011	-.055	-.013
	v17	.012	.011	-.014	-.003	-.055	.010	.008	-.032	.048	.000	-.013	.002	-.026	-.035	-.032	.011	.160	.020	-.030
	v18	.024	-.024	.059	.018	.025	.066	.078	-.038	.020	-.040	-.003	-.038	.032	.033	.019	-.055	.020	.366	.000
	v19	-.062	-.024	-.012	-.044	-.016	.001	-.017	.040	-.071	-.031	.025	.043	.054	-.017	-.023	-.013	-.030	.000	.433

（接下頁）

（承上頁）

	v1	v2	v3	v4	v5	v6	v7	v8	v9	v10	v11	v12	v13	v14	v15	v16	v17	v18	v19
v1	.880ᵃ	-.062	-.327	-.095	-.341	-.062	-.393	.027	.209	-.009	-.009	-.092	-.063	-.137	.057	.231	.075	.103	-.242
v2	-.062	.889ᵃ	-.377	.078	-.384	-.215	-.143	.072	.065	.073	.247	.013	-.083	-.110	.093	-.089	.061	-.084	-.079
v3	-.327	-.377	.845ᵃ	-.177	.356	-.154	.054	-.202	-.109	-.050	-.102	-.098	.132	.285	.068	-.226	-.073	.210	-.040
v4	-.095	.078	-.177	.946ᵃ	-.131	-.081	-.108	-.040	-.116	.120	-.001	.058	-.010	.095	.029	-.169	-.011	.043	-.101
v5	-.341	-.384	.356	-.131	.790ᵃ	-.140	.145	-.110	-.088	-.126	-.123	-.161	.120	.319	.073	-.074	-.236	.073	-.043
v6	-.062	-.215	-.154	-.081	-.140	.919ᵃ	-.028	-.058	.119	-.011	-.065	.243	.005	-.084	-.245	.130	.046	.192	.003
v7	-.393	-.143	.054	-.108	.145	-.028	.897ᵃ	-.100	-.164	-.090	.105	-.059	-.060	.187	-.050	-.202	.036	.243	-.048
v8	.027	.072	-.202	-.040	-.110	-.058	-.100	.863ᵃ	-.098	.074	-.105	-.016	.058	-.565	.015	-.001	-.253	-.199	.193
v9	.209	.065	-.109	-.116	-.088	.119	-.164	-.098	.456ᵃ	-.134	-.249	-.054	-.074	-.192	.199	.300	.150	.042	-.136
v10	-.009	.073	-.050	.120	-.126	-.011	-.090	.074	-.134	.659ᵃ	-.405	-.004	.091	-.021	.037	-.064	.000	-.081	-.059
v11	-.009	.247	-.102	-.001	-.123	-.065	.105	-.105	-.249	-.405	.614ᵃ	.009	-.484	.189	-.185	-.142	-.053	-.007	.062
v12	-.092	.013	-.098	.058	-.161	.243	-.059	-.016	-.054	-.004	.009	.891ᵃ	-.016	-.327	-.341	-.023	.011	-.134	.139
v13	-.063	-.083	.132	-.010	.120	.005	-.060	.058	-.074	.091	-.484	-.016	.629ᵃ	.046	.058	-.123	-.082	.067	.103
v14	-.137	-.110	.285	.095	.319	-.084	.187	-.565	-.192	-.021	.189	-.327	.046	.759ᵃ	-.008	-.439	-.360	.221	-.103
v15	.057	.093	.068	.029	.073	-.245	-.050	.015	.199	.037	-.185	-.341	.058	-.008	.882ᵃ	-.122	-.127	.052	-.056
v16	.231	-.089	-.226	-.169	-.074	.130	-.202	-.001	.300	-.064	-.142	-.023	-.123	-.439	-.122	.844ᵃ	.060	-.205	-.046
v17	.075	.061	-.073	-.011	-.236	.046	.036	-.253	.150	.000	-.053	.011	-.082	-.360	-.127	.060	.910ᵃ	.084	-.115
v18	.103	-.084	.210	.043	.073	.192	.243	-.199	.042	-.081	-.007	-.134	.067	.221	.052	-.205	.084	.902ᵃ	-.001
v19	-.242	-.079	-.040	-.101	-.043	.003	-.048	.193	-.136	-.059	.062	.139	.103	-.103	-.056	-.046	-.115	-.001	.935ᵃ

（左側標示：Anti-image Correlation）

a. Measures of Sampling Adequacy (MSA)

　　SPSS 所輸出的變項間的逆映像相關矩陣。將變項間的淨相係數取負值即是逆映像相關係數，因此各變項間兩兩配對的逆映像相關係數值愈低，表示資料愈適合進行因素分析。其次，逆映像相關矩陣的對角線數值（表中數值標示次標 a 之值），代表每一個變項的取樣適當性指數（measures of sampling adequacy），其原理與 KMO 指數相同，唯一差別的是 KMO 指數代表所有變項整體的取樣適當性，而逆映像相關矩陣的對角線數值則是每一個變項的取樣適當性指數。因此透過 KMO 指數，研究者可以知道整體資料是否適合進行因素分析，而透過每一個變項的取樣適當性指數，研

究者可以知道哪些變項適合投入因素分析中（數值愈接近 1 愈適合），哪些變項不適合投入因素分析中（數值愈接近 0 愈不適合）。由表可知，各題目之取樣適當性值除第九題之.456 偏低外，其它多數變項的取樣適當性指數均非常接近 1，表示都非常適合投入因素分析中。

Communalities

	Initial	Extraction
v1	.847	.875
v2	.785	.771
v3	.782	.732
v4	.555	.543
v5	.663	.512
v6	.678	.645
v7	.714	.688
v8	.900	.881
v9	.360	.187
v10	.354	.314
v11	.624	.963
v12	.776	.762
v13	.382	.307
v14	.940	.950
v15	.617	.545
v16	.806	.758
v17	.840	.824
v18	.634	.582
v19	.567	.540

Extraction Method: Principal Axis Factoring.

SPSS 所輸出每一個變項的初始（initial）共同性，及以主軸法（principal axis factor, PAF）抽取因素後之共同性（即最後之共同性）。共同性愈

高，表示該變項與其它變項所可測量的共同特質愈多；共同性愈低，表示該變項愈不適合投入因素分析中。由於本例是以主軸法抽取共同因素，因此初步的共同性估計值，是該變項為依變項，其它變項為自變項，進行迴歸分析後的決定係數值。若以主成分分析抽取共同因素，則初步的共同性估計值均為 1。而根據最後的共同性估計值，研究者即可了解某變項與其它變項所可測量的共同特質高低，此一共同性估計值，將可做為研究者在進行項目分析時，做為測驗題目效度係數的指標，也可做為決定某一題目是否保留或修改的標準之一。

Total Variance Explained

Factor	Initial Eigenvalues			Extraction Sums of Squared Loadings			Rotation Sums of Squared Loadings		
	Total	% of Variance	Cumulative %	Total	% of Variance	Cumulative %	Total	% of Variance	Cumulative %
1	6.459	33.997	33.997	6.157	32.403	32.403	5.835	30.710	30.710
2	4.747	24.982	58.979	4.521	23.795	56.198	4.727	24.878	55.588
3	2.117	11.142	70.121	1.702	8.958	65.156	1.818	9.568	65.156
4	.875	4.605	74.726						
5	.785	4.134	78.860						
6	.543	2.856	81.716						
7	.511	2.692	84.408						
8	.462	2.432	86.839						
9	.447	2.351	89.191						
10	.378	1.989	91.180						
11	.352	1.854	93.034						
12	.290	1.524	94.558						
13	.246	1.295	95.853						
14	.215	1.129	96.982						

（接下頁）

（承上頁）

15	.175	.924	97.905					
16	.142	.749	98.655					
17	.120	.633	99.287					
18	.095	.498	99.785					
19	.041	.215	100.000					

Extraction Method: Principal Axis Factoring.

　　SPSS若輸出以主軸法初步抽取共同因素的結果，以及直交均等變異法轉軸後共同因素之結果。初步抽取共同因素的結果（初始特徵值）之第一縱行（標示Total之縱行）是每一因素的特徵值，特徵值愈大，表示該因素在解釋變項的結構時愈重要。第二縱行為每一因素可以解釋變項結構之變異量（％ of Variance）的百分比。第三縱行則為所解釋變異量的累積百分比（Cumulate％）。由表可知，第一個因素的特徵值為6.459，可解釋變項結構變異量的33.997％。其它因素，可依此解釋。

　　由於本例是以主軸法抽取共同因素，因此初步估計的共同性與抽取因素的結果與最後的結果會有所差異（主成分分析法則前後相同），因此只具有參考價值，在實際解釋時，還是要根據最後的估計結果。右半部是最後（轉軸平方和負荷量）所抽取共同因素的特徵值、所解釋變異量及累積解釋變異量的結果，由表可知，三個因素共可解釋 65.156 ％的結構變異量。根據Hair、Anderson、Tatham及Black（1998）指出，由於因素分析的目的在以少數幾個因素，以能解釋原有變項之變異量，因此，在自然科學的研究中，決定保留的因素所能解釋的變異量以能達到95％為宜，至於社會科學則以達到60％為宜。本例保留三個因素共解釋65.156％之變異量，顯示已經相當理想，表示具有良好之效度。

　　最後，SPSS內設會保留特徵值在1以上的因素為最後的共同因素，因此本例 SPSS 將會保留三個因素。但在實際應用時，究竟應保留幾個共同因素，雖然特徵值大於1是一項相當好的標準（Tucker, Koopman, & Linn, 1969），但僅根據特徵值一項結果實在是相當冒險的事，最好還是同時參

考陡坡考驗（Cattell, 1966）的結果，並視所保留因素可以解釋變異量的高低，再下決定。

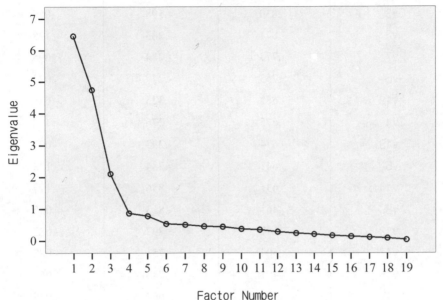

SPSS 所輸出陡坡考驗的結果。陡坡考驗是根據因素解釋變異量遞減的原理，將每一因素的特徵值由高到低依序繪製成一條坡線（scree），當坡線突然劇升的那一個因素，就是所該保留的因素數目。決定的標準可陡坡圖特徵值最小的一個因素往右邊，循著各因素特徵值，畫出一條近似水平的線，同時由第一個因素的特徵值往下，循著各因素特徵值，畫出一條近乎垂直的直線，二條線交叉點以上的因素就是所該保留的因素數目。

在本例中二條直線約在第三與第四個因素間交會，陡線在第三個因素時劇升，因此根據陡坡圖，本例保留三個因素是適當的。

由特徵值與陡坡考驗的結果，有時會產生矛盾之結果，特別是被剔除因素之特徵值相當接近 1 時，就會出現這種現象。當出現這種矛盾現象，研究者若決定多保留一個因素，則可以在 Extraction 次指令對話方塊中利用選項因子數目（N）進行界定，重新執行一次因素分析，再做最後的解釋。

Factor Matrix[a]

	Factor		
	1	2	3
v1	.865	-.354	.042
v3	.830	-.198	.056
v2	.821	-.283	-.128
v7	.773	-.284	.095
v6	.753	-.279	.022
v18	-.688	.325	-.052
v4	.675	-.276	.110
v19	.674	-.293	-.003
v5	.641	-.284	.142
v14	.431	.856	-.177
v8	.461	.813	-.085
v12	.347	.797	-.082
v17	.504	.751	-.082
v16	.451	.743	-.052
v15	.320	.664	-.039
v11	-.063	.340	.918
v10	.047	.110	.547
v13	-.031	.215	.510
v9	.007	.095	.421

Extraction Method: Principal Axis Factoring.

a. 3 factors extracted. 20 iterations required.

　　SPSS 所輸出各變項在共同因素上的組型負荷量。組型負荷量是根據各變項的共同性估計得來，其性質與迴歸分析中的標準化迴歸係數相同（以各變項爲依變項，因素爲自變項），而根據各變項在因素上的組型負荷量值，可以計算出最後的共同性估計值。只要將每一變項在各因素上負荷量的平方加總，即爲最後共同性估計值。以第一個變項（v1）爲例，由前述共同性估計值報表可知，其最後的共同性估計值爲.875，而它在三個因素

的組型負荷量分別爲.865、-.354 及.042，故：

$$.875 = .865^2 + (-.354)^2 + (.042)^2$$

同理將所有變項在同一個因素上的組型負荷量的平方值相加總後，所得到的值就是該因素最後的特徵值。以第一個因素爲例，由表可知，其最後的估計特徵值是 5.835，故：

$$5.835 = .865^2 + .830^2 + \cdots\cdots + (-.031)^2 + .007^2$$

Reproduced Correlations

	v1	v2	v3	v4	v5	v6	v7	v8	v9	v10	v11	v12	v13	v14	v15	v16	v17	v18	v19
v1	.875[b]	.805	.791	.686	.661	.751	.773	.107	-.010	.025	-.137	.014	-.081	.062	.040	.124	.166	-.713	.687
v2	.805	.771[b]	.731	.618	.589	.695	.704	.159	-.075	-.062	-.266	.069	-.151	.134	.079	.166	.211	-.651	.637
v3	.791	.731	.732[b]	.621	.597	.681	.704	.217	.010	.048	-.069	.125	-.039	.178	.132	.224	.265	-.639	.618
v4	.686	.618	.621	.543[b]	.527	.587	.611	.078	.025	.062	-.036	.005	-.024	.035	.028	.093	.124	-.560	.535
v5	.661	.589	.597	.527	.512[b]	.565	.590	.053	.037	.077	-.007	-.016	-.008	.008	.011	.070	.098	-.541	.515
v6	.751	.695	.681	.587	.565	.645[b]	.663	.119	-.012	.017	-.122	.037	-.072	.082	.055	.131	.168	-.610	.589
v7	.773	.704	.704	.611	.590	.663	.688[b]	.117	.018	.057	-.058	.033	-.036	.073	.055	.132	.168	-.630	.604
v8	.107	.159	.217	.078	.053	.119	.117	.881[b]	.044	.065	.169	.815	.117	.910	.691	.816	.850	-.049	.073
v9	-.010	-.075	.010	.025	.037	-.012	.018	.044	.187[b]	.241	.419	.043	.235	.010	.049	.052	.040	.004	-.025
v10	.025	-.062	.048	.062	.077	.017	.057	.065	.241	.314[b]	.537	.059	.301	.018	.067	.075	.062	-.025	-.002
v11	-.137	-.266	-.069	-.036	-.007	-.122	-.058	.169	.419	.537	.963[b]	.174	.543	.101	.170	.176	.149	.107	-.145
v12	.014	.069	.125	.005	-.016	.037	.033	.815	.043	.059	.174	.762[b]	.118	.846	.643	.753	.780	.025	.001
v13	-.081	-.151	-.039	-.024	-.008	-.072	-.036	.117	.235	.301	.543	.118	.307[b]	.080	.113	.119	.104	.064	-.085
v14	.062	.134	.178	.035	.008	.082	.073	.910	.010	.018	.101	.846	.080	.950[b]	.713	.840	.875	-.009	.041
v15	.040	.079	.132	.028	.011	.055	.055	.691	.049	.067	.170	.643	.113	.713	.545[b]	.639	.663	-.002	.021
v16	.124	.166	.224	.093	.070	.131	.132	.816	.052	.075	.176	.753	.119	.840	.639	.758[b]	.789	-.066	.087
v17	.166	.211	.265	.124	.098	.168	.168	.850	.040	.062	.149	.780	.104	.875	.663	.789	.824[b]	-.098	.120
v18	-.713	-.651	-.639	-.560	-.541	-.610	-.630	-.049	.004	-.025	.107	.025	.064	-.009	-.002	-.066	-.098	.582[b]	-.559
v19	.687	.637	.618	.535	.515	.589	.604	.073	-.025	-.002	-.145	.001	-.085	.041	.021	.087	.120	-.559	.540[b]

（接下頁）

（承上頁）

	v1	v2	v3	v4	v5	v6	v7	v8	v9	v10	v11	v12	v13	v14	v15	v16	v17	v18	v19
v1		-.019	-.002	-.018	.037	-.026	.026	-.001	-.035	.005	.002	.034	.008	.005	-.006	-.024	-.007	.002	.015
v2	-.019		.035	-.036	.074	.019	-.009	-.002	-.033	-.006	.004	.010	.017	-.001	-.034	.030	-.014	.050	-.008
v3	-.002	.035		.035	-.087	.011	.000	.015	.012	.001	.013	.001	-.016	-.015	-.022	.033	-.020	-.013	-.014
v4	-.018	-.036	.035		.009	-.010	.016	.009	.043	-.053	-.004	-.017	.010	-.010	-.020	.041	-.008	.008	.017
v5	.037	.074	-.087	.009		.027	-.049	.000	-.017	.063	.010	.035	-.039	-.029	-.014	-.027	.041	.037	.015
v6	-.026	.019	.011	-.010	.027		-.031	.006	-.074	-.009	.034	-.051	.006	-.001	.078	-.026	.003	-.053	-.031
v7	.026	-.009	.000	.016	-.049	-.031		-.004	.034	.007	-.036	.020	.031	-.006	.005	.024	-.033	-.041	.002
v8	-.001	-.002	.015	.009	.000	.006	-.004		.071	-.013	-.011	-.012	-.022	.020	-.038	-.007	.027	.010	-.024
v9	-.035	-.033	.012	.043	-.017	-.074	.034	.071		.071	-.041	.032	.003	.063	-.122	-.070	.001	-.028	.049
v10	.005	-.006	.001	-.053	.063	-.009	.007	-.013	.071		-.002	.010	-.059	-.001	-.002	.017	-.004	.049	.039
v11	.002	.004	.013	-.004	.010	.034	-.036	-.011	-.041	-.002		-.019	.034	-.016	.049	.004	-.002	.005	-.017
v12	.034	.010	.001	-.017	.035	-.051	.020	-.012	.032	.010	-.019		-.013	-.007	.054	-.003	-.018	.023	-.017
v13	.008	.017	-.016	.010	-.039	.006	.031	-.022	.003	-.059	.034	-.013		-.010	.004	.037	.004	-.033	-.055
v14	.005	-.001	-.015	-.010	-.029	-.001	-.006	.020	.063	-.001	-.016	-.007	-.010		-.031	.004	.012	-.029	.020
v15	-.006	-.034	-.022	-.020	-.014	.078	.005	-.038	-.122	-.002	.049	.054	.004	-.031		.016	.004	-.026	.000
v16	-.024	.030	.033	.041	-.027	-.026	.024	-.007	-.070	.017	.004	-.003	.037	.004	.016		-.021	.054	.008
v17	-.007	-.014	-.020	-.008	.041	.003	-.033	.027	.001	-.004	-.002	-.018	.004	.012	.004	-.021		-.027	.022
v18	.002	.050	-.013	.008	.037	-.053	-.041	.010	-.028	.049	.005	.023	-.033	-.029	-.026	.054	-.027		.008
v19	.015	-.008	-.014	.017	.015	-.031	.002	-.024	.049	.039	-.017	-.017	-.055	.020	.000	.008	.022	.008	

Extraction Method: Principal Axis Factoring.

a. Residuals are computed between observed and reproduced correlations. There are 17 (9.0%) nonredundant residuals with absolute values greater than 0.05.

b. Reproduced communalities

　　SPSS 所輸出的變項間的再製相關係數矩陣及相關係數殘差值矩陣。上半部矩陣中對角線標示次標 b 的數值，就是該變項的最後共同性估計值（讀者可與前述之初始共同性相對照）。非對角線的數值即爲變項間的再製相關係數；至於下半部之矩陣，則是任二變項間的實際相關係數，減去再製相關係數所得的值，稱爲殘差（residual）。

所謂二變項間的再製相關係數，是根據二變項在所有抽取的共同因素上的組型負荷量相乘後加總的值。由此可知，再製相關係數代表所保留的共同因素可以解釋二變項間原有相關係數的程度，當再製相關係數愈接近二變項間實際的相關係數，表示所抽取的因素愈能解釋它們原來的關係。以 v1 及 v2 的再製相關係數爲例，由表可知，其值爲.805，故：

$$.805 = .865 \times .821 + (-.354) \times (-.198) + (.042) \times (.056)$$

而由相關矩陣可知，v1 及 v2 的實際相關係數爲.786，而由表可知，其殘差爲：

$$.786 - .805 = -.019$$

殘差值的大小代表所抽取的因素與實際的相關矩陣配適（fitness）的程度，殘差值愈大，表示所抽取的因素愈不能配適原來的資料，此時研究者必須重新考慮結果的適當性。SPSS 最後會統計變項兩兩配對所計算出的再製相關係數，與實際相關係數間的殘差值超過.05 的個數及其百分比，百分比愈高，表示所抽取因素愈不能再製出二變項間的實際相關，配適程度愈差。由表可知，本例殘差值超過.05 的共有 17 個，占全部殘差值個數〔19（19 − 1）〕／2 ＝ 171 的 9 ％，表示本例所抽取的因素頗能配適實際的資料，即因素分析的結果不錯。

Rotated Factor Matrix[a]

	Factor		
	1	2	3
v1	.933	.044	-.044
v2	.848	.119	-.195
v3	.839	.166	.002
v7	.827	.058	.024
v6	.799	.067	-.046

（接下頁）

（承上頁）

v18	-.763	.007	.025
v4	.736	.022	.041
v19	.731	.026	-.072
v5	.712	-.006	.072
v14	.020	.975	-.008
v8	.074	.933	.073
v17	.138	.895	.064
v12	-.023	.869	.075
v16	.097	.860	.092
v15	.012	.732	.091
v11	-.107	.113	.969
v10	.052	.022	.557
v13	-.066	.088	.543
v9	.009	.013	.432

Extraction Method: Principal Axis Factoring.

Rotation Method: Equamax with Kaiser Normalization.

a. Rotation converged in 4 iterations.

　　SPSS所輸出的轉軸後各變項在共同因素上的結構負荷量。本例所用的轉軸法為直交均等變異法（equamax），轉軸總共經過4次疊代（iteration）的過程才達到內設的聚斂（converge）標準.0001。由於在程式中已利用 Op-tions 次指令界定將結構負荷量排序，因此所輸出的結構負荷量會將各變項在同一因素上負荷量最高的歸類在一起，此對研究者解釋因素及對因素命名將相當便利。

　　由表可知，共有 v1、v2、v3、v4、v5、v6、v7、v18 及 v19 等九個變項在因素一的負荷量值最高，而v8、v12、v14、v15、v16 及v17 等六個變項則在因素二的負荷量值最高，至於v9、v10、v11 及v13 等四個變項則在因素三的負荷量值最高。此時研究者就可參考實際的問卷，將三個因素加

以命名。由問卷中可知，因素一所包括的題目，多是屬於活動向度的形容詞，因此可以命名爲「任教承諾的活動向度」；因素二所包括的題目，多是屬於力量向度的形容詞，因此可以命名爲「任教承諾的力量向度」；因素三所包括的題目，多是屬於評鑑向度的形容詞，因此可以命名爲「任教承諾的評鑑向度」。當然，對因素的命名，有時需要研究者發揮一點創造力，才可能做出較爲適切的因素名稱。

其次，要補充說明的是，在結構負荷量中，常可見到一些變項同時在二個因素上的結構負荷量都很高（例如都在.35 以上），此將會造成解釋上的困難。較爲可行的作法是，研究者根據當時編製測驗時，該一題目應該歸屬於哪一個因素，就將它歸於那一個因素。當然，如果題目夠多，且理論上因素間的相關並不高，則可以考慮將這類題目自問卷中刪除。

最後，有一點必須提醒使用者注意。在問卷中，常有一些題目編製者係採負向敘述的方式（本例 v18 即是），這些負向敘述的題目，如果是具有效度的題目（即可以測量到想測的行爲特質），則它們在因素上的結構負荷量值應該與正向敘述題相反，這才是正確的結果。如果負向敘述的題目與正向敘述的題目之結構負荷量方向相一致，表示該題目有問題。這點是解釋結構負荷量應注意的事。

Factor Transformation Matrix

Factor	1	2	3
1	.906	.424	-.015
2	-.412	.888	.202
3	.099	-.177	.979

Extraction Method: Principal Axis Factoring.

Rotation Method: Equmax with Kaiser Normalization.

SPSS 所輸出的因素轉換矩陣。由於直交轉軸是將初步所抽取的因素，透過轉軸的方式，使因素間變成彼此獨立。而因素轉換矩陣的功能就在說明轉軸的方向及角度大小，將組型負荷量矩陣乘上因素轉換矩陣，即可得到因素之結構負荷量。

例如，變項v1 在因素一的結構負荷量值為.934，由組型負荷量可知，v1 在三個因素上之組型負荷量值依序為.865、-.354 及.042，將這三個組型負荷量，乘上因素轉換矩陣的第一縱行，可得：

.865 × .908 ＋（-.354）×（-.409）＋（.042）×（.094）＝.934

至於其它的因素結構負荷量的計算，使用者只要熟悉矩陣相乘的原理，均可自行算出，此處不再贅述。

進行因素分析時，除了可採直交法進行轉軸外，研究者也可因應所檢定的假設性建構性質，採斜交法進行因素轉軸工作。採斜交轉軸之結果與直交轉軸法最大之差異，在於轉軸後的因素結構負荷量矩陣，而變項歸在哪一個因素也會有些許差異。即選擇不同之因素抽取與轉軸方法，所得到之結果亦不相同，這是進行因素分析時，使用者必須謹慎與切記的，務必根據所要進行因素分析之假設性建構的性質，選擇適當之方法。

Factor Correlation Matrix

Factor	1	2	3
1	1.000	.110	-.048
2	.110	1.000	.139
3	-.048	.139	1.000

Extraction Method: Principal Axis Factoring.

Rotation Method: Oblimin with Kaiser Normalization.

上表 SPSS 所輸出三個因素間的相關係數矩陣。斜交轉軸後的因素並不是彼此獨立的，因此 SPSS 會輸出因素間的相關係數矩陣。此時，若各因素間的相關係數過高，如多在.60 以上，有研究者建議進行二階段因素分析（second order factor analysis），以此相關矩陣再進行一次因素分析（可以SPSS 進行），或直接以 LISREL 軟體進行二階驗證性因素分析，以抽取更高階的綜合性因素。其次，也有研究者認為，可以直接將相關在.50 以上的二個因素合併為一個因素。當然，如果因素間之相關真的過高，還是以進行二階段因素分析較為理想。

第四節　測驗信度之檢定

　　本節旨在說明如何利用視窗 13.0 版的 Reliability Analysis(信度分析) 指令，進行測驗的信度考驗。在第一節中所提到的幾種信度考驗方法，重測信度與複本信度都是樣本在二次（份）測驗得分的相關係數，因此可以利用第六章的 Bivariate(雙變數) 指令進行考驗。而評分者信度可根據評分的方式及評分者人數，利用第六章第五節所提到的 Spearman 等級相關或 Kendall 和諧係數進行，此處不再贅述。以下以例 11-1 根據直交轉軸後所得到的結果爲例 11-2，說明如何進行內部一致性信度考驗。

　　利用 SPSS 進行內部一致性信度考驗時，有一點必須特別注意。在問卷編製時，採負向敘述的題目必須先利用 Transform(轉換) 功能表下之 Recode (重新編碼) 指令進行轉碼工作，使這些負向題目在計算內部一致性信度時，能與其它正向敘述題方向一致。

例 11-2 　（資料檔為 ex11-1.sav）

　　根據例 11-1 直交轉軸所得到的結果可知，任教承諾量表包括活動、力量及評鑑等三個因素。試問第一個因素「任教承諾的活動向度」之內部一致性信度如何？

一、操作程序

　　根據例 11-2 旨在將例 11-1 進行因素分析後所得到之第一個因素「任教承諾的活動向度」（包括 v1、v2、v3、v4、v5、v6、v7、v18 及 v19 等九個變項），計算該因素之內部一致性係數，由於本例之「任教承諾量表」屬

於七點量表，因此應採 Cronbach α係數計算內部一致性。在本例中，任教承諾量表之第十八題「受人影響的——認同嚮往的」之敘述方式，恰好與其它題目相反（本題負面形容詞在左邊），因此在進行一致性係數計算前，應該反向計分。首先，在原始資料讀進資料編輯視窗，如圖 11-9 後，首先開啟應用視窗中 Transform(轉換) 功能表下之 Recode(重新編碼) 指令對話方塊，並在來源變項清單中點選變項 v18，並移至目標變項清單，並進行必要界定工作，將原編碼值 1 轉換為 7、2 轉換為 6、3 轉換為 5、4 轉換為 4、5 轉換為 3、6 轉換為 2，以及 7 轉換為 1（有關 Recode(重新編碼) 指令之語法介紹，請參見第三章圖 3-13 起之說明，此處不再贅述）。

完成反向計分之轉碼工作後，使用者即可開啟應用視窗中 Analyze(分析) 功能表之 Scale(尺度) 下之 Reliability Analysis(信度分析) 指令之對話方塊，並在來源變項清單中，點選第一個因素「任教承諾的活動向度」所包含之 v1、v2、v3、v4、v5、v6、v7、v18 及 v19 等九個變項，移至 Items 方格中，如圖 11-11。

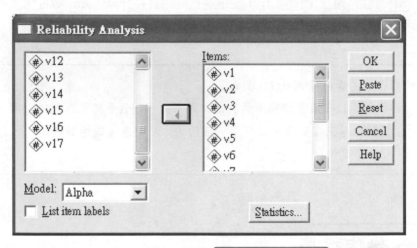

圖 11-11　界定內部一致性信度之 Reliability Analysis 指令對話方塊

其次，使用者可以開啟 Statistics 次指令之對話方塊，點選 Items 、Scale 、 Scale if... 、 Correlations 及 ANOVA 摘要表之 F test 等五個選項，分別輸出各題目之描述統計量、量表之描述統計量，以及刪除某一題目後

量表之統計量、相關矩陣及 Hoyt 信度係數值。然後點選 Continue 鈕回到圖 11-11 之畫面。

　　完成 Statistics 次指令對話方塊之界定後，使用者可以進一步在圖 11-11 之對話方塊中，Model 選項後之方格中點選所要計算之信度檢定值。其內設格式是計算 Cronbach α 係數，因此例 11-2 就不需做任何更改。完成上述界定工作後，使用者只要點選圖 11-11 中之 OK 鈕，SPSS 即會執行信度之統計分析，並自動開啓結果輸出視窗，將統計分析結果輸出到視窗中。

　　綜合上述操作程序，可將利用 Reliability Analysis(信度分析) 指令進行信度檢定之程序摘要如下：

Analyze
　Scale
　　Reliability Analysis……點選進行信度檢定之變項至目標清單中
　　　Statistics……點選所要輸出之統計量
　　　Model……界定所要計算之信度值類型
　　　OK……執行統計分析

二、報表解釋

　　當使用者點選 OK 執行統計分析，則 SPSS 會自動開啓結果輸出視窗將統計分析結果輸出到視窗中。例 11-2 執行之結果與報表解釋如下：

Reliability Statistics

Cronbach's Alpha	Cronbach's Alpha Based on Standardized Items	N of Items
.940	.941	9

SPSS所輸出分量表的內部一致性α係數，α係數值愈高，表示分量表整體的內部一致性愈高。由上表可知，「任教承諾的活動向度」分量表的α係數值爲.940，表示「任教承諾的活動向度」分量表的內部一致性信度極高。此外，表中還輸出一個標準化的α係數值，這是將樣本在各題目上的得分先轉換爲標準分數後，在進行信度考驗所得到的結果，本例的標準化α係數爲.941。一般而言，標準化與未標準化係數會有所不同，但差異通常不會太大。建議當變項的測量單位都相同時（如本例都是 Likert 七點量表），以採用未標準化之係數較爲適當；但當變項間測量單位並不相同，爲避免因測量單位不同所造成變異量的不同，則採標準化係數較爲適當。

Item Statistics

	Mean	Std. Deviation	N
v1	5.29	1.486	100
v2	5.01	1.648	100
v3	4.79	1.578	100
v4	5.10	1.661	100
v5	4.91	1.545	100
v6	5.06	1.786	100
v7	4.77	1.740	100
v18	5.09	1.334	100
v19	5.04	1.780	100

SPSS所輸出「任教承諾的活動向度」分量表各題目之描述統計量。包括平均數、標準差及有效樣本人數。

Inter-Item Correlation Matrix

	v1	v2	v3	v4	v5	v6	v7	v18	v19
v1	1.000	.786	.789	.668	.698	.724	.800	.710	.702
v2	.786	1.000	.766	.583	.663	.714	.695	.601	.630
v3	.789	.766	1.000	.656	.510	.693	.703	.652	.603
v4	.668	.583	.656	1.000	.535	.577	.627	.552	.552
v5	.698	.663	.510	.535	1.000	.592	.541	.504	.530
v6	.724	.714	.693	.577	.592	1.000	.632	.663	.558
v7	.800	.695	.703	.627	.541	.632	1.000	.670	.606
v18	.710	.601	.652	.552	.504	.663	.670	1.000	.551
v19	.702	.630	.603	.552	.530	.558	.606	.551	1.000

The covariance matrix is calculated and used in the analysis.

　　SPSS 所輸出「任教承諾的活動向度」分量表各題目間的相關係數矩陣。相關係數愈高，則內部一致性愈高。由上表可知，在全部相關係數中，都在.50 以上，表示各題目間具高度之一致性。

Scale Statistics

Mean	Variance	Std. Deviation	N of Items
45.06	143.976	11.999	9

　　SPSS所輸出「任教承諾的活動向度」分量表的平均數、變異數及標準差的統計量數。由表可知，樣本在「任教承諾的活動向度」的十個題目得分之平均數為 45.06、變異數為 143.976，以及標準差為 11.999。

Item-Total Statistics

	Scale Mean if Item Deleted	Scale Variance if Item Deleted	Corrected Item-Total Correlation	Squared Multiple Correlation	Cronbach's Alpha if Item Deleted
v1	39.77	113.209	.903	.831	.926
v2	40.05	112.331	.828	.730	.929
v3	40.27	113.977	.816	.730	.930
v4	39.96	115.796	.711	.528	.936
v5	40.15	118.614	.683	.567	.937
v6	40.00	111.515	.776	.630	.932
v7	40.29	111.642	.797	.683	.931
v18	39.97	120.575	.738	.581	.935
v19	40.02	113.899	.708	.521	.937

SPSS 所輸出分量表各題目的統計量數。所輸出的統計量數包括：

1. 該題目刪除後，分量表的平均數。這是表示將該題目自分量表中刪除後，樣本在剩下的題目得分的平均數。以 v2 為例，刪除 v2 後，樣本在剩下的 8 個題目得分的平均數為 40.05，而由上表可知，總平均數為 45.06，即刪除 v2 後，平均數降低 5.01，此恰為 v2 的平均數（參見所輸出之描述統計表）。

2. 該題目刪除後，分量表的變異數。這是表示將該題目自分量表中刪除後，樣本在剩下的題目得分的變異數。以 v2 為例，刪除 v2 後，樣本在剩下的 8 個題目得分的變異數為 112.331，而由上表可知，總變異數為 143.976。

3. 該題目與分量表之修正的項目總相關。這表示計算樣本在某一題目得分與分量表總分之相關係數，相關係數愈高，表示該題目與其它題目的內部一致性愈高。此一統計量數即為項目分析時每一題目的內部一致性係數，可用來做為刪除或保留該題目的指標之一。由表可知，第五題（v5）與分量表總分之相關係數為.683，是 10 個題目中最低的，如果在分量表中有其它相似題目可測量 v5 所要測量的樣本行為特質，則為縮減量表題數，v5 可優先考慮刪除。但若分量表

中沒有其它相似題目可測量 v5 所要測量的樣本行為特質，則應對
v5 的題意加以修改，不可因為其內部一致性係數較低，就毫不考慮
將它刪除。

4. 複相關平方係數（square multiple correlation）。這表示以該題目為
依變項，分量表中其它題目為自變項，進行多元迴歸分析後所得到
的決定係數。多元相關平方係數愈高，表示該題目與其它題目的內
部一致性愈高。此一統計量數也可做為項目分析時決定刪除或修改
題目的指標，且其效用高於上述的內部一致性係數。由表可知，第
十九題（v19）之多元相關平方係數為.521，是 10 個題目中最低的。
對第十九題之處理方式同上述第五題之處理。

5. 該題目刪除後，分量表的α係數值。這是表示將該題目自分量表中刪
除後，剩下的題目間的α係數值。以 v2 為例，刪除 v2 後，剩下的 8
個題目的α係數為.929。此一統計量數也可做為項目分析時決定刪除
或修改題目的指標，但須與分量表原來的α係數值（即所有題目都投
入所得到的信度值）相比較後才可知道。一般而言，當題目愈多時α
係數值會愈高，因此當刪除該題後的α係數值較原來的α係數值高，
表示該題目之內部一致性相對較低；反之，當刪除該題後的α係數值
較原來的α係數值低，表示該題目之內部一致性相對較高。由前述報
表可知，「任教承諾的活動向度」原來的α係數值為.940，9 個題目
刪除後的α係數值均降低。表示 9 個題目與總分之內部一致性係數均
不低，都是具有相當不錯信度之題目。

ANOVA[a]

		Sum of Squares	df	Mean Square	F	Sig.
Between People		1583.738	99	15.997		
Within People	Between Items	21.220	8	2.653	2.746	.005
	Residual	765.002	792	.966		
	Total	786.222	800	.983		
Total		2369.960	899	2.636		

Grand Mean = 5.01

a. The covariance matrix is calculated and used in the analysis.

SPSS所輸出的變異數分析結果摘要表。由於樣本每人均同時接受 9 個題目的測量，因此是一個單因子相依樣本的模式。「任教承諾的活動向度」分量表的變異數分析結果摘要表可整理如表 11-1。

表 11-1　例 11-2「任教承諾的活動向度」分量表的變異數分析摘要表

變異來源	SS	df	MS	F
受試者 SS_s	1583.738	99	15.997	
試題間 SS_a	21.220	8	2.653	2.746**
誤差項 SS_{sa}	765.002	792	.996	

**p<.01

由表 11-1 可知，樣本在 9 個試題間答題之變異量的 F 值為 2.746，p 值為.005，已達.05 顯著水準，表示樣本在「任教承諾的活動向度」分量表的 9 個題目上的作答情形並不一致。在這種情況下，建議研究者可以進行事後比較（參見第八章第四節），找出樣本究竟在哪幾個題目上的作答情形，與其它大部分的題目相較下並不一致，這些題目將是造成Hoyt信度值降低的原因，同時也可以考慮對這些題目進行修訂的工作。

其次，由表 11-1 可知，受試者間的變異量之均方和為 15.997，試題間變異量之均方和為 2.653，因此本例的 Hoyt 信度係數值為：

$$r_H = 1 - (MS_a / MS_s) = 1 - (2.653 / 15.997) = .834$$

第五節　測驗之項目分析

本節旨在說明如何利用視窗 13.0 版的指令，進行測驗的項目分析。在第四節中已經提到利用 Reliability Analysis(信度分析) 指令，可計算每一個題目的內部一致性相關係數（利用第六章的 Bivariate(雙變數) 指令也可計算）及多元相關係數，本節不再贅述。以下分別說明如何利用 SPSS 計算

難度、鑑別度指數及臨界比。

一、難度與鑑別度指數

難度與鑑別度指數適用於非對即錯的試題（即具有正確或標準答案的試題），通常用於成就測驗的試題分析。以下以一個假設性的例 11-3，說明如何進行難度及鑑別度指數之計算：

例 11-3　　（資料檔為 ex11-3.sav）

有一位教師想了解他自編的期中考試題的難度及鑑別度。下表是 20 位學生在 10 題的作答情形（1 代表答對，0 代表答錯）。試問這 10 題客觀式試題的難度及鑑別度如何？

試題	1	2	3	4	5	6	7	8	9	10
A	1	0	1	0	0	0	0	0	0	1
B	1	0	1	0	0	0	1	0	1	1
C	0	0	1	0	0	1	0	0	1	0
D	0	1	0	1	0	0	1	0	0	1
E	1	1	0	1	1	1	1	1	0	1
F	1	1	1	1	1	1	1	1	1	1
G	1	0	1	0	0	1	0	0	1	0
H	0	1	0	1	0	1	0	0	1	1
I	0	1	1	1	1	0	0	0	1	0
J	0	0	0	0	0	0	0	1	0	0
K	0	1	0	1	0	1	1	0	1	0
L	1	1	0	0	0	1	1	0	0	1
M	0	1	0	1	1	1	0	1	0	0
N	0	1	1	1	0	1	1	0	1	0

（接下頁）

（承上頁）

O	0	1	0	0	0	1	0	0	1	0
P	1	1	0	0	0	1	1	1	1	1
Q	1	0	1	1	0	1	0	1	1	1
R	1	1	1	1	0	1	1	0	1	1
S	0	0	0	1	0	0	1	0	0	0
T	1	1	1	1	1	1	1	1	1	1

(一)操作程序

根據例 11-3 旨在計算教師自編的期中考試題 10 個題目的難度及鑑別度。首先，在原始資料讀進資料編輯視窗後（有關讀取原始資料之方式，請參見第二章，此處假設資料已讀進資料編輯視窗中），如圖 11-12。由圖 11-12 可以看出，在原始資料檔中共有 11 個變項，其中變項subject代表 20 名學生之代碼，變項v1 到 v10 則分別代表學生在 10 個題目上之答題情形，其中編碼值 1 代表「答對」，編碼值 0 代表「答錯」。

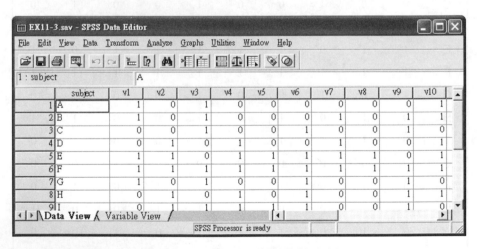

圖 11-12　例 11-3 之假設性資料

　　由於例 11-3 旨在計算 10 個題目的難度及鑑別度，因此首先必須利用應用視窗之 Transform(轉換) 功能表中之 Compute(計算) 指令，計算每一個學生在 10 個題目之總分。在開啟 Compute(計算) 指令完成如圖 11-13 之界定後，點選 OK 鈕即可執行計算每一學生之總分（假設變項名稱為 TOT），SPSS 會自動在資料編輯視窗中新創一個變項 TOT 儲存轉換之結果。變項 TOT 代表每一學生在 10 個題目之總分，如代碼 A 之學生總分為 3，表示其在 10 個題目中共答對 3 題。

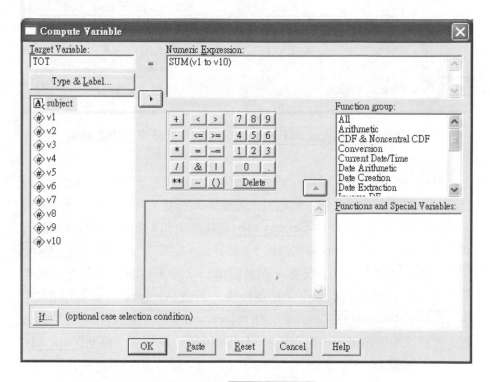

圖 11-13　計算總分之 Compute(計算) 指令對話方塊

　　其次，必須根據學生總分（TOT）將學生分為高、中、低三組。此必須利用應用視窗之 Transform(轉換) 功能表中之 Visual Bander(B) 指令進行，作法參見第三章圖 3-21 起之範例，此處不再贅述，唯在利用 Make Cutpoints 次指令分組時，必須採用圖 3-27 之作法，分割點數目則輸入 2。利用 Visual

Bander(B)指令分組之結果如圖 11-14，在資料編輯視窗中新創一個變項 group 儲存轉換之結果。其中編碼值 1 代表「低分組」，編碼值 2 代表「中間組」，編碼值 3 代表「高分組」。

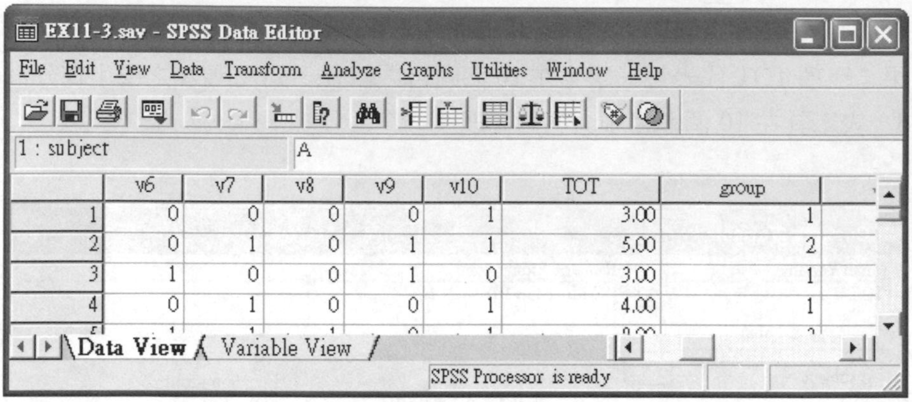

圖 11-14　利用 Visual Bander(B) 指令界定分成三組之結果

　　完成分組工作後，就可計算高分組與低分組學生答對每一個題目之百分比，以便進一步計算每一個題目之難度與鑑別度。首先，利用應用視窗之 Data(資料) 功能表中之 Select Cases(選擇觀察值) 指令，開啟其對話方塊，界定挑選變項 group 編碼值為 3（高分組）之學生（有關 Select Cases (選擇觀察值) 指令之語法界定，請參閱第三章圖 3-41 起之介紹，此處不再贅述）。完成高分組學生之挑選後後，開啟 Analyze(分析) 功能表中 Descriptive Statistics(描述統計) 下之 Frequencies(次數分配表)指令之對話方塊，並自來源變項清單中點選變項 v1 到 v10 等十個變項，移至 Variable(s) 方格中，如圖 11-15。

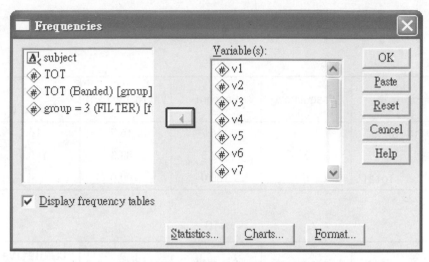

圖 11-15　界定計算學生在各題百分比之 Frequencies 指令對話方塊

二 報表解釋

完成上述界定工作後,點選 OK 鈕,SPSS 即會計算高分組學生在十個題目上答對(編碼值為 1)與答錯(編碼值為 0)人數之百分比。執行後之結果如下:

v1

	Frequency	Percent	Valid Percent	Cumulative Percent
Valid 1	6	100.0	100.0	100.0

v2

	Frequency	Percent	Valid Percent	Cumulative Percent
Valid 0	1	16.7	16.7	16.7
1	5	83.3	83.3	100.0
Total	6	100.0	100.0	

第三題至第八題之報表輸出結果省略

v9

	Frequency	Percent	Valid Percent	Cumulative Percent
Valid 0	1	16.7	16.7	16.7
1	5	83.3	83.3	100.0
Total	6	100.0	100.0	

v10

	Frequency	Percent	Valid Percent	Cumulative Percent
Valid 1	6	100.0	100.0	100.0

　　SPSS 所輸出高分組學生（共 6 名）在 10 個題目上答對與答錯的百分比。以第一題（v1）為例，6 名學生在第一題上全部答對；而第九題（v9）答對人數 5 人，占全部 83.3 ％，答錯 1 人，占全部 16.7 ％。其它各題可依此進行解釋，不再贅述。

　　完成高分組學生在 10 個題目答題之百分比計算後，可以重複上述步驟，利用 Select Cases(選擇觀察值) 指令及 Frequencies(次數分配表) 指令，計算低分組（group＝1）學生在 10 個題目之答題百分比計算。

　　至於低分組學生在 10 個題目答題之百分比結果如下：

v1

	Frequency	Percent	Valid Percent	Cumulative Percent
Valid 0	5	71.4	71.4	71.4
1	2	28.6	28.6	100.0
Total	7	100.0	100.0	

v2

		Frequency	Percent	Valid Percent	Cumulative Percent
Valid	0	5	71.4	71.4	71.4
	1	2	28.6	28.6	100.0
	Total	7	100.0	100.0	

第三題至第八題之報表輸出結果省略

v9

		Frequency	Percent	Valid Percent	Cumulative Percent
Valid	0	4	57.1	57.1	57.1
	1	3	42.9	42.9	100.0
	Total	7	100.0	100.0	

v10

		Frequency	Percent	Valid Percent	Cumulative Percent
Valid	0	5	71.4	71.4	71.4
	1	2	28.6	28.6	100.0
	Total	7	100.0	100.0	

　　SPSS 所輸出低分組學生（共 7 名）在 10 個題目上答對與答錯的百分比。以第一題（v1）為例，答對的有 2 人，占 28.6 %，答錯有 5 人，占全部 71.4 %。其它各題可依此進行解釋，不再贅述。

　　根據上述對高分組與低分組在 10 個題目上答對人數的百分比，即可計算出每一個題目的難度與鑑別度。

　　計算難度的公式為：

$$P = (P_H + P_L) / 2 \cdots\cdots < 公式 1 >$$

<公式 1 >中 P 代表難度，P_H 代表高分組通過某一題目的百分比，P_L 代表低分組通過某一題目的百分比。

計算鑑別度指數的公式為：

$$D = P_H - P_L \cdots\cdots < 公式 2 >$$

<公式 2 >中 D 代表鑑別度指數，P_H 及 P_L 的意義同難度。

根據上述，可將本例 10 個題目的難度及鑑別度指數整理如表 11-2。

表 11-2 某教師自編測驗各題目之難度及鑑別度指數

題目	P_H	P_L	難度（P）	鑑別度（D）
1	1.000	.286	.643	.714
2	.833	.286	.560	.547
3	.667	.429	.548	.248
4	.833	.286	.560	.547
5	.500	.000	.250	.500
6	.833	.429	.631	.404
7	1.000	.286	.643	.714
8	.833	.143	.488	.690
9	.833	.429	.631	.404
10	1.000	.286	.643	.714

註：第三至第八題之報表輸出被省略

根據表 11-2 的結果可知，就難度而言，除第五題難度.250 偏難外，其它的題目難度都在.50 上下，表示難度相當適中；就鑑別度而言，除第三題為.248 稍低外，其它題目都具有不錯的鑑別度。綜合難度及鑑別度的分析，該教師所自編的測驗應該是一份不錯的試題。

綜合上述操作程序，可將利用 Frequencies(次數分配表) 等指令進行臨界比計算之程序摘要如下：

Transform
　Compute……計算總分，做為分組依據
　Visual Bander（B）……界定進行高、中、低三組分組
Data
　Select Cases……界定選擇高分組觀察值
Analyze
　Descriptive Statistics
　　Frequencies……界定計算高分組在各題目之答對（通過）百分比
　　　OK……執行統計分析
Data
　Select Cases……界定選擇低分組觀察值
Analyze
　Descriptive Statistics
　　Frequencies……界定計算低分組在各題目之答對（通過）百分比
　　　OK……執行統計分析

二、臨界比

　　在第一節中已經提及，臨界比是根據測驗總分區分出高分組與低分組後，求高分組與低分組在某一題目上平均數的差異顯著性，原理與獨立樣本 t 考驗相同。因此可利用 Analyze(分析) 功能表 Compare Means(比較平均數法) 下之 SPSS 中的 Independent-Samples T Test(獨立樣本 T 檢定) 指令進行考驗。以下以例 11-2 的「任教承諾的活動向度」分量表的 10 個題目為例 11-4，說明如何利用 Independent-Samples T Test(獨立樣本 T 檢定) 指令計算每一個題目的臨界比。

例 11-4 （資料檔為 ex11-1.sav）

　　根據例 11-2 的「任教承諾的活動向度」分量表。試問「任教承諾的活動向度」分量表各題目的臨界比值為何？

(一)操作程序

　　例 11-4 要計算「任教承諾的活動向度」分量表中 10 個題目之臨界比值。首先必須利用應用視窗之 Transform(轉換) 功能表中之 Compute(計算) 指令，計算每一個樣本在 9 個題目之總分（請注意 v18 為負向敘述題，必須先利用 Recode(重新編碼) 指令進行轉碼工作）。在開啟 Compute(計算) 指令完成如圖 11-16 之界定後，點選 OK 鈕即可執行計算每一學生之總分（假設變項名稱為 SCORE）。

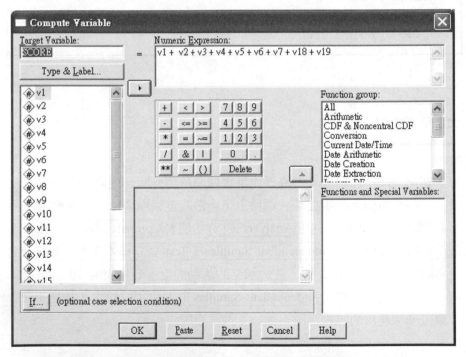

圖 11-16　界定計算分量表總分之 Compute(計算) 指令對話方塊

　　其次，可以仿照例 11-3 之步驟，根據樣本在「任教承諾的活動向度」分量表之總分（變項SCORE），將樣本分為高中低三組。此處不在說明詳細過程，請參閱例 11-3 之步驟。執行分組後，在資料編輯視窗中，SPSS新創了一個變項 GRP，代表每一樣本根據總分分組後之組別，其中編碼值 1 代表「低分組」，編碼值 2 代表「中間組」，編碼值 3 代表「高分組」。

　　完成分組工作後，就可計算高分組與低分組學生在每一個題目答題之臨界比。先開啟 Analyze(分析) 功能表中 Compare Means(比較平均數法) 下之 Independent-Samples T Test(獨立樣本 T 檢定) 指令對話方塊，並自來源變項清單中點選變項 v1、v2、v3、v4、v5、v6、v7、v18 及 v19 等九個變項，並移至 Test Variable(s) 方格中；其次，點選自變項GRP 並移至 Grouping Variable 方格中，如圖 11-17。

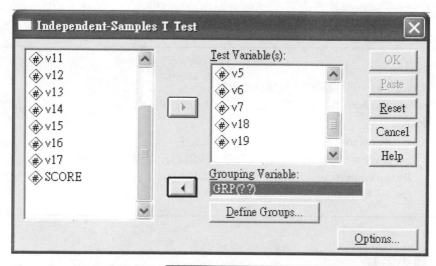

圖 11-17　界定臨界比之 Independent-Samples T Test 指令對話方塊

　　其次再點選 Define Groups 次指令之對話方塊，完成如圖 11-18 之界定，再點選 Continue 鈕回到圖 11-17 之畫面。

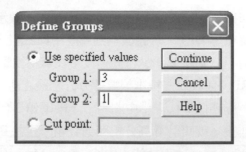

圖 11-18　Define Groups 次指令對話方塊之界定

　　完成上述界定工作後，點選 OK 鈕 SPSS 即會計算高分組與低分組樣本在 10 個題目上之臨界比。

　　綜合上述操作程序，可將利用 Independent-Samples T Test(獨立樣本 T 檢定) 等三個指令進行臨界比計算之程序摘要如下：

Transform
　Compute……計算總分，做為分組依據
　Visual Bander（B）……界定進行高、中、低三組分組
Analyze
　Compare Means
　　Independent-Samples T Test……點選計算臨界比之變項至目標清單中
　　　Define Groups……界定高、低分組之編碼值
　　　OK……執行統計分析

㟁報表解釋

　　當使用者點選 OK 執行統計分析，則 SPSS 會自動開啓結果輸出視窗將統計分析結果輸出到視窗中。例 11-4 執行之結果與報表解釋如下：

Group Statistics

	SCORE (Banded)	N	Mean	Std. Deviation	Std. Error Mean
v1	3	27	6.56	.577	.111
	1	36	3.86	1.417	.236
v2	3	27	6.63	.629	.121
	1	36	3.67	1.656	.276
v3	3	27	6.19	.921	.177
	1	36	3.44	1.501	.250
v4	3	27	6.22	.892	.172
	1	36	3.83	1.828	.305
v5	3	27	5.89	1.155	.222
	1	36	3.72	1.560	.260
v6	3	27	6.41	.844	.162
	1	36	3.39	1.644	.274
v7	3	27	6.48	.802	.154
	1	36	3.42	1.826	.304
v18	3	27	5.85	.818	.157
	1	36	3.97	1.276	.213
v19	3	27	6.11	1.013	.195
	1	36	3.42	1.663	.277

　　SPSS 所輸出高分組與低分組樣本在 9 個題目上得分之描述統計量，包括樣本人數、平均數、標準差及平均數估計標準誤。由表可知，高分組（總分大於 52）共 27 人，低分組（總分小於等於 46）共 36 人。

Independent Samples Test

		Levene's Test for Equality of Variances		t-test for Equality of Means						
		F	Sig.	t	df	Sig. (2-tailed)	Mean Difference	Std. Error Difference	95% Confidence Interval of the Difference	
									Lower	Upper
v1	Equal variances assumed	22.069	.000	9.302	61	.000	2.694	.290	2.115	3.274
	Equal variances not assumed			10.322	48.974	.000	2.694	.261	2.170	3.219
v2	Equal variances assumed	26.727	.000	8.816	61	.000	2.963	.336	2.291	3.635
	Equal variances not assumed			9.830	47.407	.000	2.963	.301	2.357	3.569
v3	Equal variances assumed	5.896	.018	8.368	61	.000	2.741	.328	2.086	3.396
	Equal variances not assumed			8.937	58.963	.000	2.741	.307	2.127	3.354
v4	Equal variances assumed	12.179	.001	6.246	61	.000	2.389	.382	1.624	3.154
	Equal variances not assumed			6.831	53.475	.000	2.389	.350	1.688	3.090
v5	Equal variances assumed	.797	.376	6.071	61	.000	2.167	.357	1.453	2.880
	Equal variances not assumed			6.334	60.996	.000	2.167	.342	1.483	2.851
v6	Equal variances assumed	11.810	.001	8.708	61	.000	3.019	.347	2.325	3.712
	Equal variances not assumed			9.478	54.814	.000	3.019	.318	2.380	3.657
v7	Equal variances assumed	21.558	.000	8.138	61	.000	3.065	.377	2.312	3.818
	Equal variances not assumed			8.979	50.804	.000	3.065	.341	2.380	3.750
v18	Equal variances assumed	3.797	.056	6.686	61	.000	1.880	.281	1.317	2.442
	Equal variances not assumed			7.104	59.732	.000	1.880	.265	1.350	2.409
v19	Equal variances assumed	7.580	.008	7.441	61	.000	2.694	.362	1.970	3.419
	Equal variances not assumed			7.953	58.818	.000	2.694	.339	2.017	3.372

　　SPSS 所輸出的 t 考驗結果。有關 t 考驗的報表解釋，請參閱第八章第三節。

　　報表中每一個變項 t 考驗所得到的 t 值，即為臨界比值。表中的 t 值都是正號，是因為計算 t 值時，是把高分組平均數減低分組平均數所致。有時使用者會改把低分組平均數減高分組平均數，則 t 值會全部變成負號，但這並不影響結果正確性，使用者在研究報告中呈現每一個題目的臨界比值時，只要將負號去除即可。

　　由表可知，10 個題目的臨界比（先檢定 F 值是否違反同質性假設再選擇 t 值，參見第八章第三節）分別為依序為 10.322、9.830、8.937、6.831、6.071、9.478、8.979、6.686 及 7.953，以第一題（v1）之臨界比值 10.322 最高，第五題（v5）之臨界比值 6.334 最低，但都已經超過習慣上之 3.5 的標準，表示「任教承諾的活動向度」分量表的 10 個題目都具有良好的鑑別度。

王文科（1994）。教育研究法。台北：五南。

余民寧（1995）。心理與教育統計學。台北：三民。

吳毓瑩（1997）。量表奇偶點數的效度議題。調查研究，2，11-40。

李茂能（1994）。共變數分析之基本假設與應用。嘉師學報，8，145-170。

林邦傑（1986）。品質變項的因果分析：洛基對數線性模式及其應用。測驗年刊，33，125-141。

林清山（1993）。心理與教育統計。台北：東華。

林華德（1978）。計量經濟學導論。台北：三民。

郭生玉（1995）。心理與教育測驗。台北：精華。

Akaike, H. (1978). *On the Likelihood of a Time Series Model*. Paper presented at the Institute of Statisticians 1978 Conference on time series analysis, Cambridge, England: Cambridge University.

Amemiya, T. (1980). Selection of regressors. *International Economic Review, 21*, 331-354.

Anastasi, A. (1990). *Psychological Testing* (6th ed.). New York: Macmillan.

Belsley, D. A., Kuh, E., & Welsch, R. E. (1980). *Regression Diagnostics: Identifying Influential Data and Sources of Collinearity*. New York: John Wiely.

Box, G. E. P. & Cox. D. R. (1964). An analysis of transformations. *Journal of Royal Statistical Society, Series B, 26*, 211-243.

Cattell, R. B. (1966). *Handbook of Multivariate Experimental Psychology*. Chicago: Rand McNally.

Cochran, W. G. & Cox, G. M. (1957). *Experimental Designs*. New York: John

Wiely.

Cochran, W. G. (1954). Some methods for strengthening the common chi-square tests. *Biometrics, 10,* 417-451.

Collier, R. O., Baker, F. B., Mandeville, C. K., & Hayes, T. F. (1967). Estimates of test size for several test procedures on conventional variance ratios in the repeated measures design. *Psychometrika, 32*, 339-353.

Demaris, A. (1992). *Logit Modeling: Practical Applications*. Newbury Park: Sage.

Ebel, R. L. & Frisbie, D. A. (1991). *Essentials of Educational Measurement* (5th ed.). Englewood, NJ: Prentice Hall.

Fox, J. (1991). *Regression Diagnostics*. Newbury Park: Sage.

Furnival, R. J. & Wilson, W.R.W. (1974). Regression by leaps and bounds. *Technometrics, 16,* 499-511.

Gibbons, J. D. (1993a). *Nonparametric Statistics: An Introduction*. Newbury Park: Sage.

Gibbons, J. D. (1993b). *Nonparametric Measures of Association*. Newbury Park: Sage.

Girden, E. R. (1992). *ANOVA: Repeated Measures*. Newbury Park: Sage Publication.

Glass, G. V. & Hopkins, K. D. (1984). *Statistical Methods in Education and Psychology* (2nd ed.). Englewood Cliffs, NJ: Prentice-Hall Inc.

Glass, G. V. & Stanley, J. C. (1970). *Statistical Methods in Education and Psychology*. Englewood Cliffs, N. J.: Prentice-Hall Inc.

Goodman, L. A. & Kruskal, W. H. (1954). Measures of association for cross classification. *Journal of American Statistical Association, 49,* 732-764.

Greenhouse, S. W. & Geisser, S. (1959). On methods in the analysis of profile data. *Psychometrika, 24*, 95-112.

Gronlund, N. E. & Linn (1990). *Measurement and Evaluation in Teaching* (6th ed.). New York: Macmillan.

Haberman, S. J. (1978). *Analysis of Qualitative Data*. New York: Academic Press.

Hair, J. F. Jr., Anderson, R. E., Tatham, R. L., & Black, W. C. (1998). *Multivariate data analysis*. Upper Saddle River, NJ: Prentice Hall.

Hardy, M. A. (1993). *Regression with Dummy Variables*. Newbury Park: Sage.

Harman, H. H. (1976). *Modern Factor Analysis* (3rd ed.). Chicago: University of Chicago Press.

Harman, H. H. & Jones, W. H. (1966). Factor analysis by minimizing residuals. *Psychometrika*, *31*, 351-368.

Hartley, H. O. (1950). The maximum F-ratio as a short-cut test for heterogeneity of variance. *Biometrika, 37*, 308-312.

Hays, W. L. (1988). *Statistics for Psychologist*. New York: Holt, Rinehart & Winston.

Hoyt, C. J. (1941). Test reliability estimated by analysis of variance. *Psychometrika*, *6*, 153-160.

Huynh, H. & Feldt, L. (1976). Estimation of the box correction for degrees of freedom from sample data in the randomized block and split plot designs. *Journal of Educational Statistic*s, *1*, 69-82.

Ishii-Kuntz, M. (1994). *Ordinal Log-linear Models*. Thousand Oaks: Sage.

Jaspen, N. (1946). Serial correlation. *Psychometrika*, *11*, 23-30.

Joreskog, K. G. & Lawley, D. N. (1968). New methods in maximum likelihood factor analysis. *British Journal of Mathematical and Statistical Psychology, 21*, 85-96.

Kaiser, H. F. (1963). Image analysis. In C. W. Harman (Ed.), *Problems in Measuring Change* (pp. 156-166). Madison: University of Wisconsin Press.

Kaiser, H. F. (1974). An index of factorial simplicity. *Psychometrika, 39*, 31-36.

Kaiser, H. F. & Caffrey, J. (1965). Alpha factor analysis. *Psychometrika, 30*, 1-14.

Kelly, T. L. (1939). The selection of upper and lower groups for the validation of test items. *Journal of Educational Psychology, 30,* 17-24.

Keppel, G. (1982). *Design and Analysis: A Researcher's Handbook* (2nd ed.). Englewood Cliffs, NJ: Prentice-Hall.

Kim, J. O. & Mueller, C. W. (1978a). *Introduction to Factor Analysis: What It Is and How to Do It*. Newbury Park: Sage.

Kim, J. O. & Mueller, C. W. (1978b). *Factor Analysis: Statistical Methods and Practical Issues*. Newbury Park: Sage.

Kirk, R. E. (1982). *Experimental Design: Procedures for Behavioral Sciences*. Belmont, CA: Brooks-Cole.

Kunter, M. H., Nachtsheim, C. J., Neter, J., & Li, W. (2005). *Applied Linear Statistical Models*. New York: McGraw-Hill.

MacDonald, K. I. (1977). Path analysis. In C. A. O'Muircheartaigh & C. Payne (Eds.), *The Analysis of Survey Data* (*Vol. 2*). New York: John Wiely.

Mallows, C. L. (1973). Some comments on Cp. *Technometrics, 15*, 661-676.

Mann, L. (1981). The baiting crowd in episode of threatened suicide. *Journal of Personality and Social Psychology, 41*, 703-709.

Montgomery, D. C. (1984). *Design and Analysis of Experiments* (2th ed.). New York: John Wiley & Sons.

Morrison, D. G. & Schmittlein, D. C. (1980). Jobs, strikes, and wars: Probability models for duration. *Organizational Behavior and Human Performance, 25*, 224-251.

Overall, J. E. & Spiegel, D. K. (1969). Concerning least square analysis of experimental data. *Psychological Bulletin, 72*, 311-322.

Pedhazur, E. (1982). *Multiple Regression in Behavioral Research: Explanation and Prediction* (2nd ed.). New York: Holt, Rinehart & Winston.

Pedhazur, E. (1997). *Multiple Regression in Behavioral Research: Explanation and Prediction* (3rd ed.). Fort Worth: Harcourt Brace College Pub.

Rawlings, J. O. (1988). *Applied Regression Analysis: A Research Tool*. Pacific Grove, California: Wadsworth & Brooks.

Rouanet, H. & Lepine, D. (1970). Comparison between treatments in a repeated measures design: ANOVA and multivariate methods. *British Journal of Mathematical and Statistical Psychology, 23,* 147-163.

Runyon, R. P. & Haber, A. (1991). *Fundamentals of Behavioral Statistics* (7th ed.). New York: McGraw-Hill.

Scheffe, H. (1959). *The Analysis of Variance*. New York: John Wiley.

Schwarz, G. (1978). Estimating the dimension of a model. *Annals of Statistics, 6*, 461-464.

Siegel, S. & Castellan, N. J. Jr. (1989). *Nonparametric Statistics for the Behavioral Sciences*. New York: McGraw-Hill.

Somers, R. H. (1962). A new asymmetric measure of association for ordinal variables. *American Sociological Review, 27,* 799-811.

Spetch, D. A. (1975). On the evaluation of causal model. *Social Science Research, 4,* 113-133.

SPSS (1992). *SPSS/PC Base System User's Guide* (5th ed.). Chicago, IL: SPSS Inc.

Stevens, J. (1992). *Applied Multivariate Statistics for the Social Sciences* (2nd ed.). Hillsdale, NJ: Lawrence Erlbaum Associates.

Tucker, R. F., Koopman, R. F., & Linn, R. L. (1969). Evaluation of factor analytic research procedures by means of simulated correlation matrices. *Psychometrika, 34,* 421-459.

Tukey, J. W. (1977). *Exploratory Data Analysis*. Reading, MA: Addison-Wesley.

Wagner, T. J. (1985). Smoking behavior of nurses in western New York. *Nursing Research, 34,* 58-60.

Williams, P. B. & Carnine, D. W. (1981). Relationship between range of examples and of instructions and attention in concept attainment. *Journal of Educational Research, 74,* 144-146.

Winer, B. J. (1971). *Statistical Principles in Experimental Design* (2nd ed.). New York: McGraw-Hill.

國家圖書館出版品預行編目資料

英文視窗版 SPSS 與行為科學研究（第三版）
／王保進著. --三版. --
臺北市：心理，2006（民95）
面； 公分. --（教育研究；29）
參考書目：面
ISBN 978-957-702-870-9（平裝）

1. 統計—電腦程式

512.4   95001762

教育研究29　**英文視窗版 SPSS 與行為科學研究**（第三版）

作　　者：王保進
執行編輯：李　晶
總　編　輯：林敬堯
出　版　者：心理出版社股份有限公司
社　　址：台北市和平東路一段 180 號 7 樓
總　　機：(02) 23671490　　傳　　真：(02) 23671457
郵　　撥：19293172　心理出版社股份有限公司
電子信箱：psychoco@ms15.hinet.net
網　　址：www.psy.com.tw
駐美代表：Lisa Wu　tel: 973 546-5845　fax: 973 546-7651
登　記　證：局版北市業字第 1372 號
電腦排版：臻圓打字印刷有限公司
印　刷　者：東縉彩色印刷有限公司
初版一刷：1999 年 10 月
二版一刷：2002 年 9 月
三版一刷：2006 年 3 月
三版二刷：2006 年 9 月

定價：新台幣 650 元　■ 有著作權·侵害必究 ■
ISBN-13 978-957-702-870-9
ISBN-10 957-702-870-5

讀者意見回函卡

No. _____ 　　　　　　　　　　　填寫日期：　年　月　日

感謝您購買本公司出版品。為提升我們的服務品質，請惠填以下資料寄回本社【或傳真(02)2367-1457】提供我們出書、修訂及辦活動之參考。您將不定期收到本公司最新出版及活動訊息。謝謝您！

姓名：_____　性別：1□男　2□女

職業：1□教師 2□學生 3□上班族 4□家庭主婦 5□自由業 6□其他____

學歷：1□博士 2□碩士 3□大學 4□專科 5□高中 6□國中 7□國中以下

服務單位：_____　部門：_____　職稱：_____

服務地址：_____　電話：_____　傳真：_____

住家地址：_____　電話：_____　傳真：_____

電子郵件地址：_____

書名：_____

一、您認為本書的優點：（可複選）

　❶□內容 ❷□文筆 ❸□校對 ❹□編排 ❺□封面 ❻□其他____

二、您認為本書需再加強的地方：（可複選）

　❶□內容 ❷□文筆 ❸□校對 ❹□編排 ❺□封面 ❻□其他____

三、您購買本書的消息來源：（請單選）

　❶□本公司 ❷□逛書局⇨_____書局 ❸□老師或親友介紹

　❹□書展⇨____書展 ❺□心理心雜誌 ❻□書評 ❼其他_____

四、您希望我們舉辦何種活動：（可複選）

　❶□作者演講 ❷□研習會 ❸□研討會 ❹□書展 ❺□其他____

五、您購買本書的原因：（可複選）

　❶□對主題感興趣 ❷□上課教材⇨課程名稱_____

　❸□舉辦活動 ❹□其他_____　　　　（請翻頁繼續）

| 廣　告　回　信 |
| 台　北　郵　局　登　記　證 |
| 台 北 廣 字 第　940　號 |

（免貼郵票）

 心理出版社 股份有限公司

台北市 106 和平東路一段 180 號 7 樓

TEL: (02) 2367-1490
FAX: (02) 2367-1457
EMAIL:psychoco@ms15.hinet.net

沿線對折訂好後寄回

六、您希望我們多出版何種類型的書籍

❶□心理　❷□輔導　❸□教育　❹□社工　❺□測驗　❻□其他

七、如果您是老師，是否有撰寫教科書的計劃：□有□無

　　書名／課程：＿＿＿＿＿＿＿＿＿＿＿＿＿＿＿＿＿＿＿＿＿

八、您教授／修習的課程：

上 學 期：＿＿＿＿＿＿＿＿＿＿＿＿＿＿＿＿＿＿＿＿＿＿＿

下 學 期：＿＿＿＿＿＿＿＿＿＿＿＿＿＿＿＿＿＿＿＿＿＿＿

進 修 班：＿＿＿＿＿＿＿＿＿＿＿＿＿＿＿＿＿＿＿＿＿＿＿

暑　　假：＿＿＿＿＿＿＿＿＿＿＿＿＿＿＿＿＿＿＿＿＿＿＿

寒　　假：＿＿＿＿＿＿＿＿＿＿＿＿＿＿＿＿＿＿＿＿＿＿＿

學 分 班：＿＿＿＿＿＿＿＿＿＿＿＿＿＿＿＿＿＿＿＿＿＿＿

九、您的其他意見

＿＿＿＿＿＿＿＿＿＿＿＿＿＿＿＿＿＿＿＿＿＿＿＿＿＿＿＿＿

謝謝您的指教！　　　　　　　　　　　　　　　　81029